U0438506

主編　蔡宗齊

本輯主編　　蔡宗齊　汪春泓

Lingnan Journal of Chinese Studies

嶺南學報

（本輯全部論文均經過匿名評審）

復刊號
（第一、二輯合刊）

上海古籍出版社

圖書在版編目(CIP)數據

嶺南學報　復刊號(第一、二輯合刊)/香港嶺南大學中文系. —上海:上海古籍出版社,2015.3
ISBN 978 – 7 – 5325 – 7544 – 2

Ⅰ. ①嶺… Ⅱ. ①香… Ⅲ. ①社會科學—期刊—匯編—中國 Ⅳ. ①C55

中國版本圖書館 CIP 數據核字(2015)第 035465 號

嶺南學報　復刊號(第一、二輯合刊)
香港嶺南大學中文系
上海世紀出版股份有限公司
　　　　　　　　　　　　　　出版
上 海 古 籍 出 版 社
(上海瑞金二路272號　郵政編碼200020)
(1)網址:www.guji.com.cn
(2)E – mail:gujil@ guji.com.cn
(3)易文網網址:www.ewen.cc
上海世紀出版股份有限公司發行中心發行經銷
常熟文化印刷有限公司印刷
開本787×1092　1/16　印張32.5　插頁3　字數510,000
2015 年 3 月第 1 版　2015 年 3 月第 1 次印刷
印數:1—1,100
ISBN 978 – 7 – 5325 – 7544 – 2
Ⅰ·2900　定價:128.00元
如有質量問題,請與承印公司聯繫

《嶺南學報》編輯委員會
（以漢語拼音排序）

主編：蔡宗齊　　嶺南大學中文系

編委：陳平原　　北京大學中文系
　　　陳尚君　　復旦大學中文系
　　　陳引馳　　復旦大學中文系
　　　郭英德　　北京師範大學文學院
　　　胡曉明　　華東師範大學中文系
　　　蔣秋華　　中研院中國文哲研究所
　　　蔣　寅　　中國社會科學院文學研究所
　　　李惠儀　　美國哈佛大學東亞語言及文明系
　　　李雄溪　　嶺南大學中文系
　　　劉玉才　　北京大學中文系
　　　劉燕萍　　嶺南大學中文系
　　　汪春泓　　嶺南大學中文系
　　　王德威　　美國哈佛大學東亞語言及文明系
　　　王　鍔　　南京師範大學文學院文獻與信息學系
　　　徐興無　　南京大學文學院
　　　許子濱　　嶺南大學中文系
　　　許子東　　嶺南大學中文系
　　　虞萬里　　上海交通大學人文學院
　　　張　健　　香港中文大學中文系
　　　鄭吉雄　　香港教育學院人文學院

目　　錄

《嶺南學報》復刊詞 ································· 蔡宗齊（ 1 ）
越民族底滅亡 ···································· 朱東潤（ 3 ）

文 學 美 學

李杜齊名之形成 ··································· 陳尚君（ 15 ）
論南宋詞所展現的"物趣"、"夢境"與"空間邏輯"的文化意義
　　··· 林順夫（ 33 ）
女英雄的想像與歷史記憶 ··························· 李惠儀（ 85 ）
梁啓超與晚清短篇小説的發生 ······················· 夏曉虹（109）
"衣"之華夏美學 ··································· 胡曉明（119）

文 論 研 究

"以意逆志"説與中國古代解釋論 ··········· 蔡宗齊著　陳婧譯（145）
中國古代的聲律啓蒙讀物：《聲律發蒙》及其他 ········· 張　健（169）
袁枚《隨園詩話》與清詩話寫作之轉型 ················· 蔣　寅（193）

經 學 探 索

移風易俗與禮樂教化 ······························· 彭　林（215）

漢武帝時期的禮教：國家宗教神學之意識形態
　　——董仲舒的禮教神學思想 …………………………… 普　慧（229）
松崎慊堂與《縮刻唐石經》芻議 …………………………… 劉玉才（247）
庶民經學到天朝正學
　　——以溪百年《經典餘師・四書》爲考察核心 ………… 金培懿（259）
道咸經世派的"文儒"理想 ………………………………… 曹　虹（289）

文 史 考 證

論劉向、劉歆和《漢書》之關係 …………………………… 汪春泓（303）
讀李密《陳情表》小識 ……………………………………… 單周堯（337）
再論《劉子》是否爲劉勰所作
　　——兼談學術爭論中的學風問題 ……………………… 張少康（345）
《古今樂錄》的整理與考釋 ………………………………… 金　溪（355）
《大唐西域記》所載佛教口傳故事考述 ………… 陳引馳　陳　特（389）
山谷行書和東坡草書《赤壁懷古》詞石刻的真僞及文獻價值
　　………………………………………………………… 王兆鵬（425）

宏 觀 方 法

文學史研究的途徑與意義 ………………………………… 劉躍進（455）
試論文獻辨僞的語言學方法 ……………………………… 錢宗武（471）

附　　録

《嶺南學報》小史述略
　　——兼論陳寅恪與《嶺南學報》 ………………………… 黄　湛（499）
《嶺南學報》徵稿啓事 ……………………………………………（507）
撰稿格式 …………………………………………………………（509）

Contents

Foreword to the First Issue of the Re-launched *Lingnan Journal*
.... Cai Zong-qi(1)
The Vanishing of the Yue Race
.... A Manuscript by the late Professor Zhu Dongrui(3)

Literature and Aesthetics

The Process Through Which Li Bai and Du Fu Came to Enjoy
    Equal Fame .... Chen Shangjun(15)
On the Cultural Significance of "Taste of things," "Dream-scape,"
    and "Logic of Space" Shown in the *Ci* Poetry of the Southern Song
    .... Shuen-fu Lin(33)
The Imagining of Heroines and Historical Memories ...... Wai-yee Li(85)
Liang Qichao and the Rise of the Late Qing Short Stories
    .... Xia Xiaohong(109)
Aesthetics of Clothes and Costumes in Traditional China
    .... Hu Xiaoming(119)

Literary Theory

The Mencian Statement "*Yi yi ni zhi*" and Chinese Theories of
    Interpretation .... Cai Zong-qi, translated by Chen Jing(145)

Poetry Primers in Ancient China: *A Primer of Tone and Meter* and
　　Other Books ·· Zhang Jian(169)
Yuan Mei's *The Poetry Talks of the Suiyuan Studio* and
　　a New Direction in the Development of the Qing Poetry Talks
　　·· Jiang Yin(193)

Classics Studies

The Rectification of Social Customs and the Teaching of Rituals and
　　Music ·· Peng Lin(215)
The Teaching of Rituals during the Reign of Emperor Wu of the
　　Han: The Ideology of a State-Sponsored Theology
　　································· Pu Hui (Zhang Hong)(229)
A Tentative View on Matsusaki Kōdō and *Reduced-Size Reprint*
　　of Tang Stone Inscriptions of the Classics ············ Liu Yucai(247)
From Commoners' *Classics* Studies to the Orthodox Learning
　　of the Heavenly Dynasty ······························ Jin Peiyi(259)
The Ideal of "Literary Confucians" Cherished by the Sociopolitically
　　Proactive School of Confucianism during the Daoguang and
　　Xianfeng Reigns of the Qing Dynasty ················· Cao Hong(289)

Textual and Historical Studies

Liu Xiang, Liu Xin, and *History of the Han* ········ Wang Chunhong(303)
Reading Li Mi's *A Memorial to Convey My Feelings*
　　·· Sin Chow Yiu(337)
Another Exposition on Whether *Liuzi* Was Authored by Liu Xie
　　·· Zhang Shaokang(345)
The Collation, Textual Examination, and Annotation of *Records*

of Ancient and Contemporary Music ·················· Jin Xi(355)
An Examination of the Orally Transmitted Buddhist Tales Recounted
 in *Records of the Western Regions of the Great Tang*
 ·· Chen Yinchi and Chen Te(389)
The Authenticity and Value of the Stone Inscriptions of Su Shi's
 Ci Poem "Historical Reflections at the Red Cliff" by Huang
 Tingjian (in the Running Style) and by the Poet Himself
 (in the Cursive Style) ···························· Wang Zhaopeng(425)

Methods of Macro-Studies

The Studies on Literary History: Approaches and Significance
 ··· Liu Yuejin(455)
A Tentative Discussion on the Use of Linguistic Methods for
 Uncovering Forged Texts ························ Qian Zongwu(471)

Appendices

A Brief History of *Lingan Journal*, with Remarks on Chen Yinko's
 Ties with *Lingnan Journal* ························ Huang Zhan(499)
Call for Contributions to *Lingnan Journal* ····················· (507)
Style Sheet of *Lingnan Journal* ································ (509)

《嶺南學報》復刊詞

蔡宗齊

　　在20世紀學術史上,《嶺南學報》曾經寫下厚重一筆,迄今依然是學界共同的記憶。此刊於1929年創辦,1952年因嶺南大學解散而閉刊,其間登載了陳寅恪、吳宓、楊樹達、王力、容庚等學界泰斗的許多重要文章,成爲他們叱咤風雲,引領20世紀學術潮流的平臺。

　　進入21世紀之今日,香港嶺南大學中文系復辦《嶺南學報》,以求弘揚嶺大百年學術精神,延續嶺大文史研究之優勢,進而提升本校及本港的國學研究水準。復辦《嶺南學報》,我們雖然不敢奢望恢復昔日的輝煌,但將竭盡全力保證學術水準,力爭做到無愧於先輩。面對如此艱巨的任務,我們誠惶誠恐,做好了長期艱苦奮鬥的思想準備。

　　同時,我們也不敢妄自菲薄,對嶺南大學所具有的優勢視而不見。當下,我們有國學如火如荼發展的天時,又有香港位處中西文化交匯之處的地利,加上嶺大倡導博雅教育,中文系同仁與海内外學界交往密切,可謂是天時地利人和,具備了辦好學報的外部條件。

　　學報的正確定位定向,是決定辦刊成功與否的重要内部因素。學報將延續以古典文史哲研究爲核心的一貫傳統,同時擴展涵蓋面,刊登探討傳統學術和文化對現當代中國社會影響的文章。我們決心秉承原《嶺南學報》"倡導學問,闡揚真理,賞奇析疑"的精神,同時又努力促進中西學術深度交流,開天下學問一家的風氣。

　　爲此,《嶺南學報》將與杜克大學出版社出版、由北京大學袁行霈教授和本人共同創辦的英文期刊《中國文學與文化》(*Journal of Chinese Literature and Culture*,簡稱JCLC)結爲姐妹雜誌。《嶺南學報》既刊載來自漢語世界的優秀學術論文,亦發表JCLC部分論文的中文版,同時還爲

JCLC 推薦優秀論文,翻譯或改寫後用英文出版。這種安排有助於我們整合國學和西方漢學的資源,使《嶺南學報》再續源頭活水,發揮出新的學術活力。

我們堅持質量至上的理念,力求《嶺南學報》所刊發的論文見解精湛,具有高度學術含金量,能爲國學某一領域提供新材料、新思維、新觀點。我們崇尚卓犖的創新精神,提倡縝密的理論思辨,強調厚重的史學意識,注重小學和文獻方面的功夫,要求做到持之有故、言之有據。爲了確保刊載論文的質量,本刊嚴格遵守匿名審稿的制度。

我們熱切期待與學界同道攜手,共襄重振嶺南學術傳統之盛事,爲《嶺南學報》早日躋身於一流學術刊物之列而奮鬥。

2014 年 7 月 1 日於香港嶺大校園

越民族底滅亡

朱東潤

秦漢之際，亞洲東部的三大民族正在急速地內部團結成爲強大的帝國：最先完成的是匈奴民族；其次是中國民族；在發展中遇到致命的打擊，以至終於無法完成的是越民族。

《史記·匈奴列傳》指出匈奴底祖先淳維，是夏后氏底苗裔，這個當然是中國人底傳說；但是説自淳維以至頭曼千有餘歲，時大時小，別散分離，大致是事實。到了頭曼單于之子冒頓單于東滅東胡，西擊走月氏，南併樓煩白羊河南王，盡服從北夷，收秦將蒙恬所奪匈奴地，於是完成匈奴帝國，其時中國方面劉邦、項羽正在爭取領導權，勝負未分。

在秦始皇手裏，中國曾經一度完成帝國底形式，但是時間太短了，內部沒有得到精神上的統一。接下便是陳勝、吳廣底崛起，劉邦、項羽底鬥爭，戲下分封十八王，中國重行分裂。漢高祖七年，勉強完成統一底局面，在平城和冒頓單于領導下的匈奴帝國較量一下。這一次中國失敗了，總算幸而在屈辱的條件下還維持了漢高祖在國內的領導權。這是中國民族底一件幸運，假如在這一次戰爭以後劉邦喪失了領導權，那時其次的領袖們英布、盧綰、張敖、彭越、韓王信、陳豨、趙利，這一群人，也許勢均力敵，各不相下，中國失去了最高的領導者，在遭遇到異民族底侵略時，便不能給予有力的抵抗。

中國南方的越人，好像始終沒有經過統一領導的時期。越人所佔有的領域包括有現今江蘇、安徽、江西、湖北、湖南、浙江、福建、廣東、廣西各省，也許還有其他的地方，但是在這個廣大的領域裏，沒有統一的組織，這便成爲越民族的致命傷。

在這廣大領域裏的越人，稱爲百越，"百"是龐雜的意義，其實並沒有這麽多的區別。散見史籍的大別可舉者如次：

吳粵：《漢書·外戚傳》耿育上疏："臣聞繼嗣失統,廢嫡立庶,聖人法禁,古今至戒,然太伯見歷知適,遂循固讓,委身吳粵,權變所設,不計常法。"吳粵爲一個名辭。粵與越同。

楚粵：《漢書·西南夷兩粵朝鮮傳》贊："楚粵之先,歷世有土。"楚粵爲一個名詞,其地大約在今湖北境內。荆人侵入,成爲其地之統治者,而越人爲被統治者。（《詩·六月》："蠢爾蠻荆,大邦爲讎。"《閟宮》："荆舒是懲。"都祗説荆。《殷武》："撻彼殷武,奮伐荆楚。"這是説的楚地的荆人。《史記·楚世家》："成王惲元年……使人獻天子,〔惠王〕天子賜胙曰：'鎮爾南方,夷越之亂,無侵中國。'"所謂夷越之亂,猶言平越之亂。）《春秋》莊公十年"秋九月,荆敗蔡師于莘,以蔡侯獻舞歸"。其後稱"荆"或"荆人"者四次,至僖公元年始書"楚人伐鄭"。大致在此以前,荆人在楚粵的統治階級底地位還是很顯著的,僖公以後,外來的荆人和土著的楚粵漸次混同,所以直稱楚人。但是在楚國以内,這兩個種族底區別,有人還看得很清楚。《淮南子·人間訓》："昔者楚莊王既勝晉於河、雍之間,歸而封孫叔敖,辭而不受,病疽將死,謂其子曰：'吾則死矣,王必封女,女必讓肥饒之地而受沙石之間。有寢丘者,其地确石而名醜,荆人鬼,越人機,人莫之利也。'"《史記·秦始皇本紀》："二十三年,秦王復召王翦,彊起之,使將擊荆,取陳以南至平輿,虜荆王。"二十五年,"王翦遂定荆江南地,降越君,置會稽郡"。這裏把荆、越底分別,寫得十分仔細。楚粵在《史記·貨殖列傳》亦稱越楚,故言"越楚則有三俗"。戰國之末,楚人將亡的時候,統治階層的荆人向東北遷徙,至陳,至壽春；而安徽中南部、湖北、湖南、江西重新回到越人底勢力範圍。

干越：《漢書·貨殖列傳》："譬猶戎翟之與干越,不相入矣。"注"孟康曰：干越,南方越名也"。今本"干"誤作"于"。辨見王念孫《讀書雜志》。又《漢書·閩粵傳》："故甌駱將左黃同斬西于王,封爲下鄜侯。""西于王"疑當作"西干王"。

楊粵：《史記·楚世家》,熊渠兵伐庸,"楊粵至於鄂"。又《蔡澤傳》："（吳起）南收楊越,北并陳蔡。"《漢書·南粵傳》："秦并天下,略定揚粵,置桂林、南海、象郡。"楊粵之部最初在湖北境,其後,則至廣東、廣西。

駱越：《漢書·賈捐之傳》："駱越之人,父子同川而浴。"

甌越：《漢書·夏侯勝傳》："南平氏羌、昆明、甌駱兩越。"同書《南粵傳》："粤桂林監居翁諭告甌駱四十餘萬口降。""甌"又作"嘔"。《淮南子・人間訓》："又以卒鑿渠而通糧道，以與越人戰，殺西嘔君譯吁宋。"西嘔君疑即西甌君。

滇越：《漢書・張騫傳》："然聞其西可千餘里，有乘象國，名滇越，而蜀賈間出物者，或至焉。"

閩越、東越、南越：《史記》有《東越列傳》、《南越列傳》。《漢書》有《兩粤傳》。

秦始皇平六國以後，進兵南向，他底政策，是一邊進兵，一邊移民。《史記・南越傳》稱"以謫徙民，與越雜處"，便是後代的武裝移民。彼時兩湖、皖、贛一帶比較地容易解決。《漢書・吳芮傳》："吳芮，秦時番陽令也，甚得江湖間民心，號曰番君。"到了兩廣，秦人遭到嚴重的打擊，這次戰役在《史記》、《漢書》裏的記載不甚完整，而見於淮南王安底《淮南子》及《諫伐閩越書》：

> 秦皇挾錄圖，見其傳曰："亡秦者胡也。"因發卒五十萬，使蒙公、楊翁子將，築修城，西屬流沙，北擊遼水，東結朝鮮，中國內郡輓車而餉之。又利越之犀角、象齒、翡翠、珠璣，乃使尉屠睢發卒五十萬，爲五軍：一軍塞鐔城之領，一軍九疑之塞，一軍處番禺之都，一軍守南野之界，一軍結餘干之水，三年不解甲弛弩，使監祿無以轉餉。又以卒鑿渠而通糧道，以與越人戰，殺西嘔君譯吁宋。而越人皆入叢薄中，與禽獸處，莫肯爲秦虜，相置桀駿以爲將，而夜攻秦人，大破之，殺尉屠睢，伏尸流血數十萬，乃發適戍以備之。
>
> ——《淮南子・人間訓》
>
> 臣聞長老言，秦之時嘗使尉屠睢擊越，又使監祿鑿渠通道，越人逃入深山林叢，不可得攻，留軍屯守空地，曠日持久，士卒勞倦，越迺出擊之，秦兵大破，迺發適戍以備之。
>
> ——淮南王安《諫伐閩越書》（見《漢書・嚴助傳》）

北伐匈奴，南征百越，成爲秦始皇底兩大負擔，以至種下後來土崩瓦解的因素，但是這樣的兩面作戰，還是成功的。北方固然是"胡人不敢南下而牧馬"，南方則除了越人中心勢力退入浙東、福建以外，其餘各部分都平定下來。

二世即位天下大亂底當中,中國中南部新興了兩大勢力,都是以掌握統治權的中原人和當地的越人結合而成的:一個是吳芮領導的衡山國,後來成爲長沙國;一個是趙佗領導的南越國。番君吳芮,本來在番陽,彼時番陽爲中原和百越的交通要道,因此吳芮和百越發生密切的聯絡,《漢書》本傳所謂"甚得江湖間民心"者指此。芮將梅鋗,從劉邦破析酈,入武關。其後項羽定封吳芮爲衡山王,都邾。梅鋗爲十萬户侯。衡山即霍山,大致彼時吳芮底封地包括安徽西部及中南部、河南東南部、湖北東部,所以建都於邾,邾即今湖北黄岡縣;江西爲吳芮舊地,也屬衡山。吳芮部下有中原人,也有越人,所以趙佗說:"西北有長沙,其半蠻夷,亦稱王。"(《漢書·南粤傳》)

趙佗爲秦龍川令。秦人平定南方以後,置南海、桂林、象郡三郡。南海尉任囂臨死的時候,招趙佗,授以兵權,他說:"且番禺南北東西數千里,頗有中國人相輔,此亦一州之主,可爲國。"趙佗獲得兵權以後,一邊塞斷五嶺的交通要道,一邊擊平桂林、象郡,自立爲南粤王。他底左右,有中原人,主要的還是越人,所以後來與漢文帝書自稱"蠻夷大長"。

楚漢相爭底當中,南粤國實行閉關主義,獨立發展,以後趙佗"定百邑之地,東西南北數千萬里,帶甲百萬有餘",就在閉關之中,建立了狠好的基礎。衡山國因爲在交通要道,又和劉邦曾經共同作戰,所以在楚漢大戰之中,加入劉邦這一邊。漢二年,劉邦告諸侯王:"今項羽放殺義帝江南,大逆無道,寡人親爲發喪,兵皆縞素,悉發關中兵,收三河士,南浮江漢以下,願從諸侯王,擊楚之殺義帝者。"漢王這兩支軍隊,《史記》對於中原這支記載特詳,對於江漢這支軍隊,記載較少。大致吳芮即加入了這一支軍隊。漢將之中,有别定江漢之靳歙,定豫章、浙江之陳嬰,定會稽、浙江、湖陵之陳賀。吳芮部下先後加入戰爭的有丁復、吕博、搖母餘、華無害、須無、鄧弱、吳程、革朱等,以後他們都以軍功封侯,見《史記·高祖功臣侯者年表》。衡山王在戰爭初起以後不久,被項羽廢去,所以在漢五年自稱故衡山王吳芮。漢王即帝位後,以長沙、豫章、象郡、桂林、南海五郡封芮爲長沙王。司馬遷說:"長沙王者,著令甲,稱其忠焉。"(《史記·惠景間侯者年表》)大致在戰爭中,吳芮失去衡山,退至長沙;戰爭平定以後,衡山、豫章兩郡被英布佔有了。象郡、桂林、南海三郡還在趙佗手裏。(見《英布傳》、《南粤傳》)所以吳芮所有的祇是長沙一郡,地方最小,户口最少。(賈誼《陳政事疏》言長沙迺在二萬五千户耳。)可是五郡底虚封,使得吳芮、英布貌合神離,同時也使長沙國不斷地懷着向南發展的妄想,這正是高祖底權術。

江蘇南部和浙江西部是《秦始皇本紀》底荆江南地,這裏本來是越人底地域,但是離中原太近了,直接在秦人和項羽控制之下,始終没有擡起頭來。《漢書·高祖功臣侯者年表》稱陳嬰"定自立爲王壯息"(史表字句不同)。顔師古注:"時又有壯息者稱僭王,嬰復討平也。"顔説不知何據,壯息也不知是越人或中原人,不可考。

當時越人底中心勢力還是在浙東和福建。秦始皇雖然曾經置閩中郡,但是勢力并没有達到這裏。越人底領袖是無諸,越王勾踐之後,天下大亂底當中,無諸歸番君吳芮,佐諸侯滅秦。高祖五年,立無諸爲閩粤王,王閩中地。這是越王底嫡系,應當可以統一全越了,但是長沙、南越已經立國,閩越底領導權,無從建立。高祖十一年立趙佗爲南粤王,十二年立南武侯織爲南海王,惠帝三年立閩越君搖爲東海王。東海王、南海王都是勾踐之後,他們底分立,正是閩越領導權底削弱。

南海不知建國何在,淮南王安《諫伐閩越書》曾言:"前時南海王反,陛下先臣使將軍間忌將兵擊之,以其軍降,處之上淦。後復反,會天暑多雨,樓船卒水居擊櫂,未戰而疾死者過半,親老涕泣,孤子謕號,破家散業,迎尸千里之外,裹骸骨而歸,悲哀之氣,數年不息。長老至今以爲記。"上淦在江西,大致南海國在閩越之南,經過這次戰役以後,便不再見了。淮南王長以高祖十一年建國,文帝六年自殺。南海之滅,就在這一段中間。《漢書·五行志》言文帝二年"南越反,攻淮南邊,淮南王長破之",疑即此事。"南越"指南方越人,不必爲趙氏。

東海王搖建國東甌,故又稱東甌王,地在浙東。本來的甌越,分爲兩支:一支西入廣西,所以尉屠睢殺西嘔君譯吁宋,而趙佗也説:"西有西甌,其衆半嬴,(何焯曰:嬴,羸之訛也。)南面稱王。"一支留在浙東。東甌王即立以後,從此與閩粤興兵作戰,自相殘殺,完成漢人"分而滅之"的策略。

但是閩越底兵力,對於漢人始終構成極大的威脅。英布失敗以後,亡走越,至番陽爲人所殺。吳王濞謀反,也是先和越人連絡。他在《告諸侯書》中説起:

> 寡人素事南越三十餘年,其王諸君皆不辭分其卒以隨寡人,又可得三十餘萬。(南越指閩越言。《漢書·閩粤傳》言吳王濞反,欲從閩粤,閩粤未肯行,獨東甌從。)

淮南王安《諫伐閩粵書》則稱:"臣聞越甲卒不下數十萬,所以入之,五倍乃足。"有了這樣的兵力,所以淮南王長謀反的時候,令人使閩越、匈奴;江都王建謀反的時候,也遣人通越繇王閩侯,遺以錦帛奇珍。越底地位極其重要,在當時國際間也取得應有的認識,所以張騫取道匈奴欲往月氏,爲匈奴所獲,單于和他說起:"月氏在吾北,漢何以得往,使吾欲使越,漢肯聽我乎?"

在西漢初期,通常以匈奴及越人連稱,因爲他們正是同樣的威脅:

武興胡、越之伐。　　　　　　　——《漢書·景武昭宣元成功臣表》
內鋤雄俊,外攘胡、粵。　　　　——《漢書·異姓諸侯王表》
南戍五嶺,北築長城,以備胡、越。　——《漢書·五行志》
至武帝攘卻胡、越,開地斥境。　——《漢書·地理志》
武帝因文景之畜,忿胡、粵之害。　——《漢書·食貨志》
且以季布之賢,漢求之急如此,此不北走胡,南走越耳。
　　　　　　　　　　　　　　　——《漢書·季布傳》
令人使閩粵、匈奴,事覺治之。　——《漢書·淮南王長傳》
夫胡、粵之人,生而同聲,耆欲不異。　——《漢書·賈誼傳》
其起兵而攻胡、粵者,非以衛邊地而救民死也,貪戾而欲廣大也。
　　　　　　　　　　　　　　　——《漢書·晁錯傳》
故先引秦爲諭,因道胡、越、齊、趙、淮南之難。
　　　　　　　　　　　　　　　——《漢書·鄒陽傳》
秦倚曲臺之宮,懸衡天下,畫地而不犯,兵加胡、越。
　　　　　　　　　　　　　　　——同前
胡亦益進,越亦益深。　　　　　——同前
故意合則胡、越爲兄弟。　　　　——同前
故北出師以討強胡,南馳使以誚勁越。
　　　　　　　　　　　　　　　——《漢書·司馬相如傳》
是胡、越起於轂下,而羌、夷接軫也。
　　　　　　　　　　　　　　　——《漢書·司馬相如傳》
自三代之盛,胡、越不與受正朔。　——《漢書·嚴助傳》
當是時,秦禍北構於胡,南挂於越。　——《漢書·嚴安傳》
漢興,征伐胡、越,於是爲盛。　——《漢書·嚴助等傳贊》

时方外事胡、越，内兴制度。　　　　——《汉书·东方朔传》

于是积尸暴骨，快心胡、越。　　　　——《汉书·梅福传》

言文帝发忿居地下，趣军北告匈奴，南告越人。

——《汉书·王莽传》

闽粤王郢在位的时代恰与汉武帝相值，中国出了一位雄才大略的皇帝，闽粤也出了一位发愤图强的君主。双方都有意向外发展，最后必然地会来一次斗争。建元三年，闽粤发兵进攻东瓯，因为要向外斗争，首先便得争取领导权底统一。东瓯在吴楚七国底战役里，已经和汉朝有了联络，因此随即向汉武帝求救。及至严助奉武帝命发会稽兵来救的时候，闽粤底军队已经引退，严助扑了一个空，祇有把东瓯居民四万余口完全撤到庐江。在这一次小战役里，中国获得了人口，闽粤获得了土地，双方都有所得。三年以后，闽粤再向南粤进攻。在战役当中，淮南王安上了他那一篇有名的《谏伐闽越书》。后来严助奉诏，把汉朝所以发大行王恢、大司农韩安国进攻闽粤的理由，告诉淮南王。他说：

今闽越王狼戾不仁，杀其骨肉，离其亲戚，所为甚多不义，又数举兵侵陵百越，并兼邻国，以为暴强，阴计奇策，入燔寻阳楼船，欲招会稽之地，以践句践之迹。今者边又言闽王率两国击南越，陛下为万民安危久远之计，使人谕告之曰："天下安宁，各继世抚民，禁毋敢相并。"有司疑其以虎狼之心，贪据百越之利，或于逆顺，不奉明诏，则会稽、豫章必有长患。且天子诛而不伐，焉有劳百姓、苦士卒乎！

"入燔寻阳楼船"，也许是事实。淮南王安《谏伐闽越书》中也曾说起："越人欲为变，必先田余干界中，积食粮，乃入伐材治船，边城守候诚谨，越人有入伐材者，辄收捕焚其积聚，虽百越奈边城何！"那时越人底中心，中国向南进攻底重点在安徽南部和江西北部。双方底主要交通线是赣江，主要交通工具是船只；所以在进攻之前，首先必得砍伐木料，准备船只，而破坏敌人进攻的策略是焚烧木料和船只。中国人到余干去破坏越人底准备，而越人到寻阳破坏中国底准备。寻阳有船可烧，证明了中国已在作进攻底准备。无论汉人有什么藉口，闽越欲招会稽之地，以践句践之迹，这一种志愿，是值得赞扬的。但是这一次的情形严重了，王恢和韩安国底两支军队，從江西、浙東分道進逼,越王郢底兄弟餘善把越王殺了,向中國求和。這次中國算是獲得光榮的勝利。嚴助也曾說起:"三王之衆,相與攻之,因其弱弟餘善以成其謀。"所謂三王之衆,大致是指南海、東甌和閩粵。越王郢在內部統一底方面,已經完成初步的工作,在他死去以後,漢人再從事分裂底計劃,一邊立繇君丑爲粵繇王,一邊立餘善爲東粵王,要他們自相殘殺。不過繇君不是餘善底對手,整個的閩粵落在餘善手裏。

在中原人統治的越人區域內,長沙算是忠誠卓著,最得漢朝歡心的了。在一個時期裏,並且準備聯同漢朝底力量,併吞南越。開國四十六年以後,終於因爲國王身死,沒有嫡子底藉口下,國亡宗絕了。南越國在趙佗手裏,曾經稱帝,雖然受到漢朝底壓迫,表面上放棄帝號,但是在國內還是做他底皇帝。趙佗在位七十年,到得孫子嗣位以後,沒有趙佗底氣魄。建元六年,因爲閩粵,向漢朝求救,便是他底方策。自此以後,經過十八年,孫子底孫子做了國王,氣魄更差,內部底糾紛更多,終於在漢朝出兵以後,南越也走上亡國底命運。

長沙、南越兩國滅了以後,閩粵已經在漢人底大包圍之中了。漢將樓船將軍楊僕在擊破南越以後,上書請攻閩粵。這一次漢朝不再追求什麼藉口了,祗是準備進兵。楊僕底軍隊駐在江西,前鋒直到梅嶺。東粵王餘善本來準備和漢人鬥爭了,戰船分布,躍躍欲動,聽到這個消息,不再遲疑,他底軍隊一直打進江西,首先把楊僕底軍隊打敗,殺去三個將領。餘善自稱武帝,部下有吞漢將軍、徇北將軍,他們也著實打了幾次勝仗。但是漢朝兵多將衆,從浙東來的,從江西來的,從梅嶺來的,甚至從海濱來的,四面來的軍隊,把閩粵底軍隊壓回本國。餘善曾派衍侯吳陽到漢朝去,這次吳陽奉漢朝底命令回到閩粵,勸導餘善投降。爲了國家底存在,餘善曾經犧牲了他底哥哥,現在爲了國家底存在,他準備犧牲自己。他要奮鬥到底。吳陽看到沒有希望,就在漢軍開近他底家鄉的時候,投降了,帶着自己底軍隊攻擊餘善。繇王居股和另一位粵侯商量以後,他們殺死餘善,帶了部下投降漢朝。吳陽、居股,還有許多投降底粵將,都由漢朝封侯。閩粵又經過一次強迫遷徙,結束了這個不幸的獨立民族。這民族最後底一位又沉驚又勇敢的領袖也就這樣悲壯地結束了一生底事業。

閩粵底遺民被遷到皖南,他們在那個崎嶇的山地裏,曾經有過幾次的表現,狠給附近的居民不小的創傷。不過他們已經不再是一個獨立的民族,而祗被視爲一群流浪人,稱爲山越。到了東吳時代,諸葛恪帶兵進山,乘着糧食將熟的時候,破壞了他們底收穫,然後再來一個大包圍。待到糧絕食盡,數萬的山越祇有出山投降。諸葛恪把他們編到自己和其他幾位將領底部下。從此這個曾經佔領整個南中國的越民族退出了歷史底視野。

  附記:本文爲朱東潤師所著《漢書考索》中至今未刊的一篇文稿。師研治秦漢古史,1940 年於四川樂山武漢大學任職期間完成《史記考索》,尋付開明書店出版。1942 年教席轉至重慶柏溪國立中央大學期間撰《後漢書考索》,1951 年 3 月任教濟南齊魯大學歷史系期間撰《漢書考索》,二稿分別裝訂存藏,師生前未曾刊佈。《漢書考索》稿本自題:"未定稿,《班彪及〈漢書〉》篇另見。"至 1996 年,經朱師孫女朱邦薇女史整理,將上述三稿合爲一書,題曰《史記考索》(外二種),收入華東師範大學出版社《二十世紀國學叢書》出版。當時因未完成遺稿清理,不免有所疏漏。近期承托整理朱師遺稿,檢得《班彪及〈漢書〉》、《越民族底滅亡》二稿置於一處,因知二文皆爲《漢書考索》之未刊稿。乃請張恒怡同學代爲輸入,我再作校訂,標點符號則按照今日之文稿規範酌予增改。謹以《越民族底滅亡》稿交付《嶺南學報》復刊號發表。整理中之訛誤,責任當然在我。2013 年 12 月 26 日,及門陳尚君謹識。

文學美學

李杜齊名之形成

陳尚君

【摘　要】中國詩歌史發展到盛唐,無疑達到巔峰之成就,而站在峰頂的人物,當然是被譽爲雙子星座的李白與杜甫。李白生前就已經取得舉世公認的地位,而比他年幼十二歲的杜甫則成名過程要複雜得多。今人根據通行的幾種唐人選唐詩沒有收錄杜甫詩歌,因此而認爲杜甫在唐代詩人中地位不高,影響不大,實在是皮相之見。本文則力圖根據第一手文獻,證明李杜齊名在杜甫生前已經爲部分人所認可,其最終獲得舉世公認,則在杜甫生後三五十年間完成。李杜地位的確定,是中古詩學史上的重大事件,也是引導唐宋詩歌轉型的關鍵所在。

【關鍵詞】李白　杜甫　李杜齊名　學術史　唐詩

一、李杜交誼與詩歌交集

古人凡德行、成就相當者,常有齊名并稱情況的出現。李白、杜甫并稱李杜,當然因爲他們是一個時代最傑出的詩人,但同時也因爲在他們以前已經有數度并稱李杜者,一是東漢李固、杜喬,二是李雲、杜衆,皆是大臣而有直聲者;三是李膺、杜密,則屬於漢末清流,身陷黨錮而得留名者。范滂被通緝,挺身赴死,其母告曰:"汝今得與李杜齊名,死亦何恨。既有令名,復求壽考,可兼得乎?"(《後漢書》卷六七《黨錮列傳》)更爲此增添悲愴的色彩,爲後世廣泛稱道。東漢的三對李杜,皆屬人倫典範,與文學無涉,但流佈甚廣。據説杜甫祖父杜審言與李嶠也曾并稱李杜,但影響很有限,可以忽略不計。

杜甫比李白年幼十二歲,他與李白的同遊在天寶三載(744)李白賜金還山後不久,當時李白詩名滿天下,杜甫此前寫《飲中八仙歌》對李白已經有一段傳神的描寫:"李白一斗詩百篇,長安市上酒家眠。天子呼來不上船,自稱臣是酒中仙。"(《杜工部集》卷一,《續古逸叢書》影宋本。後引杜詩皆據此本)可能是根據傳聞所寫,未必親見。李杜同遊歷時一年多,中間高適也曾參與,杜甫晚年多次回憶當年的情景:"昔者與高李,晚登單父臺。寒蕪際碣石,萬里風雲來。桑柘葉如雨,飛藿去徘徊。清霜大澤凍,禽獸有餘哀。"(《昔遊》)"憶與高李輩,論交入酒壚。兩公壯藻思,得我色敷腴。氣酣登吹臺,懷古視平蕪。芒碭雲一去,雁鶩空相呼。"(《遣懷》,《杜工部集》卷七)要真實還原二人交往的實情,因爲當年作品保存下來的很少,已經很困難,但根據已有作品,仍可略知一二。杜甫當時寫給李白的詩,有三首,即《贈李白》:"秋來相顧尚飄蓬,未就丹砂愧葛洪。痛飲狂歌空度日,飛揚跋扈爲誰雄?"(《杜工部集》卷九)《贈李白》:"二年客東都,所歷厭機巧。野人對羶腥,疏食常不飽。豈無青精飯,使我顏色好。苦乏買藥資,山林迹如掃。李侯金閨彦,脱身事幽討。亦有梁宋遊,方期拾瑶草。"(《杜工部集》卷一)《與李十二白同尋范十隱居》:"李侯有佳句,往往似陰鏗。余亦東蒙客,憐君如弟兄。醉眠秋共被,攜手日同行。更想幽期處,還尋北郭生。入門高興發,侍立小童清。落景聞寒杵,屯雲對古城。向來吟《橘頌》,誰欲討蓴羹。不願論簪笏,悠悠滄海情。"(《杜工部集》卷九)李白贈杜甫的詩有二首:《沙丘城下寄杜甫》:"我來竟何事,高卧沙丘城。城邊有古樹,日夕連秋聲。魯酒不可醉,齊歌空復情。思君若汶水,浩蕩寄南征。"(《李太白文集》卷一一)《魯郡東石門送杜二甫》:"醉別復幾日,登臨遍池臺。何言石門路,重有金樽開。秋波落泗水,海色明徂徠。飛蓬各自遠,且盡林中杯。"(《李太白文集》卷一四)

當然,歷來有關李杜交際有許多傳説,一是《秋日魯郡堯祠亭上宴別杜補闕范侍御》:"我覺秋興逸,誰云秋興悲。山將落日去,水與晴空宜。魯酒白玉壺,送行駐金羈。歇鞍憩古木,解帶掛橫枝。歌鼓川上亭,曲度神飇吹。雲歸碧海夕,雁没青天時。相失各萬里,茫然空爾思。"(《李太白文集》卷一三)從唐末段成式《酉陽雜俎前集》卷一二稱此詩爲"李白祠亭上宴別杜考功詩",以爲杜即杜甫,宋以後更反覆論述,喋喋不休。其實杜甫没有做過補闕或考功之類官職，更不是入仕前的天寶初與李白同遊時的身份，李白當別有所指。另一首是關於《本事詩》所載李白戲贈杜甫詩："飯顆山頭逢杜甫，頭戴笠子日卓午。借問別來太瘦生，總爲從前作詩苦。"宋以來討論極多，或以爲李白譏杜甫寒儉拘束，郭沫若《李白與杜甫》則認爲關心很親切。問題是飯顆山其地絕無可考。五代南漢王定保《唐摭言》卷一二所錄此詩文本題作《戲贈杜甫》，詩云："長樂坡前逢杜甫，頭戴笠子日卓午。借問形容何瘦生？只爲從來學詩苦。"長樂坡在長安郊外，鄰近滻水和灞橋，這很可能是李杜初見時的作品。

除了以上諸詩，李杜同遊時期的作品以高適集保存最豐富，計有《同群公登濮陽聖佛寺閣》、《同群公十月朝宴李太守宅得寒字》、《同群公宿開善寺陳十六所居》、《同群公秋登琴臺》、《同群公題張處士菜園》、《同群公出獵海上》、《同群公題鄭少府田家（此公昔任白馬尉，今寄住滑臺）》、《同群公題中山寺》（均見《高常侍集》卷七）。

根據上述諸詩，可以基本還原李杜同遊年餘所經歷的名勝，曾造訪的高士，曾有的分別和思念，共同的情趣和追求。那時杜甫剛過而立，正是裘馬輕狂的時候，他的好酒、好道、好詩，與李白極其投契。痛飲狂歌，飛揚跋扈，是二人最真實的生活寫照。不知道是否隨順李白的雅興，杜甫這一時期似乎是對煉丹砂、求瑤草、買大藥等崇道求仙行爲最著迷的時期，當然這一興致他維持了一生，直到臨終還有"家事丹砂訣，無成涕作霖"（《風疾舟中伏枕書懷三十六韻》，《杜工部集》卷一八）的失望，是對"未就丹砂愧葛洪"的重申。當然更重要的是在論詩暢遊中增進的友誼，所謂"醉眠秋共被，攜手日同行"，這種親密無間的兄弟之情，在兩位偉大詩人人生經歷中都是難以忘懷的。當然，李白是主觀豪放的詩人，人生精彩紛呈，每天不斷有新的朋友，很少靜下來獨自回味往日之友情；杜甫最後十年，絕大多數時間都處於獨處無侶的狀態，有充分的時間回憶往事、記錄友情。對曾經與李白的友誼，杜甫晚年所寫有十多首，僅從詩題來說，就有《夢李白二首》、《冬日有懷李白》、《天末懷李白》、《不見（近無李白消息）》、《春日憶李白》、《寄李十二白二十韻》等。李杜分別後相互叙述的差異，其實祇是彼此爲人和寫作興趣的不同而已，其實并無此熱彼冷的感情厚薄之分。我們通讀盛唐到大曆、貞元諸人詩集，很少有人像杜甫那樣經常沉浸在往事和友朋的追想中，也很少有人像杜甫那樣廣泛地評說同代諸賢，或者說，這是杜甫的創格。

二、杜甫生前的詩譽與李杜齊名之萌芽

　　杜甫在詩壇地位的提高,當以天寶後期到肅宗時的幾次唱和詩爲標志。一是天寶十二載的《同諸公登慈恩寺塔》,今知同時作者有高適、岑參、儲光羲、薛據等人,除薛據外,四人詩得以保存下來。成就高下當然可以任由後人評説,在杜甫則顯然已經得到可以與諸位一流詩人一較高下的機緣。二是肅宗返京後由賈至發起的《早朝大明宫》唱和,今存王維、杜甫和岑參的和作,是顯示盛唐七律恢弘氣象的名篇。這兩次唱和顯示杜甫已經達到當時詩壇一綫詩人的地位。當然,在岑參、高適寫給杜甫的詩中,祇有一般的應酬,没有涉及對杜詩成就的評價,這是很正常的情況,何況諸人詩都佚失很嚴重,如高適在安史亂起後十年的詩保存下來的很少。

　　杜甫晚年自定詩集,保存了一些友朋來往詩,涉及對他詩歌成就的評價。一是他在成都的府主嚴武,廣德間贈詩有《巴嶺答杜二見憶》:"卧向巴山落月時,兩鄉千里夢相思。可但步兵偏愛酒,也知光禄最能詩。江頭赤葉楓愁客,籬外黄花菊對誰。跋馬望君非一度,冷猿秋雁不勝悲。"(《杜工部集》卷一二)這是以阮籍、謝莊來比喻杜甫之愛飲酒、能賦詩,雖屬用典,但阮、謝二人詩皆收入《文選》,對杜甫是很高的評價。二是大曆四年在長沙,韶州刺史韋迢赴任經過,與杜甫有兩詩唱和,其一題作《潭州留别杜員外院長》:"江畔長沙驛,相逢纜客船。大名詩獨步,小郡海西偏。地濕愁飛鵩,天炎畏跕鳶。去留俱失意,把臂共潸然。"(《杜工部集》卷一八)"大名詩獨步"也就是後引樊晃語之"當今一人而已"的意思。這是韋迢的認識,當然這也是當時給以高度評價的套語,杜甫在高適去世後寫《聞高常侍亡》也有"獨步詩名在"(《杜工部集》卷一四)的評價。三是湖南觀察判官郭受有《杜員外兄垂示詩因作此寄上》:"新詩海内流傳遍,舊德朝中屬望勞。郡邑地卑饒霧雨,江湖天闊足風濤。松醪酒熟旁看醉,蓮葉舟輕自學操。春興不知凡幾首,衡陽紙價頓能高。(衡陽出五家紙,又云出五里紙。)"(《杜工部集》卷一八)郭受生平不清楚,事迹僅靠杜集附詩而保存。詩云"新詩海内流傳遍"當然有所誇張,就如同此句"舊德朝中屬望勞",其實杜甫入湘前後最大的困惑就是所謂"天高無消息,棄我忽若遺"(《杜工部集》卷三《幽人》),朝中根本没有人記惦他。當然郭受説杜詩爲人傳誦,在湖南的新

作更可能導致衡陽紙貴,也并非完全失實之辭。

那麽,在杜甫生前是否已經出現李杜齊名的評價呢? 我認爲至少已經有人提出這樣的話題。在此應特別關注杜甫大曆四年或五年秋在長沙所作《長沙送李十一銜》(《杜工部集》卷一八)一詩:

> 與子避地西康州,洞庭相逢十二秋。遠愧尚方曾賜履,竟非吾土倦登樓。久存膠漆應難并,一辱泥塗遂晚收。李杜齊名真忝竊,朔雲寒菊倍離憂。

此詩作年有些爭議,在此不討論。李銜事迹別無可考。西康州,唐初建州,不到一年即廢,其地即同谷,知李爲杜甫乾元二年(759)西行秦州、同谷間所識朋友,到長沙重見,已隔十二年。"李杜齊名"當然是用東漢的典故,受詩者恰姓李,因而歷來解此詩皆認爲此處杜甫自比與李銜之交契。如張溍《讀書堂杜工部詩集注解》云:"忝竊,公自謙不能稱也。"盧元昌《杜詩闡》云:"子固李膺、李固,我非杜喬、杜密,從來李杜本是齊名,今日齊名,誠爲忝竊。"(均轉錄自《杜甫全集校注》卷二十)努力爲此句尋找合適的解釋。"李杜齊名真忝竊"一句,用現在的話來説,意思是李杜齊名,我是完全不夠格的。這當然是自謙之辭。但偶然遇到一位李姓朋友,對方也没有太大的名聲和地位,杜甫突然説出這句全無來由的自謙之語,有這樣的必要嗎? 我認爲較合理的解釋,李銜從同谷到長沙,中間一定經過許多地方,得到不少傳聞,談論所及,因此杜甫必須自謙一番。如果這樣説,即在杜甫生前已經有了與李白齊名的説法。

能不能找到更進一步的佐證呢? 可以有一些。

杜甫天寶間作《贈特進汝陽王二十韻》云:"學業醇儒富,辭華哲匠能。筆飛鸞聳立,章罷鳳騫騰。精理通談笑,忘形向友朋。寸長堪繾綣,一諾豈驕矜。已忝歸曹植,何知對李膺。招要恩屢至,崇重力難勝。"汝陽王李璡爲睿宗之孫,讓皇李憲長子,開元間封汝陽郡王,天寶三載服闋後封特進,九載(750)卒。杜甫《壯遊》云:"快意八九年,西歸到咸陽。許與必詞伯,賞遊實賢王。"一般認爲這位賢王就是汝陽王。前引詩前幾句説李璡學藝造詣很高,待朋友真誠,接著就説李璡對自己的期待,認爲可以達到曹植那樣的成就,可以與李膺并稱李杜。末兩句自云多次受邀,恩遇至隆,而推崇之至,則爲己力所不能勝任。當然前人解讀也有認爲曹植、李膺都比李璡,而"何知"句,張綖《杜律本義》認爲:"何知者,公謙言不敢並也。"(轉錄自《杜甫全集校注》卷一)杜甫自己不是也説過:"賦料揚雄敵,詩看子建親。"(《杜工部集》卷一《奉贈韋左丞丈二十二韻》)李璡以此期待,正爲合適。這裏當然都與李白無關,但可以理解對杜姓人物的期待,是可以經常舉出東漢時的先例來作比況的。這是開元末期或天寶前期的詩,僅是涉及李杜的一個有趣話題而已。

明確將李白、杜甫拉到一起頂禮膜拜的是任華。任華今存詩三首,都是長篇歌行,分別寫李白、杜甫和僧懷素;文章存十多篇,靠《唐摭言》和《文苑英華》的引錄而得保存,内容多爲投贈公卿顯要者,性耿介狷直,傲岸不羈,故仕途屢不得意。唐末韋莊《又玄集》收錄他贈李白、杜甫的二詩,不知是偶然巧合,還是他詩未選,二詩顯示以任華之狂介,能入他法眼的人很少,但對李白、杜甫,則是傾心崇拜,竭力歌頌。二詩很長,且不作於同時,估計前後相隔十多年,但詩風一致,都以跳蕩的語句傾訴自己對二人的追星經歷和崇仰熱情。錄《雜言贈杜拾遺》一首如下:"杜拾遺,名甫第二才甚奇。任生與君別,別來幾多時,何曾一日不相思。杜拾遺,知不知? 昨日有人誦得數篇黄絹詞,吾怪異奇特借問,果稱是杜二之所爲。勢攫虎豹,氣騰蛟螭,滄海無風似鼓蕩,華岳平地欲奔馳。曹劉俯仰慚大敵,沈謝逡巡稱小兒。昔在帝城中,盛名君一個。諸人見所作,無不心膽破。郎官叢裏作狂歌,丞相閣中常醉卧。前年皇帝歸長安,承恩闊步青雲端。積翠扈遊花匼匝,披香寓直月團欒。英才特達承天睠,公卿誰不相欽羨。只緣汲黯好直言,遂使安仁却爲掾。如今避地錦城隅,幕下英寮每日相隨提玉壺。半醉起舞捋髭鬚,乍低乍昂傍若無。古人制禮但爲防俗士,豈得爲君設之乎! 而我不飛不鳴亦何以,只待朝廷有知己。亦曾讀却無限書,拙詩一句兩句在人耳。如今看之總無益,又不能崎嶇傍朝市,且當事耕稼,豈得便從爾。南陽葛亮爲友朋,東山謝安作鄰里。閑常抱琴弄,悶即攜樽起。鶯啼二月三月時,花發千山萬山裏。此中幽曠無人知,火急將書憑驛史,爲報杜拾遺。"(見《又玄集》卷上,據《文苑英華》卷三四〇、《唐詩紀事》卷二二所引校定)大體爲代宗初年所寫,對杜甫詩歌的成就極度歌頌,評價極高。由於任華僅三詩存世,二首類似的長詩分別贈李白、杜甫二人,可以昭示二人詩歌成就在他心中至高無上的地位。不過任華詩中顯示他幾乎可以説是盛唐時期最傲兀激情的人物,書啓顯示他對達官貴人的公然藐視,存詩則顯示他對獨造人物的激情崇仰。《唐詩紀事》卷二二保存高適《贈任華》:"丈夫結交須結貧,貧者結交交始親。世人不解結交者,唯重黃金不重人。黃金雖多有盡時,結交一成無竭期。君不見管仲與鮑叔,至今留名名不移。"是否任華也曾給高適寫過類似的詩歌而沒有保存下來,當然是有可能的。雖然任華的評價中充滿今日追星族般的激情和不理智,他給李白和杜甫的長詩在二家詩集中都看不到回應,但至少可以認爲,至少在今存任華詩中顯示,他個人認爲李白、杜甫是代表他那個時代最偉大的詩人。雖然不屬於公認,至少他可以這樣認爲。

三、大曆至貞元前期杜甫在詩界之影響

唐代宗大曆五年(770),杜甫去世於湘中。雖然他因牛肉白酒飲死於耒陽,還是最終病故於岳陽,從唐代以來即聚訟紛紜,難衷一是,但有一點可以肯定,即他晚年遠離唐代政治、文化的中心,從離開成都後即依憑孤舟,漂泊爲生。儘管我們無法確知他所雇船的規模形制,也不能確定他在夔州和長沙相對穩定的時期是否更換舟船,但在他寫下《風疾舟中伏枕書懷三十六韻》的絕筆時,顯然他的生活狀態很差,他的生計和家什幾乎都在船上,他的一生積累的詩稿應該也都在船上。我在三十多年前曾撰文《杜詩早期流傳考》(刊《中國古典文學叢考》第一輯,復旦大學出版社1985年7月),根據以下幾方面線索,認爲杜甫晚年曾自己編訂文集:一、在他去世後三五年間,樊晃編《杜工部小集序》,就認爲"文集六十卷,行於江漢之南,常蓄東游之志,竟不就"。如果身後他人編錄,未必能如此快地完成。二、杜詩自注中有不少重加整理的痕跡,如《同諸公登慈恩寺塔》:"時高適、薛據先有此作。"《奉寄別章梓州》:"時初罷梓州刺史、東川留後,將赴朝廷。"《新安史》:"收京後作。雖收兩京,賊猶充斥。"《憶弟二首》:"時歸在南陸渾莊。"《傷春五首》:"巴閬僻遠,傷春罷,始知春前已收宮闕。"《苦雨奉寄隴西公兼呈王處士》:"隴西公即漢中王瑀。"《説旱》:"初,中丞嚴公節制劍南日,奉此説。"這些注都不是當時寫詩所加,而是後經整理時所加,最後三則尤其明顯,説明寫詩時尚不了解已收宮闕,隴西公李瑀安史亂後封漢中王,加注補充他後來的王位。三、若干杜詩自注有準確記時。如《自京赴奉先縣詠懷五百字》:"天寶十四載十一月初作。"《三川觀水漲二十韻》:"天寶十五年七月中避寇時作。"準確到月日,不可能是宋人臆加,顯然出於

杜甫本人之手。四、王洙《杜工部集記》謂所編杜集分古近二體，"起太平時，終湖南所作，視居行之次，若歲時爲先後，分十八卷"。此即杜集祖本的面貌，古近二體都依寫作先後爲序，雖在先後次第上還不盡綿密，但大體恰當，絕非王洙用三個月編次所能完成，一定有前人的基礎，即古本已具編年之次第。

雖然杜甫晚年已有自編文集的努力，但他旅卒中途，他的文集如何得以保存下來，目前看不到明確的證據，祇有宋人編次校勘杜集時保存的樊晃《杜工部小集序》，保存了些微綫索，極其珍貴。先將全序校録如下：

> 工部員外郎杜甫，字子美，膳部員外郎審言之孫。至德初，拜左拾遺。直諫忤旨，左轉，薄遊隴蜀，殆十年矣。黃門侍郎嚴武總戎全蜀，君爲幕賓，白首爲郎，待之客禮。屬契闊涇陑，東歸江陵，緣湘沅而不返，痛矣夫。文集六十卷，行於江漢之南，常蓄東遊之志，竟不就。屬時方用武，斯文將墜，故不爲東人之所知。江左詞人所傳誦者，皆君之戲題劇論耳，曾不知君有大雅之作，當今一人而已。今採其遺文凡二百九十篇，各以志類，分爲六卷，且行於江左。君有宗文、宗武，近知所在，漂寓江陵，冀求其正集，續當論次云。

樊晃，《元和姓纂》卷四載其郡望南陽湖陽（今河南唐河），爲衛尉少卿樊文孫。《國秀集》目錄載其爲前進士，并存其詩一首，約爲天寶初登進士第。《郎官石柱題名考》卷一四載其曾任祠部、度支員外郎。《新唐書》卷二〇〇《林藴傳》、《永樂大典》卷七八九三引《臨汀志》，載其歷汀州刺史，在肅、代間。代宗大曆五年任潤州刺史，與詩人劉長卿、皇甫冉爲友，劉長卿有《和樊使君登潤州城樓》，皇甫冉有《同樊潤州秋日登城樓》、《同樊潤州遊郡東山》。因皇甫冉卒於大曆六年，僅比杜甫晚一年，因此自《嘉定鎮江志》卷一四至今人郁賢皓《唐刺史考全編》，都定樊刺潤爲大曆五年至稍後一二年事。集序亦署其職務爲潤州刺史。目前能夠見到的樊晃最晚記錄爲大曆十年（775）撰《怪石銘》（見《金石錄》卷八）。無論此集編於其在潤州刺史任內，抑或去職以後，編次時間可以確定在大曆五年杜甫卒後，十年以前，即杜甫去世三五年間。從稱杜甫"薄遊隴蜀，殆十年矣"的記載來看，最大的可能即在大曆六年，即杜甫去世次年，時距杜甫華州去職西行秦州已經十二年。

樊晃對杜甫生平的敘述,雖然簡略,但大體準確,遠勝於兩《唐書》本傳之錯訛多有。他稱杜甫的官職爲"工部員外郎",稱"黃門侍郎嚴武總戎全蜀,君爲幕賓,白首爲郎,待之客禮。屬契闊湮阨,東歸江陵,緣湘沅而不返",是在對杜甫事迹僅知梗概,深層原因和具體細節仍不完全清楚的情況下,最清晰恰當的記録,與明清以來的杜甫事迹考證幾乎没有任何違格,與拙考《杜甫爲郎離蜀考》認爲杜甫離蜀初行目的爲入京爲郎的新説也頗契合。所謂"東歸江陵"是説東歸經過江陵,而不是以江陵爲終點。至於"緣湘沅而不返",則是對杜甫去世兩説最穩妥的折衷。

更重要的是,樊晃當時已經知道杜甫有文集六十卷,流傳於江漢之南,即荆湘之間。樊稱杜甫"常蓄東遊之志",與杜甫在夔州、江陵詩,如《解悶十二首》云:"爲問淮南米貴賤,老夫乘興欲東遊。"《第五弟豐獨在江左近三四載寂無消息覓使寄此二首》之二云:"聞汝依山寺,杭州定越州。風塵淹別日,江漢失清秋。影著啼猿樹,魂飄結蜃樓。明年下春水,東盡白雲求。"所表達的欲往江東之行的願望是一致的。可能樊晃也是杜甫曾聯繫者之一。杜甫在岳陽作《登岳陽樓》詩有"親朋無一字,老病有孤舟",正是臨歧猶豫的記録,估計是因爲故人韋之晉出鎮湖南的任命改變了他的行程。

《新唐書・藝文志》、《通志・藝文略》均著録杜甫集六十卷,我相信衹是根據樊晃序所作的輾轉記録。就我對唐宋典籍中所有關於杜甫文集和詩歌的閱讀記録所作分析看,除了樊晃的記録,没有任何人留下曾閱讀杜甫六十卷文集的可靠記録。樊晃所述雖也屬傳聞,但時杜甫剛殁,且他已經得到杜甫二子在江陵的確實消息,因此記載是可信的。

假如杜甫確實是在大曆五年歲末的冬日卒於岳陽附近的洞庭湖邊,那末與他在一起的至親衹有他的夫人楊氏和二子宗文、宗武。今人根據杜甫詩中的綫索和提及二子的年齡,推測杜甫成婚約在天寶中期,夫人楊氏當時如果二十歲,大約比杜甫年輕十六七歲。元稹《杜甫墓係銘》稱楊氏卒年四十九,即在杜甫卒後仍存活約七八年。二子的年齡,在杜甫卒時應該已經在二十歲左右,杜甫詩中曾反覆誇獎二子能作詩,并以"詩是吾家事"(《宗武生日》)相勉。有理由相信,杜甫卒後,二子將其遺骸暫瘞於岳陽,即北行抵江陵,并爲乃父文集的保存和流傳,作出了非常艱苦而有效的努力。樊晃得到的消息,應該即間接來源於杜甫家人。唐代士族將養生送終作爲子孫對先人應盡之最大責任,特别當先人亡殁於道途,暫瘞於他鄉時,家人常將先人骨殖歸葬故土當作人生之首要大事,即使傾家蕩產、累死道路也在所不計。杜甫則在亡歿後近四十年,方由其孫杜嗣業完成歸葬的責任,即宗文、宗武兄弟終其一生仍然沒有將父親歸葬。雖然宋以後自稱杜甫後人的記錄提到宗武歸蜀,而目前仍無法確知杜甫二子的行迹、仕宦、壽卒的可靠情況,但我認爲可以相信,二子或共同,或分別,爲亡父文集的保存和流傳,作出了難能可貴的努力,可以相信杜甫入蜀以後的詩歌得以大多保存,應該首先銘記二子宗文、宗武的努力。

樊晃序中特別提到,"江左詞人所傳誦者,皆君之戲題劇論耳",即在江南一帶流傳的杜甫詩歌都祇是一些遊戲之作,這就能很好地解釋殷璠《河嶽英靈集》不收杜甫詩歌的原因,即天寶間他在潤州編錄該集,當時杜甫成就還不高,即有所見也不足稱道。所謂"戲題劇論",我相信就是《雲谿友議》卷中《葬書生》或《唐摭言》卷四所載"廣文到官舍,繫馬堂階下。醉則騎馬歸,頻遭官長罵。垂名三十年,坐客寒無氈。賴得蘇司業,時時與酒錢"一類作品。

樊晃對杜甫的評價是:"君有大雅之作,當今一人而已。"即在大曆前期李白、王維都辭世以後的十年間,杜甫足以代表代宗前期詩壇的最高成就,其他京洛、江東詩人都無法與杜甫比肩。這是樊晃的卓識,可以説是在任華、嚴武、郭受、韋迢等人以後,對杜甫詩歌地位的再次肯定,也可以認爲李杜齊名代表當代最高水平,在江東也有支持者。

樊晃《杜工部小集》在宋代很流行,因其結集甚早,宋人多取以校勘杜詩,留下許多零星記錄。我三十多年前撰前引《杜詩早期流傳考》,考得吴若本《杜工部集》引錄十五首,蔡夢弼《杜工部草堂詩箋》引錄二十首,黄鶴《集千家注杜工部詩史補遺》(《古逸叢書》本)引錄十首,《錢注杜詩》引錄五十八首,仇兆鰲《杜少陵集詳注》(康熙刻本)引錄三十九首,去其重複,共得六十二首,相當於原集的五分之一强,若以組詩計,則含九十八首,約當全書三分之一。樊集所收篇目,前期杜詩則包括《自京赴奉先縣詠懷五百字》、《悲青坂》、《哀王孫》、《新婚别》、《後出塞五首》等名篇,入蜀後詩則包括《丹青引》、《秋興八首》、《秋日荆南述懷三十韻》、《嶽麓山道林二寺行》、《追酬故高蜀州人日見寄》等名篇,最晚者則爲杜甫在長沙所作《暮秋將歸秦留别湖南親友》,可以説,杜甫各個時期的代表作,樊晃都注意到了。正是基於這些作品,樊晃給杜甫以高度評價。樊序又云:"冀求其正集,續當論次云。"即他所作編錄者爲他没有看到正集前,就他在江東所得編次而成。杜甫詩歌當時流傳情況,可以據以推見。

樊晃本人詩歌,僅存《國秀集》所載《南中感懷》一首:"南路蹉跎客未回,常嗟物候暗相催。四時不變江頭草,十月先開嶺上梅。"是他早年所作。皇甫冉、劉長卿與他交往密切,彼此唱和,可惜樊詩不傳。《全唐詩》卷一一四另據《吟窗雜録》卷二六録"巧裁蟬鬢畏風吹,畫作蛾眉恐人妒"二句爲樊晃詩,我認爲此詩爲殷璠《丹陽集》收開元間硤石主簿樊光詩,與樊晃不是一人。

雖然有樊晃之如此推崇,但杜甫的成就和地位,并没有得到以錢起、郎士元爲首的京城詩人群體,和以顔真卿、皎然爲核心的浙西唱和群體的認可,在他們的詩文集中,還看不到對杜甫的客觀評價和合適揄揚。這一時期較特立獨行的詩人如韋應物、顧況,其詩中也没有杜甫的蹤迹。僅在皎然貞元間所編《詩式》中,引録有杜甫《哀江頭》的前半節引:"杜陵野老吞聲哭,春日潛行曲江曲。江頭宫殿鎖千門,細柳新蒲爲誰緑?""輦前才人帶弓箭,白馬嚼齧黄金勒。翻身向天仰射雲,一箭正墜雙飛翼。明眸皓齒今何在?血污遊魂歸不得。清渭東流劍閣深,去住彼此無消息。"《舊唐書》卷一七下《文宗紀》引此詩題作《曲江行》,説文宗吟此詩而想見安史亂前曲江一帶的景色,可知該詩爲唐代杜詩流傳最廣者之一。

四、李杜齊名之確認在貞元、元和之間

經過大曆後期到貞元前期對李杜尊崇的近二十年的沉寂,從貞元十年開始,有關李杜並提的説法悄悄但理所當然地出現在多位詩人的筆下。以下是根據現知文獻,排列出的大體年表:

貞元十年(794),元稹作《代曲江老人百韻》(原注:年十六時作):"李杜詩篇敵,蘇張筆力匀。樂章輕鮑照,碑版笑顔竣。"(《元氏長慶集》卷一〇)元稹出生於大曆十四年(779),年十六歲爲貞元十年。《代曲江老人百韻》是一首長達百韻的長詩,寫作上顯然受到杜甫《秋日夔府詠懷百韻》的影響,在長詩中順便提到"李杜詩篇敵",看作舉世認可的常識來叙述,且這時并無有意的軒輊。

貞元十四年(798),韓愈作《醉留東野》:"昔年因讀李白杜甫詩,長恨二子不相從。吾與東野生並世,如何復躡二子蹤。東野不得官,白首誇龍鍾。韓子稍姦黠,自慚青蒿倚長松。低頭拜東野,願得終始如駏蛩。東野

不迴頭,有如寸筳撞鉅鐘。吾願身爲雲,東野變爲龍。四方上下逐東野,雖有離別無由逢。"(《昌黎先生文集》卷五)此詩繫年稍有異説,宋樊汝霖以爲元和六年(811)作,王儔謂元和二年(807)作,清王元啓謂元和元年(806)作,今人屈守元、常遇春《韓愈全集校注》以爲貞元十四年作,看法的差異其實緣於對詩中"東野不得官"一句的理解,即是在孟進士及第未及授官前,還是在元和間兩次休官時。但從詩中"昔年因讀李白杜甫詩",則爲寫詩前若干年即已認可李杜二人之地位,大量閱讀後,韓與孟二人共同將"如何復躡二子蹤"作爲各人詩歌寫作努力的方向。

貞元十七年(801),韓愈作《送孟東野序》云:"唐之有天下,陳子昂、蘇源明、元結、李白、杜甫、李觀皆以其所能鳴。"(《昌黎先生文集》卷一九)没有專講李杜,但將二人放在等量的位置。

元和元年(806),韓愈作《感春四首》之二:"近憐李杜無檢束,爛漫長醉多文辭。"(《昌黎先生文集》卷三)

元和二年(807),韓愈作《薦士》:"周詩三百篇,麗雅理訓誥。曾經聖人手,議論安敢到。五言出漢時,蘇李首更號。東都漸瀰漫,派別百川導。建安能者七,卓犖變風操。逶迤抵晉宋,氣象日凋耗。中間數鮑謝,比近最清奥。齊梁及陳隋,衆作等蟬噪。搜春摘花卉,沿襲傷剽盗。國朝盛文章,子昂始高蹈。勃興得李杜,萬類困凌暴。後來相繼生,亦各臻閫奥。"(《昌黎先生文集》卷二)

元和五年(810),楊憑作《竇洛陽見簡篇章偶贈絶句》:"直用天才衆却瞋,應欺李杜久爲塵。南荒不死中華老,别工翻同西國人。"竇牟作《奉酬楊侍郎十兄見贈之作》答:"翠羽雕蟲日日新,翰林工部欲何神? 自悲由瑟無彈處,今作關西門下人。"二詩均據《竇氏聯珠集》録。根據竇牟任洛陽令的時間,知詩作於本年。

前後歷時十七年,没有任何的爭議和提倡,没有任何的論説或非議,李杜在詩歌史上的地位已然穩如磐石,不容討論地似乎成爲諸人之共識。從韓愈《醉留東野》"昔年因讀李白杜甫詩",當然還可以往前追溯若干年,可能在大曆末他從韶州回到宣州的時候,也可能在貞元初期他在京城準備進士考試的時候,總應在貞元八年(792)登進士第前吧。另一方面,貞元前期尚未成年但已經在作詩歌習作的元稹,也順理成章地看到李杜至高無上的地位。這一切,似乎早有結論,無須再作討論,早已形成定論。因此,我認爲李杜齊名在杜甫生前已經開始有此一看法,但未必成爲共識。經過二十年的過度，一切已經很自然地得到公認。有沒有特別加以提倡的人呢？在存世文獻中没有記録。

李杜齊名當然首先是提升了杜甫的地位，但對李杜成就的評説也開始滋生。從目前記載看，貞元末年白居易、元稹、李紳等開始試作新題樂府時，首先在杜甫詩中找到了新的藝術表達形式。元稹元和十二年（817）撰《樂府古題序》："近代唯詩人杜甫《悲陳陶》、《哀江頭》、《兵車》、《麗人》等，凡所歌行，率皆即事名篇，無復倚傍。予少時與友人樂天、李公垂輩，謂是爲當，遂不復擬賦古題。"（《元氏長慶集》卷二三）舊題樂府是李白熱心寫作的體裁，如《蜀道難》、《行路難》、《烏夜啼》、《將進酒》等，雖然李白給這些詩歌賦予新的氣象，但畢竟格局形式還是漢魏以來的舊格，這讓諸人不能滿足，他們從杜甫新題樂府中看到可以努力的方向，從而開創中唐新樂府寫作的輝煌。

因爲曾在杜甫詩集中找到新樂府的武庫，因此到元和七年（812）杜甫哲孫杜嗣業請元稹撰寫《唐故工部員外郎杜君墓係銘并序》時，元稹從詩歌史發展的角度，充分肯定杜甫的成就，結論是："詩人以來，未有如子美者。"寫墓誌而稱譽誌主的成就，當然是題内應有之意，即便誇大一些，也可以諒解。似乎元稹餘興不减，進而貶斥李白的成就："時山東人李白，亦以奇文取稱，時人謂之李杜。予觀其壯浪縱恣，擺去拘束，模寫物象及樂府歌詩，誠亦差肩於子美矣。至若鋪陳終始，排比聲韻，大或千言，次猶數百，詞氣豪邁而風調清深，屬對律切而脱棄凡近，則李尚不能歷其藩翰，況堂奥乎！"肯定李白與杜甫有相當成就的同時，特别指出李白不會寫排律，特别是"大或千言，次猶數百"的百韻長篇方面，差得實在太遠。這當然因爲元稹早年曾努力模仿杜甫的長韻，但因此而貶低李白，顯然失之偏激了。

稍晚三年，白居易在貶官江州時負氣寫給元稹的論詩長信《與元九書》，再次重提李杜優劣的話題："又詩之豪者，世稱李杜。李之作，才矣奇矣，人不逮矣，索其風雅比興，十無一焉。杜詩最多，可傳者千餘首，至於貫穿今古，覼縷格律，盡工盡善，又過於李。然撮其《新安》、《石壕》、《潼關吏》、《蘆子關》、《花門》之章，'朱門酒肉臭，路有凍死骨'之句，亦不過十三四。杜尚如此，況不逮杜者乎！"（《白氏長慶集》卷二八）幾乎完全否定李白詩歌的思想價值，即便杜甫也没有將此一"風雅比興"的責任貫穿始終。寫這封長信時，白居易還没有從政治熱衷中冷靜下來，因此而批評李杜不免偏激，而他此後個人的詩歌寫作走向另一極端，適可以他此時的議論來加以譴責。

　　無論怎麽説，中唐韓愈、白居易、元稹三大家對李杜的評説，最終奠定李杜在唐代詩歌史上的典範地位。至於爲什麼是此三大家，我認爲除了三家各自的詩歌趣尚以外，還有一些更特殊的因緣，也應在此稍作説明。

　　元稹娶貞元名臣韋夏卿女爲妻，即《遣悲懷》所謂"謝公最小偏憐女，自嫁黔婁百事乖"者。據《新唐書》卷七四上《宰相世系表》、吕温《吕衡州文集》卷六《故太子少保贈尚書左僕射京兆韋府君神道碑》所載，韋夏卿即爲杜甫晚年摯友韋迢之子。元稹早年得讀杜集，杜嗣業專程請他爲杜甫撰寫墓誌，或者都與此層原因有關。

　　韓愈在登第前四年，曾有《與張徐州薦薛公達書》。登第後，曾長期在徐州節度使張建封幕府任職務，有《汴泗交流贈張僕射》、《賀徐州張僕射白兔書》、《上張僕射書》等詩文爲證。白居易亦曾客徐州。《燕子樓詩序》云："徐州故張尚書有愛妓曰盼盼，善歌舞，雅多風態。予爲校書郎時，遊徐泗間，張尚書宴予。酒酣，出盼盼以佐歡。歡甚，予因贈詩云：'醉嬌勝不得，風嫋牡丹花。'一歡而去，爾後絶不相聞，迨兹僅一紀矣。"白居易客徐幕的時間晚於韓愈，所謂"徐州故張尚書"爲張建封子張愔，時間在貞元十六年後一二年。韓、白二人早年雖看不到親密來往的痕迹，但都曾客居徐州幕府則一。

　　張建封（735—800），《舊唐書》卷一四〇、《新唐書》卷一四八有傳，他早年好屬文，又慷慨負氣，以功名爲己任。寶應中曾説降蘇、常亂民數千歸化。大曆十年後入河陽三城使馬燧幕府爲判官，建中間因軍功遷濠壽廬觀察使。貞元四年授徐泗濠節度使，鎮徐州達十二年之久。權德輿撰《徐泗濠節度使張公文集序》稱他"歌詩特優，有仲宣之氣質，越石之清拔"。是方帥而能詩之人物。大曆四年，杜甫到長沙，張建封也被湖南觀察使韋之晉辟爲參謀，授左清道兵曹，但不樂吏職而去。杜甫撰《別張十三建封》送行："嘗讀唐實録，國家草昧初。劉、裴建首義，龍見尚躊躇。秦王撥亂姿，一劍總兵符。汾晉爲豐沛，暴隋竟滌除。宗臣則廟食，後祀何疏蕪。彭城英雄種，宜膺將相圖。爾惟外曾孫，倜儻汗血駒。眼中萬少年，用意盡崎嶇。相逢長沙亭，乍問緒業餘。乃吾故人子，童丱聯居諸。揮手灑衰淚，仰看八尺軀。內外名家流，風神蕩江湖。范雲堪晚友，嵇紹自不孤。擇材征南幕，湖落迴鯨魚。載感賈生慟，復聞樂毅書。主憂急盜賊，師老荒京都。舊丘豈稅駕，大廈傾宜扶。君臣各有分，管葛本時須。雖當霜雪嚴，未覺栝柏枯。

高義在雲臺,嘶鳴望天衢。羽人掃碧海,功業竟何如。"(《杜工部集》卷八)張建封是唐初名臣劉文靜的外曾孫,故杜甫從劉助唐開國說起,讚譽張秉承先人之英雄氣,雖然淪落不偶,但一定會有一展管、葛之業,為國棟樑的時候。而所謂"乃吾故人子,童卯聯居諸",在杜集中也留下記錄,即杜甫開元末所作《題張氏隱居二首》:"春山無伴獨相求,伐木丁丁山更幽。澗道餘寒歷冰雪,石門斜日到林丘。不貪夜識金銀氣,遠害朝看麋鹿遊。乘興杳然迷出處,對君疑是泛虛舟。""之子時相見,邀人晚興留。霽潭鱣發發,春草鹿呦呦。杜酒偏勞勸,張梨不外求。前村山路險,歸醉每無愁。"(《杜工部集》卷九)宋以來都認為張氏即張建封之父張玠,時杜甫父杜閑充為兗州司馬,張玠亦客居兗州,這時張建封大約僅六七歲,已經給杜甫留下深刻印象。在長沙告別杜甫後,張建封又經歷多次曲折,方能在建中平亂中脫穎而出,成為長期鎮守一方的諸侯。以他的英雄俠氣和文學稟賦,對世交且曾在自己人生困頓之際給以鼓勵的詩人杜甫,努力加以揄揚弘傳,應屬情理間事。儘管因為文獻湮沒,事實不彰,但這一推測當與事實相去不會太遠。

五、韓愈《調張籍》之再解讀

韓愈《調張籍》一詩,後人繫年有作長慶間者,則為韓愈平生最晚的詩歌之一,也有繫在元和十一二年間者,亦晚於前引元、白貶抑李白之二文。無論如何,這首詩為李杜在詩歌史上至高無上的地位下了最終的定論,則可以論定。詩意甚顯豁,前人解讀也幾乎再無剩意可講,但作為本文之結論,我還是想再稍作發揮。先錄全詩如下:

　　李杜文章在,光焰萬丈長。不知群兒愚,那用故謗傷。蚍蜉撼大樹,可笑不自量。伊我生其後,舉頸遙相望。夜夢多見之,晝思反微茫。徒觀斧鑿痕,不矚治水航。想當施手時,巨刃摩天揚。垠崖劃崩豁,乾坤擺雷硠。惟此兩夫子,家居率荒涼。帝欲長吟哦,故遣起且僵。翦翎送籠中,使看百鳥翔。平生千萬篇,金薤垂琳琅。仙官敕六丁,雷電下取將。流落人間者,太山一豪芒。我願生兩翅,捕逐出八荒。精誠忽交通,百怪入我腸。刺手拔鯨牙,舉瓢酌天漿。騰身跨汗

漫,不著織女襄。顧語地上友,經營無太忙。乞君飛霞珮,與我高頡頏。(《昌黎先生文集》卷五)

詩題中的"調",爲"調笑"之意,即與張籍的遊戲之作。首二句力拔千鈞,不容辯說地確認李杜的成就,這是韓愈一貫霸氣文風的習慣。下四句批評否定李杜者愚不可及,如同螞蟻撼動大樹般地不自量力。白居易比韓愈年輕四歲,元稹年幼十一歲,但無論如何二人均已四十上下,且在詩壇已經取得突出成就,似不宜斥爲"群兒"。再說《與元九書》祇是私人之間的通信,《杜甫墓係銘》也僅爲應私家邀約而撰寫,韓愈可能根本都沒有見到過。不過元、白的見解,在當時範圍不大的朋友圈中,或有別的方式的流傳,就如同今日在飯桌上的談論一樣。就今存文獻看,没有其他貶損或謾罵李杜詩歌的記錄可查,今人或以元白當之,也可以作爲一種解釋。何況張籍恰是元白、韓孟兩大詩派間的彼此關係均甚好的人物,借給張籍寫一首遊戲詩,對輕易批評李杜二人成就的意見表達不滿,當然是一種合適的方式。詩末的"地上友",可以是指張籍,雖有批評,但更多的是期待,呼唤一同追隨李杜的成就,開拓詩歌新的境界。此詩延續韓愈雄強奇幻的詩風,以巨刃開河、乾坤震蕩譬喻李杜的鉅大創造力,後半表述自己追隨李杜飛翔天地間,拓新詩境的體悟。詩是説自己精誠交通,百怪入腸,即得李杜附體而得體悟他們空前的文學開拓力量,但詩的潛臺詞,則明顯流露出不甘居李杜之後,希望開拓新天地的志向。在此舉一首類似的詩歌。黄庭堅《子瞻詩句妙一世乃云効庭堅體蓋退之戲効孟郊樊宗師之比以文滑稽耳恐後生不解故次韻道之》:"我詩如曹鄶,淺陋不成邦。公如大國楚,吞五湖三江。赤壁風月笛,玉堂雲霧窗。句法提一律,堅城受我降。枯松倒澗壑,波濤所舂撞。萬牛挽不前,公乃獨力扛。諸人方嗤點,渠非晁張雙。袒懷相識察,牀下拜老龐。小兒未可知,客或許敦龐。誠堪婿阿巽,買紅纏酒缸。"(《山谷内集詩注》卷五)因爲蘇軾寫了効黄體的詩,黄作此詩戲之。三十多年前朱東潤師帶我們讀蘇、黄詩,特别舉此詩爲例,説明粗看黄很自謙,對其師推崇備至,但如仔細回味,則曹、鄶雖爲小國,然在十五國風中各占一國,雖小國而不失爲正聲,然楚雖大邦,在《詩經》中并無自己的位置,楚雖"吞五湖三江",但不能籠罩曹、鄶這樣的小國,即自己雖然局促淺陋,則正可成自己的面目,不必盡隨乃師。我想,對韓愈《調張籍》,也宜作如是解。韓愈是真正讀懂李杜之第一人,但以韓愈之雄強豪氣,又怎肯跼伏於二人盛名下而無所作爲？後人認爲韓愈因此開奇崛一路,開議論一路,開不避俗惡一路,都是一種解釋。北宋前期人談到唐詩的最高成就,喜歡講"李杜韓",(梅堯臣《宛陵集》卷四六《讀邵不疑學士詩卷杜挺之忽來因出示之且伏高致輒書一時之語以奉呈》:"作詩無古今,唯造平淡難。……既觀坐長歎,復想李韓。願執戈與戟,生死事將壇。")正是看到了這一發展變化。

擺脫政治是非的白居易,對李杜的看法也可以更客觀一些。如他的《讀李杜詩集因題卷後》:"翰林江左日,員外劍南時。不得高官職,仍逢苦亂離。暮年逋客恨,浮世謫仙悲。吟詠流千古,聲名動四夷。文場供秀句,樂府待新詞。天意君須會,人間要好詩。"(《白氏長慶集》卷一五)認可了李杜并雄的地位。

六、餘論：文學典範之成立

李杜齊名,無疑是中國文學史上在《詩經》、《楚辭》以後,文學最高典範之確立。前人對此的討論已經汗牛充棟,以至本文若要作學術史的敘述,真不知從何說起。然而基本的真相似乎又從來沒有梳理清楚,因此而作學術爭辯或理論闡發似乎都不完全能令人信服。本文梳理從杜甫出道到李杜齊名基本定讞的八十年間所有第一手文獻,以求還原典範成立的具體真相。

李杜齊名是唐人衆所週知的熟典,事出東漢,且僅停留在人格道德的層面,與文學評價無涉。本文揭出之《贈特進汝陽王二十韻》中"何知對李膺"是一段有趣的記錄,顯示杜甫早年就有朋友以李杜并稱以勉勵。杜甫與李白漫遊逾年,在共同的興趣中,年長也成就更高的李白無疑是他敬仰的大詩人,也是他追隨的目標。"千秋萬歲名,寂寞身後事。"(《杜工部集》卷三《夢李白二首》之二)同情李白,也知道李白必然享有千秋盛名。杜甫認識李白的價值,努力追蹤,但卻絕不隨人依仿,而是努力開拓自己的新的道路,以鉅大的創造力開創屬於自己的詩歌天地。安史亂後杜甫的詩歌影響不斷擴大,陸續有朋友的讚譽。可以確認這些讚譽都是杜甫自己編錄文集時保存下來,可以說他是很在意別人對他的看法的。在人生最後十年,杜甫始終處於漂泊不定的動蕩中,身體多病,再加上前途的不確定,人生困頓至極,在這種狀況下,杜甫始終堅持詩歌寫作,他的偉大人格和藝術創造力在人生困境中達到巔峰。儘管在他生前是否已經得到李杜齊名的聲譽，本文提供的證據還有些單薄，但我是寧信其有。

雖然杜甫去世前後的一兩年間已經有了"大名詩獨步"、"當今一人"的極評，但此後二十多年的寂寞也是不容懷疑的事實。但到貞元十年後，李杜齊名似乎已經成爲舉世公認、無須討論的事實，爲詩人們普遍承認。元稹《代曲江老人百韻》是目前看到最早的確鑿無疑的記錄，這首長詩以二百句幾乎全詩對仗的詩句寫曲江邊上一位老人回憶開天繁華的故事，在叙述那時全盛時期無數風光往事時，提到"李杜詩篇敵"，没有特別强調，祇是客觀叙述。當然，這首詩自注"年十六時作"是作者追記，或許有作者後來改動的可能。然而韓愈的幾處記錄也是隨意提到，顯然這是當時的共識。可以説，没有任何人特別的提倡，没有引起特別的爭議，作爲文學典範的李杜地位，就這樣確定了。

當然，李杜齊名在大曆、貞元間之完成，對於李杜二人的意義是不同的。李白在開元、天寶間就名滿天下，杜甫則稍顯落寞，李杜齊名的成立奠定了杜甫的地位。從敦煌吐魯番遺書、唐人選唐詩、日本古寫本和長沙窰瓷器所見唐詩傳播文本來看，杜甫詩歌確實流傳不廣，這與他的詩歌內容深曲不易普及有關，也可以説他的詩歌超越了一個時代，開創了中唐和北宋文人詩的先聲。這一意義，最明確體悟到了的是韓愈，他因此發出最頻繁也是最强烈的肯定。元白從詩歌的現實意義和聲律技巧上，强調杜甫的價值，因此而褒杜貶李，畢竟是一隅之見，難成定論。

2014 年 5 月 23 日於復旦大學光華樓

附記：今年九月承友人見示天寶七載（748）"吏部常選樊晃書"駙馬都尉鄭萬鈞墓誌，聯繫杜甫詩中屢有與鄭駙馬交往之作，因知樊晃爲杜甫早年友人，杜甫在鳳翔有《送樊二十三侍御赴漢中判官》，所送很可能即樊晃。杜甫去世未久，樊即爲其編小集且大力揄揚，亦含舊友之情也。已另撰文《杜甫與樊晃》，發表於《東方早報》2014 年 11 月 9 日《上海書評》。未及改寫本文，謹此説明。陳尚君 2014 年歲末。

（作者單位：復旦大學）

論南宋詞所展現的"物趣"、"夢境"與"空間邏輯"的文化意義[*]

林順夫

【摘　要】對北、南宋詞的評價,浙西兩學者的撰著,清早期的朱彝尊《詞綜》和晚清民國時期的王國維《人間詞話》,二者看法不同。後者揚北宋而抑南宋,直指詞至南宋,已不足觀;而前者卻不一筆抹煞南宋,對其成就、價值亦給予充分的估量。當代詞學,似乎以王氏《人間詞話》影響更巨,本文則顛覆王氏之說,較認同朱氏的觀點。意在宋文化發展面向上來體察北、南宋之際詞的發展嬗變,北宋蘇軾、周邦彥已有出色的詠物詞,而由於種種文化因緣,南宋詞人承襲前人,在詞中發明"物趣"。考索姜夔、史達祖與"物趣"之淵源,進而深入分析當時代表詞人以及宋遺民詞人的詞結構的改變,內含"空間邏輯"之新意,以及詞作特點,他們與北宋詞的直接抒情,顯然已有較大的差異。

【關鍵詞】南宋詞　物趣　夢境　空間邏輯

---

[*] 這篇論文原稿是特別為了參加故宫博物院主辦的"南宋的藝術與文化國際研討會"而撰寫的。此研討會於2010年11月22至24日在臺北士林外雙溪故宫博物院舉行。論文稿在研討會宣讀後,承正式評論人、筆者多年老友姜斐德博士(Dr. Alfreda Murck)以及其他與會學人不吝指正,獲益良多,先此致謝。此次原稿經稍加改訂交《嶺南學報》(復刊號)後,編輯先生又把拙稿送給一位學者審查。現在,筆者按照這位匿名審查人所提的寶貴意見,將論文重新作了不少的修訂與增補。對審查人,筆者也非常感謝。論文雖經多次改訂補充,恐難免尚有錯誤和不足處。這些當然全由筆者自己負責。

前　言

　　自從中國元朝羅宗信(活躍於公元 14 世紀)爲成書於公元 1324 年的周德清(1277—1365)《中原音韻》所作的序文裏,把唐詩、宋詞和元曲並稱以來,經過明清兩代、幾位關注文體發展的學者的推延發揮,到清末民初,王國維(1877—1927)就發展出對後來頗有影響的"凡一代有一代之文學"的理論來①。按照這個理論,宋詞被認爲是最能代表宋代文學的文體,足以與"楚之騷,漢之賦,六代之駢語,唐之詩……元之曲"②並駕齊驅。

　　在 20 世紀末期,王氏這個有趣的理論曾受到一些學者的檢視、闡述和發揚。宋代文學包括詩、詞、文、小説和戲曲五大體類。無可否認,宋代的小説和戲曲還處於萌芽的時期,可是宋詩和宋文都已是數量龐大而且有輝煌成就的體類。因此,有人認爲,如果要拿詞來當作宋代文學的代表,我們必須從詞體的發展是在宋代最富創造性及開拓性這一點來討論③。據筆者所知,闡述並發揮王國維的"一代有一代之文學"説,而能推出自己既精闢又有深度之論説者,則非當代中國學者李澤厚先生莫屬了。李先生不從宋詞的成就本身入手,而從中唐到北宋(960—1127)間整個時代風尚跟社會氛圍的大變遷來切入探討。他指出,中唐以後,新興的世俗地主階層的審美興趣和藝術主題已與前時代不同,呈現"走進更爲細膩的官能感受和情感色彩的捕捉追求中","時代精神已不在馬上,而在閨房;不在世間,而在心境。所以,這一時期最爲成功的藝術部門和藝術品是山水畫、愛情詩、宋詞和宋瓷。而不是那些愛議論的宋詩,不是鮮艷俗麗的唐三彩"④。他又

---

① 中國當代學者王水照先生,曾對這個理論的來由,做過討論。請看王水照主編《宋代文學通論》,開封:河南大學出版社 1997 年版,第一章第一節《"一代有一代之文學"説的來由》,第 43—49 頁。本書是簡體字本,引文時,把字體改成繁體。本文所有引文,如原文是簡體,都改成繁體。
② 這是王國維於 1912 年寫的《宋元戲曲考》自序中所説的話。王國維《宋元戲曲考·序》,見載《王國維文學論著三種》,北京:商務印書館 2001 年版,第 57 頁。
③ 這是王水照的看法,見《宋代文學通論》,第一章第二節《宋詞的歷史定位》,第 45—49 頁。
④ 李澤厚《美的歷程》,北京:三聯書店 2009 年版,第 159 頁。此書初版於 1981 年,此後有很多版本流行。三聯書店出版的 2009 年版本,應是作者改訂的最後版本。因此,本人引文都引自此版。李先生在《美的歷程》第八章《韻外之致》和第九章《宋元山水意境》花了很大篇幅討論中唐至宋元的審美興趣和藝術境界。見該書,第 150—190 頁。

説:"在詞裏面,中、晚唐以來的這種時代心理終於找到了它的最合適的歸宿"①。後文筆者還會再援用李先生的許多寶貴觀察。在此本人先引他幾句關鍵的話來聲明,本文討論詞時,是依照他的看法,把詞當作最能代表宋代時代精神的文學體類來看待的。

作爲一種詩歌形式,詞與在宋朝以前已經具有悠久發展歷史的詩不同。詞是一種配合主要是從中亞傳入中國的燕樂而成的可以歌唱之詩體②。詞最早起於民間。初、盛唐時,偶爾有文人開始填詞,但創作還是極少。到了中、晚唐時期,尤其是9世紀以後,文人寫詞才逐漸增多起來。在隨後的五代時期(907—960),詞這新興的詩體纔算漸趨繁盛,完全成熟於北宋年間,並於北宋末期,從酒筵席間歌女演唱的通俗曲詞演變成被文人接受的重要詩歌體類之一。儘管很多晚宋文人試圖在詩的領域開拓出新的創作方向,他們還是沒能讓詩這種文體重現前幾世紀的蓬勃生機。相對而言,詞卻仍然具有很多發展的潛能。清初的朱彝尊(1629—1709)説:"世人言詞,必稱北宋,然詞至南宋始極其工,至宋季始極其變。"③的確,從12世紀末以來,南宋(1127—1279)出現了不少非凡的詞人,替詞壇發展出一些有趣、重要而且新穎的新形式。本文擬集中討論最具代表性的南宋詞所展現的前所未有的特色,主要包括物趣、透過夢之窗口觀看世界與人生和空間邏輯等三層面。按照筆者的看法,這些特色都可説是朱彝尊所指出的宋詞"極其工","極其變"的最佳例證。本文擬把這些特色放在南宋文化發展的面向上來探討。

一、物　趣

筆者首先要討論南宋詠物詞所展現的"物趣"這一特色。要討論這一特色,我們必須先對"物"在中國詩歌傳統中所佔有的地位有一基本認識。

從很早開始,中國詩歌理論就已經重視"感物言志"的問題,將"'物'

---

① 李澤厚《美的歷程》,第160頁。
② 關於詞的起源,本人大抵根據夏承燾、吳熊和於《詞學》書中《詞的起源》一小節的簡叙。見夏承燾、吳熊和《詞學》,臺北:宏圖出版社1970年版,第1—6頁。
③ 朱彝尊《詞綜·發凡》。見朱彝尊選、汪森輯《詞綜》,北京:中華書局1975年版,第10頁。

與'心'之相感,看作詩歌創作之重要質素"①。在《文心雕龍·明詩》裏,劉勰把自《毛詩大序》以來論述感物言志的概念,用精簡的四句總結起來:"人稟七情,應物斯感,感物吟志,莫非自然。"②根據這個中國傳統理論,詩歌創作的源起係來自詩人內心感情受到外物的感發。這樣的理論,也許可以稱之爲"詩之自然的源起論"(naturalistic conception of the origin of poetry),與西洋傳統裏、詩人常常向繆斯女神(Muses)乞求創作靈感的理論,有很大的不同。在這種詩人受外物的感發而抒寫其情志的詩歌傳統中,外物在中國詩歌傳統裏所佔的位置,當然也就特別重要了。不應忽略,物雖然重要,自《詩經》以來,中國詩歌的主流究竟仍是以抒寫情志爲主體的。依照葉嘉瑩先生的考察,專門以寫物爲主題的中國文學作品,應該以荀子和宋玉的一些以"賦"爲標題的作品爲最早③。在他們的賦作裏,荀、宋已經把寫作的重點,從詩的抒發情志"轉移到對'物'的鋪陳敘寫方面了"④。至於專門以寫物爲主題的"詠物詩",則要到建安(196—220)、齊梁(479—557)時代纔出現並形成風氣。建安以後,雖然詠物之作在後世詩傳統中頗有發展,可是按照詩作的內容性質,可以歸納爲偏重借外物來喻託詩人內心情志,或偏重社交的寫詩活動,或偏重消遣遊玩等性質;而且屬於喻託性質的寫作方式,也不外有偏重思索安排和直接感發兩種⑤。此處所述詠物詩的性質和表現方式,對於後來詠物詞的發展是有一定影響的。

詠物詞是到了北宋後期,尤其是在蘇軾(1037—1101)和周邦彥(1056—1121)兩大家手中,纔逐漸得到發展的。蘇軾是一個相當晚成的詞人,因爲他是於36歲已經是成名了的詩人時,才開始著手作詞⑥。雖然如

---

① 此語引自葉嘉瑩先生《論詠物詞之發展及王沂孫之詠物詞》一文,原載《四川大學學報》(1986年第4期),後來收入繆鉞、葉嘉瑩合著《靈谿詞說》。此書原由上海古籍出版社於1987年出版,筆者所用者爲臺灣版。引語見《靈谿詞說》,臺北:國文天地雜誌社1989年版,第531頁。在這篇重要的論文中,對於中國詩歌的"感物言志"抒情傳統以及宋代以前的詠物傳統,葉先生作了極精簡的論述;見該文,第529—537頁。本人此節談到宋代以前的詠物傳統,大抵都跟隨葉先生的論述。
② 葉嘉瑩先生在前注提到的論文裏,簡述了《毛詩大序》、《禮記·樂記》、陸機《文賦》、鍾嶸《詩品·序》及《文心雕龍·明詩》等討論感物言志與詩歌創作之關係的語句。見《靈谿詞說》,第531頁。
③ 《靈谿詞說》,第532頁。
④ 同上注。
⑤ 這些是葉嘉瑩先生的結論。《靈谿詞說》,第532—537頁。
⑥ 葉嘉瑩先生認爲蘇軾是1072年纔開始寫詞的。請看葉先生《論蘇軾》一文,收入繆鉞、葉嘉瑩合著:《靈谿詞說》,第194—195頁。

此,蘇軾仍是宋詞歷史上成就很高、影響極大的詞人之一。比蘇軾稍前的詞人柳永(生卒年不詳),已經作了革命性的貢獻,即大膽使用白話口語(甚至連缺乏洗練或醇雅的俚俗措辭也不迴避),以及開發以鋪敘、柔婉、"委屈盡情"爲基調的慢詞美典①。與蘇軾同時代而年紀較輕的文人,如晁補之(1053—1110)和張耒(1054—1114),認爲蘇軾作詞的策略是"以詩爲詞"②。蘇軾確實一方面致力提升詞在柳永手中所建立的通俗格調,而另一方面並以其寫詩所用的技巧來作詞,將詞從此前閨情和艷情的主調中解放出來,使之能表達形形色色的情感,幾乎跟詩一樣地多能③。蘇軾在使詞趨近詩的言志傳統的同時,又一改較爲陰柔婉約的傳統詞風,而用雄強遒健的語言來作詞,開創"豪放"的風格④。蘇軾的詠物詞大多是借物來直接發抒情志,並且表現一種他特有的"詠物而不滯於物的揮灑自如之風格"⑤。

周邦彥一向被尊稱爲北宋詞的集大成者。葉嘉瑩先生把周邦彥集北宋詞之大成的内涵,歸納爲六項:一、善於融化前人詩句入詞;二、善於體物,描繪工巧;三、善於言情,細膩周至;四、善於練字,妥帖工穩;五、精於聲律,有清濁抑揚之美;六、工於佈局,結構曲折細密⑥。周邦彥的"集大成",確如葉先生所説,"大多是就其寫作功力方面之成就而言,而並不是就其内容意境方面而言的"⑦。周邦彥精工雅致的作品,可以説是把詞這個體類在北宋發展出來詞的"婉約"正統美典,提升到一個高峰。雖然周邦彥的詠物詞並不很多,其所展示的描繪物與情交錯映襯的複雜結構,與"安排思

---

① 見拙文《詞别是一家:一個文類身份的形成》裏關於柳永的簡短論述。此文已收入拙著《透過夢之窗口:中國古典文學與文藝理論論叢》,新竹:清華大學出版社2009年版,第228—230頁。"委屈盡情"是姜夔給詞所下的定義,見姜夔著,夏承燾校輯《白石詩詞集·白石道人詩説》,北京:人民文學出版社1959年版,第67頁。
② 吴熊和《唐宋詞通論》,杭州:浙江古籍出版社1988年版,第289—290頁。
③ 見拙文《詞别是一家:一個文類身份的形成》裏關於蘇軾的簡短論述。載《透過夢之窗口:中國古典文學與文藝理論論叢》,第230—232頁。讀者亦可參看 Kang-i Sun Chang, *The Evolution of Chinese Tz'u Poetry: From the Late T'ang to the Northern Sung* (Princeton: Princeton University Press, 1980),第170頁。此書中討論蘇軾的一章(第158—206頁),對於蘇軾詩詞的關係,卓見也隨處可見。
④ 見《詞别是一家:一個文類身份的形成》,《透過夢之窗口:中國古典文學與文藝理論論叢》,第231頁。
⑤ 葉嘉瑩《論詠物詞之發展及王沂孫之詠物詞》,《靈谿詞説》,第540頁。
⑥ 葉嘉瑩《論周邦彥詞》,《靈谿詞説》,第304—306頁。
⑦ 同前書,第305頁。

索的寫作方式,卻爲後來南宋大量詠物詞的出現開闢了前路"①。關於詠物詞,葉先生析論得很精到,她說:"如果説蘇軾是由於詩化而把詩歌中詠物之風帶進詞中的一位作者,那麼,周邦彦則應是使詠物詞脱離'詩化'而真正達到'詞化'的一位作者。"②衆所週知,在南宋詞名家如姜夔(約1155—1221)、史達祖(1163—約1220)、吴文英(約1200—1260)、周密(1232—1298)、張炎(1248—約1320)等的作品裏,詠物是其重要内容之一。而這些南宋名家的詠物詞,都相當程度地受過周邦彦的影響。關於這點,葉先生已經在收入《靈谿詞說》的多篇關於這些名家的論文裏,有精闢的分析論述了,有興趣者可以取來閱讀。筆者想在下文特别討論的是,南宋詞人在詠物作品裏所開拓出前所未有的、到目前爲止也較不爲人關注的新境界。現在先來簡單叙述一下,詠物詞的出現與發展,跟北宋後期文化的可能關係。

在討論爲什麽蘇軾寫了很多詠物詞時,葉嘉瑩先生首先提出,也許這是由於蘇軾在"詩化"的過程中,把詩傳統中的詠物風氣帶進詞裏來的原因③。其次,她指出,在蘇軾周圍,已經出現了一個如同建安時代的"文學寫作的集團",而詠物詞是集團成員社交活動的産品④。筆者想補充的是,詠物詞之興起,似乎與11世紀,尤其是11世紀後期,宋人開始對"物"產生一種特别的關注有關。在電子版的《四庫全書》裏搜尋一下,筆者發現"物趣"一詞,最早出現在王禹偁(954—1001)的《庶子泉》詩開頭兩句:"物趣固天造,物景不自勝。"⑤自王禹偁開始,"物趣"一詞漸漸被北宋人在詩歌和散文裏用起來,在梅堯臣(1002—1060)、韓琦(1008—1075)、惠洪(1071—1128)等人的文集中可以找到一些例子。⑥ 成書

---

① 葉嘉瑩《論詠物詞之發展及王沂孫之詠物詞》,《靈谿詞説》,第541頁。
② 同前書,第543頁。
③ 同前書,第539、543頁。
④ 同前書,第539頁。
⑤ 王延梯選注《王禹偁詩文選》,北京:人民文學出版社1996年版,第137頁。
⑥ 在梅堯臣的文集裏就可找到數個"物趣":一首五言古詩題目是《子聰惠書,備言行路及遊王屋物趣,因以答》;《宿州河亭書事》詩首四句是"遠泛千里舟,暫向郊亭泊。觀物趣無窮,適情吟有托";《依韻和吴正仲冬至》詩頭二句是"流光冉冉即衰遲,物趣迴還似轉規";《蟬》一詩中有"物趣時時改,人情忽忽遷"兩句。此四處分别見於梅堯臣著、朱東潤編校《梅堯臣集編年校注》,上海:上海古籍出版社1980年版,第22、121、751、868頁。韓琦的《上巳北塘席上》以"修禊春塘上,誰知物趣深"兩句開篇,見韓琦撰、李之亮、徐正英箋注《安陽集編年箋注》,成都:巴蜀書社2000年版,上册,第237頁。惠洪的《李德茂家坐中賦諸銘》中之《阮咸銘》:"有督奇逸,製爲此器,以姓名之,蓋琴之裔。物趣幻假,形因變遷,但餘至音,則無陳鮮。"見王雲五主編《四庫全書珍本》第222册,惠洪著《石門文字禪》,臺北:商務印書館1980年版,第17頁下。

於宋徽宗(1082—1135,1100—1125在位)宣和二年(1101)的《宣和畫譜》也曾用過"物趣"一次,稍後筆者會提出來做較詳細的討論。在這些北宋詩文裏,"物趣"主要是指"自然景物給人所產生的興趣"①。明朝(1368—1644)以後,"物趣"成爲藝術理論裏的一個重要辭彙,而且其指涉範圍也就不拘限於自然景物了。"物趣"這個有趣的語詞首次出現在宋代的文獻裏,是一個耐人尋味的問題。

中國近代史學大師陳寅恪(1890—1969)曾說過:"華夏民族之文化,歷數千載之演進,造極於趙宋之世。"②聞名中外的已故中國史學家鄧廣銘(1907—1998),也曾經說過:"兩宋期内的物質文明和精神文明所達到的高度,在中國整個封建社會歷史時期之内,可以說是空前絶後的。"③宋朝的物質與精神文明所達到的高度,是否真的造極,甚或是絶後,恐怕研究中國歷史的專家會持不同意見,不過其空前的情況,應無問題。在中國歷史上的五六個主要朝代裏,只有宋朝是一直在外患最頻仍的情況下存在,然而從宋太祖以來,其主要政策卻是抑制軍事,以與對宋常有侵略野心的鄰居共存④。這個基本上用金錢來向鄰近强國買和平共處的策略,常爲後來中國史家所詬病。儘管如此,宋朝在物質和精神文化上仍有空前的成就。由於農業、工業和商業的發展,宋朝是一個非常富庶的社會。關於宋朝的成就,美國漢學家牟復禮(Frederick W. Mote,1922—2005)先生曾作了如下的簡要概述:

宋人生活的繁榮就是宋朝成就的一部分。所有的證據顯示,中國在整個宋朝三百年,尤其是1127年以後南宋所統治的原來領土的三分之二地區,是當時全世界最富裕,最有秩序,文化和科技也最先進的部

---

① 李澤厚曾說過:"……由盛唐而中唐,對自然景色、山水樹石的趣味欣賞和美的觀念已在走向畫面的獨立複製,獲得了自己的性格,不再只是人事的背景、環境而已了。"見《美的歷程》,第170頁。李先生的"對自然景色、山水樹石的趣味欣賞"一語,正好可以拿來作宋時"物趣"一詞的定義。
② 陳寅恪《陳寅恪先生文集》第二卷,上海:上海古籍出版社1980年版,第245頁。
③ 鄧廣銘《談談有關宋史研究的幾個問題》,收入《鄧廣銘全集》第七卷,石家莊:河北教育出版社2005年版,第59—71頁。所引文句,見該書第61頁。
④ 這是先師牟復禮先生的觀察。五個朝代指漢、唐、宋、明、清,有時元朝也被加進去,而成六個主要朝代。見 Frederick W. Mote, *Imperial China: 900 – 1800* (Cambridge, Mass.: Harvard University Press, 1999),第112頁。

分。宋朝容納了世界上最大的城市,及數量最多的較小城市和大城鎮。她支撐了比世界其他地區更大的國內和國際商業。在世界其他各地有印刷的書籍以前(與宋朝分享印刷技術並付出貢獻的韓國除外),她出產了數以千計的書籍。雖然我們無法很精確地計算,宋朝無疑擁有當時世界上數量最多的精通文學的人,並且有不斷增多的有讀寫能力的普通人。讀寫能力和書籍合起來,表示宋朝能夠更有效地累積、保存並傳播知識,而且因爲宋人的知識大多有實際的用途,人們的生活也就得到了改善。不過,我們不能忽略大體上富裕的城市裏存在不公平,或者貧窮人可能遭受到的(例如來自地方政府的)傷害。①

北宋究竟在什麼時候發展成一個繁榮、富裕、太平的社會? 在《東京夢華錄·序》裏,孟元老以如下幾句開篇:"僕從先人宦游南北,崇寧癸未到京師,卜居於州西金梁橋西夾道之南。漸次長立,正當輦轂之下,太平日久,人物繁阜。垂髫之童,但習鼓舞;班白之老,不識干戈。"②宋徽宗於1100年即位,年號先是建中靖國,一年多後改作崇寧;癸未是崇寧二年,即1103年。從孟元老序中的"漸次長立,正當輦轂之下,太平日久,人物繁阜","班白之老,不識干戈","僕數十年爛賞疊遊,莫知厭足"等字句看來,北宋社會(尤其在汴京)至少在11世紀後幾十年,應該已經是很太平、繁榮、富裕了。在《宋代之金石學》一文結尾,王國維(1877—1927)説:

> 金石之學,創自宋代,不及百年,已達完成之域。原其進步所以如是速者,緣宋自仁宗以後,海內無事,士大夫政事之暇,得以肆力學問。其時,哲學、科學、史學、美術,各有相當之進步;士大夫亦各有相當之素養;賞鑒之趣味,與研究之趣味,思古之情,與求新之念,互相錯綜。此種精神,於當時之代表人物蘇(軾)、沈(括)、黄(庭堅)、黄(伯思)諸人著述中,在在可以遇之。其對古金石之興味,亦如其對書畫之興味,一面賞鑒的,一面研究的也。漢、唐、元、明時人之於古器物,絶不能有

---

① Frederick W. Mote, *Imperial China: 900 – 1800*,第324—325頁。
② 孟元老《東京夢華錄·序》,見孟元老等著:《東京夢華錄(外四種)》,上海:古典文學出版社1957年版,第1頁。

宋人之興味。故宋人之金石書畫之學,乃陵跨百代。近世金石之學復興,然於著錄考訂,皆本宋人成法,而於宋人多方面之興味,反有所不逮。故雖謂金石學為有宋一代之學,無不可也。①

宋仁宗(1010—1063)在位於1022到1063年間。前文提到的自然景物,以及此處王國維所提的金石古器物、書畫等,都可以泛稱作"物",即可以被代表吾人經驗主體之"我"和"心"所理解或感知的"物"。筆者已經指出,"物趣"一詞首見於活躍於10世紀末期的王禹偁作品裏。可是,此詞之被多人採用,則是仁宗朝以後的事情了。在一個太平日久,物質文明空前昌盛的時代,社會上的精英,開始廣泛地對"物"產生賞鑒和研究的關注與興趣,應該是順理成章的事情。雖然詠物詞之興起與北宋後期文人社交玩樂的活動有關,其背後有繁盛的物質文明這一歷史條件,我們不能忽略。

關於宋人對物的關注與興趣,王國維指出對於金石古器和書畫等文物的"賞鑒之趣味","研究之趣味",以及"多方面之興味"等特色。王氏之言,雖極簡要,已經敏銳指出,宋人除了在哲學、科學、史學、美術等重要文化領域各有相當的進步外,也能拿文物來當作"審美"與"研究"的對象,並因此開拓出"金石學"專門領域這一重要貢獻。我們可以比王氏更進一步,來探討宋人物趣所表現的時代精神。

北宋晚期的文士,對於詩、畫之關係以及美學上的形神意等問題,著墨甚多。筆者只挑出少數比較有代表性,而且也與本文比較有關係的意見,來簡單論述一下。晁補之有討論物與詩、畫關係的《和蘇翰林題李甲畫雁二首》,其一首六句如下:"畫寫物外形,要物形不改。詩傳畫外意,貴有畫中態。我今豈見畫,觀詩雁真在。"②晁補之是所謂的"蘇門四學士"之一。蘇軾的《題李甲畫雁二首》今已亡逸,其內容可能是在稱讚李甲一幅畫裏的雁,畫得很自然、逼真。因此,晁補之在他的和詩裏,才轉而讚美蘇軾的詩,稱它可以代替李甲畫裏的雁本身③。在《書鄢陵王主簿所畫折枝二首》其一開頭,蘇軾寫出如下非常有名的幾句詩:"論畫以形似,見與兒童鄰。賦詩

---

① 見王國維《靜庵文集續編》,《王國維遺書》第五冊,上海:上海古籍書店1983年版,第74頁下。
② 晁補之《雞肋集》,《四部叢刊》本。
③ 美國學者卜壽珊(Susan Bush)曾簡要討論了這一點。見Susan Bush, *The Chinese Literati on Painting: Su Shih (1037–1101) to Tung Ch'i-ch'ang (1555–1636)* (Cambridge, Mass.: Harvard University Press, 1971),第26頁。

必此詩,定非知詩人。詩畫本一律,天工與清新。"①蘇軾這幾行詩句所表達的對於繪畫"形似"問題的態度,可說跟晁補之詩句所表達的對於物外形之強調,正好相反。也許因爲蘇軾在此詩中特別强調自然與清新之重要,因此就把形似的價值給貶低了。關於蘇軾和晁補之看似相反的見解,明末的名畫家、書畫理論家董其昌(1555—1636)曾作過頗具卓見的觀察:"東坡有詩云:'論畫以形似,見與兒童鄰。作詩必此詩,定非知詩人。'余曰:'此元畫也'。晁以道(此應是晁補之,董氏弄錯了)詩云:'畫寫物外形,要物形不改。詩傳畫外意,貴有畫中態。我今豈見畫,觀詩雁真在。'余曰:'此宋畫也。'"②按照董其昌的觀察,完全抛棄形似的要求是元代山水畫(尤其所謂的文人畫)的特色。雖然此處蘇軾好像在説形似完全不值得推崇,傳神纔重要,其實他並沒有完全忽視物之形狀。美國當代中國美術史學者卜壽珊(Susan Bush)就曾指出,在《韓幹馬十四匹》一首論畫詩裏,結尾四句幾乎可説是在呼應前引晁補之那六句詩的:"韓生畫馬真是馬,蘇子作詩如見畫。世無伯樂亦無韓,此詩此畫誰當看。"③的確,宋人還是很重視把握並在畫面上再現物之外形的。同時,他們也認爲詩人在描繪景物時,也得透過文字所構造的意象(image)把物的真正形象表達出來纔行。關於這一點,我們可以在上引蘇軾和晁補之的詩裏看出來。蘇軾很有自信地説,他的詩跟韓幹的畫一樣,把馬的形象再現出來。當然,必須指出,蘇軾和晁補之是物之形與神都兼顧的。晁補之說畫要能寫出物本身以外的形,而蘇軾也説要能看出他的詩與韓幹的畫所再現的馬之真實,非有伯樂般善於鑒別駿馬的"相馬術"不能勝任。

根據李澤厚所言,對於自然環境景物的真實描寫,是五代到宋山水畫的重要傳統。李先生提到,北宋山水畫的領路人是五代畫家荆浩。在被後世認爲是他所著的《筆法記》裏,荆浩說:"太行山……因驚其異,遍而賞之。明日攜筆復就寫之,凡數萬本,方如其真。"④荆浩此處所言,似乎是在記述

---

① 王文誥《蘇文忠公詩編注集成》(全六册),臺北:臺灣學生書局1967年版,第五册,第2893頁。
② 這幾句話出自董其昌《畫旨》一百一十五則中之一則。見董其昌《容臺集》第四册,臺北:"國立中央"圖書館1968年版,第2097頁。
③ 晁補之《雞肋集》,《四部叢刊》本,第27頁。蘇軾詩,見《集注分類東坡先生詩》(《四部叢刊》本),V.11.17b-18a。
④ 荆浩《筆法記》,見黄賓虹、鄧實編《美術叢書》四集第六輯,臺北:藝文印書館1947年版,第18册,第15頁。

他親身到自然界去體驗自然對象,去寫生。李澤厚指出,荆浩是繼承南齊時代(479—502)畫家謝赫的"六法"而提出山水畫的"六要"(氣,韻,思,景,筆,墨)的①。《筆法記》又説:"似者得其形,遺其氣,真者氣質俱盛。"②對於荆浩所樹立的中國山水畫美學特色,李先生作了中肯的總結:"不滿足於追求事物的外在模擬和形似,要盡力表達出某種内在風神,這種風神又要求建立在對自然景色對象的真實而又概括的觀察、把握和描繪的基礎之上。"③前面提到的蘇軾與晁補之對於詩、畫須表達馬跟雁的"真"之關切,就是與這種宋人特有的"物趣"有關的。宋人山水畫所展現的這種物趣,元代(1279—1368)以後就改變了。李澤厚説:

> 既然重點已不在客觀對象(無論是整體或細部)的忠實再現,而在精煉深永的筆墨意趣,畫面也就不必去追求自然景物的多樣(北宋)或精巧(南宋),而只在如何通過或借助某些自然景物、形象以筆墨趣味來傳達出藝術家主觀的心緒觀念就够了。因之,元畫使人的審美感受中的想像、情感、理解諸因素,便不再是宋畫那種導向,而是更爲明確的"表現"了。④

李先生此處的"表現",就是"表現自我"(self-expression)的意思,是相對於客觀對象之"再現"(representation)而言的。我的已經退休了的中國藝術史同事,艾瑞慈(Richard Edwards)教授,也曾做過類似李先生的觀察:"晚宋藝術家,對於他周遭的世界感到得意,認爲繪畫的任務,應該集中在記述這個理想世界的外表之優美,然而元代藝術家則把山水畫當作記述他自己的工具。"⑤毋庸置疑,宋人的物趣跟他們對於宋代昌盛的物質與精神文明所感受到的自信,是有密切的關聯的。

前文已提及,管見所知,《宣和畫譜》是現存第一部把"物趣"一詞採用

---

① 李澤厚《美的歷程》,第174頁。有名的謝赫"六法"是:一、氣韻生動,二、骨法用筆,三、應物象形,四、隨類賦彩,五、經營位置,六、傳移模寫(或作"傳模移寫")。荆浩《筆法記》,《美術叢書》四集第六輯,第15頁。
② 荆浩《筆法記》,見黃賓虹、鄧實編《美術叢書》四集第六輯,第18册,第16頁。
③ 李澤厚《美的歷程》,第175頁。
④ 同前書,第186頁。
⑤ Richard Edwards, *The World Around the Chinese Artist: Aspects of Realism in Chinese Painting* (Ann Arbor: Center for Chinese Studies at the University of Michigan, 1989, 2000), p.57.

作審美批評辭彙的文本。該書第十六卷,討論宗室畫家趙孝穎時,有如下文字:"……翰墨之餘,雅善花鳥。每優游藩邸,脱略紈綺,寄興粉墨,頗有思致。凡池沼林亭所見,猶可以取像也。至於模寫陂湖之間物趣,則得之遐想,有若目擊而親遇之者,此蓋人之所難,然所工尚未已,將復有加焉。"①很清楚,"物趣"在這段話裏指的是自然景物給人所感發的興趣。此詞出現於明代的典籍時,其指涉的對象已經從自然景物和山水畫,擴充到別的藝術領域裏面去了。與王世貞(1526—1590)是好朋友的晚明文人張應文,在其《清秘藏》一書裏,討論到古玉時説:"三代秦漢人製玉,古雅不煩,無意肖形,而物趣自具。若宋人製玉,則刻意模擬,雖能發古之巧,而古雅之氣已索然矣。"②張應文認爲,三代秦漢時候的人,用玉雕刻物品時,不刻意摹仿物的形狀,其作品卻自自然然地具備了物本身能吸引人的興趣;可是,宋人在製作玉物品時,刻意模擬物之形狀,其結果卻使物之古雅風神完全消失了。張氏"物趣"説的背後是有形/神、天然/人工之分作爲理論基礎的。比張氏稍晚的屠隆(1543—1605)也以類似的概念來論畫。在《考槃餘事》裏,屠隆説:"畫花,趙昌意在似,徐熙意不在似。非高於畫者,不能以似不似第其高遠。""意趣具於筆前,故畫成神足,莊重嚴律,不求工巧,而自多妙處。後人刻意工巧,有物趣而乏天趣。"③趙昌是北宋畫家,以擅畫花果著名。徐熙(886—975)則是五代南唐時的有名花鳥畫家。屠隆已經清楚地把畫裏的物趣和天趣分開,而在他看來,力求工巧、形似以至喪失神氣的物趣,是宋畫的一個特色。

在刊於 1591 年的《遵生八牋》裏,高濂(約生活於 1573—1620 年間)繼承張應文、屠隆的觀點,加以發揮,增加不少細節。筆者且引一兩段論玉和畫的文字,來作例證:

> 論古玉器:然漢人琢磨,妙在雙鈎,碾法宛轉流動,細入秋毫,更無疏密不匀,交接斷續,儼若遊絲白描,曾無滯迹。若余見漢人巾圈,細碾星斗,頂撞圓活;又見螭虎雲霞,層疊穿挽,圈子皆實碾雙鈎,若堆氣

---

① 俞劍華標點注釋《宣和畫譜》,北京:人民美術出版社 1964 年版,第 261 頁。
② 張應文《清秘藏》,見黄賓虹、鄧實編《美術叢書》初集第八輯,臺北:藝文印書館,出版日期未詳,第 4 册,第 188 頁。
③ 此兩段出自屠隆《考槃餘事》卷二。見王雲五主編《叢書集成初編》第 1559 册《考槃餘事》,上海:商務印書館 1937 年版,第 31、32 頁。

飛動。但玉色土蝕殆盡,綴綫二孔,以銹其一,此豈後人可擬?要知巾圈非唐人始也。……其制人物、螭玦、鈎環并殉葬等物,古雅不煩,無意肖形,而物趣自具,尚存三代遺風。若宋人則克意模擬,求物像形,徒勝漢人之簡,不工漢人之難。所以雙鈎細碾,書法卧蠶,則迥別矣。漢宋之物,入眼可識。

  論畫:余所論畫,以天趣、人趣、物趣取之。天趣者,神是也;人趣者,生是也;物趣者,形似是也。夫神在形似之外,而形在神氣之中,形不生動,其失則板;生外形似,其失則疏,故求神氣於形似之外,取生意於形似之中。生神取自遠望,爲天趣也;形似得於近觀,爲人趣也;故圖畫張挂,以遠望之。山川徒具峻削,而無煙巒之潤;林樹徒作層疊,而無搖動之風;人物徒肖,尸居壁立,而無語言顧盼、步履轉折之容;花鳥徒具羽毛文彩,顔色錦簇,而無若飛、若鳴、若香、若濕之想:皆謂之無神。四者無可指摘,玩之儼然形具,此謂得物趣也。能以人趣中求其神氣生意運動,則天趣始得具足。……余自唐人畫中,賞其神具畫前,故畫成神足;而宋則工於求似,故畫足神微;宋人物趣,迥邁於唐,而唐之天趣,則遠過於宋也。①

  從上引兩段,我們可以看出,雖然高濂沒有交代,物趣、天趣、形、神等概念均來自張應文與屠隆的簡要論述,而且有幾句還直接摘自張應文。不過,高氏也同時加了"人趣"一項,細節剖析,和概念闡述,使其論述更加充實,更具説服力。不可忽略,張、屠、高三人都免不了受了"文人畫"理想的影響,因此,在指出"物趣"乃宋人藝術與審美之一要素的同時,他們也沒忘了貶低此一宋文化特色。

  簡述了"物趣"與宋文化關係後,下面我們進一步來討論南宋的詠物詞。如前所述,詠物詞雖起於北宋蘇軾的時代,它是到了南宋,尤其是12世紀末期以後,即姜夔和史達祖活躍的時代以後,纔大爲興盛起來。關於南宋詠物詞,葉嘉瑩先生特別提出應該注意的兩點。其一,南宋偏安江南既久後,士大夫"競尚奢靡及吟詞結社"之風極爲盛行,構成詠物詞特別興

---

① 高濂著,趙立勛等校注《遵生八牋校注》,北京:人民衛生出版社1994年版。"論古玉器",見此書,第548頁;"論畫",分見第553、555頁。

盛的社會背景①。其二,南宋詠物詞中普遍用典的風氣。第二點是南宋詞發展很重要的一個層面,留待後文加以詳述。筆者先交代一下南宋詠物詞的重要發展。

史達祖跟姜夔是同時代人,但年輩稍晚。在其傳世的 112 首詞中,爲後人稱讚者,大多是詠物之作,雖然其詠物作品也只不過十餘首而已。史達祖的詠物詞通常局限於對所詠之物的"客觀描繪"上,因此其刻畫鋪陳雖極工巧,但卻有"不免過分沾滯於物"之嫌②。在南宋詞的發展過程中,姜夔纔算是一個承先啓後的關鍵人物,對後來的影響很大。

南宋前期,大部分文人受到時局與國事的影響,都在他們的著作裏表達愛國熱情與英雄氣概。這時期的詞人大多遵循蘇軾所開闢出來的豪放路徑作詞。生活於北、南宋之交的李清照(1083—約 1155),算是一個例外。雖然她在少數的傳世詩篇裏表達了對於政治與國事的關懷,可是她在詞裏就不去抒寫這些題目了。她認爲"詞別是一家"③,與詩有本質上的不同,有其獨特的語言與題材,以及由配樂而得來的特質。李清照是正統婉約詞風的支持者。繼承蘇軾的豪放詞風,並加以改變和發揚光大的是辛棄疾(1140—1207)。對於國家大事的熱誠,率直的個性,以及豐沛的精力和學養,這些因素使辛棄疾把詞題材擴充得遠大於蘇軾所已經開展的範圍,更把詞從描寫艷情的傳統題材大大地解放出來。他把蘇軾"以詩爲詞"的寫作方法,擴延成"以文爲詞",有時還像寫散文一樣地在詞裏大發議論。辛詞的特色是語言雄健,節奏鮮明,多半採用直抒胸臆的傳統表達方式,大量典故的運用。辛棄疾對南宋後期詞壇有很大的影響。

姜夔是屬於比辛棄疾稍晚一輩的文人。宋金兩國在 1141 年簽訂了和約,雙方以淮河爲界,南宋每年得向金國統治者繳納大量的幣帛。儘管 1141 年後,宋金又有過數次衝突,新的條款也隨之簽署,南宋朝廷卻開始偏安於其開國疆土的南半部了。尤其在 1163 年的符離之戰後,由於內亂,金國已經無力再對南宋發動大規模的攻擊。所以,從 1165 年簽訂宋金和約到 13 世紀 70 年代蒙古開始征服南宋爲止,相對而言,這一時期南宋處於富饒的南方地區,少有戰亂之苦,一直享受和平,並且日益繁榮。技術突飛猛

---

① 葉嘉瑩《論詠物詞之發展及王沂孫之詠物詞》,《靈谿詞說》,第 548 頁。
② 同前書,第 544 頁。
③ 此語出自李清照有名的《詞論》。見徐培均《李清照集箋注》,上海:上海古籍出版社 2002 年版,第 267 頁。

進,商業高度發達,生活方式愈趨都市化,這些都使得南宋成爲當時世界上最富有與發達的國家。姜夔主要就是生活在這樣的一個承平日久的時代,一個推行偏安政策、導致前期廣泛流播的愛國熱情已漸消退的時代。不過,姜夔並不是對於國家社會的福祉毫無關懷。一種含蓄精微的對於國家社會的關懷,可在他的一些作品裏體會出來。姜夔曾於 1176 年(他當時約 22 歲)路過揚州時,感慨由於金人於 1164 年的侵犯,揚州還相當殘破,而作了那首有名的自度曲詞《揚州慢》①。他也多少受了辛棄疾的影響,寫過一些摹仿辛詞的作品。不過,一方面因爲大時代背景,一方面因爲終身是布衣,主客兩方面的因素使姜夔很少像南宋前期作家那樣,直接抒發沉痛的憂國憂民之情懷。

還須一提的是,姜夔是江西人,早年受過被後人尊稱爲江西詩派開創者黃庭堅(1045—1105)很深的影響。他曾在《白石道人詩集自序》裏坦承:"三薰三沐師黃太史氏,居數年,一語噎不敢吐。始大悟學即病,顧不若無所學之爲得,雖黃詩亦偃然高閣矣。"②錢鍾書(1910—1998)先生指出,在黃庭堅討論詩文的議論裏,如下引《答洪駒父書》"這一段話最起影響,最足以解釋他自己的風格,也算是江西詩派的綱領":"老杜作詩,退之作文,無一字無來處;蓋後人讀書少,故謂韓杜自作此語耳。古之能爲文章者,真能陶冶萬物,雖取古人之陳言入於翰墨,如靈丹一粒,點鐵成金也。"③撇開杜詩韓文是否真的"無一字無來處"不論,黃庭堅這種學習古人詩文以及自己創作的態度,已經可以說是把詩文當"物"一樣來"鑒賞"、"研究"、"創作"了。雖然姜夔說他學習黃庭堅學到連他自己的詩歌創造力都被扼殺,以致"大悟學即病",可是他並沒有完全摒棄江西詩派強調"讀書多"、"貴用事用典"、注意詩詞篇章的組織以及文字技巧等相當專業化的習慣。此外,他也一向是用比較剛硬的語言(即接近蘇軾和辛棄疾的雄健語言)來寫詞的,甚至連寫關於愛情的詞也如此。

姜夔傳世的 87 首詞中,約有 30 首是詠物詞,而且這 30 首中有幾首還是爲人所傳誦的上好作品。當然,每一個大詞人的成就,應該是多方面的。在本論文裏,筆者只想關注姜夔詞裏最富創造性、最具特色也對後代最有

---

① 黃兆漢《姜白石詞詳注》,臺北:臺灣學生書局 1998 年版,第 2 頁。
② 姜夔著,夏承燾校輯《白石詩詞集・白石道人詩集自序》,第 1 頁。
③ 錢鍾書《宋詩選注》,北京:人民文學出版社 1958 年版,第 110 頁。

影響的部分,而這些大部分得在其詠物詞裏尋找。

"物"在漢語裏泛指一切可被吾人之"心"所理解或感知的事物①。"我"和"心"則是漢語指涉經驗主體的兩個概念,而"物"正好與之相對。因此,"物"既指物質世界、人間萬象和抽象概念中所包含的一切實體與現象,也包括那些虛幻的、想像的事物。不過詩人和批評家使用"詠物詞"這一概念時,主要是指自然界中的細小物體,諸如花卉、鳥蟲等,而風景、個人經歷或歷史事件通常並不包括在内。在創作詠物詞時,詞人從直接抒寫一己之經驗的處理方式退出,不再把自己的感受當作抒情重心,而是把自己當作那一抒情重心(或所謂的"心境")的觀察者。在前一種直抒胸臆的情況下,作品結構著重在抒情主體及其對情境的感受,這是中國傳統抒情詩的一般特點。但在新的詠物模式中,佔據主導視角的,就不再是抒情主體,而是外在的物了。詠物詞的這種新發展趨勢,相對於中國抒情傳統(即主要體現爲"詩言志"的傳統)而言,是一個根本的轉變。姜夔的詠梅花名篇《暗香》和《疏影》兩首詞是這一個根本的轉變的最早和最佳例證。

根據詞人在兩首詞的小序裏的自述,1191 年冬姜夔在范成大(1126—1193)家作客,應主人的請求而自度《暗香》和《疏影》兩曲並寫了詞。《暗香》和《疏影》是最常被人引證和歎賞的姜夔詞。調名是取自北宋隱逸詩人林逋(967—1028)《詠梅花》律詩裏的兩句:"疏影横斜水清淺,暗香浮動月黃昏。"②林逋用"疏影"和"暗香"分別來描寫梅花的形狀與香味。兩首詞如下:

暗 香

舊時月色,算幾番照我,梅邊吹笛。喚起玉人,不管清寒與攀摘。何遜而今漸老,都忘卻春風詞筆。但怪得竹外疏花,香冷入瑤席。

江國,正寂寂。歎寄與路遥,夜雪初積。翠尊易泣,紅萼無言耿相

---

① 筆者在拙著 *The Transformation of the Chinese Lyrical Tradition: Chiang K'uei and Southern Sung Tz'u Poetry* (Princeton: Princeton University Press, 1978),第 9—12 頁討論過"物"、"詠物詞"、"詠物詞的寫作特色"等。拙著已由張宏生翻譯成中文。載林順夫著、張宏生譯:《中國抒情傳統的轉變——姜夔與南宋詞》,上海:上海古籍出版社 2005 年版。本文此段論述(甚或字句),有些直接取自張譯,第 6—7 頁。
② 黄兆漢《姜白石詞詳注》,第 281 頁。

憶。長記曾攜手處,千樹壓西湖寒碧。又片片、吹盡也,幾時見得。①

疏　　影

苔枝綴玉,有翠禽小小,枝上同宿。客裏相逢,籬角黃昏,無言自倚修竹。昭君不慣胡沙遠,但暗憶、江南江北。想佩環、月夜歸來,化作此花幽獨。　　猶記深宮舊事,那人正睡裏,飛近蛾綠。莫似春風,不管盈盈,早與安排金屋。還教一片隨波去,又卻怨、玉龍哀曲。等恁時、重覓幽香,已入小窗橫幅。②

這兩首詞頗爲晦澀難讀。歷來有許多很不相同的解讀,有把它們當作是追憶姜夔所愛的女人的,有認爲是在哀歎自己不理想的身世的,也有認爲是在哀悼 1127 年北宋徽、欽二帝及宮女們被金人俘虜去的,莫衷一是。

《暗香》是兩者中比較明白曉暢的一首。其主題看來也確乎是作者在回憶他所愛的、曾常常一起在杭州西湖邊聚會、月夜梅邊吹笛的女人。詞第二句直接點明"我",然後第三句直接提到梅花,而此花並非拿來作爲所愛女人的隱喻(metaphor),它只是勾起詞人對於愛人之回憶的"物"而已。《暗香》只在第三韻拍裏用了典故,將詞人自己比作因爲年老而感到對梅花已無熱情的何遜(死於 518 年)。通篇裏,經驗主體(即詞裏的說話人,抒情的主人公)及被經驗到了的"物",判然分而爲二,毫不模糊,並且經驗主體是把全詞通貫成一體的作用者。不能忽略,此詞是放在抒情詩所慣用的"此時此刻"(lyrical present)的間架裏寫出的。

《暗香》裏強烈的個人色彩在《疏影》裏消失了。詞裏的抒情說話人(lyric speaker)讓出其整合全詞的地位給梅花。姜夔在《疏影》裏安插了一個多層次並以梅花這個物爲中心的象徵間架。此詞雖不長,卻用了不少典故。關於這個顯著的特點,劉婉教授曾提供如下精闢的觀察:

全詞九韻,除了頭尾,韻韻用典,甚至一韻數典。"翠禽"暗用趙師雄遇梅花仙的神話;"無言自倚修竹",化用杜甫《佳人》"日暮倚修竹"句;"昭君"借鑒歷代騷人墨客借之以抒寫懷才不遇、去國離鄉之情的傳統;"佩環",暗用杜甫《詠懷古迹》之三。下片"深宮舊事",暗用壽

---

① 夏承燾《姜白石詞編年箋校》,臺北:臺灣中華書局 1967 年版,第 48 頁。
② 同上注。

陽。"金屋"暗帶漢武。"玉龍哀曲",則以典喻典,表面代指邊塞古曲《梅花落》,實則借古曲暗指徽宗"吹徹梅花"之哀曲。這些典故,各自源出神話,傳説,古今史事,經典詩文。從表面上看,它們除了或多或少間接涉及梅花,没有實質性的相互關聯。……每一個典故實際上是一個有來龍去脈的故事句縮寫,或者是有立體空間的多層次意境的凝聚濃縮。①

文學裏典故的作用相當於動詞性的比喻(verb metaphor),能夠將兩件事或兩種行爲等同起來②。這種可以牽合兩個屬於不同時空領域的人生經驗之功能,使得典故在文學作品的結構中變得非常重要。因爲典故所涉及的事件及行爲,經過其隱含的比喻關係,可以立即賦予一段文字或整篇作品一個間架。比喻關係就是對比關係,即詩人拿前人的經驗來跟他自己當下的經驗作對比。《暗香》中何遜的典故就是一個例子。典故除了動詞性的比喻,用來作對比外,還有一個重要作用,即爲詠物詞的結構注入"時間"和"其他"(Other,即並不屬於詩人當下經驗領域裏的東西)要素。典故一旦脱離抒情主體(lyrical subject)和其當下詩感環境(poetic setting)的雙重限制,成爲集中於所詠之物的獨立存在,則其所反映歷史活動與抒情主人公在當時抒情瞬間的感觸,便合而爲一,産生出一個內涵豐富且複雜的結構。透過一系列與梅花有關的典故間之平行並列,姜夔把自己一生漂泊異鄉的遭遇與國勢衰微之歷史事實所賦予他的深沉內心經驗,以象徵的語言表達出來。

如果《暗香》全從抒情主人公的視角來回憶作者所愛的女人,那麼《疏影》就是詞人把其對於身世和國家的憂慮之複雜心境,和盤外化在梅花這個物上。在寫《疏影》時,姜夔的抒情自我已經完全消失,而詞中所描述的詩感環境,也不是近體詩中的"此時此地"所能局限。在這種情況下,詞人所詠之物已不再是外界可見可賞的東西而已,而變成客觀展現詩人複雜心境各層面的象徵。我們也許可以把這個心境外化於物的創造過程稱爲"情

---

① 劉婉《姜夔〈疏影〉詞的語言內部關係及事典意義》,《詞學》第九輯,第23—24頁。
② 筆者很久前已經討論過典故的作用。見林順夫著、張宏生譯《中國抒情傳統的轉變——姜夔與南宋詞》,第121頁。

感的物化"(reification of emotions)①。就中國長遠的抒情詩歌傳統來說,姜夔在他的少數長調詞裏(如《疏影》和詠蟋蟀的《齊天樂》),所體現的新抒情美典,是一個很重要的突破。詠物新抒情美典是拋棄傳統的"時間邏輯"(time-logic),轉而依循"空間邏輯"(space-logic),而展現出來的一種"圖案式"的結構方式。這一點要留到本文第三節再來詳論。

二、透過夢之窗口

宋朝是中國都市發展史上很重要的一個時代。根據專家估計,北宋末期有一個都市(汴京,即今天的開封)擁有一百萬的人口②;有三十個城市,各有四萬到十萬或更多的人口;有六十個城市各有一萬五千居民;擁有四千到五千人口的縣或府城,也差不多有四百個。一個相當保守的估計,認爲當時超過一億的總人口裏,約有5%的人住在都市的環境裏。城市的發展在南宋更加可觀。臨安(今杭州)有一百五十萬的人口;而很多城市,尤其在長江三角洲地區,幾乎跟臨安一樣也成爲重要的商業和文化中心。13世紀宋亡後來到中國的馬可波羅(約1254—1324),在其著作《馬可波羅遊記》中記載,當時中國擁有很多城市,其大小和華麗程度爲世界其他地方所未有。在宋朝及以後,傳統中國城市還有一個與世界其他地方城市不同的特色:都市與近鄰的鄉村地區間互動與交流極爲密切、蓬勃。雖然每個都市都有城牆和護城河,可是在城市裏常有鄉村生活與農業活動,而城牆外頭也總有成片的市區延伸地帶。城市和鄰近的鄉村是開放的,讓人在兩者之間自由來去,因此每天總有很多人進出城市。在重

---

① 筆者於近年纔提出"情感的物化"(reification of emotions)這個概念,用之來描述晚宋詠物詞所體現的新抒情美典。請看新出版《劍橋中國文學史》關於南宋部分的一些章節。Kang-i Sun Chang and Stephen Owen, eds., *The Cambridge History of Chinese Literature*, Volume I: To 1375 (Cambridge: Cambridge University Press, 2010). 筆者參與撰寫"6. North and south: the twelfth and thirteenth centuries.""Reification of emotions"一語可於該書第528、550頁看到。此書的中文譯本(分上下兩卷)已經由北京三聯書店於2013年出版。"情感的物化"一詞,請見孫康宜、宇文所安主編,劉倩等譯《劍橋中國文學史・上卷:1375年之前》,北京:三聯書店2013年版,第580、599頁。
② 此段有關中國宋朝的城市發展,大抵根據先師牟復禮先生的論述。見Frederick W. Mote, *Imperial China: 900 – 1800*,第164—167、367—368頁。

要的節日,鄉下人常會入城來買賣物品和食物,或者來觀賞各種表演和展覽。

今天我們還有宋人或宋遺民撰寫的、關於北、南宋兩個京城的五部書:孟元老的《東京夢華錄》(1147年序),灌圃耐得翁的《都城紀勝》(1235年序),西湖老人的《西湖老人繁勝錄》(書可能成於1235年之後),吳自牧的《夢粱錄》(書可能成於1276年杭州淪陷後),周密(1232—1298)的《武林舊事》(書大概成於1280到1290年間)①。五本書中只有《東京夢華錄》是記述開封,其他四本都是有關杭州的記錄。因爲《東京夢華錄》是第一部關於宋京城的著作,該書成爲其他四部書的樣本。在記叙杭州時,四位13世紀的作家,常帶著一種懷舊的心情,把他們親身體驗過的杭州習俗風尚拿來跟開封比較。

根據這五部12和13世紀關於開封與杭州的記載,這兩個京城(其實別的宋代大城市也一樣)是擁有大量財富、商業活動以及高雅的玩樂活動的大都會。都城裏頭有很多時髦的旅店、飯館、茶坊、酒家、廟宇、娛樂場所,可以滿足居民和遊客們的奢靡嗜好和精緻品味。有些店鋪專門出售奢侈品,也供應不少來自國內各地區,甚至從海外輸入的貨物。即使不談巨大財富和都市生活樂趣,杭州和其他長江下游的大城市(如蘇州、揚州、南京)也都是可以供人賞玩的風景絶佳之境。例如,杭州的西湖中經常有裝飾華美的各式遊艇漂蕩,載著歌聲曼妙的歌女,還夾雜著賭博的喧譁,各種娛樂層出不窮。沿著湖畔豪宅林立,園林精美,裏面分布著亭臺、小橋、池塘、溪流、洞窟和假山,還有不少珍貴稀有的花卉、樹木。城內外有很多華美的寺廟和道觀。一年之中,在繁多的節日裏,人們或湧向城中,或跑到城外近郊景點,盡情地慶祝並享受美好的生活,尋樂,欣賞風景,或觀賞各種表演。吳自牧有如下一段簡短評述富家豪門的優雅生活:"杭州苑囿,俯瞰西湖,高挹兩峰,亭館臺榭,藏歌貯舞,四時之景不同,而樂亦無窮矣。"②由此可見,在晚宋的杭州城中,宴會隨處可見,遊樂蹤迹不絶,整個城市充斥著閑情逸致。然而這種奢華的生活並不爲杭州所特有,南宋類似這樣的城

---

① 關於這五部記述汴京與杭州的記錄,以及其中所展現的"人生如夢觀",筆者已在近作《劍橋中國文學史》關於南宋部分的一些章節裏討論過了。筆者只把一些主要論點,簡單復述於此。見孫康宜、宇文所安主編,劉倩等譯《劍橋中國文學史·上卷:1375年之前》,第587—590頁。
② 吳自牧《夢粱錄·園囿》,見孟元老等著《東京夢華錄(外四種)》,上海:古典文學出版社1957年版,第295頁。

市還有不少。在這樣的城市中,上層階級和富商是最爲幸運的一群,和平、富足和城市化給他們帶來的高雅生活方式,是中國歷史上前所未有的。范成大(1126—1193)所撰的《吳郡志》裏有:"諺曰:'天上天堂,地下蘇杭。'"①這是"上有天堂,下有蘇杭"這個俗諺可以見到的最早文字記載。既然范成大説"諺曰",則把蘇州、杭州比喻作地上的天堂的説法,起源應該更早。不過,在南宋後期繁華的環境中,江南都市裏的居民把他們的家鄉比作天堂,格外顯得貼切。

這五部京城紀録有三個共同點值得提出。首先,這些紀録好像都是在作者的晚年撰寫的。其次,五部書中都有作者耳聞目睹的内容。不過,有些材料則是從別的文本轉抄而來。例如,吳自牧的《夢粱録》有些地方是一字不改地抄自《都城紀勝》,而周密也依靠了一些今已亡逸的宋末材料。但總體來説,五位作者都是以親身經歷爲基礎來進行記録的。尤其重要者,他們的經歷多是關於太平盛世時兩個京城的日常生活與風俗,因此他們的記録可以説是由對親身經歷的、已如明日黃花的太平繁華日子的追憶組成的。第三,"夢"這一概念是五部記録的一個重要支柱。除了《都城紀勝》和《西湖老人繁勝録》外,"夢"字在其餘三部裏都直接地出現。在《東京夢華録》序裏,孟元老説:"古人有夢遊華胥之國,其樂無涯者,僕今追念,回首悵然,豈非華胥之夢覺哉!目之曰《夢華録》。"②"華胥之國"是一個典故,指《列子·黃帝篇》中,黃帝晝寢而夢遊理想的華胥之國的故事③。孟氏把開封比喻作華胥之國的用意,不外是點出:北宋京城裏的幸福快樂生活,看似完美而無止境,其本質卻像夢一樣的虛幻。《夢粱録》書名也含了一個典故,暗指唐朝作家沈既濟(約 750—800)的《枕中記》。這篇唐傳奇寫一個窮書生,枕在一位道士給他的枕頭上進入夢鄉,在夢中經歷了榮華富貴的一生。他的夢很短,因爲當他醒來時,客棧老闆替他煮的黃粱米飯還没有熟。④ 用《枕中記》這個典故,吳自牧把人世間享樂與榮華之易逝加在虛幻如夢這個本質上。周密的《武林舊事》序言包括如下幾句:"既而曳裾貴邸,耳目益廣,朝歌暮嬉,酣玩歲月,意謂人生正復若此,初不省承平樂事爲難

---

① 范成大撰、陸振嶽校點《吳郡志》,南京:江蘇古籍出版社 1986 年版,卷五〇,第 660 頁。
② 孟元老《東京夢華録·序》,見孟元老等著《東京夢華録(外四種)》,第 1 頁。
③ 列禦寇撰、張湛注《列子注釋》,臺北:華聯出版社 1966 年版,第 25—27 頁。
④ 李沛蓮校訂《唐人小説》,臺北:遠東圖書公司 1974 年版,第 17—23 頁。

遇也。及時移物換,憂患飄零,追想昔遊,殆如夢寐,而感慨係之矣。"①"曳裾貴邸"是指周密去拜訪達官貴人,作他們的"謁客"(即"清客")。儘管《都城紀勝》和《西湖老人繁勝錄》兩書的作者没有提到"夢",我們説他們寫書的目的是害怕如果杭州的榮華不被紀録下來,它會在人們的記憶裏很快消失得像夢一樣,應該不算牽强吧。事實應該就是如此,因爲這兩位作者都讀過孟元老的《東京夢華録》。

在中國文化傳統裏,"人生如夢"是一個很古老的概念。最早提出此概念的是戰國中期的思想家莊周(約公元前369—前286)。"人生如夢"一語的出處在《莊子·齊物論》長梧子回答瞿鵲子話中一段:

> 夢飲酒者,旦而哭泣;夢哭泣者,旦而田獵。方其夢也,不知其夢也。夢之中又占其夢焉,覺而後知其夢也。且有大覺而後知此其大夢也,而愚者自以爲覺,竊竊然知之。君乎,牧乎,固哉! 丘也與女,皆夢也;予謂女夢,亦夢也。是其言也,其名爲吊詭。萬世之後而一遇大聖,知其解者,是旦暮遇之也。②

長梧子所謂"此其大夢也",無疑是對普通人的執迷不悟、"夢中占夢"似的一生作了一個比喻。莊子認爲,普通人都是渾渾噩噩地過著如夢一樣的生活,而不覺自己一向處於夢幻之中。只有聖人纔能夠看出人生是一場大夢,而從中覺醒過來。

莊子以後,很多大文學家,如杜甫、沈既濟、晏幾道(11世紀後半期)、蘇軾和陳與義(1090—1138)等,也都就"人生如夢"這個主題,寫過很好的作品。由於篇幅所限,筆者只舉兩個例子。北宋詞人晏幾道是個寫夢能手。他晚年替自己詞集《小山集》寫的一篇序文裏就説:"考其篇中所記,悲歡合離之事,如幻如電,如昨夢前塵,但能掩卷撫然,感光陰之易遷,歎境緣之無實也!"③晏幾道是在重讀自己的情詞後、撫今思昔而興人生虛幻無實之歎的。蘇軾是在傳統中國夢理論及夢文學兩方面都有貢獻的大學者、作家,受到莊子很深的影響。蘇軾在很多詩詞裏表達了"人生如夢"和"古今如

---

① 周密《武林舊事·序》,見孟元老等著《東京夢華録(外四種)》,第329頁。
② 錢穆《莊子纂箋》,臺北:東大圖書股份有限公司1985年版,第21頁。
③ 見金啓華等編《唐宋詞集序跋彙編》,南京:江蘇教育出版社1990年版,第25頁。

夢"的感慨,而尤其以詠"赤壁懷古"的《念奴嬌》和詠"夢盼盼"的《永遇樂》兩詞最爲精彩。蘇軾要表達的"人生如夢"觀之最基本含意不外是:時過境遷,一個人的親身經驗或透過閱讀而得來的對於歷史人物的知識,也必定會變成一些意象儲藏在記憶裏,只有偶爾像作夢一樣纔會浮現於眼前。

對於孟元老等五位作者來説,"人生如夢"也許傳遞了比莊子、晏幾道和蘇軾所抒發的更爲廣大、更能引人注目的意義。正如孟元老和吳自牧書名中所用的典故所暗示的一樣,"夢"代表"令人喜愛的美夢",而不是"噩夢"或"令人失望的夢"。因此,一個專心、熱情地追求享樂奢華的人生,正像一場令人喜愛、人人想要的美夢。既然像夢,這樣的人生總是虛幻、短暫的,注定會轉眼消逝的。撰著開封和杭州紀錄的五位作者,一方面當然覺得他們很幸運能生活在一個太平富裕的時代,另一方面他們也提醒讀者,不要忽略記載在他們書裏的美滿、享樂、奢華的生活之本質,是跟夢一樣虛幻的。這種把美滿人生,認爲同時含有互相穿透交叉的真實與虛幻一體之兩面的看法,廣泛地被13世紀宋代的作家與學者所接受。詞人吳文英就是持這種看法的最傑出的例子之一。

中國學者陶爾夫和劉敬圻在他們合著的《南宋詞史》一書中説:"夢窗詞之所以撲朔迷離、與衆不同,主要表現在他不是一般地、直接地描寫或反映現實,也不是一般地、直接地去抒寫自己的思想感情,而是善於通過夢境或幻境來反映他內在情思和審美體驗,並由此構成迥異於他人的不同詞風。"[1]在號"夢窗"、晚年又改號"覺翁"的吳文英之生平和文學創作中,夢的確佔有極重要的地位[2]。根據陶、劉二氏的統計,在現存三百四十多首夢窗詞中,光是夢字就出現了一百七十一次[3]。其他寫夢境而不直接用夢字的夢窗詞還有不少。尤應指出,根本不是寫夢的吳文英詞也常給人一種撲朔迷離、不知所云的感覺。所以,我們可以說,這位與衆不同的晚宋詞人,是經常透過一個"夢幻之視窗"來觀察人生和世界的。吳文英詞裏的夢幻世界是既豐富又多姿多彩的,在這篇論文裏,本人無法作詳細的論述,只擬

---

[1] 陶爾夫、劉敬圻《南宋詞史》,哈爾濱:黑龍江人民出版社1992年版,第363頁。
[2] 同前書,第336、370頁。
[3] 同前書,第364頁。

討論一首詞來作例證①。

筆者想舉作例證的是如下題爲"靈岩陪庾幕諸公遊"的《八聲甘州》：

> 渺空煙四遠,是何年、青天墜長星？幻蒼崖雲樹,名娃金屋,殘霸宮城。箭徑酸風射眼,膩水染花腥。時靸雙鴛響,廊葉秋聲。　宮裏吳王沉醉,倩五湖倦客,獨釣醒醒。問蒼天無語,華髮奈山青。水涵空、闌干高處,送亂鴉、斜日落漁汀。連呼酒、上琴臺去,秋與雲平。②

這是一首非寫夢卻充分展現跟夢一樣境界的絕妙好詞。葉嘉瑩先生於多年前寫過《拆碎七寶樓臺——談夢窗詞之現代觀》一文,對此詞之析釋,至爲精密周到③。筆者大體上依照葉先生的解說,把此詞與吳文英的"夢幻意識"簡要描述一下。

吳文英大約於三十多歲時在蘇州作倉臺幕僚。《八聲甘州》是他有一次陪倉（庾）幕中友人遊靈岩山後所作的懷古傷今之作。范成大的《吳郡志》載："靈岩山,即古石鼓山……高三百六十丈,去人煙三里,在吳縣西三十里。上有吳館娃宮、琴臺、響屧廊。"④起拍兩句寫詞人從高聳的靈岩山向四面八方遠望,只見浩渺無邊無際的空間,全無煙雲。眼前浩渺的空間給吳文英以感官、生理上的刺激,於是他心中忽發奇想：眼前這座靈岩,究竟是什麽時候從天上掉下來的一顆長星呢？詞人在短短兩句裏,把渺無邊際的空間與自遠古未有靈岩前以來之無量數時間融合爲一。次拍三句接寫出青天隕落的長星,幻化出種種景象、人物、文物來。眼前實實在在的"蒼崖雲樹",加上一個"幻"字,就與作者此時腦際浮現的一千數百年前西施所

---

① 有興趣的讀者可看陶爾夫和劉敬圻所著《南宋詞史》一書,尤其是討論"夢幻之窗"諸節。《南宋詞史》,第363—382頁。關於吳文英詞所展現的夢幻世界,筆者多年前在《我思故我夢：試論晏幾道、蘇軾及吳文英詞裏的夢》一文裏,已有一節專門討論夢窗詞。這次討論夢窗詞的夢幻境界,覺得拿非寫夢的《八聲甘州》來作例子,最爲恰當。本文論《八聲甘州》段,大抵取自前文,文字則只稍爲改訂。拙文《我思故我夢》原刊於2001年6月一期的《中外文學》,後來附入林順夫著、張宏生譯：《中國抒情傳統的轉變：姜夔與南宋詞》,第149—189頁；又收入林順夫《透過夢之窗口：中國古典文學與文藝理論論叢》,新竹：清華大學出版社2009年版。關於吳文英一節,見《透過夢之窗口》,第301—307頁。
② 楊鐵夫箋釋,陳邦炎、張奇慧校點《吳夢窗詞箋釋》,第276—277頁。
③ 見葉嘉瑩《拆碎七寶樓臺——談夢窗詞之現代觀》,《迦陵論詞叢稿》,上海：上海古籍出版社1980年版,第139—207頁。
④ 轉引自葉嘉瑩,同前書,第176頁。

住的館娃宮和吳王夫差所建的宮殿接合起來。於是,真與幻融合成一體。從這一拍直到過片首拍,寫的是層層幻境,與我們通常所謂的夢境,毫無兩樣。其實,我們可以把寫幻境這一段當作是吳文英遊靈岩那天所作的"白日夢"。吳文英用寫夢的手法來寫其内心深處的感覺與思想是無庸置疑的。上片第三拍寫眼前再現的采香徑影像。箭徑(即采香徑,"一水直如矢"①,故名)遺迹雖在,而已荒廢,於秋風拂面時,令人覺得眼睛酸痛。這句是寫眼前景物給人的感觸。因爲采香徑是吳王時宮女們清洗妝垢之處,所以在夢窗的想像中,兩岸之花應被脂膩的水所染而帶有腥味。此兩句不但把眼前所見與想像中所展現的歷史圖畫湊合一處,而且也把視覺、觸覺、味覺、嗅覺四者混合起來,給人以極强烈的感官刺激。結拍繼之而寫聽覺:於風掃落葉的一片秋聲中,恍惚時時還可聽到西施穿著鞋履走過響屧廊時所發出的聲響。吳王夫差的荒淫終致亡國的生活,在這充滿感官意象的幾句話裏,被展現無遺。

　　過片首拍兩句用具體的意象總結此前借細節寫吳王溺於西施之歌舞宴樂。夫差因爲沉迷酒色以至被句踐所滅,而輔助句踐滅吳的范蠡卻因爲看透了越王是個"可與共患難,不可與共安樂"的君主②,而功成身退,隱居五湖(即太湖)。范蠡是吳越爭雄時唯一頭腦清醒的人,與夫差之昏迷沉醉形成對照。接著次拍二句,筆鋒似乎一轉,回到眼前之現實,夢窗之白日夢也陡然告一段落。吳文英處南宋末季,其時外有强敵壓境,内有奸臣誤國,而時君昏庸,有若吳王夫差。所以,吳文英把自己比喻成像范蠡一樣獨醒的倦客,向眼前太湖浩渺之蒼波,詢問千古興亡之事。然而湖水無言,詞人也只有以滿頭之華髮,對著青青的山色,作無可奈何之歎。葉嘉瑩先生說得好,吳文英於結尾兩拍,"又極力自千古興亡之悲慨中掙扎騰躍而出,以景代情,而融情入景"③。"水涵空"二句,應該是寫當日靈岩山上所見的實景。山上有一閣,爲吳國時建,名"涵空",即取太湖水上涵高空,水天相映,呈一片空茫狀態之意。我同意葉先生的解釋,夢窗用"涵空"兩字是故意要暗喻吳時所建的閣名的。夢窗所以如此作,就是要糅古今、真幻爲一體。那日詞人在闌干高處瞻望,只見零亂的歸鴉與西斜的落日一併沉没於遠方

---

① 轉引自葉嘉瑩《拆碎七寶樓臺——談夢窗詞之現代觀》,《迦陵論詞叢稿》,第179頁。
② 同前書,第184頁。
③ 同前書,第186頁。

的漁汀之外。此時夢窗心中之悵惘、悲苦以及空漠,可以想見。因此他以"連呼酒,上琴臺去,秋與雲平"三句作結。詞人之所以連連呼酒,就是要借酒來澆洗其心中的悲哀與鬱悶。想不到,上了從吳國時遺留下來的琴臺以後,詞人竟發現,"悲哉"之秋氣竟上與雲平,把一切都涵蓋在其中,真真令人無所逃於天地之間了。讀至此,我們纔了解,前舉蒼崖雲樹、名娃金屋、殘霸宮城、吳王、倦客,乃至詞人自己,都"盡籠罩於此深悲極慨之中,而又盡化出於四遠雲煙之外"了①。吳文英之善於在抒情詞中創造夢幻的、悲劇性的氛圍,令人佩服。

必須指出,吳文英對於夢境之處理迥異於北宋的寫夢大家如晏幾道和蘇東坡等②。晏幾道常常"以真爲夢"或者"以夢爲真",而蘇軾則常在詞裏表達人生只像是一連串旋生旋滅的夢境之感慨。可是,這兩位北宋作家詞中所表現的時間意識以及真幻之分的意識,仍然異常強烈。晏、蘇的寫夢詞裏,隨處可以看到"從前"、"當年"、"如今"、"當日"、"從來"、"者番"、"十年"、"夜來"、"覺來"等表達清晰時間觀念的字眼。這些語辭把今與昔分得非常清楚。因此,我們讀這兩位作家的詞時,也就不難分清什麼是眼前景,什麼是夢中影像了。可是,吳文英的《八聲甘州》給我們的印象就完全不是這樣了。從頭到尾,吳文英一直是把時間與空間、真與幻、今與昔、實與虛、神話與歷史結合成緊密之一體。雖然我們可以看出詞人何時入"白日夢"中,何時再回到清醒的現實世界來,可是在其入夢前與出夢後,其眼前景象裏,仍有虛幻之影像存焉。因此,我們就是把此詞視爲夢境之直接體現,亦無不可。尤爲重要者,在《八聲甘州》裏,眼前景與白日夢中影像雜然並存,裏外平行,今昔同列,真幻難分。詞本身全無"時間性秩序"可言。其所表現的結構,可説近似姜夔詠梅花的《疏影》,是一種由平行、並列、對等諸原則所產生的"空間性秩序"。吳文英可説是把姜夔所發展出來的詠物新美典用在寫白日夢的心境上,並且把這個新美典發揮到了極致。我們可以説吳文英是把他那日遊靈巖的複雜心境當作"物"來寫一首詞的。吳文英的《八聲甘州》,雖然不算是"詠物詞",但是它已經有姜夔所樹立的"詠物新抒情美典"的特徵了。這種夢境之體現(不管是真夢或者只是白日

---

① 《迦陵論詞叢稿》,第188頁。
② 見拙文《我思故我夢:試論晏幾道、蘇軾及吳文英詞裏的夢》,林順夫《透過夢之窗口:中國古典文學與文藝理論論叢》,第304頁。

夢)是在晏幾道與蘇東坡兩位寫夢能手的詞集裏找不到的。吳文英這首(以及其他)詞是代表兩宋寫夢詞——其實也可說宋詞本身——的一個極重要的發展。這個新發展是與南宋後期詠物詞以及當時士人的"人生和世界即夢境"的新審美觀點有密切關係的。

三、空間邏輯

現在我們可以把此前已經提出的"時間性秩序"與"空間性秩序"兩重要概念拿來做較爲詳細的論述。據筆者所知,業師高友工先生是提出南宋晚期長調詞展現了一種"空間性圖案式"結構的第一位當代學者。在其《小令在詩傳統中的地位》一篇論文中,高先生指出:"長調在它最完美的體現時,是以象徵性的語言來表現一個複雜迂迴的內在的心理狀態。"[1]他把這個描寫心境的複雜長調結構稱之爲一種"空間性的圖案"(spatial design)[2],並認爲此一完美的體現是到南宋晚期纔完成的。此一新穎的詞結構,是高先生根據他自己多年的研究與觀察而體會出來的。應該提出,所謂"空間性的圖案"或是"空間性的形式"(spatial form)也是20世紀初期一些西方大詩人和小說家所共同追求的藝術理想之一。在《空間形式之觀念》一書中,美國現代學者福蘭克(Joseph Frank,1918—2013)曾討論了浦斯特(Marcel Proust,1871—1922)、喬艾斯(James Joyce,1882—1941)、吳爾芙(Virginia Woolf,1882—1941)、龐德(Ezra Pound,1885—1972)、艾略特(T. S. Eliot,1888—1965)等大作家,在他們的作品裏所創造出的空間藝術形式[3]。雖然中西文化背景不同,而南宋長調詞與西洋現代詩歌和小説也究竟是迥然不同的兩個東西,不過光就空間性形式的構造這一點來說,兩者之間還是有它們相似的地方的。

---

[1]《詞學》第九輯,第20頁。多年前筆者曾寫過《南宋長調詞中的空間邏輯:試讀吳文英的〈鶯啼序〉》一文,原載於中研院中國文哲研究所籌備處於1994年出版的《第一屆詞學國際研討會論文集》。此文後來經過修訂後附入林順夫著、張宏生譯《中國抒情傳統的轉變:姜夔與南宋詞》,第190—212頁;又收入林順夫《透過夢之窗口:中國古典文學與文藝理論論叢》,第255—272頁。
[2]《詞學》第九輯,第8頁。
[3] Joseph Frank, *The Idea of Spatial Form* (New Brunswick and London: Rutgers University Press), 1991.

福蘭克嘗引詩人龐德給意象（image）所下的定義來開啓他的空間性形式這一觀念的討論。龐德説："意象是一個於一瞬間體現思想與感情之複合物。"（"An 'Image' is that which presents an intellectual and emotional complex in an instant of time."）①如果我們只拿意象來指稱人心裏個別的片段心象，那麽意象還算是相當單純的東西。但是，龐德及上述其他西方作家常把一首長詩（如艾略特的《荒原》[*The Waste Land*]）或一部長篇小説（如喬艾斯的《尤利西斯》[*Ulysses*]）當作一幅巨大的意象（image）來撰寫。這樣一來就產生了空間性結構這個極複雜而有趣的現象。意象變成了一個把許多不同的觀念與感情混合起來、並同時分佈在一平面空間上的大圖案（design）。雖然在這大圖案上，作家所用的字群（word groups）以及所描述的經驗或故事情節仍有先後之次序，可是我們不能只依照這種單純的"時間邏輯"（time-logic）②來了解作家所要表達的意義與境界。圖案是一種空間性的架構，而人類語言基本上則是一種表達思想、意見及經驗的時間性媒介。人們閱讀空間性圖案式的文學作品之困難，就是來自這二者間的相互矛盾與衝突的。當然，用語言文字所創造出來的圖案，並不像一幅繪畫一樣地佔有實際的空間（actual space），而只不過是一種存在於人内心的想像或概念之空間（conceptual space）而已。然而，文學的空間既然也是一種空間，則其構成自應依循一種與"時間邏輯"有別的"空間邏輯"（space-logic）③。這兩種邏輯的根本區別在於前者是依靠時間的先後連續（temporal continuum），而後者則是依靠空間的方位分佈（spatial configuration）來組織字群、段落和情節的④。前者所表現的是有先後的直綫之時間性秩序，而後者所表現的則是由平行、並列、對等諸原則所產生的空間性秩序。用空間邏輯寫的文學作品之意義比較不容易把握，因爲一篇作品裏的字群、段落或情節，主要並不是指向外界事物，而是内指、反射而形成彼此互相照應的關係。讀者不能把作品只是從頭到尾順向地讀下去就能了解其外指之意義。他如果没能把整篇看過（其實是常須看過幾遍），就不能領會那許多平行、橫向、並列、互應的成分，是應被認爲同時共存於一平面的圖案上的。把握了空間邏輯以後，這類作品的意義也就比較容易了

---

① Ezra Pound, "A Retrospect," *Literary Essays of Ezra Pound* (New York: New Direction, 1968), p. 4.
② Joseph Frank, p. 14.
③ Ibid.
④ Joseph Frank, *The Idea of Spatial Form*, p. 97.

解了。許多人初讀吳文英和晚宋詞人的一些作品時常有不知所云之歎,這些作品之採用空間邏輯,當是主要的原因之一。

關於詞結構的演變,高友工先生發表過精湛的論述。因篇幅所限,筆者只簡要地把高先生的觀察檢討一下。高先生認爲早期的詞,尤其是小令,發源於以時間性的節奏爲主要間架的七言絕句[1]。文人開始大量創作詞以後,這個比較單純的時間架構就逐漸地被破壞了。代之而起的是文人從其詩傳統及民歌中吸取精華而發展出來的文人詞的新美典。傳統詩中以字數齊整的句和兩句組成的聯爲基本單位的觀念,首先被打破了。除了五七言詩的基本句式以外,現在詞中也有由一字以至十餘字的各種句子了。尤須注意的是四言和六言的偶字句,在 10 世紀以後的詞裏大量出現。四、六言偶字句是以描寫見長的駢文的主要句式。這些偶字句可在五、七言中插用,以造成節奏上極強烈的對照效果。它們又可以四四或六六的對仗形式出現。具有工整、和諧與緊密特質的偶字對句"是最理想的描寫感覺所得的直接印象"的句式[2]。因此,高先生認爲偶字句之大量出現,正表現詞已由直抒胸臆的美典漸漸轉向描述心理狀態的美典發展[3]。

其次,詩中以二句成聯爲基本單位的觀念,也逐漸被詞中以無固定句數之韻拍(strophe)爲基本單位的觀念所取代。在詩中,聯內兩句間的關係不是並列(coordinate)就是延續(sequential)。在小令中,雖然大多數的韻拍仍只各有兩句,可是其各拍內句子之間的關係,已不再局限於並列與延續兩端。高先生把詞裏出現的新結構稱之爲"同心結構"(convergence 或 concentricity)[4]。詞裏各韻拍有一共同的中心或焦點,而韻拍中的句子則是對"此一中心的不同描寫或叙述",而這些描述"可以有不同的角度、觀點、時間,又可以包括感覺以外的各種心理活動"[5]。不但每韻拍中各有一焦點,各韻拍間更可以有一共同的更高一層次的焦點:一首詞所要描述的主題。這樣一來,同心結構可以變成一種組織句與句及拍與拍的極複雜的"層進結構"(incremental structure),讓詩人可以用層層剝進的方式來充分

---

[1]《詞學》第九輯,第 8 頁。
[2] 同前書,第 14—15 頁。
[3] 見高友工未刊英文稿"Aesthetic Consequences of the Formal Qualities of *Tz'u*",第 16 頁。
[4]《詞學》第九輯,第 16 頁。
[5] 同前書,第 8 頁。

發揮其主題①。"層進結構"可説是詞的新美典的完美體現。因爲現在時空多元化了,所以"層進結構"與律詩之以自我此時此地的想像活動爲中心的抒情美典就完全不同了。"層進結構"是等到長調詞出現以後纔大有發展的。

根據高友工的分析,小令和長調之分野,主要在於後者大量用了並列的四言或六言句和領句字兩方面②。詞中重要的領字多半是前置副詞(如漸、正、又)和描述心理感覺的動詞(如念、想、料、望、那堪)③。這些字多半是用來描寫詩人的整個詩感活動(poetic act),包括他的感覺(perception)、回憶(recollection)、想像(imagination)和情感(feeling)等④。長調詞裏的領字可看作是代表詩人對其創造活動中的内在心境與外界事物的反應和觀察。同時,對於它們所領的句子,即描繪詩人心境及外物的句子,領字也有其組織的功用。總之,領字是詞中描寫複雜心理狀態很重要的因素。

在長調詞的發展史上,柳永是一位很有貢獻的作家。他是第一個大量創作長調的詞人。在他的長調詞裏,領字和鋪叙手法的活用有了相當可觀的成就。可是,從結構的觀點來看,柳永的長調詞還是相當簡單平順而少轉折變化的。大多數柳詞用的是一種時間性的間架,而且通常都遵循"先寫現在→追想過去→重返現在"這樣單純的三部曲的程式⑤。此外,柳永仍然採用傳統直抒胸臆的作詩手法來寫長調詞,所以在他的詞中,我們可以覺察到詞人之抒情自我(lyrical self)的存在。於是,詩人的内心感受乃由其抒情自我口中直接吐出,而非以象徵心理狀態的空間架構來體現。柳永以後的北宋大家,如蘇軾和周邦彦,雖對柳永單調的處理時間方法有所改進,可是在以時間和抒情自我爲作詞的間架這一點上,他們卻也没有什麽重要的突破。

周邦彦歷來被公認是集北宋詞大成、開南宋詞某些風氣的作家。就時間之處理而論,許多周詞已有跳接、轉折及紆迴往復之妙處,可是周邦彦仍未把時間空間化,以致並未創出真正空間性的長調詞結構來。其未能有所

---

① 《詞學》第九輯,第18頁。
② 同前書,第20頁。
③ 同前書,第8頁。
④ Joseph Frank,第19頁。
⑤ 萬雲駿《論近人關於宋詞研究的一些偏向》,載《紀念顧頡剛學術論文集》,成都:巴蜀書社1990年版,第798頁。

突破的原因不外是其長調詞中故事性太強所致。關於周詞的故事性，吳世昌和葉嘉瑩兩先生都已作過討論。吳世昌曾説過："清真長調小令，有時有故事脈絡可循，組織嚴密。"①在討論《瑞龍吟》詠柳一詞時，吳世昌再以"近代短篇小説作法"來比喻周詞的叙事技巧，並説："後人填長調，往往但寫情景，而無故事結構貫穿其間，不失之堆砌，即流爲空洞。《花間》小令多具故事，後世擅長調者，柳、周皆有故事，故語語真切實在。"②所謂故事性其實是詩人把他的經驗借一個故事按照時間的邏輯表達出來。討論周邦彦和一些南宋詞人之不同時，葉嘉瑩先生説："周邦彦詞裏邊還有一個故事，可是吳文英、王沂孫這些詞人，故事没有了，就是感覺。"③摒棄叙事結構而來刻意描繪感覺或心境，才使一些傑出的南宋詞人發展了空間圖案式的新抒情美典。長調詞所體現的新抒情美典是在姜夔的一些詞中纔有了真正之突破。

前文已經談論過，姜夔詠梅花的《疏影》是代表他對詞之新抒情美典有所突破的一首詞。典故是《疏影》裏空間性架構的主要成分。也許有人要問，愛用典故是南宋詞人的普遍習慣，難道以用事博見長的辛棄疾就從未於詞中創造出空間性的架構嗎？事實是，雖然辛棄疾對姜夔曾有過一定的影響，而且他也善用典故，可是辛詞多半是採用直抒感情的傳統方式。例如，題"别茂嘉十二弟"的《賀新郎》一連用了王昭君、漢武帝的陳皇后、《詩經·邶風》的《燕燕》詩、李陵與蘇武詩和荆軻等五個典故來寫人間離别之苦恨。光看詞裏這五個典故，當然可説它們之間是有平行並列的關係的。然而，辛棄疾是從自己與茂嘉聽到子規與鷓鴣之啼春開始寫起，接著明言鳥之苦啼絶不能跟人間離别相比以轉入人事，結尾再回到啼鳥不知人間的離情别恨來，而以"誰共我，醉明月"點題作結。因此，這詞是以"此時此地"之感興爲出發點，爲基本間架，與律詩之總結構頗有相近之處。五個典故可說是用來當作詩人當下感受的隱喻(metaphor)。

比這更有趣的是辛棄疾的另一首詠琵琶的《賀新郎》詞，通篇由與彈琵琶有關的歷史故事組成，全無辛棄疾自己的經驗參入。雖然如此，如果我們仔細一讀，就可發現詞中仍隱然有一詩人自我存在，由他列述歷史上幾

---

① 吳世昌著，吳令華輯注，施議對校《詞林新話》，北京：北京出版社 1991 年版，第 165 頁。
② 同前書，第 166 頁。
③ 見葉嘉瑩《唐宋詞十七講》，長沙：嶽麓書社 1989 年版，第 315 頁。

個與彈琵琶有關的恨事。只是這個詩人自我並不抒發他自己的感情,而是像一個説書人一樣,講些動人的故事。大抵辛棄疾用典通常比較注重歷史經驗的原意,因此不像姜夔一樣常常"熟事虛用"[1],把典故中所含、人所熟知的歷史經驗,部分取來作爲他自己内心體驗的象徵。嚴格説來,辛棄疾詠琵琶的《賀新郎》詞仍未體現空間性的結構。

關於用典用事,前文談到黄庭堅和江西詩派的風格時,已經稍有述及。其實,喜歡用事用典是宋代文學作品中可以看到的一個普遍現象。這個現象是與科舉制度有關的,關於這一點等下再説,現在先把科舉制度簡單叙述一下。

中國的科舉制度,"乃是一種以'投牒自進'爲主要特徵,以試藝優劣爲決定録取與否的主要依據,以進士科爲主要取士科目的選官制度"[2]。這個制度濫觴於隋朝,開始發展於唐朝,臻於成熟完善的境地於兩宋。"唐代取士講門第,採'譽望',重'公薦',盛行'通關節'"[3],所以科舉制度基本上還是操縱在大官僚、大地主手中,對於唐代文化的影響十分有限[4]。到了宋代,情況就完全不同了。首先,從宋代開始,科舉做到了不論出身和貧富皆可以參加,取士範圍被擴大了。其次,宋代廢除唐時薦舉制度的殘餘,"防止考場内外的徇私舞弊活動,使'一切以程文爲去留'的原則得到真正實行"[5]。第三,"考試内容趨向多樣化,進士科由(唐時的)以詩賦爲主轉變爲經義、詩賦、策、論並重;經義由試墨義改爲試大義"[6]。墨義是要求考生"將某處經文連同注疏默寫出來",其重點是背誦而非經文義理[7]。此外,跟唐代不同,宋代進士出身的人,不必再進行選試即授官[8]。士人的地位,到了宋朝的確達到前所未有的高峰。關於科舉制度和宋代文化的密切關係,何忠禮先生説了如下簡要的話:"科舉制度對兩宋文化的發展也有巨大的推動作用:在科舉的刺激下,宋代讀書人數急遽增加,書籍廣泛流布,促進

---

[1] 姜夔著、夏承燾校輯《白石詩詞集·白石道人詩説》,第66頁。
[2] 何忠禮《科舉制度與宋代文化》,《科舉與宋代社會》,北京:商務印書館2006年版,第68頁。此文原載於《歷史研究》(1990年第5期)。
[3] 同前書,第71頁。
[4] 同前書,第69頁。
[5] 同前書,第71頁。有關第一點,見同書,第70—71頁。
[6] 同前書,第73頁。
[7] 同前書,第73頁。
[8] 同前書,第75頁。

了文化的普及和學術的繁榮；爲適應舉業的需要，從中央官學到鄉塾村校也普遍興起，有力地推動了學校教育的發達。"①科舉及第出身，接著踏上仕途而成爲宋代社會精英的士人，可説在宋人生活各方面都處於支配的地位：中央和地方政府的運作，政策的規劃，社會規範的奠定，文學與藝術潮流的確立，道德準繩的界定，哲學新境界的探索，等等②。

　　宋代文學就是這群科舉制度下新興的社會精英所創造出來的產物。宋代進士考試，經義、詩賦和策論，同等重要。因此，士人要想成功踏上仕途成爲社會精英，不能"光憑背誦儒家經典或擅長吟詩作賦"，還須通古知今、"開拓知識面"並"培養獨立見解的能力"纔行③。然而不能否認，這個制度是獎勵了士人的善讀書能力，而忽略了位階低賤的僚吏工作上所需的實用知識④。關於這一點，我們可以拿宋真宗以《勸學文》爲題的詩來叙説。宋真宗趙恒（968—1022，997—1022 在位）在其《勸學文》中説："富家不用買良田，書中自有千鍾粟；安居不用架高堂，書中自有黃金屋；出門莫恨無人隨，書中車馬多如簇；娶妻莫恨無良媒，書中自有顏如玉；男兒欲遂平生志。六經勤向窗前讀。"⑤中國宋代以前，勸學的詩文不少，不過像這首小詩把讀書和富貴直接拉上關係的卻很少見。身爲皇帝的趙恒，赤裸裸地用榮華富貴來勸誘男人讀書，説男人若要實現平生志，只要勤奮讀書，利祿、華屋、奴僕、車馬和美女就會自動到來。十句中，有四聯的第二句都各直接提到"書"字，而最後一句雖不提"書"字，卻提中國傳統裏最具權威的"六經"，更顯格外有力。當士人都集中精力去讀書，其結果是社會精英中就有很多是學究天人的大學問家。宋代文學就是這些有學問的士人所創造出來的。以詩爲例，11 世紀後期的大詩人，如王安石（1021—1086）、蘇軾、黃庭堅等，搬弄典故並以"用事博"見長，已經是他們的家常便飯。關於前面已經引過的黃庭堅"無一字無來處"一句話，錢鍾書先生作過如下評語：

　　"無一字無來處"就是鍾嶸（約 468—518）《詩品》所謂"句無虛語，

---

① 何忠禮《科舉制度與宋代文化》，《科舉與宋代社會》，北京：商務印書館 2006 年版，第 94 頁。
② Frederick W. Mote, *Imperial China: 900 - 1800*, p.133.
③ 何忠禮《科舉制度與宋代文化》，《科舉與宋代社會》，第 74 頁。
④ Frederick W. Mote, *Imperial China: 900 - 1800*, p.128.
⑤ 《真宗皇帝勸學文》，《古文真寶》。

語無虚字"。鍾嶸早就反對這種"貴用事"、"殆同書抄"的形式主義，到了宋代，在王安石的詩裏又透露迹象，在"點瓦爲金"的蘇軾的詩裏愈加發達，而在"點鐵成金"的黄庭堅的詩裏登峰造極。①

近年來一些專研宋代文學的學者，已經注意到這些大作家"用事博"的傾向與 11 世紀最後幾十年——即前文已述宋代的物質和精神文明展現空前昌盛的時期——書籍印刷的普及間的密切關係②。雖然這一時期的文人，很少對印刷新科技所導致的書籍劇增的現象表示歡迎，可是他們的生活與寫作也很難不受印刷普及的影響。黄庭堅是這時期正面迎接書籍劇增文化現象挑戰的極少數文人之一。在豐富的書籍觸手可得的情況下，他的"無一字無來處"的寫作方式也就應運而生了。

在詞體成爲文人也喜歡用的文類以後，詩與詞産生了一種分工的現象：詩被用來言志、議論和寫比較嚴肅的題材，詞則專門被用來言情。當然，從蘇軾以後，詞可以寫的内容也繼續被拓寬了。無論如何，首先詞裏用事用典一向比較少，北宋後期以後，當精英文人開始大量作詞，尤其在黄庭堅的詩歌創作理論開始産生影響後，這個北宋後期文人的寫作習性，也漸漸常在詞裏展現出來了。

前已述及，大量典故之運用，對於南宋長調詞的空間性架構，有重要的促成作用。許多南宋後期的長調詞作家，用空間性邏輯與大量典故創造出很多具代表性的作品。現在我們來再進一步討論，"詞至南宋始極其工，至宋季始極其變"究竟和南宋文化的總體面向有什麼關聯。南宋詞的"極工"與"極變"是與其文化之"向内轉向"（turning inward）有關的。

在一部題爲《中國轉向内在——兩宋之際文化内向》（*China Turning Inward: Intellectual-Political Changes in the Early Twelfth Century*）的重要著作裏，已故的著名宋史專家劉子健（1919—1994）先生，用"中國向内轉向"來

---

① 錢鍾書《宋詩選注》，第 111 頁。
② 據筆者所知，目前爲止，專論 11 世紀末期書籍印刷的普及對當時文人讀書及寫作産生巨大的影響的重要著作是：Wang Yugen（王宇根），*Ten Thousand Scrolls: Reading and Writing in the Poetics of Huang Tingjian and the Late Northern Song*（Cambridge, Mass.：Harvard-Yenching Institute Monograph Series, 2011）。關於黄庭堅的詩歌創作理論，在其所撰《劍橋中國文學史》"北宋"一章，美國當代宋文學研究專家艾朗諾（Ronald Egan）已有簡要論述，並述及了王宇根的研究。見孫康宜、宇文所安主編，劉倩等譯《劍橋中國文學史·上卷：1375 年之前》，第 468—476 頁。

描述南宋初期的文化轉變。① 根據劉先生的分析，南宋文化内向與宋高宗趙構（1107—1187，1127—1162 在位）有關。女真人於宣和末年入侵，於1127 年汴京淪陷，徽、欽二帝被擄，趙構南逃，於次年在商丘即帝位，成爲南宋第一個皇帝。宋室南遷使此前養尊處優的年輕王子趙構，經歷了許多極度的危險。雖然趙構經歷大災難而没死，他的逃亡經驗肯定在他的靈魂深處留下一條很深的痕迹。所以南宋政權於1138 年定都杭州以後，高宗個人的安全，變成首要任務，必須不顧任何犧牲來保護。趙構做皇帝的行爲無疑影響了朝廷政策以及其他南宋文化的重要層面。因爲有皇帝本人的支持，主和派一直在南宋朝廷佔主導的地位；在把集權又往前推進一步的同時，高宗提高了宰相的權力，以便用他來對付主戰的文武官吏或出問題時有人做代罪羔羊。經過這次内向後，南宋的精英文化轉而關注内部的重整、强化與精煉，不再像 11 世紀那樣往外伸張去吸收、合併新的觀念和要素。南宋的偏安、緊縮和重整、强化内部的政策，促進了南方的發展，使其後來替代北方成爲中國文化的中心。在學術的領域裏，南宋是朝著精煉、細密與相當程度的專門化方向前進的。曠世天才思想家朱熹（1130—1200）的成就可以説是南宋文化内向現象的最好例證。一般認爲，朱子在中國思想和學術史上的貢獻，主要在於他的"集大成"，即在於綜合及重整前賢對於經典的闡釋，而不在於提出他自己獨創的新觀念。劉子健先生曾説：南宋學術"免不了有狹窄、信守正統説法、獨創性不足跟其他類似的局限之毛病"②。此論頗爲中肯。如果南宋精英文化的領導分子未能如他們的北宋前輩們一樣往外伸延、擴展，他們倒是把傳統中國文化價值推展到整個社會裏面去了。在文學與藝術的領域，作家和藝術家比以前更加注意技藝的錘鍊，並展現專業精神。我們可以説，南宋詞裏事典的更大量運用以及空間結構的創造，就是一個關注内部重整、强化與精煉並强調專業精神的文化大環境下的産物。

詞的新美典——即以物取代抒情主體成爲詞之結構中心、空間結構和廣用典故來作隱喻的美典——一旦被終身布衣的姜夔發展出來以後，很多

---

① 這本書是用英文寫成出版的。請看 James T. C. Liu（劉子健），*China turning Inward: Intellectual-Political Changes in the Early Twelfth Century* (Cambridge[Massachusetts] and London: Council on East Asian Studies at Harvard University, 1988)。此書已有中文譯本，請看趙東梅譯：《中國轉向内在——兩宋之際的文化内向》，南京：江蘇人民出版社 2002 年版。
② 同前書，第 31 頁。

晚宋詞人就被吸引了。白石道人的隱逸文人、藝術家的生活以及藝術模式,頗爲宋代後期優秀詩人和詞人所嚮往①。姜白石的詩被收入他死後不久出版的《江湖集》中。無論姜夔的直接影響是否可以識别出來,在他以後新一代的著名詞人——尤其如史達祖(活躍於 13 世紀初期)、吳文英、周密、王沂孫及張炎等——都在作品中表現出了或多或少與他一致的傾向。這些作家並不是單純地在摹仿姜夔,而是繼續在提煉詞以達更高的藝術境界。

筆者已經在前一節討論了吳文英的《八聲甘州》,分析其"人生和世界即夢境"的新審美觀點,以及其所展現出的與姜夔一些詠物詞相同的"空間性圖案結構"。最後應該補充的一點是:其實夢境本身就是一個"空間性圖案",因爲人作夢時,夢中浮現的影像,全是來自從不同時間和空間得來的記憶,雜湊在一起的。

四、三首宋遺民詞例析

在本文剩下的篇幅裏,筆者擬簡單討論汪元量(約 1241—約 1317)、王沂孫(約 1240—1290)和劉辰翁(1232—1297)等三位傑出宋遺民所寫的名詞各一首,來檢視一下姜夔、吳文英以後,新的南宋模式的詞的持續發展。

汪元量,錢塘(今杭州)人,是宋末元初的優秀詩詞作家,有《水雲集》、《湖山類稿》等著作傳世。公元 1276 年春天,元兵攻陷南宋首都杭州,把宋恭帝(1275—1276 在位)、謝太后以及諸宮妃俘虜到北方去,當時因爲汪元量是供奉内廷的琴師,所以他也隨皇室北上。他被拘留在北方 12 年後纔獲准回到南方去。誠如繆鉞先生所說,孔凡禮的《增訂湖山類稿》所輯錄的現存汪氏四百八十首詩、五十二首詞,"絶大多數都是反映宋末元初時期的歷史現實的"②。繆先生認爲汪元量的詞作,"直抒胸臆,感傷時事,其藝術手法與風格,能夠不囿於當時詞壇的風氣而獨樹一幟"。我們且來檢視一下繆鉞的總評,尤其"直抒胸臆"一語,是否適用於《傳言玉女·錢塘元夕》

---

① 見林順夫著、張宏生譯《中國抒情傳統的轉變:姜夔與南宋詞》,第 39 頁。
② 繆鉞寫過《論汪元量詞》一文,載於《四川大學學報(哲學社會科學版)》(1988 年第 1 期),第 61—67 頁。本文此處引用繆先生的話都出自此文,第 61 頁。

這一首特殊的例子。汪詞如下：

> 一片風流，今夕與誰同樂？月臺花館，慨塵埃漠漠。豪華蕩盡，只有青山如洛。錢塘依舊，潮生潮落。　萬點燈光，羞照舞鈿歌箔。玉梅消瘦，恨東皇命薄。昭君淚流，手撚琵琶弦索。離愁聊寄，畫樓哀角。①

把上面這首詞粗略看看，除了"今夕與誰同樂"一句，有什麼可算是"直抒胸臆"，雖然其中還有"慨"、"恨"、"離愁"等書寫情感的文字？其實，要找南宋"直抒胸臆"的元宵詞不難，辛棄疾這首《青玉案·元夕》就是一個上好的例子：

> 東風夜放花千樹，更吹落，星如雨。寶馬雕車香滿路。鳳簫聲動，玉壺光轉，一夜魚龍舞。　蛾兒雪柳黃金縷，笑語盈盈暗香去。衆裏尋他千百度，驀然回首，那人卻在，燈火闌珊處。②

辛棄疾可說只是把眼前所見、心中所想所感，用生動的意象和直截的語言，寫成一首膾炙人口的佳詞。同是詠元宵的李清照《永遇樂·落日鎔金》一首，也是"直抒胸臆"的名篇佳例，其藝術手法也迥異於上引汪詞：

> 落日鎔金，暮雲合璧，人在何處？染柳煙濃，吹梅笛怨，春意知幾許？元宵佳節，融和天氣，次第豈無風雨？來相召，香車寶馬，謝他酒朋詩侶。　中州盛日，閨門多暇，記得偏重三五。鋪翠冠兒、撚金雪柳，簇帶爭濟楚。如今憔悴，風鬟霜鬢，怕見夜間出去。不如向，簾兒底下，聽人笑語。③

活躍於宋理宗（1205—1264；1224—1264 在位）時的張端義（生卒年不詳）說此詞是李清照於南渡後晚年寓居杭州"賦元宵"的作品，又就此詞一

---

① 胡才甫《汪元量集校注》，杭州：浙江古籍出版社 1999 年版，第 243 頁。
② 鄧廣銘《稼軒詞編年箋注（增訂本）》，上海：上海古籍出版社 1998 年版，第 19 頁。
③ 徐培均《李清照集箋注》，上海：上海古籍出版社 2002 年版，第 150 頁。

些字句說李清照"皆以尋常語度入音律"①。繆鉞把張氏的看法稍加發揮而成頗爲中肯的評論:"李清照填詞,很少借助於典故、辭藻,而大多是用尋常口語度入音律,所謂'平淡入調'者。"②透過南渡前後過元宵節兩種情景的對比,這首詞抒寫作者歷經離亂之後的愁苦寂寞情懷。上闋從眼前景物來寫心情,而下闋則從今(在杭州)昔(在開封)的強烈對照來抒發國破家亡的哀痛與感慨。當然,要充分了解並欣賞辛、李的兩首好詞,讀者還得知道關於宋人元宵節的習俗以及婦女的應時妝飾縷行。生活於北、南宋之交的朱弁(1085—1144)曾在其《續骫骳説》中簡叙汴京的"元宵觀遊之盛":

> 都下元宵觀遊之盛,前人或於歌詞中道之。而故族大家,宗藩戚里,宴賞往來,車馬駢闐,五晝夜不止。每出,必窮日盡夜漏,乃始還家。往往不及小憩,雖含酲溢疲思,亦不暇寐。皆相呼理殘粧,而速客者,已在門矣。又婦女首飾,至此一新。髻鬟簪插,如蛾蟬、蜂蝶、雪柳、玉梅、燈毬,裊裊滿頭,其名件甚多,不知起於何時,而詞客未有及之者。③

像朱氏這段簡述,或者比此更爲詳細的關於宋代元宵節的記述,如見於孟元老的《東京夢華錄》、吳自牧的《夢粱錄》和周密的《武林舊事》,都對讀者欣賞辛、李兩詞有幫助④。讀者起碼知道,李清照和辛棄疾都已在詞中言及車馬駢闐盛況以及婦女首飾了。不過,無論如何,從藝術結構方面來論,這兩首好詞都是依循"時間順序",用"直抒"而非用姜夔以後"空間性圖案"的手法寫成,應該沒有問題。

現在回頭來討論汪元量詠"錢塘元夕"的《傳言玉女》。到目前爲止,討論這首詞的人還不多,在所見的論述文字裏,筆者以爲王水照先生的短論最好,堪稱言簡意賅。因此筆者大體上就依據王先生對於汪詞表達的意思

---

① 徐培均《李清照集箋注》,上海:上海古籍出版社 2002 年版,見徐培均引述張端義的看法,第 150—151 頁。
② 見繆鉞、葉嘉瑩合著《靈谿詞説》,《論李清照詞》(此篇爲繆鉞所撰),第 346 頁。
③ 只存五條的朱弁《續骫骳説》被陶宗儀收入《説郛》。上引一段見陶宗儀《説郛》,北京:中國書店 1986 年版(據涵芬樓 1927 年 11 月版影印),卷三八,第 23 頁上。
④ 除了宋代的原始資料外,讀者也可參看現代人的研究。如黃杰《宋詞與民俗》,北京:商務印書館 2005 年版,就有專論"元宵詞"一節,見第 23—47 頁;陶子珍《兩宋元宵詞研究》,臺北:秀威資訊科技股份有限公司 2006 年版。

解說之,補充一些自認爲有關的資料,來簡單討論一下《傳言玉女》的藝術手法①。輯校《增訂湖山類稿》的孔凡禮(1923—2010)說:"詞中慨歎'塵埃漠漠',當爲元兵入杭前夕。題所稱'元夕',當爲德祐二年(公元1276)之元夕。"孔說頗具說服力,已廣爲討論此詞的人所援用。元兵是於1275年秋天順長江而下逼近杭州城下的,而次年二月南宋就投降了。汪詞寫成於首都淪陷、國家滅亡前的最後一個重要節日,所以特別有"一番大廈將傾前夕的緊迫的危機感"②。

就其整體來看,《傳言玉女》詞結構並不複雜,其文字本身也相當淺白易懂。不過汪元量還是用了些典故,也化用一些前人的詩句,來加深其詞作的境界。劈頭一句"一片風流",描寫詞人當時眼前所見一片豪華熱鬧的景象。緊接著"今夕與誰同樂"一問,表面上似乎如王水照所說,汪氏只是在問:這麼好的景象,(自己)要"跟誰一起賞玩呢"?由之引出"大兵壓境,人心惶惶,苦中作樂,倍顯其苦"③的意思。筆者倒覺得,這問句肯定是有更深一層的涵義的,因爲它包含了典故在內。在《南宋詞史》裏,陶爾夫和劉敬圻兩先生已經點出這層涵義了:"這首詞反映了南宋宮廷中淒楚惶恐的時代氣氛。開頭寫按傳統慣例,宮廷中也要在上元之夜張燈結彩,與民同樂。如今雖已有佈置,但大兵壓境,城破在即,人心惶惶,到底'與誰同樂'呢?"④然而,他們並沒有作更詳細的解析。

成書於1276年以後的吳自牧《夢粱錄》有如下關於"元宵節"的記述:

> 正月十五日元夕節,乃上元天官賜福之辰。昨汴京大內前縛山棚,對宣德樓,悉以綵結,山沓上皆畫群仙故事,左右以五色綵結文殊、普賢,跨獅子、白象,各手指內五道出水。其水用轆轤絞上燈棚高尖處,以木櫃盛貯,逐時放下,如瀑布狀。又以草縛成龍,用青幕遮草上,密真燈燭萬盞,望之蜿蜒,如雙龍飛走之狀。上御宣德樓觀燈,有牌曰"宣和與民同樂"。萬姓觀瞻,皆稱萬歲。今杭城元宵之際,州府設上元醮,諸獄修淨獄道場,官放公私僦屋錢三日,以寬民力。舞隊自去歲

---

① 王水照的短文見《唐宋詞鑒賞辭典(南宋·遼金卷)》,上海:上海辭書出版社1988年版,第2192—2193頁。
② 同前書,第2192頁。
③ 同上注。
④ 陶爾夫、劉敬圻《南宋詞史》,第517頁。

冬至日，便呈行放。遇夜，官府支散錢酒犒之。元夕之時，自十四爲始，對支所犒錢酒。十五夜，帥臣出街彈壓，遇舞隊照例特犒。街坊買賣之人，並行支錢散給。此歲歲州府科額支行，庶幾體朝廷與民同樂之意。姑以舞隊言之，如清音、遏雲、掉刀、鮑老、胡女、劉袞、喬三教、喬親事、焦鎚架兒、仕女、杵歌、諸國朝、竹馬兒、村田樂、神鬼、十齋郎各社，不下數十。更有喬宅眷、浮龍船、踢燈、鮑老、馱象社。官巷口、蘇家巷二十四家傀儡，衣裝鮮麗，細旦戴花朵口（筆者按：原文缺一字）肩，珠翠冠兒，腰肢纖裊，宛若婦人。府第中有家樂兒童，亦各動笙簧琴瑟，清音嘹喨，最可人聽，攔街嬉耍，竟夕不眠。更兼家家燈火，處處管弦，如清河坊蔣檢閱家，奇茶異湯，隨索隨應，點月色大泡燈，光輝滿屋，過者莫不駐足而觀。及新開門裏牛羊司前，有内侍蔣苑使家，雖曰小小宅院，然裝點亭臺，懸掛玉柵，異巧華燈，珠簾低下，笙歌並作，遊人玩賞，不忍捨去。諸酒庫亦點燈球，喧天鼓吹，設法大賞，妓女群坐喧嘩，勾引風流子弟買笑追歡。諸營班院於法不得與夜遊，各以竹竿出燈毬於半空，遠睹若飛星。又有深坊小巷，繡額珠簾，巧制新裝，競誇華麗。公子王孫，五陵年少，更以紗籠喝道，將帶佳人美女，遍地遊賞。人都道玉漏頻催，金雞屢唱，興猶未已。甚至飲酒醺醺，倩人扶著，墮翠遺簪，難以枚舉。至十六夜收燈，舞隊方散。①

從"正月十五日元夕節"到"皆稱萬歲"幾句，可算是摘叙孟元老《東京夢華録》卷六《元宵》一節的話。《東京夢華録·元宵》一節並不短，從前歲冬至以後，開封府在皇宫正門宣德樓前搭建山棚、張燈結綵，遊人以及表演各種技藝的人開始聚集御街，到皇帝親臨觀燈及宫廷的各種演出，都有記述②。吳自牧這樣地摘叙，顯然是要突出"與民同樂"這一主題。他描述杭州元宵一段，文字雖然多得多，也只偏重"舞隊"一項；當然從文章裏可以看出，此處的"舞隊"並不是只指遊行隊伍而已，其實也包括了歌舞、音樂和其他戲劇性的表演。不過，應該强調指出，吳自牧關注的重點是官方放出"僦（即"租賃"）屋錢"以搭建道場，以及"支散錢酒"來犒賞舞隊和"街坊買賣之人"。政府這樣做的目的是要"寬民力"和"體朝廷與民同樂之意"。吳

---

① 吳自牧《夢粱録·元宵》，見孟元老等著《東京夢華録（外四種）》，第140—141頁。
② 同前書，第34—35頁。

自牧的用意不外是要指出,南宋朝廷於元宵節"與民同樂",除了與人民同慶佳節、共享歡樂外,也實際支散金錢來幫助以及犒賞參與遊樂的人民。

"與民同樂"這一句話的出處是《孟子·梁惠王下》第一章:孟子對齊宣王説,他不能"好先王之樂"而"好世俗之樂"没關係,只要他能"與民同樂",齊國大概就有希望了①。朱子注釋孟子的意旨,説:"不與民同樂,謂獨樂其身,而不恤其民,使之窮困也。"而"與民同樂者,推好樂之心,以行仁政,使民各得其所也"②。毫無疑問,北、南宋朝廷於元宵節"與民同樂",跟人民一起遊樂、共享生活在太平盛世的幸福,是表達爲政者在實行儒家所推崇的"仁政"。

宋人慶祝元宵幾乎達到"狂歡"的地步是與君王的提倡和參與有關的。首先,宋太祖(927—976;960—976 在位)將以前張燈觀遊的習俗從三夜延長爲五夜;後來,徽宗又從年前冬至就開始節慶的活動③。"宣和與民同樂"的"宣和"是宋徽宗的最後一個年號(1119—1126)。不過,"與民同樂"這個傳統是仁宗(1022—1063 在位)末年就開始的,而徽宗則開始在山棚張掛一塊大牌,上面明書"宣和與民同樂"④。宋徽宗在藝術方面的造詣極高,也倡導文藝,可是在政治上卻昏庸無能,平時也追求窮奢極侈的生活。當女真人於宣和七年(公元 1125 年)大舉南下攻宋時,徽宗應付不了,便趕緊禪位給長子,是爲宋欽宗(1100—約 1156;1126—1127 在位)。欽宗靖康二年(1127)初,金兵就攻陷了汴京,把徽、欽父子和后妃、皇子、宗室、貴戚俘虜,而皇室的寶物,都擄掠北去。北宋滅亡,這就是所謂的"靖康之耻"。150 年後,歷史重演,南宋京城被蒙古人攻陷,三宫被俘虜,而皇室寶物又被擄掠北去。史實雖如此,吳自牧寫《夢粱録》的主要目的,顯係如實地記述杭州淪陷前的繁華,所以他雖於"元宵"一節提到"與民同樂",我們從中却看不到諷刺當政者"作秀"的意味。

有相當高文化素養、又在内廷供奉當琴師的汪元量,不可能不知道這個"與民同樂"的宋朝傳統。因此,讀者必須把開啓全詞的"一片風流,今夕與誰同樂"這一韻拍,與宋代君王的"與民同樂"行爲對照來看,纔能體會汪

---

① 朱熹《四書集注》,臺北:學海出版社 1989 年版,第 211—213 頁。
② 同前書,第 213 頁。
③ 陶子珍《兩宋元宵詞研究》,第 31 頁。"狂歡"是黃杰用來形容宋元宵詞所反映出"空前熱鬧"情况的詞。見黃杰《宋詞與民俗》,第 30 頁。
④ 見陶子珍《兩宋元宵詞研究》,第 32 頁。

元量説這話時的心境。

除了開篇與結篇兩拍外,汪詞真可説是如王水照的觀察,"上片寫室外之景,下片轉寫室內"①。嚴格來説,"一片風流"是包括室内和室外的景況的,而結尾"畫樓哀角"四字又指向室外去了。上闋二、三、四拍六句,"分别從臺館、青山、江潮三層落筆。'月臺'二句,謂月光下,花叢中,依舊臺館林立,但已瀰漫敵騎的塵埃。'豪華'二句,謂昔日繁華都已消歇,只有青山依然秀美耳"②。應該指明,"塵埃漠漠"跟"豪華蕩盡"都只是詞人當時心裏的感覺,因爲蒙古兵還没攻進杭州城裏來。"豪華"兩句,用了唐代許渾(生卒年不詳,832年進士)《金陵懷古》"英雄一去豪華盡,惟有青山似洛中"的詩意。後來汪元量從北方南歸後,作《憶王孫》九首,其中有一首有"人物蕭條市井空,思無窮,惟有青山似洛中",就直接用了許渾原句③。許渾的"青山似洛中"本指金陵(即現在南京),因爲金陵跟洛陽都三面環山。西湖也是三面環山,所以汪元量就借用許渾的詩句來寫他自己的感受④。上闋歇拍的"錢塘"兩句,接"青山如洛"續寫自然界景物不會隨人事之滄桑而有所改變;錢塘江的潮水會漲落如故,完全不理會人間的興衰。這六句雖説是寫室外之景,其實句句都在反映作者的心境。

照應前片寫室外"臺館、青山、江潮"的三層,下片頭三拍六句則轉到室內"分别從燈光、玉梅、昭君三層落筆"⑤。詞人説,人們慶祝元宵節而張掛的萬點燈光,"羞"照著歌舞場面。被擬人化了的燈光,正好反映出有大厦將傾緊迫危機感的作者之"視角與心境"⑥。接下去二拍均可能含有典故,王水照解讀得不錯:

> "玉梅"兩句,謂梅花凋殘,怨恨春光不久。東皇,指春神。《尚書緯》説:"春爲東皇,又爲東帝。"……蘇軾《次韻楊公濟奉議梅花》云:"月地雲階漫一樽,玉奴終不負東昏。"據《南史·王茂傳》,王茂助梁武

---

① 見《唐宋詞鑒賞辭典(南宋·遼金卷)》,第2193頁。
② 同前書,第2192頁。
③ 同前書,第2192—2193頁。
④ 關於汪氏借用許渾詩句的緣故,胡才甫已經有了注釋,不過他誤把洛陽、金陵、西湖,都説成是"四面環山",見胡才甫《汪元量集校注》,第243頁注1及第256頁注2。
⑤ 見《唐宋詞鑒賞辭典(南宋·遼金卷)》,第2193頁。
⑥ 同前注。

帝攻佔建康，"時東昏（齊明帝，被梁廢爲東昏侯）妃潘玉兒有國色……帝乃出之。軍主田安啓求爲婦，玉兒泣曰：'昔者見遇時主，今豈下匹非類。死而後已，義不受辱。'及見縊，潔美如玉。"蘇軾詩即以玉兒比梅花，言其潔白、堅貞。汪詞"玉梅"句，實亦暗寓宋朝后妃當此國祚將終之時，命運坎坷，怨恨至極——甚至怨恨皇上無能！接下"昭君"兩句，當係喻指宮嬪。……從后妃（玉梅）到宮嬪（昭君），都預感到末日的來臨。[1]

結尾"離愁聊寄，畫樓哀角"八字，一方面承接前面玉梅跟昭君的怨泣，另一方面"則總括后妃、宮嬪，且兼包作者自己。謂滿腔離宮之愁，只能寄托在戍樓傳來的號角聲中"[2]。相對於開頭第一拍，這八個字應該跟下片的前三拍稍爲分開，因爲它有結束全詞的作用。這開頭和結尾的兩拍，就像一幅畫的框架一樣，把汪元量於1276年元宵節，蒙古人攻陷杭州前夕，在南宋宮廷內外所見以及心中所感，整合起來成一首好詞。框架裏面，上下兩片各分別描寫的三層間，展現一種平行、並列、對等的空間性、圖案式的藝術結構。這與前述辛棄疾和李清照的元宵詞的直抒胸臆之結構模式，是很不相同的。

其次，我們來談談王沂孫的一首詠物詞。王沂孫也是生活於宋末元初的傑出詞人。現存於他的集子《花外集》（又名《碧山樂府》）裏還有六十多首詞，而其中標題爲詠物的，就有將近四十首之多[3]。陶爾夫、劉敬圻已正確指出，王沂孫最爲後人稱道的詞作，都是"那些深含亡國之痛的詠物詞"[4]。因篇幅有限，本人只取他的《天香·龍涎香》來簡單論叙一下。其詞如下：

孤嶠蟠煙，層濤蛻月，驪宮夜採鉛水。汛遠槎風，夢深薇露，化作斷魂心字。紅甆候火，還乍識、冰環玉指。一縷縈簾翠影，依稀海天雲氣。　　幾回殢嬌半醉，剪春燈、夜寒花碎。更好故溪飛雪，小窗深

---

[1] 見《唐宋詞鑒賞辭典（南宋·遼金卷）》，第2193頁。
[2] 同上注。
[3] 見葉嘉瑩《論詠物詞之發展及王沂孫之詠物詞》，《靈谿詞說》，第529頁。
[4] 陶爾夫、劉敬圻《南宋詞史》，第433頁。

閑。荀令如今頓老，總忘卻、尊前舊風味。謾惜餘薰，空簑素被。①

這首詞同見於《花外集》和《樂府補題》，均列爲首篇。《樂府補題》是宋詞史裏一部很重要的集子。《樂府補題》的創作緣起和歷史背景已經有許多現代學者作過考證了②。蒙古人於1278年10月已經大致征服了整個南宋。是年12月間，蒙古統治者派西藏喇嘛楊璉真伽（死於1292年）負責江南地區的佛教寺院。其時，楊璉真伽到紹興去發掘了六座宋朝皇陵和多達一百零一位重要官員的墳墓。發掘的目的是要掠奪陵墓中的殉葬財寶來建築一座佛教寺廟。夏承燾引述周密《癸辛雜識·別集上》記"楊璉真伽發陵，以理宗含珠有夜明，倒懸其尸樹間，瀝取水銀，如此三日夜，竟失其首"③。據說，宋朝皇帝和后妃的遺骸也沒有再被埋葬，而是被拋棄荒野。這個暴行激怒了當地的一些士人，其中名叫唐珏者召集了一批年輕人，將尸骸收集起來，重新安葬在某安全處所。1279年初，也許就在宋亡後不久，唐珏、周密、張炎和王沂孫等十四位作家，齊聚紹興，來哀悼宋陵之被盜掘。這群士人一共舉行了五次聚會，每次由一位詞人主持。他們特地選了五個詞牌、五個韻部和五種物品——龍涎香、蓴、螃蟹、白蓮和蟬——來填詞。十四位詞人一共創作了三十七首詞。根據夏承燾的推測，"大抵龍涎香、蓴、蟹以指宋帝，蟬與白蓮則托喻后妃"④。除了龍是象徵皇帝以外，很難了解他們爲什麼選擇這幾種物品，因爲它們看起來似乎不太相關。三十七首詞後來被彙集成一卷，題爲《樂府補題》。爲了避免遭受來自蒙古統治者的可能迫害，三十七首詞都故意寫得極端朦朧晦澀，用了很多典故。由於語言繁複、結構與托喻複雜，幾乎不可能對之作任何扼要的解讀。

關於王沂孫的《天香·龍涎香》，葉嘉瑩先生曾發表過極爲詳細深入而又精闢的解說，見於其所著《碧山詞析論》長文裏，有興趣者可取來細讀⑤。在此，筆者只想對這一首艱深的詞，簡單說幾句。此詞上闋寫香，由龍涎香採集的地點、時間與經過起，再接寫煉製成心字篆香，一直到描述其燃燒後

---

① 黃兆顯《樂府補題研究及箋注》，香港：學文出版社1975年版，第12頁。
② 夏承燾在其《樂府補題考》中已有頗爲詳細的考證。見夏承燾《唐宋詞人年譜》，上海：中華書局上海編輯所1961年版，第376—382頁，《周草窗年譜》結尾部分所附。
③ 同前書，第378頁。
④ 同前書，第377頁。
⑤ 此文收入葉嘉瑩《迦陵論詞叢稿》，上海：上海古籍出版社1980年版，第209—249頁。

能長期鬱結不散的特點。下闋寫人,從閨中女子焚香寫起,轉敘昔盛今衰的强烈對照。結尾"説明夜剪春燈,嬌嬌半醉的主人已不復存在,剩下的只是被龍涎熏過的素被還似乎保留著當時的餘香,不時散發出來,使人感到物是人非而倍增悼惜之情"①。作爲一個宋朝遺民,王沂孫當日寫此詞來哀悼宋陵被盜,其心緒一定是極爲複雜的,有不能明言之深沉痛苦的。有趣的是,"引發詞人創作的具體史事,已經被同化……到詞人獨特的心境狀態和審美感知結構"②。在許多方面《樂府補題》代表了南宋詞將近一個世紀以來發展的最高峰。在這部詞集裏,十四位詞人用了一系列華麗的意象,表現出皇陵被盜掘所象徵的野蠻入侵和宋文明破滅帶來的深沉悲痛心緒。而這個複雜心緒似乎是用詠物和空間性的詞體結構纔能有效地體現出來的。

最後我們再來看看另外一首不可多得的宋遺民詞:劉辰翁詠春月的《寶鼎現》:

> 紅妝春騎。踏月影、竿旗穿市。望不盡、樓臺歌舞,習習香塵蓮步底。簫聲斷、約彩鸞歸去,未怕金吾呵醉。甚輦路、喧闐且止。聽得念奴歌起。　　父老猶記宣和事。抱銅仙、清淚如水。還轉盼、沙河多麗。澒漾明光連邸第。簾影動、散紅光成綺。月浸葡萄十里。看往來、神仙才子。肯把菱花撲碎。　　腸斷竹馬兒童,空見説、三千樂指。等多時春不歸來,到春時欲睡。又説向、燈前擁髻。暗滴鮫珠墜。便當日、親見霓裳,天上人間夢裏。③

劉辰翁詞的風格比較接近辛棄疾,是屬於豪放派的。他是廬陵(今江西吉安)人。年輕時他有十七八年的時間往來於廬陵和杭州之間,先是參加科舉考試,然後做官。因此,他有很多機會目睹亡國前京城杭州的繁盛。宋亡後,他拒絕被徵召入元朝做官。劉辰翁的詞集裏有很多節令詞。對

---

① 所引此句以及其他簡短話語,均摘自陶爾夫、劉敬圻《南宋詞史》,第438頁對於王詞的簡論。
② 王筱芸《碧山詞研究》,南京:南京出版社1991年版,第30頁。
③ 劉辰翁著、吳企明校注《須溪詞》,上海:上海古籍出版社1998年版,第239頁。第二片"簾影動"三字,《須溪詞》本作"簾影凍";吳企明校語曰:"《全宋詞》於凍下注:'一作動'。元《草堂詩餘》作'動'。按元稹《連昌宫詞》'晨光未出簾影動'。從上下文意看,以'動'爲是。"見同書,第240頁。

此,吳企明先生作了正確的觀察:"每逢'元宵'、'花朝'、'三月三日'、'端午'、'七夕'、'中秋'、'重九'、'除夕'等節令,詞人每每興起感舊傷懷、眷念故國的思緒,並形諸筆墨,寫成詞章。"①元朝張孟浩曾説:"劉辰翁作《寶鼎現》詞,時爲大德元年,自題曰'丁酉元夕',亦義熙舊人只書甲子之意。"②因爲劉辰翁是宋遺民,所以只提甲子而不提元成宗的大德年號(1297—1307)。大德元年丁酉即公元1297年,距離宋亡已經快二十年了。這首詠春月的《寶鼎獻》是寫元宵節的一首詞,成於劉氏去世前不久,所以是一篇絶筆之作③。

全詞分作三片。首片從描寫汴京元宵夜的繁華景象起筆。作者用形象語言描寫街道熱鬧、遊人歡樂的場面:打扮華麗的女人坐在裝有旗杆與旗幟的馬車上,在月影下穿街而過;望不盡的樓臺裏,有美人在歌舞,香塵飛揚;情侣們相約一起歸去;通宵没有執金吾的禁衛人來禁夜,或呵止酒醉;此片以名歌妓開始演唱,頓使御街上的喧鬧安靜下來作結。此片用了幾個事典:"約彩鸞歸去"句用唐朝裴鉶(約860年前後在世)的傳奇小説裏,文簫與吳彩鸞仙凡遇合的故事;"未怕金吾呵醉"句寫古代元夕執金吾禁夜的禁令被解除,並用《史記·李將軍列傳》所記關於李廣從田間飲酒、回到霸陵亭時遭霸陵尉呵止事,來寫出人們得以自由歡樂的情況;至於"念奴"則是唐朝天寶年間(742—756)的名歌妓。劉辰翁用這些典事來作汴京繁榮景象的隱喻。

第二片開頭"父老猶記宣和事"一句,點出前片所叙汴京燈節的盛況全係對於遥遠的過去之追憶。應該提出,劉辰翁寫此詞時,距汴京極盛的宋徽宗宣和年間已經超過一百七十年了,如果句中的父老是親身經歷過宣和年間汴京的繁華者,絶不可能是他所親炙過的長輩了。次句含有一個典故。李賀(790—816)《金銅仙人辭漢歌序》曰:"魏明帝青龍元年八月,詔宫官牽車西取漢孝武捧露盤仙人,欲立置前殿。宫官既拆盤,仙人臨載乃潸然淚下。"劉辰翁用這個典故來寫宣和父老的亡國悲痛。"還轉盼"三字將筆鋒急遽轉入杭州。首片寫汴京燈節,著重在街道上的熱鬧和樓臺裏的歌舞。此片頭三句以下寫杭州,則集中在從豪華邸第發放出來的元夕燈光,

---

① 劉辰翁著、吳企明校注《須溪詞》,第5—6頁。
② 張孟浩語引於吳企明所撰《寶鼎現》短文,收於唐圭璋主編《唐宋詞鑒賞辭典》,南京:江蘇古籍出版社1986年版。見該書,第1230頁。
③ 劉辰翁著、吳企明校注《須溪詞》,第242頁。

倒映在沙河塘與西湖的水面。沙河塘在杭州南五里,在宋時是一個繁華的所在。田汝成(1503—1557)的《西湖遊覽志餘》有此記載:"沙河,宋時居民甚盛,碧瓦紅簷,歌管不絕。"周密的《武林舊事》也有關於元夕燈火的記載:"邸第好事者,如清河張府,蔣御藥家,閒設雅戲煙火,燈燭燦然。"①燈燭光影倒映於晃動的沙河塘及西湖水面,雖然綺麗迷人,卻也給人一種跟夢境無異的虛幻感覺!接著詞人寫在月光下深綠如葡萄的方圓十里的西湖水面上,嬉遊的士人美女看起來都像神仙才子一樣。作者雖未直言,但"神仙"兩字似乎也有暗指"天上天堂,地下蘇杭"②的用意在。第二片結句雖短短六字,卻包含了一個很有力的典故。典故與銅鏡(以菱花代稱)有關,出自唐朝孟棨(875 年進士)的《本事詩·情感第一》。孟棨所錄的故事頗長,然對了解劉辰翁此句不可或缺,故全錄如下:

  陳太子舍人徐德言之妻,後主叔寶之妹,封樂昌公主,才色冠絕。時陳政方亂,德言知不相保,謂其妻曰:"以君之才容,國亡,必入權豪之家,斯永絕矣。儻情緣未斷,猶冀相見,宜有以信之。"乃破一鏡,人執其半,約曰:"他日必以正月望日賣於都市,我當在,即以是日訪之。"及陳亡,其妻果入越公楊素之家,寵嬖殊厚。德言流離辛苦,僅能至京,遂以正月望日,訪於都市。有蒼頭賣半鏡者,大高其價,人皆笑之。德言直引至其居,設食,具言其故,出半鏡以合之,仍題詩曰:"鏡與人俱去,鏡歸人不歸。無復嫦娥影,空留明月輝。"陳氏得詩,涕泣不食。素知之,愴然改容,即召德言,還其妻,仍厚遺之。聞者無不感歎。仍與德言、陳氏偕飲,令陳氏為詩,曰:"今日何遷次,新官對舊官。笑啼俱不敢,方驗作人難。"遂與德言歸江南,竟以終老。③

  吳企明指出劉辰翁反用徐德言破鏡的典故,甚為正確④。陶醉在天堂(即神仙)一樣的世界裏,"有誰肯把這幸福生活破壞掉"⑤?他也指出:"菱

---

① 田、周兩人語,見引於劉辰翁著、吳企明校注《須溪詞》,第 241 頁。
② 前已指出,此諺語最早見於范成大的《吳郡志》。見范成大撰、陸振嶽校點《吳郡志》,卷五〇,第 660 頁。
③ 轉引自劉辰翁著、吳企明校注《須溪詞》,第 128—129 頁。
④ 同前書,第 241 頁。
⑤ 見吳企明所撰《寶鼎現》短文,唐圭璋主編《唐宋詞鑒賞辭典》,第 1231 頁。

花,這裏疑指西湖平靜的湖面,也暗喻南宋的半壁江山。當時'神仙才子'是不肯自毁金甌的,但他們酣歌醉舞,結果還是把半壁河山斷送了。'肯把'一句,語極含蓄,又極其沉痛。"①劉辰翁在此第二片所表達的是:幸福美滿如一面圓鏡子或天堂一般的世界,其本質是如夢一樣地虛幻易逝的,然而可歎的是沉浸在夢境裏的人很少會認清自己是在作夢的。

　　第三片回到詞人當日的現實環境。既然國家淪亡、京城陷落已近二十年了,還在騎竹馬遊戲的兒童,當然看不到而只能聽父老述説過去京城的升平、繁華景象。第一片描述了汴京歌舞的盛況。此片中,劉辰翁卻只挑出音樂文化來象徵升平繁華的氣象。根據《宋史·樂志》的記載,"宋高宗紹興年間(1131—1161)恢復教坊,'凡樂工四百六十人',招待北使'舊例用樂工三百人'"②。可見,劉氏所指還是宋朝的舊例,只有樂工三百人,每人十指,一起奏樂,合起來就有三千指了。看到竹馬兒童未能目睹過去杭州的繁華而只能聽聽父老講述,作者自然不能不感到腸斷了。吴企明解讀的好:"'等多時'二句,前面一個'春'字是虚寫,借指故國,後一個'春'字是實寫,指鳥語花香的季節。"③作者盼望國家能再復興,結果當然事實不是如此,所以等到春季重到人間時,他已經心灰意冷,再也没心思去欣賞春光,而只想睡覺了。也許"欲睡"兩字還含有想於夢中重尋故國繁華的一層意思。"又説向、燈前擁髻"一句用了兩個典故。其一出於《飛燕外傳》,關鍵文字如下:"子于(伶玄)老休,買妾樊通德。……能言趙飛燕姊弟故事。子于閒居命言,厭厭不倦。子於語通德曰:'斯人俱灰滅矣,當時疲精力,馳鶩嗜欲蠱惑之事,寧知終歸荒田野草乎?'通德占袖,顧視燈影,以手擁髻,淒然泣下,不勝其悲。"④劉辰翁用這個典故來作他自己心中的哀痛之隱喻,還頗貼切,因爲樊通德與他自己都是往事的叙述者。其二,"暗滴鮫珠墜"典出任昉(460—508)《述異記》:"南海中有鮫人室,水居如魚,不廢機織。其眼能泣則出珠。"⑤不直説暗暗下淚而説鮫珠墜,其目的當然是要使語言典

---

① 見吴企明所撰《寶鼎現》短文,唐圭璋主編《唐宋詞鑒賞辭典》,第1231頁。
② 劉辰翁著、吴企明校注《須溪詞》,第242頁。
③ 同注①。
④ 轉引自劉辰翁著、吴企明校注《須溪詞》,第242頁。《飛燕外傳》又名《趙飛燕别傳》,傳爲漢朝伶玄所撰小説。該小説描寫漢成帝時,趙飛燕淫亂宫閫之事。魯迅在《中國小説史略》中曾懷疑此小説是"唐宋人所爲";見魯迅《中國小説史略》,北京:人民文學出版社1973年版,第28頁。
⑤ 所引字句取自唐圭璋《宋詞三百首箋注》,香港:中華書局1961年版,第228頁。

雅。結尾一拍三句也用了兩個典故。首先，"霓裳"指唐玄宗（685—762，712—756在位）時代的流行歌舞曲"霓裳羽衣曲"。白居易（772—846）在他的《霓裳羽衣舞歌》的自注中説："開元（713—741）中西涼府節度楊敬述造。"①劉氏援用這個典故也極貼切，一方面借以鎖定歌舞這個主題，另一方面則因爲開元、天寶時代也是個繁華時代。其次，"天上人間夢裏"包含了一個很重要的"直取原文典故"（textual allusion），即從前人典籍裏直接摘取字句的典故。"直取原文典故"的特別功用是原文的故事、表達的意義，常被挪到新的語境裏，來加深或擴充新作品的意義與藝術境界。"天上人間"四字直接摘自李煜的《浪淘沙》詞："簾外雨潺潺，春意闌珊。羅衾不耐五更寒。夢裏不知身是客，一餉貪歡。獨自莫憑闌，無限江山，別時容易見時難。流水落花春去也，天上人間。"②關於李後主詞的結尾，俞平伯曾有極精到的解説：

  天上人間，即"人天之隔"，並無其他命意。以上文連讀，更坐實此解。此近承"別時容易見時難"而來，遠結全章之旨。"流水落花春去也"，離別之容易如此，"天上人間"，相見之難如彼。"夢裏不知身是客，一餉貪歡"，言其似近而忽遠也；"獨自莫憑闌，無限江山"，言其一遠而竟不復近也；總而言之，則謂之"流水落花天上人間"也。③

  劉辰翁除了直接引用李後主詞的"天上人間"外，還特別加了"夢裏"兩個字，似乎在提醒讀者"夢"字在後主以及他自己詞裏的重要性。在《寶鼎現》尾拍，劉辰翁替騎竹馬的兒童設身處境，説即使他們親自看到當日京城的歌舞盛況，現在也會跟爲他們父老輩的作者一樣，體驗到以前的美滿生活已隨"流水落花"永逝不回，與已經成一"人天之隔"的局面，只有在"夢裏"纔能再去追尋了。解讀至此，我們應該更能欣賞劉辰翁把第二片關於杭州那部分寫得像虛幻的夢境一樣。就是因爲南宋杭州的居民有幸生活在像天堂、如美夢一樣的環境裏，不覺醒其易逝之本質，而"一餉貪歡"，所

---

① 轉引自劉辰翁著、吳企明校注《須溪詞》，第242頁。
② 龍榆生編《唐宋名家詞選》，香港：商務印書館1966年版，第49頁。
③ 俞平伯《讀詞偶得》，香港：萬里書局1959年版，第35—36頁。

以現在纔得經歷亡國的痛苦。

總結上面的分析,《寶鼎現》第一片寫汴京的繁盛,筆調直接具體;第二片用並非作者親炙的"父老"的記憶點明汴京的繁盛早成過去,隨即轉入杭州的繁華,把它刻畫成像如夢如幻的仙境一般;第三片則集中寫作者當下的環境與感觸。劉辰翁這首長調詞是他叙寫其宋遺民既複雜又痛苦的心境的許多作品中極難得的佳作之一。此詞從久遠的過去開篇,續寫相較爲近期的過去,再以作者的此時此刻作結。不過,除了這層由過去到現在的時間進程外,全詞並無任何時間性的架構。此詞之完整統一全靠三片間在意象、主題和意思上的平行、並列與對等來完成。

五、小　　結

汪元量的《傳言玉女·錢塘元夕》、王沂孫的《天香·龍涎香》以及劉辰翁的《寶鼎現·春月》等三首絕妙好詞,寫成於宋末元初三個重要時間點:南宋京城杭州淪陷前夕的元宵節,南宋剛亡後一群年輕詞人在哀悼宋皇陵被西藏喇嘛楊璉真伽盜掘的一次聚會時,和宋亡後近二十年一位傑出遺民詩人過他最後一個元宵節時。寫詞時,汪、王、劉都各有極端悽苦的心境,卻都以南宋後期出現的詠物詞新模式來抒寫。劉辰翁是南宋後期"自覺地繼承並發展了辛派詞人的藝術傳統"[1]的傑出文人作家之一。儘管如此,我們從《寶鼎現·春月》裏看不出他遵循辛棄疾比較傳統的"直抒胸臆"的藝術手法。我們可以看到的是他自覺或不自覺地運用自姜夔以來具有創造才華的詞人所發展出來的詠物詞新美典。雖然,劉辰翁的《寶鼎現·春月》並不像姜夔、吳文英和王沂孫以詠物新美典寫出的詞那麼複雜、晦澀、難懂,而是像汪元量的《傳言玉女·錢塘元夕》一樣,文字比較淺白一點,然而其所展現的物趣、夢境與空間邏輯,是跟姜、吳、王三位前輩詞人所奉獻出的新美典一脈相承的。

當代中國詞學專家楊海明先生,曾對劉辰翁的《寶鼎現·春月》和宋詞的發展,作過頗具洞見的評論。筆者且把它引來作本論文的結束語:"這首詞,上闋寫北宋元宵,中闋寫南宋元宵,末闋寫宋亡後的元宵,可說是對三

---

[1] 劉辰翁著、吳企明校注《須溪詞》,《前言》,第10頁。

百年來宋代詞的一個總結——含著眼淚的總結。宋代的元宵'盛況'到此成了一場夢幻,宋詞的史也就至此打住了。"①

(作者單位:密西根大學)

---

① 楊海明《宋代元宵詞漫談》,《蘇州大學學報(哲學社會科學版)》(1983年第4期),第49頁。

女英雄的想像與歷史記憶

李惠儀

【摘 要】明季女英雄是一個具彈性的象徵符號,代表異彩紛呈的議論、抒情和想像空間。歷史與文學如何交錯?滄桑巨變的經歷與記憶,為何藉女英雄想像為媒介?不同的歷史環境如何塑造歷史記憶?明季女英雄的壓抑與重構,如何應運而生?清末民初與抗戰期間述說明末女英雄,激勵人心,救亡圖存的目標極明顯。相對而言,明末清初的同題書寫複雜而多元。其中有記實的層面,即不願獨立特行的奇女子湮沒無聞,亦有馳騁想像,純屬虛構的故事。然而無論虛實,均呈現晚明以來對此話題之特殊興趣。廣義而言,這主題也許可溯源於"好奇"的文學傳統,其中包涵追求解脫、投射理想、抒發憤懣,種種創作動機。間或緊扣時代,成為歷史判斷的關鍵,歷史記憶的依附。同時,世變與女詩人的英雄想像息息相關。明清之際女性文學主流之一是憂國傷時的詩詞。從戎靖亂的記憶或幻想,間或引發對性別定位的質疑,間或醞釀詩心之覺醒。書寫19世紀離亂的女詩人,乃至晚清秋瑾,均屬於此一隱約的系譜。

【關鍵詞】女英雄 想像 歷史記憶 明清之際 明季

明清易代的記憶與想像,在近現代史上構成波瀾壯闊的迴響,或藉以激情勵志,或由此感慨興亡。晚清的反滿情緒,藉反清復明的故事推動和傳播;抗戰期間,有識之士多有借鑒明末志士力挽狂瀾的敘述;明遺民的氣節,成為民族主義的先聲、政治抗爭的暗喻、爭取思想自由的投射。綜觀明清之際反映世變的文字,其中一個反覆重現的話題為女子與國難的關係。

即以女子之貞淫美惡、雄邁與屈辱、自主與無奈演繹國族的命運及世變中人們自存、自責、自慰的種種複雜心境。爰及清末至 20 世紀,此議題之延續與翻新,或可藉以窺探傳統與現代的銜接和張力。

一、明季女英雄:一個具彈性的象徵符號

限於篇幅,本文將集中一主綫,即女英雄的想像與歷史記憶。明季本來是一個充滿特立獨行的奇女子之時代。晚清詩人學者沈曾植(1850—1922)跋錢謙益《投筆集》曾云:

> 明季固多奇女子,沈雲英、畢著武烈久著聞於世。黔有丁國祥,皖有黄夫人,浙海有阮姑娘,其事其人,皆卓犖可傳。而黄、阮皆與柳如是通聲氣,蒙叟通海,蓋若柳主之者。異哉!黄夫人見《廣陽雜記》,余别有考。阮姑娘見《劫灰錄》,云甲午正月,張名振兵至京口,參將阮姑娘歿於陣。此第三疊"娘子繡旗營壘倒",注云:"張定西謂阮姑娘:吾當使汝抱刀侍柳夫人,阮喜而受命。舟山之役,中流矢而殞,惜哉!"京口、舟山,歿地不同,當以詩爲得實。①

我們試看沈曾植列舉的例子。據毛奇齡(1623—1716)《沈雲英傳》②,沈雲英(1624—1660)出身武官之家,能馬射,通經博古,尤精研《春秋胡氏傳》。1643 年,其父沈至緒任湖南道州守備。其時流寇襲道州,至緒戰死,其尸又被掠。沈雲英從敵營奪回父尸,後又率領其父舊部解道州之圍。其事奏聞朝廷,沈至緒追贈昭武將軍,建祠麻灘驛,沈雲英封游擊將軍,詔使仍領父衆。會其夫賈萬策在鎮守荆州失利時被殺。雲英因哭辭詔令,扶父柩回籍。清師渡西陵,雲英赴水求死,母力救之得免。入清後以開塾教授族兒維生。前此毛奇齡曾受沈氏族人請托,作《游擊將軍列女沈雲英墓誌銘》③。此詭艷之駢文以哀麗寫勇武:"朱旗拭淚,盡作胭脂。素鉞矢心,勿

---

① 沈曾植:《投筆集跋》,《錢牧齋全集》,上海:上海古籍出版社 2003 年版,第八册,第 955—956 頁。
② 收入鄭澍若編:《虞初續志》卷四,《説海》第三册,第 771—773 頁。
③ 這位族人沈兆陽曾從沈雲英受《春秋》胡傳。墓誌銘收入黄承增編《廣虞初新志》卷八,《説海》第三册,第 1088—1091 頁。

懸巾幗……裙披馬腹,浥以桃花。齒嚙箭頭,碎爲菰葉。"其美其至足以震懾敵人:"賊占女鋒,人駭其色。"沈雲英的故事廣泛流傳,除了得力於毛奇齡的名位外,更因爲她代表着人倫完備:"將軍於父爲孝,於國爲忠,於夫爲節,於身爲貞。此爲女德,又擅婦訓。文能傳經,武足勘亂。"此外尚有夏之蓉(1697—1784)①、汪有典(其《史外》1748 年付梓)②、徐鼒(1810—1862)等人的誌傳,歌頌這位允文允武、忠孝節烈的女子。汪傳檃括毛傳,夏之蓉則指稱圍道州者乃張獻忠,表明雲英是在與亡明之戾氣抗爭。"忠勇之伸,乃激於女子,事何奇也? 豈亂世陰陽之道,不得其情,抑義在天下,不可奪志者,雖匹婦猶然歟?"在文學作品中她也是英風凜凜的形象。董榕作於乾隆年間的傳奇《芝龕記》、楊恩壽(1835—1891)作於 1870 年代的《麻灘驛》,均演繹她的故事。晚清至現代的叙述,則特重沈雲英欲投水殉國的環節。如職公《女軍人傳》(《女子世界》第一期,1904 年),以明朝淪亡於異族的悲哀開篇,繼而聚焦一欲投江卻被其母攔阻的少婦,接著以倒叙方式,陳說平生,篇終銜接投江一幕,以雲英遺民志節作結。於是其孝義隱然與民族主義合流:"寧犧牲吾一人之血肉,勿使父親暴露於賊窟。寧爲沙場之鬼雄,勿使祖國之尺土爲犬羊所踐踏。"晚清以後種種沈雲英故事,有繼續宣揚婦德者③,亦有"現代化"的演繹,包括提倡女學④(即沈"經師"身份之伸延)及凌駕其夫,而最終塑造成以《春秋》尊王攘夷之旨薪傳復國大義的志士⑤。

畢著的故事與沈雲英相類,有清一代也屢有稱述。沈德潛(1673—1769)曾於其兄沈來遠家中見過畢著詩集,可惜來遠歿後畢集即散佚,僅存沈德潛抄録的兩首。其中《紀事》一首,寫畢父戰死薊丘,尸爲賊收。畢著夜襲敵營,奪回父尸。另外一首《村居》,寫畢著婚後偕夫淡泊隱逸。沈德潛在《清詩别裁集》裏記下畢著小傳,謂其父爲流賊所殺。但據李岳瑞考

---

① 夏之蓉:《半舫齋集》,收入祝秀俠、袁帥南編《清文彙》,第 1480 頁。夏文屢次收入民國教科書,如劉大白《記叙文》(1922),浙江省中等教育研究會國語教學組編《民族文選編》(1935),譚正璧《叙述文範》(1941)。
② 汪有典:《兩女將軍傳》,《史外》。汪傳又收入《廣虞初新志》卷三一,《說海》第四册,第 1452—1453 頁。
③ 如許指嚴的《團花槍》,説詳秦燕春《清末民初的晚明想象》,第 267—269 頁。
④ 山淵:《沈雲英》,《小説海》第三卷第十二期,1917 年版。秦燕春在前揭書(第 269—270 頁)中討論過這部小説。
⑤ 抗日戰爭時期是明季女英雄叙述的高潮之一。范烟橋:《沈雲英代父守孤城》(三言體),見《萬策》第二期,1941 年版。

證,明末流寇未嘗至山東。"父之死實在崇禎十五年。正太宗文皇帝親統大兵南下時也。著實與我朝兵戰。歸思未考,邊以流賊書之。後來館臣重訂,竟不加改正,尤爲巨謬。"①諱言抗清,轉謂剿寇的例子,在文網羅織的時代並不少見。無論如何,在流傳的叙述中,沈、畢的忠烈,矛頭指向"賊寇",入清後又都退隱,並不威脅新朝。而移孝作忠,恪守"婦道",雖勇武而不逾越,正符合清朝樂於表彰的悼明方式。她們的故事在清代廣爲傳誦,原因不外乎此。

丁國祥與黄鼎妻事迹均載劉獻廷(1648—1695)《廣陽雜記》。"永曆時,有女總兵丁國祥,驍勇善戰,能於馬上打弩。其夫姓楊,亦總兵。秦王出降後,丁亦投誠。住貴州,常男妝與士大夫交接。"這位勇武女子先抗清後投降,自然不見容於清廷官方叙述,並亦不能在清亡後晉升爲"民族女英雄"。劉獻廷心儀明季剛烈女子,好稱述"子降母不降"、"夫降妻不降"的故事,黄鼎妻即爲其一:

> 霍山黄鼎,字玉耳。霍山諸生也。鼎革時起義,後降洪〔承疇〕經略,授以總兵,使居江南。其妻獨不降,擁衆數萬,盤踞山中,與官兵抗,屢爲其敗。總督馬國柱謂鼎:"獨不能招汝妻使降乎?"鼎曰:"不能也。然其子在此,使往,或有濟乎?"國柱遂使其子招之。鼎妻曰:"大厦將傾,非一木所能支,然志士不屈其志。吾必得總督來廬一面,約吾解衆,喻令薙髮。然吾仍居山中,以遂吾志,不能若吾夫調居他處也。"其子覆命,國柱自來廬州,鼎妻率衆出見,貫甲鐵兜鍪,凜凜如偉丈夫。如總戎見制臺禮。遂降,終不出山。黄鼎居江南久,後屢與鄭氏通,郎總督時,事敗,服毒死②。

劉獻廷一生不仕,以著述爲事。雖頗負時名,但著作多散佚,《廣陽雜記》流傳情況也不詳。以兵部尚書降大順,後又降清的張縉彦(1599—約1670)曾寫下《白湖禦寇記》,歌頌黄鼎妻鄧氏抵禦流寇的功績。清軍南下,張勸黄鼎歸順,並以其"地盤"爲晉身之階③,他自然不願寫鄧氏持續抗清。

---

① 李岳瑞《春冰室野乘》卷下,收於《近代中國史料叢刊》,臺北:文海出版社1967年版,第22頁。
② 劉獻廷《廣陽雜記》,第36頁。
③ 《清史列傳·張縉彦傳》卷七九,第63頁。

此外,清初名臣姚文然(1620—1678)在其《鄧夫人白湖寨序》①也對鄧氏禦寇備極推崇,並興"豈真末世天地雄傑瑰琦之氣,不鍾於我輩男子,而偏在閨閣中否耶"的感喟。張、姚均與黃鼎有交誼,稱頌他"門內兩將軍",並未厚妻薄夫。同樣的,蘇州劇作家李玉的傳奇《兩鬚眉》(1653年序)把黃禹金(本黃鼎)與鄧氏寫成方法不同,但志節一致的平寇英雄。《兩鬚眉》以黃、鄧1645年入山歸隱告終,略過敏感的降清或抗清問題。襃揚"平寇",諱言抗清"抗夫",似乎表明鄧氏的英雄形象在歷史記憶裏靠壓抑和改寫加以持續。錢謙益1658年的《六安黃夫人鄧氏》詩,指涉鄧氏持續抗清,其時鄭成功水師北伐在即。錢歌頌她,亦間接表明自己志圖恢復的心迹。設若劉獻廷所言屬實,黃鼎後來亦"通海",或許是被鄧氏"感化"。清初以後黃鼎與鄧氏的故事若存若亡,直到清末民初,學者王葆心(1867—1944)在《鄆黃四十八砦記事》(1908年序)和《虞初支志》(1920年序)纔作相關敘述。王葆心貶斥黃鼎、推崇鄧氏,"男降女不降"的話題再次重現②。沈曾植說他對黃鼎妻別有考證,卻無從推究。現存沈集並無相關文字。

至於阮姑娘,沈曾植在引述《劫灰錄》後,即點明錢謙益自注其詩所提及有關阮姑娘始末實較可信。於是阮姑娘以張名振麾下參將侍柳如是(約1618—1664)之事得傳,而柳如是海上犒師的傳聞亦因而坐實。沈又繼續引錢注,説明柳如是盡橐資助姚志倬舉兵,而姚不幸戰死崇明。錢謙益《投筆集》作於1659至1663年間,陳寅恪曾譽爲"明清之詩史"、"三百年來之絕大著作"。《投筆集》題爲《後秋興》,次杜甫《秋興八首》韻,十三疊一百零四首,自題前後四首。沈曾植略述其梗概云:"前二疊國姓(鄭成功)攻金陵時作,後七疊皆爲永明王(桂王朱由榔)作。中間三、四疊,作於國姓兵敗後。情詞隱約,似身在事中者。"洋洋一百零八首,何以只談第三疊第三首有錢自注的幾句?沈拈出的部分,是柳如是參與復明運動的佐證。這是暗藏機鋒的"以詩證史"——沈闡發柳如是如何推動或堅固錢謙益反清復明的決心,實開陳寅恪《柳如是別傳》之先河。清代不乏以柳如是欲殉明而終殉家難的節烈反襯錢謙益降清之恥辱的記載,但闡幽彰隱,以柳如是爲綫索探究錢、柳投身復明運動的始末,則以沈跋發軔。《投筆集》以抄本傳世,見者甚罕,1910年順德鄧實風雨樓始假虞山龐氏藏錢曾箋注《投筆集》排印

---

① 姚文然《姚端恪公文集》,卷一三,第8—9頁。
② 夏曉虹於《晚清女性與近代中國》中對"男降女不降"的話題有精闢討論。

行世,沈跋未署年月,大概作於民國初年。

　　沈跋没有提到明末錚錚有名、平亂勤王、剿寇抗清(其時尚稱後金)、得崇禎帝平臺賜詩的女將秦良玉,不知是有心還是無意的遺落。秦雖名列《明史·將相列傳》,卻没有著名文人如毛奇齡、夏之蓉等特地立傳歌頌。這可能與她的土司身份(毛奇齡把她寫進《蠻司合志》①)、援遼抗清、勇武之外並無"奇節"等有關。董榕《芝龕記》鋪叙牽合秦良玉、沈雲英二人事迹,並藉她們的忠勇痛斥明末文臣武將之不濟——這是典型的"盛清"視野,即在褒忠獎節之餘宣揚明亡清興的合理性。在董榕的"邊緣想像"裏,晚明是"禮失求諸野"的時代。遠在西蜀統領嵾峒蠻的秦良玉是忠孝節義的化身,而在南京戎裝爲戲的柳如是則代表糜爛頹廢(第57齣)。其後許鴻磐(約1762—1846年後)《女雲臺》、陳烺(1822—1898年後)《蜀錦袍》繼續刻畫秦良玉舞臺上的英武形象。這些戲劇和其他零星記載(包括吴偉業《綏寇記略》卷七、李長祥《天問閣集》②、毛奇齡《蠻司合志》、萬言《崇禎長編》③、吴熾昌(約1780年生)《秦良玉遺事》④、何曰愈(1793—1872)《書明都督總兵秦良玉軼事》⑤等)均略去或一言帶過援遼之事,側重"平寇",尤其是平定永寧土司奢崇明之亂及與張獻忠抗衡。到了清末民初,表彰秦良玉的記述不可勝數⑥。其中有自覺地藉此伸張女權的,如職公《女軍人傳》(《女子世界》第二期,1904年),開篇即痛説中國女界"泥犁然,囹圄然。嗚呼,此中國所以不競於今日也歟"。差可告慰者是擐甲執兵,從戎靖亂的秦良玉,"何幸得之於女學不興、女權不振之中國",竟超越"彼白晳人種之女豪傑"。歌頌秦良玉背後,隱然以振興女權維繫種族優劣、國運興衰。清代記載著眼秦良玉晚年抵禦張獻忠,職公則謂她"上賴黄祖在天之靈,下作漢族復仇之氣","有死灰復燃之望",把焦點移向她的抗清功績。没有説她殉

---

① 毛奇齡《蠻司合志》謂秦良玉有男妾數十人,但朱彝尊、李長祥等力辯其誣,見毛奇齡《蠻司合志》,收入《廣虞初新志》,《説海》第三册,第1079—1082頁。
② 李長祥,崇禎十六年進士,其事迹見全祖望所爲行狀。見李長祥《天問閣集》卷下,第56頁。
③ 朱希祖《明季史料題跋》認爲《崇禎長編》的撰人即萬言(萬斯同子),見《明季史料題跋》,第24頁。
④ 吴昌熾《客窗閒話》(1824年序,1839年初刻)。吴文與其他記載均異,吴文中秦良玉是自擇夫,善經營,能致富,最終保境安民的英明女子,武略用兵等只是簡單記述。
⑤ 何曰愈文收入姜泣群編《虞初廣志》,《説海》第七册,第2366—2370頁;又收入王葆心編《虞初支志》,《説海》第八册,第2823—2826頁。
⑥ 秦山高編著《秦良玉傳彙編初集》,1936年版;秦燕春《清末民初的晚明想象》,謂"1915年六七月間,《申報》曾連篇累牘登出《明季奇女子秦良玉彙編》,可謂集其大成者",第263頁注一。

國,但云:"吾漢族亡國之二年,遂辭此腥羶之世界……絕世女豪傑,乃竟與漢族衣冠同淹没於荒煙蔓草之間矣。"文字的排比暗示雖非殉國也是與國同殉①。孫靜庵(1876年生)《明季女將秦良玉遺事》②承何曰愈説,記良玉墓碑"其結銜首書忠貞侯太子太傅於都督總兵上……蓋永曆朝所贈官也"。孫又在篇終議論:"較芝龍鴻逵之儔,秦氏賢於鄭氏遠矣。"鄭芝龍曾一度歸附唐王,後又降清。其弟鄭鴻逵雖没有降清,名義上襄助其侄鄭成功,但亦似首鼠兩端。秦、鄭對比似乎暗示秦良玉始終奉永曆正朔。姜泣群所編《虞初廣志》(1915年付梓)在載録何曰愈《書明都督總兵秦良玉軼事》後附録"塞庵氏"(大概是民國初年人)評語,其大旨亦在設想秦良玉與永曆的關係。塞庵氏運用其"歷史想像",謂設若秦良玉權謀得用,總制四川,永明王便可藉以偏安,不至奔走蒙塵,雖不能如東晉、南宋,或仍可爲蜀漢。"然則良玉一人之用捨,明室存亡之全局繫焉……嘗謂有明之末,東有鄭成功,西有秦良玉,鬚眉巾幗,同爲一世英傑……余故比其事而論之,以諗世之治國聞崇拜愛國之豪傑者。"如歷史可改寫,塞庵氏大概會鋪叙秦良玉與永曆朝廷相終始,使她與鄭成功東西輝映,同爲抗爭到底的民族英雄。

　　以沈跋爲緣起,不過藉此説明不同的歷史環境如何塑造歷史記憶,明季女英雄的壓抑與重構,如何應運而生。清末民初與抗戰期間述説明末女英雄,激勵人心,救亡圖存的目標極明顯。相對而言,明末清初的俠女、女英雄書寫複雜而多元。其中有記實的層面,即不願獨立特行的奇女子湮没無聞。亦有馳騁想像、純粹虛構的故事。然而無論虛實,均呈現晚明以來對俠女、女英雄的特殊興趣。廣義而言,這主題也許可溯源於"好奇"的文學傳統,其中包涵追求解脱、投射理想、抒發憤懣種種創作動機,間或緊扣時代,成爲歷史判斷的關鍵,歷史記憶的依附。如王夫之《龍舟會》雜劇,重寫唐小説《謝小娥傳》,以謝小娥女扮男裝報殺父殺夫之仇的故事,痛斥明季文臣武將不濟,兼寄寓亡國之痛。與此取向相反的是吴偉業的《臨春閣》雜劇,吴劇爲陳後主寵妃張麗華翻案——亡國妖姬變爲憂勤國事的能臣,與鎮守邊疆的高涼洗夫人惺惺相惜。她們一文一武,雖不能扭轉乾坤,卻稱得上中流砥柱,是晚明耽溺恣縱、尚情唯美之生命情調的"自贖"。現有

---

① 清代有傳秦良玉殉國者。如沈欽圻《秦良玉遺像》:"連斬六將力已殫,拔刀自刎身不辱。忠勇義烈兼有之,女中張許誰能贖。"《秦良玉史料集成》,第338頁。
② 孫靜庵《夕陽紅淚録》,1913年版,第112—118頁。

的奇女子之叙述,亦往往突顯時代的矛盾。如周亮工追懷與他共守圍城的亡妾王蓀,吳偉業隱然推許爲詩史的舊好卞賽,錢謙益頌美心懸海宇、力圖恢復的同心共命之人柳如是,背後均融鑄作者之自責、自解和"自我詮釋"。

象徵意義之游移,正是與時代潛在對話的明證。如屢見於清初詩文、小說與筆記中的,再現於《紅樓夢》及楊恩壽短劇《姽嫿將軍》的林四娘,亦鬼亦人,時真時假,似強似弱,既幽怨又憤烈,或殉明或殉清或殉情。清初的"林四娘系列"記載,包括李澄中(1630—1700)《艮齋筆記》卷六、安致遠《青社遺聞》卷三、林雲銘(1628—1697)《挹奎樓選稿》(林雲銘的《林四娘記》又收入張潮編的《虞初新志》)、陳維崧(1625—1682)《婦人集》錄王士禎(1634—1711)《林四娘歌》歌首所繫小序(今存王集並無《林四娘歌》,或云陳文抄自王士禎兄王士禄〔1626—1673〕所作《燃脂集》)、王士禎《池北偶談》卷21、蒲松齡(1640—1715)《聊齋誌異》。① 這些記載的共通點是一明朝女鬼(林四娘)出現於一清朝官員(山東青州觀察陳寶鑰)的官邸。除了林雲銘的《林四娘記》以外,林四娘的身份是明衡王府宫人。林四娘的女鬼形象,在不同叙述裏分别表現爲悽厲、幽深、哀怨、勇武、冷艷、多情,陳寶鑰的態度,也相應地表現爲嚴峻、猜忌、驚疑、惝恍、欣羨或愛慕。在《艮齋筆記》裏,陳寶鑰對作祟的故明女鬼無動於中。在林雲銘的叙述中,林、陳關係由對壘變成親狎。在《婦人集》與《池北偶談》裏,林四娘要求借陳"亭館延客",與儔侶重温故墟舊夢,陳既許之,對這憑弔儀式亦僅冷眼旁觀。蒲松齡的《林四娘》是愛情故事,陳因戀慕林,對其亡國之音亦似共感同悲。林四娘代表的歷史記憶,與易代之際的"新秋序"如何周旋、抗衡、共處,並因之轉化與升華,均可於這些故事中察見端倪。《婦人集》與《池北偶談》裏的林四娘鳳靴佩劍,"冷然如聶隱娘、紅綫一流"(《婦人集》)。《紅樓夢》第78回的姽嫿將軍,化女鬼爲英雄,可能即受此英武形象啓迪。第78回回目是:老學士閑徵《姽嫿詞》,癡公子杜撰《芙蓉誄》。大觀園風流雲散,適逢賈政與衆清客談論"當日"衡王好武兼好色,令其諸姬習武。後遭"黄巾、赤眉"一干流賊搶略山東,衡王領兵征討遇害。其寵姬林四娘遂聚集女將,奮

---

① 王憲明《衡王府與紅樓夢》蒐羅林四娘故事,第135—157頁。有關林四娘記載的分析,參看 Judith Zeitlin, *The Phantom Heroine* (Honolulu: Hawaii Univ. Press, 2007), pp. 97 – 120; Wai-yee Li, "Women as Emblems of Dynastic Fall from Late-Ming to Late-Qing," in Shang Wei and David Wang ed., *Dynastic Crisis and Cultural Innovation: From the Late-Ming to the Late-Qing and Beyond* (Harvard University Press, Council for East Asian Studies, 2005), pp. 93 – 150.

身出擊,殉王殉國,成就了"風流雋逸,忠義慷慨"。賈政命寶玉等以此題作詩,寶玉遂作《姽嫿詞》詠歎其事。《紅樓夢》開宗明義說"無朝代年紀可考",而《姽嫿詞》指涉明末清初情事,自然引起紅學家的考據興趣,或有據此辯稱《紅樓夢》悼明,"是一個民族的悲劇,一個民族的懺悔"。但就全書象徵意義而言,林四娘之英雄形象與明亡無涉,哀悼的並非明朝而是大觀園所體現之精神境界的泯滅。《姽嫿詞》與《芙蓉女兒誄》,反覆申辯真與假、史實與想像、風流與忠義、兒女與英雄是否果爾相反相成。《紅樓夢》以後的林四娘述說,在不同程度上反映時代,化虛爲實。楊恩壽作於1860年的雜劇《姽嫿封》寫林四娘精忠殉國,於太平天國戰亂中投射女英雄"平寇"的幻想。(《姽嫿封》以明朝嘉靖年間民變爲背景,但楊自謂林四娘本抵禦太平軍而戰死新田的周雲耀妻。)晚清筆記又以林四娘比附抗清的江西永寧王世子妃彭氏。據施鴻保(1871年死)《閩雜記》云,因纏足號稱"彭小腳"的彭妃,明亡後率家丁來閩,獻款永曆,聚衆持續抗清,直到順治五年纔被執,臨刑猶責郡邑各官。李岳瑞(1862—1927)《春冰室野乘》"明季兩烈婦"條轉載其事,並懷疑姽嫿將軍可能即指彭妃。楊恩壽投射的殉清女將遂隱然轉化爲反清復明的女英雄。光緒三十三年(1907)十月二十日至十二月二十日,上海《神州日報》附刊有《姽嫿將軍》小說,題龍門經天氏撰,自謂增補其父《勿喜齋叢談》所載。其文未見,但觀自序云"文人弄筆,當具愛國之熱心,作無形之補救",所寫大概也是平寇或抗清的女英雄。

歷史文獻之中,林四娘是游移於虛實的人物。但在處理女英雄的彰顯、遺忘等問題時,我們不妨"虛實兼收"。歷史真實與虛擬互相交織,其間界限有時候不易確定,而故事的意蘊與功能往往超出釐清真假的考量。可斷言的是明季女英雄是一個具彈性的象徵符號。針對改朝換代,國族殄瘁,精神境界的泯滅,乃至中國文化的危機而生之憂思、哀憫、超越的期盼,均可取譬於此。而女英雄的聯想,也隨時代轉移,涵蓋忠烈、節義、愛國甚或"我民族獨立之精神,自由之思想"等多層意義。

二、世變與女子的英雄想像:一個隱約的系譜

以上論述的例子,多取材自男性書寫。畢著是例外——她的勇武形象乃建基於其《紀事》一詩。明末清初是女性文學高峰期之一,而女子如何思

考己身與世變的關係,可直溯諸其文字。明清之際女性文學主流之一是憂國傷時的詩詞,例證具見徐燦(1618—約 1698)、顧貞立(1624—1685 年後)、王端淑(1612—約 1685)、劉淑(約 1620 年生)、李因(1616—1685)、周瓊等人的作品。也許是天崩地解的時代逼使她們超越閨閣婉約的語言,見證離亂,反思歷史,述往思來,於是眼界擴大,感慨遂深。政治失序似乎造就了不容於承平秩序的想像空間,於極少數女子,其或予以伸展抱負的機會。書寫自己從戎靖亂的女子自是跨越性別界限,但質疑性別界限的女性文學作品所在多有,並不限於這些女英雄。對性別定位的不滿,往往是悲懷國變途窮的前奏和後果。同時,家國之感醖釀詩心之覺醒——即詩人對女性文學的自覺與使命感之提升。19 世紀中葉女詩人,如沈善寶(1808—1862)、李長霞(1825—1879)、左錫嘉(1830 年生)、左錫璇等,寫鴉片戰爭與太平天國之際的國危家難,慷慨悲歌,繼續此傳統。及至晚清秋瑾(1875—1907)、徐自華(1873—1935)、吳芝瑛(1867—1933)諸人文字,雖少有直接指涉其明末清初之先驅,就意象與命題而言則是一脈相承。其繼往開來的契機,表現在她們對明季女英雄的特殊興趣,及對革命與性別互爲因果的詮釋。

明季劉淑,志圖恢復,建義旗起兵,並在詩詞中屢屢呈現壯懷激烈。陳維崧《婦人集》有如下記載:

> 劉夫人,江西吉州劉忠烈公(忠烈諱鐸,揚州知府,天啓時爲魏閹所殺)女,王撫軍子次諧婦也。名淑,幼穎異,能小詩。甲申鼎湖之變,夫人歎曰:"先忠烈與撫軍兩姓皆世禄,吾恨非男子不能東見滄海君,借椎報韓。然願興一旅,從諸侯擊楚之弒義帝者。"遂建義旗。適滇帥蠻兵精悍冠諸軍,聞夫人名請謁,夫人開壁門見之。旦日報謁,滇帥具牛酒於軍中,高宴極歡。然帥武人也,陰持兩端,又醉後爭長,語不遜。夫人怒,即於筵前按劍欲斬其首。帥環柱走,一軍皆擐甲。夫人擲劍笑曰:"殺一女子何怯也?"索紙筆從容賦詩一首,辭旨壯激,帥悔且懼。夫人曰:"妾不幸爲國難以至於此,然妾婦人也,願將軍好爲之。"遂跨馬馳去。[①]

[①] 陳維崧《婦人集》,收入王英志、郭馨馨編《清代閨秀詩話叢刊》,南京:鳳凰出版社 2010 年版,第 22 頁。

劉淑事迹又見汪有典《史外》、李瑤(道光年間人)增補溫睿臨《南疆逸史》之《摭遺》、徐鼒《小腆紀年》(1861年原刊)、《安福縣誌》、《廬陵縣誌》、孫靜庵《明遺民録》(1912年序)等。縣誌特重孝節,起兵事含糊其辭。其他志傳所記略詳,謂劉淑散家財,募士卒,得千人,以司馬法部屬指揮,成一旅。謂劉淑於丙戌年(1646)欲資張先璧爲助,張不敢赴敵,且微露納淑意。又記劉淑口占"銷磨鐵膽甘吞劍,抉卻雙瞳欲掛門",大書於壁。張悔懼之餘,"率麾下叩頭請死",劉之凌厲,張之請罪,似乎是出師無功的"象徵補償"。

劉淑《个山集》在清代以鈔稿流傳,鮮爲人知,直至1914年纔由王仁照校理後集資付梓。英雄失路,報國無由的悲歎,屢見劉淑詩詞。如《舒憤》二首:"一刀日月磨,石嘯光鋩吼。舞擲風雲生,將喫讎人首。""濃癡人唤佛,淡散自呼仙。杯底吐明月,鏡中刓遠天。"第一首,寶刀吸取天地精華,風起雲湧,光芒怒吼,殺敵在即。但第二首便是寫英雄想像的虛妄,如杯底明月,鏡中遠天,總歸頑仙癡佛。其述志詩多慷慨低迴,如《自遣》:"報國酬親志未諧,肯將孤憤委陰霾。心非日月輪堪轉,命比煙塵鏡裏揩。戀佛機關龍伏遠,辭家遇合蝎磨乖。伸眉試拂青萍劍,畫割江南搆小齋。"《詩經·柏舟》中的"我"似是被群小所欺的棄婦,她用一連串否定比喻自明其志:"我心匪鑒,不可以茹……我心匪石,不可轉也。我心匪席,不可卷也。"比起《柏舟》,劉淑在《自遣》一詩取譬更高:"心非日月輪堪轉。"日月雖瑰麗,但畢竟升沉圓缺,隨時轉移,比不上自己堅貞不渝。此壯語背後極悲涼,因自述命途多蹇,漂泊無依,竟如可從鏡裏拂拭之煙塵。明鏡拂塵,又是佛家修心之喻,所以再下轉語,自云有心戀佛卻離"安禪制毒龍"之悟境甚遠。蝎磨(或作磨蝎),星名,十二宫之一。世謂生逢磨蝎則遭遇折磨。蘇軾曾謂韓愈磨蝎爲身宫,自己則以磨蝎爲命宫。"平生多得謗譽,殆是同病也。"①東坡於困頓之際,能引韓愈爲同病之人。劉淑於此揭示挫敗後的自信。種種乖戾,實源於自己與蘇、韓等先賢"同病"。壯志難酬,她願意以青萍寶劍割取一小塊退隱的地方。

劉淑屢屢回顧禾川(永新)受沮,不得不遣散孤軍。如《黃鶯兒·感懷禾川歸作》:"洒淚別秦關,木蘭舟,寄小灣。丹心不逐出籠鷳。桃花馬殷,

---

① 蘇軾《東坡志林》:"生宫,謂生日干支。命宫,謂立命之宫。"見蘇軾著、趙學志校注《東坡志林》,第54—55頁。

屠龍劍閒。長袪片月裏,羞顏病屢屢。豈堪殉國,宜卧首陽山。　　孤生天地寧有幾,已過了,天(三)之二。從容冷瞰塵寰事,半縷伴狂,一函憤烈,惱得天憔悴。買刀載酒空遊世,笑看他,蠛蠓負李。長天難捲野無據,惟有孤生是。"末句"孤生"回應詞中呈現的種種矛盾。她徹底失敗,但孤忠未泯,不能追逐"出籠鵬"的自由。劍、馬尚在,但詩人羞顏病體,無復往時勇烈。不能沙場殉國,只得西山採薇,不食周粟。種種侘傺無聊,卻在詞的下片轉化爲高亢與超越。"孤生"是自我與外緣世界的分離與決絶,是把悲憤提升爲精神自由。其境界頗類王夫之詞中的"孤心":"萬心拋付孤心冷,鏡花開落原無影……石爛海還枯,孤心一點孤。"①

劉淑遣散士卒歸家後,英雄業績唯有在夢寐中追求,如《偶成》八首之二:"夢裏勤王醒後思,依然戰馬共爭馳。征鞍亂灑將軍血,真幻難從辨一時。"②在記憶與想像中,不克報國又隱然緊扣性別定位,如《口占寄又坡叔》八首其二:"仗義禾川昔荷戈,今慚孤影伴煙蘿。敲冰且自臨淵照,照影猶疑著戰韡。"在詩詞中女子臨水自照,引發的聯想是顧影自憐。於此自照需要武力(敲冰),照影引起的是著戰韡的從戎抗爭記憶。若沿用自憐的觀點,則自憐並非"卿當憐我我憐卿"的旖旎,而是自傷"報國深慚倦枕戈"。英雄悲感出諸綺靡的,尚有《偶成》八首其六:"不是傷春不上樓,多情多病爲吳鈎。縱然織盡回文錦,難寫芳心一段愁。"回文錦是妻子懸念丈夫的巧思,但這裏多情多病爲的是寶劍(吳鈎)無用武之地。傷春亦因之帶有政治意涵,猶如李商隱《傷春》:"天荒地變心雖折,若比傷春意未多。"

劉淑對報國無由充滿愧悔,如謂:"我許君王死,無何居士禪","爲俠竟存首","偷生豈是英雄業"等。與刀劍並提的,往往是空、漫、虛、饒、羞、慚等字。但詠欷哀憤亦間接造就文學自覺——這時代的女詩人對自己文字的使命感普遍提高。我們試看劉淑的《清平樂·菡萏》:"幾年瀝血,猶在花梢滴。流光初潤標天筆,聊記野史豪傑。　　碧箋稿閲千章,拈來無那成行。散作一池霞霧,空餘水月生香。"菡萏嫣紅欲滴,卻勾起戰亂創傷的回

---

① 王夫之《菩薩蠻·抒懷》,收於《船山全書》,第15册,第736頁。類似句子又見《水龍吟·蓮子》:"自抱冰魂,海枯石爛,千年不壞。莫拋擲一點孤心,苦留得秋容在。"見《船山全書》,第15册,第724頁。
② 夢是壯志塵埋之後的依歸,如《憶昔夢見》所云:"死去惟存夢,歸來自有嘅。怕看池底鴨,愁聽雨中機。曾記堂前語,猶悚階下衣。打呼忙拔劍,夢裏斬胡鞮。"《劉鐸劉淑父女詩文》,第220頁。

憶——狂暴血腥似仍歷歷在目。憂從中來,不可斷絕,唯有以文字排解。菡萏枝梗在月光滋潤下如干天巨筆,詩人可用之聊記包括己身在内的"野史豪傑"。在此書寫的幻象中,田田荷葉變成詩人信手拈來一揮而就之千章史稿。這是一段她曾奮身參與而終能以詩文記録的歷史。雖回天無力,但詩史、詞史的職分責無旁貸。

劉淑畢竟是個例外。女詩人鮮有寫自己的英雄志業。試看柳如是《初夏感懷》其二:"我欲滎陽探龍蟄,心雄翻是有闌珊。"《初夏感懷》四首收入1638 年付梓的《戊寅草》,作品應寫於 1630 年代,其時海内尚稱安泰,而柳如是似知其將變:"城荒孤角晴無事,天外攙槍落亦知。總有家園歸未得,嵩陽劍器莫平夷。"①《戊寅草》不乏奇崛跌宕、談兵説劍的豪語,多爲柳如是與男性文人投贈之作。柳對友人英雄事業的期許,隱含自己"俠氣"的呈現,也可説她是自覺或不期然地在投合晚明文人欽羨"俠女"的情結,如《朱子莊雨中相過》:"天下英雄數公等,我輩杳冥非尋常。嵩陽劍氣亦難取,中條事業皆渺茫……我欲乘此雲中鶴,與爾笑傲觀五湖。"②至於柳後來投身復明運動、海上犒師等情事,她傳世之作隻字不提,柳如是勾起的復明英雄想像來自錢謙益《有學集》(尤其是《後秋興》第三疊)。柳入清後詩僅存幾首,以錢詩和作收入《有學集》。如何解釋這段空白? 也許是忌諱而不敢言,也許是既言而不敢傳,但我們已不能確知。

女詩人的女英雄想像,大都在抱負、幻想、徒然、無助中迴還往復。如李因《聞豫魯寇警》:"萬姓流亡白骨寒,驚聞豫魯半凋殘。徒懷報國慚彤管,洒血征袍羨木蘭。"李因本爲明末名妓,明光禄卿葛徵奇妾。據黄宗羲《李因傳》,李因與柳如是、王修微鼎足而三,以名妓名士唱隨風雅聞名天下者。1645 年葛徵奇殉難後,李因靠賣文賣畫維生,煢然獨居四十年。再看李因《虜警》:"胡兒十萬滿重關,鐵騎空屯薊北山。從古劍仙多女俠,蒯緱手把自潸潸。"詩作於明朝覆亡前夕。女俠克敵的故事只屬於劍仙的傳説,李因手把真實或假設的蒯緱(用草繩纏結的劍柄),無力正乾坤,潸然淚下。蒯緱又暗喻不遇的感慨。按《史記·孟嘗君列傳》載馮驩貧甚,"猶有一劍耳,又蒯緱"。但終於施展抱負,得孟嘗君重用。落魄貧士尚可期萬一之遇,但女子絶不能企望國士青睞。

---

① 《初夏感懷》其一下半,見《柳如是集》,第 23 頁。
② 《柳如是集》,第 30—31 頁。

此外如王端淑《秋夜吟》:"風景果不殊,日月光無色。捫心惟行吟,吳鈎何可得。壯髮漸凋殘,神京曷時克。空掩楚囚悲,恨乏木蘭力。"東晉初年,南渡士大夫飲宴新亭,周顗有"風景不殊,正自有山河之異"的感歎。衆人相視流淚,惟丞相王導愀然變色曰:"當共戮力王室,克復神州,何至作楚囚相對!"王端淑融化這爛熟典故寫克復神州之渺茫:吳鈎(寶劍)不可得,木蘭不可爲,只剩下楚囚南音,澤畔行吟。王端淑,著名晚明文士王思任(1572—1646)女,丁肇聖妻。王猷定(1598—1662)爲她立傳,塑造一自幼即喜武略的形象:"喜爲丈夫粧,常剪紙爲旗,以母爲帥,列婢爲兵將,自行隊伍中,拔幟爲戲。"其夫明亡不仕,王亦在詩文中以女遺民自許。丁肇聖似乎由衷贊許其妻才華,自以爲不及。王端淑現存《吟紅集》多有代丁所作者,其所編選的《名媛詩緯》是一代巨製,從她的評語亦可窺見其文學思想。時人多稱許王之史才、史識,王之英雄想像與她的歷史論斷不可分割。試看她的《悲憤詩》:"凌殘漢室滅衣冠,社稷丘墟民力殫。勒兵入寇稱可汗,九州壯士死征鞍。嬌紅逐馬聞者酸,干戈擾攘行路難。予居陋地不求安,葉聲颯颯水漫漫。月催寒影到闌干,長吟漢史靜夜看。思之興廢冷淚彈,杜鵑啼徹三更殘。何事男兒無肺肝,利名切切在魚竿。椎擊始皇身單弱,謀雖不成心報韓。天風借吹氈血乾,徵賢深谷出幽蘭。"世傳蔡琰所作《悲憤詩》乃女性文學源流之一,申述己身與時代的苦難是婦言"出閫"無咎的最有力辯解。面對明清易代的狂暴——衣冠滅裂、女子被擄掠——詩人回顧歷史,思量興廢,但所得只是望帝杜鵑啼血、失國敗亡的悲哀。她追慕的英雄是博浪沙椎擊秦始皇的張良。事雖不成,但報韓之志得以自明,且張良又終能佐劉邦得天下以漢代秦。司馬遷在《留侯世家》篇終述及表裏差異:"余以爲其人計魁梧奇偉,至見其圖,狀貌如婦人好女。"王端淑渴望貌如女子的英雄,藉以痛斥汲汲利名之男子。張良代表外貌與實相、身份與志量的落差,是以頗能引申至關乎性別定位之游移、懷疑、不滿的語境①。時人稱頌女子雄文壯采,亦每每引之爲說,如吳國甫序王端淑《吟紅集》云:"史遷疑留侯魁梧奇偉,而其狀乃如婦人女子。則世之真爲婦人女子而作魁梧奇偉之文,見魁梧奇偉之志者,非映然子(王端淑別號)而誰。"

明清之際女性詩詞多有刀、劍等意象。這固然是英雄的幻想與憧憬,從另一層面說,這也是特立獨行女子自我定位,慷慨悲歌,追求精神自由。

---

① 如李因:"壯士羞巾幗,無能博浪沙。"亦似謂男子不能復楚報韓,有愧貌似巾幗,志量英豪的張良。

如周瓊《感興》:"屠龍未就且浮游,江澥飄零豈自由。華髮似因多難短,孤衷寧爲晚春愁。私憐詠絮才偏拙,雅慕凌雲志欲休。碧草綠波無限意,從今莫上最高樓。"屠龍未就,即壯志未酬,身不由己,漂泊無依。頸聯拈出謝道韞與司馬相如作比擬對象,但領聯、尾聯隳括的是憂國傷時、懷古悲今,慨歎"白頭搔更短","花近高樓傷客心,萬方多難始登臨"的杜甫。周瓊又有《春居》,寫劍氣詩心,摒棄流俗,不屑兒女情:"小榻參差竹影斜,衡門芳草瑣煙霞。棱錚傲骨詩爲友,淡泊禪心畫作家。暖日不須來燕子,春風爭肯逐桃花。凭欄細雨瀟瀟夜,慷慨悲歌撫鏌鋣。"此外"俠氣驅愁存傲骨,詩懷借酒出奇兵"(《秋懷》)等句,也是借壯語寫磊落不平之氣。鄧漢儀《詩觀》錄周瓊詩,並附評語:"私意以羽步(周瓊字)得志膽似冬哥,而文雅過之。以妾媵相待誤矣。"冬哥(或作冬兒)是江北四鎮之一的劉澤清之家妓。北京陷落,冬兒匹馬北上,探訪明太子下落,時人許爲俠女。吳偉業名篇《臨淮老妓行》(作於1655年)即透過冬兒南來北往的視野,寫禍敗根由。鄧意即謂周瓊才女而兼俠女。而周瓊高自標誌,也正因爲"妾身未分明"——她是一位心比天高,身份游移的出妾,似乎幾次婚姻都不如意。

女子詩詞又以勇武形象寫友道,以談兵説劍寫惺惺惜惜。如吳琪《寄龔靜照(龔娟紅)》:"詩狂生性與君同,遺世搜奇興不窮。見説綠窗嫺劍術,白雲深處禮猿公。""自入秋來興未闌,客窗酬和墨雲殘。壺中別有閒年月,篋裏陰符夜夜看。"劍術陰符不必實指,或藉以寄托狂狷。白雲深處,壺中天地,又似揭示一超越塵俗的解脱境界。據鄧漢儀《詩觀》,吳琪出身官宦書香世家,夫管勳亦有文名;後寡居,家道中落,支離困頓;時與二三閨友文會,"意殊慷慨,不作兒女態也";吳琪與周瓊是好友,同遊吳越,詩合集爲《比玉新聲》;後皈依,以奉佛終。周瓊亦有《贈吳蕊仙(吳琪)》:"纔驚落葉鏃花城,一徑春風感落英。嶺上白雲朝入畫,樽前紅燭夜談兵。文人薄命非因妬,俠女狂歌更種情。安得五湖同載去,好尋范蠡訴平生。"陳維崧在《婦人集》引述這詩,稱爲"實録",謂吳"尤好大略,精繪染"。周、吳文才武略,詩畫繼以談兵。有俠女狂歌的豪情,方能調侃文人太輕易自傷薄命。尾聯想像一同泛舟五湖,訪尋志同道合的范蠡傾訴平生——這是不涉兒女之私的友道。

周瓊另有《次韻答張詞臣》:"莫道天涯不感傷,十年閒恨付蒼茫。每憐俠骨慚紅粉,肯學蛾眉理艷粧。風度曲欄開種竹,花迷小檻靜焚香。波瀾世路無青眼,誰識人間我獨狂。"性別定位下的男女酬和作品多涉情欲之私,所以周瓊漠視"紅粉""艷妝",只自歎狂士不遇。不屑女兒故態,或更直接表現對性別定位的不滿,與家國關懷不能分割。試看顧貞立,《滿江紅·楚黃署中聞警》:"僕本恨人,那禁得,悲哉秋氣。恰又是,將歸送別,登山臨水。一派角聲煙靄外,數行雁字波光裏。試凭高,覓取舊妝樓,誰同倚? 鄉夢遠,書迢遞,人半載,辭家矣。歎吳頭楚尾,翛然孤寄。江上空憐商女曲,閨中漫灑神州淚。算縞紵,何必讓男兒,天應忌。"顧貞立是顧憲成後人,名詞人顧貞觀之姊。從她傳世的《棲香閣詞》,我們可以揣摩其生平——她婚姻不如意,寄情閨中詩友,晚境貧困淒涼。王端淑《名媛詩緯》選錄她幾首慷慨激昂的詩,但其他選本(如《衆香詞》、《國朝閨秀正始集》)側重她婉約幽咽之作,如上引《滿江紅》便未曾入選。"僕本恨人","悲哉秋氣","將歸送別,登山臨水"等句,槩括江淹《恨賦》與宋玉《九辯》,加深了憑高望遠的幽憂。"僕"是男性自稱,開闊了通篇視野,但篇終的鬱結與徒然歸結性別的無奈:雖襟期遠大,不讓男兒,亦唯有"閨中漫灑神州淚"而已。

　　顧貞立屢屢談到這一話題。"掠鬢梳鬟,弓鞋窄袖,不慣從來"(《沁園春》);"墮馬啼妝,學不就、閨中模樣。疏慵慣,嚼花吹葉,粉拋脂漾。多病不堪操井臼,無才敢去嫌天壤"(《滿江紅》);"嘯傲生成,薄遊身世、慘澹情懷。也曾經料理,繡床花樣,回文機杼,空裏樓臺。怕向針神稱弟子,但通國,閨娃受教來。今難再,看殘絲剩綫,意嬾心灰"(《滿江紅》)。性別定位又影響文章評價,如顧貞立,《南鄉子》:"消盡夜來霜,落木蕭疏雁數行。一寸橫波凝望處,瀟湘。無限江山送夕陽。 着說擅詞場,總是愁香怨粉章。安得長流俱化酒,千觴。一洗英雄兒女腸。"詞的上半闋悲涼慷慨,殊不稱"愁香怨粉章"的評語。詞人似對此"讀法"夾雜無奈與不屑。也許長流化酒,痛飲狂歌,渾忘卻英雄兒女,纔能真正超越性別定位。

　　性別定位的苦悶與豪邁意象是否與家國之感有必然關係? 似又不盡然。我們試看吳藻(1799—1863)的《金縷曲》:"生本青蓮界。自翻來、幾重愁案,替誰交代? 願掬銀河三千丈,一洗女兒故態。收拾起斷脂零黛。莫學蘭台悲秋語,但大言、打破乾坤隘。拔長劍,倚天外。 人間不少鶯花海。盡饒他、旗亭畫壁,雙鬟低拜。酒散歌闌仍撒手,萬事總歸無奈。問昔日、劫灰安在? 識得無無真道理,便神仙、也被虛空碍。塵世事,復何怪。"吳藻是公認的清詞名家。陳廷焯《白雨齋詞話》說她父親與丈夫都是商賈:"兩家無一讀書者,而獨呈翹秀,殆有夙慧也。詞意不能無怨,然其情亦可哀矣。"這怨正是上文提及的身份與志量的落差。吴藻有雜劇《喬影》(約作於 1820 年代),寫才女謝絮才"自慚巾幗,不愛鉛華。敢誇紫石鐫文,卻喜黄衫説劍",自畫穿男裝小影,名爲《飲酒讀離騷圖》。劇中絮才巾服登場,玩閲此圖,飲酒讀《離騷》,抒懷寄慨。據説此劇風行一時,傳遍大江南北。黄衫説劍與上引《金縷曲》的倚天之外的長劍一樣,象徵追求名士境界的精神自由。豪情壯志,不僅打破性别定位,更追問人生界限。宣言不要學宋玉《悲秋》,要學他的《大言賦》,長劍耿介,倚天之外。下片從天外狂想落實現世繁華,旗亭畫壁、雙鬟低拜,是文人追求的風流顯赫,但詞的結論是塵世虚空,萬事總歸無奈。簡言之,此詞與上引其他詩詞有某些共通點,但與世變無涉。

吴藻摯友沈善寶(1808—1862),有類似的豪宕卓犖,但她的憤懣更緊扣時代,如其《滿江紅·渡楊子江感賦》:"滚滚銀濤,瀉不盡、心頭熱血。想當年、山頭搖鼓,是何事業。肘後難懸蘇季印,囊中剩有文通筆。歎古來、巾幗幾英雄,愁難説。　　望北固,秋煙碧。指浮玉,秋陽赤。把蓬窗倚遍,唾壺擊缺。游子征衫攪涙雨,高堂短鬢飛霜雪。問蒼蒼、生我欲何爲,空磨折。"張懷珍認爲此詞作於 1842 年,即英艦三十二艘駛入長江口之際①,但没有提出繫年證據。無可否認的是渡江引起撫今追昔的哀憤。她嚮慕金山擊鼓,助韓世忠退金兵的梁紅玉。文章憎命達,空負才華,卻不能建功立業,封侯掛引,是文人常有的牢騷。悲歌慷慨,唾壺擊缺,也是文人抒憤的常態。沈善寶挪用這些套語,表明在"歎古來、巾幗幾英雄"的前提下,女子的哀憤也許更爲深摯,是以末句以極端困頓下對蒼天的質問歸結。

我們能確定因鴉片戰争而作的是沈善寶與知交張緷英合作的《念奴嬌》。沈所作《名媛詩話》有如下記載:

壬寅荷花生日,余過淡菊軒,時孟緹(張緷英)初病起,因論夷務未平,養癰成患,相對扼腕。出其近作《念奴嬌》半闋,云後半未成,囑余足之,余即續就。孟緹笑云:"卿詞雄壯不减坡仙,余前半章太弱,恐不相稱。"余覺雖出兩手,氣頗貫串,惟孟緹細膩之致,予鹵莽之狀,相形之下,令人一望而知爲合作也。今録於此云:"良辰易誤,盡風風雨雨,送將春去。蘭蕙忍教摧折盡,剩有漫空飛絮。塞雁驚弦,蜀鵑啼血,總

---

① 參看張懷珍《清代女詞人選集》,第 127—128 頁。

是傷心處。已悲衰榭,那堪更聽鼙鼓。"續云:"聞説照海妖氛,沿江毒霧,戰艦橫瓜步。銅炮鐵輪雖猛捷,豈少水犀强弩?壯士沖冠,書生投筆,談笑擒夷虜。妙高臺畔,蛾眉曾佐神武。"①

荷花生日,閨友論文,何等風雅,痛心時局,扼腕切齒,又何等激烈。張詞主調是哀傷,繼承了以傷春悲悼國運的傳統——"盡風風雨雨,送將春去",便化用辛棄疾"更能消幾番風雨,匆匆春又歸去"。亂餘劫後,只有愴痛記憶的驚悸與無奈,所以不堪再聽戰鼓,卻不涉抗爭的意願。沈詞直寫國難危逼,入侵英軍如妖氛毒霧。有意一洗頹唐,敵人的銅炮鐵輪引發一連串英雄想像——吴王夫差的水犀甲兵、强弩射潮使之退回的吴越王錢鏐、怒髮衝冠的岳飛、投筆從戎的班超、談笑用兵的周瑜,而壓軸者則是於金山妙高臺擊鼓助戰、佐夫克敵的梁紅玉。王藴章在《然脂餘韻》評曰:"前半闋以幽秀勝,後半闋以雄壯勝。張作是無可奈何,沈作是姑妄言之。宗周嫠緯之思,未必便有此事,卻不可不有此志。"②從詞的傳統美學來看,下半闋似稍嫌直露。但細膩與柔弱、雄壯與魯莽的差異,又似只是自謙與自矜之間的游移。面對國難,詞作歷來本有婉約與豪放的迴響。沈善寶在《名媛詩話》載録這本事,表明閨閣詞人已在傳統框架下對這兩種選擇操縱自如——與男性詞人唯一歧異可能只是對女英雄的特殊期待。另一方面,沈攟拾搜輯《名媛詩話》,記録了上述王端淑、李因、周瓊、顧貞立等人詩詞,但並未特意勾勒女性文學中憂國傷時、豪宕感慨的傳統。

沈善寶畢竟没有身經炮火,比她輩分稍晚的左錫璇、左錫嘉姊妹卻因太平天國的戰火歷盡喪亂流離,家破人亡。左氏姊妹早年曾從張綸英學詞,秉承後者溫婉清麗的詞風,但離亂逼使她們融合身世之感與家國之悲。如左錫璇《水調歌頭·小除夕》:"離合自今古,斬不斷情關。東流流水不盡,何日復西還?欲借吴鈎三尺,掃浄邊塵萬里,巾幗事征鞍。多少心頭恨,清淚不勝彈。 酒尊閑,人影瘦,夜燈寒。不知今夕何夕,獨醉不成歡。人世悲歡不定,歲月一年已盡,無語倚欄杆。風雨荒村夜,歸夢到長安。"左錫嘉《滿江紅·感懷》:"夢裏江南,問花事、可還依舊?恐惆悵、東風如掃,緑稀紅瘦。滿地烽煙猿鶴警,掀天波浪蛟鼉吼。恁匆匆、歲月去如

---

① 沈善寶《名媛詩話》卷一。
② 王藴章《然脂餘韻》,收入《清代閨秀詩話叢刊》,第一册,第657頁。

流、空回首。　春去也,花知否?人去也,家何有?聽子規啼血,淚盈衫袖。浩劫蒼茫天莫問,浮生漂泊詩同瘦。但一燈、和影説相思,黃昏候。"借得吳鈎寶劍從戎靖亂,是乍起旋滅的英雄幻想。充斥左氏姊妹作品中的是"滿地烽煙猿鶴警,掀天波浪蛟鼉吼"的離亂實寫,搔首問天、傷今吊古的悲苦。她們的抒情境界有自覺的時代意義(甚或可説是見證歷史的使命感),但其中英雄想像只是隱約的一綫。

上述種種意象——包括女英雄的想像,談兵説劍、質疑性别定位、歌頌志同道合的友道等——在秋瑾作品中重現,並因與革命及婦女運動的關係,得以提升與延伸。但這系譜並不代表有意的傳承。王端淑、李因是山陰(紹興)人,與秋瑾有同鄉之誼,但秋瑾並未提及。(秋瑾原籍山陰,但童年在福建度過。1890年曾短期自閩返浙。)她在彈詞《精衛石》提過劉淑,但著眼於她建義旗起兵一事,似未曾讀過她的作品。秋瑾作詩的楷模是杜甫、陸游,並未有意識地引前代閨閣詩詞的英雄別調爲己作之先驅。

另一方面,秋瑾與許多晚清革命志士一樣,對明亡有特殊感憤。秋瑾摯友徐自華在《秋瑾軼事》有如下記載:

> 女士愛國心之真摯,時時感觸生悲。一日余至其室,見偃臥飲泣。知余至,垂帳向内。余駭然,寋悼問曰……"憂國乎?"搖首拭淚。余坐牀沿,默思良久,忽悟曰:"今日三月十九,乃前明亡國之期,子得毋感觸於此乎?"女士瞿然,握余手曰:"慧哉子也!既解此,胡不與我同志?"余無言慰之,作諧語曰:"子必長公主,抑費宮人轉世耶!"①

秋瑾執徐手懇請同志,是等同悼明與反清。而徐自華雖籠統地稱悼明爲"愛國",卻有意避開當下政治活動的要求,把話題回歸王朝覆没與公主、宮人隔世不消的哀憤。

長平公主、費宮人的故事在清代廣爲流傳。秋瑾大概作於就義之年(1907)的《某宮人傳》即本其事。清初陸次雲《費宮人傳》,略云李自成破北京,宮中震恐。周皇后、袁貴妃自縊。明思宗拔劍斫嬪妃數人,召長平公主至,掩面揮刃,斷其左臂,未死,手慄而止。既而思宗自縊,公主死而復甦,費宮人請與之易服,公主得以逃脱。李自成入宮,把假扮公主的費宮人

---

① 《秋瑾研究資料》,第64—65頁。原載《小説林》第七期(1907年)。

賜其將羅姓者。合卺之夕,宮人刺殺羅後自刎。費宮人與宦官王承恩及魏宮人的對話貫穿全篇,他們反覆申辯何謂盡忠死節,而王終於自縊帝側,而魏則率衆宮人投御河。陸次雲篇終評曰:"夫子曰:'惟女子與小人爲難養也。'女子、小人,宦官、宮妾耶。宮妾如費、魏,宦官如王承恩,即丈夫君子何以過耶。余傳之,以愧天下之丈夫而不丈夫,號爲君子而不爲君子者。"①乾隆年間遺民外史《虎口餘生記》中《刺虎》一齣、袁枚《費宮人刺虎歌》亦演繹其事②。秋瑾《某宮人傳》略去王、魏之"從容死節",聚焦某宮人(即本費宮人)復仇之憤烈,並提升其忠節爲"拯救同胞"、"愛國熱誠"。先是,宮人逆料國將"淪於異族","輒披髮大叫,痛哭不已"。她對王承恩説:"恨我身爲婦人,又乏尺寸權利,不克效死疆場,爲民請命;然矢志彌堅,誓不作異族僕妾,貽祖宗羞。"秋瑾在論贊部分推之爲當時革命志士的楷模:"偉哉宮人!其愛國之熱心也如此!其思想之毅烈也如此!其魄力之圓滿也如此!……致一片錦繡河山,間接而淪於異族,神明聖胄,悉爲他家奴隷。萬劫不復,迄於今兹……同胞姊妹,連袂而起,勿使宮人專美於前焉可也。竟宮人志,責在後死。"某宮人身上,隱然投射當時以刺殺爲己任之"理想女豪傑"的影子:"漢碧胡塵怨未消,錚錚民黨女中豪……爆彈鋼刀在手邊……朝刺將軍暮皇帝,誰能無價買民權……磊磊此身惟嫁國。"③

明季女英雄屢次出現於秋瑾的作品。少作《〈芝龕記〉題後》八章,歌頌秦良玉、沈雲英的忠孝節義,命意頗類董榕原作:"忠孝而今歸女子,千秋羞説左寧南","肉食朝臣盡素餐,精忠報國賴紅顏"④。及至秋瑾投身革命,秦、沈形象已融鑄她本人的革命激情及婦女自由獨立之追求。如《滿江紅》:"骯髒塵寰,問幾個男兒英哲?算只有蛾眉隊裏,時聞傑出。良玉勳名襟上血,雲英事業心頭血。醉摩挲長劍作《龍吟》,聲悲咽。　自由香,常思爇。家國恨,何時泄?勸吾儕今日,各宜努力。振拔須思安種類,繁華莫

---

① 陸次雲《費宮人傳》,見其《澄江集》。又收入《虞初續志》,《説海》第三册,第742—743頁。費宮人事附見《明史·周后傳》,然甚簡略。
② 曹寅《虎口餘生記》(一名《表忠記》)本事大概與遺民外史同名劇相同。但曹作已佚,不知其中是否有《刺虎》一齣。
③ 《理想的女豪傑》,《國民日報》三集。轉引自夏曉虹《晚清文人婦女觀》,北京:作家出版社1995年版,第110—111頁。
④ 《秋瑾全集箋注》,原題附注:"董寅伯之王父所作傳奇。"董寅伯大概是董榕後人,秋瑾詩作或許是受他請托。箋注者郭長海、郭君分認爲詩作於秋瑾入湘之初(約1893年),第4—5頁。

但誇衣袂。算弓鞋三寸太無爲,宜改革。"①在秋瑾彈詞《精衛石》裏,秦、沈因作過英雄事業而成仙,被遣派下凡,轉世爲女傑,"掃盡胡氛",整頓江山,並喚醒無能愚迷之沉淪女界。

秋瑾早期的詩與前述女詩人憂國傷時、報國無門的感慨似乎一脈相承。如寫在 1900 年八國聯軍入北京前後的《杞人憂》:"幽燕烽火幾時收,聞道中洋戰未休。漆室空懷憂國恨,難將巾幗易兜鍪。"②又如《感事》:"竟有危巢燕,應憐故國駝。東侵憂未已,西望計如何? 儒士思投筆,閨人欲負戈。誰爲濟時彦,相與挽頹波。"③前此吴藻及其他女性戲劇及彈詞作者有"擬男"幻想,秋瑾則公然男裝,並超越真幻對立,義無反顧地追求男裝象徵的掃盡浮塵、造就英雄志業的"未來景界":"儼然在望此何人? 俠骨前生悔寄身。過世形骸原是幻,未來景界却疑真。相逢恨晚情應集,仰屋嗟時氣益振。他日見余舊時友,爲言今已掃浮塵。"(《自題小照·男裝》)④

前此論及明清之際女性文學的刀劍意象及其承傳。在秋瑾作品中,刀劍意象的演化有迹可循。《日本鈴木文學士寶刀歌》(約作於 1904 年)尚是投贈酬酢之作。《劍歌》(作於居北京時期)也不過是借寶劍馳騁想像,比擬"走遍天涯知音稀,手持長劍爲知己"的俠客。作於日本時期的《紅毛刀歌》也只是豪語誇飾,極寫其鋒利威勢。但在後來詩篇裏,"龍泉夜鳴"代表她本人的迫切使命感與革命殉國聯想,如《鷓鴣天》:"祖國沈淪感不禁,閑來海外覓知音。金甌已缺總須補,爲國犧牲敢惜身。　　嗟險阻,歎飄零。關山萬里作雄行。休言女子非英物,夜夜龍泉壁上鳴!"⑤寓意同樣明顯的是《寶刀歌》:"漢家宫闕斜陽裏,五千餘年古國死……沐日浴月百寶光,輕生七尺何昂藏? 誓將死裏求生路,世界和平賴武裝……我欲只手援祖國,奴種流傳遍禹域。心死人人奈爾何? 援筆作此《寶刀歌》。寶刀之歌壯肝膽,死國靈魂唤起多。寶刀俠骨孰與儔,平生了了舊恩仇。莫嫌尺鐵非英物,救國奇功賴爾收。願從兹以天地爲爐、陰陽爲炭兮,鐵聚六洲。鑄造出千柄萬柄寶刀兮,澄清神州。上繼我祖黄帝赫赫之威名兮,一洗數千餘年

---

① 《秋瑾全集箋注》,第 324—325 頁。末二句又作:"願天涯開遍女兒花,燦英攟。"據《秋瑾研究資料》,此詞作於 1905 年。
② 《秋瑾全集箋注》,第 27 頁。
③ 《秋瑾全集箋注》,第 109 頁。
④ 《秋瑾全集箋注》,第 94 頁。
⑤ 《秋瑾全集箋注》,第 333 頁。據箋注者,此詞今存手稿:"當秋案發生時,被清吏搜去,作罪狀公佈。"

國史之奇羞。"寶刀凝聚日月天地陰陽精華,代表賦予"死國"新生命的原動力。"天地爲爐、陰陽爲炭"化用《莊子·大宗師》:"以天地爲大爐,以造化爲大冶。""鐵聚六洲"源自禹鼎"貢金九牧,鑄鼎象物"(《左傳》宣公三年)——寶刀之鑄造凝聚神話的寥廓與歷史的深遠。幻化此無往不可的新天新地者是《寶刀歌》——若文字可喚起"死國靈魂",則可洗雪國恥,澄清天下。

徐自華《秋瑾軼事》記秋瑾舞刀:"盤旋起舞,光耀一室,有王郎酒酣,拔劍斫地之氣概。"這是表演與自喜。秋問徐:"子看我如古時何人?"接下來是戲語,她們相問:卿可配何人?徐聲稱秋瑾:"死非其罪。是必其平生太率直,口角取禍,人皆挾私憤而陷害之者。"也許因此諱言革命。據吳芝瑛《紀秋女士遺事》,刀劍亦只代表秋瑾的豪氣與俠氣,與革命暴力無涉:

在京師時,攝有舞劍小影,又喜作《寶刀歌》、《劍歌》等篇,一時和者甚衆……後女士自東歸,過滬上,述其留學艱苦狀。既出其新得倭刀相示曰:"吾以弱女子,只身走萬里求學,往返者數,搭船只三等艙,與苦力等雜處。長途觸暑,一病幾不起。所賴以自衛者,惟此刀耳!故與吾形影不相離。"

吳芝瑛問她:不怕被指爲革命黨嗎?秋瑾笑曰:"革命黨與革命不同,姊固知吾非新少年之革命者。"酒罷,秋瑾拔刀起舞,唱日本歌,歌聲悲壯動人。據吳述說,秋瑾與這些"新少年"劃清界限:"今新少年動曰:革命,革命。吾謂革命當自家庭始,所謂男女平權是也。"而此目的在女學大興後終必達到。吳亦要說明秋瑾"以非罪死",所以持論如此。徐、吳文均刊於1907年,其時她們冒生命危險爲秋瑾奔走營葬,並亦考慮周全秋瑾家屬,自然不願觸怒清廷。可注意者是她們營造的秋瑾俠女形象,把刀劍與革命分割。而以刀劍象徵身世飄零、遭遇非偶、磊落不平,與上引明清女性詩詞有暗合之處。

明清女性詩詞中,"天壤王郎"的喟歎,間亦牽連對性別定位的憤懣與感時憂世的視野。在秋瑾的作品裏,婚姻不幸也緊扣時代的悲情與詩人對自己的英雄期待,如《滿江紅》:"小住京華,早又是、中秋佳節。爲籬下黃花開遍,秋容如拭。四面歌殘終破楚,八年風味徒思浙。苦將儂、強派作蛾眉,殊未屑。　身不得,男兒列。心却比,男兒烈。算平生肝膽,不因人熱。俗子胸襟誰識我？英雄末路當磨折。莽紅塵、何處覓知音？青衫濕！"詞作於1903年，其時秋瑾與其夫王廷鈞矛盾日深。"四面歌殘"句，郭長海、郭君分認爲是"隱指秋瑾自己不願再受王廷鈞的羈絆。王廷鈞是湖南人，故説破楚"①。以敵營對壘比喻所遇非偶，似以此爲首。(但亦有可能四面歌殘指當時國事日非，詩人藉此聯繫己身不幸與國家不幸。)下半闋更直接用男性話語("平生肝膽，不因人熱"，"英雄末路"，"青衫濕")質疑性別定位的樊籠。此外如《踏莎行·陶荻》："對影喃喃，書空咄咄，非關病酒與傷别。愁城一座築心頭，此情没個人堪説。志量徒雄，生機太窄，襟懷枉自多豪傑。擬將厄運問天公，蛾眉遭忌如詞客。"②在美人香草的傳統裏，詩人自比遭忌女子，即屈原所謂"衆女嫉余之蛾眉兮，謡諑謂余以善淫"。秋瑾翻轉比喻，自謂女子遭忌實與因追求政治理想不容於世的屈原無别。性别定位之下的困頓遂直接關聯英雄投射與政治追求。

上引吳芝瑛《紀秋女士遺事》，似謂家庭革命、男女平權並不如政治革命具威脅性。但在作於1912年的《〈秋瑾遺著〉序》，吳點明民權與女權不可分割，而秋瑾"衆人皆欲殺"原因之一是女子干政："夫秋瑾一弱女子耳！閔時俗之流蕩，嫉當世專制之主，踵襲秦故，欲更化嬴秦二千年弊政而返之共和。生其時者，謂婦人理内，惟酒食是議，著於禮經，改制大事，非女子所得置喙，卒以戾時詬而膺奇禍，可不爲大哀也歟！"③在書寫秋瑾之死的過程中，吳芝瑛論定女性與革命互爲因果，其説本吳對《易經》中鼎卦與革卦的新解。她套用鼎、革二卦爻辭總論秋瑾："抑秋瑾者，將所謂少女子悦麗乎文明，得其中而應乎剛者哉！"按兑上離下曰革，離上巽下曰鼎。於《説卦》，巽爲長女，離爲中女，兑爲少女。吳於是下結論："然則革故而鼎新之，殆女子之所有事也。"

吳芝瑛又有《祭女烈士秋瑾文》申論女性與革命的關係，節録如下：

於戲璿卿，南國之秀。志度淵英，貞不天祐……摛藻下筆，鼠卻狐驚，海飛龍嘯，氣横太空。震發聾瞶，不雌無雄……迨年十九，作嬪於王。喈喈訾訾，駭君之爲。君曰郎無，吾告郎知。自謂吾虎，郎何鼠

---

① 《秋瑾全集箋注》，第280頁。
② 《秋瑾全集箋注》，第323頁。
③ 吳芝瑛《秋瑾遺著》序，《秋瑾研究資料》，第344—345頁。

期。郎不我與，吾不郎雌。吾唱無和，逝將去郎。一朝奮發，伏劍乘桴。勁翮獨翔，孤鳳絶侣。止於扶桑，尺箋郎語。郎無婦予，吾不汝郎。汝他鳳占，無復吾望。吾夫赤縣，規古英皇。堅貞自矢，允迪國光……義窮機象，載鼎載革。革者伊誰，繄惟我與。義文迪我，垂象二女。兑已説亨，離以重明。文明以説，惟女克貞……君此已矣，吾道何窮。反袂掩面，欲叩上穹……君身鳳死，於君何悲。惟我與君，好合連枝。願言勿獲，永懷令儀。摛辭千言，以寫我思。①

"君此已矣，吾道何窮。反袂掩面，欲叩上穹"，是吳芝瑛自比孔子，把秋瑾比作來非其時，不爲世諒的麟。吳要以史筆寫秋瑾，猶如孔子作《春秋》。"惟我與君，好合連枝"，使我們聯想到明清之際因政治抱負特重友道的女詩人。友情契合反襯夫妻暌違。將"貞"與"打倒夫綱"聯繫起來，大概史無前例。"貞"是投身革命與"嫁國"的堅貞。夏曉虹指出當時多有"嫁國"與"娶國"的説法②。但我猜想"嫁國"的例子要比"娶國"普遍。謂"吾夫赤縣，規古英皇"則可，若謂"吾妻赤縣，規古荀倩"則大不倫——因爲英、皇哭舜尊爲貞烈，情傷荀倩則歸屬"惑溺"。秋瑾與志同道合的女子（如吳芝瑛、徐自華等）同心救國，可比作娥皇、女英"共事一夫"，但矢志救國的男性不能同"娶"中國，"共御一妻"。也可説，運用固有的男尊女卑語境，始可締造新的女英雄想像。

（作者單位：哈佛大學）

---

① 吳芝瑛《祭女烈士秋瑾文》，收録於胡文楷、王秀琴編《歷代名媛文苑簡編》，上海：商務印書館 1947 年版，第 132—133 頁。
② 夏曉虹《英雌女傑齊描摹：晚清女性的人格理想》。夏文援引例證頗多，如柳亞子："嫁夫嫁得英吉利，娶婦娶得意大里。人生有情當如此，豈獨温柔鄉裏死。"首句指英女王伊麗莎白一世（Queen Elizabeth I），第二句指意大利首相嘉富爾（Cavour）。

梁啓超與晚清短篇小說的發生

夏曉虹

【摘　要】本文主要考辨梁啓超所謂"短篇小説"概念之形成。梁啓超於1898年戊戌變法失敗後流亡日本，居留長達十三年，這種經歷影響甚鉅，微末至其"短篇小説"文體概念的形成，也有迹可循。而梁氏具有報人經歷，這也促進了其關於"短篇小説"文體的思索。而直到1902年2月《新民叢報》創刊，短篇小説已爲梁啓超所關注，他特創"片假體"這一"新名詞"，顯然意指短篇小説，以此形容小説族群中的短篇，倒也神似。而在梁氏表述中，直接以"短篇"命名的小説文體分類，最早見諸他爲1904年6月12日在上海創刊的《時報》所作《發刊例》。若以今日之眼光打量，《說部腴》第一輯乃是目前已知晚清最早行世的一部短篇小説集，同時須看到《說部腴》輯者的思路卻是中外並進，其間中西、中日之文學淵源是顯而易見的。

【關鍵詞】梁啓超　晚清　短篇小説　片假體

今日所謂"短篇小説"，在傳統中國並無此分類。而與章回體或長篇小説相對應的此一概念，實出現於晚清。除1980年代，陳平原判定"短篇小説的崛起""無疑是清末民初最值得注意的文學現象之一"，並率先進行了探討[1]之外，近年也有一些研究者從現代小説文體意識的角度，對"短篇小

---

[1] 參見陳平原《20世紀中國小説史》第一卷（1897—1916）中"短篇小説的重新崛起"與"盆景化與片段化"兩節，北京：北京大學出版社1989年版，第142—156頁。引文見第143頁。

說"在中國的展開繼續進行了深入論述(如日本名古屋大學的許丹誠①、北京大學的張麗華②)。本文希望在此基礎上,進一步探究作爲"小説界革命"倡導者的梁啓超在其間所起的作用。

梁啓超於1898年戊戌變法失敗後流亡日本,居留長達十三年,對明治文化有了直接接觸與親身感受。這一段特殊的域外經歷,在其留日時期的思考與著述中留下了深刻印記。微末至"短篇小説"文體概念的形成,也不例外。而梁氏對短篇小説的注目,實與其報人經歷密切相關。

赴日之前,梁啓超已以《時務報》主筆的身份開始了報業生涯,並聲名鵲起。當時,該刊陸續登載了由張坤德翻譯的《歇洛克·呵爾唔斯筆記》與《滑震筆記》③。只是此系列譯作的出現既與梁啓超無關,純屬張氏個人興趣所在,刊出之際,又與新聞、時論混雜,置於"英文報譯"欄,而未獨立。迨梁啓超避難日本,於1898年12月首先創辦《清議報》,已專設"政治小説"一欄。不過,梁氏的政治家身份及對變法失敗的痛心,也誘導其興奮點集注於對"各國政界之日進""爲功最高"的"政治小説"④,故該專欄僅連載了《佳人奇遇》與《經國美談》兩部十餘年前流行日本的長篇小説。而直到1902年2月《新民叢報》創刊,短篇小説纔真正爲梁啓超所關注。

由梁啓超撰寫的《〈新民叢報〉章程》,首次提到了短篇小説這一體裁。在關於該刊的欄目("門類")中,梁氏專門列出了"小説",解釋其構想爲:

> 或章回體,或片假體,要以切於時勢,摹寫人情,使讀者拍案稱快。⑤

所言包含形式與題材兩方面。而與傳統的"章回體"即長篇故事相對應,"片假體"這一由梁啓超杜撰的"新名詞"顯然意指短篇小説。其造語之來

---

① 許丹誠《晚清短篇小説的出現——現代小説文體意識自覺的端倪》,載於《嘉應大學學報》第二十一卷,第四期(2003年8月),第48—52頁。
② 張麗華《現代中國"短篇小説"的興起——以文類形構爲視角》,北京:北京大學出版社2011年版。
③ 《英包探勘盜密約案》、《記偵者復仇事》、《繼父誑女破案》、《呵爾唔斯緝案被戕》,分見《時務報》第六至九册(1896年9—10月)、十至十二册(1896年11月)、二十四至二十六册(1897年4—5月)、第二十七至三十册(1897年5—6月)。
④ 任公《譯印政治小説序》,載於《清議報》第一册(1898年12月),譯印政治小説序第1頁。
⑤ 《本報告白》,載於《新民叢報》第1號(1902年2月),卷首第2頁。

由,則與梁啓超對日本的了解有關。1897年,梁氏發表《變法通議·論幼學》,其中設想以"說部書"啓蒙一節,曾談及:"日本創伊吕波等四十六字母,别以平假名、片假名,操其土語,以輔漢文,故識字讀書閱報之人日多焉。"①而"片假名"之形體乃是取自漢字的偏旁或某一部分,以此形容小説族群中的短篇,倒也神似。只是此一命名,亦容易讓人誤會短篇小説爲章回小説之截體。

雖然梁啓超此時已意識到短篇小説應成爲報刊中之一格,但除了戲曲作品外,其本人在《新民叢報》"小説"欄的譯作,還只有與羅普合作的《十五小豪傑》(法國焦士·威爾奴原著,即儒勒·凡爾納[Jules Gabriel Verne]的 Deux and de Vacances)②一種,爲長篇而非短製。倒是羅普隨後翻譯的《外交家之狼狽》、《竊皇案》,以及周桂笙所譯《竊賊俱樂部》,日後被梁啓超等人作爲短篇小説看待(説見後)。

1902年11月,在主編《新民叢報》之餘,梁啓超又創辦了《新小説》雜誌。梁氏既肯定"本報宗旨,專在借小説家言,以發起國民政治思想,激勵其愛國精神",故在欄目設定時,便多半依據題材分類,如列"歷史小説"、"政治小説"、"軍事小説"等。其中也有"劄記體小説"一項,卻又標注爲"如《聊齋》、《閱微草堂》之類,隨意雜録"③,其文類傳統乃自覺接續筆記中偏向叙事的一類,而與《新民叢報》中以"片假體"指稱的短篇小説基本採自西方之取徑迥異④。特別是該刊隨後被追認爲短篇小説的篇章全不出自"劄記小説"一欄,也可使我們明了,在梁啓超心目中,"片假體"即短篇小説與"劄記小説"並不等同。

在梁啓超的表述中,直接以"短篇"命名的小説文體分類最早見諸《〈時報〉發刊例》。爲這份1904年6月12日在上海創刊的日報撰寫的體例説明中,梁啓超已將"小説"置於突出的地位,緊跟在"論説"、"紀事"、"批評"之後。較之《新民叢報》的排次二十,"小説"在《時報》的重要性無疑已大爲提升。梁氏的規劃爲:

---

① 梁啓超《論學校五(變法通議三之五)·幼學》,載於《時務報》第十八冊(1897年2月),第1頁。
② 法國焦士·威爾奴原著,少年中國之少年重譯《十五小豪傑》,載於《新民叢報》第二至四、六、八、十至十三號(1902年2—8月),以下爲"披髮生"即羅普所譯。
③ 新小説報社《中國唯一之文學報〈新小説〉》,載於《新民叢報》第十四號(1902年8月),卷首廣告。
④ 《新民叢報》"小説"欄中的短篇作品,唯有第五號所刊《虞初今語》不是譯作。

> 本報每張附印"小説"兩種,或自撰,或翻譯,或章回,或短篇,以助興味,而資多聞。①

此時,與"章回體"相對而言的文體已明言其爲"短篇";並且,此種"短篇"已不限於"翻譯",也有"自撰"。由此而引發了胡適所謂"新體短篇小説"②在《時報》的集中出現。由於張麗華在《現代中國"短篇小説"的興起》第二章中已對此一情節做了詳細論述,並將其文類特點概括爲:"冷血在《時報》所開創的以《馬賊》爲代表的短小、淺近且具有時評功能的'新體短篇小説'。"③故此處不再贅述。而從1904年10月29日《時報》刊發"冷血"即陳景韓的《馬賊(俠客談之一)》,到1906年11月《月月小説》創刊伊始即設立"短篇小説"專欄,其間實有被以往的研究者遺漏的一段歷史,即《説部腋》的出版。

以今日之眼光打量,《説部腋》第一輯乃是目前已知晚清最早行世的一部短篇小説集。該書由新小説社於光緒三十一年十月廿五日(1905年11月21日)印行,署"新民叢報社社員編"。"新民叢報社社員"固然可以是《新民叢報》社同人共有的筆名,作爲主編兼主筆的梁啓超也曾加以使用④。此書卷首有一則"輯者"乙巳年十月二十日(1905年11月16日)所作《叙》,全文如下:

> 小説九百,本自《虞初》,其中國説部之祖乎?若《雜事秘辛》、《飛燕外傳》,神州所傳小説莫古於彼矣。顧皆寥寥千言或數千言,以簡峭之筆,含淵醇之味,蔚然文界一别子也。下逮有唐,作者百數十,體例一仿漢古。胡元以降,始有所謂章回體,一帙往往數十萬言,附庸蔚成大國矣。斯固進步之徵,然椎輪太羹,不可忘也。矧椎輪之結構法,太羹之釀造術,亦有别途而競進者邪?至今章回、短篇兩體並行不畸,中外一也。今擷其腋以爲斯輯。語有之:"千羊之裘,不如一狐之腋。"斯

---

① 時報館《〈時報〉發刊例》,載於《新民叢報》第四十四、四十五號合刊(1904年1月),卷首第3頁,實際出刊時間延後。
② 胡適《十七年的回顧》,載《胡適文存二集》卷三,上海:亞東圖書館1924年版,第4頁。
③ 張麗華《現代中國"短篇小説"的興起——以文類形構爲視角》,北京:北京大學出版社2011年版,第45頁。
④ 見李國俊編《梁啓超著述繫年》之《署名表》,上海:復旦大學出版社1986年版,第22頁。

亦裨官之主器也已。①

此《叙》文雖簡短，然意味深長。

儘管《時報》編者已聲言，"短篇小説本爲近時東西各報流行之作，日本各日報各雜誌多有懸賞募集者"②，《説部腋》輯者的思路卻是中外並進，甚至更有意識地努力在中國文學傳統内部尋找短篇小説的繁衍脈絡，顯然是希望證明，此體並非完全來自域外，以期减少流播的阻力。因此，叙言首先將短篇小説、同時也是整個中國小説的源頭上溯到舊題漢代文人撰寫的《雜事秘辛》與《飛燕外傳》，並强調其體例爲衆多唐傳奇作者所承襲。至於章回體小説，雖遲至元代始出現，卻迅速昌盛，反以"附庸蔚成大國"。既然短篇小説在中國也是一脈相傳、淵源有自，作者於是肯定"章回"與"短篇"兩種小説文體，無論中外，一直"並行不畸"；甚至因其早出，更以主持祭祀的長子（"主器"）推許小説家族中的短制。其間可注意的是，《説部腋》輯者對短篇與章回的區分，乃是建立在"寥寥千言或數千言"與"一帙往往數十萬言"的體量差别上。不過，與《〈時報〉發刊例》相同的"章回"與"短篇"的對舉，並以"説部腋"形容短篇小説之形制，其實還有更值得關注的深意在。輯者對於短篇小説的推崇，除了"以簡峭之筆，含淵醇之味"的概説，也同時注目於其"結構法"與"釀造術"與章回體小説之别途競進，即承認短篇小説並非章回或長篇小説的一枝一節，而是另有結構與描寫技術。故其對"説部腋"的解説，引"千羊之裘，不如一狐之腋"，而捨棄更常見的成語"集腋成裘"，也可見《叙》作者對於短篇小説文體的獨立性已有體認。

如果進而考究《説部腋》所收各篇，則可以看到，其間的思路仍與《新民叢報》、《新小説》及《時報》一以貫之。實際上，該書所有小説，全部出自《新民叢報》與《新小説》。兹開列如下：

> 飲冰子譯《世界末日記》原刊《新小説》第 1 號。
> 曼殊室主人譯《俄皇宫中之人鬼》原刊《新小説》第 2 號。
> 披髪生譯《白絲綫》原刊《新小説》第 6 號，初名《白絲綫記》。

---

① 輯者《叙》，《説部腋》第一輯，卷首，上海：新小説社 1905 年版。引語出自《史記·趙世家》，原文應爲"千羊之皮，不如一狐之腋"。
② 冷血《馬賊（俠客談之一）》編者附言，原載《時報》1904 年 10 月 29 日，轉引自張麗華《現代中國"短篇小説"的興起——以文類形構爲視角》，第 40 頁。

披髮生譯《俾斯麥之狼狽》原刊《新民叢報》第27、29號,初題《外交家之狼狽》,署"法國某著,中國某譯"。

披髮生譯《竊皇》原刊《新民叢報》第33—34號,初題《竊皇案》,署"法國某著,中國某譯"。

闕名《百合花》原刊《新民叢報》第12號。

上海知新室主人譯《竊賊俱樂部》原刊《新民叢報》第63—64號。

首先,與叙言中刻意追溯短篇小説在中國的一脉流衍形成鮮明對照,書中所録各篇無一例外,均爲翻譯之作,而摒棄了《新民叢報》與《新小説》中屬於傳統"劄記體"的《虞初今語》、《嘯天廬拾異》(嘯天廬主)、《反聊齋》(破迷)與《知新室新譯叢》(上海知新室主人譯述),顯示《新民叢報》與《新小説》同人實將短篇小説視爲一種從域外引進的新文體。其次,出自《新小説》的三則原先分列不同欄目,《世界末日記》係"哲理小説",《俄皇宫中之人鬼》係"語怪小説",《白絲綫記》係"外交小説";出自《新民叢報》的《百合花》原初更置於"雜俎"欄,爲《海外奇譚》之一篇。至此,這些題材不一的小説在文體上也獲得了共性,即同屬短篇之制。最後,置於《説部腋》開篇的兩則譯作,即《世界末日記》與《俄皇宫中之人鬼》均出自梁啓超筆下,這一並非依照發表時間先後排列的次序①,也賦予二作發凡起例的意味。

若再深入探查《説部腋》中各短篇小説的源文本,則可以發現,除周桂笙所譯《竊賊俱樂部》另有出處外,其他諸作都與德富蘆花(1868—1927)相關。依據日本學者樽本照雄編纂的《新編增補清末民初小説目録》及其他資料,可檢知原作情況:

《世界末日記》原本爲德富健次郎(蘆花)譯《世界の末日》,初刊《國民之友》1891年5月第119至120號,收入《(近世歐米)歷史之片影》②(民友社1893年7月版)。

《俄皇宫中之人鬼》原本爲德富蘆花譯《冬宫の怪談》,初刊《國民

---

① 諸篇之中,《百合花》最早面世,載於《新民叢報》第12號(1902年7月)。
② 參見李艷麗《清末科學小説與世紀末思潮——以兩篇〈世界末日記〉爲例》,載於《社會科學》2009年第2期,第159頁。

新聞》1898 年 1 月 23 日—3 月 1 日,收入《外交奇譚》(民友社 1898 年 10 月版)。

《白絲綫》原本爲德富蘆花譯述《白糸》,初刊《國民新聞》1897 年 10 月 27 日—11 月 12 日,收入《外交奇譚》。

《俾斯麥之狼狽》原本爲德富蘆花譯述《鐵公の退隱》,收入《外交奇譚》。

《竊皇》原本爲德富蘆花譯述《王の紛失》,初刊《國民新聞》1898 年 4 月,收入《外交奇譚》。

《百合花》原本爲德富蘆花譯述《外交奇譚百合の花》,初刊《國民新聞》1898 年 1 月 16—23 日,收入《外交奇譚》。[1]

據此可知,上列各篇除《世界末日記》別出《歷史之片影》,其他都譯自《外交奇譚》,二書均由民友社印行。

《外交奇譚》原名 Secrets of the Courts of Europe: the confidences of an ex-ambassador,出版於 1897 年。原著者爲愛爾蘭作家、律師、政治家 Allen Upward(1863—1926)。艾倫·厄普得寫過兩本詩集和幾部小說,《歐洲宮廷的秘密:一個前外交官的自白》即是其中一本短篇小說集,内含十二篇作品。德富蘆花在《例言》中評說該著:

> 要之,此書乃是取現時之歐洲爲舞臺,以事實爲基礎,而大爲添加小說性的色彩者也。故其由實入虚、由虚移實的邊界,不免往往有欠分明之處。然而在滿足好奇心以外,讀來多少也有一些益處吧。[2]

可知在日譯者那裏,《外交奇譚》乃是介於虚實之間的撰著,並不視爲純粹的小說。但恰是這樣觀照現時歐洲政局的著作,對具有政治情懷的梁啓超、羅普等人格外具有吸引力,進而以之作爲短篇小說的範本,引入中國。

而德富蘆花的兄長德富蘇峰(1863—1957),在明治年間更是日本輿論

---

[1] (日) 樽本照雄編《新編增補清末民初小説目録》,第 648、133、23、715—716、562、26 頁,濟南:齊魯書社 2002 年版。
[2] 德富蘆花《例言》,《外交奇譚》,東京:民友社 1898 年版,第 1 頁。

界中赫赫有名的人物。關於德富蘇峰與晚清"文界革命"的關係及其"歐文直譯體"對梁啓超的影響,筆者曾做過專門討論①。連類而及,梁啓超與《新民叢報》同人對民友社的出版物也更多好感,稱道:"民友社著譯之書,其論斷常有特識,其文體爲日本文界之革命軍。"②而民友社的出品不只啓發了梁啓超對於"文界革命"的思考與實踐,而且,經由上述考察,亦可知其實際也深深介入了晚清的"小説界革命",尤以短篇小説的迻譯成就突出。

鈎稽梁啓超在日所辦之《新民叢報》、《新小説》以及協助創辦之《時報》關於短篇小説的言説變遷與著譯實績,日本明治文學的示範作用清晰可見,晚清短篇小説亦由此發端並勃興。而正是在梁啓超等人奠定的基礎上,1906年,短篇小説方纔異軍突起,成爲晚清小説家族中的一枝新秀。《月月小説》的設立專欄,灌文書社的《短篇小説叢刊》、鴻文書局的《短篇小説叢刻》初編的集中出版③,都使這一年對於中國短篇小説而言,成爲值得銘記的年份。

即使對於梁啓超個人,從《(近世歐米)歷史之片影》與《外交奇譚》譯出短篇小説,顯然也是一段饒有興味的經歷。以致多年後的1915年,梁氏又捉刀代筆,以長女梁令嫻之名,在《中華婦女界》發表了《巴黎警察署之貴客》。而這篇標明爲"政治小説"的作品,實源自一則新聞報導,篇末出自梁啓超口吻的"外史氏曰"已揭出其本事:"當一九○五年,德法爭摩洛哥問題極劇,殆將決裂,而德法協約忽成,蔽空層雲,瞬息盪盡。局外莫解所由,揣擬百出。而協約成後,狄爾喀西(按:即Théophile Delcassé,1852—1923,時任法國外交部長)旋去位,衆益怪之。數月後,美國某報忽載此事始末甚詳,事太詭異,信否莫能明也。"④有意思的是,這則"極詭異而有奇趣"的外交故事,"以無徵信",在梁啓超關於第一次世界大戰的歷史著作《歐洲戰役史論》中"故不記録"⑤,但梁氏仍捨不得放手,又將其改寫爲短篇小説刊

---

① 參見筆者《覺世與傳世——梁啓超的文學道路》第八章,上海:上海人民出版社1991年版。
② 《紹介新著·十九世紀外交史》,載於《新民叢報》第18號(1902年10月),第97頁。
③ 參見陳大康《關於魯迅文學活動的最早報導》,載於《文匯報》2006年7月16日,第8版。
④ 梁令嫻《(政治小説)巴黎警察署之貴客》,載於《中華婦女界》第一卷第2期(1915年2月),第3頁。而國家圖書館所藏此篇手稿題爲"梁啓超點定/梁令嫻原稿",字迹實出自梁啓超(見圖一)。"外史氏"則爲梁在彼時所撰《歐洲戰役史論》中的自稱。
⑤ 梁啓超《歐洲戰役史論》,上海:商務印書館1914年版,第76頁。

圖一

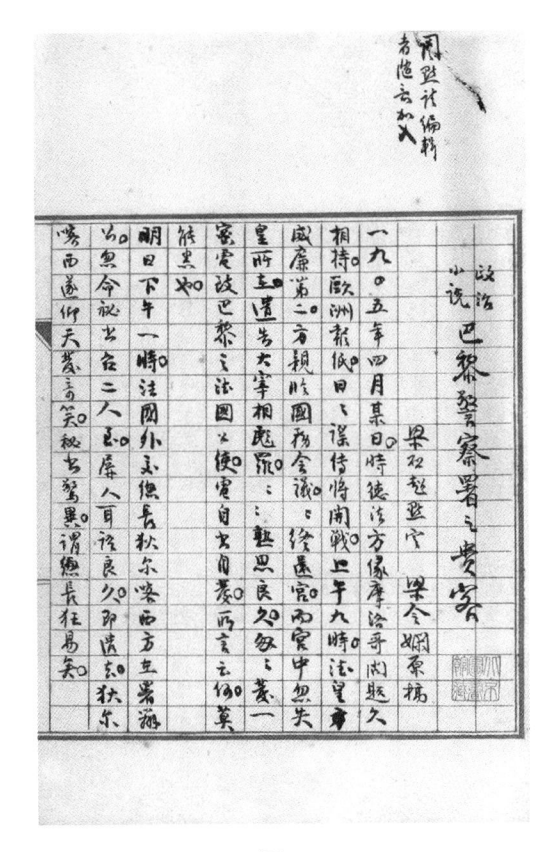

出。照舊是歐洲外交奇聞,照舊是介於虛實之間,梁啟超趣味不變,正好接續上十三年前《俄皇宫中之人鬼》的前緣,從而爲梁與短篇小説的關係添上了富有意義的尾聲。

2013 年 7 月 17 日初稿
同年 9 月 28 日定稿於京西圓明園花園

(作者單位:北京大學)

"衣"之華夏美學

胡曉明

【摘　要】以意象傳詩思,化美學爲美典,正是華夏美學之特色。"衣"是極富於中國思想的美典。其一以貫之的核心思想,即"二柄並用"。"衣"兼物質文明與精神文明,衣冠文明是華夏文明心物融合發展之典型。黄帝垂衣裳而治天下,既是禮,又是樂。"衣"兼政治文明之秩序莊嚴、精英士人之風流文采,是禮樂治國、文人主持文明社會的經典意象;而歷代衣裳文明之雜用胡俗而不失本來民族地位,既是吾民族凝聚人心、守護尊嚴之身份認同,亦是吾民族以开关延敌而濯磨自强之精神特徵。而藝術與文學中極爲豐富的衣意象與衣感性,乃見出吾民族以藝事通天文、以藝事通情文之美感特色,從中可認知華夏文明區别於西方文藝之精神微至處。衣之華夏美學,十字打開,二柄相連,既是一套政治社會歷史之大美學,亦是人心微處的小美學。一衣一世界,可以退藏於密,可以放諸四海。

【關鍵詞】衣　華夏美學　二柄　文化意象　符號

引　論

"衣"是中國最早的修辭意象。錢鍾書《管錐編》第一册論"衣"既可作爲明喻,也可作爲暗喻,略云:

《禮記·學記》:"不學博依,不能安詩。"鄭玄注:"廣譬喻也,'依'

或爲'衣'。"《說文》:"衣,依也。"《白虎通·衣裳》:"衣者隱也,裳者障也。"夫隱爲顯之反,不顯言直道而曲喻罕譬;《呂覽·重言》:"成公賈曰:'願與君王讔。'"《史記·楚世家》:"伍舉曰:'願有進隱。'"裴駰集解:"謂隱藏其意。"《史記·滑稽列傳》"淳于髡喜隱",正此之謂。《漢書·東方朔傳·贊》"依隱玩世……其滑稽之雄乎",如淳注"依違朝隱",不知而強解耳。《文心雕龍·諧隱》篇之"內怨爲俳",常州派論詞之"意內言外"(參觀謝章鋌《賭棋山莊詞話》續集卷五),皆隱之屬也。《禮記》之《曲禮》及《內則》均有"不以隱疾"之語,鄭注均曰:"衣中之疾。"蓋衣者,所以隱障。然而衣亦可資炫飾,《禮記·表記》"衣服以移之",鄭注"移猶廣大也",孔疏"使之尊嚴也"。是衣者,"移"也,故"服爲身之章"。《詩·候人》譏"彼其之子,不稱其服";《中庸》:"衣錦尚絅,惡其文之著也",鄭注"爲其文章露見";《孟子·告子》"令聞廣譽施於身,所以不願人之文繡也",趙岐注"繡衣服也",明以芳聲播遠擬於鮮衣炫衆;《論衡·書解》:"夫文德,世服也。空書爲文,實行爲德,著之於衣爲服。衣服以品賢,賢以文爲差。"且舉鳳羽虎毛之五色紛綸爲比。則隱身適成引目之具,自障偏有自彰之效,相反相成,同體皆用。詩廣譬喻,托物寓志:其意恍兮躍如,衣之隱也、障也;其詞焕乎斐然,衣之引也、彰也。一"衣"字而兼概沉思翰藻,此背出分訓之同時合訓也,談藝者或有取歟。《唐摭言》卷一〇稱趙牧效李賀爲歌詩,"可謂戚金結繡",又稱劉光遠慕李賀爲長短歌,"尤能埋沒意緒";恰可分詁"衣"之兩義矣。①

案,"衣"之爲文章學,可析爲二義。一是衣者彰也,憑借豐富的藻采、鮮明的喻象、誇張的叙述,可以將文章的效用發揮到最大的能見度,有鮮衣炫衆之意。二是衣者隱也,通過暗示、隱語、含蓄的方式,將要表達的意思保持在最小的能見度,類似"衣錦尚絅,惡其文之著也"的君子修行,這無疑也是一種文章之美。此兩項,即是作爲文章的"衣"之二柄。錢鍾書先生説:"同此事物,援爲比喻,或以褒,或以貶,或示喜,或示惡,詞氣迥異;修辭之學,亟宜拈示。斯多噶派哲人嘗曰:'萬物各有二柄,人手當擇所執。'"②

---

① 錢鍾書《管錐編》,第一册,北京:中華書局1979年版,第5—6頁。
② 同上書,第37頁。

然而有趣的是,"衣"之意象,不止於文章學;"二柄"之範疇,亦不囿於比喻修辭之學。華夏美學乃意象與經驗之美學,"衣"是極富於華夏美學之魅的一個文化符號①。本文正是從華夏美學的角度説"衣",再論鍾書先生未盡之義。

一、"衣"既是高度的物質文明,亦是華夏精神文明之重要符號

章學誠《文史通義·易教下》:"有天地自然之象,有人心營構之象。"我們可以補充:有物質文明之象。衣,首先是重要的物質文明之象。絲綢是華夏文明最早的發明之一。傳説是黄帝的妃子嫘祖發明了養蠶繅絲的技術,並教會了大衆。而 China 一詞,究竟爲瓷器之譯音,或絲之譯音,至今仍不清楚②。戰國時代,楚國的絲織品所達到的精妙程度,至今用新技術仍不能企及③。

可以舉一個反面的例子:西周時期,"太王欲立季歷以及昌,於是太伯、仲雍二人乃奔荆蠻,文身斷髮,示不可用"(《史記·吳太伯世家》)。"夫翦髮文身,錯臂左衽,甌越之民也。黑齒雕題,卻冠秫絀,大吳之國也。"(《史記·趙世家》)"文明"的反義詞是"野蠻"。顯然,"文身斷髮",拒絶中原之衣,正象徵著由"文"趨"野",逃離禮樂制度、衣冠車馬的物質文明。

加引號的"衣",既是物質文明,又是精神文化,有廣、狹二義。狹義的"衣"即衣服本身,其中濃縮了人類的物質文明。而廣義的"衣",則被賦予

---

① 高友工轉譯西方 aesthetics 爲"美典",是外來觀念中國化的重要努力。"美學"乃一抽象理論的系統建構,而"美典"涵有豐富具體的美感經驗,而又可約化爲普遍性的"典型",然而"美典"意爲"美的典型",乃局於審美經驗或藝文創意之論域,與本文打通政治與物質文明、藝術與思想之努力不盡相同,故仍用"華夏美學"一詞。
② 袁行霈、嚴文明主編《中華文明史》,第一卷,北京:北京大學出版社 2006 年版,第 84 頁。
③ 研究人員曾經從馬山墓出土的絲織品中取出一根極細的絲綾,放在顯微鏡下仔細觀看,他們發現,原來這一根肉眼看起來已經細到不能再細的絲,竟然令人難以置信地是由更多、更細的絲綾編成辮子組成的。在兩千多年前的馬山一號墓,密度最大的絹面達到了經度每釐米 158 根,緯度每釐米 70 根,甚至超過了今天由現代化工業機器生産的織物的密度。參見《江陵馬山一號墓出土的戰國絲織品》,《文物》1982 年第 10 期。湖北荆州地區博物館:《江陵馬山一號楚墓》,文物出版社 1985 年版。

了政治文明、禮樂制度、道德規範、文章寫作、符號象徵等精神文化的意義。如《論語》中君子五美之一：

> 子張曰："何謂五美？"子曰："君子惠而不費，勞而不怨，欲而不貪，泰而不驕，威而不猛。……君子正其衣冠，尊其瞻視，儼然人望而畏之，斯不亦威而不猛乎？"

如《禮記·緇衣》中記有文明尊嚴的人：

> 子曰："長民者，衣服不貳，從容有常，以齊其民，則民德壹。"《詩》云："彼都人士，狐裘黃黃，其容不改，出言有章，行歸于周，萬民所望。"①

如《禮記·玉藻》記君子生活中的應變，衣服是重要的標誌：

> 君子之居恒當户，寢恒東首。若有疾風迅雷甚雨，則必變，雖夜必興，衣服冠而坐。②

又如《尚書》論古人之象，云：

> 予欲觀古人之象，日、月、星、辰、山、龍、華、蟲，作繪，宗彝；藻、火、粉、米、黼、黻、絺、繡，以五采彰施于五色，作服，汝明！③

這裏的五采五色、作服，都不只是講衣服本身，更涉及衣之禮樂意象。因而，廣義的"衣"，即衣之美學與符號學。凡此種種，皆表明，衣不僅爲物質文明，更爲精神文明之重要符號象徵，對此古人早有自覺。

---

① 《禮記正義》，北京：中華書局 1980 年版《十三經注疏》本，第 420 頁（總頁 1648）。
② 同上書，第 247 頁（總頁 1475）。
③ 《尚書正義》，北京：中華書局 1980 年版《十三經注疏》本，第 29 頁（總頁 141）。

二、黃帝垂衣裳而治天下：華夏文明的衣裳意象與政治美學

(一) "黃帝垂衣裳而治天下"之第一義：禮樂治天下

一根頭髮的直徑有多大？一般是 0.06—0.08 毫米之間，一釐米相當於 130 根頭髮。每釐米有 158 根頭髮大小的經綫，這樣的絲織品，已見於馬王堆出土的戰國時代的文物《龍鳳虎紋繡羅》。從物質文明來看，中國古代早期的衣飾，已經達到了一個相當驚人的程度。

"垂衣裳而治天下"，不只是古老的《周易》裏的意象，其反映着物質文明史的真相，而且還是華夏精神文化生命的重要發端。最早登上文明舞臺的統治者原先只是穴居的獵户，他們點著火把、舉起長矛與弓箭，穿著皮革打天下，武力征服，暴力第一[①]。然而漸轉入農耕文明，耕織相依，菽帛至上。性情變得溫和，執政方式漸趨和平，這些正是在文明進步，穿上了衣裳之後的變化。所以，衣裳雖是形式，卻可以漸漸形塑内容。一個"垂"字，寫出了以不暴力、不血腥、不擾民、無為而治的方式，取得天下的大治[②]。這裏的"禮"，當然是美學，但只是政治美學，政治美學第一講的是化干戈為玉帛的溫和與自然，第二講的是天高地厚乾坤朗現的文明秩序，溫和之"樂"，秩序之"禮"，皆是華夏美的靈光乍現。我們看經學只説是禮義、是教化，其實往深處推究，是政治美學。《周易·繋辭》云："黄帝、堯、舜垂衣裳而天下治，蓋取諸乾坤。"即從天地得其上下四方的基本宇宙秩序。《毛詩》裏的《葛覃》、《綠衣》，都是以衣裳起興，前者講后妃的專貞執一；後者講夫君不該寵溺於不安分的小妾。這都是人間的倫常秩序，為何要以衣裳起興，原因正是"垂衣裳"即推重秩序。宇宙萬物外在的秩序，即其外在的形式與形象，如云：

[①]《禮記正義·王制》："東方曰夷，被髮文身，有不火食者矣。南方曰蠻，雕題交趾，有不火食者矣。西方曰戎，被髮衣皮，有不粒食者矣。北方曰狄，衣羽毛穴居，有不粒食者矣。"（《禮記正義》，《十三經注疏》本，頁110，總頁1338）。

[②] 王充《論衡·自然》："垂衣裳者，垂拱無為也。""則天而行，不作功邀名，無為之化自成。"（《論衡》，北京：中華書局1990年版，第781頁）

　　　　天有日月星辰，地有山陵河海，歲有萬物成熟，國有聖賢宫觀周域
　　　官僚，人有言語衣服體貌端修，咸謂之"樂"。①

由内而表現於外的花樣、紋飾、形象，都是廣義的衣。衣即是文明秩序、文化價值的建構，禮樂是國家文化正當性與民族主體尊嚴的建構。② 因而，衣也是一種政治學。

所以，"垂衣裳"而治的第一個含義是文治天下，是槍杆子裹出政權的反面表達，即筆杆子裹出政權。儒家文明的一項重大使命，即以禮治國，天下有道。華夏衣冠文明最初的一綫美的曙光，竟是從"垂衣裳"開始的；而今天華夏神州的政治文明，也面臨著從革命黨到執政黨的過渡，從打天下到治理天下的過渡，從"干戈"到"玉帛"的過渡。因而，"黄帝垂衣裳"這一名言所具有的啟示意義，至今仍未過時。

秩序與和諧，即衣作爲政治文明之二柄。

(二) "黄帝垂衣裳以治天下"之第二義：精英政治

精英政治，即精英治天下，以君子主持社會文明。而"垂衣裳"，即是君子進德修業的途徑。這裏的"垂衣裳"是象徵義，即透過文字、文籍、寫作的力量，獲取一種正面的精神能量。正如荀子所説：

　　　　士君子之容，其冠進，其衣逢，其容良，儼然、壯然、祺然、蕼然、恢
　　　恢然、廣廣然、昭昭然、蕩蕩然，是父兄之容也。③

吾人知道後世"衣冠"正是儒者的文化標志。而道家如《莊子》裏的人大都不重外表。王充認爲"文"即文明社會的衣服。他説：

　　　　或曰：士之論高，何必以文？答曰：……夫文德，世服也。空書爲
　　　文，實行爲德，著之於衣爲服。……衣服以品賢，賢以文爲差，愚傑不

---

① 《史記・樂書》"正義"，北京：中華書局1959年版，第1175頁。
② 漢代一個很有趣的傳説是孔子留下遺書，其中説到秦始皇"上我堂，踞我牀、顛倒我衣裳，至沙丘而亡"。反映的其實是漢代知識界對秦始皇暴政的批判。見《論衡・實知》，北京：中華書局1990年版，第1069頁。
③ 梁啓雄《荀子簡釋・非十二子》，北京：中華書局1983年版，第68頁。

别,須文以立折。非唯於人,物亦咸然。龍鱗有文,於蛇爲神;鳳羽五色,於鳥爲君;……且夫山無林,則爲土山;地無毛,則爲潟土;人無文,則爲僕人。土山無麋鹿,潟土無五穀,人無文德,不爲聖賢。……物以文爲表,人以文爲基。(《論衡·書解》)

這裏所推崇的"文",與德是統一在一起的,成爲一個好社會的漂亮衣服,即一幅由内而外的精神生命的輝光。試想,如果没有文,整個社會不就空洞化、扁平化,大家都一樣,都没有了表現力?"文猶質也,質猶文也,虎豹之鞟,猶犬羊之鞟。"(《論語·顔淵》)《論衡·佚文》:"《易》曰:'大人虎變其文炳,君子豹變其文蔚。'又曰:'觀乎天文,觀乎人文。'此言天人以文爲觀,大人君子以文爲操也。"由大人君子即文化精英構成的社會,就不會是無毛之地、無本之國。錢賓四在他的《國史大綱》裏,貫穿的一條主綫,即中國社會由先秦而唐宋,尚文教、重文治的力量漸成國史的主流。正如白魯詢所觀察的:

> 從歷史上看,對中國人來説,實行"文治"(ruled by literati)是最自然不過的權威形式。因而,所有的中國人從孩童時代就接受了這樣一種觀念。他們相信,社會群體中的佼佼者是那些在文辭方面比其他人更優秀的人。就此而言,中國文化和歐洲傳統在很大程度上是相通的。因爲西方文明也非常珍視《聖經》等文本的神聖性和語言文字的力量。西方人也認爲,應該尊敬那些可以精明地辨析法律言辭的人,而不管這種法是神聖法,還是世俗法。同樣,在中國文明中,精英人物的象徵性標志就是精通言辭。[1]

所以,吾人重新解讀《尚書》中有關衣服圖案的這一段奇特的文字,恰恰正是文治天下、進德修業的君子之象:

> 予欲觀古人之象:日、月、星、辰、山、龍、華、蟲,作繪,宗彝;藻、火、粉、米、黼、黻、絺、繡,以五采彰施于五色,作服,汝明!(《尚書·益稷》)

---

[1] 白魯詢《毛澤東的心理分析》,臺北:時代國際文化出版2009年版,第230頁。

日月星辰、山川風景、鳥獸蟲魚、五采五色,是文明人深心喜愛的美好形象,而客觀世界的美好事物,恰如鏡子,映照人的美好。"汝明",即人自己的光明,惟有在反觀自己的造型上,纔看得見。喜氣、活潑、樂觀、自信[①]! 有文明作品,纔是人的真正價值所在,在古人看來,没有衣服上的那些圖案,就不能反觀自己的造型!

吾人可以通過屈原,看衣與士人文學精神,是一種文化美學。

　　制芰荷以爲衣兮,集芙蓉以爲裳。
　　高余冠之岌岌兮,長余佩之陸離。芳與澤其雜糅兮,唯昭質其猶未虧。
　　佩繽紛其繁飾兮,芳菲菲其彌章。(《離騷》)

香花美服,是芬芳生命的表現,哪怕是化而爲山鬼,依然身著"薜蘿裳",這裏有高度的自珍、自愛、自信。吾人看"以衣喻文"是古代中國文壇的流行話語:

　　觀人以言,美於黼黻文章。(《荀子·非相》)
　　言順比滑澤,洋洋纚纚然。(《韓非子·難言》)
　　自造奇錦,紕繟緷紃,緣緣盧中,發揚文采,轉代無窮。(揚雄《蜀都賦》)
　　文如錦繡。(王充《論衡·定賢》)
　　知文錦之可惜,不知文人之可惜,不通類矣。(王充《論衡·佚文》)
　　詩緣情而綺靡。(陸機《文賦》)
　　暨音聲之迭代,若五色之相宣。(同上)
　　藻思綺合,炳若縟繡。(同上)

[①] 舊注以爲五采作服是五個等級的服裝,自天子、公、侯、子、男而卿大夫。其實所謂"古人之象",以人類學的觀點來看,是初民處於由蒙昧而文明的初醒時代,以自然之象比德思維的表現。因而,"汝明",新舊注皆理解爲"你們要去做"(見李民、王健《尚書譯注》,上海:上海古籍出版社2000年版;以及江灝、錢宗武《今古文尚書全譯》,貴州:貴州人民出版社1990年版),似乎"明"的意涵與比德思維不相干。

然而衣是美飾,也是束縛,因而史上也有以"衣"爲武器,攻擊禮制,崇尚解放者。魏晉任誕之士風,即是如此:

> 禮教漸頹,敬讓莫崇,傲慢成俗,儔類飲會,或蹲或踞,暑夏之月,露首袒體。……漢之末世……或褻衣以接人,或裸袒而箕踞。(《抱朴子》外篇《疾謬》)
>
> 王平子、胡母彥國諸人,皆以任放爲達,或有裸體者。(《世説新語·德行》)
>
> 叔孫通儒服,漢王憎之;乃變其服,服短衣,楚製,(索隱案:孔文祥云:"短衣便事,非儒者衣服。高祖楚人,故從其俗裁製。")漢王喜。(《史記》卷九十九)

案,高祖不喜儒者,故不認同儒服,强行摘來訪者儒冠尿。此亦傳統中國流氓意識之衣文化。吾人看現代中國也是以衣喻文、以衣喻人生,然其中已墜入幽暗意識:

> 生命如一襲華美的袍,上面爬滿了蝨子。(張愛玲《天才夢》)

這是將日常人生的幽暗、瑣屑、無聊與無奈,翻開來給人看。

> 這種衣領根本不可恕。可是它象徵了十年前那種理智化的淫逸的空氣——直挺挺的衣領遠遠隔開了女神似的頭與下面的豐柔的肉身。這兒有諷刺、有絕望後的狂笑。(張愛玲《更衣記》)

張愛玲諷刺五四新文化輸入西學、崇尚科學,然與中國真實人生的地氣太不相接。這仍是以衣喻文。

無論是屈子之香草美服,還是魏晉人之裸袒箕踞,以及張愛玲的以衣喻世,意雖有正反二柄,然而骨子裏還是衣政治:從文化精英中心、道德文章中心,變而爲文化精英批判、傳統人生價值批判。仍然是大符號,雖然看起來是小符號。

小結:

一、與"槍杆子裏出政權"相對,中國文化推崇文治天下,人文化成,

"衣被萬物,顯諸仁",是中國文化的核心特色。

二、衣的符號意義。上至家國,下至個人,以廣義的"衣"爲中心,構成完整的禮樂文明系統。對於文化人來説,就是建構自己的文化生命,透過文學或文章,來反觀自己的造型。

三、以衣喻文,以衣喻世,二柄多邊,是獨特的中國文學符號學的内涵。

三、在物質文明的背後:學習取向與身份認同

物質文明的"衣",很多情況下,也並不只是止於"衣服",往往更透過衣服,進而討論衣服背後的觀念、思潮、文化變遷大義等,稱類小而旨極大,舉類邇而見義遠。

最爲常見的衣符號,一是作爲學習的政治:以衣變肯定世變;一是作爲身份的政治,以衣裳分辨華夷。兩者看似相反,實爲相濟。

(一) 學習的政治:以衣變觀世變

史實中可見,凡衣裳學外來者,無非兩類:一是後進學習先進,二是先進文化極爲自信,故能包容外來者。前者如女真學漢俗。《金史·輿服志》:

> 初,女真人不得改爲漢姓及學南人裝束,違者以八十。編爲永制。(卷四十三)

案,禁令從側面反映了真相。爲何女真人不斷學南人甚至改漢姓?金世宗問臣下:用女真文所作的文字,總不如漢文的精深,此事如之何?臣子回答:使用時間久、賢人多,即深。由此即可見出金人深深受先進文化即漢文化的吸引①。

---

① 見《金史·選舉志一》。吕思勉曾以此爲漢字世界第一的標準。"金世宗這一問,很有意思。而其臣下的回答,亦是很有見地的。各種語言文字的深淺,有一簡單測定之法,即(一)使用之人愈多,(二)流行的地區愈廣,(三)經歷的時間愈久,則其内容愈精深。如以此爲標準,則我國之文字,亦可稱世界第一。"見氏著《吕思勉論學叢稿》,上海:上海古籍出版社 2006 年版,第622—626 頁。

後者可以黄秋岳《花隨人聖盦摭憶》爲代表。是書有長篇文字討論"衣",從戰國時代的胡服,到近代西裝,從事實出發,平實討論中國古代衣裳文明背後"兼並包蓄"的文化精神,甚有識見:

近古服制,早已雜用胡俗,王静庵著有《胡服考》,述之最詳。晉以來,惠文冠,具帶履靴,上褶下袴,隋以後,彌趨窄小,此風已數百年。蓋由於戰術變更,車戰易爲騎戰,故不得不然。唐代法服,尤參戎狄之制,長安胡人雜居,劉肅《新語》:"尹伊判謂:胡著漢帽,漢著胡帽。"可爲貞觀初長安漢人已行胡帽之證。《新唐書》載:太宗子承乾,使户奴數十百人,習音學胡人,椎髻,剪綵爲舞衣,尋橦跳劍,鼓鞞聲通晝夜不絕。又好突厥言,及所服,選貌類胡者,被以羊裘,辮髮,五人建一落,張氈舍,造五狼頭纛,分戟爲陣,繫幡旗,設穹廬自居,使諸郎斂羊以烹,抽佩刀割肉相啗。今考貞觀五年,突厥平,從温彦博議,移其族類數千家入居長安,承乾之好突厥言突厥服,必爲此輩所化。《舊唐書·輿服志》云:"武德、貞觀之時,宫人騎馬者,依齊隋舊制,多著羃䍦,雖發自戎夷,而全身障蔽,不欲途路窺之,王公之家亦用此制。永徽之後,皆用帷帽,拖裙到頸,漸爲淺露,尋下敕禁斷,初雖暫息,旋又復舊,咸亨二年,又下敕曰'百官家口,咸預士流,至於衢路之間,豈可全無障蔽。比來多著帷帽,遂棄羃䍦,曾不乘車,别坐檐子,遞相仿效,浸成風俗,過爲輕率,深失體容。前者已令漸改,如聞猶未止息,又命婦朝謁,或將馳駕車,既入禁門,有虧肅敬,此並乖於儀式,理須禁斷。自今以後,勿使更然。'則天之後,帷帽大行,羃䍦漸息。中宗即位,宫禁寬弛,公私婦人,無復羃䍦之制。開元初從駕宫人騎馬者,皆著胡帽,靚妝露面,無復障蔽,士庶之家,又相仿效,帷帽之制,絕不行用。俄又露髻馳騁,或有著丈夫衣帽靴衫,而尊卑内外,斯一貫矣。"按羃䍦,見《吐谷渾傳》。帷帽,制如席帽,《事物原始》:"帷帽創於隋代永徽中,拖裙及頸,今世士人,往往用皂紗全幅,綴於油帽,或氈笠之前,以障風塵,爲遠行之服,蓋本於此。"……而德人勒柯克,在高昌所發見壁畫,有大帽披,殆即羃䍦也。此自爲土耳其、波斯之風,其後流傳損益,至於史稱"太常樂尚胡曲,貴人御饌,盡供胡食,士女皆竟衣胡服",可知朝廷之衣裳冠帶,雖遵采禮經,而坊巷閭閻,則各從時尚。又如靴,本戎服,長靿尤爲軍戎通服,北齊全用長靿,誠爲胡羯之制。趙宋初,沿舊制,改用襪履,其後復改用靴,以黑革爲之,則亦胡俗。宋建隆四年,范質與禮官議,袴褶制度,先儒無説,惟開元有之,此亦是胡服盛於盛唐流沿成俗之證。

晚近詩人,多用司馬温公深衣故事,其實深衣古禮,非宋制。温公衣深衣,正是其泥古處。《聞見錄》:"司馬温公,依《禮記》作深衣,間幅巾縉帶,每出,朝服乘馬,用皮匣貯深衣隨其後,入獨樂園,則衣之,嘗謂康節曰,先生亦可衣此乎? 康節曰,某爲今人,當服今時之衣。温公歎其言合理。"此事絶可爲談資。温公雖好古,而以皮匣貯深衣隨行,則不唯取便,亦近時矣。康節之言,誠爲通儒名論,本是今人,何爲古服? 温公能知其合理,故是賢者。

蓋此決決數萬里之神州,有史以來,其迎新納異,雜糅衆俗,飆轉豹變,初無一日之息。前乎此者,一切如是,後乎此者,其飆轉豹變,必別開生面,創鑄瑰異,亦一切皆如是,小儒拘墟,哆口張目,固絶無遏止之術也。余前所標舉吾族郅治之盛唐,其含納西俗,奄有衆長,尤不勝縷述,故蔚爲吾史之光。繇是而言,凡一民族苟能濯磨自强者,文治武功之柄,由我運之,至於藝文器皿,正須開關延敵,敵且潰而鎔於我。苟國自不振,則雖日夜訑訑然拒人,人且斬關而進矣。①

案,"此決決數萬里之神州,有史以來,其迎新納異,雜糅衆俗,飆轉豹變,初無一日之息",所表現的正是物質文明的衣裳背後,源源混混的民族文化生命力。以衣觀世,中國並没有什麽純而又粹的"漢服"。華夏文明歷來是在學習外來文明中成就其悠長與久大的。從長時段的大歷史來看,只要能使當時當地的百姓得到好處,"有以自充其力",所有的外來物,都可化而爲國寶。那些拒絶新知、新學、新思想與新觀念的藉口,都是短視的。

當然,除了學習的政治,衣之背後,尚有身份的政治。正如陳寅恪的名言:"一方面盡量輸入外來之學説,一方面不忘本來民族之地位。"(《馮友蘭中國哲學史下册審查報告》)同時,這也正是衣思維之二柄。

(二) 身份的政治:以衣裳分辨華夷

在大唐服裝雜以胡俗的時代,不是没有批評與反對的聲音。元稹《新

---

① 黄濬《花隨人聖盦摭憶》,上海:上海書店出版社1998年版,第36—37頁。

題樂府十二首·法曲》：

> 自從胡騎起煙塵，毛毳腥膻滿咸洛。女爲胡婦學胡妝，伎進胡音務胡樂。……胡音胡騎與胡妝，五十年來竟紛泊。

白居易《新樂府》有《時世妝》：

> 昔聞披髮伊川中，辛有見之知有戎。元和妝梳君記取，髻堆面赭非華風。

據陳寅恪先生考證，時世妝是唐貞元末流行於長安的吐蕃衣飾風俗。文化史與政治史的角度是不同的。"自德宗貞元三年平涼敗盟後，唐室與吐蕃入於敵對狀態"，因而，在大敵當前的戰爭年代，詩人著眼於"胡騎起煙塵"的焦慮，抨擊胡俗以振起士氣，無可厚非。身份的政治即認同的政治。一個共同體内部，透過文化符號達到彼此的身份聯結，召唤精神的凝聚與認同，從而獲取共同體自身的力量。文獻中對衣裳雜胡俗的批評，多半背後有戰爭的影子。再如下列史例：

> 唐憲宗時，吐蕃使其中書令尚騎心兒攻敦煌。……請救，回鶻逾年不至。……糧械皆盡，登城呼曰："爲毋徙他境，請以城降。"騎心兒許諾，於是出降。自攻城至是十一年，州人皆服臣虜。歲時祀祖父，衣中國之服，號慟而藏之。……當時左衽從胡俗，至今藏得唐衣裳。年年寒食憶中原，還著衣冠望鄉哭。老身倖存衣在篋，官軍幾時馳獻捷。①
>
> 吐蕃，國地、君世、部族、名號、物俗，見於唐著矣。當唐之盛時，河西、隴右三十三州，涼州最大，土沃物繁而人富樂。……安禄山之亂，肅宗起靈武，悉召河西兵赴難，而吐蕃乘虛攻陷河西、隴右，華人百萬皆陷於虜。文宗時，嘗遣使者至西域，見甘、涼、瓜、沙等州城邑如故，而陷虜之人見唐使者，夾道迎呼，涕泣曰："皇帝猶念陷蕃人民否？"其人皆天寶時陷虜者子孫，其語言稍變，而衣服猶不改。②

---

① 曾棨《敦煌曲》，錢謙益《列朝詩集·乙集第二》，北京：中華書局2007年版，第四册，第2222頁。
② 歐陽修、徐無黨《新五代史》，北京：中華書局1974年版，第913頁。

案,從最末一句"語言稍變,而衣服猶不改",可以看出,服裝甚至是比語言還要久長的文化認同。唐代河西居民之民族尊嚴與堅守,讀之驚心動魄。這絕不是什麽服裝的保守性。尤其在一些文明的邊陲地域,高文明面對低文明,有理由保持其優越性。在關係到民族生存與發展的艱苦環境中,守住衣冠文物,即是守住民族的生機,守住文明的高貴、文化的尊嚴。因而,衣裳背後的精神,學習的政治與身份的政治,並不矛盾,同樣是爲了民族生命更加旺健地發展。

喜新而不厭舊、認同而不退守,近代有關衣服與認同的故事極多。如西人李提摩太《親歷晚清四十五年》:

> 有一天,我換上了當地人的服飾,削了頭髮,做上了一條假辮子……男人、女人還有孩子,都跑出來要親眼目睹這般景觀。我聽到背後一個人對另一個人説:"啊!他現在看起來像一個人了!"那天下午,我被邀請去一户人家喝茶。現在我明白,以前没有人邀請我,實在是很有道理的。如果我穿著外國人的服裝,看起來會非常奇怪,當我坐在屋子裏時,各種各樣看熱鬧的就會湊到紙糊的窗子前,每個人都悄無聲息地用指頭尖沾著唾沫把窗紙戳一個洞,在上面湊上一隻眼睛……反過來,當外國人穿上中國服裝後,他就像一個普通的中國人,不值得一看了。①

章太炎立志臨終易喪服,不做大清之鬼。專門爲此撰文,1936年有《答吴絸論喪服書》、《答沈商耆論喪服書》②。另有一個有趣的故事是關於王湘綺的:

> 民國元年湘綺生日,忽著朝珠補褂紅帽,延宴賓客,譚組庵方爲都督,詣之,莊語謂之曰:"清既亡矣,先生何事服此?"時組庵適衣西裝,湘綺執袂曰:"我與汝穿的都是外國衣服。"相與哄堂一笑。③

---

① 李提摩太著,李憲堂、侯林莉譯《親歷晚清四十五年——李提摩太在華回憶錄》,天津:天津人民出版社2005年版,第62頁。
② 載於《制言》第二十七期(1936年)。
③ 載《花隨人聖盦摭憶》。演義更多的是《民國趣聞》:"次日,先生乘竹椅小轎至都督府,湯督出迎於門外。先生開汽袍大袖對衿馬褂,方領馬蹄袖,緞靴荷包俱全,腦後垂小辮一條,長約一尺餘。先生本係禿頂,其髮辮早已無復存在,此次所垂之辮,乃用紅繩拈成兩股,形式與繩無異。有人戲問其故,先生笑曰:'我之裝束,亦西裝也,難道他人可以著西裝,我獨不能著西裝乎?'其詼諧有如此者。"

表面是忠清,骨子裏是趨新;身份的政治中有開放的智慧,從舊的守護中,恰恰表明了中國文化的新新不已,這無疑是衣符號之名典。

身份的認同中不止有民族的認同,也有階級的認同:

"昨日到城郭,歸來淚滿襟。遍身女衣者,盡是讀書人。"唐人詩有關世教者,盡多求其痛切民隱者,莫如"昨日到城郭,歸來淚滿襟。遍身綺羅者,不是養蠶人。"……二十年來,東南郡邑凡生員讀書人,家有力者,盡爲婦人紅紫之服,外披内衣。①

(唐)武德元年六月二十四日,萬年縣法曹孫伏伽上書曰:"百戲散樂,本非正聲,有隋之末,始見崇用,此謂淫風,不可不改。近者,太常官司,於人間借婦女裙襦五百餘具,以充散樂之服,云擬於元武門遊戲。臣竊思量,非貽厥孫謀,爲萬世法也。又《論語》曰:'樂則《韶舞》。'以此言之,散樂定非功成之樂。如臣愚見,請並廢之,則天下幸甚。"②

前一例從衣變觀世變,後一例從宮樂看政風,皆各有其見。其"衣思維",皆從禮樂制度與士人身份的莊嚴神聖而來。

小結:

一、學習的政治:以衣變肯定世變,文化是在學習中進步的,是中國的一種積極進取、與時俱進的文化態度。

二、身份的政治:以衣裳分辨華夷,是傳統中國的自我認同的一種政治。

三、學習的政治與身份的政治,二者之間不一定是矛盾的。因爲身份的政治是民族存亡與危機時刻的一種精神生命的自我強化,是共同體遭遇危機的一種本能的回應,尤其是高文明遭遇低文明的威脅時更是如此。而學習的政治是一種文化發展常態。相反而相濟,共同成全著既有主體性,又能調適而上遂的文化生命。

---

① 李樂《見聞雜記》卷十,《續修四庫全書》本。
② 王溥《論樂》,上海:上海古籍出版社1991年版《唐會要》,卷三十四,第727頁。

四、天文與情文：藝術中的衣服與
文學中的心靈秘史

中國藝術與中國文學之中，"衣"意象之指向不一。前者指向宇宙生命之道的體驗，後者指向人心人情之微至。這亦是中國衣意象之二柄。

（一）宇宙想象、德性人物：中西藝術之異

中國人物畫與人物藝術中的衣飾的意義，很多人並不能懂。我曾經批評過某大作家，在他的眼裏，敦煌藝術，那些飛天、那些吳帶當風，就只是"繪畫技法"①。他不知道，爲什麽新疆克孜爾壁畫中那些全裸體的天人、伎樂和菩薩，而到了莫高窟就全都穿上了裙子，爲什麽到了唐代會有"宫娃如菩薩"的現象？在印度本土並不飛的飛天，如何到了這裏卻飄動著長長的衣袖，極舒展地向那天邊飛去②？他不提這些問題，首先，也就不知道哪些是本土的舊東西，哪些是外來的新元素，也就看不到中國文化真正的突破與創意。譬如，吳帶當風與曹衣出水的兩種系統，在敦煌壁畫中的此消彼長，就是一個很有意思的問題。前者代表中國本土的觀念與技法，後者則體現爲異文化更多的因素，最終是前者佔了相對的優勢③。

那些長長的衣袖與飄帶，其實正是裳者彰也，彰顯人飛動的意味，彰顯

---

① 胡曉明《知識、學養與文化意識》，載於《文藝理論研究》第一期（1996年）；另載《文化的認同》，合肥：安徽教育出版社2008年版，第263頁。
② 饒宗頤《敦煌白畫導論》對人物畫的描述："P·2002　繪金剛神將手執武器，衣帶飄忽"；"P·3958　此幅只繪十二觀音像，雙手擎珠，衣帶飄舉，一手執楊枝，白描，綫條極美"；"P·3969　飄帶著青綠色，行筆縱放"；"P·4649　袴褶綫條娟秀，衣帶飄舉"；"衣裾略作高古遊絲描"；"P·4514　舞者舉手投足，手執飄帶，作飛揚低昂之狀……一人手執法器，衣褶綫條頗恣肆"；"P·4518　衣裾雲氣及佛光輪廓並以顫筆寫之"；"P·4518　瓔珞天衣，創意自異。"（見氏著《畫寧頁——國畫史論集》，臺北：時報文化出版企業有限公司1993年版）
③ 又參吳焯："與服裝變化相聯繫，繪畫的綫條也相應起著變化。北朝早期壁畫，衣服貼體，且暈染較多，一般不大注重綫條的運用。中期，褒衣博帶出現，綫條的作用有所加強，但仍然以濃重的色彩取勝，綫條很大程度上還起限定輪廓的作用。晚期（北周）以後綫條的作用進一步增強，特別將佛畫部分與供養人部分在畫法上加以區分，是這一時期的顯著特點，這種作風一直繼續到唐代。如428窟，佛和菩薩仍採用西域畫法，色彩濃重，用圈染法；而供養人色彩較淡，用遊絲般的綫條勾劃衣紋，與佛畫部分形成顯明對照。"（見氏著《佛教東傳與中國佛教藝術》，杭州：浙江人民出版社1991年版，第351頁）

人與宇宙的關係。這裏有中西方人體藝術的一個大區別,西方以人的自然身體爲美,中國以人的衣飾所傳達的自然之氣爲美。林語堂曾説:"大約中西服裝哲學上之不同,在於西裝意在表現人身形體。而中裝意在遮蓋身體。"①但是衣者,隱也,裳者,彰也,他的話只説對了前面的一半。鄭瑜毓説對了另一半:

> 通過"氣感"説,呈現了"整體—個人"與"宇宙—身體"所以可能相互關涉、彼此連結的氣化通流,亦即這兩個界域間的"連類"。其實就作用在由個體趨向整體或者整體召喚個體,也可以説就是身體嵌入宇宙中或者宇宙在人身中體現。這有助於解決原本個體性整體性的二分,當然也有助於解釋天文、人文如何類比的通聯之道。②

"身體嵌入宇宙中或者宇宙在人身中體現",至少在中國古代的人物畫中,正是通過裳者彰也的方式完成的。衣服不是禁忌,而是符號。豐富的皺褶,流動的綫條,是大自然有機生命存有連續的一種象徵。"身若不勝衣",不僅是道家的人物畫特徵,而且是儒家的德性人物典型。趙武子、張良、段太尉,皆是美典③。由此可以了解新文學家所謂"衣裳的禮教壓抑"④,其實是一種簡單的説法。

(二)"衣者隱也"與中國抒情傳統
王引之訓"衣"爲隱:

> 依,隱也。(古音微與殷通,故依、隱同聲。《説文》:衣,依也。《白虎通義》:衣者,隱也)。謂知小人之隱也。⑤

---

① 林語堂《論西裝》,載馮坤娣編《穿著經》,臺北:業強出版社1994年版,第49頁。
② 鄭瑜毓《引譬連類:文學研究的關鍵字》第一章《文與明:從天文與人文的類比談起》,臺北:聯經出版公司2013年版,第38頁。
③ 王鈞林注譯《孔叢子·對魏王》(北京:中華書局2009年版,第180頁):"趙文子,其身如不勝衣,其言如不出口。非但體陋,辭氣又呐呐然。其相晉國,晉國以寧,諸侯敬服,皆有德故也。"
④ 張愛玲《更衣記》(臺北:業強出版社1994年版,第58頁):"薄而小的標準美女在這一層層衣衫的重壓下失蹤了。她的本身是不存在的,不過是一個衣架子罷了。"
⑤ 王引之《經義述聞》"小人之依"條,即《尚書》"乃逸"知小人之苦痛。(南京:江蘇古籍出版社1985年版,第98頁)

案，衣、隱同義，"隱"即含藏在裏面的東西。又有言内與言外之别，一方面隱藏一些東西，另一方面又表現一些東西。因而形成中國文學特有的衣思維：含蓄地表達、不言之言、言在此而意在彼。聞一多更將此發展而爲隱喻：

> 隱語古人只稱作隱，它的手段和喻一樣，而目的完全相反。喻訓曉，是藉另一事物來把本來説不明白的説得明白點；隱訓藏，是藉另一事物來把本來可以説得明白的説得不明白點。喻與隱是對立的，只因二者的手段都是拐著彎兒，借另一事物來説明一事物，所以常常被人混淆起來。隱與喻，目的雖不同，效果常常是相同的。[1]

從現代的觀點看，文章寫作之"衣思維"，兼明喻與暗喻。恰是中國詩學的藝術要義。中國抒情文學一大特徵，即抒寫隱情，即：把本來可以説得明白的説得不明白點。隱蔽的感情，往往是一種私人文學。其實不一定是爲了抒情，如果要抒情，不如寫小説或散文直言更有效果。往往是爲了製作一件美麗的語言衣裳，作爲人生的某種耐人尋味的紀念。

抒寫隱情的特徵，皆將能指與所指的關係靈動化、細節化、韻味化，尤其是愛情文學中的衣，是一個傳達情意的語言藝術符號。

吾人可暫離經學，從文學角度解讀《詩經》中那些男女之辭：

> 青青子衿，悠悠我心。縱我不往，子寧不嗣音？（《鄭風·子衿》）
> 出其東門，有女如雲。雖則如雲，匪我思存。縞衣綦巾，聊樂我員！（《鄭風·出其東門》）
> 子惠思我，褰裳涉溱。子不我思，豈無他人？（《鄭風·褰裳》）
> 有狐綏綏（朱熹："綏綏，獨行求匹之貌。"），在彼淇梁，心之憂矣，之子無裳！（《衛風·有狐》）
> 野有死麕，白茅包之；有女懷春，吉士誘之。林有樸樕，野有死鹿；白茅純束，有女如玉。舒而脱脱兮，無感（憾）我帨（佩巾）兮！無使尨也吠！（《召南·野有死麕》）

---

[1] 聞一多《神話與詩·説魚》，天津：天津人民出版社2008年版，第101頁。

或以衣飾代指心中暗戀的理想才子或娟潔的女子,或以衣裳作爲調情或性暗示的媒介,言在此意在彼。再看婚後的家庭生活中:

> 我徂東山,慆慆不歸。我來自東,零雨其濛。我東曰歸,我心西悲。制彼裳衣,勿士行枚。(《豳風·東山》)

征夫思家或思婦懷遠,皆借衣以抒寫深情,遂成後世一大傳統手法。再看宋詞中的衣飾作用:

> 記得小蘋初見,兩重心字羅衣,琵琶弦上説相思。當時明月在,曾照彩雲歸。(晏幾道《臨江仙》)
> 語已多,情未了。迴首猶重道:記得緑羅裙,處處憐芳草。(牛希濟《生查子》)

既刻畫了多情女子的美麗神情,亦寫出了兩心相通的深心密意。"心字羅衣"與"緑羅裙",從此成爲男女抒情的美典。衣對身體的指涉,成爲香艷詩詞的經典手法:

> 願在衣而爲領,承華首之餘芳;悲羅襟之宵離,怨秋夜之未央!願在裳而爲帶,束窈窕之纖身;嗟溫涼之異氣,或脱故而服新!(陶淵明《閑情賦》)
> 願作輕羅著細腰,願爲明鏡分嬌面。(劉希夷《公子行》)
> 恨殺輕羅勝我,時時貼細腰邊。(曹爾松《風入松》)
> 愛他金小小,曾近玉纖纖。(朱彝尊《臨江仙》)

陳寅恪先生《柳如是别傳》,解讀陳子龍《蝶戀花》"枝上流鶯啼不絶,故脱餘綿,忍耐寒時節"中的"餘綿",即貼身的女性背心,竟然將男女衣裳之辭,解而爲奇女子之剛烈性情證據之一,化香艷而爲剛健,亦是經典[1]。

衣對自己身體的指涉,亦成爲入骨相思的經典手法:譬如《古詩十九首·行行重行行》"相去日已遠,衣帶日以緩"一句,後世續寫不斷:

---

[1] 陳寅恪《柳如是别傳》,上海:上海古籍出版社1980年版,第271頁。

沈約:"百日數旬,革帶常應移孔。"
李商隱:"衣帶無情有寬窄。"
柳永:"衣帶漸寬終不悔。"
史達祖:"諱道相思,偷理綃裙,自驚腰衩。"

在很多時候,"衣"更多傳遞家庭生活的溫暖,表達人性關愛的精神:

翩翩堂前燕,冬藏夏來見。兄弟兩三人,流宕在他縣。故衣誰當補?新衣誰當綻?賴得賢主人,覽取爲吾組。夫婿從門來,斜柯西北眄。語卿且勿眄,水清石自見。石見何纍纍,遠行不如歸!①

後代以衣思親,成爲一種傳統。陳玉蘭《寄夫》"一行書信千行淚,寒到君邊衣到無",唐代邊塞詩如"日旰山西逢驛使,殷勤南北送征衣",不勝舉。又如搗征衣之意味,梁元帝《金樓子·立言》上"搗衣清而徹,有悲人者,此是秋士悲於心,搗衣感於外,內外相感,愁情結悲,然後哀怨生焉。苟無感,何嗟何怨也",是一種淪髓浹肌的有情音樂。

中國艷情文學離不開寫衣飾。葉嘉瑩先生在寫朱彝尊艷情詞的一篇文章中,曾將《花間集》對歡場女子的衣飾描寫與朱彝尊《靜志居琴趣》中對馮女的衣飾描寫做對比,說道:"花間艷詞是有心在衣飾的描述中將艷情顯露出來,而朱氏的描述卻是有心在描述中將艷情加以遮掩,但同時卻又在遮掩中透露了一種強有力的撩動。"冉從《花間集》試舉二例,如歐陽炯《南鄉子》:"耳墜金環穿瑟瑟,霞衣窄,笑倚江頭招遠客。"顧敻《應天長》:"瑟瑟羅裙金縷縷,輕透鵝黃香畫袴。垂交帶,盤鸚鵡,嬝嬝翠翹移玉步。"二詞中所寫女子的服飾都是艷麗、張揚、發散、顯露,令人一覽無餘。而朱彝尊寫馮女則不然:"羅裙百子褶,翠似新荷葉。小立斂風繾,移時吹又開。"葉氏評曰:"在此'繾'、'斂'、'又開'之間,作者遂以並無一語及情的客觀敘寫,而竟然傳達出了多少言語所不能盡的欲彰還隱與欲説還休的情意。這當然也不是一般可以用任縱之筆去寫歡場中情愛的艷詞所能達致的

---

① 《艷歌行》,載逯欽立《先秦漢魏晉南北朝詩》,北京:中華書局1983年版,第273頁。

境界。"①

《紅樓夢》更是以衣裳寫隱情的集大成,艷情文學的張揚發露,已經變而爲日常人生的素樸自然。第三十六回"繡鴛鴦夢兆絳芸軒"有一個場面:

> （寶釵）説著,一面又瞧他手裹的針綫,原來是個白綾紅裏的兜肚,上面紮著鴛鴦戲蓮的花樣,紅蓮緑葉,五色鴛鴦。寶釵道:"噯喲,好鮮亮活計！這是誰的,也值的費這麼大工夫?"襲人向床上妝嘴兒。寶釵笑道:"這麼大了,還帶這個?"襲人笑道:"他原是不帶,所以特特的做好了,叫他看見,由不得不帶。如今天熱,睡覺都不留神,哄他帶上了,便是夜裹總蓋不嚴些兒,也就罷了。你說這一個就用了工夫,還沒看見他身上帶的那一個呢。"寶釵笑道:"也虧你耐煩。"襲人道:"今兒做的工夫大了,脖子低的怪酸的。"又笑道:"好姑娘,你略坐一坐,我出去走走就來。"說著就走了。寶釵只顧看著活計,便不留心,一蹲身,剛剛的也坐在襲人方纔坐的那個所在,因又見那個活計實在可愛,不由的拿起針來,就替他作。
>
> 不想林黛玉因遇見史湘雲,約他來與襲人道喜,二人來至院中,見靜悄悄的,湘雲便轉身先到廂房裹去找襲人。林黛玉卻來至窗外,隔著紗窗往裹一看,只見寶玉穿著銀紅紗衫子,隨便睡著在床上,寶釵坐在身旁做針綫,旁邊放著蠅刷子,林黛玉見了這個景兒,連忙把身子一藏,手握著嘴,不敢笑出來,招手兒叫湘雲。湘雲一見他這般光景,只當有什麽新聞,忙也來一看,也要笑時,忽然想起寶釵素日待他厚道,便忙掩住口。知道林黛玉口裏不讓人,怕他取笑,便忙拉過他來道:"走罷。我想起襲人來,他說午間要到池子裏去洗衣裳,想必去了,咱們那裏找他去。"林黛玉心下明白,冷笑了兩聲,只得隨他走了。②

爲什麽黛玉心下明白,冷笑兩聲? 作者没有寫。原來黛玉和湘雲所見這一幅"夏日侍睡女工圖",使情痴的黛玉,産生了羨慕嫉妒,甚至對寶玉的怨。這幅圖至少有兩層意藴,一是寶釵有意無意間取代了襲人,二是寶玉的兜肚,必然

---

① 葉嘉瑩《從艷詞發展之歷史看朱彝尊愛情詞之美學特質》,載《清詞叢論》,臺北:麥田圖書有限責任公司1997年版,第75頁。
② 曹雪芹《紅樓夢》(三家評本),上海:上海古籍出版社1988年版,第567—569頁。

含有寶玉最隱秘的生命氣息,接觸這個兜肚的人,一定能感應這種氣息並傳遞某種信息,以一小小的衣物,自然而細緻地揭示了釵黛之間微妙的情場心理。作者不是抒情,而是寫隱情。將本來可以說得明白的說得不明白點。

第十八回"林黛玉誤剪香囊袋"。寶玉在賈政面前作詩,得了表揚,一出門,就被幾個小廝圍住,要他賞錢,一個要解荷包,一個來解扇囊,不容分說,將寶玉所佩之物盡行解去。黛玉聽說,將正繡著的一個荷包,一賭氣幾剪刀鉸破。因爲,她以爲寶玉的那個荷包,當然也在小廝們搶劫之列了。荷包也是一針一綫繡出來的,是情感的符號,荷包還薰著女兒喜歡的香料,更是私己情意的符號。黛玉如何不生氣?於是,當寶玉連忙把衣領解了,從裏面紅襖襟貼身的地方將荷包解下,遞與黛玉時,黛玉又如何不感動呢!小小的荷包,竟負荷著又悲又喜、又嗔又愛的感情。再看第三十四回,寶玉叫晴雯送兩條手帕給黛玉,爲什麽這樣做,作者也沒有寫。黛玉說:"這帕子肯定是上好的,叫他留著用吧。我這會用不著這個。"晴雯笑著說:"不是新的,是家常舊的。"黛玉一聽,想了想,一下子大悟過來,連忙說:"放下,去罷。"書中寫道:"林黛玉已體貼出手帕子的意思來,不覺神魂馳蕩。"

而寶玉與晴雯的感情發展,始終有"衣"在其中穿針引綫。第五十一回,襲人不在家,晴雯與麝月服侍寶玉,夜間麝月出去,晴雯唬她,沒有披衣前著了涼,寶玉叫她"快進被窩來渥渥",這是二人因緣之始,是小兒女無機心純潔動人的情緣。接下來晴雯果然病倒,恰巧寶玉將賈母所賜一件俄羅斯來的孔雀金裘燒了一個洞,明早見不得老祖母。於是正生病的晴雯只得奮勇拚命,以至補完之後昏倒在地。後來晴雯死後,寶玉睹物傷心,關起門來焚香祭亡魂。尤其是第七十七回"俏丫頭抱屈夭風流",寫晴雯臨死前拼盡殘存的一點力氣,在被窩裹將貼身穿著的一件舊紅綾襖脱下,要寶玉穿上,說:"這個你收了,以後就如見我一般,快把你的襖兒脱下來我穿。我將來在棺材内獨自躺著,也就像還在怡紅院一樣了……既擔了虛名,越性如此,也不過這樣了。"這真是中國文學中驚心動魄一幕!晴雯姑娘之用貼身小衣,既表達了對寶玉熾熱大膽之情,又表現了對舊禮教、舊秩序的反抗,兼有自由生命之倔強剛烈與男女情緣之深至細膩,如此寫"衣",兼有衣之二柄:突破秩序與直入人心,二者相反而相成。

小結:

中國藝術與中國文學,"衣"意象之指向不一。前者指向宇宙生命之道的體驗,這與道家的氣化本體論以及儒家的道德美優勢有關係。後者指向人心人情之微至。衣是思鄉懷人詩、樂府詩、戰爭詩以及艷情文學的重要符號——尤其是《紅樓夢》中,這一符號的古典敘事/抒情傳統得到極完美的發展。天心與人情,亦是中國衣意象之二柄;反抗與愛,亦是相反而相成的二柄。

五、餘　論

一、"衣道"如何可能？即中國文化的精神復蘇如何可能？衣道的核心：文質彬彬的傳統;溫柔敦厚的情意;修煉內在生命的德性,表現文化生命的充實。

二、衣之美學與符號學,可從衣意象、衣政治、衣思維、衣感性等方面來討論,即物質文明的"衣",很多情況下,也並不只是止於衣服本身,往往更透過衣服,進而討論衣服背後的觀念、思潮、文化變遷大義等,稱類小而旨極大,舉類邇而見義遠。這時,物質文明的衣,也是衣意象與衣政治之一種。

三、衣無疑是極富於中國文化特色的美典。它不是理論,又富於意義結構。其核心即符號學所說的符號由於能指與所指的關係不是固定不變,因而會有豐富的喻義,會有錢鍾書所說的"二柄"。本文即揭示其中心與物、國家與個人、變與不變、情與欲、學習與認同、反抗與愛等豐富的二柄義項……最奇妙的是,"衣"既具有大符號(政治)的宏大敘事功能,也特別具有小符號(人情)的藝術抒情優勢。

2011 年 1 月 10 日初稿
2012 年 11 月 26 日完稿

(作者單位：華東師範大學)

文論研究

"以意逆志"説與中國古代解釋論

蔡宗齊著　陳婧譯*

【摘　要】"以意逆志"四字爲孟子解《詩》時提出,近千年以來爲各派批評家所推重。爲何孟子"以意逆志"一語會被這麽多批評家認同?本文提出,"以意逆志"之所以能"放之四海而皆準",與古代漢語作爲不帶情態標記語言而具有豐富的模糊空間有著很大關係。歷代以來,中國傳統批評家不斷地挖掘利用"以意逆志"中"意"、"逆"、"志"三字之語義以及四字之間句法的模糊性,以求重新闡發孟子的論斷,進而爲各自的解釋説找到理論根據。因此,通過討論各家對孟子"以意逆志"一語的重新闡發,本文展示出從先秦到清代各種解釋方法的獨特特徵,同時,本文亦發現這些理論潛在的互相聯繫,進而揭示中國整個解釋傳統作爲整體的動態統一。

【關鍵詞】中國文學解釋論　孟子解詩説　《毛詩序》　朱子解詩説　歷代的《詩經》解釋

一、導　言

"以意逆志"四字最初被孟子用以討論如何理解《詩經》。隨後近千年,

---

* 本文部分文字沿用了作者其他文章的内容。部分譯文由金濤先生翻譯,在此表示感謝。

各個不同的文學批評流派都對此大爲推崇,稱其爲"盡説詩之道"①、"千古談詩之妙詮"②、"説詩者之宗"③。由此可知,"以意逆志"在中國文學批評史上影響極大,長久以來各家各派都奉其爲圭臬。然而西方文學批評史上並没有類似的情況,一派所信奉的至理名言,於其他流派而言,往往只是攻擊對象而已,絶少是共同遵循的宗旨。

爲何孟子"以意逆志"一語會被這麼多批評家認同？在筆者看來,"以意逆志"之所以能"放諸四海而皆準",大概與古代漢語作爲不帶情態標記語言而具有豐富的模糊空間有著很大關係。第二個字"意"是多義字,可指"概念、推測、象、文意"等；第三個字"逆"則被認爲是"主動追尋"或"被動等待"；第四個字"志"常被釋爲道德意願或情感之傾向。同時,"以意逆志"一語中没有物主代詞,此句法的模糊又進一步加強了語義的模糊。没有物主代詞就無法斷定孟子所説的是誰之"意"、誰之"志"。歷代以來,中國傳統批評家不斷地挖掘利用"以意逆志"中語義和句法的模糊性,藉以重新闡發孟子的論斷,進而爲各自的解説找到理論根據。對他們來説,爲了提升自己解説的地位,使之能在整個文論傳統中佔有一席之地,以孟子這位儒家先哲的名言來論證自己的理論無疑是最好的選擇。

因此,通過討論各家對孟子"以意逆志"一語的重新闡發,我們能看到從先秦到清代各種解釋方法的獨特特徵；也能看到這些理論潛在的互相聯繫,進而揭示中國整個解釋傳統動態的統一。以上就是本文致力達到的幾個目標。

二、"以意逆志"與先秦賦詩、引詩:"通過類比想像觀察賦詩人之志"

"以意逆志"很少和先秦時期"賦詩"、"引詩"這兩種重要的解釋實踐

---

① "以意逆志,孟子一言而盡説詩之道。"見王應麟(1223—1296)《漢藝文志考證》,卷二,第6頁,載《文淵閣四庫全書》册675。
② "孟曰:'不以文害辭,不以辭害意,以意逆志,是爲得之。'千古談詩之妙詮也。"見胡應麟(1551—1602)《詩藪》,上海：上海古籍出版社1979年版,第2頁。
③ "以意逆志是爲得之,此説詩者之宗也。逆志而得其志之所在,則詩之本得,而其爲教也正矣。"見愛新覺羅·弘曆(1711—1799)《御纂詩義折中·序》,第1頁,載《文淵閣四庫全書》册84。

連在一起討論。不過,由於"以意逆志"語義和句法的模糊性,孟子的這一說法也能夠用以描繪"賦詩"和"引詩"這兩種解釋活動的特徵。

讓我們首先來看看"賦詩"。"賦詩"主要表現爲外交場合中一方官員之"賦"或獻演某詩或其章節,通常以樂相配,表演者擊節以和,或唱或誦①。這樣的表演常常是有所意指而發,而獻演的對象亦常常有所意指而應。《左傳·襄公二十七年》所載七子爲趙孟賦詩事,即是一例。趙孟所受到的款待是一場圍繞《詩經》演出的宮廷宴會;趙孟邀請七位作陪的卿大夫各自"賦詩"。按趙孟的說法,這個請求有兩個目的:一是爲了讓七子可以完成國君賦予他們歡迎來賓的任務,順便也表露一下對他這個客人的看法;二是可以讓七子表達一下各自的志向。由這個請求引出七番賓主互動的賦詩,七子一一賦詩,趙孟一一作答:

§1

七 子 賦 詩	趙 孟 應 答
子展賦《草蟲》。	善哉!民之主也。抑武也,不足以當之。
伯有賦《鶉之賁賁》。	牀第之言不逾閾,況在野乎?非使人之所得聞也。
子西賦《黍苗》之四章。	寡君在,武何能焉?
子產賦《隰桑》。	武請受其卒章。
子大叔賦《野有蔓草》。	吾子之惠也。
印段賦《蟋蟀》。	善哉!保家之主也。吾有望矣。
公孫段賦《桑扈》。	"匪交匪敖",福將焉往?若保是言也,欲辭福禄,得乎②?

表中左欄顯示七人輪流賦詩。七人各自於心中檢視《詩經》,從中選取最能表達他對趙孟觀感,並最能表達自己志向的一首詩或其中一個章節。表中右欄,趙孟對七人賦詩一一作答:他一邊聆聽諸詩的表演,一邊細細品味這些詩行,並判斷它們是否切合當時的情景——他密切關注著這些詩行的弦外之音,試圖從中揣摩出各人對他的態度及各自的志向。

用賦詩這種婉轉的方式來進行賓主間的對答,其實是一場相當冒險的

---

① 關於音樂演奏、賦詩、舞蹈中含有儀式意義的排序,見陳致《說"夏"與"雅":宗周禮樂形成與變遷的民族音樂學考察》,載於《中國文哲研究集刊》2001年第19期,第1—54頁。
② 孔穎達《春秋左傳正義·襄公二十七年》,載《十三經注疏》,卷二,第1997頁。

遊戲。一方面,賦詩的委婉可以用來傳達一些不易直白表露的東西,又可令聽者作出適宜的回應:引文中子展、子西、子產、子大叔、印段及公孫段等六人巧妙地利用了這一形式,既不著痕迹地讚揚了他們的嘉賓,又宣示了自己的志向,卻不顯得過分自大;而對於六人兼含讚揚與言志的精彩賦詩,趙孟一則以示謙謝,一則以示推崇。但是另一方面,賦詩的不直接性又很容易造成誤解,並導致嚴重的後果。如伯有所賦《鶉之賁賁》之詩句"人之無良,我以爲君",即被趙孟視爲對其君鄭伯的公然怨謗。伯有賦詩的用意,是否果在謗君,已不得而知;他也許只是選詩不當而徒遭誤解而已,而選詩不當的後果已經造成:他不僅當場遭到了趙孟的斥責,事後復遭其預言不得善終:

   卒享。文子告叔向曰:"伯有將爲戮矣!詩以言志,志誣其上,而公怨之,以爲賓榮,其能久乎?幸而後亡。"①

這番預言,三年之後竟然一語成讖。

  這七番賦詩中,無論是七子還是趙孟,他們都對所賦詩句的原意毫無興趣,而是或揣摩如何選用詩句來表達訊息,或集中精神解讀所賦詩句要傳達的意思。七子以類比想像表達各自之志,而客人亦以同樣的類比想像來追尋賦詩人之志。借用孟子的四字論斷,七子類比賦詩的編碼過程可被稱爲是"以意〔臆〕明志",而客人的解碼過程可算是"以意逆志"實踐一例。

  "引詩"在先秦典籍的記載中,數量多於賦詩②。引詩也是通過類比想像運作的,下面一例出自《論語》,由此可見一斑:

   §2 子貢曰:"貧而無諂,富而無驕,何如?"子曰:"可也。未若貧而樂,富而好禮者也。"子貢曰:"詩云:'如切如磋,如琢如磨。'其斯之

---

① 孔穎達《春秋左傳正義·襄公二十七年》,載《十三經注疏》,第1997頁。
② 見張素卿《左傳稱詩研究》,臺北:臺灣大學出版社1991年版,第261—288頁。書中列《左傳》中36例賦詩及139例引詩。又,董治安《先秦文獻與先秦文學》(濟南:齊魯書社1994年版)列出四種表格,比較《左傳》、《國語》中引詩、賦詩與歌詩之同異。其中後兩種表格(第35—45頁)詳細標出此二書中每例引詩、賦詩、歌詩中之時間、人物及詩作之題目。

謂與?"子曰:"賜也,始可與言《詩》已矣。告諸往而知來者。"①

與前舉之賦詩例相比較,引詩在類比想像的運作上有三處明顯不同。首先,情境已從外交場合的公開表演變爲不含任何表演成分的私下對話。其次,編碼和解碼的内容從賦詩人之寬泛之志變爲了引詩人在對話中所想闡發的特定道德概念。故實際上的"志"已然等同於"意",如許慎(58—147)所釋,"意,志也,從心音,察言而知意"②。第三,類比編碼和解碼並非通過純粹的想像而完成。《詩經》中的詩句和類比意指之間的聯繫往往非常清楚,子貢所引的"如切如磋,如琢如磨"可被解爲是用來類比個人修養之追求。比起賦詩,引詩陳述宣示,往往直取主題,夫子聞詩句而知雅意,故許之"可與言詩已矣",而其隨後所説的"告諸往而知來者"無疑是指類比推斷。孔子顯然認爲,祇要並非過分想像,類比推斷是理解《詩經》的必要條件。

如果説解釋的作用在於發掘作品自身的意義,則上文所描述的賦詩、引詩就代表了一種誤釋,引詩不像賦詩那麽離題,然仍是誤釋。子展等七人與趙孟對原詩的割裂幾乎到了生吞活剥的程度:他們將詩行抽離於原文與歷史的背景,然後再將其轉化成自我類比式表達的媒體。這樣的作法顯然没有逃過後世學者的注意,杜預(222—284)早就有"斷章取義"之評。當然,"斷章取義"的貶義是在歷史中形成的;當它剛開始用來描述春秋時期賦詩、引詩時,其主體意義還是中性的。

三、孟子"以意逆志"的復原式解釋法:"以讀者所體會的文本之意尋繹詩人之志"

學者們評價孟子"以意逆志"論斷時,很少有人關注過其前代解釋傳統對它的影響,而正是這一忽略影響了我們對其真正起源的認識。這一由"意"到"志"的模式實際上源自賦詩與引詩的傳統,而絶非如學界所指,純

---

① 《論語引得》,載《哈佛燕京漢學索引》增補版16號,上海:上海古籍出版社1986年版重印本,第1/15頁。
② 許慎《説文解字》,卷十下,北京:中華書局1963年版,第217頁。

屬孟子個人無所祖述的創造。"以意逆志"深植於早期賦詩與引詩傳統中，即聽者均以己之"意"逆歌者或引文者之"志"。當然，如果孟子的"以意逆志"只是在簡單重複賦詩與引詩的思路，則歷來對它獨創性的讚揚便失去了依據。到底是什麽樣的天才靈感使得孟子將一個本來是很單純的、由賦詩或引詩者之口到聽者之耳的解釋行爲，轉化成一個以讀者爲中心的解讀原則呢？筆者認爲，這一神來之筆乃在於孟子在靜默閱讀的新語境下，對"意"與"志"這兩個概念的全新解釋，如下文所示，對這兩個概念的全新解釋是其復原式解釋理論的基礎。

我們不妨先來考察孟子是如何靈活解釋"意"字含義的。作爲動詞，"意"通常指大腦形成形象概念之思維活動，即"臆想"；作爲名詞，則指辭、句之主旨，即"辭意"；或指文之主旨，即"文意"。上文所示，賦詩和引詩體現出對"臆想"的寬容，對"辭意"的重視及對"文意"的忽略。雖然孟子引詩時，自己並不注重原本的"文意"，然而卻同時認爲忽略文意往往會導致對《詩經》的誤讀。爲了讓學生咸丘蒙避免誤讀，爲了讓咸丘蒙明白如何根據文意解釋詩作，孟子提出了"以意逆志"一説：

§3　咸丘蒙曰："舜之不臣堯，則吾既得聞命矣。《詩》云：'普天之下，莫非王土。率土之濱，莫非王臣。'而舜既爲天子矣，敢問瞽瞍之非臣如何？"曰："是詩也，非是之謂也。勞於王事，而不得養父母也。曰：'此莫非王事，我獨賢勞也。'故説詩者不以文害辭，不以辭害志。以意逆志，是爲得之。"[1]

這段引文將"意"的兩種名詞意義置於鮮明的對比之下：一種是咸丘蒙所見之辭句字面之意，另一種是孟子所強調的全篇之文意。咸丘蒙解讀《北山》詩句時，脱離整體之詩文，只見其表面之句意，遂有《北山》認定天下百姓均爲舜之臣民，雖舜父瞽叟亦不能外之説。相對於咸丘蒙之執著於孤立辭意，孟子則著眼於全體之詩文。兼采《北山》及諸詩之意，孟子認爲咸丘蒙之解讀爲誤讀，即《北山》中"莫非王臣"一句是一種誇張的修辭手段，是百姓被迫承擔勞役時，所發的怨訴。

---

[1] 《孟子引得》，載《哈佛燕京漢學索引》增補版17號，上海：上海古籍出版社1986年版重印本，第35/5A/4頁。

咸丘蒙的解讀方式可稱爲"斷詩取意"。不過,與那些"斷章取義"的賦詩者或引詩者不同,咸丘蒙的讀詩未能爲所"斷"之詩句提供一個新的語境,以使孤立的詩句在人際交流中重新獲得連貫、完整的意義。在賦詩與引詩中,詩句脱離語境(所謂"斷章")之後,總是會被置於一個新的語境,即社交場合人際應對的語境之中去。雖然脱離本有語境會導致"文意"(即詩原本之總體意義)的喪失,語境再造卻能夠利用"斷章"之詩句與即時社交場景的某種可比性,使其契合於新的語境,從而獲得新的意義——此未必不是失之東籬,收之桑榆也。由於這類"斷章"的詩句依賴於語境的再造,其原來文本的"文意"已無關緊要。

不過,在讀詩這一解讀行爲中,讀詩者並不具備那種賓主之間的互動來爲"斷章"的詩句再造語境,故讀詩者無論解讀詩的哪一部分,均須將其置於該詩之整體之中,否則就可能嚴重地歪曲它的原意。咸丘蒙即是一個典型事例:如果不是忽視了詩文全體這一語境,他不至於徑取其表面意義,而將本來的民怨宣洩錯解成天子威勢的描繪。

孟子非常清楚,咸丘蒙錯解《北山》詩句的根源乃在於其對"斷章取義"這種解釋方式的濫用,所以他在文中發出兩個重要的告誡:

> 故説詩者,不以文害辭,不以辭害志。

由上下文來看,此中之"辭",並非指單一的字或詞,而是指詩中"斷章"出來的"句",即如咸丘蒙所引之"王臣"句。孟子隨後説的話,亦表明其所言之"辭",其實是"句":

> 如以辭而已矣。《雲漢》之詩曰:"周餘黎民,靡有孑遺。"信斯言也,是周無遺民也。[1]

換言之,孟子告誡《詩經》的讀者要構建全體之"文意"(即"以意"),而非孤立之"辭意"(即"以辭而已"或以"斷章"),來作爲解讀詩歌的語境。這一告誡充分表明孟子的閱讀觀綜合了"意"的動詞與名詞意義,即,對孟子而言,讀詩的過程,既有讀者主觀的探索("意"之動詞義),亦有文本客觀的規

---

[1]《孟子引得》,第 35/5A/4 頁。

範("意"之名詞義），只有兩者完全的動態結合，只有這樣的文本理解，纔能促成"逆志"。

孟子對"志"的重新界定與其對"意"的改造如出一轍。正如其以整體之"文意"取代孤立之"辭意"作爲解釋的途經一樣，孟子以《詩經》中古代詩人之志，而非後代賦詩、引詩者之志，來作爲解釋詩的旨歸。以對意、志這兩個概念所作的根本改造爲基礎，"以意逆志"的過程亦在其本質上發生了深刻的變化：在賦詩與引詩中，"以意逆志"代表了一個再創造的解釋過程，即詩句脱離其原有文本及歷史背景，置身於一個現場表演或對話的語境中，並通過這些詩句與新語境的對應，間接地表達賦詩者與引詩者的志向。與此相反，讀詩行爲中的"以意逆志"則本質上是一個恢復原本語境的、復原式的解釋過程。在靜默閱讀的歷史背景之下，這一過程關注詩篇的整體意義，而非孤立的詩句，並將詩篇視爲原作者之"志"全面的表述。

不過，試圖以純文字之意逆作者之志，其困難遠非賦詩與引詩可比，因爲所逆者古人之志也，而相隔百年，又没有賦詩、引詩時對面之人可以以口頭語言或身體語言時時糾正解讀中的錯誤。針對復原式解釋的這一內在困難，孟子提出的解決方案是盡可能多了解原作者的生平與其生活世界，從而减少讀詩者與作者之間的時空距離：

§4　孟子謂萬章曰："一鄉之善士，斯友一鄉之善士。一國之善士，斯友一國之善士。天下之善士，斯友天下之善士。以友天下之善士爲未足，又尚論古之人。頌其詩，讀其書，不知其人可乎？是以論其世也，是尚友也。"[1]

這段言論，以"知人論世"這一言簡意賅的形式流傳至今。對孟子而言，只有了解作者的生平及其生活世界，逆作者之志或與作者的精神交流纔成爲可能。不過，儘管孟子提出的復原式解釋具有相當的合理性與可行性，他本人卻甚少採用。他的理論似乎與他的實踐脱節，因爲他讀詩並不太著眼於詩的本身，在多數時候似乎更熱衷於引詩這一作法，摘引孤立的詩句，以表達自己的、而非詩人的觀點。直到宋代，孟子的這種復原式解釋

---

[1]《孟子引得》，第42/5B/8頁。

法纔得以廣泛接受。

四、"以意逆志"與漢唐類比式解釋法："以碎片式的類比臆想詩人之志"

《詩經》在先秦時期主要是賦詩、引詩等類比表達的語料，而到了漢代，《詩經》則成爲經師們加以解讀的對象。這一轉變可見於漢代出現的四種《詩經》版本，即魯、齊、韓、毛四家，四家各有獨到之處，且均伴有若干詳盡細密之注疏。四家均有序，其中唯獨《毛詩序》流傳至今；其作者不詳，或爲毛亨、毛萇或另一個漢代早期人物；《毛詩序》含大、小二序：大者爲第一首的長序，也是《詩經》總序，小者爲其餘各詩之分序①。

四家均被認爲應用了孟子的"以意逆志"解詩法，均是通過文本理解尋詩人之志。王國維（1877—1927）曾指出："漢人傳詩，皆用此法，故四家詩皆有序。"②不過這裏對漢代詩經解釋傳統的闡述並不完全正確，下文對《毛詩序》如何評注《國風·周南》的分析很明顯地展現了這一點。如下文所示，《毛詩序》受益於孟子解詩法的同時，亦在同樣程度上偏離了孟子解詩法。

一如孟子所建議的，《毛詩序》努力尋找已爲大家公認的詩篇本意。爲此，作者採用了"知人"和"論世"這兩個被孟子視爲解釋中的關鍵的措施。他這樣論《周南》："然則《關雎》、《麟趾》之化，王者之風，故繫之周公。南，言化自北而南也。"③《毛詩序》將文王治地定爲"周南"之區，從而爲挖掘這十一首詩的社會政治寓意定下了基調。《毛詩序》認爲，由於這些詩作於文王之世，它們體現文王之德，並表現出"王者之風"，"化自北而南也"。換言之，與孟子所說一樣，了解詩成之"時"與"世"，就能有效地窺測詩歌的道德意義。

相較於上述之"論世"而言，"知人"難度更大。《詩經》所收多爲無名

---

① 《毛詩序》作者問題自古即爲懸案。有以孔門弟子子夏爲原作者，又經漢代毛氏增益者；亦有歸之於東漢衛宏者。諸說見清代永瑢等所編《四庫全書總目》，北京：中華書局1965年版，卷一五，册一，第119頁。
② 王國維《玉谿生詩年譜會箋序》，《王國維文集》，北京：北京燕山出版社1997年版，第402頁。
③ 孔穎達《毛詩正義》，載《十三經注疏》，第272頁。

氏的作品,很難考證作者的生平;但是詩必須有一個作者,纔能爲復原式解釋提供一個必要的歷史背景。在《頌》與《大雅》中,這樣一個作者的替代人不難找到,亦有其可信度,因爲其中心人物總是一個歷史的或傳説中的人。《國風》則不然:這類詩通常不牽涉歷史人物,故不輕易與歷史事件或歷史人物發生聯繫,因而也就不易找到替代人。當然,這並不影響《毛詩序》爲諸詩尋找作者替代人的努力,而在實在找不到的時候,注釋者就索性創造這樣一個人物。

§5

	題目	主　題	具　體　評　注
毛詩其一	關雎	后妃之德也。	風之始也,所以風天下而正夫婦也……是以《關雎》樂得淑女以配君子,憂在進賢,不淫其色。哀窈窕,思賢才,而無傷善之心焉,是《關雎》之義也。
毛詩其二	葛覃	后妃之本也。	后妃在父母家,則志在於女功之事,躬儉節用,服澣濯之衣,尊敬師傅,則可以歸安父母,化天下以婦道也。
毛詩其三	卷耳	后妃之志也。	又當輔佐君子,求賢審官,知臣下之勤勞。内有進賢之志,而無險詖私謁之心,朝夕思念,至於憂勤也。
毛詩其四	樛木	后妃逮下也。	言能逮下,而無嫉妒之心焉。
毛詩其五	螽斯	后妃子孫衆多也。	言若螽斯不妒忌,則子孫衆多也。
毛詩其六	桃夭	后妃之所致也。	不妒忌,則男女以正,婚姻以時,國無鰥民也。
毛詩其七	兔罝	后妃之化也。	《關雎》之化行,則莫不好德,賢人衆多也。
毛詩其八	芣苢	后妃之美也。	和平則婦人樂有子矣①。

以上對"周南"中初八首詩的評注,均集中在"后妃"這一婦女典範的形象上,而這一由注釋者創造出來的形象,正是《毛詩序》解釋的基礎。

《毛詩序》的評注有其統一的形式。上表所示,評注總是先列舉詩名,然後標出后妃形象的某一側面,並將其定格爲該詩的主題。第一與第四兩首言后妃之事文王,第二首言后妃之本,或其婦道,第三首言后妃之待下以

---

① 孔穎達《毛詩正義》,《十三經注疏》,第269—281頁。

仁,第五首言后妃之子孫衆多,第六首言后妃之正夫婦關係,第七首言后妃之化百官,第八首言后妃之和睦家庭。每首主題介紹完之後,接著是用詩中某一細節或物象加以印證,進一步贊頌后妃的德行。

從對這八首詩的評注來看,《毛詩序》其實並未嚴格遵守孟子的復原式解釋原則,儘管它也試圖"知人論世",也談論《詩經》的起源與詩作者的意圖。如上所述,孟子的復原式解釋總體上是一種用歸納的方法發現作品意義的過程,即讀者在解讀一首詩的過程中,檢討其"文意"或本有之意,以期揭示蘊涵於其中的作者的意圖。與此相反,《毛詩序》的解讀實質上是一種用演繹的方法爲作品賦予意義的過程,即注釋者通常在解釋一詩之初,從某種倫理的或社會政治的角度預設作品的主題,然後再以詩中情節的發展來解釋和證明這一預設。這樣就不難理解何以《毛詩序》常常會故意忽略某些詩中非常明顯的本意,而硬削其足以適預設主題之履了。

《毛詩序》對《關雎》的評注是此方法最典型的例子。從字面來看,這首詩本來祇是一首關於貴族青年思慕美麗女子的情詩,然而在《毛詩序》中,說話主人公變成了后妃,一首普通的愛情詩被轉化成一篇比喻后妃求賢的作品[①]。這一諷喻式的解讀手法亦見諸其對《卷耳》一詩的評注。《葛覃》本來描述了新婚女子期待歸省父母的激動心情;但是《毛詩序》將女主角處理成作爲婦女楷模的后妃,從而將該詩轉化爲對女子德行的贊頌。《樛木》和《螽斯》二詩没有主人公,但是《毛詩序》利用詩歌主要意象的比喻功能,成功地將二詩與后妃聯繫起來。如《樛木》本來祇是祈禱財福,但是在《毛詩序》作者筆下,詩中樹枝垂地的物象竟成爲贊美后妃的比喻:樹枝之低垂一如后妃之紆尊於百姓也!同樣,《桃夭》、《兔罝》、《芣苢》三詩只是描述了家庭或社區中的活動,與后妃幾乎談不上什麼關係,但是在《毛詩序》的解讀中,這些歡樂的場面卻表現了生活在后妃教化下的人民歡欣幸福的生活。

品讀《毛詩》諸序,我們禁不住贊歎作者在化普通民歌爲后妃贊歌時所表現出的嫻熟技巧,同時也禁不住要指出:諸詩中歷史人物無一不是注釋者想像的產物,而后妃之爲諸詩主角,純粹出自作序人之想像,亦應爲不爭之事實。八首詩中找不出任何與后妃相關的文字,作序人也没有提供任何

---

① 孔穎達釋"賢"字爲"賢女",並認爲此詩講述后妃之爲文王選"賢女"也。見《毛詩正義》,載《十三經注疏》,第 273 頁。

可資佐證的史料,卻帶著似乎已是衆所周知的態度,徑直視后妃爲諸詩的中心人物,並以此爲基礎對《詩經》進行評注。

這樣,本來被孟子用來防止任意解讀的歷史性,卻被《毛詩序》當作一件順手的工具,用來包裝其對詩歌主題不加節制、完全主觀的篡改。作序人以想像中的歷史性替換掉孟子"知人論世"一語中至爲神聖的歷史性。單就這一點來看,《毛詩序》之所謂重歷史性,其實祇是對孟式解釋的一種效顰之舉而已。筆者認爲,《毛詩序》至多也不過是"賦詩"解釋的一個變種;與賦詩者一樣,注釋者根本不在乎一詩之本意,在毫無依據地篡改文意時亦絲毫不覺手軟;賦詩者或僅僅是"斷章取義",《毛詩序》則乾脆另起爐灶,將一首細膩婉轉的抒情詩硬生生改造成一篇空洞無物、了無情趣的道德説教。

簡而論之,《毛詩序》代表了另一種"以意逆志":"以碎片式的類比閱讀臆想詩人之志。"其間的類比法很大程度上是賦詩類比法和孟子復原式解釋法的混合體。這一方法對後世的解釋理論和方法影響深遠,這一方法幾乎爲所有漢代至唐代的《詩經》評注者所採用,其中最爲著名的有《毛傳》之作者、《鄭箋》作者漢代鄭玄(127—200)、正義作者唐代孔穎達(574—648)。不過,即使這些《毛詩》的再注者批評《毛詩傳》在歷史人物和事件上亂點鴛鴦譜的錯誤,他們仍然幾乎將所有才華和精力都用以詳細闡述《毛詩序》過分牽强的類比解釋,從而力圖使之合情合理。

不論後世的態度是揚是抑,亦不論其影響是益是害,《毛詩序》自由任意的解釋風格對《詩經》研究本身,以及大而言之的詩歌研究,均產生了自由化的影響。在它所建立的模式中,主人公可以被解讀爲某一特定的歷史人物,詩的内容可以被解讀爲這一人物德行的表現,而在這樣的解讀過程中,一首普通的詩歌被輕而易舉地賦予了道德的寓意。可以説,《毛詩序》的出現,開創了中國文學評論史上利用假想的歷史性來進行諷喻式解釋的先河。

五、"以意逆志"與宋代復原式解釋法: "以深度文本涵詠迎詩人之志"

《毛詩序》、《毛傳》、鄭玄、孔穎達等的類比解釋法佔據統治地位近千年,不過,到了宋代,這一方法失去了之前壓倒一切的影響力。宋代理學家們開始毫不留情地攻擊他們的"斷章取義",認爲他們爲了建構自己所想要的意思而割斷詩篇。在攻擊漢唐類比解釋法及其支持者之時,宋代理學家們也不斷援引孟子的"以意逆志",以之作爲正確理解文本的宗旨指南。

北宋歐陽修(1007—1072)是最早反對《毛詩序》、《鄭箋》爲代表的漢唐類比解釋法的學者之一。其《詩本義》細讀《詩經》,展示了毛、鄭如何對詩作本身的意思視而不見,任意將詩中意象、字詞、詩句割裂出來,賦以類比意義,從而誤讀了每篇詩作。他這樣寫道:

§6 《鄭箋》不詳詩之首卒,隨文爲解,至有一章之內,每句別爲一説,是以文意散離,前後錯亂,而失"詩之旨歸"矣。……且詩之比興,必須上下成文,以相發明,乃可推據。今若獨用一句,而不以上下文理推之,何以見"詩人之意"?①

歐陽修對割裂式類比閱讀的鞭撻,無疑催化了對閱讀藝術與方法興趣的迅速滋長。在尋找閱讀儒家經典正確方法的過程中,大部分宋代理學家轉而求助於孟子的復原式方法。他們往往將孟子的"以意逆志"擡上神壇,作爲正確理解文本的試金石。即使在肯定《詩序》的吕祖謙(1137—1181)著作中,我們也可看到對孟子的贊許:

§7 程氏曰:"不以文害辭,文,文字之文,舉一字則是文,成句是辭。詩爲解一字不行,卻遷就他説。如'有周不顯',自是文當如此。"張氏曰:"知《詩》莫如孟子。以意逆志,讀《詩》之法也。"又曰:"凡觀書,不可以類而泥文,不爾,則字字相梗,當觀其文勢上下意。"②

這段文字中有三段引言與閱讀方法有關。首先引用程頤之言爲孟子"不以文害辭"提供了全新的注解。他將"文"解作單個字,"辭"解作句子,並認爲"詩爲解一字不行",而需要在整首詩的語境下理解單個字。如果一

---

① 歐陽修《詩本義》,卷七,《四部叢刊》三編,册14,第1頁。
② 吕祖謙《吕氏家塾讀詩記》卷一,《文淵閣四庫全書》册73。

字之文面意思和整首詩的意思不符,他認爲讀者須改變此字字意來符合詩歌的語境之意,而不是反過來改變整首詩的意思來遷就單個字。所引《大雅·文王》"有周不顯"一句中,"不"和整首詩讚頌周王之意相互衝突,所以他認爲"不"解作"甚"似乎更爲恰當①。

這段文字的第二段引言認爲孟子"以意逆志"是讀《詩經》的最佳方法,這裏的"張"疑指張載(1020—1077)。不過,其後的第三段引言卻被不少後人認作並非張載之言,而是程頤所説。這一段再次詳盡闡述了文本理解中語境的至關重要,正和上文所引的歐陽修之言(§6)互相照應。這裏需要一提的是,程氏和吕氏强調上下文意的重要性,主要是解釋爲何《毛傳》"有周不顯,帝命不時"中"不顯"、"不時"解爲"顯"、"時"。相反,歐陽修反復强調不可執著於孤立的類比意象而忽略了"文勢上下意",旨在對《毛序》以及整個漢唐《詩》學傳統展開全面的批判。

在宋代林林總總關於閱讀的闡述中,没有一種可以及得上朱熹(1130—1200)對孟子"以意逆志"説的理論反思,因其觀點極爲重要,對後世影響力也極大:

> §8 "以意逆志",此句最好。逆是前去追迎之之意,蓋是將自家意思去前面等候詩人之志來。又曰:"謂如等人來相似。今日等不來,明日又等,須是等得來,方自然相合。不似而今人,便將意去捉志也。"……董仁叔問"以意逆志"。曰:"是以自家意去張等他。譬如有一客來,自家去迎他。他來,則接之;不來,則已。若必去捉他來,則不可。"②

朱熹在這裏詳細説明了時人所接受的漢唐類比式解詩法與他的解詩方法之别。他認爲他們之間的區别可簡要概括爲二家對讀者之"意"和作者之"志"之間關係的把握。對接受漢唐類比式解詩法的時人來説,"以意逆志"中的讀者之意和作者之志之間是主人和奴僕的關係,因此,他們可以像主人凌駕於奴僕之上一樣,不顧作者之志,傲慢至極地把自己之意加諸

---

① "不顯,則所以甚言其顯也;不時,則所以甚言其時也。"見吕祖謙《吕氏家塾讀詩記》,卷二五,載《文淵閣四庫全書》册73。
② 朱熹《朱子語類》,卷五八,北京:中華書局1988年版,册4,第1359頁。

於文本。而對朱熹來説，讀者之意是一位謙遜的主人，正在迎接作者之志這位尊貴的客人，故讀者須謙遜地等待，"今日等不來，明日又等"，從而迎來作者之志。很明顯，在這段主客比喻中，"等"用來比喻深入且長久的涵詠文本之行爲。在朱熹看來，他的解詩方法和其他人的不同也可概括爲對"以意逆志"中第三個字"逆"的不同解讀。其他人認爲"逆"是傲慢地"捉"作者之志，而朱熹則將"逆"解爲謙遜地"迎"作者之志。

朱熹不僅把孟子"以意逆志"一説理論化，而且也在《詩集傳》中將這一方法運用到重讀《詩》三百篇的過程中。《詩集傳》體現出孟子之後，復原式解釋方法用在具體詩篇分析上的真正例證，而此時距離孟子時代已相隔甚遠。朱子對《詩經》的復原式（再）解釋，因其在方法論上的創新和一個令人震驚的發現而廣爲人知。

朱氏讀詩方法有兩大創新，一是對文本每個部分都加以分量相當的評論，二是給每首詩各章都加上賦、比、興的標注。歐陽修大力批評毛序、鄭箋忽略了上下文的整體意思（見§6），朱熹則提供了如何糾正這一錯誤的例證。朱熹的評論均衡地散見於一首詩的各個部分，清楚明白地引導著讀者對詩篇的所有部分都加以均等重視，繼而使讀者得出考慮到上下文的，較爲恰當的詩作之意。不僅如此，毛、鄭往往僅僅看重獨立割裂的比興意象，朱熹則把賦、比、興及其變體等種種概念繫於詩作的所有部分。這樣的標注方法似乎就是意欲提醒讀者，不管漢唐經學家們對比興意象賦予多麽豐富的類比含義，這些意象仍然還是要與其他部分所使用的賦、比、興連在一起考慮，這就與歐陽修的觀點類似（見§6）。因此，通過採用以上兩個全新的解釋方法，朱熹得以有效地引導讀者閲讀文本本身，引導讀者疏通詩篇全文的字面意思。這種深入沉浸於文本的涵詠閲讀導致了一個令人震驚的發現：大部分詩篇，包括那些漢唐經學家們認爲具有崇高道德意義的詩，都顯然成了熱情奔放的愛情詩。朱熹及任何尊重文本的人都無法填補文本的字面意思和前人聲稱的道德類比之間的鴻溝。所以，朱熹無奈之中，只能將這些詩當做是"淫奔"之詩，並認爲孔子删詩時留下這些詩似乎是爲了提醒讀者留心這些負面例子。

朱熹對孟子"以意逆志"一説的理論化及其在《詩集傳》中對復原式解釋法的創新運用，爲中國文學解釋理論的發展帶來了革新。千年以來佔統治地位的碎片式類比解釋法得以動搖，朱熹的復原式解釋法從而開始了從南宋一直到明代中期的統治。

六、"以意逆志"與元明清詩篇類比解釋法：
"以整體類比閱讀逆詩人之志"

當朱熹《詩集傳》逐漸成爲經典佔據主流地位之時，《毛詩序》與整個漢唐解《詩》傳統逐漸失去了他們長久以來的影響力。雖然如此，他們並没有退出歷史舞臺。其實，朱子以後不久，一些學者就開始爲《毛詩序》作有力的辯護，並强烈反對《詩集傳》。宋末元初的馬端臨（1254—1323）就是較早崇毛貶朱的學者之一。他在以下文字中説明了爲何會摒棄朱子的解詩法，轉而重新接受《毛詩序》對詩作的解讀：

> §9　序求《詩》意於辭之外，文公求《詩》意於辭之中，而子何以定其是非乎？曰：愚非敢苟同序説，而妄議先儒也。蓋嘗以孔子、孟子之所以説《詩》者讀《詩》，而後知序説之不繆，而文公之説多可疑也。……夫詩，發乎情者也，而情之所發，其辭不能無過，故其於男女夫婦之間，多憂思感傷之意；而君臣上下之際，不能無怨懟激發之辭。十五《國風》，爲《詩》百五十有七篇，而其爲婦人而作者，男女相悦之辭，幾及其半。雖以二《南》之詩，如《關雎》、《桃夭》諸篇，爲正風之首，然其所反覆詠歎者，不過情欲燕私之事耳。……蓋知詩人之意者莫如孔、孟，慮學者讀《詩》而不得其意者，亦莫如孔、孟，是以有無邪之訓焉，則以其辭之不能不鄰乎邪也。……是以有害意之戒焉，則以其辭之不能不戾其意也。……以是觀之，則知刺奔果出於作詩者之本意，而夫子所不删者，其詩決非淫泆之人所自賦也。[①]

這裏，馬端臨巧妙地將朱熹的觀點轉過來攻擊朱熹自己。如前文所示，朱熹和其他宋代思想家認爲毛序只見樹木不見森林，沉迷於對孤立意象和語句的考證，故未能在詩作上下文的語境中尋詩作本意。而這裏馬氏則認爲朱熹犯了同樣的錯誤，他認爲朱熹因沉迷於文本本身，没有在文本之外更爲寬泛的類比框架下確定真正的"作者之志"，因此馬氏認爲朱子同

[①] 馬端臨《文獻通考》卷一百七十八，北京：中華書局1986年版，第1540—1541頁。

樣只見樹木不見森林。朱熹批評毛序對文本生吞活剥,解詩無法自圓其説,馬氏則巧妙地以子之矛攻子之盾,反過來質疑朱子之法。因此,馬氏從而認爲毛序所探討的文外意比起朱熹所追尋的文内意而言,是更高層面的追求。

　　文外意超越文内意這一觀點中多少藴涵著道家的語言觀。不過即使馬端臨受到老莊的影響,然而他在論證過程中没有顯示出任何道家的影響的痕迹,而是引儒家聖賢之言進行論述。通過引用孔子"詩三百,一言以蔽之,思無邪"的觀點,馬端臨首先反對朱子宣稱的"淫奔"之詩的存在;然後,同朱子一樣,他引孟子"以意逆志"一説來支持自己的觀點。孟子討論"以意逆志"時强調了兩種嚴重的錯誤:"以文害辭"和"以辭害志"。歐陽修批評毛序犯了第一種錯誤,而馬端臨則批評朱熹犯了第二種錯誤。馬氏認爲淫奔之詩是"辭",而文本背後的道德類比是"志"。所以朱熹的"淫詩"一説其實只是因"以辭害志"而造成的錯誤。最後,馬氏認爲這些詩"決非淫泆之人所自賦也",而祇是儒家道德思想的類比表達。《毛詩序》將情詩加以道德隱喻,在這裏馬氏則完成了他對《毛詩序》之辯護。

　　馬端臨比較《詩集傳》與《毛詩序》的方法爲後來諸多明清學者捍衛毛序貶低朱熹時提供了論證思路。跟馬氏類似,這些學者也希望通過降低文本的重要性使得朱子對《毛詩序》的批評顯得無關緊要,這樣就可以將朱熹的文本閱讀法降低到僅僅是爲了崇高道德隱喻所做的準備工作而已。很多明清學者按照馬的思路重叙馬端臨的觀點,不過,有的則致力於提出自己的觀點。比如,郝敬(1558—1639)就在《孟子説詩解》中提出了自己的原創論點,他認爲毛序探尋文外意的行爲其實是無法避免的:

　　§10　孟子曰:"説詩者,不以辭害志,以意逆志,是謂得之。"朱子謂:"以意逆志,將自家意思前去迎候詩人之志。至否、遲速不敢自必,而聽于彼,庶乎得之。不然則涉于穿鑿,未免郢書燕説之誚。"[①]按此説似是而非,欲自得而反傷巧。可以讀他書、不可以説《詩》。自謂得解,而實與孟子背。所以詆《詩序》爲贗者,正以辭害志蔽之也。蓋《詩》言

[①] "問:爲學遜志、以意逆志之分。曰:遜志是小著這心去順那事,理自然見得出。逆志是將自家底意去推迎等候他志,不似今人硬將此意去捉那志。"見朱熹《朱子五經語類》,載《文淵閣四庫全書》,册193。

與他經異,説《詩》與説他經殊。他經辭志吻合,《詩》辭往往不似志。他經不得志,執辭可會。《詩》必先得其志,然後可諷其辭。①

這裏,郝敬認爲毛序對文外意之類比解讀法並非是可有可無的選項,而是極度必要的,他認爲這很大程度上是由詩本身的特質決定的。詩,尤其《詩經》,有著"温柔敦厚"的本質,故必重視隱約婉曲的表達,故"詩辭往往不似志",所以郝敬認爲在文本中尋作者之志反而是有悖常理甚而徒勞的。對他來説,朱熹及其追隨者所提倡的文本分析對散文也許有效,但對詩則並不適用。

其實,馬端臨以及郝敬等其他明清學者爲《毛詩序》的辯護,反而標誌了和毛序截然不同的另一種類比解釋法的出現。這種方法是整體解讀(holistic reading),而不是毛詩的碎片式解讀。和《毛詩序》中對文本生吞活剥,僅僅看重某些割裂的獨立部分的作法不同,他們更傾向於考慮文本的整體性,將全篇詩作當作是表達作者之志的類比工具。

七、"以意逆志"與晚明及清代的詮釋學解詩法:跨越文內意與文外意、作者與讀者的界限

到了晚明,很多批評家已對長久以來崇毛派和崇朱派兩大陣營之間的互相指斥產生厭倦,開始不再以孟子"以意逆志"法作爲評價解釋方法的最終準則了。爲了討論解釋方法,尤其是解《詩》方法,他們又回到先秦之賦詩、引詩,試圖在其基礎上建立起更爲寬泛,更有包容性的解釋範式。我們可以從鍾惺(1574—1624)《詩歸序》中看到這一新趨勢:

《詩》,活物也。游、夏以後,自漢至宋,無不説《詩》者。不必皆有當於《詩》,而皆可以説《詩》。其皆可以説《詩》者,即在不必皆有當於《詩》之中。非説《詩》者之能如是,而《詩》之爲物,不能不如是也。何以明之?……今讀孔子及其弟子之所引《詩》,列國盟會聘享之所賦《詩》,與韓氏之所傳《詩》者,其事、其文、其義,不有與詩之本事、本文、

---

① 郝敬《孟子説詩解》,載《四庫全書存目叢書補編》,濟南:齊魯書社1997年版,册53,第69頁。

本義,絶不相蒙,而引之、賦之、傳之者乎?既引之,既賦之,既傳之,又覺與詩之事、之文、之義,未嘗不合也。其故何也?夫詩,取斷章者也。斷之於彼,而無損於此。此無所予,而彼取之。説《詩》者盈天下,達於後世,屢遷數變,而《詩》不知,而《詩》固已明矣,而《詩》固已行矣。然而《詩》之爲詩,自如也,此《詩》之所以爲經也。①

之前對解釋論的討論中,學者們要麼完全忽略賦詩、引詩,要麼在批評漢唐學者"斷章取義"時用稍帶貶義的語氣提及賦詩、引詩。然而,這裏鍾惺大膽地將賦詩、引詩擡高到和孟子"以意逆志"論並舉的地位。他引用了"賦詩、引詩、傳詩"裏一直存在的"斷章取義",強調從《詩》中斷章取義往往是爲了傳達與原文毫無關係的意思。然而,當用《詩》者重新創造出這種全新的文外意的時候,鍾惺注意到文外意最終看起來和文本的原意仍然相關。鍾惺認爲,文本本身和文本外要素不斷動態互動互生過程因"斷章取義"而成爲可能,這種互動過程反過來又使得《詩》成爲"活物",即無論何時何地,"皆可以説《詩》"。基於此,鍾惺認爲可對《詩》加以恰當的重新定義:"夫詩,取斷章者也。"

鍾惺的這一全新解釋方法帶有現代批評理論所稱的"詮釋學(hermeneutics)"的諸多明顯特徵,如他對解釋之自由度的強調;又如他認爲任何解釋都合理;再如他認爲文内意(部分)和文外意(整體)的互動過程中有著開放式的互相轉化;最後也是最重要的是,鍾惺相信文本賴以生存的方式恰恰在於解釋過程中對意思的不斷重新創造。

不過,真正意義上的"詮釋學"需要反對任何權威對文本的解讀。顯然,竟陵派的鍾惺、譚元春(1586—1631)等人都沒有做到這一點。儘管他們認可對《詩》的諸多不同解釋都同樣合理,然而他們依然認爲作者具有最高的權威,他們因此不斷要求今之讀者能與古之作者精神相通:"庶幾見吾所選者以古人爲歸也。引古人之精神以接後人之心目,使其心目有所止焉,如是而已矣。……惺與同邑譚子元春憂之,内省諸心,不敢先有所謂學古不學古者,而第求古人真詩所在。真詩者,精神所爲也。"②

將作者拖下神壇的任務則留給了清初的王夫之(1619—1692)。不類

---

① 鍾惺著,李先耕、崔重慶標校《隱秀軒集》,上海:上海古籍出版社1992年版,第391—392頁。
② 鍾惺《詩歸序》,載《隱秀軒集》,第235—236頁。

鍾、譚二人,王夫之認爲閱讀不是"引古人之精神以接後人之心目"的行爲,而是正如原始創作一樣毫無保留的,充滿想像力的創作過程。他這樣解釋孔子對《詩》的評價:

> §11 "《詩》可以興,可以觀,可以群,可以怨。"盡矣。辨漢、魏、唐、宋之雅俗得失以此,讀《三百篇》者必此也。"可以"云者,隨所"以"而皆"可"也……出於四情之外,以生起四情;遊於四情之中,情無所窒。作者用一致之思,讀者各以其情而自得。故《關雎》,興也,康王晏朝,而即爲冰鑒。"訐謨定命,遠猷辰告。"觀也,謝安欣賞,而增其遐心。人情之遊也無涯,而各以其情遇,斯所貴於有詩。①

這段文字中王夫之已經將讀者提高到可與作者相提並論的地位上。他强調:"作者用一致之思,讀者各以其情而自得。""各以其情而自得"的過程從根本上來講,與原始創作毫無軒輊。與作者相同,讀者一樣地在作品中傾注了自己的全部的情感,而這種傾注也一樣地是毫無保留的和充滿想像力的。爲了證實這種情感投注理論,王夫之寫道:"人情之遊也無涯,而各以其情遇。"

孔子"詩可以興,可以觀,可以群,可以怨"的評語中,主語"詩"一般認爲指《詩經》,因此這一論斷可看成是對《詩經》四種功用的概括。然而,從王夫之這段文字的上下文和所給出的兩個例證來看,王夫之將"詩"一字解作是單篇的詩作。因偷換主語,王夫之將孔子所言變成了對讀者讀《詩》反應的描繪。按照王夫之對孔子所言的全新讀法,他將"興、觀、群、怨"重新定義爲讀者閱讀具體詩所可能體驗到的"四情"。同樣,他也將"可以"二字看作是指每一首詩均能在讀者身上同時引發四種不同的情感(即"興、觀、群、怨")。從這種新的角度來看,"可以"二字遂成爲理解"興、觀、群、怨"的關鍵,令此四字的意義互爲注解,相互融合。在另一處討論這種藝術境界時,王夫之一字不差地重複了他對"可以"二字的論述,進而指出這樣的藝術境界只有在中國詩歌的精華處纔偶有一見:

> 興、觀、群、怨,《詩》盡於是矣。經生家析《鹿鳴》、《嘉魚》爲群,

---

① 王夫之《詩繹》,載《船山遺書》,北京:北京出版社 1999 年版,卷八,第 4613 頁。

《柏舟》《小弁》爲怨,小人一往之喜怒耳,何足以言詩?"可以"云者,隨所"以"而皆"可"也。《詩》三百篇而下,唯《十九首》能然。李、杜亦髣髴之,然其能俾人隨觸而皆可,亦不數數也。又下或一可焉,或無一可者。[①]！

這種藝術境界的理論與當代美學中的詩歌複義理論頗相仿佛。

如果説復原式解釋法表現出一種由讀者到作者的綫性過程,則王夫之的闡釋模式於多方面展現了循環式的過程。首先,作者與讀者的角色替換就具有某種循環的特徵。隨著本來是處於從屬地位的讀者佔據了作者的位置,作者則從其原先主導地位上被拉下來,雖然他仍然是一個製造了作品意義的人,但是隨著他的讀者逐漸增多,而每一個讀者又都爲作品增添了新的意義,他最終淪爲創造其作品意義的衆多成員中的一分子。王夫之將"興、觀、群、怨"四種功能的關係理解爲共生並起、交互影響,這一作法也顯示了他的闡釋方式之非綫性特徵。

八、理論反思：中國古代文論研究與傳統批評術語的模糊性

從這裏對以上六種中國文學批評中主要解釋方法的討論中,我們可見到中國解釋傳統動態發展的模式與過程,這一過程由兩股基本力量推動發展。這兩股推力即再創作(re-creative)與復原(re-constructive)兩種趨勢。

再創作的趨勢產生的主要原因有二,一是要將《詩》從文本中解放出來,使之成爲社會政治生活中人際交往的重要工具,正如賦詩、引詩的實踐所示。二是要打破根深蒂固的文學接受傳統,使《詩》日久彌新,演繹出無窮無盡的意義和美感,就像鍾惺和王夫之孜孜不倦所追求的那樣。再創作的解釋主要是用類比想像去尋求文外之意,不管它是道德隱喻還是審美的意境。與之相較,復原趨勢則產生於讀者因社會、政治或審美的原因希冀能進入古之作者的內心世界,與他們神交情融。根本上説,復原的解釋主要是通過吟誦涵詠或細讀分析來探尋文本本身之意。再創作和復原解釋

[①] 王夫之《夕堂永日緒論內編》,載《船山遺書》,卷八,第4620頁。

兩大趨勢的區別,恰如其分地折射於對"以意逆志"中"意"的不同解釋之中。意可解作"臆想"或作"文意",前者是再創作解釋的標記,而後者則是復原解釋所關注的對象。

在中國解釋傳統的發展過程中,這兩種趨勢此起彼伏,相互影響,並不斷改變對方。漢唐時期再創作趨勢尤盛,導致了碎片式類比解詩法佔據了絕對地位。宋、元、明時期則見證了另一股力量——復原解釋法的興起。而自晚明到清代,這兩種傾向則看起來達到了相對平衡,而類比方法、復原式解詩法、結構分析法、詮釋學方法等不同解釋方法又應運而生,呈現出一派繁榮景象。

清代有些批評家也注意到了這兩種解釋傾向的不同,並且嘗試將中國解釋傳統二分。方玉潤(1811—1883)就是一例。他將賦詩、引詩、學詩列爲"斷章取義"一派,而釋詩則是"務探詩人意旨"的另一派[1]。魏源(1794—1857)構擬出相似的二分法,根據再創與復原的傾向區分出兩大陣營。他將賦詩、引詩等同於對"興"的想像使用,並認爲這一陣營"爲詞賦之祖"。同時,他也像方玉潤一樣,他將說詩看做是"以意逆志"的復原式的解釋,並將其看作是後世"傳注"興起之源[2]。

在結束本文之際,讓我們再次反思傳統批評術語的模糊性。"以意逆志"這一論斷是術語模糊性的典型例證:任何人都無法對這一論斷加以明確的定義或找到普適的英譯。正因爲如此,筆者在每一節的標題中按照"以意逆志"在具體歷史時期運用的情況不斷對其重新定義。中國文學批評中術語的模糊性長久以來被現代學者貶斥,被認爲反映出中國文學批評是籠統含糊、不盡精確、難以理出條理的。然而這絕不是事實。只要批評家願意耐心地將中國批評術語的使用放在具體歷史情境下加以考察,必然會發現,術語的模糊性實際上正是中國傳統文學理論的長處所在。"以意

---

[1] 方玉潤《詩經原始》(北京:中華書局 1986 年版,第 51 頁):"《詩》多言外意,有會心者即此悟彼,無不可以貫通。然唯觀《詩》、學《詩》、引《詩》乃可,若執此以釋《詩》,則又誤矣。蓋觀《詩》、學《詩》、引《詩》,皆斷章以取義;而釋《詩》,則務探詩人意旨也,豈可一概論哉?"
[2] 魏源《詩古微》(載《魏源全集》册 1,長沙:岳麓書社 2004 年版,第 212—213 頁):"自國史諷《詩》述志,於是列國大夫有賦《詩》之事;自夫子録《詩》正樂,於是齊、魯學者有説《詩》之學。然説《詩》者旨因詩起,即旁通觸類,亦止依文引申,蓋詩爲主而義從之,所謂'以意逆志'也。賦《詩》與引《詩》者,詩因情及,雖取義微妙,亦止借詞證明,蓋以情爲主而詩從之,所謂興之所之也。'以意逆志'者,志得而意愈暢,故其後爲傳注所自興;興之所至者,興近則不必拘所作之人、所採之世,故其後爲詞賦之祖。"

逆志"説的歷史演變就足以説明,關鍵術語模糊多義,正爲歷代批評家提供了相互對話、碰撞、競爭、推出各種新論説的寶貴空間。試問,如果"意"、"逆"、"志"都有精確不變的含義,而"以意逆志"一句又像英文句子那樣明確設定"意"和"志"的歸屬,那麼歷代批評家還能以孟子名言爲依托,發展出如此豐富多樣的文學解釋理論嗎？同時,傳統批評術語的模糊性也爲現代學者提供了一個研究文論史的獨特途徑：通過觀察具體重要術語、論斷之演變,展現相關文學理論在不同歷史時期發展的真實態勢,同時又揭示出各種不同論説矛盾統一的内在關係。這種微觀術語考證和宏觀理論思維相結合的路徑在西方文論研究中是無法想像的。由此可見,術語的模糊性給中國古典文論所帶來的實際是一種獨一無二的優勢,一種尚未被人認識的優勢。

(作者單位：嶺南大學；譯者單位：伊利諾依大學)

中國古代的聲律啓蒙讀物：
《聲律發蒙》及其他

張 健

【摘　要】中國古代詩學、理論批評偏於形而上，而介紹作詩法（也即 How to）類書籍則顯得形而下，故而爲當代研究者所忽視。實際上，後者在古代所起作用不容低估。本文關注聲律啓蒙讀物《聲律發蒙》一書，對其相關問題進行深入的考辨。首先明確其書作者是元人祝明，而《聲律發蒙解注》是明初王遷爲《聲律發蒙》而作。本文發現祝明原本《聲律發蒙》二卷本尚存，與題明唐居子編《對類正宗》、涂時相刊本《聲律發蒙》相對勘，可知其間流變情形。而潘瑛續祝明《聲律發蒙》，延續了祝明所開創的體例，在明清兩代影響甚廣。而聲律啓蒙讀物又與作對相結合，承襲劉勰《文心雕龍·麗辭》篇的思想，教導作詩者既掌握聲律，又具備作對的基本技巧和原則，遂令詩人輩出，其書功績不可抹煞。

【關鍵詞】聲律　韻對類書籍　審美標準　精英詩人　村學堂

在宋元以降的啓蒙讀物中，韻對類書籍甚爲流行。這一類書籍將對偶與聲律結合起來，以韻爲綱，將每一韻部的常用字，用對子的形式組織而爲歌詩，既朗朗上口，具有和諧的聲韻之美，又偶對精巧，具有工穩的結構之美。這些著作讓幼學者能夠在審美享受的過程中掌握聲韻知識，熟悉偶對規律，奠定了古代語言及文學的聲律常識基礎，同時也造就了大衆的聲律

---

* 本文的相關研究受到香港研究資助局的資助，項目號 456812。

審美心理。但是,在古代,這些童蒙之類著作雖然流行,卻未受精英階層的足夠重視,因而無論文獻的著錄還是研究論述都比較少。近年來由於兒童國學教育的漸受重視,此類書籍也開始重見天日,但因爲缺乏基本的研究基礎,以致出現常識性錯誤。本文首先對此類書籍加以文獻學的考述,再對其中涉及的文學及其他問題進行討論。

一、《聲律發蒙》的原作、續作與改寫

"雲對雨,雪對風,晚照對晴空。來鴻對去雁,宿鳥對鳴蟲。"以上琅琅上口的對歌,是國學啓蒙讀物《聲律啓蒙》中的句子,作者雖題爲清人車萬育,實則是元人祝明。這類著作,在體例上有其獨特性,並且形成自身的傳統,我們稱之爲"聲律啓蒙讀物"。

聲律啓蒙類書籍,就現在所知,最早著錄於明楊士奇正統六年(1441)所編《文淵閣書目》,該書卷三著錄:"《聲律發蒙》一部一册。"《文淵閣書目》所載多宋元舊籍,然編目者不注撰人、卷數,故據此目不能確定該書的作者及年代。黄虞稷《千頃堂書目》卷三著錄王遑《聲律發蒙解注》一書,並注:"(王遑)字希白,將樂人,洪武丙子舉人。授廣西興安縣學訓導,歷官翰林院編修。"《聲律發蒙解注》爲注解《聲律發蒙》而作,此《聲律發蒙》當即《文淵閣書目》著錄之書。王遑爲明洪武年間人,據此我們可以推測,《聲律發蒙》一書明初已流行,且有影響,否則王遑不會爲其作解注。以上兩書《四庫全書》未收入,《四庫全書總目》(下簡稱《總目》)亦未有著錄。然《總目》"類書類存目"中著錄五卷本《聲律發蒙》:

> 《聲律發蒙》五卷,内府藏本。元祝明撰,潘瑛續,明劉節校補。據高儒《百川書志》云:"《聲律啓蒙》二卷,元博陵安平隱者祝明文卿撰。自一字七字至隔句,各押一韻,對偶渾成,音響自合,共九十首。"①則此編前二卷爲明書,後三卷瑛所續也。瑛,不知何許人。節有《春秋列

---

① 葉德輝校刊《百川書志》卷十八載:"《聲律啓蒙》三卷,元博陵安平隱者素庵祝明文卿撰。爰自一字由七字而至隔句,各押一韻,對偶成音響,自然渾合,九十首。"著錄其爲三卷,然《總目》引《百川書志》作"二卷",葉書晚於《總目》,且從鈔本而出,故《總目》謂二卷當更可靠。後再論及。

傳》，已著録。其書每一韻先列韻字與注，而後列雜言對屬之語。蓋爲初學發蒙而作，無所當於著述。《百川書志》所云，未免過情之譽也。

《總目》引述《百川書志》所著録元人祝明《聲律啓蒙》，與前述《文淵閣書目》所云《聲律發蒙》究竟是同書異名，還是兩種不同的著作？《總目》不著録祝明原本，而著録明刊續補本，故我們有理由相信，《四庫全書》的編纂者當時未見到《百川書志》著録的《聲律啓蒙》。《總目》所著録的五卷本今存，《四庫全書存目叢書》影印明萬曆二十一年（1593）涂時相刊本，即屬於《總目》著録的版本系統。此本卷首有劉節（1476—1555）正德十六年（1521）小引云：

> 前二卷，安平素庵祝先生文卿所作，後三卷則四明潘瑛景輝氏續而成之者也。木行書肆舊矣，予嘗日取課稚子音，因其訛舛，病中輒校訂，間增補至三百首，庶足愚幼者歲肄云。

根據劉節所云，此本前二卷爲祝明所作，後三卷爲潘瑛續，劉節本人則又校訂並增補。《總目》關於作者問題的叙述即是據此。

涂時相本書名作《聲律發蒙》，與《文淵閣書目》著録之書相合，而與《百川書志》著録之《聲律啓蒙》不同。同一祝明之書，在涂時相本名曰《聲律發蒙》，在《百川書志》名爲《聲律啓蒙》，孰爲原名，孰爲改題？此《聲律發蒙》是否即《文淵閣書目》著録之書？

不僅如此，此書亦非劉節校補本原貌。據卷首陸橃題識，馬象乾巡按山西，"命所司校訂，仍以《韻彙》附，重梓之，以衍其傳"。按《山西通志》卷七十九："馬象乾，進士，萬曆時任巡按山西御史。"據此，馬象乾重刊當在萬曆年間。這個重刊本與劉節本相比，附加了每一個韻部的韻字。如一東下列東、涷、蝀、同等字，每字下有發音及釋義，如東注："冬。春方。""冬"是字音，"春方"是釋義。這些內容是馬象乾重刊劉節本時增入的。《四庫全書存目叢書》所收録的涂時相刊本，又是據馬象乾本重刻。根據《重刻聲律發蒙小引》，涂氏本刊於萬曆二十一年知大名府時，據此，馬象乾本的刊刻時間則在萬曆二十一年之前。

如上所述，涂時相刊本的《聲律發蒙》五卷實際上包括了祝明原著、潘瑛續編、劉節校補、馬象乾附韻字四個部分，除馬象乾附韻字可以明確稽考外,祝明原作以及潘瑛續作與劉節增補内容無法區分,因而也就無法還原三人作品的原貌。且看涂時相本前二卷,也就是祝明所撰的部分。根據《百川書志》,祝明原本二卷共九十首;而涂本前二卷,共一百二十首,較祝氏原作多出三十首,此三十首當是劉節所增。由於劉節增補的部分並没有注明,故僅從這個本子自身不能確定哪些是祝明的原作,哪些是劉節的增補。此本後三卷原爲潘瑛所續,但由於有劉節的校補,單憑此本也不能確定哪些是潘瑛的原作。總之,在此本中,祝明、潘瑛二人的原作,劉節的增補,都已不能見其本來面目了。

所幸的是,劉節校補之前的祝明原著、潘瑛續作的《聲律發蒙》尚存!題明唐居子編《對類正宗》①,首卷有《聲律發蒙》一編,未題撰者,包括上平聲、下平聲、上聲、去聲、入聲五部分。與前所述涂時相刊本《聲律發蒙》對勘,我們發現《對類正宗》本《聲律發蒙》五部分與涂本的五卷正相對應;《對類正宗》本《聲律發蒙》的内容均在涂本當中,而涂本内容則多於此本,兩本文字上有差異。據此,我們可以推斷:《對類正宗》本《聲律發蒙》乃是劉節校補之前的祝明原作、潘瑛續作的《聲律發蒙》。下面我們對此推斷再做進一步的論述。

根據《百川書志》著録,祝明原著二卷本共九十首,又根據劉節的説法,祝明原作是五卷本的前二卷,由此我們知道,祝明的原作實際上只涉及上平聲與下平聲。《對類正宗》本上下平聲三十個韻部每個韻部三首,總共九十首,與《百川書志》的著録正相合。由此可以斷言,這九十首即是祝明原作。《對類正宗》本之上、去、入三聲各韻部的内容也少於涂氏刊本,此本所載當是潘瑛所續的原本。涂本所多出的内容當都是劉節校補。《對類正宗》本的發現,使得我們可以考察劉節校補之前流傳的《聲律發蒙》的面貌。

對勘涂時相本與《對類正宗》本,我們發現,劉節對原作有三種處理方式:一是全從原作,二是部分改寫,三是自己增補。通過對勘,我們可以將祝明原作九十首與劉節補作的三十首分離開來。同樣,也可以把潘瑛所作與劉節續補的内容區分開來。根據《對類正宗》本,仄聲部分共一百三十六首,其中上聲四十九首,去聲五十五首,入聲三十二首。涂時相本上聲九十

---

① 《詩文切玉對類正宗》十九卷,卷首一卷,明唐居子編注,日本豐島毅訓點,明治十六年(1882)大坂前川善兵衛刊本。此書卷首有明萬曆二十四年(1596)舒鳳翼《題對類正宗引》,日本明治刊本乃據明本重刊。

六首,去聲一百首,入聲五十七首,共二百五十三首。涂本於仄聲部分多出的一百一十七首乃劉節所補。通過對勘,我們還發現,每一韻部之代表字(韻目字,如一東、二冬等)未出現在祝明、潘瑛原作之中或未出現在第一個韻腳者,劉節必爲補作或改作,這樣就使得每一韻部的第一首第一個韻腳字一定是該韻部的代表字。如一東,劉節補出第一首,第一韻作"南對北,北對東","東"字是"東"韻的代表字,也是第一首第一個韻腳字。二冬,祝明原作第一首第一韻爲"春對夏,夏對冬","冬"字已經出現在第一個韻腳,故劉節未改。三江,祝明第一首前二韻原爲:"樓對閣,户對窗。巨海對長江。""江"字没有出現在第一個韻腳,劉節便改作:"嚴對野,海對江。利戟對長杠。"四支,祝明原作第一首前二韻是:"茶對酒,賦對詩。燕子對鶯兒。"第一個韻腳未出現"支"字。劉節便改爲:"昭對穆,本對支。獻賦對題詩。"總之,劉節或是補作,或是改寫,務必使每一韻部之韻目字出現在該韻部第一首第一個韻腳。從體例和形式上説,改補之後,更加整飭與嚴謹了。

我們已經從劉節的校補本追溯到其校補之前的《聲律發蒙》,而且相信,《對類正宗》本《聲律發蒙》就是劉節校補之前流行的《聲律發蒙》的面貌。這裏我們還要進一步追問,這個流行的本子就是祝明、潘瑛著作的原貌嗎?

我們再試圖尋找祝明著作的原刊本。值得慶幸的是,祝明《聲律發蒙》二卷本現今也尚存!首都圖書館藏《聲律發蒙》二卷,《中國古籍善本書目》著録爲明刻本[1],首都圖書館網站著録爲清刊本[2],半葉八行,行二十二字,白口,四周單邊[3],單黑魚尾,版心上刻"陽平書院"。卷上、卷下首行均題"聲律發蒙",次行均"素庵先生安平祝明文卿撰"。卷首有元人王偉"聲律啓蒙序",序中亦稱此書爲"聲律啓蒙"。故此書有二名,一爲《聲律啓蒙》,一作《聲律發蒙》。此書卷上爲上平聲,卷下爲下平聲,每韻有歌三首,總爲九十首,與《百川書志》著録完全相合。以之與《對類正宗》本對勘,兩本九十首皆相合,文字上僅有細微差異。據此,可以確定,此二卷本即《百川書志》著録、劉節《小引》所稱祝明之著作。《百川書志》著録爲《聲律啓蒙》,當是根據序中所題書名;而《對類正宗》本、涂時相本所以題《聲律發蒙》者,並非改題,而是根據卷上、卷下首行所題書名。首都圖書館及《中國

---

[1] 《中國古籍善本書目》子部下,上海:上海古籍出版社1996年初版,1998年二刷,第831頁。
[2] 其依據不得而知,或許因此書版心刻有"陽平書院",而山東有陽平書院,建於清康熙間。但即便如此,亦難以證明兩個陽平書院爲同一書院。
[3] 按序爲四周雙邊,半葉六行。

古籍善本書目》著録爲《聲律發蒙》,所據亦同。

根據王偉序,此書爲祝明門人田實所刊。序末署皇慶二年(1313)夏四月十四日,序中有"將欲刻兹於梨,以惠群蒙"云云,則此書之始刻當在皇慶二年。此書卷末有近人周肇祥(1880—1954)題七言絶句一首①,謂"而今垂老收元椠",署"戊寅花朝退翁周肇祥",則其時爲1938年農曆二月十五日。周肇祥爲著名的古本鑒定家,其判斷爲元刊,當是有充分根據的。此本序中"蘨藂皇獸"一句,於"皇獸"另行頂格寫刻,可爲元刊本之證。退一步説,即便此本爲明刻,亦當是元刊本之覆刻,否則不可能致敬於元代之"皇"而换行頂格寫刻。有鑒於此,本人以"元本《聲律發蒙》"稱之。元本《聲律發蒙》的地位確定以後,我們大致可以肯定,《文淵閣書目》著録的《聲律發蒙》一册就是祝明所撰《聲律發蒙》,明初王暹《聲律發蒙解注》所解注者即是祝明此書。

不僅如此。我們還可以推斷,這種面向兒童吟誦的聲律啓蒙著作,體例也創始於祝明。這一點可以從王偉的序文中找到印證。王氏序説:

> 文之駢儷者,始於魏晉,盛於唐宋,而作文者尚焉。然學者必先於對偶之書,其浩瀚多端,使童蒙卒未能得其要領。此素庵《聲律發蒙》之所由作也。

文尚駢儷,要學之,必須習對偶,但面對浩如煙海的對偶書,學童不得要領。祝明《聲律發蒙》正是針對此而作。换言之,祝明之前,没有像《聲律發蒙》這樣的著作,祝明之書實爲開創之作。關於祝明的生平,僅見王偉序的簡單介紹。根據此序,祝明字文卿,號素庵,博陵安平(今屬河北)人,博學善屬文,教授鄉里,鄉薦不仕,其長子爲安肅州判官,次子知莫州。其書乃爲訓蒙而作,門人田實刊之。

在確定現存《聲律發蒙》二卷即祝明原本之後,我們只要將元本《聲律發蒙》二卷與《對類正宗》本、涂時相五卷本《聲律發蒙》前二卷對勘,就可以了解《聲律發蒙》從原作到流傳再到劉節校補過程中變化的情形。通過

---

① 周肇祥,字嵩靈,號養庵,别號退翁、無畏居士,浙江紹興人。清末舉人,畢業於京師大學堂。民國間,曾任湖南省長、清史館提調、北京古物陳列所所長等職。跋詩有云:"而今垂老收元椠,憂患餘生淚眼枯。"

以上三種本子的對勘,我們發現,《對類正宗》本所代表的劉節校補前的《聲律發蒙》基本上保存了祝明著作的原貌,僅有個別字句的改動,而劉節校補本是在《對類正宗》本所代表的本子基礎上加以校補的。

　　潘瑛續祝明《聲律發蒙》,見於劉節序,潘瑛續作了上、去、入聲部分,前已言之。據劉氏序,潘氏爲四明(今浙江寧波)人,字景輝。餘不詳。《總目》謂不知何許人。祝明《聲律發蒙》在明代流傳有單行本,然潘瑛續作是否有單行本,現已難考知。不過以理而論,祝明原作爲平聲部分,爲作律詩而撰,可以單行;潘瑛續作唯有上、去、入三聲,原本爲配合祝明所作平聲部分,若爲訓蒙計,單行的意義不大,或有可能最初即與祝明所作合編行世。但無論如何,據劉節序"木行書肆舊矣",知二書合刻五卷本流傳已久。由於未能發現潘瑛續補部分的更早的版本,故不能判定《對類正宗》本是否完全符合潘瑛所作的原貌,但由《對類正宗》本基本上保存了祝明作品原貌來推斷,大致可以認爲,《對類正宗》本所載潘瑛的作品應該也基本上保持其原貌。

　　祝明開創了聲律啟蒙著作的體例,潘瑛延續了此一體例。在明清兩代,此書作爲訓蒙讀物流傳其廣。不僅流傳祝明著作的單行本,也流傳祝明原作與潘瑛續作的合刻本,更流傳有劉節的校補本。而祝、潘二人著作的合刻本又被編入《對類正宗》等書中。受到這種體例影響,明人也有仿作。《百川書志》卷十八"對偶"類在祝明《聲律啟蒙》後著錄《對偶叶音》二卷,云:"均山先生撰。小異前格,合六十首。"由於此書已佚,難以見其面貌,但所謂"小異前格",即在體例上與祝明著作僅小有差異,其受祝明影響是可以肯定的。明蘭茂(1397—1470)《聲律發蒙》(一卷)不僅在形式上受祝、潘《聲律發蒙》影響,而且書名亦與祝、潘書相同[①]。明王荔《正音攟言》四卷形式上也受《聲律發蒙》的影響[②]。清初李漁(1611—1680)所撰《笠翁對韻》更是摹仿祝明二卷,而舊題清車萬育(1632—1705)撰的《聲律啟蒙》其實就是祝明的作品[③]。《雲南叢書》總纂趙藩(1851—1927)序蘭茂《聲律發蒙》,談及此類聲律啟蒙著作,謂"'聲律發蒙'爲塾師課童蒙之本,所在皆

[①] 蘭茂此書將分韻部歸併爲二十個,又增加了四字對。收入《雲南叢書》中,又有臺灣新文豐出版公司《叢書集成續編》影印《雲南叢書》本。
[②] 是書分二十二韻部,《總目》卷一百三十八提要謂其"蓋鄉塾屬對之本"。收入《四庫全書存目叢書》子部第 193 册。
[③] 從文字上看,車本《聲律啟蒙》更接近於《對類正宗》本,乃是在此本基礎上作了若干文字上的修改。

有其書"①。周肇祥跋祝明《聲律發蒙》云:"口授當年母也劬,紡車聲裏一鐙孤。"言其母在孤燈之下,一邊紡綫,一邊以此書教兒時的周氏。可見此類書籍在清末、民初流傳之廣、影響之大。

二、聲律啓蒙讀物與宋元以降的聲律啓蒙教育

聲律啓蒙類書籍的出現肯定與當時的需求有關,這就是兒童的聲律啓蒙教育。唐時啓蒙教育中,雖然有韻對的形式,但聲律對偶本身似乎並未成爲啓蒙教育的内容。但自北宋以來,詩賦聲律對屬已經成爲啓蒙教育的重要内容。北宋至和元年(1054)《京兆府小學規》載教授的教學内容:

> 教授再日講説經書三兩紙,授諸生所誦經書文句音義,所學書字樣,出所課詩賦題目,撰所對屬詩句,擇所記故事。(《金石萃編》卷一百三十四)

教授要負責給學生出詩賦題目,要撰對屬的詩句,讓學生對句。學生的課程分爲三等,等三等最低,等一等最高。三等中貫穿詩賦教學内容,第三等,學生要求每天"唸詩一首",到第二等,學生則要"吟詩一絶,對屬一聯,唸賦二韻",而第一等,更要每天"吟五七言古律詩一首,三日試賦一首(或四韻),看賦一道"。從三等有關詩賦對偶教學的内容,我們可以看出,古人對於詩賦的教育是由讀到寫,由易到難的。先是讀詩,再到學作絶句,對對子,再到作五七言古律詩,作賦。對屬乃是小學中年級教學的内容。

學校教授對屬並非唯京兆府小學爲然。吕希哲(?—1114?)《吕氏雜記》卷下:

> 翰林王狀元灝,卯角時從其父至官府,畢相士安時爲郡官,見其有異於人,又定目看便廳上書字,問其父曰:"此子亦讀書耶?"曰:"亦令就學。"又問:"曾學屬對否?"曰:"其師嘗教之,但某不識其能否。"乃指壁間字曰:"此有一句詩,無人對得,曰:'鸚鵡能言争似鳳。'"灝應聲

---

① 趙氏此處所云"聲律發蒙"非專指蘭茂著作,而泛指元明以來的聲律啓蒙類著作。

曰："蜘蛛雖巧不如蠶。"畢相大驚異,延之家塾,自教養之,卒成大名。

此事主角他書或載爲王禹偁,但無論如何,可以證明當時學校教授對屬的情況廣爲存在。蘇洵《送石昌言使北引》:"吾後漸長,亦稍知讀書,學句讀、屬對、聲律,未成而廢。"(《嘉祐集》卷十五)葛立方《韻語陽秋》卷三:

> 坡歸宜興,道由無錫洛社,嘗至孫仲益(按即孫覿),年在髫齔,坡曰:"孺子習何藝?"孫曰:"學對屬。"坡曰:"試對看。"徐曰:"衡門稚子璠璵器。"孫應聲云:"翰苑神仙錦綉腸。"坡撫其背曰:"真璠璵器也。"異日不凡。

此亦可證明對屬能力在當時深受重視,被看作一個人才能的重要標誌。

至南宋,對屬聲律啓蒙教育已經普遍化。朱熹說:

> 今人是從頭到尾皆無用。小兒子教他做詩對,大來便習舉子業,得官又去習啓事雜文,便自稱文章之士。(《朱子語類》卷三十四)

這裏說"今人"教子做詩對,從其語氣來看這已經成爲普遍的風氣。陳著《天台陳方叔詩集序》批評時人之詩"則有怪而失其正,虛而失其真,纖麗破碎而失其渾然天成,滔滔也特兒童習對偶"(《本堂集》卷三十八),其語氣中亦可見"兒童習對偶"乃當時普遍之情形。又歐陽守道《李氏賦編序》:

> 古者人生八歲入小學,十五則入大學,士以此自進於聖功,而國家以此得王佐;今八歲則習聲律對偶,十五則問場屋得失矣。(《巽齋文集》卷八)

歐陽守道爲南宋後期人,由其言可以窺見當時人對聲律對偶教育的態度。

在元代,仁宗延祐二年(1315)纔開科。當時的讀書人著籍"儒人",是以讀書爲業的①。《廟學典禮》卷五所載大德元年(1297)"行省坐下監察御

---

① 據《廟學典禮》卷五,建康路路學著儒人籍者總計一百九十五户,明道書院總計三十七户,南軒書院數字不明,上元縣學總計三十八户,江寧縣學總計五十九户。建康路學共六十四人,其中治經者二十六人,治賦者三十八人。明道書院十四人,治經治賦者各七人。南軒書院大學生員總計八名,治經者二名,治賦者六名。上元縣學大學生員總計七名,治經者一名,治賦者六名。江寧縣學大學生員計十一名,治經者三名,治賦者八名。

史申明學校規式"記錄了建康路學的課程及考試規定,其言小學生員學習及考試規則云:

> 小學生員課試,每日背誦隔日書,授本日書,出本日課題,律詩、省詩、對句,登堂聽講。食後習功課,七言律、五言律、絶句、省詩、隔對、七字對、五字對,習字,讀本日書。午食後習功課,説書:《大學》、《中庸》、《論語》、小學之書、《通鑑》。出晚對,供晚對。每月初三日引試,每月十六日引試,正録出題,教授考校,取中合格者前三名支賞。

小學教育内容中有習詩及對屬,隔對是隔句對,此外還有七字對及五字對。明道書院小學生員的教學内容也有對句。建康路的這種規定被下各路學推廣。

元仁宗時,國子學中已經有屬對課程。《元史》卷八十一"學校":

> 仁宗延祐二年(1315)秋八月,增置生員百人,陪堂生二十人。用集賢學士趙孟頫、禮部尚書元明善等所議國子學貢試之法更定之。一日陞齋等第,六齋東西相向,下兩齋左曰游藝,右曰依仁。凡誦書、講説小學屬對者隸焉。中兩齋左曰據德,右曰志道,講説《四書》、課肄詩律者隸焉。上兩齋左曰時習,右曰日新,講説《易》、《詩》、《書》、《春秋》科,習明經義等程文者隸焉。每齋員數不等,每季考其所習經書課業及不違規矩者,以次遞陞。

根據這裏的説法,國子學分六齋三等,下兩齋的學習内容有屬對,中兩齋的内容有詩律,可見聲律對偶是國子學的正式課程内容。

元人吳遊齋序同時人胡文光《純正蒙求》説:"至後世……方當佩觿之年,父師所以教之者,不過對偶聲律之習,所以期之者不過科舉利達之事。"(《純正蒙求》卷首)程端禮《讀書分年日程》卷一:"小學不得令日日作詩作對,虛費日力。今世俗之教,十五歲前不能讀記《九經》正文,皆是此弊。"雖然此二人都批評當時的風氣,但從中正可見在當時民間啓蒙教育中學習聲律對偶的風氣。

明代未見有在學校教授對屬的官方規定,但上自宫廷下至民間,傳習的風氣還是盛行。明劉若愚《酌中志·内板經書紀略》:

皇城中内相學問讀《四書》、《書經》、《詩經》;看《性理》、《通鑑節要》、《千家詩》、《唐賢三體詩》;習書柬活套,習作對聯;再加以《古文真寶》,古文精粹盡之矣。

鄭紀(天順庚辰進士)《漳州府社學記》云:"近世父兄之於子弟幼小,入鄉校即俾其習對偶文字之學。"(《東園文集》卷五)楊士奇(1364—1444)《東里續集》卷四十二《族弟孟頤墓碣銘》:"七歲習聲律儷語,先生長者皆矜其不凡。"陸深《海日先生行狀》謂王陽明父親王華:

年十一,從里師錢希寵學。初習對句,月餘,習詩;又兩月餘,請習文;數月之後,學中諸生盡出其下。錢公歎異之,曰:"歲終,吾無以教爾矣。"(《王文成公全書》卷三十七)

劉節正德間(正德十六年序,1521)校補《聲律發蒙》,其自稱"嘗日取課稚子音"(《聲律發蒙小引》)。

但是,聲律啓蒙教育在明代有地域性的差異,前面所言教授聲律對句的都是南方地區,而北方似乎並不普遍。萬曆二十一年(1593)大名府知府涂時相在《重刻聲律發蒙小引》中說:

夫韻之有聲,猶法之有律,其所從來舊矣。海內操觚之士兢兢守之,罔敢或逸於準繩之外。……惟是俗尚殊方,人鮮加察,遂致聲韻不諧,踵承多舛。他毋論,即魏之人文,夙稱三輔,然北地之業舉子者,大都抑揚起伏,全欠鏗鏘,下至鄉社塾師,置對句於不講,宜其童不習而白首茫然也。

大名府戰國時屬魏國,故涂時相稱魏。他這裏所說的是北方的情形,地方的鄉社塾師不教授對句,由於沒有聲律對偶方面的啓蒙教育,所以北方的舉子所作文章缺乏鏗鏘的聲律之美。涂時相之所以要在大名重刻《聲律發蒙》,不僅是用於發蒙,而且是用來教育從事科舉的成人:

適客以《聲律發蒙》來惠……信足以啓小子之良知,而助大人之吟詠,是可垂不朽者。爰付梓人,用布鄉邑,俾博士弟子員人人曉暢音律,歸於雅馴,其爲裨益,詎曰發蒙已哉!

涂時相刊刻《聲律發蒙》"用布鄉邑",乃是以行政的方式推廣聲律教育,要使"博士弟子員"都"曉暢音律"。這也印證了明代此前沒有官方統一性的規定學習聲律,涂氏刻之,不過是地方性的措施。

宋元以來的聲律教育傳統在清代得以延續,直至廢除科舉爲止。

我們簡單勾勒了宋元以來學校及民間教授學習聲律對屬的傳統,這一傳統就成爲聲律啟蒙一類書籍產生的制度及文化基礎。聲律啟蒙書籍也就是在這種背景中出現的。

三、聲律啟蒙讀物:韻與對的結合

聲律啟蒙書籍主要有兩個方面的內容:一是韻,一是對。就韻的方面說,就是教給兒童記誦韻部、韻字與平仄。就對的方面言,則是進行對屬的訓練,通過這種示例式的訓練,使兒童掌握對屬的規律與原則。聲律啟蒙通過歌詩的形式,以韻爲綱、以對從韻,將韻與對巧妙地統一起來,成爲可吟誦的歌詩化的形式,這種形式非常適合兒童吟詠記誦。

聲律啟蒙書籍結合了韻與對兩個方面,而此兩個方面各有其知識傳統。從音韻的角度看,聲律啟蒙書籍是建立在音韻學的知識基礎之上的。祝明《聲律發蒙》列上、下平聲各十五韻,上平東、冬、江、支、微、魚、虞、齊、佳、灰、真、文、元、寒、刪;下平先、蕭、肴、豪、歌、麻、陽、庚、青、蒸、尤、侵、覃、鹽、咸。就其所列韻目看,此書是基於平水韻。潘瑛續作上、去、入三聲,依據的也是平水韻。李漁《笠翁對韻》也是如此。然蘭茂《聲律發蒙》則是根據他本人的音韻學劃分爲二十個韻部,其學術上的依據乃其音韻學著作《韻略易通》。

在宋末元初,音韻書籍的編寫已經出現新的趨向。在傳統韻書如《廣韻》、《集韻》、《禮部韻略》等編寫方式之外,還流行一種在韻字之後編入詞藻的所謂"詩韻"書籍[1]。這一類書籍源自唐顏真卿《韻海鏡源》(已佚),顏氏將經、史、百家書二字以上詞句按句末字分隸各韻之下,有三百六十卷之

---

[1] 《總目》卷一百三十五《韻府群玉》提要。

鉅,但顔氏編書宗旨恐非專爲作詩之用①。宋末元初所編詩韻書卻是爲作詩押韻查閱選擇尋出處之用②。此類書流傳至今者,最早有宋末元初陰時夫所編《韻府群玉》,此書不僅如傳統韻書排列韻字,而且在各韻字之後列出以該韻字結尾的詞語,如一東之"東"字韻,列有二字詞語如"道東"、"易東"、"乃東"等,三字詞語如"馬首東"、"水必東"等,四字語如"宿西食東"、"在西笑東"等,當作詩用東字韻時,就可以查找前人典籍中以東字結尾的詞藻及其出處,以便選用,使得押韻有出處。自宋代蘇、黃以來,作詩押韻必有出處,更喜歡押奇險之韻,本來這要靠詩人的博學功夫,但自從詩韻書籍出來以後,這種博學功夫便被簡單的翻檢詩韻書所取代。只要翻檢詩韻,尋出稀見的詞藻用以押韻,人人可以押韻有出處,人人可以押奇險之韻,人人可以變成蘇、黃③。陰時夫之後,元人嚴毅編《詩學集成押韻淵海》,明代凌稚隆編《五車韻瑞》、楊慎《韻藻》等,都屬此類書籍,而清康熙年間編纂的《御定佩文韻府》,乃是此類書籍之集大成者。這類書籍與《廣韻》等韻學書籍在傳統目錄學中歸屬不同,《廣韻》等書歸入經部小學類,而此類詩韻書歸入子部類書類(《四庫全書總目》)。然就其功能而言,詩韻書將韻書與詩歌創作的關係更加密切聯繫起來,將其詩學化了,因而在以上意義上亦可以説是詩學書籍。

　　與以上的詩韻類書籍相比,聲律啓蒙書籍顯然具有不同的取向。它是面向聲律啓蒙教育的,它不是求博求繁求全,而是求常求簡。它是從傳統韻書的韻字中篩選出比較常用的韻字,如祝明《聲律發蒙》一東出現的韻字有:風、空、蟲、弓、東、宫、紅、翁、同、童、窮、銅、通、融、虹,共十五字。《笠翁對韻》一東韻字爲:風、空、穹、濛、中、紅、東、翁、公、宫、朦、蓬、弓、蹤、嵩、龍、熊、烘,共十八字。嚴毅《增修詩學集成押韻淵海》一東收韻字一百六十五個④。

　　就對屬一方面言,聲律啓蒙類書籍與當時的對屬書籍也有密切的關聯。從對屬類著述的歷史看,其形式主要有三種:一是單純文字的對偶,二

---

① 唐人封演《封氏聞見記》卷二"聲韻"條。
② 吳澄《吳文正集》卷十九《事韻擷英序》:"宋以前和詩,和意不和韻,至荆國、東坡、黃山谷,始以用韻奇險爲工。蓋其胸中蟠萬卷書,隨取隨有,愈出愈巧,故得以相矜尚也。倘記覽之博不及前賢,則不能不資於檢閱,於是有《詩韻》等書。"又參見《總目》卷四十四《詩韻更定》提要。
③ 元人張壽翁所編《事韻擷英》,甚至有意"削去陳腐之字,而皆奇險之韻"。見吳澄《事韻擷英序》。
④ 《詩學集成押韻淵海》二十卷,《四庫全書存目叢書》影印元後至元六年蔡氏梅軒刻本,載子部册172。

是連句押韻,三是平仄相對。文字對偶書籍的出現當在齊梁時期。《總目》卷一百三十五《事類賦》提要稱:

> 六朝以前舊笈,據《隋書·經籍志》所載,有朱澹遠《語對》十卷,又有《對要》三卷、《群書事對》三卷,是爲偶句隸事之始。然今盡不傳,不能知其體例。高士奇所刻《編珠》,稱隋杜公瞻撰者,僞書也。今所見者唐以來諸本,駢青妃白,排比對偶者,自徐堅《初學記》始。

據《隋書·經籍志》載,梁朝朱澹遠有《語對》十卷,還著録有《對要》三卷、《群書事對》三卷、《對林》十卷,這些書籍都已經亡佚。根據《總目》的説法,這些著作是"偶句隸事之始"。這雖然是根據書名所作的推測,但推測應該是可信的。因爲"事對"、"語對"都涉及對,而"事對"必然有出處,"語對"亦如此。隋杜公瞻《編珠》一書,根據《總目》的説法,"類書全用對句,始於隋杜公瞻之《編珠》",也就是用對句的方式編成類書。但其書不傳,清人高士奇刻《編珠》是一部僞書①。唐人徐堅(659—729)所編《初學記》是現存類書中最早有"事對"的著作,如天部所列的事對有:榆星,桂月;油雲,膏雨;恒娥月,少女風;白鶴雲,黄雀風。在《初學記》中對偶並没有與聲律結合,也就是説平仄對並不是對偶的一個因素。其中可能有平仄相對的,如"恒娥月,少女風",但也有不以平仄對的,如"白鶴雲,黄雀風"。

但對偶句以押韻的形式聯屬起來唐代已有,李翰的《蒙求》即是如此。如:

> 王戎簡要,裴楷清通。孔明臥龍,吕望飛熊。楊震關西,丁寬易東。謝安高潔,王導公忠。

這樣對與韻就結合起來了。唐人高測有《韻對》一書(已佚),也當是此類的著作。其後此類著作漸多。

從文字對到聲律對的合一,是齊梁聲病説出現以後的事情,這是對偶發展過程中的一個里程碑。在創作中兩者的結合自齊梁起就已開始,但在

---

① 《總目》卷一百三十六《御定分類字錦》提要:"其書《隋志》、《唐志》皆不載,至《宋志》始著録,而宋人無引用者,亦無舊刻舊鈔流傳於世,至康熙中,乃有高士奇家刊本,頗疑依托。""或明人所依托,士奇偶未審歟。楊士奇《文淵閣書目》、張萱《内閣書目》,俱不著録。《永樂大典》於前代類書如《四六叢珠》、《截江網》之類,無不具採,亦不登其一字,知其出明中葉以後矣。"

著述中卻是比較晚的。就筆者所知，現在比較早的是南宋葉鳳所編《群書類句》。《直齋書錄解題》卷十四類書類著錄《群書類句》十四卷，謂"三山葉鳳撰，以《群書新語》①增廣，自五字以至九字，爲七百五十一門，各以平仄聲爲偶對"。

《總目》卷一百三十七著錄《永樂大典》本：

> 《群書類句》二十七卷，宋詹光大撰。光大始末未詳。其書以場屋之中每艱於屬對，因每句必求其偶，亦鄉塾剽竊之學。前有蔡公亮序，乃謂"此書凡一千五百餘門，字字編珠，聯聯合璧，世間無書則已，有則必見於此書；無對則已，有則必萃於其類。經史之格言，文史之精語，包羅鋪敘，無一遺棄者"云云。其推許殊過當也。

至遲在元代，專門教授初學者學習對偶技巧的書籍就已經出現。現存元刊本《詩詞賦通用對類賽大成》就屬於此類書籍。此書元至正二十年（1360）陳氏秀岩書堂刻，至正二十六年（1366）增補重刊。此刻本牌記稱：

> 舊編《詩對大成》，盛行久矣。今再將《賦對珍珠囊》擇其切要可通用者，逐類增入駢儷（事？）料②，實爲詳備。卷末"巧對"一集，仍復增益新奇，以充閱玩，視他略本，大有逕庭。至正庚子菖節陳氏秀岩書堂梓行。

至正庚子即至正二十年。根據此記，此書乃是在舊編《詩對大成》基礎上，增入《賦對珍珠囊》一書而成。《文淵閣書目》卷三著錄《詩對賽大成》一部一冊，或即前言《詩對大成》，同卷又著錄《珍珠囊》一部四冊，當即《賦對珍珠囊》一書。

《對類》在元代學塾中已經被作爲訓蒙課本。元程端禮（1271—1345）《讀書分年日程》卷一："更令記《對類》單字，使知虛、實、死、活字；更記類首'長天'、'永日'字，但臨放學時，面屬一對便行，使略知對偶輕重虛實足矣。"這裏提到的《對類》不可能是陳氏秀岩書堂刊本《對類賽大成》，因爲

---

① 宋方崧年撰，十卷。見《通志》卷六十九。又《玉海》卷五十五《天聖群書新語》："天聖中方崧年采"六經"、傳記、百家之言，以字句分門爲類。"
② 本人所見元刊本爲影印哈佛大學燕京圖書館藏本，此字殘甚，惟餘後兩筆，據字形及內容推測，當爲"事"字。

秀岩書堂本刊行時,程端禮已經下世。但程端禮所提及的類首"長天永日"在陳氏秀岩堂刊《對類賽大成》卷一天文門"長天永日第八","長天"與"永日"分別爲本類平聲與仄聲之首,正是程端禮所謂"類首"。程氏所謂《對類》中單字、虛實死活,都與秀岩堂《對類賽大成》相合。因而基本上可以推斷,程氏所謂《對類》與秀岩堂刊本牌記中所謂《詩對大成》,因爲《對類賽大成》正是增補《詩對大成》而成。明朱載堉(1536—1610)《樂律全書》卷十三:"《五音譜類》仿《對類》之書作。"小注:"初學對者,須看《對類》,初學譜者,須看《譜類》。"

正如前面所言,無論是韻還是對,在宋元時代都出現了新的著述趨向。回頭再看聲律啓蒙類書籍,此類書籍在韻與對的知識傳統基礎之上把兩者結合起來,把兩方面的知識整合在一起。這其實也是清代《笠翁對韻》以"對韻"爲書名的原因。聲律啓蒙類書籍還代表了另一種趨向,就是將音韻對屬知識歌唱化、聲音化、審美化。這類書籍顯然與上述詩韻、對類書籍有不同的目標與功能。以上書籍是供查閱之用的工具書,而聲律啓蒙書則將以上兩方面的知識從案頭轉移到了口頭。這種轉移的意義主要體現在知識的普及及教育上。

四、關於對的諸問題

聲律啓蒙雖然以韻部爲綱組織全書,傳授並引導人記誦韻部韻字知識,但此類書籍的真正重心卻在對。因爲全書由對句構成,對要以韻爲基礎,然其所涉及的知識遠爲複雜,全書的趣味性亦賴對而產生。聲律啓蒙在對方面有什麽特點?體現出什麽規則,這些規則有無知識的來源?由於這類書籍本身並没有説明,因而我們要將它們放到宋元以來相關的論述傳統中,通過比較來揭示。其中代表性的書籍就是前面所提到的《詩詞賦通用對類賽大成》,此書在明代被不斷修訂重刊,有多個版本。其中明正統年間司禮監所刊《對類》、題屠隆校訂之《縹緗對類》以及唐居子所編《對類正宗》都是源於此書。

(一) 對的聲律規則:平仄對

聲律啓蒙對屬的一個突出特徵是把文字的對偶與聲律結合起來,也就是以平仄爲對。以祝明《聲律發蒙》五歌第一首爲例：

  山對水，海對河。雪竹對煙蘿。新歡對舊恨，痛飲對高歌。琴再撫，劍重磨。媚柳對枯荷。荷盤從雨洗，柳綫任風搓。飲酒豈知敧醉帽，觀棋不覺爛樵柯。山寺清幽，遙臨萬傾煙波。

山與水、海與河、雪竹與煙蘿等都平仄相對。這種平仄相對的形式在聲律啓蒙類書籍中乃是一個規則。這種規則在明代正統刻本《對類》卷首"習對發蒙格式"中有明確的表述："平字用仄字對，仄字用平字對，平仄不失。"①

正因爲平仄對是基本規則，所以《對類賽大成》一類書籍將每一門類的字詞都按平仄歸類。這樣就很容易辨別每個字的平仄。要學對，認識每一字的平仄歸屬十分重要，這也是古代語言啓蒙教學中的重要內容。"習對發蒙格式"說：

  凡入小學，教之識字，便教讀得分明，每字各有四聲。惟有蕭、宵、爻、豪、尤、侯、幽七韻，切之第三聲止，無第四聲，餘皆有之。第一聲是平，第二聲、第三声、第四声，皆是仄，故以平、上、去、入別之。

聲律啓蒙類書籍中並沒有標明平仄，但由於其對句都是平仄相對，在吟誦中自然也熟悉了字的平仄。

（二）對的詞性規則：虛實與死活

聲律啓蒙對屬體現的另一規則，是虛字、實字、死字、活字的同類相對。"習對啓蒙格式"中有明確的說明：

  蓋字之有形體者爲實，字之無形體者爲虛；似有而無者爲半虛，似無而有者爲半實。實者皆是死字，惟虛字則有死有活。死謂其自然而然者，如高、下、洪、纖之類是也；活謂其使然而然者，如飛、騰、變、化之類是也。虛字對虛，實字對實，半虛半實者亦然。最是死字不可對以

---

① 《四庫全書存目叢書》影印明正統十二年（1447）司禮監刻本《對類》二十卷。見子部册225。

活字,活字不可對以死字。此而不審,則文理謬矣。

按照以上的説明,所謂虚實是就語義所指涉的對象而言的,如果所指涉的對象是有形體之物,就是所謂實字,如山、水、天、日等;如果所指涉的對象没有形體,就是虚字,如表示動作的吃、喝、走等,表示性質的大、小等。除虚實之外,還有半實半虚字,正統本《對類》等卷首載"習對定式"中説:"似有似無者,半實半虚。"也就是説似有者爲半實,似無者爲半虚。元本《對類賽大成》所列半實字,如聲、光、威、華、音、文、容、色、彩、片、氣、暈、影、力(卷一天文門"聲色第四")。《對類賽大成》所列半虚字,如卷一天文門"祥雲瑞日十五"中列二字語祥雲、仁風、甘霖、福星、瑞日、元气,其中祥、仁、甘、福、瑞、元爲半虚字。但是,值得注意的是,《對類賽大成》中"干支門"與"卦名門"兩門都没有標虚實,正統本《對類》、《縹緗對類》同《對類賽大成》,《對類正宗》於"干支門"標實字,但"卦名門"未標。如果干支屬於實字的話,同理,卦名也應該屬於實字。但是,如果以有形體爲實字,則干支、卦名都無形體,不能爲實字。看來,干支與卦名的虚實問題不易處理。

所謂死字、活字,根據"習對啓蒙格式"的説法,所有的實字都是死字,虚字當中則有活有死。"死謂其自然而然者,如高、下、洪、纖之類是也;活謂其使然而然者,如飛、騰、變、化之類是也。"虚字中的死字,有的是表示性質的字,高、層、光、長、清、微、嚴、柔、盈;有的是表示數目的字,如一、二、三、百、千、萬之類。而虚活字是表示動態或過程的,吹、噓、飄、遮、鋪、穿、翻、飛、收、開、堆。有人認爲虚活字相當於動詞,其實兩者並不能等同。如《對類賽大成》列"歌停"、"香消"、"遊歸"、"吟成"(卷九"人事門"之"歌闌宴罷"廿九),其中"停"、"消"、"歸"、"成"都是動詞,但卻被標爲死字。

以上所説的虚、實、死、活字同類相對的規則,一直到清末還被視爲不變的法則。清末《對類引端》①卷首"對聯略述"云:"其法乃平對仄,仄對平,實字對實字,虚字對虚字,活字對活字,半虚實字對半虚實字。"

我們再看聲律啓蒙類書籍,同樣體現出以上所説的虚、實、死、活同類相對的原則,從祝明《聲律發蒙》到李漁《笠翁對韻》都有體現。僅舉數例説明:

---

① 卷首有光緒六年(1880)蒲月硯香書屋主人誌。澳門:典文出版社影印本。

	祝明《聲律發蒙》	潘瑛續作	李漁《笠翁對韻》
實字對實字	雲對雨,雪對風	殿對臺,宮對寺	門對户,陌對街
半實字對半實字	賢對聖,智對愚	白對青,紅對紫	紅對白,賢對聖
半虛字對半虛字	仁對義	信對忠	忠對信
虛活字對虛活字	送對迎,行對坐	起對居,行對立	去對來,喜對哀
虛死字對虛死字	明對暗,淡對濃	廣對深,高對邃	清對淡,薄對濃

無論是《對類》還是聲律啓蒙類書籍,都突出虛、實、死、活同類相對的原則。

(三) 對類與事物的分類

在對屬中,按照字詞所涉事物的類別作對,比如天文、地理等,表示相同或相近類別事物的詞語可以爲對,因而對屬本身也會按照事物的類別來劃分,比如天文對、地理對等。王力先生《漢語詩律學》中有具體的討論,他把對屬的分類稱作"對仗的範疇",指出:"對仗的範疇差不多也就是名詞的範疇。"對於這些範疇劃分的依據,王先生認爲:"名詞的範疇似乎也沒有明文規定,祇有科舉時代某一些韻書裏附載著若干門類。"[1]王先生説的對,對仗的範疇基本是名詞的範疇,不過名詞範疇的劃分並非只是語言學範圍的問題,涉及古代關於事物分類的觀念,雖然沒有明文規定,卻與古代事物分類的知識傳統有密切的關係。

古代的知識分類與類書有密切的關係,類書體現了古代的知識分類的觀念。類書起源於三國魏王象等編《皇覽》,據《玉篇》謂分四十餘部,但其書已佚,具體的門類不得而知[2]。唐初歐陽詢(557—641)編《藝文類聚》是現存最早的類書之一,分四十七類,即天、歲時、地、州、郡、山、水、符命、帝王、后妃、儲宮、人、禮、樂、職官、封爵、治政、刑法、雜文、武、軍器、居處、產業、衣冠、儀飾、服飾、舟車、食物、雜器物、巧藝、方術、内典、靈異、火、藥、香草、寶玉、百穀、布帛、果、木、鳥、獸、鱗介、蟲豸、祥瑞、災異,其序中提到兼取《皇覽》、《文章流別》、《文選》之長,其分類或承自《皇覽》。虞世南

---

[1] 王力《漢語詩律學》,上海:上海教育出版社2002年版,第158頁。
[2] 清人孫馮翼輯《皇覽》一卷,有"逸禮"、"冢墓記"之名目,但未知是否屬於四十餘部之部類名稱。見《續修四庫全書》第1212册子部類書類。

(558—638)所編《北堂書鈔》一百七十餘卷，分帝王部、后妃部、政術部、刑法部、封爵部、設官部、禮儀部、藝文部、樂部、武功部、衣冠部、儀飾部、服飾部、舟部、車部、酒食部、天部、歲時部、地部，共十九部。徐堅（659—729）《初學記》分天部、歲時部、地部、州郡部、帝王部、中宮部、儲宮部、帝戚部、職官部、禮部、樂部、人部、政理部、文部、武部、道釋部、居處部、器用部、服食部、寶器部（花草附）、果木部、獸部、鳥部（鱗介蟲附）二十三部，與《藝文類聚》相比，其部類簡化了。其每部種又包含若干子類，如天部分天、日、月、星、雲、風、雷、雨、雪、霜、雹、露、霧、虹蜺、霽晴諸目，所舉事對皆在子類範圍之内。宋代類書繁興，如《太平御覽》等書，其分類基本上就是在唐人分類基礎上加以損益調整。

　　對屬的分類雖然基於事物的分類，但是就創作而言，分類越細，同類對屬的難度就越大。《初學紀》中的事對就屬於細類中的對屬。元本《對類》中分天文、地理、節令、花木、鳥獸、宮室、器用、人物、人事、身體、衣服、聲色、珍寶、飲饌、文史、數目、干支、卦名、通用、巧對、連綿、疊字，共二十二門。其中涉及語詞指涉之事物類別者爲前十八門，這十八門的設立雖然基於類書的知識傳統，也考慮到創作上的對屬傳統。這十八門之中，有些類別也可以通用。如天文與地理兩門，天與地是可以對的。

　　啓蒙聲律中雖然沒有按照事物的類別歸類，但其實也是遵循對屬的門類規則的。雖然我們不能確認元本《對類賽大成》與祝明《聲律發蒙》的年代先後，但是，我們可以通過將《聲律發蒙》中對屬與《對類》中的門類相比較，看出二書在對屬原則及門類上的共同特徵，並由兩者的共同性見出在當時有關對屬的分類情況。

對類門類	一字對	二字對	三字對	五字對	七字對
天文	雲對雪，雪對風	天地對山川，風聲對月色	天易曉，日將晡	春暄資日氣，秋冷藉霜威	日暖園林花易賞，雪寒村舍酒難沽
地理	巖對岫，澗對溪	觀山對玩水，雪竹對煙蘿	山岌岌，水淙淙	柳塘生浪花，花徑起香塵	楊柳如煙彭澤縣，桃花流水武陵溪
節令	春對夏，夏對冬	春分對夏至，一日對千年			寒食芳辰花爛熳，中秋良夜月嬋娟

續　表

對類門類	一字對	二字對	三字對	五字對	七字對
花木	瓜對果,李對桃	綠竹對蒼松,徑菊對池荷	花爛熳,草蒙茸	半池紅菡萏,一架白荼蘼	幾陣秋風能應候,一犁春雨甚知時
鳥獸	牛對馬,犬對貓	巨蟒對長蛇,舞蝶對鳴蛩	雙鳳翼,九牛毛	銜泥雙紫燕,課蜜幾黃蜂	春日園中鶯恰恰,秋天塞上雁嗈嗈
宮室	樓對閣,戶對窗	松軒對竹檻,高樓對邃閣	青鎖闥,碧紗窗	人間清暑殿,天上廣寒宮	
器用	琴對瑟,劍對刀	錦瑟對瑤琴,鏡奩對衣笥	犀牛帶,象牙梳	笙簫鳴細細,鐘鼓響摐摐	墨水半池端石硯,麝香一炷傳仙爐
人物	堯對舜,禹對湯	詞人對賦客,李白對楊朱	陳後主,漢中宗	山中梁宰相,樹上漢將軍	舞女腰肢楊柳軟,佳人顏貌海棠嬌
人事	仁對義,讓對恭	上智對中庸,歌殘對酒醒	仁無敵,德有鄰	忠心安社稷,利口覆家邦	
身體	唇對齒,角對頭	雪鬢對雲鬟,齒皓對唇紅	橫醉眼,撚吟鬚	露桃勻嫩臉,風柳舞纖腰	
衣服	冠對帶,帽對衫	短褐對長裙,舊帽對新鞋	青布幔,碧油幢		
聲色	紅對紫,白對青	佩紫對紆青		艷紅花弄色,濃綠柳敷陰	
珍寶	金對玉,玉對珠	璞玉對渾金,白璧對玄珪	金翡翠,玉麒麟		
飲饌		旨酒對佳餚			作酒固難忘麴糵,調羹必要用鹽梅

續　表

對類門類	一字對	二字對	三字對	五字對	七字對
文史	書對傳，史對經	五典對三墳，作賦對觀書	三道策，一緘書	詩成六義備，樂奏八音諧	擲地金聲孫綽賦，迴文錦字竇滔書
數目	千對百，兩對三	千山對萬水，九澤對三江	千取百，二生三		
干支		後甲對先庚			
卦名	離對坎，震對乾				

從以上的歸類，我們可以看出，《聲律發蒙》中的對屬與《對類賽大成》遵循了相同的分類及同類對屬規則。事實上，在元明之際也出現了按照事物分類的《習對歌》。此歌據前所知最早出現在正統本《對類》的卷首。其分類基本上與《對類》相同。如"天文對"：

天對地，地對天。天地對山川。清風對皓月，暮雨對朝煙。北斗七星三四點，南山萬壽十千年。

又如"地理對"：

泉對石，水對山。峻嶺對狂瀾。柳堤對花圃，澗壑對峰巒。舟橫清淺水村晚，路入翠微山寺寒。

在一首之中呈現某一類別的對屬，而《聲律發蒙》在一韻之中呈現不同類別的對屬，兩者重點不同，可以互補。

（四）對屬的意義規則：反對為上

從對句的意義關係看，兩者之間有相反、相對或相同、相近之差別。祝明《聲律發蒙》中有"寬對猛，是對非"，"無對有，實對虛"，"行對止，速對遲"，"休對咎，福對災"等，都是相反成對；像"巖對岫，澗對溪"，"金對玉，玉對珠",屬對雙方則意義相近。從意義關係的角度説,相反或相對爲最佳。此一點早在《文心雕龍》中就已經明確指出。其《麗辭》篇指出:"反對爲優,正對爲劣。"正因爲如此,劉節改祝明"巖對岫,澗對溪"爲"淵對岫,嶺對溪",淵與岫、嶺與溪在意義上相對,其改動的依據就是意義上的相對或相反原則。劉節將"玉對珠"改爲"緑對朱",其理也是如此。

(五) 世俗標準與精英標準的差異與衝突

以上列舉了聲律啓蒙類書籍及《對類》關於對屬的一些法則,如果滿足以上各原則,就是所謂工對或者説切對。理論上説,這是對屬所追求的目標。從詩歌史的角度説,晚唐詩被認爲是崇尚切對的,所謂"晚唐詩句尚切對"者是也(《詩話總龜》卷十三)。但是,宋以來由於對屬教育的發展、對屬書籍的廣泛傳播,對屬纔成爲讀書作文的基本能力,對屬工切同樣成爲童蒙作對子的標準。對屬及其標準一旦普遍化,也就大衆化了。此時精英作家們就試圖打破、超越這種普遍化的對屬標準。《王直方詩話》記:

> 荆公云:凡人作詩,不可泥於對屬。如歐陽公作《泥滑滑》云:"畫簾陰陰隔宫燭,禁漏杳杳深千門。""千"字不可以對"宫"字,若當時作"朱"字雖可以對,而句力便弱耳。(《苕溪漁隱叢話》前集卷三十引)

如果按照工對的標準,數目字應該對數目字,"宫燭"對"千門"顯然不合規則,但是"千門"表現出建築的繁多,以顯示宫殿的深廣與宏偉,這樣詩句就有力度感,而這種力度感是用"朱門"所無法達到的。力度與對屬之工是兩個尺度,王安石顯然把力度置於更優先的位置。

江西詩派更是有意打破對屬規則。《韻語陽秋》卷一載:"近時論詩者皆謂偶對不切則失之麄,太切則失之俗。如江西詩社所作,慮失之俗也,則往往不甚對。"對偶太切爲什麽失之俗?其原因就在於"切"已經成爲一個大衆化的追求與標準。《詩話總龜》後集卷十八引《杜詩正異》云:"近人論詩多以不必屬對爲高古。"高古與今俗相對,以不屬對爲高古,也就是以屬對爲俗。其所謂"近人"的觀點正與《韻語陽秋》相印證。劉辰翁《須溪集》卷六《劉孚齋詩序》:

> 作詩如作字,凡一(《四庫》本注:疑作書)齋第一類,欲以少許對

多多許,然氣骨適稱職者,蓋深許之。"桑麻深雨露,燕雀半生成。"以"生成"對"雨露",字意政等,怨而不傷,使皆如"青歸柳葉,紅入桃花",上下語脈,無甚慘黯,即與村學堂對屬何異? 後山識此,故云"功名不朽聊通袖,海道無違具一舟",幾無一字偶切;簡齋識此,故云"一凉恩到骨,四壁事多違",此今人所爲偏枯失對者,安知妙意政在阿堵中。

杜甫《屏迹》詩"桑麻深雨露,燕雀半生成"一聯,"雨露"是實字,"生成"是虛字,不符合對屬的規則。前人對此有不同的解釋。羅大經認爲"生爲造,成爲化",生成即造化,雨露與造化正相匹配①。方回則認爲,此二句句中對,即雨與露相對,生與成相對②。范晞文認爲其對屬確實"偏枯",因爲"句意適然,不覺其爲偏枯",但終究不可爲法③。劉辰翁也承認,從世俗的對屬標準看,杜甫詩句屬於"偏枯失對",但他認爲這種標準正是"村學堂對屬"的標準,在他看來,不應以這種標準來看對屬,他看重的是意義。他說杜甫"生成"與"雨露","字意政等,怨而不傷",其實劉辰翁是從比興寄託的角度看杜甫兩句詩的,"桑麻"、"燕雀"都是指小人,"雨露"指朝廷之恩,前句實言小人深承朝廷之恩寵,下句小人大半已成勢力,兩句表達的是相關的意思,前句是因,後句是果。正因爲劉辰翁是如此理解,故他說杜甫是"怨而不怒"。從意義上看,兩句的分量是相當的。在劉辰翁看來,杜甫的對屬與世俗所講是不同的,而江西詩人正是上承杜甫,陳師道、陳與義詩句不合對屬的"偏枯失對者",其"妙意政在阿堵中"。

從精英詩人與所謂"村學堂"標準的差異及衝突,我們可以看出精英的審美趣味與大衆趣味之間的差異,而精英趣味其實正是在與大衆趣味的互動中形成的。

(作者單位:香港中文大學)

---

① 《鶴林玉露》卷十三:"杜陵詩云:'桑麻深雨露,燕雀半生成。'後山詩云:'輟耕扶日月,起廢極吹噓。'或謂虛實不類,殊不知生爲造,成爲化,吹爲陰,噓爲陽,氣勢力量與雨露日月字正相配也。"
② 《瀛奎律髓》卷二十六杜甫《屏迹》評:"或問:雨露二字雙重,生成二字雙輕,可以爲法乎? 雨自對露,生自對成,此輕重各對之法也。必善學者始能之。"
③ 《對床夜語》卷二。

袁枚《隨園詩話》與清詩話寫作之轉型

蔣　寅

【摘　要】袁枚的詩話寫作在傳統的"辨句法,備古今,紀聖德,錄異事,正訛誤"之外,更繼承王士禛《漁洋詩話》風流自賞的品格,更加露骨地自我吹噓和自我神化,同時更出於打秋風或報恩的動機而以之爲交際和牟利的手段,遂開清代中葉以後詩話寫作的市儈風氣。後來出現的許多詩話都顯示出,其取材和撰寫方式不同程度地受到《隨園詩話》的影響。

【關鍵詞】袁枚　《隨園詩話》　清詩話　寫作　轉型

一、袁枚著述中的詩話

袁枚一生的文學成就是多方面的,作爲詩家宗師,對詩壇的影響更是無人可比。袁枚的詩論和詩評固然值得研究,而《隨園詩話》的寫作本身也很值得注意。但迄今爲止,我只見到王英志先生《袁枚評傳》曾對《隨園詩話》的選詩傾向與記事特點加以論述[1],加拿大學者施吉瑞(J. D. Schmidt)《隨園:袁枚的人生、文學批評與詩學》曾提到趙翼和章學誠對袁枚撰詩話牟利的譏評,但對其事之有無持存疑態度[2]。此外,臺灣學者王鐿容的論文

---

[1] 王英志《袁枚評傳》第十一章第四節"《隨園詩話》的選詩與記事",南京:南京大學出版社 2002 年版,第 459—478 頁。
[2] J. D. Schmidt, *Harmony Garden: The Life, Literary Criticism, and Poetry of Yuan Mei*, London: RoutledgeCurzon, 2003, pp. 153-161.

從傳播和性別角度對袁枚詩話作了文化分析①。他們的研究對認識袁枚的詩歌批評都有一定的參考價值，但也留下了從文學社會學的角度考察其寫作方式的餘地，而這在我看來是談論《隨園詩話》不可回避的問題。質言之，如果我們不了解袁枚詩話的寫作方式，不了解其取材和編撰的過程，而徑將它當作純粹的文學批評活動來推原其批評標準與得失，就會忽略其詩話中非文學因素的影響，而不能對清代中葉以降的詩話寫作獲得較爲現實的認知。

袁枚自三十三歲辭官居江寧，到八十二歲謝世，優遊林下近五十年。以一個僅從政七年的辭官知縣，能坐擁占地廣袤的倉山隨園，安享五十年盛名和富裕生活，不能不說是治生有術。六十歲以前，他周旋於尹繼善、鄂爾泰等大僚和王孟亭、莊容可、托庸等地方官之間，自能得其蔭庇；迨及垂暮之年，他仍能維持自己在詩壇舉足輕重的地位，持續地發揮影響力，則端賴招收女弟子和撰寫《隨園詩話》兩件事。有點巧合的是，兩者都開始於乾隆五十年(1785)以後，是年袁枚七十歲。廣招女弟子讓他隱然的詩壇盟主身份更增添一抹風流韻度，而編撰《隨園詩話》則足以使他挾四海宗盟三十年的餘勢緊握詩壇的話語權。

在清代以前，詩話寫作原是很隨意的，或主於評賞，或主於考據，或主於紀事，或主於糾駁，儘管篇幅不斷擴展，但"辨句法，備古今，紀聖德，錄異事，正訛誤"(許顗《彥周詩話》)的傳統功能依然如故。可是，從王士禎《漁洋詩話》肇端，"集以資閑談"(歐陽修《六一詩話》)的動機中，更平添了一層自我標榜的意味。讀他的詩話，等於就是在流覽他畢生值得誇耀於人的韻事。這種寫作風格極大地影響了後來的詩話寫作風氣。袁枚於詩學雖不甚尊崇王漁洋，但撰著詩話卻吸收了漁洋的一些思想②，同時更直接地繼承了《漁洋詩話》風流自賞的品格，更加露骨地自我吹噓和自我神化。我們從《隨園詩話》裏讀到的袁枚，是一個少年以才華出衆見重於前輩，中年以詩品超群爲儕輩所擁戴，晚年更以德高望重爲後生膜拜的殿堂級偶像。更有性情倜儻、見識過人、風流好事種種可愛的秉性流露其中，讓人不能不傾

---

① 王鐿容《傳播・聲譽・性別——以袁枚〈隨園詩話〉爲中心的文化研究》，臺灣暨南大學 2002 年碩士論文。
② 黃庭堅《山谷集》卷二十六《題意可詩後》："寧律不諧而不使句弱，用字不工而不使語俗，此庾開府之所長也，然有意於爲詩也。至於淵明，則所謂不煩繩削而自合。"王士禎在《師友詩傳錄》襲其意曰："寧律不諧，而不得使句弱。寧用字不工，而不可使語俗。"即爲袁枚所發揮。

倒折服。然而,所有這些迷人的叙述,都不能掩蔽其性情文字背後的世俗訴求和牟利的機心。詩話寫作到清代,如同各種總集、選集的編纂一樣,作爲前報刊時代的大衆傳播媒體,已因寫作人口與發表機會的不成比例而形成令人矚目的權力,從而與各種物質利益掛上鉤。在這方面,袁枚《隨園詩話》正是一個很極端很典型的例子。

袁枚《隨園詩話》的寫作始於何時,没有明確記載①。乾隆四十一年(1776)他有《題宋人詩話》詩云:"我讀宋詩話,嘔吐盈中腸。附會韓與杜,瑣屑爲誇張。如有倚權門,凌轢衆老蒼;又如據泰華,不復遊瀟湘。丈夫貴獨立,各以精神强。千古無臧否,於心有主張。肯如轅下駒,低頭傍門牆。"②這很像是自己寫作詩話的宣言。在前一年他剛編成六十歲自定的詩文全集,大概就在這前後,他開始整理素材,爲編撰《隨園詩話》作準備,到乾隆五十二年(1787)編成稿本二十卷。其寫作過程,除了回憶或記錄一些往事之外,主要是將往日筆記、書劄、序跋中論詩的文字加以編訂和潤色,王士禛作《漁洋詩話》也是如此。但袁枚不同的是,他還有意識地採集素材。詩話在他手中已明顯是有意經營的寫作,而且帶有獲取各種利益的動機。這是他的詩話寫作與前人最大的不同,意味著清代詩話寫作的一個重要轉型。現在就讓我們從素材的搜集開始,對他的詩話寫作做一番細緻的考察。

二、《隨園詩話》的素材來源

袁枚嘗自陳其寫作詩話的動機是出於愛詩的天性,説:"枚平生愛詩如愛色,每讀人一佳句,有如絶代佳人過目,明知是他人妻女,於我無分,而不覺中心藏之,有忍俊不禁之意。此《隨園詩話》之所由作也。"③在他自己的筆下,這種對詩歌的熱愛似乎導致兩個有點矛盾的結果,一方面是對詩歌作品的寬容的珍惜,就像他曾經説的:"李穆堂(紱)侍郎云,凡拾人遺編斷

---

① 日本學者松村昂認爲袁枚至遲在四十三歲時已開始撰寫詩話,但未説明證據和理由。見氏撰《〈隨園詩話〉的世界》,《中國文學報》第22册,京都大學中國文學研究室,1968年4月。
② 袁枚《小倉山房詩集》卷二十五,王英志主編《袁枚全集》,南京:江蘇古籍出版社1993年版,第1册,第511頁。
③ 袁枚《答彭賁園先生》,《小倉山房尺牘》卷八,《袁枚全集》第5册,第168頁。

句,而代爲存之者,比葬暴露之白骨,哺路棄之嬰兒,功德更大。何言之沉痛也!余不能仿韋莊上表,追贈詩人十九人。乃録近人中其有才未遇者詩,號《幽光集》,以待付梓。"①爲此他四處遊覽,每到一地,見詩輒録。洵如許善長所説,"大凡文字之知遇,必推鄉會座師,最爲感恩知己","别有一種愛才若命者,到處物色。絶無一面之緣,若有三生之契。得一字一句而歎爲奇才,永矢勿諼者,其感涕固不待言,而榮幸不啻賦鹿鳴、宴瓊林也。袁子才詩名傾海内,每於店壁僧寮,在在留意"②。另一方面則是嚴厲的淘汰,乾隆五十五年(1790)夏作《選詩》云:"消夏閑無事,將人詩卷看。選詩如選色,總覺動心難。"③袁枚似乎希望示人一個嚴格而又富有人情味的批評家形象。嚴格是保證詩話品質的廣告,富於人情味是鼓勵投稿的必要宣傳。這無疑都出於一種自我推廣的需要,在詩話寫作還葆有文學批評的純粹品格時,没有必要做類似的告白,這很容易理解。但問題是,《隨園詩話》果真是嚴格篩選、廣搜博採的結果嗎?

詩話寫作不同於一般的詩歌批評,有詩無話或有話無詩都不足以爲詩話,因此素材的蒐集是首要問題。據我看,《隨園詩話》的資料,只有很少一部分是袁枚自己搜採,多數源於他人投贈。自己搜集之例,如《詩話》卷八所載:

戊申春,余阻風燕子磯,見壁上題云:"一夜山風歇,僧掃門前花。"又云:"夜聞柝枻聲,知有孤舟泊。"喜其高淡,訪之,乃知是邵明府作。未幾,以詩見投,長篇不能盡録。記《竹枝》云:"送郎下揚州,留儂江上住。郎夢渡江來,儂夢渡江去。""若耶湖水似西泠,蓮葉波光一片青。郎唱吴歌儂唱越,大家花下並船聽。"又夢中得句云:"澗泉分石過,村樹接煙生。"皆妙。邵名帆,字無恙,山陰人。④

又卷十二載:

余遊覽久,得人佳句,必手録之。過安慶,見司獄許健庵扇上自

---

① 袁枚《隨園詩話》卷十三,南京:鳳凰出版社2000年版,第320頁。
② 許善長《談麈》卷三,光緒四年碧聲吟館刊本。
③ 袁枚《小倉山房詩集》卷三十二,《袁枚全集》第1册,第796頁。
④ 袁枚《隨園詩話》卷八,第201頁。

題:"權支薄俸初成閣,自愛閑曹好種花。"到黃公壚杏花村,見陳省齋太守有對云:"至今村釀黃公酒,依舊花開杜牧詩。"盧山開先寺見程巨山有對云:"樹裏月光才露影,山中雲氣不分層。"小姑山有俞楚江對句云:"入寺恍疑雨,終宵只覺寒。"①

這都是見詩輒錄的例子。有些詩作可能得於人所傳誦,如卷八有云:"閩人崔橐十三歲,有《遇雨》一絕云:'葉香亂打冷霏霏,興夢尋秋雁影稀。煙雨滿溪行不了,渡頭扶傘一僧歸。'雅有畫意。"②至於友朋親故為述他人佳作,如補遺卷四載姚鼐說國初懷甯逸老汪梅湖詩格甚高,而本朝諸選均未及,因錄其《田家雜詠》等篇,也是詩話中常見的情形。

他人投稿則分本人投贈與他人介紹兩種情況,詩話中通常都有說明。前者之例如:"秦中詩人楊子安驀見訪,適余外出;歸後見貽一冊。《雪霽》云:'寒瘦自性情,苦吟上未能。晚晴窗上日,先曬硯池冰。'《聞砧》云:'滿院苔痕合,重門樹影深。'"③後者之例如:"溧陽彭貢園先生,因余有《詩話》之選,寄其友京江許乃揚介山詩來。"④他人介紹看來比本人投稿更多。畢竟就傳統觀念而言,說項勝於自媒。求序基本上等於投稿,卷十四曾記載:"如皋張乾夫有《南坪集》八卷。其子竹軒太守,托其宗人荷塘明府索序於余。余適撰《詩話》,為摘一二,以志吉光片羽之珍。"⑤在當時,有人編撰詩話就像今天創辦一份期刊,立即會引來眾多的投稿者。像袁枚這樣有影響的批評家,其詩話就更為詩壇所矚望。以乾隆朝社會之升平富足,海內文詠之盛,這也是很自然的事。袁枚晚年曾感歎:"昇平日久,海內殷富,商人士大夫慕古人顧阿瑛、徐良夫之風,蓄積書史,廣開壇坫。揚州有馬氏秋玉之玲瓏山館,天津有查氏心谷之水西莊,杭州有趙氏公千之小山堂,吳氏尺鳧之瓶花齋,名流宴詠,殆無虛日。許犖璜刺史贈查云:'庇人孫北海,置驛鄭南陽。'其豪可想。此外,公卿當事,則有唐公英之在九江,鄂公敏之在西湖,皆以宏獎為己任……"⑥如此繁榮的詩歌生活,必然帶來巨量的發表和

---

① 袁枚《隨園詩話》卷十二,第318頁。
② 袁枚《隨園詩話》卷八,第202頁。
③ 袁枚《隨園詩話》卷九,第215頁。
④ 袁枚《隨園詩話》補遺卷八,第590頁。
⑤ 袁枚《隨園詩話》卷十四,第376頁。
⑥ 袁枚《隨園詩話》卷三,第69頁。

傳播需求,《隨園詩話》不過是這一創作背景下的自然産物,其卷帙之豐富首先與當時盛行的詩會、社集有關①。卷六提到"余在杭州,杭人知作《詩話》,爭以詩來求摘句者,無慮百首"②;補遺卷九又記載:"崑圃外孫訪戚於吳江之梨里鎮,有聞其自隨園來者,一時欣欣相告,爭投以詩,屬其帶歸,採入《詩話》。"③可見當時作者投稿是何等踴躍!

紛至沓來的投稿也讓袁枚疲於應付,倒不是艱於别擇,而是詩話不同於詩選,自有其體裁。《隨園詩話》補遺卷五曾談道:"自余作《詩話》,而四方以詩來求入者,如雲而至。殊不知詩話非選詩也。選則詩之佳者,選之而已;詩話必先有話,而後有詩。以詩來者千人萬人,而加話者惟我一人。搜索枯腸,不太苦耶? 松江太守李甯圃先生寄三友人詩來,余以此言復之。"話雖這麽説,但文人結習,不能自已。過後取看,見實有佳句,遂取張翔《夜泊》和《過商州》、李東皋《早發》和《舟中》四首入詩話,而上面一段議論也就自然地成了"話"④。

由於所謂"話"多半基於來稿者與自己的關係,這就决定了袁枚撰寫詩話主要取材於同時作者,也使《隨園詩話》成爲我所知道的第一部評論本朝作家的分量超過前代作者的詩話。當吴鎮寄所刻國初張晉、許珌兩家詩集請入詩話時,袁枚未予應允,且針對吴鎮諷其文人相輕,重申了自己的詩話主張:"兩賢詩業已刻集,自然流傳,無藉鄙人表章。其詩格律清老,實有工夫,然皆唐人皮殼,無甚出色處,以故不甚動心。所謂'食肉不食馬肝,未爲不知味也'。且詩話與選詩不同,選則詩之平頭正臉者,受人之托,選之而已。詩話則必有幾句話頭,以配其詩。現在四方之以詩來者,千人萬人,而專仗老翁一人爲之搜索枯腸,添造話頭,加此差徭,作何辦治?"⑤後來在《隨園詩話》補遺卷八裏,他又將自己詩話取材的原則表述爲:"採詩如散賑也,寧濫毋遺。然其詩未刻稿者,寧失之濫。已刻稿者,不妨於遺。"⑥通覽《隨園詩話》,我們確實可以看到,他將更多的篇幅留給了亡故的作者。尤其是

---

① 關於這一點,松村昂《〈隨園詩話〉的世界》(《中國文學報》第 22 册,京都大學中國文學研究室,1968 年 4 月)一文已有論述,可參看。
② 袁枚《隨園詩話》卷六,第 139 頁。
③ 袁枚《隨園詩話》補遺卷九,第 599 頁。
④ 袁枚《隨園詩話》補遺卷五,第 518—519 頁。
⑤ 袁枚《答吴松厓太守》,《小倉山房尺牘》卷七,《袁枚全集》第 5 册第 154 頁。
⑥ 袁枚《隨園詩話》補遺卷八,第 579 頁。

投贈詩稿,有時尚未翻閱而其人遽殁,他更會懷著遺憾與歉疚交織的心情,載其始末,以存其人。如卷九載:

> 余過京口,丹徒宰徐天球,字天石,貴州人,見示詩集。一別之後,遂永訣矣。余愛其《風箏》一絕云:"誰向天邊認塞鴻?但憑一紙可騰空。任他風信東西轉,百丈遊絲在掌中。"①

類似的例子還有卷十六的同年楊大琛。凡此之類,與後文將論及的受人托請,誠然有著李紱所謂拾人遺編斷句,功德大於掩埋暴露之白骨、哺育路棄之嬰兒的仁厚用心。若《隨園詩話》都是這樣的記録,那就會充滿感人至深的文字,然而事實並非如此。《隨園詩話》的內容絶不像袁枚夫子自道的那樣,是出於誠懇的採録和嚴肅的篩選,倒不如說充斥著濫收的平庸之作。與袁枚並列爲乾隆三大家之一的趙翼即已譏諷他:"有百金之贈,輒登詩話揄揚","結交要路公卿,虎將亦稱詩伯"②。這是熟人間的看法,應不會空穴來風。難道袁枚撰詩話真到如此庸俗不堪的地步麼?

三、打秋風的道具

道光間詩論家謝堃說,詩話到漁洋一變,到隨園又是一變。漁洋《五代詩話》之變是半屬類書③,而《隨園詩話》之變如何他未加說明,我推想大概是指詩話變成打秋風的道具罷。這確實是王漁洋之後詩話寫作的一大變異。王培荀《聽雨樓隨筆》卷八載:"綿州何人鶴,字九皋,在吳江唐陶山署。袁子才來游,方頤大耳,目如曙星,口若懸河,年八十二如少壯。從弟子十余人,席間陶山與諸客多以詩請教,九皋獨不肯。及行,主人送來酒食物,又去而之他。未久以函報云:'諸君詩皆入《詩話》矣。'翻閱,悉已改竄,其實皆弟子評騭,子才未嘗入目也。陶山喟然歎曰:'何三不落隨園。'"④不

---

① 袁枚《隨園詩話》卷九,第 220 頁。
② 梁紹壬《兩般秋雨盦隨筆》卷一,上海古籍出版社 1982 年版,第 3 頁。
③ 謝堃《春草堂詩話》序,道光刊本。
④ 王培荀《聽雨樓隨筆》卷八,巴蜀書社 1987 年版,第 529 頁。

知還有多少類似的故事可以坐實袁枚如此寫詩話,但後人對《隨園詩話》的印象多半來自這類傳聞。

詩話雖向來不被視爲有分量的著述,但卻是一種握有話語權的寫作,詩話作者也成爲附庸風雅的權貴或追求聞達的士人所巴結的對象①。而袁枚既"負推倒一世之才,海内言詩家群奉爲指南之針、棲皮之鵠,經品題者,如龍門遊"②,當然就更有號召力。後輩詩人吳文溥贈詩云:"一時豪俊隨車後,到處諸侯掃榻迎。"③活畫出袁枚當時爲時俗所追捧、炙手可熱的待遇。袁枚對自己一言九鼎的能量自然是很清楚的,晚年也明顯地利用詩話來招邀世俗的逢迎。祝德麟《閱隨園詩話題後六首》其四説:"老去翻爲汗漫遊,名山到處足句留。逢迎東道非無謂,只要倉山隻字收。"④正道出袁枚晚年詩話寫作中的世俗色彩。其實袁枚本人也毫不諱言這一點,《隨園詩話》卷二即載:

> 余過袁江,蒙河督李香林尚書將所坐船親送渡河。席間讀尚書詩,《野行》云:"香聞春酒熟茅店,紅惜秋花開野塘。"《宿永平》云:"樹樹鳥相語,山山水上看。"皆佳句也。又見贈二律,已梓入集中矣。其尊人湛亭尚書,先督南河,《遙灣夜泊》云:"風雪荆山道,春帆滯水涯。幾聲深夜犬,知近野人家。"《赴南河》云:"過顙應知因搏致,徹桑須及未陰時。"用《孟子》語,而治河之道,思過半矣。⑤

這是蒙達官照拂所給予的回報。如下一則記載也無疑是打秋風的報償:

> 海陽令邱公學敏,聞余到端州,即馳書與香亭,必欲一見。果不遠千里,假公事到省,暢談竟日,饋遺殊厚。記其佳句云:"山連齊魯青難了,樹入淮徐緑漸多。"⑥

---

① 這個問題筆者曾在《清詩話的寫作方式及社會功能》(《文學評論》2007 年第 1 期)一文中有過論述,可參看。
② 張雲璈《西軒詩草序》,《簡松草堂文集》卷四,燕京大學圖書館 1941 年影印本。
③ 詹杭倫、沈時蓉《雨村詩話校證》卷十六,成都:巴蜀書社 2006 年版,第 364 頁。
④ 祝德麟《悦親樓詩集》卷二十四,嘉慶二年刊本。
⑤ 袁枚《隨園詩話》卷二,第 35 頁。
⑥ 袁枚《隨園詩話》卷十,第 265 頁。

卷十記廣東之遊的條目，類似情形尤夥。如陪同遊山又送過梅嶺的大庾知縣袁鏡伊，在端州以詩來謁的豐川知縣彭霱，在端江頻饋束脩的高要知縣楊國霖，在廣州病中常來探視的樂昌知縣吳世賢，都是曾受惠而以文字回報的對象。最有意思的是卷三這一段文字：

> 吾鄉吳修撰鴻，督學湖南。壬午科，湖南主試者爲嘉定錢公辛楣、陝西王公偉人。諸生出闈後，各以闈卷呈吳。吳所最賞者，爲丁甡、丁正心、張德安、石鴻翥、陳聖清五人，曰："此五卷不售，吾此後不復論文矣。"榜發日，吳招客共飲，使人走探。俄而抄榜來，自第六名至末，只陳聖清一人。吳旁皇莫釋。未幾，五魁報至，則四生已各冠其經，如聯珠然。吳大喜過望。一時省下傳爲佳話。先是，陳太常兆崙在都中，以書賀吳云："今科楚南得人必盛。"蓋預知吳、錢、王三公之能知文，能拔士也。吳首唱一詩，云："天鼓喧傳昨夜聲，大宮小徵盡含鳴。當頭玉筍排班出，入眼珠光照乘明。喜極轉添知己淚，望深還慰樹人情。文昌此日欣連曜，誰向西風訴不平？"一時和者三十餘人。後甲辰三月，余游匡廬，遇丁君宰星子，爲雇夫役，作主人，相與序述前事，彼此慨然。且曰："正心管領廬山七年，來游者先生一人耳。"①

這位丁正心雖高中湖南鄉試舉人，卻顯然天性無詩才，既無酬贈之作也無詩冊呈請採錄。但袁枚既得丁爲東道，安排廬山之遊，無詩也不能不湊合一段"話"，以答謝其殷勤，於是便借其座師吳鴻詩作藥引子，敷衍出一則詩話。至於清楚寫明接受饋贈的，已見上引海陽知縣邱學敏一則。非唯於己有恩必報，有時連家人眷屬受惠於人，也有報施。如甥汪蘭圃赴肇慶缺路資，附金陵商人嚴翰鴻以行，《隨園詩話》補遺卷四載其事，錄嚴氏一絕："酒旗挑出屋簷斜，古木蕭疏掛落霞。吹笛牧童歸競渡，滿頭多插野山花。"②詞意陳熟如此，竟也登載！詩話寫到這步田地，實在已近乎交易。換成旁人，多半會隱沒其受饋報施之跡吧？但袁枚毫不在乎，一再記載這類"適俗韻"（借用陶淵明語），道理說穿了很簡單，不過是替詩話做廣告，示人交易誠信度及報酬比量，一如王漁洋筆記中再三記人以名槧珍玩之饋求爲先人撰寫

---

① 袁枚《隨園詩話》卷三，第 57 頁。
② 袁枚《隨園詩話》補遺卷四，第 487 頁。

墓誌或詩序之事,都是别樣的潤例,貌似風雅的叙事掩蓋不了世俗交易的實質。

　　袁枚無疑是個很世故、很用心治生、很善於斂財的人。他既然能在鹽商的筵席上爲主人賦詩失誤圓場以獲利,那麽借撰寫詩話牟利就是再自然不過的事。否則,以他一個中年辭官的知縣,拿什麽養活一個妻妾成群的大家庭,維護一個偌大的精緻園林呢? 伍拉納之子批《隨園詩話》道:"一部詩話,助刻資者,豈但畢秋帆、孫稽田二人? 有替人求入選者,或十金或三五金不等;雖門生寒士,亦不免有飲食細微之敬。皇皇巨帙,可擇而存者,十不及一。然子才已致富矣。"① 黄一農注意到,袁枚編撰《隨園詩話》,"其運作方式頗近似現今的《世界名人録(Who's Who in the World)》,後者期望被收録之人能提供内容及贊助(透過購買的方式,但其價不菲),而《詩話》所提及的數百位人物,其親朋故舊還會是潛在的購書者"②。這看來並非厚誣,袁枚的詩話有著遠爲豐富的世俗色彩,遠爲濃厚的市儈習氣,其寫作興趣或許很大程度上就是爲經濟利益所驅動的。

四、報恩與自我標榜

　　《隨園詩話》隨處可見世俗逢迎之迹,是誰也無法否認的。其寫作中夙遭後人詬病的非文學因素,除了打秋風之外,還包括諛譽達官和受人托情。就連袁枚稱道不已,許爲"老作家"的祝德麟,在《閱隨園詩話題後六首》中也不免譏誚:"三代而還盡好名,達官偏愛博詩聲。望山才調弇山筆,直得先生一品評?"③ 意謂像尹繼善(望山)、畢沅(弇山)這等根本不入流的詩才,哪值得你老先生爲之浪費筆墨!《隨園詩話》中,類似李之芳、尹繼善、于耐圃、張廷玉、托庸、孫士毅、高其倬、畢沅、鄂爾泰、高晉、張廷璐、豫親王、宗室瑶華主人、紅蘭主人、檀樽主人、英和、鐵保、慶桂、奇麗川一輩達官貴人及其子弟、眷室反復出現,絡繹不絶,不能不給人拉大旗作虎皮的印象。此風晚年愈盛,縷述與宗室、權貴的酬唱往來,以炫耀自己與權貴的親

---

① 王英志主編《袁枚全集》第 3 册,第 828 頁。
② 黄一農《袁枚〈隨園詩話〉編刻與版本考》,《臺大文史哲學報》第 79 期,2013 年 11 月。
③ 祝德麟《閱隨園詩話題後六首》其三,《悦親樓詩集》卷二十四,嘉慶二年刊本。

密關係、權貴對自己的仰慕,已成爲袁枚後期詩話的重要内容。

袁枚應試受知於尹繼善,直到中年深交的高官也只有這位四督江南的尹望山,於是尹氏就成了《隨園詩話》中出現頻次最高的人物。隨著袁枚年高望重,慕名納交的貴胄權臣越來越多,詩話中出現的達官貴人也就日漸增多,尤其是最後寫作的補遺十卷。所以伍拉納之子批《隨園詩話》至此,忍不住鄙斥:"一部詩話,將福康安、孫士毅、和琳、惠齡諸人說來說去,多至十次八次,真可謂俗,真可謂頻!"[1]這是以前的詩話中從未有過的惡俗現象,不能不給讀者留下好阿諛達官的印象。

明清兩代士人出仕必由科舉,故官僚無不能詩文。如果達官確有詩才,詩話論及也不失爲當代詩歌批評;問題是詩才從來不與爵位成正比,許多大僚的詩作實在乏善可陳,以致袁枚對權貴詩歌的臻錄和評價都像是出於阿諛奉承的過甚之辭。《隨園詩話》卷一錄滿人宰相托庸《送人赴陝》詩:"潞河冰合悲風生,欲曙不曙鳥飛鳴。寒山歷歷路不盡,班馬蕭蕭君獨行。公孫閣下正延士,博望關西方用兵。此去知君未即返,月明空有相思情。"通篇陳詞濫調,略無可圈可點之處,而袁枚評曰"音節可愛"[2],不能不教人服其善諛。補遺卷七又說:"近日滿洲風雅,遠勝漢人,雖司軍旅,無不能詩。"[3]這恐怕連滿族文人聽了也要忸怩不安。至於卷十四稱"本朝高文良公,詩爲勳業所掩,不知一代作手,直駕新城而上",就連伍拉納之子也看不下去,道:"子才此語太覺荒唐,高詩如何駕新城而上?"[4]卷十一起首數則,連篇累牘錄畢沅一門詩句,伍拉納之子批:"此等詩話,直是富貴人家作犬馬耳。……畢太夫人詩既不佳,事無可記,選之何爲?所以鄭板橋、趙雲松斥袁子才爲斯文走狗,作記罵之,不謬也。"[5]滿人權貴之子猶且如此,一般漢人讀者會怎麼看不難想見。

《隨園詩話》之阿諛權貴,已到如此露骨的地步,而卷三偏偏還有一則專論應酬:"予在轉運盧雅雨席上,見有上詩者,盧不喜。余爲解曰:'此應酬詩,故不能佳。'盧曰:'君誤矣!古大家韓、杜、歐、蘇集中,強半應酬詩也。誰謂應酬詩不能工耶?'予深然其說。後見粵西學使許竹人先生自序

---

[1] 王英志主編《袁枚全集》第3册,第831頁。
[2] 袁枚《隨園詩話》卷一,第5頁。
[3] 袁枚《隨園詩話》補遺卷七,第557頁。
[4] 王英志主編《袁枚全集》第3册,第823頁。
[5] 同上書,第820頁。

其《越吟》云：'詩家以不登應酬作爲高。余曰：不然。《三百篇》行役之外，贈答半焉。逮自河梁，洎李、杜、王、孟，無集無之。已實不工，體於何有？萬里之外，交生情，情生文；存其文，思其事，見其人，又可棄乎？今而可棄，昔可無贈。毋寧以不工規我。'"①朱庭珍《筱園詩話》卷四曾舉其説，按曰："考袁枚一生，最工獻諛時貴，其集具可覆按，直藉詩以漁利耳，乃故作眛心之語，以飾己過，亦可醜也。後生勿受其愚。"②這麼説不爲無見，但事情又絶非如此簡單，因爲袁枚也有他的理由和用心。

從《隨園詩話》的一些記載可以看出，袁枚熱衷於記述達官貴人之作，是出於報恩的目的。如補遺卷一寫道：

> 余十二歲，受王交河先生蘭生知，入學；十五歲，受李安溪先生清植知，補增；十九歲，受帥蘭皋先生念祖知，食餼。感知己之恩，求王、李二公詩不可得。近在汪松蘿《清詩大雅》中，得帥公《春園》云："群香多撲鼻，空翠總沾衣。良以得春趣，因之忘世機。徑幽當曉寂，禽小見人飛。我意適如此，看雲何處歸。"又，《秋信》云："柳殘池受月，花落徑添泥。"《彈琴》云："耳邊猶有韻，空外絶無聲。"③

滴水之恩必以湧泉相報，原是古代士人奉行的處世之道。乾隆二十四年（1759）袁枚有《諸知己詩》，歷數平生所遇恩公十三人，"仿少陵《八哀》聊志寸心"④，其情殷切可感。後人因而對《隨園詩話》中類似文字也能諒解，以爲"子才於生平受恩知己，念念不忘，故其惓惓於金震方中丞，溢於言表。即於其房師鄧逐齋亦然，此是子才性情厚處"⑤。只不過袁氏做得太過分了些，不只對賞識、提攜他的師長、貴人多所提及，凡生平曾受其恩惠者，如浙江學使帥念祖，資助其赴廣州的柴氏兄弟，試鴻詞報罷而蒙青盼的吳應萊、張鷺洲、唐綏祖，丁巳流落長安時館其家的高怡園，在都中蒙其垂青的滿洲學士春台，等等，都一概羅入，不惜齒牙；對晚年爲刻詩話的當朝重臣畢沅、

---

① 袁枚《隨園詩話》卷三，第58頁。
② 朱庭珍《筱園詩話》卷四，郭紹虞輯《清詩話續編》，上海：上海古籍出版社1993年版，第4冊，第2406頁。
③ 袁枚《隨園詩話》補遺卷一，第431頁。
④ 袁枚《小倉山房詩集》卷十五，《袁枚全集》第1冊，第281—285頁。
⑤ 伍拉納之子批，《袁枚全集》第3冊，第833頁。

孫慰祖,爲刻尺牘六卷的揚州後進洪錫豫,更是亟稱其詩,以爲報償,終不免招致物議。後輩詩人李調元在其廣東學政任所選刻袁枚詩五卷,得弟鼎元見告:"前見簡齋,聞吾兄爲彼搜詩上刻,甚感,伊已覓得《粵東皇華集》入彼詩話,爲相報之意。"①看來,將詩話當作世俗筐篚酬應之具,袁枚的確是很有意識的。

應該提到的是,《隨園詩話》所諛頌的權貴有些並不屬於有恩者之列,這在袁枚晚年所撰補遺十卷中尤多。詩話中記述與此輩的交往,與其説是譽之,還不如説是自譽。梁章鉅説,"袁簡齋《隨園詩話》所録,非達官即閨媛,大意在標榜風流"②,可謂一語中的。詩話標榜風流,最典型且有影響者,非《漁洋詩話》莫屬。袁枚之於王漁洋,内心雖不無相輕之意,但言詩持論卻多相近,更有著同樣風流自賞的天性,只不過少一個高門貴仕的身份,作詩話終不能像王漁洋那般顧盼自如,而非要拉扯許多達官貴肓來支撐臺面,借他們的傾倒來襯托、擡高自己。然則《隨園詩話》中的這類文字,實在並非要博得權貴垂蔭,倒適足是挾以自重,終極目的仍是自我標榜。像補遺卷六所載:"余與和希齋大司空,全無介紹,而蒙其矜寵特隆。在軍中與福敬齋、孫補山兩相國,惠瑤圃制府,各有寄懷之作,已刻《倉山集》中。(中略)《寄隨園》詩自注云'當在弟子之列',與小松札中又有'久思立雪'之語。虞仲翔得此知己,真可死而無憾。"③又卷九載:"余哭鄂制府虚亭死節詩云:'男兒欲報君恩重,死到沙場是善終。'乙酉天子南巡,傅文忠公向莊滋圃新參誦此二句,曰:'我不料袁某才人,竟有此心胸。聞係公同年,我欲見之,希轉告之。'余雖不能往謁,而心中知己之感,惻惻不忘。第念平生詩頗多,公何以獨愛此二句? 後公往緬甸,受瘴得病歸,薨。方知一時感觸,未嘗非讖云。"④伍拉納之子批這一則,詰問道:"傅文忠本不識字,何由知詩? 子才詩話中之與鄂文端、傅文忠論交,皆藉以嚇騙江浙酸丁寒士,以自重聲氣耳。"⑤不能不説是誅心之論。他甚至揭露袁枚詩話中還有虚構欺世的情節。如補遺卷八提道:"余壬戌外用,走辭首相鄂文端公,蒙公留飯,論當代名臣,公少所許可。"伍拉納之子批曰:"鄂公留子才飯,斷無之事。乾

---

① 詹杭倫、沈時蓉《雨村詩話校證》卷十一,第257—258頁。
② 梁章鉅《退庵隨筆》卷二十,郭紹虞輯《清詩話續編》,第3册,第1956頁。
③ 袁枚《隨園詩話》補遺卷六,第548頁。
④ 袁枚《隨園詩話》卷九,第226頁。
⑤ 王英志主編《袁枚全集》第3册,第819頁。

隆二年以後,上令鄂公專在御園靜養,日賜人參三錢,除計畫大事外,從不與外人交結。雖內外大臣,且不能一面,子才一外用知縣,何從留飯? 更何從有此深談,造言欺留人,一何可笑!"①我們雖不能斷定伍拉納之子此說是否確鑿無疑,但作爲同時人的看法,還是值得傾聽的。

五、托 請 之 弊

《隨園詩話》所錄達官貴人詩之多,也不全出於袁枚主動搜集,部分倒是别人轉寄,屬其採入詩話的。如卷十一載畢沅寄示惠齡詩云:"近日秋帆尚書總督兩湖,適蒙古惠椿亭中丞來撫湖北,致相得也。尚書知余作《詩話》,因寄中丞詩見示,讀之欽爲名手。"②即便如此,也應該承認,這類由達官寄示的詩册,往往多出自寒素作者之手。如:

奇麗川方伯,篤友誼而愛風雅。辛亥清明後三日,寄札云:"有惠山侯生,名光第,字枕漁者,嘗攜之同至黔中。詩多清妙,而身亡後,散失無存,向其家搜得古今體一卷,特專函寄上。倘得採錄入《詩話》中,則鰓生附以不朽,而余亦有以報故人也。"余讀之,頗近中唐風格。③

禮親王世子汲修主人能詩念舊,近致書王夢樓太史,以故人賈虞龍孝廉詩,屬其轉寄隨園,刻入《詩話》,因夢樓與賈君本係舊交故也。④

吳人史竹橋寄鮑銘山詩來。其人幕遊客死,屬余採數語入《詩話》中。⑤

類似的出於念舊或珍惜詩人畢生心血、不願讓其湮滅不傳的善意,無論在誰都是很難拒絕的。《隨園詩話》補遺卷二載,武陵胡蔚老於幕府,死後雲南友人知縣彭竹林刊其《萬吹樓遺稿》,付袁枚曰:"此少霞一生心血,先生爲存其人,可乎?"這樣的故事、這樣的請求,與封建社會晚期士人普遍

---

① 王英志主編《袁枚全集》第 3 册,第 833 頁。
② 袁枚《隨園詩話》卷十一,第 278 頁。
③ 袁枚《隨園詩話》卷三,第 79 頁。
④ 袁枚《隨園詩話》補遺卷十,第 622 頁。
⑤ 袁枚《隨園詩話》補遺卷六,第 540 頁。

絶望於功名後的一種"以詩爲性命"的價值寄托相關聯。它在改變傳統寫作觀念的同時，無形中也帶來批評意識的變化。質言之，即詩歌寫作和批評都指向作爲生命活動的終極價值，留傳成了主要的甚至是唯一的目標①。袁枚不是這種觀念的發明者，但肯定是最引人矚目的踐行者。《隨園詩話》中所接受的托請多半屬於此種功德。如補遺卷八所載"長洲秀才蔣硯佘耕堂，少有才名，惜不永年而卒。臨終以詩稿三册，付其門人陳竹士，中多佳句"。這裏雖未言及托請，但可以相信袁枚採録蔣氏詩作，一定是出於金纖縴夫君陳基（字竹士）的請求，這是顯而易見的。憑藉《隨園詩話》的這類記載，衆多位卑無名的作者得以傳其詩句、姓氏於天壤間而不至於澌滅。爲此，袁枚的詩話寫作不僅讓許多被記録的詩人感戴，也贏得了當時詩壇的廣泛尊崇。詩人邵葆琪讀到《隨園詩話》，即贈詩讚歎："賴有奚囊收拾盡，世間多少未招魂！"②

袁枚是個自我意識很強的人，也是能反省和正視自己思想和行爲的人。他在檢討當時編選近人詩、撰時賢詩話中存在的七種弊端時，也沒有諱言自己的問題，最後提到徇情受托情一點，承認"徇一己之交情，聽他人之求請"，"余作《詩話》，亦不能免"③。其實接受托情不能簡單地說好或不好，關鍵看對象、内容及對它們的評價是否持同樣標準，是否因利賄而改變。我們知道，儘管袁枚在詩話中不曾提到接受托請的獲利情況，但日記中是有清楚記載的。乾隆五十九年二月十四日載："佩香出女史孟文暉詩二卷、元二定，求入《詩話》。"④這是女弟子駱綺蘭爲閨友代求採詩入《詩話》，並以銀元寶兩錠爲贄，結果孟詩被收入《補遺》卷二，採其《秋日》和《秋夜》二詩。這倒也罷了，袁枚的問題不在於接受托情，而在於拒絕無利可圖的托情。儘管他曾爲十五省中獨缺甘肅詩人而遺憾，但後來甘肅詩人吳鎮寄所刻國初鄉先輩張晉、許玭二集來請入詩話時，他在答楊芳燦書中，卻以"純是唐人皮殼，毫無新意，其才遠不及松厓與足下，且有詩無話，難以

---

① 這個問題，我在《中國古代對詩歌之人生意義的理解》（《山西大學學報》2002 年第 2 期）一文曾有專門論述，收入《古典詩學的現代詮釋》（北京：中華書局 2009 年版）中，可參看。
② 袁枚《隨園詩話》補遺卷七，第 559 頁。
③ 袁枚《隨園詩話》卷十四，第 348—349 頁。
④ 王英志《手抄本〈袁枚日記〉（一）》，《古典文學知識》2009 年第 1 期。

採取"爲理由而加以拒絶,不肯給予前賢一點篇幅①。這雖與他多録未刊稿少採已刊稿的宗旨相符合,但未免輕看了許玭詩,同時也讓人覺得有點世故。他可以濫收許多權貴的濫作,卻不肯採入前輩名家一語,這無論怎麽説也是難以服人的。

六、濫收與疏誤

可以肯定地説,《隨園詩話》不僅在批評方式上將傳統的品第式批評轉變爲鑒賞式批評,同時在寫作方式上也將前人的閑適書寫轉變爲自覺經營的事業。其中有感恩的報償,有射利的應酬,有標榜風流的自我吹嘘,也有諛權貴、通聲氣的廉價稱頌,還有以詩存人的慈悲心懷。如此多樣的動機彙集於袁枚的詩話寫作,最終使《隨園詩話》負荷了前所未有的豐富功能,包括若干非文學意義的社會功能,同時成就其空前龐大的卷帙。事實上,在《隨園詩話》之前,除了朱彝尊《静志居詩話》、陶元藻《全浙詩話》之類帶有斷代或地域詩歌志色彩的著述,還從未出現過卷帙如此富贍的詩話。儘管袁枚宣稱:"選詩如用人才,門户須寬,採取須嚴。能知派别之所由,則自然寬矣;能知精採之所在,則自然嚴矣。余論詩似寬實嚴,嘗口號云:'聲憑宫徵都須脆,味盡酸鹹只要鮮。'"②然而採録既寬,篇幅既富,就難免魚龍混雜,泥沙俱下,爲此他的詩話寫作在當時也没少遭人詬病。

據他自己説:"余至吳門,四方之士送詩求批者,每逢佳句,必向人稱説,非要譽於後進也。掌科許穆堂嫌太丘道廣,見贈一律云:'先生天下望,眉宇照人清。老至通姻婭,兒時識姓名。風流蘇玉局,書卷鄭康成。可惜憐才過,揄揚誤後生。'余道:史稱龐士元稱許人才,往往有過其分。老人竟犯士元之病,行將改之。"③此所謂"揄揚誤後生",還是很委婉的勸誡,意思是説過分的獎譽會寵壞年輕作者;而更直截的批評則説他收取太濫,袁枚曾在補遺卷四中辯解道:

---

① 袁枚答楊芳燦佚劄,見鄭幸《袁枚佚劄四通考述——兼及袁枚、楊芳燦交遊考》,《蘇州大學學報》2008 年第 6 期。
② 袁枚《隨園詩話》卷七,第 168 頁。
③ 袁枚《隨園詩話》補遺卷七,第 550—551 頁。

人有訾余《詩話》收取太濫者。余告之曰："余嘗受教於方正學先生矣。嘗見先生手書《贈俞子嚴溪喻》一篇云：學者之病，最忌自高與自狹。自高者，如峭壁巍然，時雨過之，須臾溜散，不能分潤。自狹者，如甕盎受水，容擔容斗，過其量則溢矣。善學者，其如海乎？旱九年而不枯，受八州水而不滿，無他，善爲之下而已矣。……然則《詩話》之作，集思廣益，顯微闡幽，甯濫毋遺，不亦可乎？"①

　　與前引"採詩如散賬"之說一樣，這裏也坦陳自己撰寫詩話的宗旨是"顯微闡幽，甯濫毋遺"。這麼說並非不對，只不過在很多時候適足成爲自我開脫的冠冕堂皇的理由，而不符合詩話的實情而已。

　　除了濫收之外，《隨園詩話》的另一個缺點是文筆草率，記載無章法。如卷八十一則云：

　　許太監者，名坤，杭州人，在京師頗有氣焰，而性愛文士。嘗過杭太史堇浦家，採野莧一束去，報以人參一斤。欲交鄭太史虎文，鄭不與通。人疑鄭故孤峭者，然其詠《紅豆》詩，頗有宋廣平賦梅花之意。詞云："記取靈芸別後身，玉壺清淚血痕新。傷心略似燃於釜，繞宅何緣幻作人？一點紅宜留玉臂，十分圓欲上櫻唇。只嫌不及榴房子，空結團圓未了因。"梁瑶峰少宰和云："採緑何曾勝採藍？猩紅端合摘江南。且看沉水星星活，得似靈犀點點含。秋漢可煩橋更駕，朝雲應有夢同甘。石榴消息分明是，朱鳥窗前仔細探。"按紅豆生於廣東，乾隆丙戌鄭督學其地，梁爲糧道，故彼此分詠此題。②

　　這段文字從太監許坤性愛文士寫起，述其與杭世駿往來逸事，牽引出鄭虎文，舉其詠紅豆詩，再扯到梁瑶峰的和作。一段文字，主題不知道是寫太監還是寫鄭虎文，是寫鄭虎文的耿介節操還是寫其與梁瑶峰的交誼。又如卷九十一則云：

　　徵士王載揚，吟詩以對仗爲工，有句云："百五正逢寒食節，十千誰

---

① 袁枚《隨園詩話》補遺卷四，第492頁。
② 袁枚《隨園詩話》卷八，第210頁。

醉美人家?"愛余《滕王閣》詩"阿房有焦土,玉樓無故釘"一聯。湖州徐階五先生《贈沈椒園》詩云:"詩派同初白,官情共軟紅。"以沈乃初白先生外孫故也。王亦愛而時時誦之。徐知予於未遇時。記其《關山月》一首云:"大牙旗捲夕陽殘,旋見城邊湧玉盤。鼓角無聲霜氣肅,山河流影鏡光寒。白頭漢將占星立,紅淚胡姬倚馬看。淨掃煙塵天闕迥,清輝多處是長安。"先生名以升,雍正癸卯翰林,官臬使。①

稱道王載揚詩以對仗爲工,舉其所愛句卻非以工對取勝,不知他要表達什麽意思。之後突然轉引徐以升《贈沈椒園》句,並説王載揚亦愛誦之。這是因爲同屬工於對仗而涉及麽?沒有説明,卻解釋"詩派同初白"意指沈乃查慎行外孫。再往下看,纔知原來徐氏於袁枚有知遇之恩。既然如此,乾脆寫成兩則便是,何必非牽扯到一起呢?這就是袁枚寫作中行文草率、不講章法之處。《隨園詩話》中這類無足觀的文字相當不少,從而使全書的品質和價值大打折扣,招致"所採誠多猥濫"的評價②。英國學者亞瑟·韋利《袁枚傳》甚至説"欲觀惡詩,須閲《隨園詩話》",錢鍾書《談藝錄》許其頗具識力,並進一步指出:"自有談藝以來,稱引無如隨園此書之濫者","子才非目無智珠,不識好醜者,特乞食作書,聲氣應求,利名扇蕩,取捨標準,自不能高"③。因而他對袁枚詩話的評價,一言以蔽之曰"無補詩心,卻添詩膽"④。話雖刻薄,卻深中袁枚病根。

最後還要提到,《隨園詩話》在文獻上也存在不少問題。袁枚讀書雖勤,然而不事考據,詩文引書記事時有疏誤。補遺卷二將舒城閨秀鍾睿姑籍貫誤記爲蕪湖,門人甯楷《覆胡元峰》已提到⑤。卷六稱:"劉夢得《金陵懷古》,只詠王濬樓船一事,而後四句,全是空描。當時白太傅謂其'已探驪珠,所餘鱗甲無用',真知言哉!"這是誤記劉禹錫《西塞山懷古》詩題,梁章鉅《退庵隨筆》曾指出⑥。昭槤《嘯亭雜録》更批評"其詩話、隨筆中,錯誤不一而足"。尤疵謬者,如詩話載舒文襄公奏慶雲語,昭槤説:"文襄舅氏,以

---

① 袁枚《隨園詩話》卷九,第236—237頁。
② 徐世昌《晚晴簃詩匯》卷七十六,北京:中華書局1990年版,第3162頁。
③ 錢鍾書《談藝録》,北京:中華書局1984年補訂本,第195—196頁。
④ 錢鍾書《談藝録》,第205頁。
⑤ 甯楷《修潔堂集略》卷十三,嘉慶間家刊本。
⑥ 梁章鉅《退庵隨筆》卷二十,郭紹虞輯《清詩話續編》,第3册,第1959頁。

諫阻征緬,謫貶伊犁。庚寅歲朝,謫居絶域,焉能敷陳殿廷？記同時人之事,乃舛錯至此,何也？"①孫志祖《讀書脞錄》也糾其記載之誤數則,以後不斷有論者指摘其詩話中的錯誤。前人没注意到的,還有卷三引唐詩僧皎然答李季蘭詩"禪心終不動,還捧舊花歸",誤作宋人詩;卷六記顧鑑沙宧粤購得葉小鸞小照,誤葉小鸞爲粤人;卷七記檀萃事,誤其姓爲譚;卷六引顧炎武"《三百篇》無不轉韻者,唐詩亦然,唯韓昌黎七古,始一韻到底"之説,按曰:"《文心雕龍》云:'賈誼、枚乘,四韻輒易;劉歆、桓譚,百韻不遷,亦各從其志也。'則不轉韻詩,漢、魏已然矣。"②今按：劉勰語見《章句》篇,原文作"賈誼、枚乘,兩韻輒易;劉歆、桓譚,百句不遷;亦各有其志也"。袁枚不僅引述全誤,而且將論賦之語誤解爲論詩,足見其讀書及議論之粗,像完全不用大腦思維——當時哪有百韻的詩呢？

綜上所述,袁枚《隨園詩話》的寫作明顯存在不少問題。有些問題嚴格地説並不屬於詩學的範疇,但對詩學史來説卻是不容忽視的。因爲《隨園詩話》無論流傳之廣或影響之大,都堪稱清詩話甚至清代出版和閱讀史上的一個奇迹③,不僅於乾隆詩學,就是從整個清代詩學來看,它都代表著詩話寫作的一個重大轉型,帶來一股新的風氣。作爲傳統詩歌批評主要形式的詩話,從此滲入許多非文學的因素,不再是純粹的詩歌批評。可以肯定地説,嘉、道以後詩話寫作風氣的所有變化,諸如由探究理論轉向記錄詩事,由研究技巧、規則轉向欣賞式的品鑒,由藝術批評轉向自我標榜,等等,無不肇始於《隨園詩話》。我們祇要讀一讀李調元、法式善、郭麐、吳嵩梁、凌霄、王僖、潘焕龍等以降的清代中後期詩話,就會知道,此書對後來詩話的誘導和影響之力,無論如何估量都不會過分。

附記：匿名評審專家對本文提出很好的修改意見,筆者斟酌採納,對論文作了適當的訂補,謹此致謝。

（作者單位：中國社會科學院）

---

① 昭槤《嘯亭雜録》卷四,中華書局 1980 年版,第 494 頁。
② 袁枚《隨園詩話》卷六,第 126 頁。
③ 王學泰《〈隨園詩話〉趣談：清代中葉四大暢銷書》,《人民日報》2010 年 6 月 14 日。

經學探索

移風易俗與禮樂教化

彭 林

【摘 要】本文首先對"風俗"二字,作歷史性的考辨,風俗既約定俗成,卻又是可以與時俱進的。就風俗而論,四夷之民性與中原的差異極大,而中原文化在當時具有先進性,故而,風化天下,幾乎成爲儒家的歷史使命。就春秋戰國時代而言,各地民衆或沾染不良風俗,於是學者就有文明拓展或衰退之憂患。其次,本文根據《史記》、《漢書》,考察兩漢移風易俗之實績,這是武帝大一統以來的政治表現;進而論及風俗之盛衰,乃繫於士大夫之表率;而禮樂教化則是移風易俗之核心,堪謂畫龍之點睛矣。

【關鍵詞】移風易俗 禮樂 儒家 治國 中國文化

移風易俗,乃儒家治國思想之永恒主題之一。子曰:"移風易俗莫善於樂,安上治民莫善於禮。"①以禮樂教化爲移易風俗之道。何謂風俗?風俗何以需要移易?爲何禮樂可以移易風俗?凡此,皆爲中國文化之基本問題,不可不條分縷析,細加探索。

一、"風俗"解詁

風俗,是"風"與"俗"之合稱,兩者所指,原本不一。《説文解字》云:

---

① 《孝經·廣要道章》。

"俗,習也。"①指"俗"爲因長期浸潤而形成之生活習慣。鄭玄則云:"俗謂土地所生習也。"②認爲俗有地域性,與人所生存之土地,即地理環境(地貌、氣候、物産等)相關,較許説更進一層。

中國文明突出現象之一,是疆土廣袤遼闊,地理環境多元,各地發展不平衡,由此造成風俗之差異。中原最早進入文明時代,文化最爲發達。《禮記·王制》記述四方之夷蠻戎狄在居處、言語、衣服、飲食等習俗方面之狀況:"東方曰夷,被髮文身,有不火食者矣。南方曰蠻,雕題交趾,有不火食者矣。西方曰戎,被髮衣皮,有不粒食者矣。北方曰狄,衣羽毛穴居,有不粒食者矣。""不粒食",表明其尚未進入農業文明時代,"不火食"、"雕題交趾"、"被髮衣皮"、"衣羽毛穴居"則表明其在相當程度上保留著較爲原始之習俗。不僅如此,四夷之民性與中原之差異亦極大,《禮記·王制》云:

> 凡居民材,必因天地寒暖燥濕,廣谷大川異制。民生其間者異俗:剛柔、輕重、遲速異齊,五味異和,器械異制,衣服異宜。修其教,不易其俗;齊其政,不易其宜。中國戎夷,五方之民,皆有其性也,不可推移。

五方居民之性氣材藝,受天地間之寒暖、燥濕之氣,廣谷、大川之宜等因素之直接影響,人之好惡必定相異,性情之剛柔、緩急自然有別,口味、器械、服飾也各不相同,此等差異,出於天然,無法選擇,天長日久,已内化爲人性之一部分,"不可推移",亦無可厚非。

毋庸諱言,被髮文身,寢皮衣羽之類,乃是不知治絲麻,不知愛惜身體髮膚所致,並非文明社會應有之生活形態。韓非子稱,上古時代,"人民少而禽獸衆,人民不勝禽獸蟲蛇","民食果蓏蚌蛤,腥臊惡臭而傷害腹胃,民多疾病"③,民智尚不足以解決此類難題。新石器晚期,今山東之大汶口地

---

① 《漢書·地理志》所言風與俗之定義,與本文所引《禮記·王制》正相反:"凡民函五常之性,而其剛柔緩急,音聲不同,繫水土之風氣,故謂之風;好惡取捨,動靜亡常,隨君上之情欲,故謂之俗。"將《王制》所云之俗稱爲風,認爲其"繫水土之風氣";而將隨君上情欲乃至周遭相鄰部族影響而形成的風氣稱爲俗。就某種意義而言,此等差異正説明漢人不甚區別風與俗,故兩漢每每混作一詞用。
② 《周禮·地官·大司徒》注。
③ 《韓非子·五蠹》。

區,居民流行枕骨人工畸形,拔除一對側門齒,以及口含小石球等陋俗;太湖流域之先民,在殷周之際猶有紋身之風氣;如此之類,皆無益於身心健康,其産生之原因,至今不甚了了,或是原始審美情趣使然,或是盲目跟風使然。此等古風蠻俗之滌除,需歲月長河經年累月之冲刷,任何人無力超越歷史階段根除之。君子明白於此,故有"修其教,不易其俗;齊其政,不易其宜"之説。尊重居民習俗,有利於社會安定,避免出現無謂之波動或震蕩,《周禮·地官·大司徒》"以本俗六安萬民",即有此意:

> 以本俗六安萬民:一曰媺宫室,二曰族墳墓,三曰聯兄弟,四曰聯師儒,五曰聯朋友,六曰同衣服。

鄭注:"本猶舊也。"本俗猶言舊俗。賈疏:"不依舊俗創立制度,民心不安;若依舊俗,民心乃安,故以本俗六條以安民也。"本俗六,包括宫室、墳墓、衣服等物質形態,以及兄弟、師儒、朋友等人文環境。

若説"俗"側重在物質環境,則"風"特指民風或社會風氣。《毛詩大序》解釋"風"字云:"上以風化下,下以風刺上。"下"風"字,或作"諷";亦即是説,風詩既有君上用來風化下民之詩,亦有民衆用以譏諷執政者之詩,如此上下交互影響,漸成一國之風氣。

君上與下民,對風氣形成所起作用並不等同。孔子云:"君子之德風,小人之德草。草上之風,必偃。"以風加於草上,草無不偃仆,足見下民化於在上位之君子。在爲政者與庶民之間,前者起主導作用,决定後者之走向。孔子之君德爲風之思想,在七十子後學中得到普遍認同。《郭店楚墓竹簡》云:

> 禹以人道治其民,桀以人道亂其民。桀不易禹民而後亂之,湯不易桀民而後治之。聖人之治民,民之道也。①

上古民風樸茂,開化之後,民風或敦厚,或澆薄,起伏不定。同樣之民衆,在禹之下爲治民;到桀之下則成亂民;到湯之下又成治民。原因何在?在於爲政者之有道與無道。

---

① 《郭店楚墓竹簡·尊德義》。

各地風俗歧異,乃客觀存在之事實,但在交通不便之時代,各自生存環境相對封閉,民至老死不相往來,彼此影響極小,人們亦不甚措意。春秋以降,朝綱鬆弛,夷狄交侵,中原之與夷狄,交接日益頻繁,且出現雙向交流之傾向:既有夷狄向慕華風之現象,亦有中原走向被髮左衽之傾向:

邯鄲乃介於漳河與黃河間之大都會,北與燕、涿相接,南與鄭、衛緊鄰,各地風俗交匯於此,故《漢書·地理志》稱其"土廣俗雜",其民"大率精急,高氣勢,輕爲奸"。

鍾、代、石、北諸州,地理上迫近"胡寇",耳聞目染,浸淫成風,"民俗懻忮,好氣爲奸,不事農商",民風剽悍,一度成爲晉地憂患。春秋時,趙武靈王胡服騎射,尚武之風益盛,"故冀州之部,盜賊常爲它州劇"。

趙、中山一帶,地薄人衆,紂王久在沙丘淫亂,其遺民猶在,"丈夫相聚遊戲,悲歌慷慨,起則椎剽掘冢,作奸巧,多弄物,爲倡優。女子彈弦跕躧,游媚富貴,遍諸侯之後宮",淫亂之風盛行。淫亂最甚者爲鄭、衛之地,《詩·鄭風·出其東門》:"出其東門,有女如雲。"毛箋云:"有女,謂諸見棄者也。"①

顧炎武指出,自敬王三十九年西狩獲麟,至周顯王三十五年六國依次稱王,凡一百三十三年,其間禮崩樂壞,氣象不再,主要變化有六:

> 春秋時猶尊禮重信,而七國則絕不言禮與信矣。春秋時猶宗周王,而七國則絕不言王矣。春秋時猶嚴祭祀、重聘享,而七國則無其事矣。春秋時猶論宗姓氏族,而七國則絕無一言及之矣。春秋時猶宴會賦詩,而七國則不聞矣。春秋時猶有赴告策書,而七國則無有矣。邦無定交,士無定主,此皆變於一百三十三年之間。史之闕文,而後人可以意推者也。不待始皇之并天下,而文、武之道盡矣!②

---

① 清姚際恒《詩經通論》並駁二說曰:"小序謂閔亂,詩絕無此意。按鄭國春月,士女出遊,士人見之,自言無所係思,而室家聊足娛樂也。男固貞矣,女不必淫。以如雲、如荼之女而皆謂之淫,罪過罪過!"將此詩解釋爲正當之男女娛樂,大繆! 堪爲佐證者,乃同爲《鄭風》的《溱洧》:"溱與洧方渙渙兮,士與女方秉蕳兮。"箋云:"男女相棄,各無匹偶,感春氣並出,托采芬香之草,而爲淫泆之行。"又"恂盱且樂,惟士與女,伊其相謔,贈之以芍藥。"箋云:"士與女往觀,因相與戲謔,行夫婦之事,其別則送女以芍藥,結恩情也。"當時男女淫蕩之風,由此可見一斑。
② 顧炎武《周末風俗》,《原抄本日知錄》,卷十七,臺北:明倫出版社1970年版,第375頁。

學者間關於是以夷變夏抑或以夏變夷之憂慮,並非所謂華夏大民族主義作祟,而是事關中華文明進步抑或倒退之重大問題,不能不引起有識之士之深思。

二、兩漢之移風易俗

周公制禮作樂,標誌著德治主義之確立,行之不久,氣象即爲之一新,"成康之治""刑錯四十餘年不用",成爲周人八百年歷史第一個高峰。厲王之後,政令不出天子之門,諸侯、陪臣執國命,氣運漸衰。春秋亂世,諸侯異政,風俗改革,乏人問津。戰國之時,群雄逐鹿,鄉風民俗,不遑暇顧。

漢代建立大一統帝國之後,休養生息,經濟繁榮,其疆域已與今日中國相當,因而風俗歧異之矛盾開始凸顯。整齊風俗,事關四方萬民之文化認同,以及社會文明之提升,茲事體大,不可等閑視之,故而成爲提上議政日程之要務。元朔元年冬十一月,武帝詔曰:

> 公卿大夫,所使總方略,壹統類,廣教化,美風俗也。夫本仁祖義,襃德禄賢,勸善刑暴,五帝三王所繇昌也。

武帝希望通過"廣教化",即宣揚"本仁祖義,襃德禄賢,勸善刑暴"之理念,達到"美風俗"之境界,乃是兩漢政府之共識。而當時政治精英、社會賢達,每有所論,幾乎必臧否風俗厚薄,如:

> 文帝時,賈誼以爲"漢承秦之敗俗,廢禮義,捐廉恥,今其甚者殺父兄,盜者取廟器,而大臣特以簿書不報期會爲故,至於風俗流溢,恬而不怪,以爲是適然耳。"[1]
>
> (龔)勝居諫官,數上書求見,言百姓貧,盜賊多,吏不良,風俗薄,災異數見,不可不憂。[2]
>
> 魏相奏曰:先帝之時,"遣諫大夫博士巡行天下,察風俗,舉賢良,

---

[1] 班固《漢書》,北京:中華書局1962年版,第4册,第1030頁。
[2] 同上書,第10册,第3081頁。

平冤獄,冠蓋交道"①。其上諫書云:"今郡國守相多不實選,風俗尤薄,水旱不時。案今年計,子弟殺父兄、妻殺夫者,凡二百二十二人,臣愚以爲此非小變也。"②

匡衡上疏元帝云:"今長安天子之都,親承聖化,然其習俗無以異於遠方,郡國來者無所法則,或見侈靡而放效之。此教化之原本,風俗之樞機,宜先正者也。"③

仲長統曰:"自漢興以來,三百五十餘歲矣。政令垢翫,上下怠懈,風俗彫敝,人庶巧僞,百姓嚚然,咸復思中興之救矣。"④"時政雕敝,風俗移易,純樸已去,智慧已來。"⑤主張"去末作以一本業,敦教學以移情性,表德行以厲風俗。"⑥

上引諸文之中,"風俗流溢"、"風俗薄"、"風俗尤薄"、"風俗雕敝"等詞,最爲引人注目。作爲首善之區之長安,習俗居然"無以異於遠方",不僅令郡國"無所法則",其侈靡甚至爲郡國所仿效!説者内心之焦慮,躍然紙上。

兩漢政府從古代采風制度中得到啓發,希望考察各地風俗,"故古有采詩之官,王者所以觀風俗,知得失,自考正也"⑦。政府官員亦屢屢上書,建議設風俗使,巡行天下,如魏相上奏宣帝云:"竊伏觀先帝聖德仁恩之厚,勤勞天下,垂意黎庶,憂水旱之災,爲民貧窮發倉廪,賑乏餧;遣諫大夫博士巡行天下,察風俗,舉賢良,平冤獄,冠蓋交道。"⑧政府將此類建議付諸實施,設置風俗史,適時了解四方風俗,成爲漢代政治之一大創舉。元康四年春正月,宣帝"遣大中大夫彊等十二人循行天下,存問鰥寡,覽觀風俗,察吏治得失,舉茂材異倫之士"⑨。

此後,派遣風俗使之舉,可謂史不絶書。初元元年夏四月,元帝詔曰:

---

① 班固《漢書》,北京:中華書局 1962 年版,第 10 册,第 3137 頁。
② 同上書,第 3136 頁。
③ 同上書,第 3335 頁。
④ 班固《後漢書》,北京:中華書局 1962 年版,第六册,第 1726 頁。
⑤ 同上書,第 1651 頁。
⑥ 同上書,第 1653 頁。
⑦ 班固《漢書》,北京:中華書局 1962 年版,第六册,第 1708 頁。
⑧ 同上書,第 10 册,第 3137 頁。
⑨ 同上書,第 1 册,第 258 頁。

"臨遣光禄大夫褒等十二人循行天下,存問耆老鰥寡孤獨困乏失職之民,延登賢俊,招顯側陋,因覽風俗之化。"①元帝建昭四年夏四月,詔曰:"臨遣諫大夫博士賞等二十一人循行天下,存問耆老鰥寡孤獨乏困失職之人,舉茂材特立之士。相將九卿,其帥意毋怠,使朕獲觀教化之流焉。"②平帝元始四年二月,"遣太僕王惲等八人置副,假節,分行天下,覽觀風俗"③。

受命擔任風俗使者,多爲學識廣博、品德端正之儒者,如谷永,"博學經書","有茂才"④,舉爲太常丞,"立春,遣使者循行風俗,宣佈聖德,存卹孤寡,問民所苦,勞二千石,敕勸耕桑,毋奪農時,以慰綏元元之心,防塞大姦之隙"⑤。再如韋彪"好學洽聞,雅稱儒宗","安貧樂道,恬於進趣,三輔諸儒,莫不慕仰之",章帝建初七年,"車駕西巡狩",帝數召韋彪入,"問以三輔舊事,禮儀風俗"⑥。

漢安元年八月丁卯,順帝"詔遣八使巡行風俗,皆選素有威名者"⑦,"分行州郡,班宣風化,舉實臧否"⑧。八使乃侍中周舉、侍中杜喬、守光禄大夫周栩、前青州刺史馮羨、尚書欒巴、侍御史張綱、兗州刺史郭遵、太尉長史劉班,"皆耆儒知名,多歷顯位"⑨,"天下號曰八俊"。其中,周舉"博學洽聞",京師爲之語曰:"五經縱橫周宣光。"⑩張綱,"少明經學。雖爲公子,而厲布衣之節"⑪,後以"正身導下,班宣德信,降集劇賊張嬰數萬人,息干戈之役,濟蒸庶之困"⑫。

平帝元始四年,"選明達政事能班化風俗者八人。時並舉玄,爲繡衣使者⑬,持節,與太僕(任)〔王〕惲等分行天下,觀覽風俗,所至專行誅賞"⑭。

---

① 班固《漢書》,北京:中華書局1962年版,第1册,第279頁。
② 同上書,第295頁。
③ 同上書,第357頁。
④ 同上書,第11册,第3443頁。
⑤ 同上書,第3471頁。
⑥ 范曄《後漢書》,北京:中華書局1965年版,第4册,第917頁。
⑦ 同上書,第7册,第2029頁。
⑧ 同上書,第2册,第272頁。
⑨ 同上書,第7册,第2023頁。
⑩ 同上書,第2023頁。
⑪ 同上書,第1816頁。
⑫ 同上書,第1819頁。
⑬ 繡衣使者,李注:"出討奸猾,理大獄。武帝所制,不常置。"
⑭ 范曄《後漢書》,北京:中華書局1965年版,第九册,第2667頁。

玄即譙玄，乃"敦樸遜讓有行義者"。張禹"成帝初即位，舉爲博士，數使錄冤獄，行風俗，振贍流民，奉使稱旨，由是知名"①。派遣風俗使，成爲兩漢天子通行之大政之一，連王莽居攝亦無例外。元始四年，莽女立爲皇后，欲文致太平，使使者分行風俗，采頌聲，乃"遣大司徒司直陳崇等八人分行天下，覽觀風俗"②。元始五年秋，"風俗使者八人還，言天下風俗齊同，詐爲郡國造歌謠，頌功德，凡三萬言"③。

西漢君王爲扭轉暴秦以來之敗俗，可謂不遺餘力。漢武帝獨尊儒術，著力進行社會改革，成績卓著，風氣爲之丕變。然而，流弊積重難返，終西漢一朝，局面並未根本扭轉，證據是王莽篡權前後，臣民頌德獻符者，居然遍於天下！光武踐阼之後，尊崇節義，敦厲名實，舉用經明行修之儒，顧炎武云：

> 光武躬行儉約以化臣下，講論經義常至夜分，一時功臣如鄧禹，有子十三人，各使守一藝，閨門修整，可爲世法。貴戚如樊重，三世共財，子孫朝夕禮敬，常若公家。以故東漢之世，雖人才之倜儻，不及西晉，而士風家法似有過於前代。④

與武帝相較，光武革新之成效更爲鞏固，東漢末年，宦官外戚篡政，天下大亂，黨錮之禍迭起，"然而依仁蹈義，捨命不渝"之特立獨行者，在在多有！光武率身垂範，上行下效，且持之以恒，真積力久，各地風俗爲之丕變，不少地區呈現至治氣象，成爲古代中國最奪目之一幕。顧炎武感歎道："風雨如晦，雞鳴不已，三代以下，風俗之美，無尚於東京者！"⑤

三、風俗繫於士大夫

漢代風俗丕變之因素，除卻漢武帝、光武帝之努力而外，士大夫敢爲天

---

① 班固《漢書》，北京：中華書局1962年版，第10册，第3353頁。
② 同上書，第12册，第4066頁。
③ 同上書，第4076頁。
④ 顧炎武《兩漢風俗》，《原抄本日知錄》，卷十七，臺北：明倫出版社1970年版，第377頁。
⑤ 同上書，第377頁。

下先,爲民衆表率,對於轉移風俗,具有同等重要之作用。兩漢經學勃興,士子以研讀儒家經籍爲終身職志,終身寢饋其中,經典精神必然内化於中,成爲其文化理念,故大多有經世致用、擔當一代之情懷。其入仕而爲一方之長者,多能以禮樂化民成俗爲己任,馴至東漢,已成氣象。

治民之道,自古有法治與禮治兩大端。法治變化迅捷,禮治見效緩慢,當以何者爲是？ 對此,漢人曾歷經漫長之選擇。東漢之初,官員猶推崇法治。第五倫云:"光武乘王莽之餘,頗以嚴猛爲政,後代因之,遂成風化。"地方官員亦多有以威猛臨民者,"陳留令劉豫、冠軍令駟協,並以刻薄之姿,臨人宰邑,專念掠殺,務爲嚴苦,吏民愁怨,莫不疾之"①。潁川亦復如此,"潁川多豪強,難治,國家常爲選良兩千石。先是,趙廣漢爲太守,患其俗多朋黨,故構會吏民,令相告訐,一切以爲聰明,潁川由是以爲俗,民多怨讎"②。法治僅能收一時之效。誠如太史公所云:"法家不别親疏,不殊貴賤,一斷於法","可以行一時之計,而不可長用也"③。

兩漢士大夫堅通道德禮義之可以化民,親力親爲,躬親踐行,韓延壽任潁川太守,凡郡中長老,皆能接以禮意,問以謠俗,民所疾苦,"爲陳和睦親愛、消除怨咎之路","因與議定嫁娶喪祭儀品,略依古禮,不得過法";又"令文學校官諸生,皮弁執豆,爲吏民行喪嫁娶禮,百姓遵用其教"④,數年後,潁川大治,"姦人莫敢入界"。以禮樂治民,韓延壽堪稱楷模:

> 延壽爲吏,上禮義,好古教化,所至必聘其賢士,以禮待用,廣謀議,納諫爭;舉行喪讓財,表孝弟有行;修治學官,春秋鄉(社)〔射〕,陳鐘鼓管弦,盛升降揖讓,及都試講武,設斧鉞旌旗,習射御之事。⑤

堪與韓延壽媲美者,爲東漢名臣陳寔。陳寔"有志好學,坐立誦讀",操行出衆,"天下服其德"⑥。其立身行事,正直無私,亮節高風,"平心率物。其有爭訟,輒求判正,曉譬曲直,退無怨者。至乃歎曰:'寧爲刑罰所加,不

---

① 范曄《後漢書》,北京: 中華書局 1965 年版,第 5 册,第 1400 頁。
② 班固《漢書》,北京: 中華書局 1962 年版,第 10 册,第 3210 頁。
③ 司馬遷《史記》,北京: 中華書局 1959 年版,第 10 册,第 3291 頁。
④ 班固《漢書》,北京: 中華書局 1962 年版,第 10 册,第 3210 頁。
⑤ 同上書,第 3211 頁。
⑥ 范曄《後漢書》,北京: 中華書局 1965 年版,第 7 册,第 2066 頁。

爲陳君所短。'"陳寔家風亦善,其子陳紀,"亦以至德稱,兄弟孝養,閨門雍和,後進之士皆推慕其風"。因足爲民衆楷模,故"豫州刺史嘉其至行,表上尚書,圖象百城,以厲風俗"①。

某年歲荒,盜竊肆虐,至有盜賊夜潛陳寔之室,伏於梁上,陳寔佯作不知,而命子孫上前,正色訓誡道:"夫人不可不自勉。不善之人未必本惡,習以性成,遂至於此。梁上君子者是矣!"梁上之盜大驚而自投於地,稽顙歸罪。陳寔規勸道:"視君狀貌,不似惡人,宜深克己反善。"爲濟其困,遺絹二匹。盜賊大慚,萬民震悚,"自是一縣無復盜竊"。范曄讚美陳寔曰:

  漢自中世以下,閹豎擅恣,故俗遂以遁身矯絜放言爲高。士有不談此者,則芸夫牧豎已叫呼之矣。故時政彌惛,而其風愈往。唯陳先生進退之節,必可度也。據於德故物不犯,安於仁故不離群,行成乎身而道訓天下,故凶邪不能以權奪,王公不能以貴驕,所以聲教廢於上,而風俗清乎下也。②

伏湛亦爲東漢重臣,光武即位,即爲大司徒。濟南伏生乃其九世祖,父伏理,受《詩》於匡衡,復授成帝,爲當世名儒。伏湛"性孝友,少傳父業,教授數百人";更始時,"倉卒兵起,天下驚擾,而湛獨晏然,教授不廢",郡民皆飢,乃與妻"共食粗糲,悉分俸祿以賑鄉里,來客者百餘家"③。人望極高,而持身謹嚴,"雖在倉卒,造次必於文德,以爲禮樂政化之首,顛沛猶不可違。是歲奏行鄉飲酒禮,遂施行之"。時有徐異卿率萬餘人據富平作亂,連攻不下,惟云"願降司徒伏公"④。

漢儒類多能遵從儒家教義,修身齊家,立身揚名,影響世風。繆肜少孤,兄弟四人,皆同財業。及各有妻室,諸婦遂求分財立戶,屢有爭鬥之言。繆肜深懷憤歎,乃掩戶自撾曰:"繆肜,汝修身謹行,學聖人之法,將以齊整風俗,奈何不能正其家乎!"弟及諸婦聞之,悉叩頭謝罪,遂更爲敦睦之行⑤。王商"少爲太子中庶子,以肅敬敦厚稱。父薨,商嗣爲侯,推財以分異母諸

---

① 范曄《後漢書》,北京:中華書局1965年版,第7册,第2068頁。
② 同上書,第2069頁。
③ 同上書,第4册,第893頁。
④ 同上書,第895頁。
⑤ 同上書,第9册,第2685頁。

弟,身無所受,居喪哀慽。於是大臣薦商行可以厲群臣,義足以厚風俗,宜備近臣。繇是擢爲諸曹侍中中郎將"①。

(王丹)哀、平時,仕州郡。王莽時,連徵不至。家累千金,隱居養志,好施周急。每歲農時,輒載酒肴於田間,候勤者而勞之。其墮嬾者,耻不致丹,皆兼功自厲。邑聚相率,以致殷富。其輕黠遊蕩廢業爲患者,輒曉其父兄,使黜責之。没者則賻給,親自將護。其有遭喪憂者,輒待丹爲辦,鄉鄰以爲常。行之十餘年,其化大洽,風俗以篤②。

周秦之際,學者多以爲風俗繫於君王,故《毛詩》以爲,在上者推行風教於下,在下者以刺詩諷喻於上,爲《詩》之大旨。兩漢帝王多有能以推行風教自任者。然疆域之廣袤,僅有帝王之力,殊難扭轉乾坤。漢儒對移風易俗之自覺擔當,是儒家"修身、齊家、治國、平天下"學説之具體展現,意義深遠。

顧炎武之治國思想,以提倡禮治爲宗旨。顧氏生逢明清亂離之際,因此尤其强調儒生對社會風俗之影響與責任,其於歷代風俗皆有考察,凡有所論,無不令人有振聾發聵之感。

顧炎武説,三國鼎立後之三十年,"一時名士風流,盛於雒下,乃其棄經典而尚老、莊,蔑禮法而崇放達,視其主之顛危若路人然,即此諸賢爲之倡也"③。其批評魏晉士林習氣:"演説老、莊,王弼、何晏爲開晉之始,以至國亡於上,教淪於下,胡戎互僭,君臣屢易,非林下諸賢之咎而誰咎哉?"④指責竹林諸賢標榜名士風流,當負禍國之咎。

五代爲中國文化史上最黑暗之時代,士大夫皆無廉耻,不知忠義爲何物,從而引發民族危機與社會危機。宋儒有感於此,以名節相激勵,開啓一代風氣,尤爲顧炎武所激賞:

宋之初興,范質、王溥猶有餘憾。藝祖首褒韓通,次表衛融,以示意向。真、仁之世,田錫、王禹偁、范仲淹、歐陽修、唐介諸賢,以直言讜

---

① 班固《漢書》,北京:中華書局1962年版,第10册,第3369頁。
② 范曄《後漢書》,北京:中華書局1965年版,第4册,第930頁。
③ 顧炎武《正始》,《原抄本日知録》,卷十七,臺北:明倫出版社1970年版,第378頁。
④ 同上注。

論倡於朝。於是中外縉紳知以名節爲高,廉恥相尚,盡去五季之陋。故靖康之變,志士投袂起而勤王,臨難不屈,所在有之。及宋之亡,忠節相望。①

風俗關乎國家命脈,論述精闢者頗多,賈誼云:"夫移風易俗,使天下回心而鄉道,類非俗吏之所能爲也。"②班固《兩都賦》歎曰:"痛乎,風俗之移人也!"③堪稱肺腑之言。宋人樓鑰説:"國家元氣,全在風俗;風俗之本,實繫紀綱。"④誠爲不刊之論。清人黄中堅説:"天下之事,有視之若無關重輕,而實爲安危存亡所寄者,風俗是也。"⑤當作警世之語。

四、移風易俗與禮樂教化

子曰:"安上治民莫善於禮,移風易俗莫善於樂。"⑥以禮樂而非法制作爲經邦理民、移易風俗之達道,昭示著中國文化之獨特個性,其中藴含之理念極爲深刻,學者無不奉此爲圭臬。

《易・賁・象》曰:"觀乎人文,以化成天下。"孔疏:"言聖人觀察人文,則詩、書、禮、樂之謂。"明言以詩、書、禮、樂化成天下。《禮記・樂記》云:"禮節民心,樂和民聲,政以行之,刑以防之。禮樂行政,四達而不悖,則王道備矣。"禮樂爲教化核心,政乃推行禮樂之工具,刑爲確保禮樂教化之手段。《禮記・王制》所云"修其教"、"齊其政",鄭注:"教謂禮義,政謂刑禁。"與前説一致。

子夏《詩序》云:"風,風也,教也。風以動之,教以化之。"又云:"至於王道衰,禮義廢,政教失,國異政,家殊俗,而變風、變雅作矣。"又云:"傷人倫之廢,哀刑政之苛,吟詠情性以風其上,國史明乎得失之。達於事變而懷其舊俗者也。故變風發乎情,止乎禮義。發乎情,民之性也。止乎禮義,先

---

① 顧炎武《宋世風俗》,《原抄本日知錄》,卷十七,臺北:明倫出版社1970年版,第379頁。
② 班固《漢書》,北京:中華書局1962年版,第4册,第1030頁。
③ 范曄《後漢書》,北京:中華書局1965年版,第5册,第1359頁。
④ 樓鑰《奏議・論風俗紀聞》,《攻媿集》,卷二十五,《四部叢刊》本。
⑤ 黄中堅《策・風俗》,《蓄齋集》,卷五,清康熙五十年序刻本,第13頁。
⑥ 《孝經》。

王之澤也。"亦是禮樂教化,移易風俗之義。

《禮記·祭統》云:"凡治人之道,莫急於禮。"《漢書·禮樂志》對禮與風俗之關係,説之尤詳:

> 六經之道同歸,而禮樂之用爲急。治身者斯須忘禮,則暴嫚入之矣;爲國者一朝失禮,則荒亂及之矣。人函天地陰陽之氣,有喜怒哀樂之情。天稟其性而不能節也,聖人能爲之節而不能絶也,故象天地而制禮樂,所以通神明,立人倫,正情性,節萬事者也。人性有男女之情,妒忌之别,爲制婚姻之禮;有交接長幼之序,爲制鄉飲之禮;有哀死思遠之情,爲制喪祭之禮;有尊尊敬上之心,爲制朝覲之禮。哀有哭踴之節,樂有歌舞之容,正人足以副其誠,邪人足以防其失。故婚姻之禮廢,則夫婦之道苦,而淫辟之罪多;鄉飲之禮廢,則長幼之序亂,而爭鬥之獄蕃;喪祭之禮廢,則骨肉之恩薄,而背死忘先者衆;朝聘之禮廢,則君臣之位失,而侵陵之漸起。①

《孝經》邢疏解釋禮樂移易風俗之學理云:

> 禮殊事而合敬,樂異文而同愛。敬愛之極,是謂要道。神而明之,是謂至德。故必由斯人以弘斯教,而後禮樂興焉,政令行焉。以盛德之訓傳於樂聲,則感人深而風俗移易,以盛德之化措諸禮容,則悦者衆而名教著明。蘊乎其樂,章乎其禮,故相待而成矣。

禮主敬,樂主愛,以兩者教民,則民皆知敬愛,天下如何不康寧,故云"敬愛之極是謂要道"。"以盛德之訓傳於樂聲",以深情直擊人心,可以齊一心聲,故可以移易風俗;"以盛德之化措諸禮容",則悦者而名教著明。

儒家注重對人之心性之感化與提升,禮樂教化之重心正是在此,《孝經正義》曰:

> 樂者,本於情性;聲者,因乎政教,政教失則人情壞,人情壞則樂聲移,是變隨人心也。國史明之,遂吟以風上也。受其風上而行,其失乃

---

① 班固《漢書》,北京:中華書局1962年版,第4册,第1027—1028頁。

行禮義以正之,教化以美之。上政既和,人情自治,是正由君德也。云正之與變,因樂而彰,故曰莫善於樂者。

管住人之心性,無異於管住人之靈魂,以此爲本,即可移易風俗。《漢書·地理志》云:"'移風易俗莫善於樂',言聖王在上,統理人倫,必移其本,而易其末,此混同天下,一之乎中和,然後王教成也。"[1]可謂深入儒家文化 腠理之説。

(作者單位:清華大學)

---

[1] 班固《漢書》,北京:中華書局1962年版,第6册,第1640頁。

漢武帝時期的禮教：國家宗教神學之意識形態

——董仲舒的禮教神學思想

普 慧[*]

【摘 要】 漢武時期，董仲舒推進了先秦以來"禮"的各種功能在社會生活中的運用，大肆闡發了其宗教神學觀念，建立了一套以天與人相互感應的神學理論體系，構成了治國安邦的基本國策與國家主流意識形態，從理論上徹底完成了宗教信仰的神權、儒家倫常的父權和政治統治的皇權的三位一體化。董仲舒的儒家思想帶有濃密的神秘主義色彩，把先秦以來的原始鬼神崇拜、太極、陰陽、五行、神仙、方術等非儒家的因素，雜糅進了儒學之中，貫穿於社會的政治統治和人們的精神生活方面，實現了大一統帝國的"禮教"神學化的思想整合。國家宗教神學體系的建立，其目的是完成儒家之"禮教"的宇宙化、社會化和道德化。其"禮"的宗教信仰內容不再單純地注重於社會人事的規定，而是更加突出了"超越宇宙"的神學意味。董仲舒"禮教"思想的可貴之處則在於，它將原為社會上層集團專有的象徵權力和權威的"禮"，貫徹於民。"禮"的下移和普及，極大地突出了其宗教信仰和社會調節的功用，有效地避免了動輒使用酷吏的行為；董仲舒還賦予了"禮"具有"溥愛"、"德仁"的獨特内涵和特點。

---

[*] 普慧，本名張弘，四川大學中國俗文化研究所教授，歐盟 Erasmus 項目學者。主要研究領域：漢語佛教文化、中國文學批評史、中國宗教思想史、中外文化交流史等。南開大學中國宗教思想史博士後、四川大學中國古典文獻學博士後、山東大學中國古代文學博士。Email：zhpuhui77@ sina. com

【關鍵詞】禮教　國家意識形態　董仲舒　神學思想　司馬遷

　　禮,在上古的時代最早是用來敬神祀鬼的,所謂事神致福,是原始宗教崇拜活動的産物①。之後,在大量的祭祀活動中,人們按照在氏族内部的一定地位或掌握權力的大小,分别有序地對各類大小神祇次第敬拜,遂確定了神人關係。繼之,由神人關係進而衍化爲人人關係,於是便産生了適應其時宗教祭祀活動和等級社會制度的行爲準則和道德規範以及各種禮節②。在不同社會中,這些行爲準則和道德規範成爲管理和制約人們處理神人關係和人人關係的有效工具③。據載,三代各有其禮,即夏有夏禮,殷有殷禮,周有周禮④。因此,"禮"不獨爲儒家所專有。就世界文明史而言,每一古老民族或古老國家都有其管理社會的"禮"的規定。就是崇尚梵天(Brahmā)、毗濕奴(Viṣṇu)、濕婆(Śiva)的印度婆羅門教(Brahmanism)和崇尚佛陀的佛教也都有其"禮"。儒禮最早是孔子在周禮基礎上修訂、損益而成的,但隨著社會的變遷,儒禮也在不停地變化發展。到西漢武帝時,董仲舒對早期的儒禮進行了諸多的改造,使之成爲適應新型統治需要的思想武器——國家意識形態的神學禮教。

一

　　西漢武帝劉徹(公元前156—公元前87),爲求得中央集權和天子神

---

① 《説文·示部》:"禮,履也,所以事神致福也。"徐灝注箋:"禮之名,起於神事。"(清徐灝《説文解字注箋》,徐氏自刻本);《儀禮·覲禮》:"禮日於南門外,禮月與四瀆於北門外,禮山川丘陵於西門外。"東漢班固《東都賦》:"於是薦三犧,效五牲,禮神祇,懷百靈。"
② 《左傳·隱公十一年》:"禮,經國家,定社稷,序民人,利後嗣者也。"《禮記·曲禮》:"夫禮者,所以定親疏,決嫌疑,别同異,明是非也。"東漢班固《漢書》卷五十八《公孫弘傳》:"進退有度,尊卑有分,謂之禮。"
③ 《晏子春秋·諫上二》:"凡人之所以貴於禽獸者,以有禮也。故《詩》曰:'人而無禮,胡不遄死。'禮,不可無也。"《論語·子罕》:"博我以文,約我以禮。"另參見普慧《早期儒家"禮"的宗教思想》,北京:《世界宗教研究》2008年第3期。
④ 《論語·爲政》:"子曰:'殷因於夏禮,所損益,可知也;周因於殷禮,所損益,可知也。其或繼周者,雖百世,可知也。'"《禮記·中庸》:"子曰:'吾説夏禮,杞不足徵也。吾學殷禮,有宋存焉。吾學周禮,今用之,吾從周。'"

威,疏黄老而親儒士,遂使董仲舒(公元前179—公元前104)等一批大"儒"得以進入帝國中央智囊團。儒士的得勢,更加促進了先秦以來"禮"的各種功能在社會生活中的運用。在"三禮"傳播及文本整理的同時,儒士們對"禮"的闡釋也在積極展開。爲了政治的迫切需求,董仲舒大肆闡發了他的宗教神學觀念,建立了一套以天與人相互感應①的神學理論體系。所謂的天與人相互感應,是秦、漢時期廣泛流行的一種社會思潮,它同時包含著形而上(metaphysical)和形而下(within shape)的雙重内容,是指天與人之間存在相類相通的感應關係,天能預設、干預人事,而人之行爲舉止亦能感應上天。一切自然災異和祥瑞,皆爲天對人事的譴責和嘉許。董仲舒則在此基礎上從宗教神學角度進一步做了發揮,將其引入社會政治領域,構成了治國安邦的基本國策與國家主流意識形態(national mainstream ideology)。董仲舒認爲,"天亦有喜怒之氣,哀樂之心,與人相副,以類合之,天人一也"②,完全將"天""妝點成至高無上、主宰人間的、有人格、有道德意志的神"③。天對行善者降以祥瑞,對作惡者降以災異。"國家將有失道之敗,而天乃先出災害以譴告之;不知自省,又出怪異以驚懼之;尚不知變,而傷敗乃至。以此見天心之仁愛人君,而欲止其亂也。"④同時,人君的一些行政措施,人們的某些宗教祭祀,也能感動上天,促使上天改變其原有的安排。這裹,道德的善惡標準,實際上來自於雙重的淵源:既來自於上天的神秘的目的和意志,也源自於儒家傳統的社會政治倫理的原則。這樣,一方面,"至上神在中世紀的聖光中復活了",另一方面,"兩漢國教化了的僧侣們,便是神鬼化了的儒林與唯理化了的教徒,他們以神學家而兼政府官吏。皇帝在

---

① 不少學者以"天人感應"一語概括董仲舒的神學思想,實在不妥。因爲董仲舒根本没有提過"天人感應"這一術語。據現存文獻記載,此一術語最早出自《三國志》卷二《魏志·文帝紀》注引《獻帝傳》:"癸丑,宣告群寮。督軍御史中丞司馬懿、侍御史鄭渾、羊秘、鮑勛、武周等言:'令如左。伏讀太史丞許芝上符命事,臣等聞有唐世衰,天命在虞,虞氏世衰,天命在夏。然則天地之靈,曆數之運,去就之符,惟德所在。故孔子曰:鳳鳥不至,河不出圖,吾已矣夫。今漢室衰,自安、和、冲、質以來,國統屢絶,桓、靈荒淫,禄去公室,此乃天命去就,非一朝一夕,其所由來久矣。殿下踐阼,至德廣被,格於上下,**天人感應**,符瑞並臻,考之舊史,未有若今日之盛。'"此一"天人感應",意在"天命",與董仲舒的神學思想有較大差異。
② 董仲舒《春秋繁露》卷十二《陰陽義》,蘇輿撰,鍾哲點校《春秋繁露義證》,北京:中華書局1992年版,第341頁。
③ 侯外廬、趙紀彬、杜國庠、邱漢生《中國思想通史》(第二卷),北京:人民出版社1957年版,第99頁。
④ 班固《漢書》,卷五十六,《董仲舒傳》,第8册,第2498頁。

神國中同時也在王國中,是教主而兼天子"①。於是,在國家的主流意識形態領域裏,董仲舒等從理論上徹底完成了宗教信仰的神權、儒家倫常的父權和政治統治的皇權的三位一體化(trinitized)。

董仲舒這個從帶有濃密的神秘主義的趙、燕、齊之地②出來的儒士,與單純魯地出來的儒生有很大的不同:他顯然對先秦儒家"六經"的搜集、整理③缺乏必要的興趣,而是將先秦以來的原始鬼神崇拜、太極,尤其是燕、齊之地盛行的陰陽、五行、神仙、方術等非儒家的因素,雜糅進了儒學之中,對"通過五行的媒介發揮作用的天、地、人三界的一元性質作了新的強調"④,使之貫穿於社會的政治統治和人們的精神生活方面,實現了大一統帝國的"禮教"神學化的思想整合。

二

董仲舒對先秦儒家之"禮",有著深入的理解和踐行。他"進退容止,非禮不行,學士皆師尊之"⑤。以實際行動實踐儒"禮"。然而,董仲舒並非單一承繼先秦儒家之"禮",而是把先秦以來社會上流行的諸多思潮及技術納入其"禮教"神學範圍,構成了國家的最高意識形態。在董仲舒的"禮教"神學理論中,除了先秦儒家思想,還有如下幾種流行社會思潮和技術:

其一,祖先鬼神崇拜。祖先鬼神崇拜的觀念由來已久,春秋戰國之際,在諸子百家中,以墨子的鬼神崇拜思想最爲濃厚。胡適嘗謂:"董仲舒屢説'以人隨君,以君隨天','屈民而伸君,屈君而伸天',這正是墨教'上同於天'的意旨,後世儒者都依此説。其實孔孟都無'屈民伸君'之説,漢家建立

---

① 侯外廬、趙紀彬、杜國庠、邱漢生《中國思想通史》(第二卷),第89頁。
② 據班固《漢書》卷五十六《董仲舒傳》載,董仲舒爲廣川人。廣川(今之河北景縣),戰國時地處趙、齊、燕交界之地。
③ 漢初五十年,各地儒生以搜集、整理先秦以來的儒家文獻資料和傳講"五經"爲己任,努力恢復儒家政治倫常之禮儀。如:"言《詩》,於魯則申培公,於齊則轅固生,於燕則韓太傅;言《尚書》自濟南伏生;言《禮》自魯高堂生;言《易》自菑川田生;言《春秋》,於齊魯自胡毋生,於趙自董仲舒。"司馬遷《史記》,卷一百二十一,《儒林列傳》。
④ [英]魯惟一(Michael Loewe)撰、楊品泉譯《宗教和知識文化的背景》,[英]崔瑞德(Denis Twitchett)、魯惟一主編《劍橋中國秦漢史》,北京:中國社會科學出版社1992年版,第677頁。
⑤ 班固《漢書》,卷五十六,《董仲舒傳》,第8册,第2495頁。

的儒教乃是墨教的化身。"①漢武帝劉徹敬信鬼神②,故董仲舒也納鬼神崇拜於儒教之中。"鬼神謂生成萬物。鬼神也,四時變化,生成萬物,皆是鬼神之功。聖人制禮,則陳列鬼神之功,以爲教也,其降曰命。"③

其二,太極思想。太極,又稱太一、太乙。先秦思想家稱最原始的混沌之氣,是宇宙萬物產生之本原和根源。唐孔穎達疏:"太極謂天地未分之前,元氣混而爲一,即是太初、太乙也。"④太一,又作泰一,《禮記·禮運》:"夫禮必本於太一,分而爲天地,轉而爲陰陽,變而爲四時,列而爲鬼神,其降曰命。""大(音泰)一者,謂天地未分、混沌之元氣也。"⑤泰一,在戰國時期又被神化,成爲天神之名。戰國宋玉《高唐賦》:"醮諸神,禮太一。六臣注:善曰:'醮祭也。'《史記》曰:'宜立太乙而上親郊之。'良曰:'諸神,百神也;太一,天神也;天神尊敬稱禮也。'"⑥漢武之時,泰一神已被提升爲最高、至上神。《史記·封禪書》:"天神貴者,太一。"司馬貞《索隱》引宋均云:"天一、太一,北極神之別名。"⑦東漢班固謂:"或曰'五帝,泰一之佐也。宜立泰一而上亲郊之。'"⑧五帝,於周時即被祭祀。《周禮·春官·小宗伯》:"兆五帝於四郊。"依《吕氏春秋》等文獻,五帝爲:青帝太昊(伏羲氏)、赤帝(炎帝)、白帝(少昊)、黑帝(顓頊)、黄帝(軒轅氏)。鄭玄注:"五帝,蒼曰:靈威仰,太昊食焉;赤曰:赤熛怒,炎帝食焉;黄曰:含樞紐,黄帝食焉;白曰:白招拒,少昊食焉;黑曰:汁光紀,顓頊食焉。"⑨可見,太極與"禮"關係甚爲密切。唐孔穎達疏:"禮既藏於郊社天地之中,是故制禮必本於天,以爲教也;必本於大一者,謂天地未分混沌之元氣也。極大曰天,未分曰一。其氣既極大而未分,故曰大一也。"⑩

其三,陰陽思想。陰陽是先秦思想家指宇宙間貫通物質和人事的兩大對立面,特指天地間化生萬物的二氣。研究陰陽之學者被稱爲陰陽家。

---

① 胡適《中國中古思想史長編附錄》,上海:華東師範大學出版社1996年版,第288頁。
② 司馬遷《史記》,卷十二,《孝武本紀》:"孝武皇帝初即位,尤敬鬼神之祀。"第2冊,第451頁。
③ 鄭玄注、陸德明音義、孔穎達疏《禮記注疏》,卷二十二,《禮運》,《十三經注疏》下冊,第1426頁。
④ 逯中立《周易劄記》,卷三,《繫辭上傳》,景印《文淵閣四庫全書》,第34冊,第53頁。
⑤ 鄭玄注、陸德明音義、孔穎達疏《禮記注疏》,卷二十二,《禮運》,《十三經注疏》上冊,第1426頁。
⑥ 蕭統《文選》(六臣注)卷十九,北京:中華書局1987年版,第349頁。
⑦ 司馬遷《史記》,卷二十八,《封禪書》,第4冊,第1386頁。
⑧ 班固《漢書》,卷二十五上,《郊祀志上》,第5冊,第1227頁。
⑨ 《周禮注疏》卷十九,《十三經注疏》上冊,第766頁。
⑩ 鄭玄注、陸德明音義、孔穎達疏《禮記正義》,卷二十二,《禮運》,《十三經注疏》下冊,第1426頁。

"陰陽家者流,蓋出於羲和之官,敬順昊天,以授民時者也。"①羲和乃羲氏與和氏之並稱。傳説堯帝曾命羲仲、羲叔與和仲、和叔兩對兄弟分駐四方,以觀天象,並制曆法。《書·堯典》:"乃命羲和,欽若昊天,曆象日月星辰,敬授人時。"②故陰陽初謂日月、晝夜、天地。《易·繫辭上》:"陰陽不測之謂神。"③《禮記·郊特牲》:"樂由陽來者也,禮由陰作者也,陰陽和而萬物得。"孔穎達疏:"和,猶合也;得,謂各得其所也。若禮樂由於天地,天地與之和合則萬物得其所也。"④孫希旦《禮記集解》:"樂由天作,故屬乎陽;禮由地制,故屬乎陰。陰陽和則萬物得,禮樂和則萬事順。"⑤董仲舒始推重陰陽。"景、武之世,董仲舒治公羊《春秋》,始推陰陽爲儒者宗。"⑥

其四,五行學説。五行最早爲上古思想家用以指稱物質構成的五種元素。《尚書·周書·洪範》:"五行:一曰水,二曰火,三曰木,四曰金,五曰土。"⑦春秋時產生五行相勝説。《孫子·虛實第六》:"五行無常勝。"戰國齊騶衍(公元前305—公元前240)將陰陽説與五行説相結合,提出"五德終始論"⑧。董仲舒繼承前説,進一步明確闡發了"五行相生相勝説"⑨。董仲舒的"五行説"是爲其天與人相互感應的説法奠定基礎,似與漢代人們對天文星象的進一步認識有關,同時也保留了古老的星占術的内容。對於天象的認識,乃是世界各古老民族共同的興趣。而把人們很容易觀測到的五顆行星與"五行"聯繫起來,則始於兩河流域的人們。"美索不達米亞人仍在

---

① 荀悦撰、張烈點校《漢紀·成帝紀二》,北京:中華書局2002年版,第436頁。
② 《十三經注疏》上册,第119頁。
③ 韓伯注、陸德明音義,孔穎達疏《周易注疏》,卷十一,《十三經注疏》上册,第78頁。
④ 《禮記正義》,卷二十五,《郊特性》,《十三經注疏》下册,第1447頁。
⑤ 孫希旦撰,沈嘯寰、王星賢點校《禮記集解》,卷二十五,北京:中華書局1989年版,第675頁。
⑥ 班固《漢書》,卷二十七上,《五行志上》,第5册,第1317頁。
⑦ 孔安國注、陸德明音義,孔穎達疏《尚書注疏》,卷十一,《十三經注疏》上册,第188頁。關於《洪範》,近代有學者認爲是戰國時期子思一派的儒士僞託,當成於戰國中後期。但現代已有不少學者堅信《洪範》爲周初之作。參見范文瀾《中國通史》第1册,北京:人民出版社1978年版,第53、58頁;金景芳《古史論集》,濟南:齊魯書社1982年版,第176—180頁。
⑧ 鄭樵《左氏非丘明辯》:"齊威王時鄒衍始推五德終始之運。"唐順之:《荆川稗編》,卷十三,景印《文淵閣四庫全書》,第953册,第264頁。
⑨ 董仲舒《春秋繁露》,卷十一,《五行之義》:"天有五行:一曰木、二曰火、三曰土、四曰金、五曰水。木,五行之始也;水,五行之終也;土,五行之中也;此其天次之序也。木生火,火生土,土生金,金生水,水生木。"蘇興《春秋繁露義證》,第315頁。卷十三,《五行相勝》:"金勝木……水勝火……木勝土……火勝金……土勝水。"蘇興《春秋繁露義證》,第367—371頁。卷十三,《五行相生》:"木生火……火生土……土生金……金生水……水生木。"蘇興《春秋繁露義證》,第363—366頁。

細心地研究夜空,但現在他們把注意力集中在天體和星宿的運動上,因爲他們開始相信他們信奉的一些神祇就住在上天,而通過觀測和預測天體和星宿的運動就可預測出哪位神正在掌權以及這對人間事務的影響。新巴比倫人把這種天穹研究發展到了極致,他們認出了五個'游移不定的星星'(我們可以稱之爲行星),並把它們同五位不同神祇的權力對應起來。……我們仍用羅馬神的名字稱呼前五個行星——水星(Mercury,墨丘利神)、金星(Venus,維納斯女神)、火星(Mars,戰神瑪爾斯)、木星(Jupiter,主神朱庇特)、土星(Saturn,農神)——因爲希臘人和羅馬人承襲了這一體系。……今天人們把各種星占術都稱爲迷信,但在當時看來,新巴比倫人對上天事件和人間事務之間關聯的尋求是科學的。換句話講,對人類而言,相信自己能够觀測並解釋宇宙,因而知道如何從中受益,比因面對不可知的神秘現象整日擔驚受怕而畏畏縮縮,要科學一些。"[1]同樣,漢武帝時期(公元前 2 世紀—公元前 1 世紀),中國人對天文星象之認知,已達到了相當高度,並把天上星象的出没與地上人間的變化聯繫起來,構成了天神與地人相互感應說的重要内容之一。從司馬遷《史記》立《天官書》可以看出,其時星象與人事的聯繫極爲密切,且成爲"**禮**"制的預兆[2]。所以,"如果不理解陰陽五行學派的世界觀、知識論和邏輯學,則對於自漢以下的儒家哲學,也不能够有充分理解"[3]。

其五,神仙崇拜。神仙思想起源於上古人對於自然種種神秘的神話傳説,以不死思想爲主要淵源。然早期神與仙並非一個系統:神在西方,來自高山(以崑崙爲主),與人有本質之别,從來即神,不生不死。《山海經》卷二《西次三經》:"崑崙之丘,是實惟帝之下都,神陸吾司之。……是神也,司天之九部及帝之囿時。"[4]這一思想可能受到來自地中海的神話思想的影響。

---

[1] [美]菲利普·李·拉爾夫、羅伯特·E·勒納、斯坦迪什·米查姆、愛德華·伯恩斯撰,趙豐等譯《世界文明史》(上卷),北京:商務印書館 2006 年版,第 75—76 頁。
[2] 司馬遷《史記》卷二十七《天官書》:"歲星一曰攝提,曰重華,曰應星,曰紀星。營室爲清廟,歲星廟也。察剛氣以處熒惑。曰南方火,主夏,日丙、丁。**禮**失,罰出熒惑,熒惑失行是也。出則有兵,入則兵散。以其捨命國。熒惑爲勃亂,殘賊、疾、喪、饑、兵。反道二舍以上,居之,三月有殃,五月受兵,七月半亡地,九月太半亡地。因與俱出入,國絕祀。居之,殃還至,雖大當小;久而至,當小反大。其南爲丈夫喪,北爲女子喪。若角動繞環之,及乍前乍後,左右,殃益大。與他星鬥,光相逮,爲害;不相逮,不害。五星皆從而聚於一舍,其下國可以**禮**致天下。"第 4 册,第 1317—1318 頁。
[3] 侯外廬等《中國思想通史》(第一卷),北京:人民出版社 1957 年版,第 645—646 頁。
[4] 袁珂《山海經校注》,上海:上海古籍出版社 1980 年版,第 47 頁。

如，以爲崑崙之名源自古巴比倫（Ancient Babylon）神話中的 Khursag Kurkura 山①；又如，西王母（the Queen Mother of the West），其原型即可能是安納托利亞（Anatolia）地區的大神母 Kubaba，也即 Cybele。其更古老的原型可能與公元前 14 世紀—公元前 12 世紀廣泛存在於叙利亞的地中海沿岸的都市國家 Ugarit 所崇拜的 Anat 等神有關②。西周末期，山上的神已上升至天。《周禮·春官·宗伯》："大宗伯之職，掌建邦之天神、人鬼、地祇之禮，以佐王建邦保國。"春秋戰國時期，神的觀念已廣泛擴散，"山林、川谷、丘陵，能出雲，爲風雨，見怪物，皆曰神。有天下者，祭百神"③。然百神又有主宰者："天者，百神之大君也。"④仙，則在東方燕、齊的海岱地區，起源較晚，不會早於春秋，顧炎武云"仙論起於周末"⑤。"自威（公元前 356—公元前 320）、宣（公元前 319—公元前 301）、燕昭（公元前 311—公元前 279），使人入海求蓬萊、方丈、瀛洲。此三神山者……諸仙人及不死之藥皆在焉。"⑥仙的思想源於本土的"長壽"、"不朽"、"不死"、"保身"、"度世"、"登遐"等觀念，尤其是"'度世'和'遐居'，明確告訴我們要成'仙'就必須離開人世"⑦。"僊，長生僊去。从人从䙴，䙴亦聲。"⑧"老而不死曰仙。仙，遷也，遷入山也。"⑨據此，與神不同的是，僊本爲人，經過修煉方可升成爲仙。神與僊（仙）的合流當在西漢武帝時期⑩。

其六，方術技巧。方術，即方士之術。方士原爲西周官員，掌王城四方

---

① 蘇雪林《崑崙之謎》，臺北："中央"文物供應社 1956 年版。
② Elfriede R. Knauer：*The Queen Mother of the West: A Study of the Influence of Western Prototypes on the Iconography of the Taoist Deity*，Victor H. Mair edited：*Contact and Exchange in the Ancient World*（Honolulu：University of Hawai'i Press，2006）. Lynn E. Roller：*In Search of God the Mother: The Cult of Anatolian Cybele*（University of California Press，Berkeley and Los Angeles，California，1999）.
③ 鄭玄注、陸德明音義、孔穎達疏《禮記注疏》，卷四十六，《祭法》，《十三經注疏》下册，第 1588 頁。
④ 董仲舒《春秋繁露》卷十四《郊語》。
⑤ 顧炎武《日知録》，卷三十，《泰山治鬼》，黄汝成集釋《日知録集釋》，上海：上海古籍出版社 2006 年版，第 1718 頁。
⑥ 司馬遷《史記》，卷二十八，《封禪書》，第 4 册，第 1369 頁。
⑦ 余英時撰、侯旭東等譯《東漢生死觀》，上海：上海古籍出版社 2005 年版，第 24 頁。
⑧ 許慎《説文解字》，卷八上五，北京：中國書店 1989 年影印商務印書館本。
⑨ 劉熙《釋名》，卷三，《釋長幼》，畢沅疏證，王先謙補，祝敏徹、孫玉文點校《釋名疏證補》，北京：中華書局 2008 年版，第 96 頁。
⑩ 有關神仙説的起源，日人關注較早，青木正兒（Aoki Masaru）《神仙説ガラ見左列子》，載於《支那學》第二卷第一號，大淵忍爾（Ninji Ōfuchi）《初期の仙説について》，載於《東方宗教》第 1—2 期（1952 年 9 月）等都曾做過有益的探討，然均未能將神與仙分而論之。

堁地的獄訟。《周禮·秋官·序官》："方士,中士十有六人。"鄭玄注:"方士,主四方都家之獄者。"①春秋時,方士繼承和融合前代諸多法術如醫藥、卜筮、星相、堪輿、遁甲、鬼神、房中、冶煉黃白等爲一體,成爲治道之法。《莊子·雜篇·天下》:"天下之治方術者多矣。"成玄英疏:"方,道也。自軒、頊已下,迄於堯、舜,治道藝術,方法甚多。"②據載,最早的有姓名的方士爲周靈王姬泄心(公元前571—公元前545)時期的萇弘:"是時萇弘以方事周靈王,諸侯莫朝周,周力少,萇弘乃明鬼神事,設射狸首。狸首者,諸侯之不來者。依物怪欲以致諸侯。諸侯不從,而晉人執殺萇弘。周人之言方怪者自萇弘。"③在此之前,西周吕望佐武王伐紂,多用權謀之術④,裝神弄鬼,已近方術手段,後封地於齊,致使數術風氣盛行。戰國時期,燕、齊方士結合陰陽學,以海上長生之術爲主要技能。"騶衍以陰陽主運顯於諸侯,而燕、齊海上之方士傳其術不能通。"⑤至秦,燕、齊方士以仙道思想爲主,形成方仙道。"及秦帝而齊人奏之,故始皇採用之。而宋毋忌、正伯僑、充尚、羨門高最後皆燕人,爲方仙道,形解銷化,依於鬼神之事。"⑥董仲舒身處齊地周邊,對此方之方術耳濡目染。

由此看出,董仲舒的"禮教"神學理論思想絶不是單純的先秦儒家體系的延伸,當他將諸多思潮和技術雜融進儒家思想後,原本注重"學"的儒家,經董仲舒的改造,儼然演變成了重"術"的儒教。"仲舒治國,以《春秋》災異之變推陰陽所以錯行,故求雨,閉諸陽,縱諸陰,其止雨反是;行之一國,未嘗不得所欲。"⑦這樣,董仲舒等便將整合後的儒術⑧迅速提升成爲"漢代

---

① 鄭玄注、陸德明音義、賈公彦疏《周禮注疏》,卷三十四,《十三經注疏》上册,第867頁。
② [清]郭慶藩撰、王孝魚點校《莊子集釋》,北京:中華書局1961年版,第4册,第1065頁。
③ 司馬遷《史記》,卷二十八,《封禪書》,第4册,第1364頁。
④ 司馬遷《史記》,卷三十二,《齊太公傳》:"周西伯昌之脱羑里歸,與吕尚陰謀修德以傾商政,其事多兵權與奇計,故後世之言兵及周之陰權皆宗太公爲本謀。周西伯政平,及斷虞芮之訟,而詩人稱西伯受命曰文王。伐崇、密須、犬夷,大作豐邑。天下三分,其二歸周者,太公之謀計居多。"
⑤ 司馬遷《史記》,卷二十八,《封禪書》,第4册,第1368頁。
⑥ 同上注。
⑦ 班固《漢書》,卷五十六,《董仲舒傳》,第8册,第2524頁。
⑧ 此時的儒家已不再是先秦孔、孟思想的單純延伸。漢初以整理、傳播"六經"爲主的儒生也漸變爲通曉方術、鬼神和神道的儒士。孔學由"學"衍變成了"術"。董仲舒《對策》之三:"臣愚以爲諸不在六藝之科、孔子之術者,皆絶其道,勿使並進。"班固《漢書》,卷五十六,《董仲舒傳》,第8册,第2523頁。

的國家宗教體系"(Confucianism became a State religion in Han times)①。他也因此成了"儒家的第一個'神學家'"②。這一國家宗教神學體系的建立,完全是從"大一統"③的帝國思想與人間神祇結合的需要而出發。

> 《春秋》**大一統**者,天地之常經,古今之通誼也。今師異道,人異論,百家殊方,指意不同,是以上亡以持一統;法制數變,下不知所守。臣愚以爲諸不在六藝之科、孔子之術者,皆絕其道,勿使並進。邪辟之説滅息,然後統紀可一而法度可明,民知所從矣。④

爲了帝國的大一統,必須在思想上、信仰上確立儒教的絕對思想、精神統治的地位。凡一切不以儒教爲主導的"異道"、"異論"等"邪辟之説","皆絕其道,勿使並進",乃至"滅息"其説。其實,董仲舒所排斥的並非被其儒教所吸納的那些思想,而是想要在政治和精神上與儒教分庭抗禮的那些思想。

三

國家宗教神學體系的建立,其目的即是完成儒家之"禮教"的宇宙化、社會化、道德化。由此,"禮"的宗教信仰内容不再單純地注重於社會人事的規定,而是更加突出了"超越宇宙"(transcendent)的神學意味,"禮"由此成了國家宗教神學體系的核心範疇和内容。這樣,董仲舒以純粹理念的、抽象的術語來理解神意,解釋"天"、"人"關係中的屬於自己理想的結構狀態。

> **禮**者,繼天地、體陰陽,而慎主客,序尊卑、貴賤、大小之位,而差外

---

① Arthur Waley: *Three Ways of Thought in Ancient China* (Stanford: Stanford University Press, 2004), p. 94.
② [瑞士]羅伯特·P·克雷默(Robert P. Cremer)撰、謝亮生譯《儒家各派的發展》,載崔瑞德(Denis Twitchett)、魯惟一(Michael Loewe)主編《劍橋中國秦漢史》,北京:中國社會科學出版社1992年版,第725頁。
③ 《春秋公羊傳·隱公元年》,《十三經注疏》下册,第2196頁。
④ 班固《漢書》,卷五十六,《董仲舒傳》,第8册,第2523頁。

內、遠近、新故之級者也,以德多爲象,萬物以廣博衆多、歷年久者爲象。①

在董仲舒看來,"禮"的性質在於承繼天地,體察陰陽,其作用則審慎主客,排列尊卑、貴賤、大小、長幼之位次,差別内外、遠近、新舊之級別。故"禮"的特徵在於樹"德"而體現於"象"。有"禮",就能使萬物"廣博衆多,歷年久者"。正是因爲"禮"有如此的性質和作用,董仲舒特別強調了郊祀之"禮":

> 所聞古者天子之禮,莫重於郊,郊常以正月上辛者,所以先百神而最居前。禮,三年喪,不祭其先而不敢廢郊。郊重於宗廟,天尊於人也。②
> 郊禮者,人所最甚重也。廢聖人所最甚重,而吉凶、利害,在於冥冥不可得見之中,雖已多受其病,何從知之!③

"郊",爲上古帝王於都城之外祭祀天和地的地方。冬至祭天於南郊,夏至瘞地於北郊。"古者天子夏親郊,祀上帝於郊,故曰郊。"④在天子所持諸多之禮中,首要的是"郊禮"。天尊於人,郊重於宗廟。這是因爲:"天者,百神之君也,王者之所最尊也,以最尊天之故。"⑤上天(人格神)是超然獨尊的神明(Transcendental God),祂於冥冥之中掌控著人事,一切吉兇、利害,皆出於上天。故必須郊祀上天,祈求上天,感動上天而護祐人事。人與天的聯繫是靠郊禮活動來實現的。天的意志、目的、情感(喜、怒、哀、樂)主要地也是靠郊禮中體現的。天子郊祀祭天的時間,則在新歲之初:"郊必以正月上辛者,言以所最尊,首一歲之事,每更紀者以郊,郊祭首之,先貴之義,尊天之道也。"⑥不管發生何事,祭天之禮必須執行。即使是天子喪父母,"至哀痛悲苦也,尚不敢廢郊也。……夫古之畏敬天而重天郊,如此甚也,今群

---

① 《春秋繁露義證》,卷九,《奉本》,第275—276頁。
② 《春秋繁露義證》,卷十五,《郊事對》,第414頁。
③ 《春秋繁露義證》,卷十四,《郊語》,第397頁。
④ 班固《漢書》,卷二十五上,《郊祀志》,第4冊,第1212頁。
⑤ 《春秋繁露義證》,卷十五,《郊義》,第402頁。
⑥ 同上書,第402—403頁。

臣學士不探察,曰:'萬民多貧,或頗饑寒,足郊乎!'是何言之誤。天子父母事天,而子孫畜萬民,民未遍飽,無用祭天者,是猶子孫未得食,無用食父母也。言莫逆於是,是其去禮遠也。……天子號天之子也,奈何受爲天子之號,而無天子之禮? 天子不可不祭天也。……是故天子每至歲首,必先郊祭以享天,乃敢爲地,行子禮也;每將興師,必先郊祭以告天,乃敢征伐,行子道也"①。這就是説,除了歲首盼望新的年景而祭天外,興師征伐之國家大事,亦必郊祭告天。凡不郊而祭小神者,謂之逆禮。按照董仲舒的理解,郊祀還需先占卜:

> 乃不郊而祭山川,失祭之叙,逆於禮,故必譏之,以此觀之,不祭天者,乃不可祭小神也。郊因先卜,不吉,不敢郊;百神之祭不卜,而郊獨卜,郊祭最大也。②

顯然,在董仲舒的宗教神學思想體系裏,還保存著不少自發宗教(spontaneous religion)的殘餘因素。占卜即是其中之一。這些自發宗教的殘餘因素,大量地通過燕、齊的方術得以流傳。而董仲舒則將其納入人爲宗教(artificial religion)神學之中。他認爲不郊祭而祭山川,則有失祭祀之先後,是爲"逆禮"。而郊祭則一定要預先占卜,占卜結果爲不吉,則不敢郊祭。除天子郊禮之外,其它祭祀則可不用占卜。

在整套禮祭的程序中,祭天爲首要,其次爲敬宗廟。宗廟爲祖先牌位所供之室,乃其鬼魂神靈所托之處③。祭祖乃爲大禮,與祀天有很大的不同,祭祖的特點在於潔清、誠敬:

> 尊天敬宗廟之心也,尊天,美義也,敬宗廟,大禮也,聖人之所謹也,不多而欲潔清,不貪數而欲恭敬。君子之祭也,躬親之,致其中心之誠,盡敬潔之道,以接至尊,故鬼享之,享之如此,迺可謂之能祭。祭者,察也,以善逮鬼神之謂也,善迺逮不可聞見者,故謂之察,吾以名之所享,故祭之不虛,安所可察哉! 祭之爲言際也與,祭然後能見不見,

---

① 《春秋繁露義證》,卷十五,《郊祭》,第404—405頁。
② 《春秋繁露義證》,卷十五,《郊祀》,第409頁。
③ 鄭玄注、陸德明音義、孔穎達疏《禮記正義》,卷三十七,《樂記》:"鬼神謂先聖先賢也。"《十三經注疏》下册,第1531頁。

見不見之見者,然後知天命鬼神,知天命鬼神,然後明祭之意,明祭之意,乃知重祭事。①

天道施,地道化,人道義。聖人見端而知本,精之至也,得一而應萬,類之治也。動其本者,不知靜其末,受其始者,不能辭其終。利者,盜之本也;妄者,亂之始也。夫受亂之始,動盜之本,而欲民之靜,不可得也。故君子非禮而不言,非禮而不動;好色而無禮則流,飲食而無禮則爭,流爭則亂。夫禮,體情而防亂者也。民之情不能制其欲,使之度**禮**,目視正色,耳聽正聲,口食正味,身行正道,非奪之情也,所以安其情也。②

以潔清、誠敬祭祖,使祖先鬼神享之,則可察知天命鬼神之意。所以,"天道、地道、人道"這三道之意義,聖人知本至精。"食"、"色"無"禮",則必引起"亂"。明乎此,故君子"非禮而不言,非禮而不動"。因此,董仲舒認爲,"禮"用於社會人事,則具有"體情防亂"的作用。對於百姓的情感渲泄,不能强制壓抑,而應以"禮"引導,使之目正色、耳正聲、口正味、身正行,而不是强奪其情。先秦儒家之"禮",乃是基於世俗王權統治與宗教信仰權威相一致的組織結構。社會上層集團擁有的"禮"教特權,是維繫政治統治和宗教信仰的基本原則和紐帶。所謂"禮不下庶人,刑不上大夫"③,正體現了這樣一種"禮"教的規定性。凡不能納入國家及其諸侯大夫等上層集團祀典的或僭越祭祀的,均被視爲"淫祀"④。董仲舒"禮教"思想的可貴之處則在於,它把原爲社會上層集團專有的象徵權力和權威的"禮",貫徹於民,而不是將"禮"置於空中樓閣,繼續實行"禮不下庶人"⑤的教化政策。"禮"的下移和普及,極大地突出了其宗教信仰和社會調節的功用,有效地避免了動輒使用酷吏的行爲。

天者,群物之祖也,故遍覆包函而無所殊,建日月風雨以和之,經陰陽寒暑以成之。故聖人法天而立道,亦溥愛而亡私,布德施仁以厚

---

① 《春秋繁露義證》,卷十六,《祭義》,第441—442頁。
② 《春秋繁露義證》,卷十七,《天道施》,第468—469頁。
③ 《禮記正義》卷三《曲禮上》,《十三經注疏》上册,第1249頁。
④ 《禮記·曲禮下》:"非其所祭而祭之,名曰淫祀。"《十三經注疏》上册,第1268頁。
⑤ 《禮記·曲禮上》。

之,設誼立禮以導之。①

與黃老道家、法家等不同的是,董仲舒將儒教之"禮"作爲調節天與人、人與人關係的準則和杠杆,並賦予了"禮"具有"溥愛"、"德仁"的獨特内涵和特點。儘管董仲舒將三綱②五常③納入禮教範疇,動輒以"違禮"或"越禮"來衡量民情,但畢竟比以刑法酷吏論之要寬鬆得多。於是,"禮"不僅成爲祭天敬祖的强心劑,而且可以使現實人生純潔審美觀念④。這就使得宗教祭祀禮儀的神聖與教化教育的莊重完美地結合起來。"宗教禮儀漸成爲道德的人生理想,祭祀的物質祭品漸變成心靈的純潔。原來的祭品是看動物的大小肥瘦,漸漸由祭品的價值改變爲獻祭者的身價,再由獻祭者的身價變爲獻祭者的精神價值,那就是心靈的純潔、行爲的聖善、祈禱的誠懇、仁愛的深遠。"⑤

與中國禮教所倡導的敬老尊賢、敬天祭祖、以祖配天、行政司法的以教育後代爲中心目相似的是,古希臘和古希伯萊的文化中心也是教育。古希臘和古希伯萊文化的宗教與教育打成一片,它綜合了民間迷信、宗教禮俗而加以哲學的詮釋。古希臘和古希伯萊的學堂就是神廟,與中國的"明堂"⑥一致,教育、宗教都是教養人生之道,闡明人生意義⑦。這就是"神道設教"⑧所訴求的一個渾然的整體、一個和諧的系統、一個統一的秩序,它

---

① 班固《漢書》,卷五十六,《董仲舒傳》,第 8 册,第 2515 頁。
② 三綱:《禮緯·含文嘉》:"君爲臣綱,父爲子綱,夫爲妻綱,是爲三綱。"《禮記集説》,卷九十八,《文淵閣四庫全書》,第 119 册,第 152 頁。
③ 五常:董仲舒《賢良策一》:"夫仁、誼、禮、知、信五常之道,王者所當修飭也。"班固:《漢書》,卷五十六,《董仲舒傳》,第 8 册,第 2505 頁。
④ 董仲舒《春秋繁露》,卷一,《玉杯》:"《詩》、《書》序其志,《禮》、《樂》純其美,《易》、《春秋》明其知,六學皆大,而各有所長。"蘇輿撰,鍾哲點校《春秋繁露義證》,北京:中華書局1992年版,第 35 頁。
⑤ 池鳳桐《基督信仰的起源》(Ⅰ),上海:華東師範大學出版社2006年版,第 106 頁。
⑥ 古代帝王宣明政教之處所,凡大型祭祀、朝會、慶賞、選士、教學等禮典,均於此舉行。唐明皇御注、陸德明音義、邢昺疏《孝經注疏》卷五:"昔者周公郊祀后稷以配天,祀文王於明堂以配上帝。"注:"后稷周之始祖也。郊,謂圜丘,祀天也。周公攝政,因行郊天之祭,乃尊始祖以配之也。明堂,天子布政之宫。周公因祀五方上帝於明堂,乃尊文王以配之也。是以四海之内各以其職來祭。君行嚴配之禮,則德教刑於四海。"《十三經注疏》下册,第 2553 頁。故早期明堂,實則以宗教祭祀爲主之場所。
⑦ 池鳳桐《基督信仰的起源》(Ⅰ),上海:華東師範大學出版社2006年版,第 108 頁。
⑧ 《易經·觀·彖》。

整合了社會各個階層所持有的形形色色的信仰、語言、觀念及其價值取向,構成了整體社會的普適性原則(universal principle)。所不同的是,古希臘突出了哲學意義,古希伯萊彰顯了神學意義,而中國則高揚了倫理意義。董仲舒的這一思想,在東漢初期的《毛詩大序》中得到了進一步的闡發①。

四

曾受董仲舒影響不小的史學家司馬遷,對"禮"教也進行了闡發。此前,司馬遷的父親司馬談因受到黃老道家的影響,對儒家看法頗爲獨到:

> 儒者博而寡要,勞而少功,是以其事難盡從。然其序君臣、父子之**禮**,列夫婦、長幼之別,不可易也。②

司馬談認爲,儒家長處在於知識廣博,適應於意識形態的建設,但它參與國家官僚體制的行政管理,則顯得遜色了許多,是"勞而少功"。然而,對於儒家之"禮",司馬談則認爲是不能更改的。這是一種意識形態的指導思想,是社會秩序賴以穩定的有效機制。顯然,司馬談看重的是文、景時期黃老之道的"無爲而治"③的政治管理理念。但是,到了司馬遷,儒術盛興,他則明顯地偏愛儒教了,尤其是儒之"禮"教④。司馬遷在《史記》中專列有《禮書》一章:

> 維三代之**禮**,所損益各殊務,然要以近性情,通王道。故禮因人質

---

① 《毛詩大序》:"故變風發乎情,止乎禮義。發乎情,民之性也;止乎禮義,先王之澤也。"《毛詩正義》,卷一,《十三經注疏》上冊,第272頁。
② 司馬談《論六家要指》,載司馬遷《史記》,卷一百三十,《太史公自序》,第10冊,第3289頁。
③ "無爲而治"的思想最早由孔子提出,《論語·衛靈公》:"子曰:'无爲而治者,其舜也與?夫何爲哉?恭己正南面而已矣。'"然而,孔子及其後學皆未發揮這一思想,反而轉向"有爲而治"了。
④ 如評儒、墨兩家,司馬遷則說:"故聖人一之於禮義,則兩得之矣;一之於情性,則兩失之矣。故儒者將使人兩得之者也,墨者將使人兩失之者也。是儒墨之分。"司馬遷《史記》,卷二十三,《禮書》,第4冊,第1163頁。

爲之節文，略協古今之變。作《禮書第一》。①

司馬遷對儒"禮"的探討，更多地著眼於"禮"的宗教教化的性質和作用。他從生理學和心理學的角度提出"禮由人起"的原因：

> 禮由人起。人生有慾，慾而不得則不能無忿，忿而無度量則爭，爭則亂。先王惡其亂，故制禮義以養人之慾，給人之求，使慾不窮於物，物不屈於慾，二者相待而長，是禮之所起也。故禮者，養也。稻粱五味，所以養口也；椒蘭芬苾，所以養鼻也；鐘鼓管弦，所以養耳也；刻鏤文章，所以養目也；疏房牀笫幾席，所以養體也：故禮者養也。②

慾望是人生來具有的生理和心理的基本要求。它一方面促使人們爲了滿足它而不停地向著更高層次努力和追求，實現社會物質的極大豐富和精神文明的日益進步，但另一方面，它又促使人們私慾的過度膨脹和貪婪，導致了"爲慾而生"的心理扭曲。因此，人類的絕大部分思想都在力求消解"慾望"所帶來的生存危機。佛教講"無我"，儒家講"克己"，道家講"喪我"，基督教講"捨己"，都在不同程度上提倡對人生慾望的節制③。例如，印度早期佛教就曾特別指出人生痛苦（duhkha）之根源之一，是來自於人們的慾望，由"所慾不得"而產生種種煩惱，繼而帶來痛苦④。對此，早期佛教多採取苦修的方式，以戒爲本，來逐漸消除慾望帶給人們的痛苦。又如，西方的文藝復興（the Renaissance），帶來的是人的解放，但同時也造成了人的個體膨脹、私慾縱橫。這給後世造成了相當大的負面影響。所謂的"黑暗的中世紀"（Dark Middle Ages），似乎也應該

---

① 司馬遷《史記》，卷一百三十，《太史公自序》，第10册，第3304頁。
② 司馬遷《史記》，卷二十三，《禮書》，第4册，第1161頁。
③ 在人類宗教信仰系統中，大致呈現出禁慾主義、節慾主義和縱慾主義三大傾嚮。縱觀各種宗教歷史，節慾主義應該是宗教信仰系統中的主流。
④ 僧伽提婆（Samghadeva）譯《增壹阿含經》卷十七《四諦品》："所謂苦諦者，生苦、老苦、病苦、死苦、憂悲惱苦、怨憎會苦、恩愛別離苦、所慾不得苦，取要言之，五盛陰苦。是謂名爲苦諦。"《大正新修大藏經》，第2卷，第631頁下。"所慾不得"梵文爲：yad apīcchayā paryesamāno na labhatetad api duhkham。

予以重新檢討①。與他們不同的是,司馬遷沒有完全站在孔子"克己復禮"的立場上,而是認爲"慾"和"物"不是對立的關係,而是相輔相成的關係。而"禮"則成爲"慾"和"物"關係的關鍵調節紐。用"禮"來節制、調控人的慾望和要求,就不會出現"忿"、"爭"、"亂"的現象。故"禮者,人道之極也"②。法禮教化,民就會安穩,社會就會和諧。據此,司馬遷總結出了"禮"有"三本"説:

> 天地者,生之本也;先祖者,類之本也;君師者,治之本也。無天地惡生?無先祖惡出?無君師惡治?三者偏亡,則無安人。故禮,上事天,下事地,尊先祖而隆君師,是禮之三本也。③

"天地"、"祖先"、"君師"爲"禮"之三項根本。無天地則無萬物,無祖先則無後代,無君師則無治世。此三者絶不能消亡。否則,世界則不成其爲世界了。所以,人爲制定的"禮",必須貫徹祭天、敬祖、事君的基本原則。應當説,司馬遷"禮論"的直接源頭是《荀子·禮論》,《史記·禮書》大段抄録了《荀子·禮論》是非常明顯的。但是,當司馬遷以"禮"之"三本"爲核心,以史家的獨特視角和歷史評述,就完全配合了漢武時期神權、父權、皇權三位一體的"宗教——倫理——政治"的社會權力的基本構架,在相當大的程度上配合並延續了董仲舒"禮"教思想的國家意識形態化。

當西漢後期人爲宗教的神學體系日益唯理化的時候,董仲舒"禮"教神學體系中的另一支系"感應論"也在明目張膽地泛濫起來。東漢讖緯神學便是在此基礎上變本加厲,狂瀾肆虐。占筮、符籤、齋戒、祭祀等自發宗教的殘餘勢力再次隆盛,躋身到了社會政治舞臺,在一定程度上左右了政治變革的進程。從西漢武帝到東漢後期,儒教神學從人爲的、唯理的和自發的、崇拜的兩個方面同時向社會生活的各個層面滲透,並在一定程度上主宰著人們的精神信仰和政治判斷。知識、信仰、審美、實踐等領域儘

---

① 參見[美]凱利·詹姆斯·克拉克撰,唐安譯,戴永富、邢滔滔校《重返理性:對啓蒙運動證據主義的批判以及爲理性與信仰上帝的辯護》,北京:北京大學出版社 2004 年版;唐逸《理性與信仰:西方中世紀哲學思想》,桂林:廣西師範大學出版社 2005 年版。
② 司馬遷《史記》,卷二十三,《禮書》,第 4 册,第 1172 頁。
③ 同上書,第 1167 頁。

管呈現出多元性的宗教文化因素,但是作爲具有國家意識形態的"禮"教神學精神,卻在整個社會上層政治統治的思想世界裏形成了一個穩固不變的堡壘。以東漢女性德行爲例,就有班昭、荀爽、蔡邕之三部《女誡》[①]等,"禮"教的倫理成爲女性的圭臬。然而,當這個堡壘達到極端封閉的狀態時,它就嚴重地堵塞了政治仕途而使得士人的精神世界變得狹小、孤寂、無奈、苦悶、頹喪[②]。社會的上層與下層、文化的中心與邊緣,構成了激烈的衝突,終於引發了下層民衆以前宗教(pre-religion)的形態而揭竿造反,帝國超穩定的大廈終於在民衆造反和豪强鎮壓的槍林箭雨中坍塌了。隨之而去的是國家意識形態的"禮"教神學,一落千丈,成爲衆多思想洪流中泛起的一朵浪花。

(作者單位:四川大學)

[①] 班昭《女誡(序)》:"傷諸女方當適人,而不漸訓誨,不聞婦禮,懼失容它門,取耻宗族。吾今疾在沈滯,性命無常,念汝曹如此,每用惆悵。間作女誡七章,願諸女各寫一通,庶有補益,裨助汝身。"范曄《後漢書》,卷八十四,《列女傳》;荀爽《女誡》:"聖人制禮,以隔陰陽。……非禮不動,非義不行。"歐陽詢《藝文類聚》,卷二十三;蔡邕《女誡》:"禮,女始行服纁,纁,絳,正色也。紅紫不以爲褻服,緗緣不以爲上服。繒貴厚而色尚深,爲其堅紉也。"嚴可均《全上古三代秦漢三國六朝文·全後漢文》,卷七十四。

[②] 參見《古詩十九首》。

松崎慊堂與《縮刻唐石經》芻議

劉玉才

【摘　要】 松崎慊堂是江户後期頗具代表性的考證派儒學者，雖然師承昌平學黌大學頭林述齋，修習作爲官學的朱子之學，並長期擔任藩教授，但在江户後期經學考據蔚成風尚的背景下，學術旨趣發生變化，以至成爲漢唐經注校勘之學的核心人物。松崎慊堂漢籍版本學造詣深厚，致仕後致力於漢籍翻刻校勘，而尤以《縮刻唐石經》貢獻卓著。此舉繼承中國儒經刻石傳統，以恢復唐石舊本、正定文字爲旨歸，在唐石經基礎上，廣採宋元槧及日本古本，校勘文字，辨析異體，其間既引述清儒考證成果，亦兼下己意，力求成爲可資信賴的定本。松崎慊堂《縮刻唐石經》不僅部帙宏巨，校勘精細，而且成書早於民國間張氏皕忍堂《景刊唐開成石經》近百年，雖然校訂經文不乏粗疏淺陋之處，亦未全面參校日本古本，但其草創價值仍不可小覷。

【關鍵詞】 松崎慊堂　《縮刻唐石經》　考證派　校勘學　版本學

松崎慊堂(1771—1844)，名復，字明復，號慊堂。日本肥後國(今熊本縣)益城郡人，江户時代後期著名考證派儒學者。幼年遵父命剃髮爲僧，年十五始至江户，後入讀昌平學黌，師從大學頭林述齋(1768—1841)修習儒學，與佐藤一齋(1772—1859)有同窗之誼，併稱林門高足。享和二年(1802)，被掛川藩(封地在今靜岡縣掛川市)主辟爲藩教授，且頗受歷代藩主的知遇和倚重，出仕長達二十年。文化八年(1811)，松崎慊堂還隨同林述齋前往津島接待朝鮮聘使，禮數周備，應對得體，衆人敬服，事後撰有《接鮮紀事》、《接鮮瘖語》。致仕之後，松崎慊堂於江户城西羽沢村築石經山房，與狩谷棭齋（1775—1835）、市野迷庵（1765—1826）、山梨稻川（1771—1826）諸同道遊，潛心漢唐經注之學，校勘經籍，教授學生，前後主持刊刻《海録碎事》、《陶淵明文集》、《三謝詩》、影宋本《爾雅》、《縮刻唐石經》等書，而尤以《縮刻唐石經》居功至偉，最爲後人推重。弘化元年（1844）四月，松崎慊堂帶著事業未竟的遺憾辭世，享年七十四歲。其詩文著作後人輯爲《慊堂全集》，收入《崇文叢書》；另有漢文稿本《慊堂日曆》存世，記録其五十三歲至七十四歲間行事，通行有山田琢譯注本。

一

日本江户時代中期以降，雖然朱子學仍居於官定正學地位，但在伊藤仁齋（1627—1705）、荻生徂徠（1666—1728）倡導的古學影響之下，經學考據學風漸起。徂徠門下的太宰春台（1680—1747）、山井崑崙（1670—1718）、根本遜志（1699—1764）均有此傾向①。學出徂徠的片山兼山（1730—1782）、井上金峨（1732—1784），雖張折衷派之幟，批評徂徠之學，但仍具古學旨趣。井上金峨門下的吉田篁墩（1745—1798）即以崇尚考證、校勘、書志之學而聞名。此後，隨著清代考據學者成果影響的深入，日本學界亦形成考證學派。學承折衷派的大田錦城（1765—1825）成爲考證學派奠基者，門下則有海保漁村（1797—1866）、島田篁村（1838—1898）相繼而起。松崎慊堂即"預流"此學術風尚，在江户後期，與狩谷棭齋、市野迷庵、安井息軒（1788—1876）諸儒又開闢出漢唐經注校勘之學。

松崎慊堂在昌平學黌師從林述齋，乃至出仕掛川藩教授，當以朱子之學爲宗，但在致仕之後，即旗幟鮮明地轉向復古之學。其墓表有云："先生於學該覽博通，而尤邃於經義。年五十，更有所發明，敦攻漢學。嘗曰：經訓簡易，炳若日星，箋注茅塞，大道乃荒，欲復諸古，但在諷經與識字耳。苟不然，望文生意，師心自斷，私意日長，而經旨益乖，得無非班志所謂碎義巧

---

① 太宰春台撰有《古文孝經孔安國傳校正音注》、《論語古訓》，爲學之縝密超越乃師。山井崑崙著《七經孟子考文》，根本遜志校勘《論語皇侃義疏》，頗爲清儒推重，影響清代學術甚鉅。

説,破壞形體,終以自蔽者乎哉。"① 松崎慊堂學術的轉向,頗得益於與狩谷棭齋、市野迷庵、山梨稻川諸儒的交遊。他"最與狩谷棭齋相推重,自言吾志於復古,得之棭齋爲多"②。狩谷棭齋師承考證學先驅吉田篁墩,在《説文》學、文獻校勘和金石考證領域頗有著述,且富收藏。松崎慊堂撰狩谷棭齋墓銘,述棭齋之學云:

> 翁少時志於律令學,謂不涉唐代諸籍,不能窮其根據,乃採《六典》、《唐律》、《太平御覽》、《通典》等諸書精研之,遂上溯漢代,又進而修"六經",恍然有所發明。其終身崇奉漢學,蓋基於此。翁曾與迷庵談經義,迷庵曰:"何所主?"翁曰:"主漢唐注疏。"迷庵曰:"非也。宜從事於宋儒經解,否則不適於實用。"翁退執宋儒傳注,鋭志鑽穴者凡二十餘月,謂兩漢經學最重師法,授受相傳,確有淵源;六代迄唐,雖漸失龐雜,古法尚不至蕩然;至宋儒倨然師心蔑古,究非洙泗之正派也。即往質諸迷庵,縱橫辯駁,徵據明晰,於是迷庵幡然心折,遂一掃宿習,亦從漢學。③

此後,市野迷庵"獨解經專宗漢儒,以爲七十子親受孔子,更相傳授,至兩漢始爲傳注,則毛、鄭、賈、馬之學,雖間有出入,亦皆洙泗源流也"④,並著有《正平本論語劄記》、《大永本論語劄記》、《覆刻正平板論語及劄記》等書。由市野迷庵學術取向的變化,或可看出松崎慊堂學術理路的淵源。

松崎慊堂還撰有山梨稻川墓銘,亦可見其學術旨趣。銘文云山梨稻川"聞本居宣長之徒論皇國古音,恍然有誤,於是鑽究《廣韻》,以溯漢秦三代,曰:三代之音,正音也","音韻正而古書始可讀也","'六經'、百家語出於秦以前者,皆古文也。唐宋以下,不目睹古文,故其説多妄。《説文》説古文者","今之學者粗識唐宋俗字耳,其果得讀'六經'、百家語哉",並撰有《古聲譜》、《考聲微》、《諧聲圖》、《説文緯》等論著⑤。山梨稻川僻處窮鄉,漢籍匱乏,然而深造自得,其音韻、《説文》學方面的許多見解,頗與清朝大家江

---

① 海野豫《掛川故教授慊堂松崎先生墓表》,《慊堂全集》卷一,《崇文叢書》本。
② 鹽谷世弘《慊堂松崎先生行述》,《慊堂全集》卷一。
③ 松崎慊堂《棭齋狩谷先生墓碣銘》,《慊堂全集》卷九。
④ 松崎慊堂《迷庵市野先生墓銘》,《慊堂全集》卷十。
⑤ 松崎慊堂《稻川先生山梨君墓銘》,《慊堂全集》卷十。

聲、戴震、錢大昕、段玉裁之説暗合，令松崎慊堂深爲敬服。山梨稻川晚歲抱其論著東下，擬與江户名儒碩學論而定之，然居數月即染病賫志以終，松崎慊堂對此痛惜不已。

根據前述墓銘的高度評價文字，以及《慊堂日曆》的頻繁交遊的記述，可以看出狩谷棭齋、市野迷庵、山梨稻川對於松崎慊堂學術崇尚的影響。松崎慊堂雖然在《説文》、音韻學等領域的造詣無法與狩谷棭齋、山梨稻川相比，但無疑是心嚮往之。狩谷棭齋著有《本朝度量權衡考》，松崎慊堂也撰《尺準考》，考證中國度量衡的起源。《慊堂日曆》記載的讀書摘録和賅博的知識領域，亦顯示出作爲考證學者廣徵博引的治學態度。因此，有研究者認爲松崎慊堂的學問或得益於狩谷棭齋等考證家學問的刺激而成[1]。

二

在考證學派的影響下，日本江户後期頗重漢籍版本校勘之學，不惟藏書風氣甚盛，且多有精校翻刊本行世。狩谷棭齋即"富於藏書，而唐鈔、宋槧、元刻，晉唐之碑刻法帖，所極難得者，亦多兼儲。每言吾非誇酉洞之富，欲化誤本爲善本耳"[2]。昌平學黌及諸藩刊刻的官版、藩版漢籍數量也大爲增加。樹山精一《官版書籍解題略》著録寬政十一年（1799）至慶應三年（1867）官版書即近二百部，凡例云據宋元槧本及諸家精校善本刊刻。松崎慊堂作爲"預流"學者，亦致力於漢籍的校勘刊刻。《慊堂全集》收有《書楓山文庫古鈔本後》、《書足利學所藏古經目後》等文，松崎慊堂對各處藏書均如數家珍，在在可見其深厚的漢籍版本學造詣。

天保十三年（1842）六月，江户幕府令諸藩十萬石以上者各刻典籍，松崎慊堂"躍然曰：是盛舉也。張而大之，在吾儕矣。因注古典善本僅存皇朝當急鐫者，題曰《擬刻書目》，獻諸當路"[3]。此書簡後題爲《慊堂先生遺墨》，並附門生安井息軒跋語，見載於《日本儒林叢書》。跋語云："具録經史

---

[1] 吉田篤志《江户後期の考證學——松崎慊堂の場合》，大倉精神文化研究所《大倉山論集》第二十三輯，1988年版。
[2] 松崎慊堂《棭齋狩谷先生墓碣銘》，《慊堂全集》卷九。
[3] 鹽谷世弘《慊堂松崎先生行述》，《慊堂全集》卷一。

古本亡於彼而存於我者十餘種,次第而分疏之,進樫宇林公及諸名公好古者①,愨惠以成其美。"今據安井小太郎氏梳理,將所涉書目迻錄於下,以見松崎慊堂有關漢籍版本之學識②。

　　○ 周易正義十四卷(應永間鈔本)
　　○ 尚書正義二十卷(北宋槧本、金澤文庫舊藏)
　　○ 禮記正義七十卷(北宋槧本)
　　○ 宋建安刻本附釋音毛詩注疏二十卷(南宋本)
　　○ 宋建安刻本附釋音春秋左傳注疏六十卷(宋槧本)
　　○ 春秋左氏正義三十六卷(單疏本、金澤文庫本)
　　○ 史記(慶元年建安黄氏刻本)
　　○ 漢書(慶元年建安黄氏刻本)
　　○ 後漢書
　　○ 文選六家注(宋崇寧六年所刻蜀大字本,嘉靖時汝南袁褧摹刻)
　　○ 文選李善注(宋紹熙中尤延之刊本,嘉慶年鄱陽胡克家覆刊)
　　○ 杜氏通典(楓山御本、宋板本)
　　○ 大唐開元禮
　　○ 舊唐書(京都東福寺龍眠庵藏古鈔本)
　　○ 元板資治通鑑胡三省音注
　　○ 畢沅宋元通鑑

　　次年,肥後國主召見,松崎慊堂又建言可請借足利學校藏宋槧《五經注疏》梓行。今存肥後藩版《影宋本尚書正義》,即據松崎慊堂影鈔本鋟刊。令人遺憾的是,兩項建議未及完全落實,松崎慊堂即罹病故去。此外,有學者認爲,林述齋刊刻《佚存叢書》,松崎慊堂亦有重要貢獻③。

　　松崎慊堂直接參與的漢籍翻刻,於《縮刻唐石經》之外,尚有縮刻明萬曆本《海録碎事》、《陶淵明文集》(附《三謝詩》)及影宋本《爾雅》。其中,《爾雅》卷首題羽澤石經山房刻梓,以狩谷棭齋影鈔宋本爲底本,校以十餘

---

① 林樫宇(1793—1846)爲林述齋之子,時任大學頭。
② 安井小太郎《慊堂の漢籍翻刻に關する意見》,《斯文》第一編第二號。
③ 安井小太郎《日本儒學史》,東京:富山房1939年版,第271頁。

種版本,卷後附有《校譌》。松崎慊堂有跋語云:

> 此本係北宋仁宗時刻版,南宋高宗時補刊。原本京師大醫某君所藏,亡友狩谷卿雲借鈔極精。余病有宋以來此經滅裂,欲訂一本以貽後學,顧世無善本,忽睹是本,急請卿雲獲之。入刻有年,所未敢出以問世者,猶恐其有訛脱也。後又得室町氏時翻刻大字本,蓋所謂蜀本也。詳考其體貌,蓋與是本後先所刻,亦有南宋孝宗時補刊,其字豐肥雖異是本之謹肅,至其源流實同。故據以訂正,參以元明諸本,其訂正異同處,旁施黑點,仍作《校譌》附末簡,庶存是本之舊,使讀者兼知二本之同異也。(小字略)

松崎慊堂對於自己參與翻刻儒經的成績尤爲自得。《慊堂日曆》天保十三年(1842)十月二十九日條,在歷數日本各代傳抄翻刻儒經的成果之後,記述自己先後參與市野迷庵覆刻堺版《論語》、狩谷棭齋覆刻明道版《御注孝經》的校勘,又建言白川城主安部君翻刻岳珂本《周禮》,浜松相公翻刻宋余仁仲本《公羊傳》、《穀梁傳》,佐野參政公翻刻趙注《孟子》,加之自己翻刻的影宋本《爾雅》,十三經中已有七部,深以爲榮。當然,松崎慊堂用力最深且爲其帶來最大榮譽的還是《縮刻唐石經》。

三

松崎慊堂以唐開成石經爲現行刊本之祖,而宋元諸儒竄亂經典,通行《十三經注疏》本難付人意,遂謀劃刊刻石經,復其舊本,以饗學人。其《鈎摹石本九經字樣跋》云:"予嘗病近世學者徒務浮説碎義而不熟於經文。謂雖學倍其方,亦無經本之所致,因欲刻單經善本以貽後學。乃取唐開成石經,撰善書人縮臨之。"[①]《慊堂松崎先生行述》亦云:"欲令學者專玩經文,存其大體。三年一藝,多聞闕疑,庶乎日用少而蓄德多,三十而五經立,可以幾也。若夫訓詁原諸《説文》,參諸漢注唐疏,餘力以及三史、《文選》。如是而材之不成者,未之有也。乃把開成石經益以《孟子》、《大戴禮記》,考訂

[①] 松崎慊堂《鈎摹石本九經字樣跋》,《慊堂全集》卷十二。

以授梓。"①

《縮刻唐石經》計劃的實施起於天保五年（1834），松崎慊堂時年六十四歲，《慊堂日曆》天保五年二月十三日條，已記石經碑本六十函，縮寫刻本六十二万字，一板十行二十字，並計算出大致刻寫費用。二月十九日條，囑門生作縮臨石經樣式，八行十九字，板框長七寸，幅寬五寸五分，完全遵照足利本《尚書》板式。同年八月，石本臨寫已經完成，並制訂出縮刻的詳細預算。松崎慊堂有《上八城相公書》，闡明《縮刻唐石經》的動機和目的，以求得理解與支持，略云：

> 持此志殆四十年，其初苦飢寒，中復苦仕途，致仕後又沉淪於醉鄉，皆不得成，且爾時經學破壞，無善本可讀矣。五年以來，取唐開成石本十二經及《五經文字》、《九經字樣》，手親校訂，遴選良手，縮臨字畫，一依石經之舊，猶有疑誤，用《文字》、《字樣》參定。傍作之音訓，音訓一倣宋呂祖謙《周易》之例。夫夫子晚定六藝，修經一也；蔡邕立石鴻都門，修經二也；魏邯鄲淳輩正始中立石大學，修經三也；唐開成中宰相鄭覃立言訂定，刻石於國子監，修經四也。今既一千年，而復何人，悍然敢任於夫子修經之後勁也？夫子之修經，聖述也，固非後學所比擬。漢蔡邕、魏邯鄲淳、唐鄭覃皆革當時之弊，漢石殘而魏石立，魏石殘而唐石立，唐石之立，經亦修明。宋元諸儒任意竄亂，不可卒讀。吾之復唐石舊本而已，非僭妄也，要供吾讀本也。②

《慊堂日曆》自天保五年之後，有關《縮刻唐石經》的記錄不絕於書，據此可以梳理其實際的操作過程。大致而言，歷經臨寫石本、裝潢成冊、校定經文、刻寫上板、核對清樣、印製成書諸環節，其間夾雜松崎慊堂與同道、門生的磋商，籌集刻資，以及與裝潢、刻板工匠的往還等內容。由於部帙龐大，臨寫石本工作主要委托門生和寫經生，文本校勘則是松崎慊堂親自主持，後世頗有影響的門生安井息軒、鹽谷宕陰、小島成齋、海野石窗等人予以協助。松崎慊堂不僅制訂周詳的計劃，還起草了校勘規例，選定了校勘用定本和石經補闕所採本。此依據其校勘例、補例、成書凡例以及參校、補

---

① 鹽谷世弘《慊堂松崎先生行述》，《慊堂全集》卷一。
② 松崎慊堂《上八城相公書》，《慊堂遺文》卷一。

闕用本①,略事梳理,羅列於後,以見《縮刻唐石經》校勘之理念。

校 勘 規 例

○ 開成石經之刻,先於唐長興三年始入木時恰一百年多,長興本取以爲本文,編入毛、鄭、何、王、杜、范諸注,當時謂之編注石經。而有宋一代以長興本爲甲令,收民間寫本不用,則兩宋、元、明所刻,悉皆石經子孫。故今校刊以此爲基,其殘闕剥落處,則據宋本最古且確者補入,施點右旁以別之。

○ 石經雖最古可貴,時有訛謬,加之磨改頗多,或立石時所改,或出後人所爲。北宋時唐世寫本佳者猶存,學者私據校改以入刻,故其善時有出於石經上者,而日本所傳古鈔經傳更爲隋唐佳本。故今以所據宋本及博士家所傳古本一一精對,考之以注疏,證之以《釋文》。石經誤脱無疑者,從諸善本而改補之;疑不能決及後儒考證確不可易而無別本可據正者,姑從原本,並發圈左旁,仍收其字與説於卷末;其磨改者以改爲正,則不點。

○ 各經行間有旁添之字,《左傳》一書最多,率賤儒據俗本所補,今例從删落,然或有與諸善本合者,則從而採入之,依前例左點,收於卷末。

○ 唐諱缺筆者,依字填之,涉諱用或體者,則一依原文。正訛字、古今字正之不可勝正,包括石經用字之例,皆依原文,並不點發標異。

○ 原刻末附《五經文字》、《九經字樣》,則全部字體當據二書訂正,而此刻不盡然者,隷變或字,古人所以不廢經典,相承已久,不必取此以捨彼也。今二書仍附帙後,讀者遇字體可疑,就而撿閲之,是非自判。但二書剥落處,馬氏刻本妄意補入,不足以校。今無本可據補,故一依唐碑,他日或得宋元佳搨,當補刻爲完璧。

校 勘 用 定 本

通志堂收《儀禮》正文注疏本,《易》、《書》、《禮記》(紹熙本),《詩》、《左傳》(附釋音刻足利)、《周禮》(同)、《書》(宫崎)、《公》(元

---

① 原始文獻見載《慊堂日曆》天保五年八月、九月諸條,《縮刻唐石經·周易》卷首《例言》,以及濱野知三郎氏藏松崎慊堂手稿《刻經記》,據高橋美章《松崎慊堂の開成石經縮刻に就きて》轉引,《支那學》,第二卷第一號(1921年9月)。

板），《穀》（宋板），《爾雅》（宋板），《孝經》（石臺），《孟子》（古鈔，活字，岐字小字本佳），《論》。

石經補闕所採本

《周禮》（岳珂本），《儀禮》（陳鳳梧），《禮記》（古板），《左傳》（古板），《公羊》（求古元本），《穀梁》（金澤本），《書》、《詩》（古板），《易》（宋板），《孝經》（宋板），《論語》（界板），《孟子》（古本），《文字》、《字樣》（仍舊），《爾雅》（宋本）。

《縮刻唐石經》以恢復原本文字而不是保存舊本面貌爲目的，故文本校勘廣採宋元槧及日本古本，力求成爲可資信賴的定本。成書文字改訂及異文並存之處，均施圈點予以標記，同時撰述考異文字，名曰《校譌》，辨析石經原文磨改及字形字體，羅列宋元槧及日本古本異文，引述清儒考證成果，兼下取捨按斷。試舉數例：

《周易校譌》卷九"遘遇也"條：諸本"遘"作"姤"，陳鱣云咸淳本《本義》及岳本皆作"遘"。考《說文》無"姤"字，《釋詁》云"遘，遇也"。《易》"姤"，《釋文》云：薛云古文作"遘"，鄭同。馮椅《易輯》云：古文卦猶是古文，鄭本同。蓋雜卦以無王注，故未及改，流俗相承盡改爲"姤"，非也。凡石經不誤而他本誤者，此校例不標出，此標者惡其似是而非也。

《尚書校譌》卷五"大命胡不摯"條："胡"字石經旁增。王鳴盛云：《史記》作"大命胡不至"，玩孔傳云"何以不至"，是孔本亦有"胡"字。石經"胡"字，初時誤脱，後考得其實而增者，不知今本何以又脱也。案王説是也。阮元則據《説文》所引妄謂"胡"字不應有，石經旁添乃後人依《史記》增入者，殊謬。

《尚書校譌》卷九"其往"條："其"上古本有"愼"字。段玉裁云：《後漢書》爰延上封事曰"臣聞之帝左右者，所以咨政德，故周公戒成王曰'其朋其朋，言愼所與'也"，李注《尚書》周公戒成王曰"孺子其朋，孺子其朋，愼其往"，較今本多一"愼"字，疑妄增，足利古本蓋本諸此。案，古本是也，若無"愼"字，不詞甚矣，況有"愼"字，與《後漢書》李注合。段、阮之徒，媚皇朝古本，每加抑黜，至其善者，亦欲強掩之，非篤論也。上文"比介"，此經"愼"字，是古本之尤確然不可易者矣。

《毛詩校譌》卷二"賈用不售"條：石經"售"字摩改。錢大昕云蓋本作"雠"。段玉裁云"雠"正字，"售"俗字，《史記》、《漢書》尚多用"雠"。阮元云《釋文》"售，市救反"。石經摩改所從也。

《縮刻唐石經》的《校譌》部分，天保十五年（弘化元年）刊本僅附《易書詩校譌》與《春秋三傳校譌》，其餘諸經完成情況不詳，安井小太郎《日本儒學史》引録《論語校譌》數條，然未明出處。關於《唐石經》校勘，清儒嚴可均有《唐石經校文》十卷，然松崎慊堂參校日藏古本，仍有其獨特的價值，對此筆者擬另撰文，此處不贅。

《縮刻唐石經》的刊刻出版得力於諸侯的支持，其中《三禮》爲掛川太田侯助刊，《孝經》、《論語》、《爾雅》爲肥後細川侯助刊，《易》、《書》、《詩》爲西條松平侯助刊，《三傳》、《五經文字》、《九經字樣》爲佐倉堀川侯助刊。今日本國立公文書館藏紅葉山文庫本《縮刻唐石經》包括《十二經》、《五經文字》、《九經字樣》、《易書詩校譌》、《春秋三傳校譌》，共計四十一册，鈐有"秘閣圖書之章"、"日本政府圖書"印，當是天保十五年初刊本。其中《周易》扉頁題《縮刻唐開成石經並五經文字九經字樣》，益城松崎明復審定，卷首有益城松崎明復題識《縮刻唐石經例言》。此外，《五經文字》、《九經字樣》兩書卷端鈐"益城松崎明復審定"印，卷末鈐"佐倉成德書院初梓"印。高橋美章文根據《慊堂日曆》記述，推測《縮刻唐石經》完成於天保十二年，而刊本跋語記於天保十五年夏月，實際此年四月松崎慊堂即病逝，應還没有見到全書的出版。松崎慊堂臨終之際尚在口授門生修經之事，遺言云：勿作碣辭，唯題石曰五經先生墓足矣。

小　　結

松崎慊堂是江户後期頗具代表性的考證派儒學者，雖然師承昌平學黌大學頭林述齋，修習作爲官學的朱子之學，並長期擔任藩教授，但在江户後期經學考據蔚成風尚的背景下，學術旨趣發生變化，以至成爲漢唐經注校勘之學的核心人物。松崎慊堂漢籍版本學造詣深厚，致仕後致力於漢籍翻刻校勘，而尤以《縮刻唐石經》貢獻卓著。此舉繼承中國儒經刻石傳統，以恢復唐石舊本、正定文字爲旨歸，在唐石經基礎上，廣採宋元槧及日本古本,校勘文字,辨析異體,其間既引述清儒考證成果,亦兼下己意,力求成爲可資信賴的定本。松崎慊堂《縮刻唐石經》不僅部帙宏鉅,校勘精細,而且成書早於民國間張氏皕忍堂《景刊唐開成石經》近百年,雖然校訂經文不乏粗疏淺陋之處,亦未全面參校日本古本,但其草創價值仍不可小覷。楊家駱氏評價張氏皕忍堂本遠賢於松崎慊堂本,並非公允之詞[①]。

(作者單位:北京大學)

---

① 楊家駱《縮印景刊唐石經序》,見載《唐石十三經》,臺北:世界書局1955年版。

庶民經學到天朝正學

——以溪百年《經典餘師·四書》爲考察核心*

金培懿

【摘　要】本文以《經典餘師》爲研究對象，檢討其著書體例、注經方法，與其所詮釋之思想內容，同時闡明溪百年編注《經典餘師》之目的，以及其學術思想立場與文化政治主張。本文的分析、討論僅侷限在"四書之部"，主要又聚焦於《論語》。《經典餘師》之解經方法，一言以蔽之，主要是以"和文語脈"取代"漢文語脈"。其注解《四書》雖主朱子，但卻非完全依據朱注。又因其著書乃爲偏鄉庶民，故其完全以和文語脈注解，甚至連基本之語彙亦附以解釋，經義解釋幅度因而獲得相當程度的擴展。而爲庶民學習經書所編注的《經典餘師》，目的雖爲僻邑寒鄉之民提供獨學自習儒典之機會，但書中所詮釋、宣導的義理思想，主要在尊崇日本萬世一系之皇統，主張忠孝一本、大義名分與日本優於中華。主張爲學博採諸學以爲天朝正學之輔助，強調文武合一、日用經濟之學。綜言之，屬於朱子學系統的溪百年，其《經典餘師》在注解《四書》時，雖以《四書章句集注》爲底本，但爲學目的則在江戶古學派最爲重視之人倫經濟日用，文化價值取向卻又是水戶學的護翼皇統，追求的是人情義理與忠孝不二的實踐。《經典餘師》堪稱在解經方法與義理詮釋上，皆完成了"漢文"/"中國"的去脈絡化，進而完成了"和文"/"日本"的再脈絡化。

---

* 本文爲國科會補助專題研究計劃"漢學者與庶民的漢籍學習指南·路徑·方法——江户時代漢學入門書研究（NSC99－2410－H－003－090－MY3）"之部分研究成果，感謝該會補助，僅此致謝。

【關鍵詞】溪百年 《經典餘師》 天朝正學 不易皇統 《論語》

一、序　　言

　　早期日本各地小學校園中,常常可見農民出身,畢生致力於農村經濟之更生復興,被井上哲次郎(1855—1944)編派進江户儒學之"獨立學派"①的二宫尊德(1787—1856)之石像。而孩童的二宫尊德石像都是一副背負柴薪,手拿經籍,邊行走邊讀經,刻苦爲學的形象。而生於天明七年(1787)的二宫尊德,在其擔任小田原藩家老服部十郎兵衛侍從時,據説就已購入《經典餘師》四書部分,獨學熟稔之,其時爲二宫尊德二十六歲(1813)之際②。《經典餘師》自江户天明年間以還,特别是到了19世紀中葉,已然成爲庶民學習儒家經典時,獨學誦讀之主要入門書籍,對此亦可由以下例證窺見一斑。

　　弘化二年(1845),好華堂野亭(1788—1847)於其所注解,同時由松川半山(1818—1882)繪製插圖的《上層繪入大學童子訓》一書之自《序》中就明言道:

　　　　曩《經典餘師》行於世,開村童里蒙自讀經書之道。③

　　天保十一年(1840)生於金澤,號稱是近代日本社會福祉之祖的小野太三郎(1840—1912),亦曾言及:

　　　　自購四書《經典餘師》,摘字撼句,潛心誦讀,漸通大義。自是折節履道,砥礪不怠,謂讀書萬卷,不如實踐躬行。④

---

① 詳見井上哲次郎、蟹江義丸編《日本倫理彙編獨立學派の部》,東京:育成會1903年版。
② 佐佐井信太郎《文化九年二十六歲覺帳二月一日條》,載《二宫尊德傳》,東京:日本評論社1935年版。
③ 好華堂野亭注解、松川半山繪圖《上層繪入大學童子訓·序》,京都:林芳兵衛1845年版。
④ 和田文次郎編《小野君慈善録》,石川縣:共潤會1890年版,第2頁。而小坂興繁《金澤生福祉祖小野太三傳》,北國新聞社1991年版,書中則具體刊載了小野太三郎之遺物《經典餘師·四書》的照片。

從上述證詞可知，《經典餘師》在刊行問世後漸次流行，在19世紀中後期的江戶日本已經相當普及，我們可以説當《經典餘師》流傳到當時日本各個非主流城市，乃至窮鄉僻壤時，《四書》、"五經"等中國儒家經典之世界，也就隨之在一般日本庶民的生活中展開。

其實，日本德川時代後期，亦即自18世紀中後期以還，乃是町人（庶民）文化興起，庶民教育逐漸普及的時代。除了"寺子屋"這類學習讀寫文字的初等教育機構大量出現之外，因爲出版技術的進步發達，書籍的出版越趨容易，書籍數量也就越來越多，諸如"往來物"等特別爲了庶民階層所編寫的啟蒙性著作，在當時也非常普遍並且相當流行[1]。這類啟蒙性著作之中，也不乏將中國儒家經典之思想教義、主旨內容，以日本當時之平易和文加以解釋和説明的著作。其中，舉世聞名且廣泛流行的著作，首推溪百年（1754—1831）的《經典餘師》。其後，寬政五年（1793）刊行的《略解千字文》，寬政九年（1797）刊行的《孝經平假名附》與《畫本二十四孝》，或有意模仿《經典餘師》之著書形式，或與《經典餘師》採取相同的注經體例，目的皆在使初學者能有簡易入手的經學、儒學書籍可讀。

蓋《經典餘師》乃針對《四書》、《易經》、《孝經》，或是《近思錄》等儒家代表性經典，首先以和文假名來施以訓讀，並用當時簡單平易之和文解釋説明經文、經義。由於《經典餘師》的問世，截至當時爲止，原本沒有機會進入各式教育機構接觸儒家典籍的、位於偏鄉僻壤之村落的江戶庶民百姓，或因終日忙於工農作業或買賣事業，以致無法上學之農民、工匠、商人等，終於也有機會可以在家自行閱讀儒家經典，彼等乃是藉由獨學《經典餘師》而來了解儒典內容與儒家思想。亦即，隨著《經典餘師》在江戶中後期的流傳，並且在各地受到各階層民衆的歡迎，當其成爲暢銷書的同時，江戶時代的日本地方民間社會，也興發了一股自習獨學中國儒家經典的風潮[2]。

於是，漢學或儒學等專門知識，就不再只是上流階層或知識分子的專

---

[1] 有關江戶時代庶民教育之發展，以及當時出版市場之狀況，詳參鈴木俊幸《江户の讀書熱》，東京：平凡社2007年版；大石學《江户の教育力近代日本の知的基盤》，東京：東京學藝大學出版會2007年版；高橋敏《江户の教育力》，東京：筑摩書房2007年版；辻本雅史《思想と教育のメディア史：近世日本の知の傳達》，東京：ぺりかん社2011年版；辻本雅史《"學び"の復權——模倣と習熟》，東京：岩波書店2012年版等。

[2] 詳參《經典餘師集成一・序》，東京：大空社2009年版，第1頁；鈴木俊幸《江户の讀書熱》，第12頁。

屬學問,儒家經典的讀者群之社會階層屬性,也因而得到拓展,具備了開放給一般庶民百姓,特别是偏鄉民衆閲讀的可能性。亦即,只要具有識字能力者,任何地方、任何階層的人們,都可以接觸、學習、體會儒家經典的奧義,都有機會進入儒家所主張提倡的,那個品德高潔之理想世界。此一訴求若從寬政年間(1789—1800)以還,處世教訓性質之"往來物"大爲流行一事來看,亦可獲得證明。例如以繪本加假名解説形式,簡易闡述心學之教訓義理的同時,亦具備黄表紙之幽默滑稽特性的"心學"教訓往來物,在寬政年間大受歡迎,最具代表性的即是山東京傳(1761—1816)一系列心學講釋諸書的陸續出版①。其目的就在藉由此類淺顯易懂、幽默有趣之和文假名繪本教訓書,以收庶民修身培德之效用。當時除了山東京傳之外,另一位代表作者爲市場通笑(1739—1812),其黄表紙二書:《即席耳學問》與《忠孝遊仕事》亦於寬政二年(1790)由蔦屋重三郎刊行,《即席耳學問》一書最後即説道:

  仰賴大黑天,使男兒自七歲讀《孝經》、《大學》,面前身旁,學問相伴,使原本僅思及獨善其身者,亦思利人達人。②

亦即,天明(1781—1788)、寬政(1789—1800)年間,上述所謂附有假名解讀的經書,與假名繪本心學教訓書,在庶民階層廣爲流行之外,從上引《即席耳學問》的原文來看,此兩類讀者亦合而爲一。其中,《經典餘師》則是附假名解讀之經書中,最爲流行普及,同時也是18世紀末的日本庶民,迎向前近代過程中,透過"素讀"儒家經典,獨學自習的劃時代經書學習代表性書籍。鈴木俊幸先生就説:《經典餘師》在當時乃是:

  呼應了一般民衆的日常性需求,普遍地被收藏保存下來。③

---

① 如寬政二年(1790)刊行了《大極上請合賣心學早染草》、寬政三年(1791)又出版其後編的《惡魂後編人間一生胸算用》、寬政五年(1793)其三編《堪忍袋緒〆善玉》接連問世,同年出版商蔦屋重三郎同時刊行了山東京傳的另一本心學講釋繪本《貧福兩道中之記》與《煩惱即席菩提料理四人詰南片傀儡》,寬政八年(1796)再推出《人心鏡寫繪》、寬政九年(1797)《虚生實草紙》續出,一系列繪本往來物,莫不是取材自心學講釋,試圖將善惡邪正,以淺顯易懂的形式教育庶民百姓。相關研究詳參鈴木俊幸《江户の讀書熱》,第17—25頁。
② 市場通笑《即席耳學問》下,江户通油町:つたや,出版年不詳,第15頁。
③ 鈴木俊幸《江户の讀書熱》,第12頁。

如上所述,當吾人試圖思考中國經典或是儒家思想,是以何種形態在日本普及開來？或是經書究竟如何爲日本民眾所閱讀？乃至經書義理如何進行日本本土化等問題時,《經典餘師》無疑具備了極大的參考價值。然而學界歷來對《經典餘師》的研究並不甚重視①。近年日本出版社大空社蒐羅《經典餘師》系列叢書,重刊《經典餘師集成》全十卷,學界因此也開始注意該系列叢書,但目前相關研究極少,少數相關研究主要也是討論《經典餘師》的出版經過與版本等問題的,關於《經典餘師》的實際內容,亦即作者溪百年(1754—1831)究竟採取何種注經方法？以及其如何詮釋中國儒家經典內容等問題,目前尚未有人對其進行詳細的探討、分析。有鑒於此,本文除了介紹溪百年之生平與《經典餘師》之基本內容外,將進一步探討《經典餘師》之注經方法、經典詮釋特色,以及作者溪百年之思想主張與文化政治立場,同時也將試圖説明日本近世庶民所接觸、學習、理解的中國儒家經典世界,其究竟呈現出何種樣貌等問題。

二、溪百年其人

關於溪百年之生平,《經典餘師·四書之部·中庸》載有由溪百年曾師事過的白木因宗②所寫成的"附刻"一文,由此可窺知溪百年生平之一端。

> 浪花溪君,名世尊,字士達者,余同鄉人也。舊姓河田,其先北越人,乃故河田豐前守某之後裔也。初在鄉時,就余,又事於余姻族清文會者,既而又遊於東讚菊池翁之門,後再事余。前後遊歷之間,從事於余有年矣。明和壬寅之夏,負笈千里,東遊於江户,又西遊於京都,又南遊於浪花,而遂客居焉。以其名家故,客遊於諸侯常所,交會多良師友,文藻振於一時。③

---

① 關於其原因,鈴木先生認爲:歷來學界所以不看重《經典餘師》,是因爲其乃是徹底滲透到一般社會底層,成爲到處可見的、非常普遍一般的書籍,因此反而没有引起學界的關注。詳參鈴木俊幸《江户の讀書熱》,第12頁。
② 據該"附刻"文,其頭銜是"京極侯侍讀",但其他生平資料不詳。
③ 《經典餘師集成三》,東京:大空社2009年版,第74—75頁。

由引文最後所謂"文藻振於一時"句,可知溪百年當時名噪一時,當時在文壇想必占有一定地位。該文中,白木因宗更進一步對溪百年的學問、才華具體描述如下:

> 先是,余竊謂:京攝之間,今操觚家,聲聞之過其情也。雖飾以皎衣玄裳也,雖誇以我善盤旋也,然其實羊崔之類耳。徒務記誦詞章,釣奇衒新,以口給服書生,余恐溪氏所爲亦類於此。於是,余將有以所規正,因寄示先輩所著《性理説》及余所著《行餘偶筆》,別附俗牘以試焉。答書忽至,即披讀之,翩翩才氣,圭角乃見。且其所論,不必爲伊物之徒,又不必爲山崎先生之徒,而血脈依程朱之説。其所主張,別有天朝之道者存云,余未知其何等學。鬼神之説,與先輩大異趣。余以爲彼已立門户,堅隍壁,自拒不能容人言者也。其後適贈來彼所著《天朝史略》、《鬼神論》若干卷,具言所以奉西山公之教狀。余披讀再三,而後以爲彼所言,亦似有可取者。於是姑從彼所言,質諸國家載籍,玩味久之,而後始覺天朝古學之意,果如溪氏之説。於是乎,余服其所見云。①

由此可知,溪百年乃是當時才華洋溢,名副其實之學者。在此必須注意的是,溪百年所提倡的"天朝古學",乃有別於伊藤仁齋古義學與荻生徂徠古文辭學之"伊物古學"。也就是說,在溪百年的認知中,江户時代直到寬政二年(1790)幕府實行"異學之禁"爲止,非常興盛流行的"異學"——"伊物古學",其實並非天朝日本古來之學。溪百年顯然抱持著一種正本清源的企圖,其追求的"正學",強調的是有其歷史傳承淵源,自古而來就屬於日本本土所醞釀的本國之傳統古學,故既非幕府試圖復興的"官學"朱子學,亦非試圖回歸孔孟或是模仿中國古文辭的"伊物古學"。溪百年此種立場與態度,在其論及禮制時,亦相當一致,溪百年言:

> 天朝にも舊禮の殘てあれども中華天竺の事といりみだれたる品すくなからず。何とぞ本のごとく正し○べきもの也。②

---

① 《經典餘師集成三》,《附刻》,第73—75頁。
② 《經典餘師集成一》,第123頁。

而觀諸日本歷史之發展,設若有一種自古綿延不斷,延續至今的、一貫性的正學,且是一個足與儒、佛相比擬抗衡的傳統,則其恐非某學,而是政教一致的皇統。這不禁讓我們想起與溪百年生存時代重疊的,江戸代表性國學者本居宣長所主張的,所謂正因爲日本皇統一貫,所以由神所創始的道——神道,亦即"皇國之道",方纔能一直延續至今①。

而溪百年雖然留下相當多的著作,但其生平軼聞等相關資料並不多。根據《國書人名大辭典》與《鳥取藩史》所載,溪百年之基本資料大致如下:寶曆四年(1754)生,天保二年(1831)歿,享年七十八歲。名,世尊;字,士達。通稱,親太、大録等。號,百年、玉藻舍主人。因幡鳥取藩士,自少好學,師事丸龜藩白木蘭溪以及清文會。其後,就菊池黄山學詩文,就土田利重學兵學,就荻野昭長學炮術。天明(1781—1788)年間遊歷於江戸、京都、大阪各地,獲得奥平侯、酒井侯之聘任。精通於經史百家、曆數、兵學、和歌、俗謡、農學、醫術,善於書法,亦曾在加賀的明倫館講述《大學》。寬政(1789—1800)年中,由山下嘉兵衛推薦,受到鳥取藩的邀請,在藩校"尚德館"教授文武兩道,將荻野流炮術傳授於鳥取藩。鳥取藩主池田齊邦(1787—1807)②贈予溪百年銀二十枚,令其留在鳥取。編著有《玉藻謾筆》、《經典餘師》、《千字文餘師》、《太公望三略考》、《天朝鬼神論》、《天朝史鑑》、《天朝史略》、《六經用字例》等③。由此可知,溪百年堪稱多才多藝,除了涉獵經史百家之書籍,亦精通兵學、農學、醫學等,著作也相當豐富。

而依據上引白木因宗之描述,溪百年的學術立場雖然繼承程朱之説,但並非屬於山崎闇齋學統。首先引人注意的是,溪百年相當重視日本主體性,明確主張"天朝④之道"。同時溪百年亦具有強烈的本土意識,特別關心日本歷史,此點由其撰有《天朝史鑑》、《天朝史略》等日本歷史相關著作這一事實,也可進一步獲得確認。而溪百年自身則有如下之説明:

> 世尊不佞生於海隅,育於漁樵,身不習禮義,固無意顯達。且伏枕

---

① 有關本居宣長的此一主張,詳參源了圓《德川思想小史》,東京:中央公論社 1993 年 16 版,第 197—202 頁。
② 鳥取藩第七代藩主。
③ 詳參《鳥取藩史》第一卷,第 448—454 頁。
④ "天朝"一詞,本意指日本朝廷或天皇,然就《經典餘師》所述,溪百年所謂的"天朝",乃籠統地指廣義的"日本",包含日本政權、日本文化、日本歷史、日本文學等。

與歲相半,病間讀書適意而已。久仰臺下盛德而未由拜其馨香,諺所謂雲上不可階而升者非耶。仰慕之切,輕瀆威尊。不佞嘗撰國史六十六卷,名曰《天朝史鑑》,微力而未能終業矣。其餘間著《經典餘師》二十五卷,狂簡之言,雖卑卑焉,庶乎爲蒙士爲學之一助。①

可惜的是,《天朝史鑑》和《天朝史略》等著作,今日不存,故無法窺知其具體内容爲何。另外值得我們注意的是,溪百年對"鬼神論"似乎亦具有一家之言的觀點。而據白木因宗之説法,溪百年的"鬼神之説"乃是繼承西山公,亦即德川光國的看法,而與歷來學者持論不同,係其個人獨特之説。其實,據《國書人名大辭典》的記載,確實可以確認其曾著有《天朝鬼神論》。而從《天朝鬼神論》這一書名來看,也可大致推測其所談之鬼神論,應該也是立足於日本本土、符合日本主體的立場而來立論,應是充滿著日本民族意識的鬼神論。但可惜的是,該書今亦亡佚,故後人亦無從確認溪百年所提倡的"鬼神之説"之實際内容。

然而,我們可由其在《經典餘師·論語·爲政》"子曰非其鬼而祭之"章,與《雍也》"樊遲問知"章中有關鬼神的論述,窺見一端。溪百年説道:

> 鬼とハ人の死たるにて今いふかみ仏なり。天朝にてハかみととなへ、天竺にてハ仏ととなへ、中華にては通じて鬼神といふ。然るに子たる者わが世なればとて家の事を己がままにするハ不孝とす。依て大小吉凶の事ども必ず父母祖先の鬼神に告ゆべきなり。また正当の月に父母先祖を祭べし。然るに俗人動もすれバ欲なる願に就己が祭るべき先祖の鬼にもあらぬ高位他人の家の鬼神を祭る事なり。それは諂といふものにて、必ず利益あるまじきなり。②

> また心に悔がゆへに鬼神を弄玩けがすことなり。然るに人の義を務ずして心悔段に鬼神へ立よるといふハ皆惑なり。鬼神ハ敬するを以て道として押近づくべからず。是を遠之とハいふなり。仁とハ各人の行ひ尽べき道を務たりとて務め顔なるハ悪し。而して其報ある事ハ自然に待べし。私の心あるハ道にあらず。此事い

---

① 《經典餘師集成一》,第31頁。
② 同上書,第110頁。

たし易にあらず。この故に難を先へ行ひ尽し、報を獲ことを後にするとハいふなり。是聖人天下を仁玉ふ心、此の如し。是を仁と謂。[1]

由以上兩則引文我們可以知道，溪百年明確區分中、日、天竺三國對死後之人的稱呼，同時指出生人設若有求於鬼神，則其前提必須在"盡義"這一條件下方能成立，否則其"求於鬼神"之舉動，則無非是一種無明迷"惑"之行爲。至於溪百年所謂的不祭拜自家祖先，而欲求助他家高位之鬼神以遂個人之私慾，此舉實屬諂媚行爲，而且也絕對不可能獲致任何利益。筆者以爲溪百年此番論調，表面看似在論鬼神之信仰與祭祀，其實則隱含著其對當時幕府爲了禁止民衆信仰基督教而尊崇佛教的批判。因爲當時的一般論調多主張"神佛合習"，以神道爲佛教之護法，如此一來則佛高於神。又因幕府設置"寺請"制度，一定程度上強迫限制民衆成爲檀那寺之檀徒——佛教徒，此制度雖可有效控制民衆的信仰，但在溪百年看來，此舉或許是一求於他家（天竺）高位鬼神，而罔顧自家日本神道鬼神之舉。

三、《經典餘師》其書

而除了《天朝鬼神論》外，溪百年尚有其他不少著作，惟今日仍留存下來之著作，可以實際翻閱的，恐怕只有《經典餘師》這一供庶民學習儒家經典的系列叢書而已。根據前述引文，《經典餘師》乃溪百年在編纂大部史書《天朝史鑑》之餘，抱持"爲蒙士爲學之一助"這一期望所撰寫而成的。關於其撰書目的，菅原胤長在《經典餘師·序》中，則代作者如下更清楚地說明道：

先生之道，存乎七經也。炳如日星，然或有不知不解者，何也？不善讀故也。所以讀而不善讀者，何也？不得其師故也。是以古之學者，必擇師而事之，而後日知其所未知，駸駸乎以進。《傳》曰：三王四代唯其師，其斯之謂歟。通邑大都固不乏其師，若夫僻邑寒鄕求師而不得，徒費歲月者，實可憫惜哉。溪世尊有慨於茲，謂高論之無益，不

---

[1] 《經典餘師集成一》，第181頁。

如卑論之有益也。因以國字解《論語》、《孝經》等書，醇醇不置，名曰
《經典餘師》。學者獲而讀之，則雖僻邑寒鄉，豈不有餘師哉。[1]

亦即，《經典餘師》是爲了求師無門的"僻邑寒鄉"之平民百姓，使彼等也能有機會、有可能自學自習聖人之道，因此使用假名訓讀儒家經典之原文，同時再用當時平易的和文來解釋經書義理內容的著作[2]。

當時溪百年所觀察到的有關社會各階層的求學狀況，其實並不理想。其言："近來無志學問者衆矣。"且此一狀況，無論是"貴士"或"庶人"皆無例外[3]。關於何以士庶貴賤之人，皆淪爲不願求學之人的原因所在，溪百年認爲"貴人"所以如此之原因有三；而"庶人"所以如此之原因則有四。現若聚焦於"庶人"身上，溪百年具體説明其所以"無志於學"的原因爲：

庶人以爲斯道也，非黎庶可學者。比之茶、香、花、畫，以爲奢侈無用之物，併棄置之，一也。又爲不如三弦、淨琉璃之易且樂，二也。幼而不學問，長而恥下問，三也。或僅學之，俄以爲唯我覺者，而唾佛罵人，及破家産，甚之至輕君與父。是以，其父母爲之禁錮焉，四也。庶人之病，職斯之由。[4]

由此可知，對當時的江户庶民而言，學問（儒學）給人的印象並不好，民衆多認爲其乃"無用之物"，甚至是會導致"破家産"或"輕君與父"的有害之物。然雖如此，溪百年卻認爲：即便身處此種風氣中，有人卻仍然懷抱著學習意願，但卻苦於找不到合適之學習方式，對學問無從入手，或無從入門。除此之外，關於當時的日本女性，一般多只是閱讀《伊勢物語》或《源氏

---

[1]《經典餘師集成一》，第5—9頁。
[2] 據統計，江户幕府末年日本全國的識字率，武士階層之識字率幾乎是百分之百；庶民階層中男子識字率是百分之五十四，女子則是百分之十九。但若從寺子屋的學生總數來推定的話，則男子識字率應該是百分之四十九，而女子則有百分之二十一，因依據不一，結果也或多或少有所出入。但如果限定在江户府内，則男女的識字率皆高達百分之七八十。又如果扣除掉江户府内的農村地區，只侷限於府内中心市街地區，則男女的識字率高達百分之九十以上。由此可見僻邑寒鄉地區，確實存在著求師不得的現實處境。詳參石川英輔《雜學大江户庶民事情》，東京：講談社1998年版，第134—135頁。
[3]《經典餘師集成一》，第31頁。
[4] 同上書，第32頁。

物語》等物語書籍,並無適合女性閲讀的人生啓蒙書問世一事,溪百年亦投以關注。溪百年所以編注《經典餘師》,主要就是爲了向此等庶民百姓,提供適合彼等獨學自習的教材而編寫出的。溪百年如下説道:

> 又有陽廢之而陰好之。其心以爲,願得捷徑,私叔之。然以難讀且不易解,乃長大息而自畫者,是貴與賤之通病也。且爲女子者,初不相與焉,大抵其所習讀,不過《伊勢》、《源語》之類,固不足以稱閨門之具矣。今所以有餘師之舉者,乃爲是故也。①

誠如菅原胤長在《經典餘師序》中説:"高論之無益,不如卑論之有益。"②《經典餘師》完全符合當時民衆的需求,作爲一種非常"有益"的儒典學習入門書籍,廣受歡迎,並成爲暢銷書。又如鈴木俊幸先生指出"《經典餘師》乃是開拓庶民自習經典之道的書籍","其作爲可以有效地自學自習經典之書而受到歡迎"③。如上所述,由於《經典餘師》的出現,儒家經典已經不是知識分子的專屬品,經書成爲一般民衆也可以自行閲讀學習的書籍。我們可以説,江户中期以前,以"益軒本"或"益軒實訓"形態,流行於江户和九州等地方,由貝原益軒所選編、譯解的儒家啓蒙書籍,雖然對儒家倫理道德在日本民間社會的普及產生一定效用;但儒家"經書原典"、"經書原文"開始直接滲透到一般民衆的生活之中,直接與江户時代的日本民衆面對面,則仍有待《經典餘師》的問世。

就這個意義而言,在日本社會,儒家思想或者儒家倫理真正普及到民間社會,可以説應該也是在《經典餘師》刊行之後,亦即18世紀末以還之事④。除此之外,我們同時也必須注意到,溪百年以"經學"爲典正、崇高之學,而且還是不分貴、庶、男、女,皆須學習的學問。從這個角度而言,其此

---

① 《經典餘師集成一》,第32—33頁。
② 同上書,第7—8頁。
③ 詳參鈴木俊幸《江户の讀書熱》,第12頁。
④ 必須説明的是,《經典餘師》普及流行於民間的這一事實,並不能將之立刻等同於所謂:日本民間社會主要是受儒家思想或儒家倫理影響。筆者以爲江户時代後期的日本民間社會,基本上仍然是受到日本本土習俗化的佛教,以及日本本土宗教神道教因素影響較深的社會。但《經典餘師》等儒家經典相關啓蒙書大量出現之後的江户後期日本社會,確實可以説已經是一個一般民衆也開始直接親近儒家經典,並藉之以涵化民衆之儒家倫理的社會。故有關《經典餘師》確實對日本庶民的儒家倫理道德觀之形成產生一定程度影響一事,吾人恐怕無法否定。

種立場仍是相當"中國"且"正統"的。

而實際刊行的《經典餘師》總共有六十卷五十一册。據小泉吉永先生的調查,其具體的内容如下①。

> 天明六年(1786)刊《經典餘師·四書之部》十卷十册
> 天明七年(1787)刊《經典餘師·孝經之部》一卷一册
> 天明九年(1789)刊《經典餘師·弟子職之部》一卷一册
> 寬政三年(1791)刊《經典餘師·小學之部》十卷五册
> 寬政四年(1792)刊《經典餘師·四書序之部》一卷一册
> 寬政五年(1793)刊《經典餘師·詩經之部》八卷八册
> 寬政八年(1796)刊《經典餘師·孫子之部》二卷二册
> 文化十二年(1815)刊《經典餘師·書經之部》六卷六册
> 文政二年(1819)刊《經典餘師·易經之部》七卷七册
> 天保十四年(1843)刊《經典餘師·近思録之部》十四卷十册

根據小泉吉永先生的分析,除了上列書籍之外,《經典餘師》系列書籍的廣告中還出現《春秋》、《禮記》、《武經七書》等書名。因此,雖然這些書籍在當時並未刊行問世,但想必當時溪百年手上已有《春秋》、《禮記》、《武經七書》等,擬收入《經典餘師》系列的編注草稿,或者可以説溪百年已計劃擬進一步編注此等書籍,將之編入《經典餘師》。以下本文擬聚焦《經典餘師·四書》,先分析説明其具體之注經方法,進而探討其義理詮解内容。

四、漢文語脈到和文語脈:《經典餘師》之注經方法

在説明《經典餘師》之解經方法之前,筆者以爲吾人不可不注意其著書體例。蓋《經典餘師·四書》各章内容,先後主要以經書"原文"、漢文訓讀"讀法",以及經文後之"和文"解釋説明文等次序所構成。而所謂漢文訓讀"讀法",乃是將經典原文直接"訓讀"成日語所謂的"書き下し文",亦即改

---

① 《序にかえて》,載《經典餘師集成一》,第 i 頁。

變漢文語序爲日語語序,並同時標出日語讀音的"翻譯"讀法,《經典餘師》將之置於書頁的天頭部分。而"書き下し文"中出現的所有漢字,則全都用平假名標寫出其日語發音。因此,只要是具有認識"假名"能力的一般庶民,也就可以以日語朗讀出中國經典的原文,此即所謂"素讀"。這也是《經典餘師》的優點所在,亦即不管讀者對經書義理的理解程度深淺、正確與否,總之就是可以用母語日語來朗誦,使之朗朗上口。在"讀法"之後,則特別羅列出經文中所出現的"助字"(助詞)的相關說明。各頁欄中之經典原文也附加上"訓點",方便讀者將漢文原文直接改用日語語序以及日語發音來朗讀。又原文之後,再以和文撰寫詳細之解釋文。其中關於《四書之部》,溪百年所使用的底本是朱子的《四書章句集注》(下簡稱《集注》),據白木因宗的看法,溪百年的學術"血脈依程朱之說",但據《經典餘師》來看,其說明方式以及解釋內容,卻並非按照朱子《集注》來進行。

綜合上述,我們可以說:《經典餘師》最主要的注經方法,乃在將"漢語文脈"轉爲"和文語脈"。而因爲要以和文語脈來注解,故偶爾會出現所謂以漢字牽就日語讀音的"類變體漢文"情形出現,或是日式漢語詞彙的出現,例如因爲讀音相同,就以"注尺"代"注釋";或是在解釋"聞道"或"君子儒"時,皆以日本社會所重視的義理人情來解釋之[1]。而當儒家的經書原文被置換爲和文語脈時,勢必也將帶入相應的日本歷史、文化、思想與價值脈絡。如此一來,經義解釋的幅度便被展延開來,甚至脫離了漢文的、經文的、中國的上下文脈絡,進而容許被重塑爲符合日本之文化、思想乃至需求整體的日式脈絡。正因如此,所以《經典餘師》之注經雖主朱;但卻又不據朱。又因爲其對象乃是僻鄉寒邑之庶民百姓,所以一般以爲再必然、簡單不過的詞語,溪百年也都不厭其煩地逐一解釋。例如:在《學而第一》之下,溪百年解釋說:"以學而二字爲篇名,以下亦此例也。"[2]又針對《論語》中"子曰"二字,溪百年解釋道:"子曰者,皆聖人之御語。"[3]在此需附帶一提的是,溪百年於《經典餘師‧凡例附言》中就特別指出說,其於本書中只用"聖人"二字稱呼者,即指孔子,並以"大成至聖文宣皇帝孔夫子"稱之[4]。另外在《經典餘師‧大學》首頁"朱熹章句"之下,則解釋道:

---

[1] 詳見《經典餘師集成一》,第134、176頁。
[2] 《經典餘師集成一》,第81頁。
[3] 同上注。
[4] 《經典餘師集成一》,《凡例附言》,第21頁。

朱者,氏;熹者,名也。宋世之大儒先生,分此一卷之章句。①

諸如此類,皆可看出《經典餘師》將其讀者群設定爲庶民百姓、初學者,以本書爲習經之入門書籍的這一特質。

以下且具體舉出溪百年經義解釋數例,以分析《經典餘師》之注經方法,必要時亦將述及其所詮釋之義理內容,再次確認其思想特色。首先讓我們來看看《經典餘師》對《大學》開頭"大學之道在明明德,在親民,在止於至善"一段如何解釋:

> この段は大學第一の所にて,この三か條を大學肝要の三綱領といふをば網の綱衣の領(えり)とのこころにて,萬理ここを本として引上るなり。それ人は天地の正しき氣を得て生るることゆへ形心動靜みな天地を法とすること元よりなり。てらすといふは本體なり。ひかるといふは變なり。人々,明德とて仁義禮智の心は氣を胎內にうくる時,已にそなはり生るること,くはしく孟子第四に出たり。小兒の時はいかなる者も,父母を親み慕こと,孝の心すでにあるならずや。また愚にあさましき人にても楠正成公のごとく運つたなく中途に死たる人をば羨み,清盛公のやうなる一生涯富貴榮耀を遂たる人をもにくむといふを,是皆人びと善を尊とみ,惡を賤しむ心あるゆへなり。然れども幼少より惡き事に見しり聞なれて利欲といふ捨がたき物に泥むゆへ,さしもの明德ありながら,暗かくるること,誠になげかしきことなり。それを明らかに磨を明德を明かにすといふなり。扨自身の德が明かになりたる上は,また人にも其德を及すべきことにて,是仁心の大なるものなり。その舊く汚たる德を新しく清むるを民を親にすとはいふなり。名君上に立玉ふ時は,下萬民の德を新ため,仁(めぐみ)玉ふ。さて右の二ヶ條にて盡たるやうなれども,善の場に止まることの至極なれば,心入れ淺して全からずとなり,是を至善於止まるといふなり。②

---

① 《經典餘師集成一》,第35頁。
② 同上書,第36—37頁。

如引文所示，雖然《經典餘師·四書之部》以朱子《集注》爲底本①，但關於其詮釋內容，與《集注》實際對照之後，則又可以發現《經典餘師》的和文詮釋並不是按照《集注》來鋪陳的，作者溪百年在經文的解釋上相當自由地發揮自己的觀點和立場。例如關於"明德"這一概念，朱子於《集注》中闡發其"人之所得乎天，而虛靈不昧，以具衆理而應萬事者也"②，這種相當具有抽象哲學性的詮釋。但《經典餘師》則將"明德"解釋爲：人在懷胎受氣的同時所稟受的"仁義禮智之心"，其説明非常簡單而具體。另外，溪百年爲了説明人心原本便具有"明德"（仁義禮智之心），除了《孟子》所謂"孩提之童，無不知愛其親者"③這一例子之外，溪百年還提及日本歷史上的兩位著名人物來補充説明。一是楠木正成（1294—1336）④，其雖然戰死，但卻具有忠臣這一正面形象。二是平清盛（1118—1181）⑤，其雖然享盡榮華富貴，但卻充滿傲慢這種負面形象。看到此種舉例説明，即使是不具備任何漢文素養之人，又或者是資質駑鈍之人，恐怕也會自然而然地喜歡上楠木正成，而厭棄平清盛。《經典餘師》用此種邏輯來補充説明人在先天上、内在中就稟賦"明德"特質，亦即具備仁義禮智之善性這一事實。此種詮解方式以及其所詮釋出的義理，可以説相當具有日本本土化特質。

而對於《大學》所謂"物有本末，事有終始，知所先後則近道矣"，《經典餘師》有如下之解釋：

> 本と己が明德なり。末とは他人なり。始とは己が德を明にするなり。終とは人を新にするなり。かやうに先にすべき理と後にすべき理とを知らば，則ち聖人の行ところに近矣といふものなり。すべて物には本末さだまりありて，己主君父母は本なり。他國の君他人の親は末なり。本をたつとみて末を次とす。これ本に始まりて末に終るべきものなり。しかるに世の中にも己が親にはそまつ

---

① 例如《大東文化》479 號，就只是單純地説《經典餘師》是解釋朱子《集注》的著作。
② 《大學章句》，《四書章句集注》，北京：中華書局 1983 年版，第 3 頁。
③ 《孟子集注》，《四書章句集注》，第 353 頁。
④ 日本南北朝時代的武將，支援後醍醐天皇，與足利尊氏之軍開戰而奮戰身亡。其在日本歷史上被視爲"忠臣"的代表性人物而被大肆表揚。
⑤ 日本平安末期的武將，掌握權力，權傾一世，樹立平家政權，極盡榮華富貴。雖然暫時作威作福，但最後卻在失意中病逝。

にて,他人の交はりには利口にとりまはり,人がら氣しつのうつくしといはるる輩あり。かへつて父母を人にあしく思はする不孝をまぬかれず。よくよく恐れ戒て先後の道をうしなふべからず。①

　　對於《大學》此章經文,朱子《集注》只説:"明德爲本,新民爲末。知止爲始,能得爲終。本始所先,末終所後。此結上文兩節之意。"②相對於此,《經典餘師》的解釋則是相當之詳細,由此也可知溪百年非常重視本末、先後關係。根據《集注》的解釋,《大學》所謂"物有本末"的"本"乃是"明德"(自己),"末"則是"新民"(他者)。《經典餘師》的解釋基本上也完全根據《集注》。但溪百年進一步敷衍鋪陳此一道理,引申到自己的"主君父母"與他國的"主君"、他人的"父母"之間的本末、先後關係,而主張以"本"爲優先。由此可知,溪百年以"天朝"爲主,重視日本本土主體性立場的理論依據就在於此。另外,以"公"優於"私"的這種重公輕私思想爲理想的日本社會,往往會出現重視與他者的人際關係,但卻輕視自己家中父母或妻子的現象。因此溪百年説:"世上有不關心自己的父母,但卻非常注意社會上的人際關係,而被稱讚爲是人品氣質美好的這種人。但這種人在受到好評的同時,卻使得其父母相對受到的評價不高,結果也就變成了不孝。因此,應該要好好警戒,要注意不違背本末始終之道。"

　　溪百年此種重視"本"的思維,亦可見於對《論語》的解釋。《論語·學而》曰:"君子務本。本立而道生。孝弟也者,其爲仁之本與。"關於這一章,《經典餘師》有如下的解釋:

　　　　仁とは本心の德なり。德を成には,まづ本を務(つとめ)おこなふべし。本明かに立ときは道理の全體おのづから生ずべきなり。この故にこそ君子は本を務るものなり。孝なる者は君に忠なり,兄に弟(したし)きものは年長の人に恭敬しきなり。人を愛するものは,人に愛せらるべし。孝弟の道は本心の德を爲(いたす)の本なりと也。③

---

① 《經典餘師集成一》,第38頁。
② 《大學章句》,《四書章句集注》,第3頁。
③ 《經典餘師集成一》,第83頁。

在朱子《集注》中,"仁"被定義爲"愛之理,心之德",而作爲"用"的"孝弟"與作爲"性"的"仁",皆被嚴格地區分開來。但《經典餘師》卻排除掉《集注》中所看到的"愛之理"等形上學的概念,而將"仁"單純地規定爲"本心之德",此說完全跳脫朱子學的理氣論、心性論的基本前提,而展開平實易懂的解釋。

又如前文所介紹的,溪百年有以日本爲本,以日本爲至上的本土意識,這一日本主義在其對《論語》詮釋中亦有所鋪陳。對《論語・爲政》"子曰,夷狄之有君,不如諸夏之亡也"一章,溪百年如下解釋說:

> 世衰へ君臣礼義を損ひ亂り,天下道なきを歎玉ふ。因て仰らるるには,今禮樂もなき夷狄の國にしても君といへる者あれば,上下の分限作法ありと見たり。しかるに我諸夏は禮樂文章の根源に在ながら,臣として君を奪んとするもあり。倍臣とし天子の禮を犯ものなり。誠に人面にして獸心の行なり。君臣の名のみありて礼儀を正もの亡は,これ夷狄に如不(およばざ)なりと。○天朝は萬邦の宗たる事,今さらに非(あらず)といへども,誠に君臣の道,天地日月の如く,萬代不易自然と相犯すことなく,其光明なり。固より中華夷狄の及べきにあらず。①

對於此章,朱子《集注》則如下解釋道:

> 吳氏曰:"亡,古無字,通用。"程子曰:"夷狄且有君長,不如諸夏之僭亂,反無上下之分也。"尹氏曰:"孔子傷時之亂而歎之也。亡,非實亡也,雖有之,不能盡其道爾。"②

其實,《集注》只是簡單地介紹吳、程、尹三氏的注釋而已,關於相關的議題,朱子本人並沒有展開詳細的討論。溪百年將"諸夏之亡"解釋爲:在歷史發展上,中國雖然有國君,但往往被臣下篡奪其位,無法真正實現"君臣之道",因此雖然有"君臣"之名,實際上卻無正確的"君臣之禮"(實)。

---

① 《經典餘師集成一》,第113—114頁。
② 《四書章句集注》,第62頁。

這一解釋可以說基本上是根據《集注》中程子與尹氏的觀點而來,但有趣的是,溪百年最後除了"中華(諸夏)"、"夷狄"之外,又加入了"天朝"(日本)的立場,強調在日本,國君(天皇)從來沒有被篡奪其地位,一直維持萬世一系的皇統。這意味著日本總是真正實現"君臣之道"的國家。因此,其認爲:不用說是夷狄了,就連"禮樂文章"的發源地中華也不如日本。對溪百年而言,日本就是"萬邦之宗"的文明國家,而且已然是取代中國而成爲高度文明的"中華"。

又對於《中庸》開頭所謂的"天命之謂性,率性之謂道,修道之謂教"一句,《經典餘師》説明如下:

> 命といふ字の意は,本命令(おおせつけ)らるるといふこころなり。天地の間,萬物何によらず天より自然に命令られて有がごとく,自然の理あり。たとえば草木にて云ば,四季の時節至て花咲,雨露を得て心よく生長をなす。これ人には仁義礼智と云者の備て,自然に生長をとぐる理にて,これを性といふなり。扨人は自然にその性に率ものなり。其の名を道といふ。たとへば性は人の往來すべき処、水の流べき所のごとし。自然とある者なり。それへ水はながれ,人は溝壑田地を分辨(わきまへ)ず步は道といふものならず。然に人は心とて物に動て変じ易きものなり。それゆへに差やすきを差ざるやうに道引(みちびく)を道を修るといふ。家修復の修の字のこころなり。その道を修るの法,之を教といふなり。①

如引文所述,《經典餘師》將"性"解釋爲人所具有的"自然之理",亦即仁義禮智,並以自然界的草木自然而然地開花生長的比喻,來説明其原本就存在於萬物之中。而朱子《集注》則以"性"定義爲"理",同時納進"氣"或"氣禀"等概念來説明人、物之間的同一性,以及其差異性等問題。但在《經典餘師》的解釋中,完全沒有看到朱子學式的"理氣心性"相關論述。在《經典餘師》的詮解脈絡上,"性"只是先天具備且應該順從的"自然之理",似乎不具備強烈的超越性、絶對性。另外,朱子在理論上嚴格區別性、情、心三者,特別強調仁、義、禮、智是"性",亦即"理",無法直接認定其與"心"

---

① 《經典餘師集成三》,第7頁。

或"情"乃是同一層次的概念,但《經典餘師》並没有如此區别心、性、情三者。這一點由《經典餘師》對《中庸》"喜怒哀樂之未發,謂之中。發而皆中節,謂之和"一句所作如下之解釋,亦可得到確認。

> 凡て人に仁義禮智の心備り在。これを性といふ。その性動て外へ發する時は喜び怒哀み樂むの心おこるなり。是を情といふ。これに愛する,欲ずる,惡の三つをそへて七情とはいふなり。性は動ず正き故に中といふなり。喜び怒る哀む樂の情,心より動て外へ發すれども皆節に中る,之を知といふなり。定て正く,動きなきは天地の理の大なる本なり。動てさ@りなく,相和ぎ親むは,天下上下おし達し道なり。中和の道理を致め得れば,誠に天地人と位を配べ,萬事萬物の理も逆ずして生育とぞ。①

由引文看來,《經典餘師》將"性"簡單地解釋爲"仁義禮智之心",其心向外發露而成爲"喜怒哀樂"之心,故將之認定爲是"情"。而有關心性的相關討論,也可見於其對《孟子》的解釋中。例如對於《孟子・盡心章句上》"孟子曰:盡其心者,知其性也。知其性,則知天矣"一句,《經典餘師》之解釋如下:

> この段は心性天命の四つを説玉ふなり。心といふは人の身の本體なり。心は萬の理を備て萬事に發するものなり。心の本とする所を性と名付るなり。たとへば性は鏡のごとし。心はその照す光明をいふ。汙穢にふれてひかりをうしなへば,性もまたしたがふて闇(くらき)にいたるなり。人,天地陰陽の二氣を受て生るる。その天よりうくる理といふもの,それを性といふ。因て性の本は天なり。性にそなはるを仁義禮知といふ。天にありて春夏秋冬といふなり。天に定れる理あり。これを命といふなり。心を盡し知(さとり)て後に性を知るなり。性を知ば則はち天の理をさとり知るなり。②

---

① 《經典餘師集成三》,第8—9頁。
② 《經典餘師集成二》,第480—481頁。

《經典餘師》以"心"爲"身之本體",將"心之根本"認定爲"性"。由此可知,溪百年所理解的"性"與"心"之間的關係,並不是一般朱子學所謂的理、氣或者形上、形下等關係,而是單純的本末、體用的關係。再者,溪百年在此開展"身→身之本＝心→心之本＝性→性之本＝天"這種追溯本源的邏輯思維,筆者認爲,這也是一種如前文所提到的,重視"根本、本位"的立場展現。另外,有趣的是,《經典餘師》將"性"比擬爲"鏡子","心"比擬爲"鏡子照的光明"。此種比喻在朱子《集注》對該段經文的注釋中並未出現。且在一般朱子學之詮釋脈絡下,被比擬爲"鏡子"的就是"心",而"性"就是"心"(鏡子)原本所具有的光明,此即是《大學》所謂的"明德"。但是,溪百年在此卻將"性"比擬爲"鏡子"本身。其所以如此詮釋之根據何在？與其獨特之鬼神論有無關係？關於此等問題,其實仍有待進一步分析檢討,本文在此暫不討論。

五、庶民經學到天朝正學:《經典餘師》之義理詮解

《經典餘師》係以"四書之部"爲其解經系列之首,溪百年所以從《四書》開始編注撰寫該書,應是由於溪百年的學問基本上乃承繼自程朱學系統的緣故,同時也因爲當時的知識學術界程朱學相當盛行,儒家經典學習的核心早已從《五經》轉移到《四書》,即使古學派興起後,在回歸孔孟血脈與回復古文辭的呼聲中,《四書》依然佔據鰲頭地位。故《四書》内容,特別是朱子《集注》,無論是尊朱或反朱之人,皆無從回避,都必須以之爲儒家思想之代表性經典,以之爲進學之門徑。而《經典餘師》四書之部的首部是《大學》,《大學》作爲該系列之首刊書,《經典餘師·大學》卷首就附錄了作者溪百年親自撰寫,相當詳細的和文《凡例附言》[①],同時另附有漢文《序言》。在《凡例附言》中,溪百年概述江户儒學的發展變遷史,如下描述道:

江都の御政道になりて惺窩・道春二先生となへ玉ひしより,程朱子の學,天下盛になれり。度會・山崎二先生は儒にして巫祝の學

---

① 《凡例附言》由"第一義"與"讀法"構成。

を兼たり。仁齋先生は古義の一家を立、徂徠先生は復古の文章を唱,遂に天下の儒風三品となる。朱子・仁齋・徂徠是なり。就中,西山明公は**文武兼玉ひ**,聰明叡敏,**天朝の真學**,その中正第一なり。其の事は天朝規格を戴き,儒教を羽翼とし,佛も妄に廢し玉はざるなり。元來天朝の道は,大正の規律定則ありて,儒佛を駅(まじゆ)ること決して有べからず。公自から稱して文學を任とし玉ふ。因て公の學玉ふ處,これを**天朝の正學**とす。專門の儒學は右の三品なり。近來一家を建るものすくなからず。何も少し斗の識見異なれども皆三品の末流と知るべし。悉くは天朝史鑑に論じてここに略しぬ。①

按溪百年之觀察,當時的江戶日本儒學主要有三個系統,也就是朱子學系統(藤原惺窩、林羅山/度會延佳、山崎闇齋等)、伊藤仁齋的古義學系統和荻生徂徠的復古學系統。在此值得注意的是,溪百年除了此三個系統之外,另外提出西山明公的"天朝之正學"這一觀點。溪百年在上述引文中說:"西山明公,文武兼備,聰明叡敏,天朝之真學,其中正第一。其事奉天朝之規格,以儒教爲羽翼,然不盲目排斥佛教。原來天朝之道,有其大正之規律、定則,絕不可與儒、佛混雜。公以文學爲己任,因此,以公所學之處,爲天朝之正學。"

也就是說,溪百年雖然編注《經典餘師》,試圖將儒家經典推廣到民間社會,但與一般儒者不同的是,其並未將儒學認定爲是日本的"正學"或"真學"。其文化認同很明確地是立足於日本本土的立場。對溪百年而言,真正體現日本正學的人物,就是身兼文武兩道,而崇奉"天朝之道"、"天朝規格"的西山明公,亦即水戶義公光國。

溪百年所謂"天朝之道"、"天朝規格"到底所指爲何? 其在此並未進一步清楚說明,但由《凡例附言》後面所出現的"天朝には君臣の大道,武備の重ずべく,國家の紀律自然に異なるものあり"(天朝重君臣之大道與武備,國家紀律自然有異)一句可以推測: 此天朝之道或天朝規格,應該是與重文輕武的中國文人社會有所不同,乃是以"文武兼備"爲其理想,以對主君的"忠誠"爲至高價值的,這是屬於日本武家社會所獨特具有的道德規

---

① 《經典餘師集成一》,第24頁。

範。溪百年顯然明確意識到日本與中國的差異，主張身爲日本人應該重視日本本土的政治、文化、風俗的特殊性。

溪百年又在漢文《序文》中説道：

> 天朝神威之宗於萬邦也固矣。日神之德之純，皓皓乎不可尚已。與夫異邦寡德蒙塵，聰明篡位之類，天壤不啻。①

由此可知，溪百年從日本没有易姓革命，維持萬世一系之皇統的角度給予日本高度評價。而且溪百年認爲：當時真正體現且符合日本政治、文化的"天朝之正學"的人物就是西山明公。而如前述白木因宗之引文中指出的一樣，溪百年乃是"奉西山公之教狀"，故溪百年雖然以程朱學爲基礎，但其學術思想可以説是以"天朝之正學"爲理想，繼承西山明公的立場。

因爲溪百年屢屢明言其對水户光國的肯定與尊崇，而白木因宗又説溪百年乃奉德川光國之教義，所以我們可以合理推測其思想立場，應該與水户藩學風有著一定程度的契合度。而就《經典餘師》之刊行乃在天明年間看來，當時水户藩學風，恰是由前期的多樣性思想逐漸轉向後期的，以《弘道館記》中所叙述的教義信條爲主的時期②。换言之，溪百年對水户義公德川光國的尊崇，以及其所謂的"天朝正學"，基本上我們可由《弘道館記》窺見一斑。事實上，《經典餘師》中諸多溪百年的主張，也多與《弘道館記》之宗旨不謀而合，例如所謂："大義名分"，"忠孝無二"，"文武不歧"，"學問事業，不殊其效"，"敬神崇儒，無有偏黨"，"皇統，寶祚以之無窮，國體以之尊嚴，蒼生以之安寧"，"西土唐虞三代之治教，資以贊皇猷"等③。

其中最能凸顯所謂"天朝正學"之特質的，就在萬代不易、萬世一系之皇統。溪百年於《論語·八佾》"夷狄之有君"章中如下説道：

> 天朝は萬邦の宗たる事，今さらに非（あらず）といへども，誠に

---

① 《經典餘師集成一》，第33頁。
② 關於水户藩學風之發展，詳參尾藤正英《水户學の特質》，載今井宇三郎、瀨谷義彦、尾藤正英校注《日本思想大系53 水户學》，東京：岩波書店1973年版，第556—582頁。
③ 關於《弘道館記》中此等思想主張之具體意涵，詳參藤田東湖《弘道館記述義》，載今井宇三郎、瀨谷義彦、尾藤正英校注《日本思想大系53 水户學》，第422—448頁。

君臣の道,天地日月の如く,萬代不易自然と相犯すことなく,其光明なり。固より中華夷狄の及べきにあらず。①

溪百年強調日本君臣自然而然不相犯,此君臣之道宛若天地日月之宇宙運行,故能造就光明無比之萬代不易的皇統。而且皇統之尊崇,斷不容臣子有何異議,其言:

主君を弑し奉まつり、父母を殺害いたすことも可忍ほども者なりとの仰也。それ下として上を軽じ、臣として君を慢ことハ聖人の悪み玉ふこと尤も甚し。況やこれは天子の礼法ならずや。天朝の道を以て論セバ、耳にきき口にのぶるも汚とす。重々の刑罰を行ともなを軽とす。②

也因爲君臣自不相犯武、不簒奪,臣民衆心一致向天皇,故可確定其大義名分。又如在注解"北辰居其所而衆星拱之"時,溪百年言:

北辰とハ天の中央北極の辰にある五星をいふ。昼夜万代動かずして其の所に居あるなり。これを帝座と称じて天の分野にて天子の事に当る。衆の星ハ諸の臣下万民に当比するなり。衆星ハ北辰を中にして、これに施共ことなり。分野とハ野ハ土地の事なり。天の星を目当にしてあなたより此方まてハ何國の野なりと野に分て名付たり。此章尤とも謹で按ずべしといふ。③

同時因爲日本之臣下萬民,係皆天皇之"子民",故"忠孝一本"、"忠孝一致",是爲"一理",溪百年以爲此乃"仁"之道,其於"吾道一以貫之"章中説:

人の君に立てハ仁の道に止り、人の子としてハ孝の道にとどま

---

① 《經典餘師集成一》,第113頁。
② 同上書,第111頁。
③ 同上書,第95頁。

ること、見ても悟得べし。又忠ならざるハ、孝にあらず。一として皆一理ならずやと也。曽子之を聞玉ひて早速其理を合点なし玉ふ。唯とハ早速に御請を申上玉ふ也。①

而且對於此種皇統"萬代不易"、"不容異議";君臣各居其位,不相犯武,以定大義名分;乃至盡忠是爲盡孝,盡孝而未能盡忠是爲大不孝等相關說法,基本上是不容懷疑的,一旦懷疑之而使其瓦解,則萬法諸道皆無以成立。換言之,在溪百年的認識中,對萬代不易之皇統的信奉尊崇、無有僭越犯上、忠心無二,乃世界法則所以成立之基礎,溪百年言:

天地上下君臣尊卑の義理なふして其他何の道も立がたし。天朝の中華西夷に上たる事ハ此に外ならざるを以てなり。②

也因爲皇統不易,萬世一系,故日本方能成爲真正的"華夏"天子國,非異姓革命屢見不鮮之中國所可比擬的。溪百年於《論語·子罕》"子欲居九夷"章中説道:

中國の道衰へ世の中淺間布なりしを歎き玉ひ、吾ヶ樣の事を見よりハ、九夷に之て住居せんと欲するよしの玉ふなり。東方に九ッの夷あり。然るに或人喩ずして聖人實に九夷に之玉ふかと思ひ誤ていふやう、夷の國ハ袵左にし侏離とて言語鳥獸の如し。風俗至て卑陋なり。如何に之玉ふべからずとなり。御答、假令陋くとも、陋き事ハ彼に在て我與かることにあらず。我ハ唯義理に安じ、道を守とならバ、何ぞ陋きを擇ハん。況や君子の居玉ふ、自から化すべきなり。儒者九夷の説を以て天朝をかぞへ、又神職者流、中華の禮樂を事も無に下しむ、いづれも匹夫相仇するの詞なり。夫天朝のミ真に天子の國なり。中華の文物美なりといへども、外國を以て比をなすべからざること論なし。③

---

① 《經典餘師集成一》,第137頁。
② 同上書,第212頁。
③ 同上書,第238頁。

如上所述，溪百年的皇國意識雖然相當强烈，主張重視日本武家社會的規律、規範，但溪百年並未因此排斥儒佛等外來宗敎、思想。溪百年在《凡例附言》中説：

> 天朝に生るるものは，國家の紀律あれば事たりぬべきなれども，すでに儒佛の二教もわたり來て中古より國家の政事に用玉へば，是元よりみだりに怠たるべきにあらず。古人の論定ありしごとく，世を外にし，煩欲をさり，靜寂覺心をたのしむは釋門にゆづり，今日國家の政道に預かり，世に處して躬行をたふとむには儒をまなぶべしとぞ。天地の間あらゆる國々多けれども，大國は天朝と漢土韃靼なり。……漢土には聖人，禮樂を制作なし玉ふ。このゆへに天朝神明の紀律に補ひて三教ともつたふ。①

如引文所述，溪百年認爲：日本充分具備日本自國之法制道德，並不需要用外來的思想、宗教來補救，故溪百年將日本與當時韃靼執政的漢土中國，並列爲"大國"。但因儒佛二教自古以來即影響到日本文化、政治，確實對日本社會有一定程度之貢獻。例如佛教對人心悟道上有所助益，儒學對政道或者處世道德上有所幫助，各有各的好處和功用，可以補充日本本土的法制道德。這也是神、佛、儒三教所以在日本都可以流傳下來的理由所在。其認爲，即使是外來的異邦之宗教思想，若對國家治民是有益的，也應該給予適當的重視而採用之②。因此，溪百年在漢文《序文》中又如下説道：

> 是以天朝之於規律也，儒可爲之羽翼，佛亦不爲無益。蓋佛及百

---

① 《經典餘師集成一》，第16—17頁。
② 年輕時學習《經典餘師》的二宮尊德，其三教觀也很接近溪百年的立場。二宮尊德如下説道："吾創設我法也，神何爲道，何長何短。儒何爲要，何益何損。佛何爲主，何得何失。各窮其理、合三教爲興國安民之大法。猶藥劑合三味爲一粒丸也。患國家衰廢之疾者，服用之則莫不愈焉。所謂上醫醫國者也。曰，藥劑各有分量如何。皇國本也，異域末也。故神用二匕，儒佛各用一匕。"見《二宮先生語録》卷一，載《日本倫理彙編・獨立學派》，第446頁。從引文看來，二宮尊德也闡明文化的本末關係，尊重日本（神道）的主體性，但並不排斥外來的儒佛，其承認儒佛有其益處與功能，提倡神佔四分之二；佛佔四分之一；儒亦佔四分之一，各佔不同比例而結合成一體的三教融合之思想立場。

家,凡小道之可觀者,皆舉而加之於政,以益於治民,此所以成其大也。①

也就是說,爲學之目的、主體,乃在天朝正學,故舉凡有益於天朝者,即便其爲小道,亦可資於正學。由此可知,與其說溪百年是極端的國粹主義者,毋寧說其乃是現實主義者。因此,他在《凡例附言》最後一條中,批判那種對於舉凡是外來之學,無論其學爲何,便皆加以排斥、嫌棄的狹隘立場。

　　諸子百家の事にも取べき事あり。ただに混合なすべからぬものなり。また異邦の事なりといへば,何事をも忌嫌人あり。謹で按ずるに,天朝古昔より神武を用て國家を治め玉ふこと,異邦及ものなし。然るに砲術の器も彼邦の始制なりとて用まじきや。凡て天地の間は同一の理にして彼此を分べからざるなり。②

溪百年除了強調學問的實用性之外,還相當重視"中庸"、"中正"。其對於陷入"偏倚"的學問,如下嚴格地批判道:

　　兎かく學問つつしみは偏倚(かたよら)ざるやうにすべしとぞ。詩文を學ときは風流にながれて,いたづらに心のみたかくなりやすし。また理窟に涉ば,これがためにて日用にうときものなり。儒にながるる者は,議論をかざり,佛にかたよる者は,神明の事をわすれ,神道をまなぶ者は巫祝のやうになりて何も天朝の大道、規律にうとく,武邊政道の用に立ちがたきものなりと,識者の論あり。③

學習詩文之人,容易趨向風流韻事,疏離實際生活;投身儒學之人,往往陷於理論;偏向佛教之人,容易輕視神明;學習神道教之人,易如巫祝陷入迷信,結果都脫離"天朝的大道、規律",也就是脫離了國家的法制道德規

---

① 《經典餘師集成一》,第33頁。
② 同上書,第27—28頁。
③ 同上書,第17頁。

律,在德川氏的武家政權底下,並無法發揮實際的功用。故溪百年認爲,學問應該是能夠"日用"於生活,同時能對日本的"武邊政道"有所幫助的"實用之學"。在此,我們也看到了朱子學者溪百年,與古學派伊藤仁齋所謂道乃"人倫日用"的這一主張一致的爲學立場。而關於"學問之要",溪百年如下主張:

> 學問の要は,中正を執守べるくし,偏倚(かたよる)を嫌ことなり。物に本末あり。本を尊とむべし。偏倚の人は,本を忘るるよしなり。文武の道,經に全備いたしあれども,亦天朝には君臣の大道,武備の重ずべく,國家の紀律自然に異なるものあり。扨,儒佛神巫の人は,その家の學に心をよせ,研窮をなすべし。政務の君子は,同じかるまじきなり。たとへ其人孝弟篤実なりとも,經濟の事を學ばざれば,古人のいへる婦人の仁とて乞児を見て流涕し,衣食を與(あたへ),寄進供養などにこころをよせ仁政洽く及びがたきをのとなむ。①

在此,溪百年首先強調做學問不可"偏倚",必須"尊本"而"執守中正"的重要性,接著將"儒佛神巫之人"與"政務之君子"加以區分。他認爲:前者,亦即學者或者宗教家應該專心鑽研其家學;但後者,亦即實際參與政務的武士,則應該學習實際的經世濟民的實學。在此,顯而易見的是,溪百年對《經典餘師》的讀者,亦即其對一般庶民所從事的學問的期待,應該也是立足於實際生活的實學。

筆者認爲:溪百年在《經典餘師》的《凡例附言》中如此強調"學問之要",是爲了提醒讀者其撰寫《經典餘師》的目的,並不在使一般庶民讀者與"士人"學者一樣,觀念性地分析儒家經典內容,也不在鼓勵讀者修養成聖,而是要將經典中的道理、智慧作爲實學應用到實際生活之中,以獲得實用、經濟效用爲第一要務。另外,溪百年強調再三的是:載錄於經書中的"文武大道",其雖已完備,但卻還是應該重視"天朝君臣大道",同時還要看重"武備"。此一呼籲,基本上與前述其"天朝正學"的主張一致。

---

① 《經典餘師集成一》,第27頁。

六、結　語

　　本文以《經典餘師》爲研究對象，檢討其著書體例、注經方法，與其所詮釋之思想內容，同時闡明溪百年編注《經典餘師》之目的，以及其學術思想立場與文化政治主張。關於此等問題，本文透過《經典餘師》所收各書之各類序言和《凡例附言》，再配合其《四書》注解，基本上可以描繪其輪廓梗概。但是，若要真正了解溪百年《經典餘師》全書整體之解經風格、經義詮釋內容之特色，則仍必須翻閱《經典餘師》系列所收之每部經典，逐一分析檢討。本文所分析、討論的部分僅侷限在"四書之部"，主要又聚焦於《論語》。因此，本文討論的範圍仍顯狹窄，然雖稱不上足以闡明《經典餘師》之全貌，但卻也可以一窺其經典詮釋之重要特色。諸如其解經方法，一言以蔽之，主要是以"和文語脈"取代"漢文語脈"。注解《四書》雖主朱子，但卻又非完全依據朱注。又其著書乃爲偏鄉庶民，故諸如"孔子"、"朱熹"、"我"字等此類再基本不過之詞語亦附以解釋，此點恰恰凸顯出《經典餘師》的讀者社會階層屬性，係以庶民對象。也因爲該書完全以和文語脈注解，又連此類基本語彙都須要特別注解，故也相對容許了經義解釋幅度獲得一定程度的開展可能。

　　亦即，面對儒學或說經學素養闕如的江戶庶民百姓，經義的斷定，變成注經者溪百年說了是。我們要注意的是這裏存在一個有趣現象，那就是藩政當局雖然非常介意溪百年以"和文""玷污"了聖人以"漢文"所撰成的儒家經典，但卻不追究"文字"背後是否"如實"傳述了聖人旨意——"道"。另外，爲庶民學習經書所編注的《經典餘師》，目的雖在提供僻邑寒鄉之民有獨學自習儒典之機會，但書中所詮釋宣導的義理思想，主要乃在尊崇日本萬世一系之皇統，主張忠孝一本、大義名分與日本優於中華。爲學主張博採諸學以爲天朝正學之輔助，強調文武合一、日用經濟之學。綜言之，屬於朱子學系統的溪百年，其注解《四書》之底本雖主《集注》，但爲學目的則在古學之人倫經濟日用，文化價值選取卻又是水戶學的護翼皇統，追求的是"人情義理"與"忠孝不二"的實踐。《經典餘師》堪稱在解經方法與義理詮釋，皆完成了"漢文"/"中國"的去脈絡化，進而完成了"和文"/"日本"的再脈絡化。

本文所提供的觀點或許仍有待進一步商榷,又關於溪百年之經書注解,以及其義理詮解之內容的複雜多樣性,包括其所提倡之"天朝之學"、"天朝鬼神論"等觀點,尚需進一步搜集更多相關資料,加以深入探討分析,方能清楚描繪其全貌,仍待研究之課題不少。惟在《經典餘師》相關研究仍處起步階段的現在,本文或許可收投石問路之效。最後,通過本文的探討與分析,茲將本文研究所得之主要觀點整理如下,就教學界。

一、《經典餘師·四書之部》雖然以朱子《集注》爲底本,但其詮釋内容並非完全根據《集注》,而是溪百年自由發揮而成。《經典餘師》中幾乎沒有出現朱子學式的,具有抽象而深奥的理氣心性論之相關討論,其經文解釋相當具體而平易。但或許也因爲力求以具體而平易的解釋爲要旨之故,其解經内容之論述結構、邏輯,時有邏輯不夠通順明確之處。

二、溪百年具有相當強烈的國族、本土意識,因此其以爲理想而加以提倡的,並不單單只是"儒學",而是"天朝之正學",也就是重視日本主體性,以日本本土歷史、文化、政治爲優先考量的學問思想。這一本土意識確實反映在《經典餘師》的經文詮釋,故使其經書義理詮釋具有高度的本土化特色。因此,《經典餘師》雖然以中國儒家經典爲文本,但在經文内容的詮釋上卻完全達成了脈絡性轉換,其價值認同堪稱徹底歸屬於日本文化[①]。

三、誠如歷來研究已然指出的,由於《經典餘師》的出現,日本一般庶民也可以獨學自習中國儒家經典,於是儒家思想、儒家倫理終於有機會真正普及到一般民間社會。藉此,日本庶民也開始直接接觸來自中國的儒家經典,以及書中所描繪的世界整體。但要注意的是,若大多數的日本庶民所接觸的中國儒家經典就是《經典餘師》,則江户庶民所理解的儒家經典之倫理道德思想、價值主張,恐怕已是相當日本化的,特别是價值認同上幾乎完全歸屬於日本文化。故當吾人在思考儒家道德倫常究竟如何普及到日本民間社會?日本庶民究竟受到儒家思想、儒家價值觀何種程度的影響這一問題時,就不能不注意到這一"經學"/"儒學"轉向"天朝正學"的深刻事實,而這一切都是從"語言"開始的。關於此點,古文辭學派大儒荻生徂徠於《學則》中早有洞見,茲舉其言以爲本文作結:

---

① 在《經典餘師》的注解中,可以明顯看到黄俊傑教授所主張的"去脈絡化"→"再脈絡化"的現象。詳參黄俊傑《東亞文化交流中的儒家經典與理念:互動、轉化與融合》,臺北:臺大出版中心2011年版,第19、145頁。

東海不出聖人,西海不出聖人,是唯詩書禮樂之爲教也。古之時,楚雖大邦,其左史倚相所爲誦,《三墳》、《五典》、《九丘》、《八索》之書,舍是無爲學。而後豪傑自陳良之徒,蓋皆北學於中國云,則吾□東方之民又奚適。亦唯言語異宜,鐘呂之饗爰居,彼謂之侏離鴃舌者,吾視猶彼。假使仲尼乘桴,子路從之游,亦未如之何已。有黃備氏者出,西學於中國,作爲和訓以教國人,亦猶易乳以穀,虎迺於莵,顛倒其讀,錯而綜之,以通二邦之志。於是吾謂之侏離鴃舌者。……吾視猶吾,而詩書禮樂,不復爲中國之言,則假使仲尼乘桴,子路從之游,目之則是,耳之則非。彼迺猶鐘呂之饗爰居也已。……詩書禮樂,中國之言,而吾視猶吾,是其究必至於巴歈詩書。兜眛其禮樂也哉。副墨之子,洛誦之孫,執以廢其祖,不知其可。而況子之孫。……是迺黃備氏之詩書禮樂也,非中國之詩書禮樂也。則其禍殆乎有甚於侏僑鴃舌者也哉。①

（作者單位：臺灣師範大學）

---

① 荻生徂徠撰,平義質子彬、滕元啓維迪校:《徂徠先生學則》(江都:嵩山房),收入吉川幸次郎、丸山真男監修:《荻生徂徠全集》第 1 卷(東京:みすず書房,1973 年),頁 3—5。

道咸經世派的"文儒"理想

曹 虹

【摘 要】乾、嘉以來經世意識的潛流在道、咸之世匯成洪峰,由原有的自發湧動,獲得了清醒的理論自覺。在經世文章步入張揚旗幟的過程中,道咸經世派對"文儒"理想的期許與其新文道觀相呼應,顯示出變古開新的精神風尚。儘管文道互苞的論述模式經由中唐古文家的貢獻而定型,但道咸經世派倡導"道存乎實用"、"文之外無道",重建了"文儒"理想的新維度。乾嘉漢學家對文章"經禮樂,綜人倫"等功能的祈向,也爲道咸經世派如包世臣等人確立"道附於事,而統於禮"的經世文道觀,提供了某種框架性的支持。"文儒"理想的近代轉型是思想與審美的雙重成果。

【關鍵詞】道咸經世派 "文儒"理想 經世文道觀 龔自珍 魏源 包世臣

相對於詩詞之言志娛情,古文與經世的淵源似更爲密切。自中唐韓愈等人倡文道合一論以來,古文家往往對擔荷責任與關懷現實更顯自覺。沿及明末清初依然方興未艾。隨著前明遺老之凋零殂謝與清廷統治的日益專固,經世之文的吶喊呼籲漸行消歇。道、咸之世,國勢日蹙,憂患疊起,陶澍、龔自珍、魏源、林則徐、包世臣等彼此砥礪,互通聲氣,究心時世,倡言改革,催化衍成經世風潮。正如李柏榮所概括:"默深爲有清一代名家,經世之學,橫絶一時,爲文縱横排奡,奥衍泓深,與仁和龔定盦、涇縣包慎伯另創一派,一掃桐城纖柔靡弱之習,近代文豪如王闓運、康有爲、梁啓超輩俱所心服者也。"[①]道咸

---

① 李柏榮《魏源文集》,《日濤雜著》第一集,邵陽進文鉛印局鉛印本,1934年,第14頁。

經世派的"文儒"理想變古開新,代表了道、咸時代新的精神風尚。

一、"道存乎實用"

嘉、道以來社會危機加深,內憂外患交織,朝廷禁網漸疏,士大夫乃稍稍突破壓抑,忘卻顧忌①,探究法古治今之道,常州今文經學派也乘時以興,影響輿論時議。經世致用之風蔚然興起,日漸壯大爲社會思潮。在這一思潮中,既有陶澍、賀長齡、林則徐、徐繼畬等封疆大吏、朝廷重臣,也有龔自珍、魏源、包世臣、周濟、姚瑩、沈垚、張穆、徐松、湯鵬、張際亮、何秋濤等文人學者,他們或以親情鄉誼、或以社交雅集、或以幕府爲紐帶,互通聲氣,以天下爲己任,對河政、漕政、鹽政、人口、水利、戎政、吏政、刑獄、貨幣、貿易、海防、塞防等關係國計民生的實學予以廣泛關注,或考察研究,或獻言獻策,或身體力行,多方加以推進。他們以儒者情懷、法家手段,抨擊時政,呼籲改革。林則徐、魏源、徐繼畬還邁出了解世界的可貴一步,魏源在其《海國圖志叙》中更提出"師夷長技以制夷"的戰略思想,開啓道咸經世思潮的新維度。

在道咸經世思潮中,陶澍、林則徐以其卓越的經世才華和果敢的政治魄力,推行改革,爲經世思潮提供良好的實踐平臺。黃彭年《林文忠公政書序》稱二人"獨於宴安無事、局守文法之時,洞見症瘕,亟起救藥"。陶澍對於道咸經世群體的形成,關係尤大,不僅自身經世才幹突出,治水利、漕運、鹽政,垂百年之利,而且與魏源、林則徐、賀長齡、包世臣、俞德淵、王鳳生、姚瑩、齊彥槐等經世學者或官員交往密切,或提攜保薦,或咨問尋訪,或切磋商議,其光明人格與優良政風富於凝聚力,促成道咸經世派的崛起。龔自珍以思想鋒穎而著稱,於禁網漸疏之際,發舒議論,實爲開風氣者②。魏源對道咸經世的理論建樹尤具綜羅之功,倡經世以謀富强,講掌故以明國是,崇今文以談變法,究輿地以籌邊防,匯衆流於江河,爲群望之所歸③。

---

① 孟森《清史講義》,北京:中華書局2006年版,第367頁。
② 張舜徽《清人文集別録》,武漢:華中師範大學出版社2004年版,第404頁。
③ 齊思和《魏源與晚清學風》,載《中國史探研》,石家莊:河北教育出版社2003年版,第481—482頁。

龔、魏之貢獻似各成矩範,足資互補①。

經世觀念雖然發源甚早,但經世由觀念上升爲一種學問,則肇始於北宋,胡瑗在其講學教育過程中,分經義、治事爲二,治事包括講武、水利、算術、曆法等,開啓經世之學的先聲。晚明經世之風盛行,以"經世"、"經濟"命名的著作或選本大量湧現,陳子龍、徐孚遠等所編《皇明經世文編》堪稱代表。道光五、六年間魏源編輯《皇朝經世文編》,可能受到《皇明經世文編》的直接啓發,但與陳編以人匯文不同,魏編以事爲綱、以類相從,在體例上受乾隆時期陸燿《切問齋文鈔》的影響更多。《皇朝經世文編》更加凸顯治行與學術相輔而行的特色。魏源於該書卷首《五例》解釋取文原則,稱"道存乎實用","志在措正施行",所以"既經世以表全編,則學術乃其綱領。凡高之過深微,卑之溺糟粕者,皆所勿取矣"。在他代賀長齡作的《皇朝經世文編叙》中,還談到編纂該書的四點考慮,本於心而驗於事,本於人而資於法,本於古而驗於今,本於我而憑於物,表現出對時代危機的密切關注。《五例》對"未刻"的部分作説明:"創編之始,蓄願良奢,尚有《會典提綱》廿卷以稽其制,《皇輿圖表》廿卷以測其地,《職官因革》廿卷以詳其官,更輯《明代經世》一編以翼其旨,庶幾自葉流根,循源達渤,質之往古如貫串,措之當世若指掌。欲脱全稿,尚待他時,先出是編,以質同志。蓋欲識濟時之要務,須通當代之典章;欲通當代之典章,必考屢朝之方策。"可見編者試圖構建從古到今、源流兼備的經世學説體系,體現"以經術爲治術"的學術經世的自覺訴求②。此書的編纂具有一種標誌性,即視經世之學爲一門學術,足以與漢學、宋學分庭抗禮③。因而魏源所作的《皇朝經世文編叙》不啻爲晚清經世運動之宣言④。《皇朝經世文編》的編纂取得巨大成功,造成廣泛的社會影響,晚清俞樾稱此書"數十年來風行海内,凡講求經濟者無不奉此書爲矩矱,幾於家有其書"⑤。

《皇朝經世文編》的價值超越了以前的經世著作和選本,也超越其文編本身,昭示出乾、嘉以來經世意識的溪流在道、咸匯成洪峰後,由原有的自

---

① 李澤厚《中國近代思想史論》,北京:三聯書店 2008 年版,第 33 頁。
② 魏源《默觚上·學篇九》,《魏源集》,北京:中華書局 1976 年版,第 24 頁。
③ 劉廣京、周啓榮《〈皇朝經世文編〉關於經世之學的理論》,載《近代史研究所集刊》第 15 期。
④ 劉廣京《魏源之哲學與經世思想》,載臺灣中研院近代史研究所編《近世中國經世思想研討會論文集》1984 年版,第 364 頁。
⑤ 俞樾《皇朝經世文續集序》,載《春在堂雜文》四編卷七,《續修四庫全書》本。

發湧動,獲得了清醒的理論自覺。隨著《皇朝經世文編》問世,經世意識不再停留於零散沉思與孤獨詠歎,而開始步入了張揚旗幟的自覺階段。經世之文在儒林文苑謀得耀眼席位,加速了晚清文壇多元化進程。在與桐城派等主流標準的相互激蕩、相互碰撞中,爲文壇審美拓展了新的空間。

二、"文之外無道"

道咸經世派並非單純的文派,它是其時先進士人和開明官僚應對社會危機所形成的社會政治力量。但道咸經世派中不乏能文之士,如陶澍文章舒暢有氣勢[1],屬嘉、道間名家,有《印心石屋文鈔》35卷,其《蜀輶日記》,對直、陝、晉、川、鄂、豫等省的山川形勝、水利漕運、風土民俗等一一指陳,體現出濃重的經世色彩。包世臣是著名的經濟專家,東南大吏每遇兵、荒、漕、鹽諸巨政,往往向他諮詢,其存文頗豐,有《小倦遊閣文稿》2卷,《中衢一勺》3卷,《藝舟雙楫》9卷,其中《藝舟雙楫》之文與《小倦遊閣文稿》有互見者。包世臣長於論事,言多徵實,儼有晁錯、陸贄之風。《中衢一勺》言水利、漕、鹽諸政,多切實用。姚瑩有《東溟文集》6卷、《外集》4卷、《後集》14卷、《文外集》2卷,《中復堂遺稿》5卷、《續編》2卷。姚瑩古文得桐城義法,而運以氣勢,湛以情感,議論頗顯其能,指陳利病,慷慨深切,豪宕俊爽,而記叙非其所長。《康輶紀行》16卷,叙西南風俗事宜,流於枝蔓,殊少熔裁。周濟有《介存齋文稿》2卷,其文頗有奇氣,議論爲優,可與惲敬相鼓吹;史才秀逸,有《晉略》66卷、《味雋齋史義》2卷,尤其是《晉略》一書借史事以寓平生經世之學[2]。湯鵬本以詩名,而文亦有可言者,其《浮邱子》12卷通論治道學術,洞達情僞,《明林》24卷指陳前代得失,時有卓見。

道、咸之文必推龔、魏爲巨擘。龔自珍存世之文有《定盦文集》3卷、《續集》4卷、《補編》4卷、《補續録》1卷。龔自珍與魏源"相交二十餘年,最稱莫逆"[3]。兩人曾約定:"孰後死孰爲定集。"[4]龔自珍卒後,文集爲魏源所整理。

---

[1] 張舜徽《清人文集別録》,武漢:華中師範大學出版社2004年版,第347頁。
[2] 魏源《荆溪周君保緒傳》,載《魏源集》,北京:中華書局1976年版,第364頁。
[3] 齊思和《魏源與晚清學風》,載《中國史探研》,石家莊:河北教育出版社2003年版,第517頁。
[4] 魏季子《羽琌山民遺事》,載《古學匯刊》第1集,上海國粹學報社刊本。

龔自珍在創作理念上深受李贄童心説與袁枚性靈説的影響，強調創作要真情流露，發抒懷抱。他撰《宥情》稱："欲有三種，情欲爲上，西方聖人，不以情爲鄙夷。"抨擊假道學以理抑情，爲正常的情欲辯護。《長短言自序》進一步提出"尊情"説："情之爲物也，亦嘗有意乎鋤之矣；鋤之不能，而反宥之；宥之不已，而反尊之。龔子之爲《長短言》何爲者耶？其殆尊情者耶！"他在詩中多處提及"童心"①，藉以表達他對真情、真心的禮贊。正是基於這種重情、尊情的理念，批判社會的虚僞與黑暗成爲龔自珍筆端的基本主題。

龔自珍的批判鋒芒指向皇權專制、科舉和用人制度、司法制度、士林風氣等諸多方面。如《古史鈎沉論一》抨擊"霸天下"者施行"一人爲剛，萬夫爲柔"的淫威政治，《明良論四》指出君主對士人"約束之、羈縻之"造成的危害，《干禄新書自序》揭發科舉選士制度的荒謬性，《明良論三》痛斥論資排輩，致使士大夫"奄然而無有生氣者"，《乙丙之際塾議三》在揭露司法黑暗的同時，又刻畫出刑名之吏"挾百執事而顛倒上下"的醜態。對於官場士林的齷齪靈魂，他更是無情鞭撻，如《明良論二》痛陳"士皆知有恥，則國家永無恥矣；士不知恥，爲國之大恥"，可是現實則是官僚普遍昏瞶無恥，"官益久，則氣愈媮；望愈崇，則諂愈固；地益近，則媚亦益工"。《叙嘉定七生》形容隨衆俯仰者中無主見之情狀云："又有中年所業垂成，就見它人所嗜好稱説，必強同之，華山旋其面目東向，太室厭其中處，以求同於岱宗而止，是造物者混混失面目也。"《松江兩京官》更是一篇辛辣諷刺官員賣友求榮的妙文。梁啓超曰："當嘉、道間，舉國醉夢於承平，而定盦憂之，儻然若不可終日，其察微之識，舉世莫能及也。"②與批判現實相表裏，龔自珍在文中發出更法變俗的強烈呼籲。《上大學士書》提出"自古及今，法無不改，勢無不積，事例無不變遷，風氣無不移易"，強調改革勢在必行。《乙丙之際箸議第七》發出變法圖強的吶喊："一祖之法無不敝，千夫之議無不靡，與其贈來者以勁改革，孰若自改革。"龔自珍還在各方面提出改革方略與具體措施，如《上國史館總裁提調總纂書》、《上鎮守吐魯番領隊大臣寶公書》提出改革行政體制的諸多設想。《平均篇》建議通過取有餘補不足的辦法調節君、臣、民之間的財富佔有關係，維持大體平均，以促進社會穩定。《農宗》與《農宗

---

① 龔自珍《午夢初覺悵然詩成》、《夢中作四截句》之二、《己亥雜詩》，載《龔自珍全集》，上海：上海人民出版社1975年版，第466、496、526頁。
② 梁啓超《論中國學術思想變遷之大勢》，上海：上海古籍出版社2006年版，第103頁。

答問》強調農業對國家制度形成和社會發展的重要性，提出以宗法授田的土地分配方案。

乾隆以降，西北邊疆紛然多事。龔自珍以一系列關於西域、蒙古的書議志序，表達對邊防的熱切關注。其中最著名的是《西域置行省議》，主張仿各省之例設置行政機構，以加強中央對西域的管控，頗具歷史遠見。李鴻章讚歎不已："古今雄偉非常之端，往往創於書生憂患之所得。龔氏自珍議西域置行省於道光朝，而卒大設施於今日。蓋先生經世之學，此尤其犖犖大者。"[1]道、咸以來，海患日深，鴉片走私日益嚴重，龔自珍《送欽差大臣侯官林公序》表明禁煙立場，建議佈置重兵，加強海防，防止外敵挑釁，對林則徐予以聲援。《農宗》也主張對種植與吸食鴉片者予以嚴懲。

龔自珍所嚮往的"文儒"是貫通兼綜型的，其《與人箋一》曰："古人文學，同驅並進。於一物一名之中，能言其大本大原，而究其所終極；綜百氏之所譚，而知其義例，遍入其門徑，我從而筦鑰之，百物爲我隸用。苟樹一義，若渾渾圜矣，則文儒之總也。"他的"最錄"系列文章涉及經、史、子、集諸方面，甚爲宏博。對於龔氏身體力行的"文儒"觀，魏源最具會心，其《定盦文錄叙》言其學與文的規模曰："於經通《公羊春秋》，於史長西北輿地，其文以六書小學爲入門，以周、秦諸子吉金樂石爲崖郭，以朝章、國故、世情、民隱爲質幹，晚猶好西方之書，自謂造深微云。"由於博通多涉，融化吸收，造成龔自珍文風的深渾奇變之境，如曹籀《定盦文集序》稱"其雄辭偉論，縱橫而馳騁也，則似孟似莊；其奧義深文，佶屈而聱牙也，則似墨似鶡；其義理精微，辭采豐偉，或守正道之純粹，或尚權謀之詭譎，則又似荀似列，似管似晏"。

魏源文主要結集爲《古微堂集》10卷，其中內集2卷，外集8卷。內集爲《默觚》上、下，爲其論學與論治的思想隨筆，外集則收入書、叙、傳、贊等各體文章。其史學名著《聖武記》與《元史新編》亦有相當的文學性。魏源從不以文人自命，認爲"文章之士不可以治國家"。他曾協助賀長齡籌劃海運事宜，輔佐陶澍進行淮北票鹽改革，頗具實際經濟才幹。他肯定文章經世濟時的作用："文之用，源於道德而委於政事。百官萬民，非此不釂；君臣上下，非此不翕；師弟友朋，守先待後，非此不壽。夫是以內彝其性情，而外綱其皇極，縕之也有原，其出之也有倫，其究極之也動天地而感鬼神，文之外無道，文之外無治也。經天緯地之文，由勤學好問之文而入，文之外無

---

[1]《龔自珍全集》附《定盦先生年譜》道光元年條下，上海：上海人民出版社1975年版，第604頁。

學，文之外無教也。"①他所作之文有強烈的經世傾向。林昌彝云："默深所爲詩文，皆有裨益經濟，關係運會，視世之章繪句藻者相去遠矣。"②如《城守篇》、《軍儲篇》、《坊苗篇》之言軍事，《籌河篇》之言河政，《籌漕篇》、《復蔣中堂論南漕書》、《上江蘇巡撫陸公論海漕書》之言漕運，《畿輔河渠議》、《湖廣水利論》、《湖北堤防議》、《上陸制府論下河水利書》、《再上陸制府論下河水利書》、《江南水利全書叙》、《東南七郡水利略叙》之言水利，《籌鹺篇》、《淮北票鹽志叙》、《淮北票鹽志凡例》、《淮南鹽法輕本敵私議自序》、《上陸制軍請運北鹽協南課狀》之言鹽政，《海運全案跋》、《海運全案序》之言海運，《錢漕更弊議》之兼言財政與漕政，《吴農備荒議》之議農業。《乙丙湖貴征苗記》、《道光丙戌海運記》、《道光洋艘征撫記》都是對時局形勢的真實記錄與描述，其歷史著作《聖武記》則藴藏作者"溯洄於民力物力之盛衰，人材風俗進退消息之本末"，以及"後聖師前聖，後王師前王"鑒往知來的現實情懷③。即便《元史新編》，"蓋作者欲藉舊史以明治道，非徒志在考證筆削而已也"④。其《默觚》之《治篇》，更從思想哲學的層面對現實社會予以思考和觀照。

　　魏源推崇厚、真的文章。他自己所作的論事之文，思理綿密，考慮周詳，謀劃深遠，誠爲經世文章的典範。如《海運全案跋》通過詳實的資料與堅實的推理，説明海運大有益於民生，全文精神飽滿，事理森嚴。《明代食兵二政録叙》總結明代成敗所由，與清朝互爲對照，由此列出當代的種種重大社會弊端，有針對性地發出革除積弊的呼籲，筆力堅重，詞氣激揚。《皇朝經世文編叙》叙説編書的目的，以及經世而"知從違"、"知參伍變化"的重要，法度謹嚴，而行文兀傲，潛氣内轉。《籌河篇》、《籌漕篇》均採用問答體，切合實際，不作空談高論，而從歷史情形、現實狀況出發提出對策和建議，思慮甚深，且富於感情。

　　魏源自幼喜讀史書，及入京師，得借讀官私著述，見聞日富。他悉心時務，深具良史之才，在叙事方面頗爲擅長。其《聖武記》採用紀事本末體，將清代大事總結爲開國龍興、平定三藩、綏服蒙古、蕩平准部、戡定回疆等數十件大事，按事立篇，對錯綜複雜的歷史事件用歸納、分説、互見、階段描述

---

① 魏源《默觚上・學篇二》，載《魏源集》，北京：中華書局1976年版，第8頁。
② 林昌彝《射鷹樓詩話》，卷二，咸豐元年刻本。
③ 魏源《聖武記叙》，載《魏源集》，北京：中華書局1976年版，第166—167頁。
④ 齊思和《中國史探研》，石家莊：河北教育出版社2003年版，第506頁。

等方式,使複雜的事件展現出清晰的發展輪廓。《道光洋艘征撫記》則以質樸的語言對鴉片戰爭作忠實描述,寫出戰爭的前因後果與鬥爭的起伏升落,刻畫當時各方面人物的情態,栩栩如生,頗有《左》、《史》遺風。魏源的傳記、碑銘也寫得頗見功力,如所作周濟、李兆洛的傳記以及傅鼐、陶澍、嚴如熤的碑銘,均能切合人物身份,曲盡其情狀,時入韓、歐勝境。

與其文道互苞説相應,魏源還認爲,情是才的基礎,只有充滿現實的人文關懷,貫注深厚的情感,方能產生真正的"才"。他説:"人有恒言曰'才情',才生於情,未有無情而有才者也。慈母情愛赤子,自有能鞠赤子之才;手足情衛頭目,自有能捍頭目之才。無情於民物而能才濟民物,自古至今未之有也。"①魏源文章無不傾注深切情意。他在叙事中往往通過細節點染而流溢感情,或者輔以議論而申舒懷抱。如《海國圖志叙》基於其時"夷煙流毒"、世風低落的狀況,疾聲高呼:"此凡有血氣者所宜憤悱,凡有耳目心知者所宜講畫也。"他論事、記事諸文,語言外似明晰暢達,而内蘊峭拔兀傲之氣,這種内外反差感也反映其思想與文學個性。

總之,龔、魏頡頏並駕,論識龔以凌厲奇警著稱,魏以切要綿密佔優;龔文以騰空搏虛見長,魏文以沉潛運實取勝。龔、魏雖互有勝場,但在重建"文儒"理想的方向上,卻展現了共同而富有時代意味的精神追求。

三、"文儒"理想的近代轉型

包世臣在《與楊季子論文書》中的一段話頗爲發人深省:"竊謂自唐氏有爲古文之學,上者好言道,其次則言法。説者曰:'言道者,言之有物者也;言法者,言之有序者也。'然道附於事,而統於禮。子思歎聖道之大,曰:'禮儀三百,威儀三千。'孟子明王道,而所言要於不緩民事,以養以教。至養民之制,教民之法,則亦無不本於禮。其離事與禮而虛言道以張其軍者,自退之始,而子厚和之。至明允、永叔,乃用力於推究世事,而子瞻尤爲達者。然門面言道之語,滌除未盡,以致近世治古文者,一若非言道則無以自尊其文,是非世臣所敢知也。……夫事無大小,苟能明其始末,究其義類,

---

① 魏源《默觚下·治篇一》,載《魏源集》,北京:中華書局1976年版,第35頁。

皆足以成至文,固不必悉本忠孝,攸關家國也。"①不可否認,韓愈、柳宗元等中唐古文家大量而集中地顯揚文以明道之旨,建立了文道關係的論述形態,將傳統的經義箋釋訓詁之學轉化爲"融會經義,發爲文章"的文儒事業②。包世臣指稱他們"好言道",固然是確實的。《新唐書·文藝傳序》謂:"大曆、貞元間,美才輩出,擩嚌道真,涵泳聖涯,於是韓愈倡之,柳宗元、李翱、皇甫湜等和之,排逐百家,法度森嚴,抵欁晉、魏,上軋漢、周,唐之文完然爲一王法,此其極也。"所謂"完然爲一王法",正可以形容出中唐古文之學的經典範式意義。

但韓、柳等人的文儒範式卻遭到包世臣的某種揚棄。其揚棄之内涵顯示了道咸經世派文家對文道關係的富有時代精神的新見解。包世臣提到"説者曰:言道者,言之有物者也;言法者,言之有序者也",不難想到,這些曾經佔據輿論正宗的"説者",是指以道統與文統結合自任的桐城派。桐城派的應運得勢,與清代前期朝廷的士風導向有關。例如康熙帝提倡以經術爲文辭之本,親製《日講四書解義序》,强調"萬世道統之傳,即萬世治統之所系也",尤其推重程朱理學,尊崇朱熹,稱"孔孟之後,有裨斯文者,朱子之功,最爲弘鉅"③。下令編纂《朱子全書》,贊朱子"文章言談之中,全是天地之正氣,宇宙之大道"④,寓有理學與文學合一之意。乾隆帝祖述雍正帝的"清真雅正"之訓,進一步明確韓愈、歸有光等人的正宗地位以及"以古文爲時文"的方針。本來,韓愈等古文家講求人文化成之道,也含有通經致用的態度。乾隆四十年,陸燿潛會於風氣之先,將清初迄乾隆間諸儒有裨經世之文輯爲《切問齋文鈔》三十卷,"聖諭嘉其切要,令大吏刊行"⑤。乾隆四十五年五月策試天下貢士,指出"帝王之學,與儒者終異",希望士子發抒"經世之略"⑥。但又不允士人對朝廷政治"嘵嘵不已",否則"必重治其罪"⑦。由此可測在清代文治條件下,儒者文士的立言角色受到了來自政統與道統的拘限。

---

① 包世臣《藝舟雙楫》,卷一,載《包世臣全集》,合肥:黃山書社1993年版,第261—262頁。
② 龔鵬程《唐朝中葉的文人經説》,載《六經皆文》,臺灣:學生書局2008年版,第39頁。
③ 《清聖祖實錄》卷二四九,康熙五十一年二月丁巳。
④ 《朱子全書序》,載《御定朱子全書》,卷首,《文淵閣四庫全書》本。
⑤ 《切問齋文鈔》,卷首《陸公行狀》,同治八年河南布政使楊國楨刊本。
⑥ 《清高宗實錄》,卷一一〇六,乾隆四十五年五月戊子。
⑦ 《清高宗實錄》,卷一一二一,乾隆四十五年十二月己巳。

清朝前期文壇，帝王以"清真雅正"提倡於上，方苞以"義法説"應和於下，儼然一代正宗，至姚鼐之時，桐城宗派漸成，法席盛行，遍佈海内。一時有稱："自乾嘉以來爲古文者，入之桐城者十之七八，入之陽湖者十之二三，苟不入此二派者，便不得與於壇坫之列。"①作爲桐城派的初祖，方苞立下"學行繼程朱之後，文章介韓歐之間"的行身志向②，著名一時。他抽繹文章家緒論，約取"義法"二字明確標舉，使之成爲桐城派的核心概念，其《又書貨殖傳後》説："義即《易》之所謂'言有物'也，法即《易》之所謂'言有序'也。義以爲經而法緯之，然後爲成體之文。"他受托或奉命所編《古文約選》、《欽定四書文》，繼續推衍其"義法"宗旨。《欽定四書文凡例》曰："故凡所録取，皆以發明義理、清真古雅、言必有物爲宗，庶可以宣聖主之教恩，正學者之趨向。"以上這些主張與康熙年間以降朝廷一再訓飭的文統理念一致，代表清代步入盛世的文教取向，也爲"義法"説染上了時代色彩。

　　道、咸之時，桐城文章依然有風靡之勢。但畢竟世道多故，文體日變，龔、魏、包等乘時立説，代表了道、咸時代新的精神風尚。龔、魏啓變的本質在維新人士那裏纔遇到真正的知音，如譚嗣同《論藝絶句六篇》寫道："千年暗室任喧豗，汪(江都汪容甫中)魏(邵陽魏默深源)龔(仁和定盦自珍)王(湘潭王壬秋閭運)始是才"。並自注云："文至唐已少替，宋後幾絶……若魏默深、龔定盦、王壬秋，皆能獨往獨來，不因人熱，其餘則章摹句效，終身役於古人而已。"③有意思的是，儘管文道合一的論述模式經由中唐古文家的貢獻而定型，譚氏卻不願意把魏源等人"道存乎實用"、"文之外無道"的新文道觀上溯唐宋，所贊"獨往獨來，不因人熱"更在意的是他們對傳統文道觀的反叛。再者，譚氏在"魏、龔"之前還提到了乾嘉漢學健將汪中，這也是富於學術流别意義的見解。乾嘉漢學勃興，這一博學多聞傳統的創造性活力，表現在撼動道統對人心的鋼陷，學者紛紛越過程、朱，向源頭尋找，恢復學術理性，理學正統受到了諸多質疑與挑戰，尤其是出現以"禮"代"理"的

---

① 吴曾祺《涵芬樓文談·嗣派第七》，載王水照編《歷代文話》，第 7 册，上海：復旦大學出版社 2007 年版，第 6578 頁。
② 王兆符《方望溪先生集序》，《方苞集》附録三，上海：上海古籍出版社 2008 年版，第 906—907 頁。
③ 譚嗣同《三十自紀》自述其早年文學宗尚曰："嗣同少頗爲桐城所震，刻意規之數年，久自以爲似矣。出示人，亦以爲似。誦書偶多，廣識當世淹通魁壹之士，稍稍自慚，即又無以自達。或授以魏晉間文，乃大喜，時時摘繹，益篤耆之。由是上溯秦漢，下循六朝，始悟心好沉博絶麗之文，子雲所以獨遼遼焉。"

學術呼聲,這一學術與思想相兼的潛流也匯入道咸經世思潮之中,發揮了學術支撐的功能。重振漢唐經學的樸學追求,也助長了以東漢、六朝爲"古法"的駢文視野,汪中就是駢文造詣極高的一位漢學家,嘉慶三年吳鼒輯成《八家四六文鈔》時盛讚其"經術詞術並臻絶詣"①。此際漢學家如凌廷堪認爲"文者,載道之器,非虚車之謂也"②。漢學家對文學本質的認識,並不離棄"載道"觀,如錢大昕《文箴》言"文以貫道",段玉裁序《潛研堂文集》稱"文所以明道"。但他們不滿於桐城派爲代表的古文家的文章義理觀,江藩爲凌廷堪所寫的《校禮堂文集序》曰:"近日之爲古文者,規仿韓、柳,模擬歐、曾,徒事空言,不本經術……豈能與君之文相提並論哉!"更把由"空"轉"實"的文章内涵概括爲:"經禮樂,綜人倫,通古今,述美惡,大則憲章典謨,俾贊王道,小則文義清正,申紓性靈。"這樣的理論意向與實踐追求,對桐城派的文道觀是一種突破,透出某種自由氣息。由漢學家對文章"經禮樂,綜人倫"等功能的祈向,也爲包世臣等人確立"道附於事,而統於禮"的經世文道觀提供了某種框架性的支援。

　　從凌廷堪不喜將"載道"當成門面虛飾,到包世臣厭棄"離事與禮而虛言道",都把韓愈作爲靶子。這種抑韓傾向的滋生,也預示了"文儒"理想的近代轉型。即以對孟子地位的認定而言,在韓愈的時代,他是推尊孟子的先鋒人物,開啓了中唐至兩宋以道學爲主導的思想轉型。在韓愈等人看來,孟子是"醇乎醇者",其地位上升爲與"六經"相等,李翱《復性書上》又認爲"子思,仲尼之孫,得其祖之道,述《中庸》四十七篇,以傳於孟軻"。將《中庸》一篇從《禮記》中獨立出來,以與《孟子》同予升格,使儒家經典内部的序列乃至内容重心發生變化,開啓了宋學的道統傳承之序列。但包世臣卻有意將孟子從經術之醇的光環中,還原到"孟子明王道,而所言要於不緩民事,以養以教。至養民之制,教民之法,則亦無不本於禮"。與其受道統或所謂"正學"的制約,甚至流爲以"修齊治平"爲"門面語"的虛僞,更不如沖抵這種道統意識,"夫事無大小,苟能明其始末,究其義類,皆足以成至文,固不必悉本忠孝,攸關家國也"。具有這種經世變革情懷的文儒新範式,是具有近代意義的。也正是在這個層面,纔更能理會龔、魏等經世文家注意抒寫時代生活與現實情懷,將身之所歷、目之所見、心之所感,一一稱

---

① 吳鼒《八家四六文鈔·卷葹閣文乙集題辭》,光緒五年刻本。
② 凌廷堪《與江豫來書》,載《校禮堂文集》,卷二四,北京:中華書局1998年版,第212頁。

情寫出,不假做作,或滋爲恣肆開闊之致,甚至文不中律,不啻解放文體[1],或文風深入淺出,推動文體通俗化,開新文體之先聲[2]。

(作者單位:南京大學)

---

[1] 陳柱《中國散文史》,北京:東方出版社 1996 年版,第 303 頁。
[2] 戈公振《中國報學史》,北京:中國新聞出版社 1985 年版,第 109—110 頁。

文史考證

論劉向、劉歆和《漢書》之關係

汪春泓

【摘　要】本文認爲，讀《漢書》，當以《楚元王傳》爲綱，並且以《五行志》等爲輔佐，來觀其書之結構和用心，可以起到提綱挈領的作用。今本《漢書》有兩個關注點，除了朝政之外，還有楚元王一系之遭際。劉向活躍於宣、元、成帝三朝政壇，他與他的父親劉德經歷了前漢武帝身後的重大政治鬥爭。然而，劉德、劉向和劉歆亦並非純然從儒家道統出發，來爲民請命、仗義執言。他們主要代表劉氏宗親一系政治和經濟利益，所以劉氏不遺餘力地對外戚口誅筆伐。此從某種程度上看，實際上是劉氏諸侯和皇帝外戚利益較量，總劉向一生，堪稱劉氏宗親利益的代言人，當然更是自家利益捍衛者，其言行無不與此種身份立場相關聯。故而，《漢書》並非成於一人一時之手。今本署名班固著《漢書》，在很大程度上，可以視作一部圍繞楚元王家族（尤其是以劉德、劉向、劉歆一支）之前漢遭際爲中心，所生發、結撰的政治載記，班氏父子共同依照劉向、劉歆藍本來結撰《漢書》，其中緣由遠比"盜竊父史"來得複雜！

【關鍵詞】《漢書》　班固　劉向　劉歆

按趙翼《陔餘叢考》卷五《班書顏注皆有所本》說："葛洪云：家有劉子駿《漢書》百餘卷，歆欲撰《漢書》，編錄漢事，未得成而亡，故書無宗本，但雜記而已。試以考校班固所作，殆是全取劉書，其所不取者，二萬餘言而已……及觀葛洪所云，乃知《漢書》全取於歆也。"[1]這段話發人深省，對此

---

[1] 清趙翼《陔餘叢考》，北京：中華書局2006年版，第106頁。

應作出認真回應。

　　縱觀中國史學史，任何一部史書，若能傳之久遠，均非一人一時之作。推之以常理，班彪、班固分屬西漢末和東漢初人物，若無所憑藉，絕不能憑空杜撰。要成就一部《漢書》，意味著承襲《太史公書》，先敘漢朝開國迄武帝太初年間之史實①，再續接武帝身後以至王莽朝人和事。若試問何人擁有《太史公書》及武帝朝之後史料文獻②，思考班氏家學淵源及交遊，似乎都指向了劉向、劉歆父子，此二人當在其間發揮關鍵作用，並且印證趙翼所言，大致符合事實，絕非空穴來風。

　　西漢末期，以劉向、劉歆、揚雄、桓譚和班嗣、班彪以至王充等，形成一個文士、學者集團。《漢書·敘傳》曰：“（班）斿博學有俊材，左將軍史丹舉賢良方正，以對策爲議郎，遷諫大夫、右曹中郎將，與劉向校秘書。每奏事，斿以選受詔進讀群書。上器其能，賜以秘書之副。時書不布，自東平思王以叔父求《太史公》、諸子書，大將軍白不許。語在《東平王傳》。斿亦早卒，有子曰嗣，顯名當世。”班斿是班彪的伯父，他曾經“與劉向校秘書”，意指劉向所能見到的書籍，班斿也可以閱讀，而且他還得到當時朝廷許多秘籍，所謂“賜以秘書之副”，接著言“時書不布”及東平王求《太史公書》事，暗指《太史公書》等書籍屬於“秘書之副”範疇之內，在當時，《太史公書》即使有所流播，但作爲機密文獻，亦僅極少數人接觸到，而劉向與班斿恰有幸寓目；《漢書·敘傳》又云：“穉生彪。彪字叔皮，幼與從兄嗣共遊學，家有賜書，內足於財，好古之士自遠方至，父黨揚子雲以下莫不造門。”班彪自幼與班斿之子班嗣共硯席，故也曾經眼班斿之所藏，而此文獻庫大致集合劉向、劉歆及班斿之所有，坐擁書城，加之無生計之憂，又有緣結交父黨揚雄等大學者，因此，以劉、班爲中心，作爲其交遊者之資源共享，這些文獻於是傳播開去。

　　王充是班彪門人，故觀《論衡》一書，它密集地引用《太史公書》以及西

---

① 《史記》撰述以太初爲下限，對此，學界頗有爭議，筆者傾向於認爲《史記》超出太初斷限者，應屬後人增竄。
② 《漢書·宣元六王傳》説：“（東平王）後來朝，上疏求諸子及《太史公書》，上以問大將軍王鳳，對曰：‘臣聞諸侯朝聘，考文章，正法度，非禮不言。今東平王幸得來朝，不思制節謹度，以防危失，而求諸書，非朝聘之義也。諸子書或反經術、非聖人，或明鬼神、信物怪；《太史公書》有戰國縱橫權譎之謀，漢興之初謀臣奇策，天官災異，地形阨塞：皆不宜在諸侯王。不可予。’”這説明在西漢後期，若想一觀《太史公書》亦並非易事。

漢末年以來所不易知見文獻①。王充《論衡·謝短》篇云："夫儒生所短，不徒以不曉簿書；文吏所劣，不徒以不通大道也，反以閉闇不覽古今，不能各自知其所業之事未具足也。二家各短，不能自知也；世之論者，而亦不能訓之，如何？夫儒生之業，'五經'也。南面爲師，旦夕講授章句，滑習義理，究備於'五經'，可也。'五經'之後，秦、漢之事，無不能知者，短也。（劉先生曰："無"字疑衍。）夫知古不知今，謂之陸沉，然則儒生，所謂陸沉者也。'五經'之前，至於天地始開，帝王初立者，主名爲誰，儒生又不知也。夫知今不知古，謂之盲瞽。'五經'比於上古，猶爲今也。徒能說經，不曉上古，然則儒生，所謂盲瞽者也。"②在《論衡》許多篇中，王充都談及古與今的問題，上述文字所透露的訊息是：當時由於現、當代歷史檔案具有保密性，所以經生學問偏枯，雖皓首窮經，而對於史學，尤其是秦、漢近現代史，則茫然不曉；這樣的知識結構及學風屬於"知古不知今，謂之陸沉"，經生雖鑽研"五經"微言大義，卻不了解本朝所發生大事，胸中探究遙遠《春秋》之是非，而對身邊之波瀾壯闊卻十分隔膜。由於在班氏處接觸到《太史公書》和其他前漢史料，所以王充強調士人應該"知今"，其實正體現了他在班氏那裏改變了知識儲備，所以識見不同於流俗，《論衡·效力》篇認爲："秦、漢之事，儒生不見，力劣不能覽也。"非不想知道，乃無從閱覽之緣故也；《論衡·謝短》篇云："'五經'之後，秦、漢之事，不能知者，短也。"顯然，兼通古、今，令他自覺拔出於一般讀書人。

此亦反映出當時"知今"一派，僅局限於一個較小的文士圈。《論衡·定賢》揭示其中原委："若典官文書，若太史公及劉子政之徒，有主領書記之職，則有博覽通達之名矣。"已經涉及司馬遷和劉向由於其身份、職務，便於其人"博覽通達"，知世人所不知者也，此輩具有得天獨厚之條件，爲他人所不及；《論衡·超奇》則指出："或抽列古今，紀著行事，若司馬子長、劉子政之徒，累積篇第，文以萬數，其過子雲、子高遠矣。然而因成紀前，無胸中之造。"所謂"抽列古今，紀著行事"，主要指結撰歷史，尤其近現代史，王充唯

---

① 徐復觀《兩漢思想史》卷二，專列《王充論考》一章，質疑王充自述曾"受業太學師事班彪"，意指王充師承，出於其僞造杜撰，他認爲此不過是一個淪落底層的讀書人的矜誇而已。臺灣：學生書局1993年版，第566頁。若思考《論衡》所據文獻之所從來，就可知徐氏之說並不可信，王充學術淵源於班彪，是實有其事的。故趙翼《陔餘叢考》卷十六《兩漢時受學者皆赴京師》說："然經義之專門名家者，惟太學爲最盛，故士無有不遊太學者。"
② 《論衡校釋》（附劉盼遂集解），黃暉撰，北京：中華書局1995年版，第554—555頁。

獨推許司馬遷和劉向，他深知二者熟悉前漢掌故，爲保存現當代史實建樹良多，堪稱居功至偉，且無與倫比！《論衡·超奇》則謂："夫通覽者，世間比有；著文者，歷世希然。近世劉子政父子、揚子雲、桓君山，其猶文、武、周公並出一時也；其餘直有，往往而然，譬珠玉不可多得，以其珍也。"對於劉向、劉歆以及揚雄、桓譚，比喻爲文、武、周公並出一時，如此溢美之詞，無非讚賞其珍稀，世上若無其人之著述，會造成歷史文獻之大缺憾。此實質上是本諸班彪、班固觀點。《漢書·叙傳》載永平中，班固"感東方朔、揚雄自諭以不遭蘇、張、范、蔡之時，曾不折之以正道，明君子之所守，故聊復應焉。其辭曰：……近者陸子優繇，《新語》以興；董生下帷，發藻儒林；劉向司籍，辯章舊聞；揚雄覃思，《法言》、《太玄》：皆及矣君之門闌，究先聖之壺奥，婆娑虖術藝之場，休息虖篇籍之囿，以全其質而發其文，用納虖聖聽，列炳於後人，斯非其亞與"！兩者所見幾乎一致。

前漢終結於莽新篡政，莽新覆滅以後，降至後漢，若要爲前朝修史，會遇到諸多禁忌，班固私撰《漢書》，以致被捕入獄，也折射出在東漢明、章帝朝，若編撰前朝歷史，會遇到重重障礙；無法像東漢崩潰之後，史家之撰寫《後漢書》，所呈現放任自流狀態。後漢時期，修撰國史，顯得頗爲微妙，它一定要被納入國家行爲之中，這造成一種特殊局面，當天降撰史大任於班固時，其前期準備和師承，則對其史學事業產生決定性影響，而這種影響也與他所撰《漢書》成就之高下，關係甚密！

如何研究這種影響和關係？由於可以確信《論衡》徵引材料大多得自班彪，而班門文獻資料庫則與劉向、劉歆之所藏，具有高度同質性或一致性，譬如《史記·孝景本紀》，按劉歆《西京雜記》記載司馬遷"作《景帝本紀》，極言其短及武帝之過，帝怒而削去之"[1]。而觀《論衡》幾乎不曾涉及景帝政事，此印證王充所援引之《太史公書》，與此書曾被删削情形大致契合。因此，可以把《論衡》所涉及之前漢人物、事件，權且作爲史料來對待，這種理解與以往僅把王充《論衡》視作思想史材料，有很大不同，會使《論衡》本身所具有的史料價值充分彰顯。本文擬將《論衡》與劉向的著作《説苑》、《新序》、劉歆的作品《西京雜記》以及揚雄之《法言》並列，一併與署名班固《漢書》各部分作對照，借此來尋求班固《漢書》之繼承性及其重心之所

---

[1] 《西京雜記校注》之《書太史公事》，劉歆撰，向新陽、劉克任校注，上海：上海古籍出版社1991年版，第270頁。

在,從而分析一部《漢書》如何寫成,並由此而發覆一些歷史迷案。

衆所周知,一個經典文本之寫成,必定融匯作者進入特定語境的許多複雜因素,若儘可能地還原或探尋此種種因素及相互關係,此在叙述學上,對於深刻了解此文本的撰成,無疑意義非凡。本文旨在從此角度來審視《漢書》之撰寫,以揭示《漢書》學的豐富蘊涵,亦實事求是地評價《漢書》所達到的史學高度。

一、圍繞劉、班資料中心的文士集團之考訂

按《漢書·楚元王傳》記載,劉向"乃使其外親上變事",其實出於自家手筆,其文曰"仲舒爲世儒宗"!《漢書·五行志》曰:"漢興,承秦滅學之後,景、武之世,董仲舒治《公羊春秋》,始推陰陽,爲儒者宗。"①按《史記·叔孫通列傳》,太史公稱之爲:"卒爲漢家儒宗。"然而,叔孫通僅在漢朝禮儀初建方面有所功勞,其所爲禮儀,徒具形式,卻缺乏内容,所以實際上影響有限,向、歆父子似乎並不認同其"儒宗"地位。而董氏藉助陰陽,爲漢儒譎諫論政,建立起話語模式,《史記·儒林列傳》稱頌其人"以修學著書爲事",他無疑是劉向精神偶像、理論先驅,《論衡》論及董仲舒者約有 30 處之多,劉歆《西京雜記》有大段文字引述董氏之論,而揚雄《法言》也有述及;作爲前漢早期人物,陸賈也備受尊崇,陸賈爲楚人,著《楚漢春秋》九篇,沾溉《史》、《漢》,《論衡》中談及其人者不下 13 處,這或許與王充爲南人張目之潛意識有關,劉向《説苑》、《新序》與劉歆《西京雜記》及揚雄《法言》也都叙述陸賈故事,陸賈《新語·道基》謂:"……改之以災變,告之以禎祥,動之以生殺,悟之以文章。"②陸賈學術思想非但順應前漢立國之需要,而且其説災變、禎祥,不愧爲董氏等儒家人物之先導,亦深得向、歆父子之贊許,故而,王充《論衡·案書》謂:"《新語》,陸賈所造,蓋董仲舒相被服焉。"至於劉向、劉歆二者,《論衡》則提及 19 次;劉向是揚雄前輩,大約年長 26 歲,劉向與揚雄或許並無交集,其《説苑》、《新序》自然不會涉及揚雄其人;揚雄與劉歆則年歲相若或稍長,而班彪比揚雄晚生 56 年。自劉向去世,揚雄便成爲

---

① 《史記·十二諸侯年表》説:"漢相張蒼曆譜五德,上大夫董仲舒推《春秋》義,頗著文焉。"
② 《新語校注》,陸賈著,王利器校注,北京:中華書局 1996 年版,第 2 頁。

這一文士圈精神領袖,其影響貫穿兩漢之際,所以,《論衡》稱美揚雄計有21處,而劉歆《西京雜記》則也有3處叙及其人。

《漢書·楚元王傳》曰:"辟彊,字少卿,亦好讀書,能屬文。"此對應開頭之:"楚元王……好書,多才藝。"劉德、劉向將自己視作繼承楚元王尚文基因之一支,他們自然也代表著劉漢帝國的學術與文化,故而,與上述人物,在精神層面堪謂心心相印。按《漢書·楚元王傳》頌揚:"贊曰:仲尼稱'材難不其然與'! 自孔子後,綴文之士衆矣,唯孟軻、孫況、董仲舒、司馬遷、劉向、揚雄。此數公者,皆博物洽聞,通達古今,其言有補於世。傳曰'聖人不出,其閒必有命世者焉',豈近是乎? 劉氏《洪範論》發明《大傳》,著天人之應;《七略》剖判藝文,總百家之緒;《三統曆譜》考步日月五星之度。有意其推本之也。嗚虖! 向言山陵之戒,於今察之,哀哉! 指明梓柱以推廢興,昭矣! 豈非直諒多聞,古今之益友與!"標舉孔子以後,儒家承傳關鍵人物,前漢之董仲舒、司馬遷、劉向、揚雄堪稱一時之選,洵爲碩學鴻儒。因而,儒家道統在前漢,其格局已隱約凸顯。署名班固所撰《漢書》,特爲楚元王家族,尤其是劉向、劉歆立傳,並爲董仲舒、司馬遷和揚雄單獨立傳,其實正表明了劉氏、班氏和揚雄、桓譚等人所組成之文士集團,星光熠熠,構成其心目中前漢文化精英譜系,他們是超越芸芸衆生的時代翹楚,而其學術特性竟也塑造了《漢書》的叙述模式,而此種叙述模式則左右了後人對於前漢的認識,即使照單全收,也是無可奈何之事也。

《漢書·景十三王傳》云:"贊曰:……夫唯大雅,卓爾不群,河間獻王近之矣。"劉向《説苑》和劉歆《西京雜記》均記述了河間獻王嘉言懿行;體察《説苑》之《君道》和《臣道》篇①,都表明劉向雖奉職宗正,但是其學術、思想卻偏向孔儒本位,且摒棄刑名法家之殘酷寡恩,這也與漢初以來,尤其到景、武時大儒董仲舒等所持反秦立場相一致。《漢書·禮樂志》引述:"後董仲舒對策言:'王者欲有所爲,宜求其端於天。'"因此,相較於董氏《春秋公羊學》,劉向、劉歆即使有《穀梁》和《左氏》之異趣,但立身朝廷,俱借助於天象、祥瑞和災異以譏諷、干預政治之方法,卻與董氏如出一轍②。

大約以漢武帝崩後爲分界,自武帝一朝上溯至漢初立國,其間人與事,

---

① 《説苑校證》,劉向撰,向宗魯校證,北京:中華書局1987年版。
② 《漢書·平當傳》叙述:"以明經爲博士,公卿薦當論議通明,給事中。每有災異,當輒傅經術,言得失。文雅雖不能及蕭望之,匡衡,然指意略同。"據此可見,由董氏開創的、像《漢書·五行志》所載的一類論政方式,朝臣與劉向等一起發揮,形成風氣,這些人受到劉向格外關注,是其同道。

署名班固之《漢書》基本上因襲《太史公書》，歷代研究"班馬異同論"者，都感覺班氏引用《太史公書》，有時幾乎大段抄錄，多有雷同，此符合古書通例①。《漢書·叙傳》説："太初以後，闕而不録，故探篡前記，綴輯所聞，以述《漢書》，起元高祖，終於孝平、王莽之誅，十有二世，二百三十年……"其所謂"探篡前記，綴輯所聞"，就是處理、編輯和潤飾公私所藏諸如《太史公書》及劉向、劉歆雜著等②，以補苴太初以後到孝平、王莽之空白。《論衡·須頌》謂："高祖以來，著書者不講論漢。司馬長卿爲《封禪書》，文約不具。司馬子長紀黄帝以至孝武，揚子雲録宣帝以至哀、平。"揚雄位卑，其撰史工作，想必也是從劉氏、班氏那裏獲取史料，或與劉、班相切磋，以成其事。《後漢書·班彪傳》云："司馬遷著《史記》，自太初以後闕而不録，後好事者頗或綴集時事。"李賢注曰："好事者，謂揚雄、劉歆、陽城衡、褚少孫、史孝山之徒也。"如今對署名班固之《漢書》做成書研究，探索班氏與前人和同時代人的錯綜關係，大致就可以分爲：首先，明顯直接引用，譬如對《太史公書》，或者對向、歆雜著，等等，署名班氏之《漢書》幾乎就是不加掩飾地移植到自己文中；其次，比較隱秘的借鑒關係，譬如《漢書》對於傳主遴選，以及對傳主善惡評價、是非褒貶，等等，此至關緊要，歷史人物之功過是非，在史家一念之間，往往天壤有別，劉勰《文心雕龍·史傳》篇曰："褒見一字，貴逾軒冕；貶在片言，誅深斧鉞。"在關於史傳傾向問題上，《漢書》屬於自出機杼，抑或受他人之影響，此亟待辨析，此關係到一部《漢書》是否客觀公正地反映了武帝身後到王莽覆滅時期的歷史全貌；再次，在思想和學術上，班氏與當時思想界譬如揚雄等人之關係，也影響到史學家的史學觀及人生觀，自然也主宰著一部《漢書》所能達到的歷史高度。

二、署名班固《漢書》中的劉向、劉歆之影子

因年代遙遠，初版《漢書》面貌，後世難聞其詳。關於《漢書》版本問題，

---

① 參見余嘉錫著《目錄學發微》（含《古書通例》），北京：中國人民大學出版社2005年版，第171頁。
② 《漢書·藝文志》所列之《春秋》家中，包含陸賈所記《楚漢春秋》九篇、《太史公》百三十篇、馮商所續《太史公》七篇、《太古以來紀》二篇、《漢著記》百九十卷、《漢大年紀》五篇；在儒家中，則叙録了更多的前漢資料，譬如桓寬《鹽鐵論》六十篇、劉向所序六十七篇（《新序》、《説苑》、《世説》、《列女傳頌圖》也）、揚雄所序三十八篇（《太玄》十九、《法言》十三、《樂》四、《箴》二）。

古來就十分複雜,南北朝末年顏之推《顏氏家訓》卷第六《書證》云:"《漢書》:'田肎賀上。'江南本皆作'宵'字。沛國劉顯,博覽經籍,偏精班《漢》,梁代謂之《漢》聖。顯子臻,不墜家業。讀班史,呼爲田肎。梁元帝嘗問之,答曰:'此無義可求,但臣家舊本,以雌黃改"宵"爲"肎"。'元帝無以難之。吾至江北,見本爲'肎'。"①劉臻家所藏舊本《漢書》,與當時南北不同版本之《漢書》,想必有許多的差異,可惜今人已不復可見矣。

《梁書·蕭琛傳》記述:"始琛在宣城,有北僧南渡,惟齎一胡蘆,中有《漢書序傳》②。僧曰:'三輔舊老相傳,以爲班固真本。'琛固求得之,其書多有異今者,而紙墨亦古,文字多如龍舉之例,非隸非篆,琛甚秘之。及是行也,以書饟鄱陽王範,範乃獻於東宫。"③

《梁書·劉之遴傳》曰:"時鄱陽嗣王範得班固所上《漢書》真本,獻之東宫,皇太子令之遴與張纘、到溉、陸襄等參校異同。之遴具異狀十事,其大略曰:'案古本《漢書》稱"永平十六年五月二十一日己酉,郎班固上",而今本無上書年月日字。又案古本《叙傳》號爲中篇,今本稱爲《叙傳》。又今本《叙傳》載班彪事行,而古本云"稚生彪,自有傳"。又今本紀及表、志、列傳不相合爲次,而古本相合爲次,總成三十八卷。又今本《外戚》在《西域》後,古本《外戚》次《帝紀》下。又今本《高五子》、《文三王》、《景十三王》、《武五子》、《宣元六王》雜在諸傳秩中,古本諸王悉次《外戚》下,在《陳項傳》前。又今本《韓彭英盧吳》述云"信惟餓隸,布實黥徒,越亦狗盗,芮尹江湖,雲起龍驤,化爲侯王",古本述云"淮陰毅毅,杖劍周章,邦之傑子,實惟彭、英,化爲侯王,雲起龍驤"。又古本第三十七卷,解音釋義,以助雅詁,而今本無此卷。'"按劉之遴所叙"班固所上《漢書》真本",其體例更加接近司馬遷《史記》,此反映此真本寫作意圖十分明確,目的就是續寫《史記》。

然而,身爲宗正,成帝朝,"詔向領校中'五經'秘書",而且,劉向是以光

---

① 《顏氏家訓集解》(增補本),顏之推撰,王利器集解,北京:中華書局 2011 年版,第 443 頁。
② 有學者以爲應做《漢書》、《序傳》,此與僧人"惟齎一胡蘆"相抵牾,還是應理解爲"《漢書序傳》"。然後,蕭琛"固求得之"者,纔是《漢書》。
③ 《梁書》本傳記載,蕭琛於天監元年出爲宣城太守,但是很快就"徵爲衛尉卿,俄遷員外散騎常侍",所以蕭琛獲得古本《漢書序傳》似應在天監元年或稍後。而按本傳記載,鄱陽王蕭恢與蕭琛在荆州有交往,蕭恢於梁武帝普通七年卒於荆州,世子蕭範嗣爲本年。按《南史》記述,蕭範"雖無學術,而以籌略自命。愛奇玩古,招集文才,率意題章,亦時有奇致",他"行至荆州而忠烈王薨,因停自解。武帝不許,詔權監荆州",故蕭琛當此時,投其所好,將古籍贈予蕭範,蕭範隨後再進獻於東宫,東宫多罕見之書籍。

禄大夫内朝臣身份，"校中秘書"，在文獻掌握上，極具壟斷之優勢；而其少子劉歆，"河平中，受詔與父向領校秘書，講六藝傳記、諸子、詩賦、數術、方技，無所不究。向死後，歆復爲中壘校尉。哀帝初即位，大司馬王莽舉歆宗室有材行，爲侍中太中大夫，遷騎都尉、奉車光禄大夫，貴幸。復領'五經'，卒父前業。歆乃集六藝群書，種別爲《七略》。語在《藝文志》"。作爲文獻巨擘，劉氏父子堪稱前漢百科全書式人物，他們有無撰寫《漢書》意圖？劉向撰《新序》，其卷第十《善謀下》，就已略顯按照編年體例叙述漢代開國史意向①。然而，劉氏父子距前漢太近，且自身牽涉其中，形成强烈的當代意識，加之以深重的《春秋》經學慣性，因此，劉向好借事以諷喻，令其作品均呈現出濃烈的經學氣質，這在一定程度上，也使其難以持有史學家所應具備的冷静、客觀的叙事態度。然而，其所關於前漢的豐富知識，對於人物評價尺度和史料搜集、編纂，卻無疑大大沾溉前漢史之修撰。

最爲明顯的如《漢書》諸表，在《漢書·諸侯王表》中，首列"楚元王交"，他也正是劉向一系先祖，此啓發今人，若按照劉之遴所具古、今《漢書》之異狀，若把今本《外戚》、《高五子》、《文三王》、《景十三王》、《武五子》、《宣元六王》還原到古本原來位置，可以推知今本卷三十六《楚元王傳》，可能在古本《漢書》内緊接《宣元六王》之後。换言之，《楚元王傳》在全書中的位置，本體現出與外戚、各朝王子《傳》並列的編撰者意向。這恰好可與《漢書·諸侯王表》相對應，透露其同源共生，不遑多讓的意思②。而體察此種傳主排序，出自劉德或劉向高自位置的可能性爲最大。

《漢書》之《異姓諸侯王表》、《諸侯王表》、《王子侯表》、《高惠高后文功臣表》、《景武昭宣元成功臣表》、《外戚恩澤侯表》、《百官公卿表》和《古今人表》，此八表（《古今人表》稍有例外）爲皇室内部秘檔，劉向《新序》、《説苑》與劉歆《西京雜記》和王充《論衡》都無涉及。可以推測，即使他們掌握八表内容，也不宜洩密，所以其雜著當中均告闕如。然而，《漢書·百官公卿表》云："宗正，秦官，掌親屬，有丞。"劉向短暫擔任過宗正一職，他比班氏更有資格掌握這些機密檔案材料，所以此八表出自劉向或劉歆的可能性亦

---

① 《新序校釋》，劉向編著，石光瑛校釋，陳新整理，北京：中華書局2001年版。
② 按今本《史記》，其卷四十九《外戚世家》第十九，緊接其後者，恰是其卷五十《楚元王世家》第二十。而此《楚元王世家》寫得極其簡括甚至零落，大致上僅僅叙述了《漢書·諸侯王表》中所列"楚元王交"一系的概况，此極有可能是經劉向整理《太史公書》時，將《漢書·楚元王傳》所記述的劉德之前部分，經他有意篡改而屠入。

極高。

按"宗正"一職,在《漢書·百官公卿表》中官階並不高,在東方朔心目中,宗正理想人選應由關龍逄擔任①。劉向《九歎·怨思》説:"背玉門以犇騖兮,塞離尤而干詬。若龍逄之沈首兮,王子比干之逢醢。"②關龍逄是桀之臣,剛直無私,忠諫而死③。而且,作爲宗正,亦與戰國末期楚國屈原相似,按宋王應麟《困學紀聞》卷十一《考史》説:"王逸《注楚辭自序》云:'屈原爲三閭大夫。三閭之職,掌王族三姓,曰昭、屈、景。屈原序其譜屬,率其賢良,以厲國士。'"④宗正與楚國三閭大夫的職責基本相同,因此,劉向意識中,常常關龍逄附體,且好以屈原自況。在《漢志》中載録劉向祖父宗正劉辟彊賦八篇、劉向父親陽成(筆者按:成,似應作"城"。)侯劉德賦九篇、而劉向賦計有三十三篇之多,他們都站在宗正立場,模仿屈原,以抒發政治批評,觀劉向《九歎·離世》宣誓:"撫招摇以質正,立師曠俾端詞兮。命咎繇使並聽,兆出名曰正則兮,卦發字曰靈均。余幼既有此鴻節兮,長愈固而彌純。"從中可見劉向甘願像屈原一樣,激濁揚清,他身負强烈的社稷責任感,而此種天降大任式的社稷責任感,刺激劉氏竭盡全力,以拓展其政治影響力,而劉氏所使用方式,直諫之餘,主要是發憤著述,以"文學"立身並傳世。

體現於《漢書》者,其書之十志部分,尤爲明顯,像《五行志》和《藝文志》主要出於劉向、劉歆之撰述,此已爲世所熟知⑤。按《漢書·律曆志》説:"至孝成世,劉向總六曆,列是非,作《五紀論》。向子歆究其微眇,作《三統曆》及《譜》以説《春秋》,推法密要,故述焉。"《漢書·律曆志》遺存"楚元三年也"之語句,更佐證與楚元王後人向、歆父子存在難解之緣;《漢書·禮樂志》記述:至成帝時,劉向説上:"宜興辟雍,設庠序,陳禮樂……"篇末總結説:"今大漢繼周,久曠大儀,未有立禮成樂,此賈誼、仲舒、王吉、劉向之徒所爲發憤而增歎也。"《漢書·郊祀志》備述宣帝祥瑞,劉向曰:"家人尚不欲絶種祠,況於國之神寶舊時!""贊曰:……劉向父子以爲帝出於《震》,故

---

① 見《漢書·東方朔傳》。
② 《楚辭今注》,湯炳正等注,上海:上海古籍出版社1997年版,第344頁。
③ 《漢書·朱雲傳》記載:在成帝朝,朱雲大呼:"臣得下從龍逄、比干遊於地下,足矣!"
④ 王應麟《困學紀聞》,清翁元圻等注,欒保群、田松青、吕宗力校點,上海:上海古籍出版社2008年版,第1314頁。
⑤ 楊樹達《漢書窺管》卷三《藝文志》第十(漢書三十)評述《劉向五行傳記》十一卷曰:"樹達按:《五行志》云:'劉向治《榖梁春秋》,數其禍福,傳以《洪範》。'即其書也。《五行志》多采之。"上海:上海古籍出版社1984年版,第206頁。

包羲氏始受木德，其後以母傳子，終而復始，自神農、皇帝下歷唐虞三代而漢得火焉。故高祖始起，神母夜號，著赤帝之符，旗章遂赤，自得天統矣。昔共工氏以水德間於木火，與秦同運，非其次序，故皆不永。由是言之，祖宗之制蓋有自然之應，順時宜矣。究觀方士祠官之變，谷永之言，不亦正乎！不亦正乎！"①劉向以爲漢爲火德，尚赤，《漢書·高帝紀》贊曰："劉向云戰國時劉氏自秦獲於魏。秦滅魏，遷大梁，都於豐，故周市説雍齒曰'豐，故梁徙也'。是以頌高祖云：'漢帝本系，出自唐帝。降及於周，在秦作劉。涉魏而東，遂爲豐公。'豐公，蓋太上皇父，其遷日淺，墳墓在豐鮮焉。及高祖即位，置祠祀官，則有秦、晉、梁、荆之巫，世祠天地，綴之以祀，豈不信哉！由是推之，漢承堯運，德祚已盛，斷蛇著符，旗幟上赤，協於火德，自然之應，得天統矣。"由於楚元王劉交是高祖同父少弟，因此，劉向搬出了豐公太上皇父，意指得天統者，乃豐公一系，劉交與高祖同屬豐公後人，隱約暗示二者地位亦在伯仲間，可與分庭抗禮，因而，劉向亦屬此天統之流裔，血統自然高貴非凡，絶不遜於代王——文帝之一系。而《漢書·高帝紀》所記述的神迹部分，是按照劉向所述火德尚赤這個脚本來結撰的，關於文帝時公孫臣倡言漢當土德、服色尚黄，劉向持不同意見，此在《漢書》中盡有載録；日本森鹿三撰《居延出土的王莽簡》一文收入一簡曰："新室以土德代火家。"②此恐怕是劉歆爲王莽篡漢製造輿論，依然認爲劉漢屬火德。據此，亦可爲《史》、《漢》之景、武二《紀》將景帝、武帝寫得如此不堪，找到答案，由於在景、武二朝，楚元王一系遭受嚴酷打擊③，故而，劉德、劉向和劉歆對此二帝深懷腹誹，甚至異常怨懟，此種心情必然發洩於對此二帝的描寫之中，此在《漢書》之《武帝紀》和《郊祀志》中可以得到驗證，執筆者在雄才大略和好大喜功之間，分寸拿捏得十分巧妙，可謂陽助而陰擠，凸顯武帝爲暴虐之君主；按《漢書·匡衡傳》説："初，元帝時，中書令石顯用事，自前相韋玄成及衡皆畏顯，不敢失其意。"即使至成帝初年，匡衡對石顯順勢反擊，但是

---

① 《漢書·叙傳》云："是故劉氏承堯之祚，氏族之世，著乎《春秋》。唐據火德，而漢紹之，始起沛澤，則神母夜號，以章赤帝之符。"
② 《簡牘研究譯叢》，中國社會科學院歷史研究所戰國秦漢史研究室編，北京：中國社會科學出版社1987年版，第1頁。
③ 景帝朝，七國之亂，吳、楚首當其衝，見《漢書·徐樂傳》，徐樂上書稱："何爲瓦解？吳、楚、齊、趙之兵是也。"《漢書·諸侯王表》説："故文帝采賈生之議分齊、趙，景帝用鼂錯之計削吳、楚。武帝施主父之册，下推恩之令，使諸侯王得分户邑以封子弟，不行黜陟，而藩國自析。"

他依附權勢的品格已爲同僚所共知，頗遭鄙夷，加之在成帝朝，他與之前的貢禹、韋玄成一樣，建議"罷諸淫祀"，尤其"罷郡國廟"，此舉淡化甚至割斷當朝皇帝和劉姓祖先、宗族之間的血脈紐帶，一朝天子僅與外戚共天下，然則在處理如何平衡先祖宗親與外戚關係時，"今上"重心傾斜到外戚一邊，作爲宗親，在權力結構中，劉向等家族勢必被邊緣化，甚至淪爲局外之人，因此，劉向堅決抵制①；《漢書・天文志》敘述七國之亂後，景帝立皇子二人，隨即説："楚元王子一人爲王。"自覺或不自覺地將楚元王繼承者地位拔高了，此亦存在劉向敘述安排的可能性。

《漢書・五行志》記録向、歆之論極多，關於前漢重大政治事件，向、歆父子均藉《漢書・五行志》作出臆測性的裁判，而此種裁判恰與《漢書》對於其人作爲傳主的蓋棺論定相一致，此從一個側面也折射出向、歆父子一定程度上左右了《漢書》的寫定。《漢書・五行志上》云："漢興，承秦滅學之後，景、武之世，董仲舒治《公羊春秋》，始推陰陽，爲儒者宗。宣、元之後，劉向治《穀梁春秋》，數其旤福，傳以《洪範》，與仲舒錯。至向子歆治《左氏傳》，其《春秋》意亦已乖矣；言《五行傳》，又頗不同。是以攬仲舒，別向、歆，傳載眭孟、夏侯勝、京房、谷永、李尋之徒所陳行事，迄於王莽，舉十二世，以傅《春秋》，著於篇。"②揚雄《法言・淵騫》云："眭異，董相、夏侯勝、京房。"此道出劉向一派論政之路數，以及此派代表性人物；《漢書・地理志下》説："漢承百王之末，國土變改，民人遷徙，成帝時劉向略言其地分，丞相張禹使屬潁川朱贛條其風俗，猶未宣究，故輯而論之，終其本末著於篇。"此在最低限度而言，《漢書》十志，劉向、劉歆乃其撰述時的主要依傍和參照，至於祖述或因襲的程度究竟如何，尚有待進一步發覆。

《漢書》中尚有出自劉向筆墨而鮮爲人注意者，譬如《漢書・宣帝本紀》曰："贊云：政事、文學、法理之士，咸精其能。至於技巧、工匠、器械，自元、成間，鮮能及之。"此絶非班彪、班固所言，而時跨宣、元、成三朝，對工藝作

---

① 《漢書・五行傳上》記述："元帝永光五年夏及秋，大水。潁川、汝南、淮陽、廬江雨，壞鄉聚民舍，及水流殺人。先是一年，有司奏罷郡國廟，是歲又定迭毀，罷太上皇、孝惠帝寢廟，皆無復修，通儒以爲違古制。刑臣石顯用事。"此段話顯然出於劉向之筆。而所謂"迭毀禮"，見《漢書・翼奉傳》説："其後，貢禹亦言當定迭毀禮，上遂從之。及匡衡爲丞相，奏徙南北郊，其議皆自奉發之。"
② 《漢書・夏侯勝傳》説："勝少孤，好學，從始昌受《尚書》及《洪範五行傳》，説災異。"《漢書・五行志中之上》曰："孝武時，夏侯始昌通'五經'，善推《五行傳》，以傳族子夏侯勝，下及許商，皆以教所賢弟子。其傳與劉向同，唯劉歆傳獨異。"可見是劉向論政之先驅。

出比較,蓋非向、歆父子所莫能也,緣此,亦有理由相信,其實《宣帝本紀》出乎向、歆之手;《漢書·武五子傳》曰:"昌邑哀王髆天漢四年立,十一年薨,子賀嗣……元帝即位,復封賀子代宗爲海昏侯,傳子至孫,今見爲侯。"叙述劉賀失敗的一生,而結尾寫到海昏侯由劉代宗"傳子至孫,今見爲侯",此所謂"今"絕非班彪、班固之時代,可見,此傳當屬向、歆之所作;七國之亂,吳楚並稱,然在《漢書》中,卻淡化了楚王劉戊事迹,與吳王劉濞形成鮮明對照,此發人深思,這實際上出自劉向、劉歆爲親者諱的緣故①。《漢書·荆燕吳傳》稱:"三年冬,楚王來朝,錯因言楚王戊往年爲薄太后服,私奸服舍,請誅之。"無怪乎《漢書·荆燕吳傳》借吳王劉濞之口説:"楚元王子、淮南三王或不沐洗十餘年,怨入骨髓。"楚元王後人蒙受鼂錯惡毒陷害,以致向、歆對其人諱莫如深。所以,《漢書·鼂錯傳》承襲《史記》,指鼂錯"爲人陗直深刻",本傳叙述其人,較《史記》增添其論政言論,使鼂錯面貌變得更爲清晰,此人一生,在爲國遠慮及愛身遠禍之間,顯得極爲矛盾。對於此人,作者頗爲感慨與躊躇,愛恨交加,此出自七國亂後,楚元王後人之反思,就十分契合了。

《漢書》中關於淮南王一案,尤見劉氏著墨之痕迹。淮南王劉安謀反事,純屬前漢一大冤獄。景帝削藩,至武帝實行推恩令,諸侯藩國愈加勢單力薄,而元狩元年十一月,朝廷指淮南王劉安、衡山王劉賜謀反,二者均被誅。個中緣由,不難窺見。《漢書·武帝紀》載元狩元年夏四月丁卯詔曰:"日者淮南、衡山修文學,流貨賂,兩國接壤,怵於邪説,而造篡弑,此朕之不德。"淮南王招集門客,編撰《淮南子》等著作,還反對武帝推行的蠻夷政策,此在思想領域觸怒了武帝,因此必須痛加訓斥、無情整肅。《論衡·書解》直言:"淮南王作道書,禍至滅族。"自武帝朝以降,知其事者無不爲之鳴冤。而在整治劉姓諸侯内部時,按照朝廷慣例,當由宗正主持治理②。《漢書·楚元王傳》記載:"高后時,以元王子郢客爲宗正,封上邳侯。"自此而下,楚

---

① 關於劉戊之魯莽滅裂,今本《漢書·韋賢傳》中,藉助韋孟所作諫詩,指責他不能保持先祖基業:"於赫有漢,四方是征,靡適不懷,萬國迺平。乃命厥弟,建侯於楚。俾我小臣,惟傅是輔。兢兢元王,恭儉淨壹,惠此黎民,納彼輔弼。饗國漸世,垂烈於後。乃及夷王,克奉厥緒。咨命不永,唯王統祀,左右陪臣,此惟皇士。何如我王,不思守保,不惟履冰,以繼祖考!邦事是廢,逸游是娱,犬馬繇繇,是放是驅。務彼鳥獸,忽此稼苗,烝民以匱,我王以媮。所弘大德,所親非俊,唯囿是恢,唯諛是信……"此種安排,想必也是劉向以此來給劉戊一生作一交代。
② 《漢書·荆燕吳傳》説:"吳王弟子德侯爲宗正,輔親戚。"

元王子孫後代官居宗正職位者，代不乏人，劉向祖父辟彊、父親劉德以及劉德長孫劉慶忌都身列宗正之位，在前漢，楚元王一系幾乎是宗正世家。按《漢書·百官公卿表》記録，元狩元年，宗正恰由劉受擔任，而按《漢書·王子侯表上》所述，他是楚元王兒子沈猷夷侯劉歲之子，劉歲是劉向曾祖父劉富的弟弟。

　　《漢書·淮南王傳》述及："上使宗正以符節治王。"此宗正當然非劉受莫屬，而《漢書·淮南王傳》中卻故意隱去其名字，此頗有爲親者諱的意思①。原因是此案株連甚廣，數千人爲之喪命，震動天下。故《漢書·百官公卿表》記録劉受結局，説："沈猷侯劉受爲宗正，二年坐聽不具宗室論。"語焉不詳，《漢書·王子侯表上》顔師古注曰："受爲宗正，人有私請求者，受聽許之，故於宗室之中事有不具，而受獲罪。"依然不明其獲罪的細節。其實，劉受在主持辦理淮南王案過程中，必然受命於武帝，瓜蔓株連，濫殺無辜。譬如《漢書·王子侯表上》説："有利侯釘，城陽共王子，元狩元年，坐遺淮南王書稱臣棄市。"劉受所知秘密太多，劉受手上所沾的血亦太多，因此，在借刀殺人之後，武帝馬上就把他棄置甚或殺之滅口。

　　楚元王家族與此冤獄本難脱干係，因此，在《漢書》中如何叙述淮南王事迹，並且竭力淡化楚元王後人在此冤獄中之責任，某种意義上，實現自我良心救贖，此在今本《漢書》内，依然可以看出向、歆父子巧妙的處理手法。《漢書·楚元王傳》描繪劉向父親劉德，突出他"修黄老術，有智略"，"德寬厚，好施生"的個性；在叙述劉德兒子劉更生（向）時，語涉"更生父德武帝時治淮南獄得其書（《枕中鴻寶苑秘書》等）"，關於此記載，王先謙《漢書補注》引劉奉世曰："案，德待詔丞相府，年三十餘，始元二年事也。淮南事元朔六年，是時德甫數歲，《傳》誤記。"②由於《楚元王傳》基本屬於劉向、劉歆自述，不應出現如此紕漏。此説導致誤解者，在於如何斷句，此句主語爲"更生父德"，而"武帝時治淮南獄"之主語卻絶非劉德。由於在治淮南獄時，宗正參與度很高，而宗正劉受正是劉德從父，所以，時隔多年後，劉德有

---

① 由於楚元王後人遭際不同，故《漢書·楚元王傳》在叙述元王得以封侯五子時，僅重點記述休侯劉富一系，至於其他四子之生平事迹則省略了；而關於劉富之子辟彊等四人，也僅凸顯劉辟彊一脈，而不及其他，其間可能頗有避諱的考慮。此種所謂爲親者諱的史學理念其實將史家之秉筆直書的品德大打折扣。
② 王先謙《漢書補注》，上海師範大學古籍整理研究所整理，上海：上海古籍出版社2008年版，第3258頁。

緣得到劉受抄没的淮南王書籍、文檔，故此句正確點斷應爲：更生父德，武帝時治淮南獄，得其書。關於此言何謂，當時人則十分清楚，並不會造成誤讀。《漢書·郊祀志》説："大夫劉更生獻淮南枕中鴻寶苑秘之方，令尚方鑄作。"所謂"淮南枕中鴻寶苑秘之方"亦是劉向得書之一種。此透露劉德了解淮南獄原委，爲揭示淮南王一案冤情，身爲宗正世家，理當具有史家良心，而同屬豐公、高祖之後裔，劉德、劉向對淮南王遭際深懷同情憐惜之情，故劉氏叙述此案，則正體現還原事實的用心。由於淮南王冤獄難以經受歷史檢驗，因此，《漢書》本傳文字對在武帝指使下，直接鑄成此一冤案的劉受並不叙述其具體作爲，而是説在元朔六年，"故辟陽侯孫審卿善丞相公孫弘，怨淮南厲王殺其大父，陰求淮南事而搆之於弘。弘乃疑淮南有畔逆計，深探其獄"。遂將肇始淮南冤獄的罪惡，歸之於故辟陽侯孫和公孫弘，實際上，此二人避之唯恐不及，豈敢擅自大開殺戒！顯然有替武帝和宗正劉受開脱罪責之嫌！

然而如何保持史家正義感，除了在《漢書·淮南王傳》中使用特殊筆法，展示在武帝威權之下，當時所證成淮南王之謀反，全屬莫須有之詞，真所謂欲加之罪何患無辭！並且爲了進一步暗示淮南王一案純屬冤獄，《漢書》在《淮南王傳》後，緊接著就是《蒯伍江息夫傳》，此傳中蒯通之與韓信、伍被之與淮南王、江充之與戾太子、息夫躬之與東平王，蒯、伍、江、息夫四者皆仲尼所謂"惡利口之覆邦家"者，均是利慾熏心膽大包天之險士，其生平都與前漢一樁人神共泣冤案相聯繫。而此傳不置於韓信、戾太子及東平王傳後，唯獨列於淮南王傳後，其意指在於説明淮南王一案與韓信、戾太子等一樣，同屬遭致陷害，堪稱千古奇冤。

而細察此種史家筆法和佈置，既消除了作爲宗正劉氏家族在此案中的罪責，又保留了淮南王案的真實信息，草蛇灰綫，陳倉暗渡，堪稱一舉兩得的史家手段。這種處心積慮的佈置，當出自於當事者後人劉向之手筆；若認爲這是班氏所爲，則缺乏相應的理據。故將《楚元王傳》、《淮南王傳》及《伍被傳》三者聯繫起來看，《漢書》中無疑藴涵著劉氏精心的謀篇佈局。

劉向《説苑》、《新序》和劉歆《西京雜記》都已出現記述前漢中後期人物的文字，它們自然早於《漢書》，可以視爲《漢書》汲取了劉氏父子之勞績，再踵事增華，以成今本《漢書》各傳面貌。此按照如下考察，亦可一目了然。譬如《漢書》之《楊王孫傳》、《胡建傳》、《于定國傳》、《路温舒傳》、《枚乘傳》、《河間獻王傳》、《主父偃傳》、《吾丘壽王傳》、《丙吉傳》、《夏侯勝傳》和《説苑》記叙相對照；《漢書》之《韓安國傳》、《主父偃傳》、《蘇武傳》與《新序》相對照；相較於劉向，劉歆在文獻上的功夫有過之而無不及，《論衡·亂龍》盛讚：“子駿，漢朝智囊，筆墨淵海。”《漢書》之《昭帝紀》、《宣帝紀》、《元帝紀》、《成帝紀》、《梁孝王傳》、《枚皋傳》、《景十三王傳》、《司馬相如傳》、《公孫弘傳》、《司馬遷傳》、《武五子傳》、《朱買臣傳》、《東方朔傳》、《朱雲傳》、《楊王孫傳》、《霍光妻傳》、《傅介子傳》、《趙廣漢傳》、《匡衡傳》、《杜鄴傳》、《何武傳》、《王嘉傳》、《揚雄傳》、《五鹿充宗傳》、《游俠傳》、《外戚傳》、《佞倖傳》、《兩粵傳》等與《西京雜記》相對照，必然會發現，原來《漢書》紀傳各篇，均或多或少地取材於劉向、劉歆著述，劉氏父子已經爲《漢書》相關人物編寫提供了藍本，或爲之濫觴。《西京雜記》第三《辨〈爾雅〉》云：“家君以爲：‘《外戚傳》稱"史佚教其子以《爾雅》"，《爾雅》，小學也。’”此《外戚傳》今人已不明其原貌，可能當時已有記述前漢外戚事迹的單篇文字，其屬性也應歸諸皇室内部秘檔，劉氏父子可以見到，亦或許爲後之史家所採納。

同時，揚雄《法言》之《吾子》、《修身》、《問神》、《寡見》、《重黎》、《先知》、《問明》、《淵騫》及《孝至》等也述及《漢書》中許多重要人物，此亦有力地佐證，在署名班固《漢書》問世之前，此書大致框架、人物及評價等已具雛形。揚雄作爲班彪“父黨”，可以讀到班氏所藏“秘書”，而這些秘書又直接與劉向深有淵源。

《漢書·趙尹韓張兩王傳》云：“贊曰：自孝武置左馮翊、右扶風、京兆尹，而吏民爲之語曰：‘前有趙、張，後有三王。’然劉向獨序趙廣漢、尹翁歸、韓延壽，馮商傳王尊，揚雄亦如之。”此透露出，將趙廣漢、尹翁歸、韓延壽同傳，應是劉向安排；《西京雜記》第三《何武葬北邙》説：“何武葬北邙山薄龍阪，王嘉塚東北一里。”按，《漢書》中，何武和王嘉同傳，《西京雜記》所記已經體現出此二者緊密的關係；《漢書·景十三王傳》説：“贊曰：昔魯哀公有言：‘寡人生於深宫之中，長於婦人之手，未嘗知憂，未嘗知懼。’信哉斯言也！雖欲不危亡，不可得已。是故古人以宴安爲鴆毒，亡德而富貴，謂之不幸。漢興，至於孝平，諸侯王以百數，率多驕淫失道。何則？沈溺放恣之中，居勢使然也。自凡人猶繫於習俗，而況哀公之倫乎！夫唯大雅，卓爾不群，河間獻王近之矣。”這對照《説苑》，在景帝諸子中，劉向獨表河間獻王一人，可知《漢書》完全秉承了劉向的觀點；《漢書·李廣蘇建傳》謂：“贊曰：……孔子稱'志士仁人，有殺身以成仁，無求生以害仁'，'使於四方，不辱君命'，蘇武有之矣。"而劉向《新序》卷第七《節士》更早表彰了蘇武作爲使者的節義精神，《漢書》本傳顯然受其影響，並且對劉向《新序》中蘇武事迹加以精心改造，以撰成一篇《蘇武傳》；《漢書·董仲舒傳》說："贊曰：劉向稱'董仲舒有王佐之材，雖伊、呂亡以加，筦、晏之屬，伯者之佐，殆不及也。'至向子歆以爲'伊、呂乃聖人之耦，王者不得則不興。故顏淵死，孔子曰："噫！天喪余。"唯此一人爲能當之，自宰我、子贛、子游、子夏不與焉。仲舒遭漢承秦滅學之後，"六經"離析，下帷發憤，潛心大業，令後學者有所統壹，爲群儒首。然考其師友淵源所漸，猶未及乎游、夏，而曰筦、晏弗及，伊、呂不加，過矣'。至向曾孫龔，篤論君子也，以歆之言爲然。"對照《漢書·賈誼傳》說："贊曰：劉向稱'賈誼言三代與秦治亂之意，其論甚美，通達國體，雖古之伊、管未能遠過也。使時見用，功化必盛。爲庸臣所害，甚可悼痛。'"參見《漢書·禮樂志》記錄賈誼談制禮作樂的言論，與讚美董仲舒相似，因賈誼也屬於其承傳譜系中人物，所以亦稱他"雖古之伊、管未能遠過也"；《漢書·司馬遷傳》說"贊曰：……故司馬遷據《左氏》、《國語》，采《世本》、《戰國策》，述《楚漢春秋》，接其後事，訖於天漢。其言秦漢，詳矣。至於采經摭傳，分散數家之事，甚多疏略，或有抵梧。亦其涉獵者廣博，貫穿經傳，馳騁古今，上下數千載間，斯以勤矣。又其是非頗繆於聖人，論大道則先黃、老而後'六經'，序游俠則退處士而進姦雄，述貨殖則崇勢利而羞賤貧，此其所蔽也。然自劉向、揚雄博極群書，皆稱遷有良史之材，服其善序事理，辨而不華，質而不俚，其文直，其事核，不虛美，不隱惡，故謂之實錄。"故而，前漢賈誼、董仲舒以及司馬遷等，作爲重要人物，端賴向、歆父子之表彰，纔形成其思想史、史學史地位，他們代表了前漢超越自我，且具有終極關懷的一類人物；《漢書·韋賢傳》叙述："韋賢字長孺，魯國鄒人也。其先韋孟，家本彭城，爲楚元王傅，傅子夷王及孫王戊。"内有劉歆讚美武帝，鼓吹向外擴張言論。文末贊曰："司徒掾班彪曰：漢承亡秦絕學之後，祖宗之制因時施宜。自元、成後學者蕃滋，貢禹毀宗廟，匡衡改郊兆，何武定三公，後皆數復，故紛紜不定。何者？禮文缺微，古今義異制，各爲一家，未易可偏定也。考觀諸儒之議，劉歆博而篤矣。"劉氏父子觀點多爲《漢書》叙述確定基調，具有導向意義。

張湯，在《史記·酷吏列傳》中，寄托了司馬遷無比的痛恨！但是其子張安世輔佐昭、宣，在武帝死後，對於安定漢朝功勳卓著，作爲同僚劉德亦感其功德,這決定了對張湯的功過判斷,勢必出現不同於司馬遷的聲音。所以,《論衡·程才》説:"張湯、趙禹,漢之惠吏,太史公序累,置於酷部而致土崩。"《論衡·定賢》曰:"蓋世優者,莫過張湯,張湯文深,在漢之朝,不稱爲賢。太史公序累以湯爲酷,酷非賢者之行。"此都表明,在司馬遷之後,由於劉向的評價與司馬遷不同,導致《論衡》遠紹劉説,對張湯亦襃多貶少,甚至有所肯定;而體現在《漢書·張湯傳》裏,關於張湯的部分,基本上抄襲《史記》本傳,而關於其子孫,卻給予正面評價,其贊曰:"馮商稱張湯之先與留侯同祖,而司馬遷不言,故闕焉。漢興以來,侯者百數,保國持寵,未有若富平者也。湯雖酷烈,及身蒙咎,其推賢揚善,固宜有後。安世履道,滿而不溢。賀之陰德,亦有助云。"所以《漢書》特爲張湯設專章以列傳,尤其指出"其推賢揚善,固宜有後",顯然,此迥别於《史記》;杜延年之入《漢書》,亦有殊途同歸之妙,緣於他揭發武帝托孤同盟霍光之對立者而立功,所以成爲歷史人物,更因爲其子孫後代俊傑輩出,所以更有理由爲之專門列傳,其《傳》末贊張、杜曰:"而俱有良子,德器自過。"持此説者,亦非向、歆莫屬也;《漢書·東方朔傳》云:"贊曰:劉向言少時數問長老賢人通於事及朔時者,皆曰朔口諧倡辯,不能持論,喜爲庸人誦説,故令後世多傳聞者。"爲東方朔立傳,亦與劉向等重視其人有關[①]。而《東方朔傳》中記載:"是時朝廷多賢材,上復問朔:'方今公孫丞相、兒大夫、董仲舒、夏侯始昌、司馬相如、吾丘壽王、主父偃、朱買臣、嚴助、汲黯、膠倉、終軍、嚴安、徐樂、司馬遷之倫,皆辯知閎達,溢於文辭,先生自視,何與比哉?'"觀今本《漢書》,武帝口中所談及人物,在今本《漢書》中幾乎都有傳,甚至可視爲重要傳主,這一名單出自武帝之蓄思?抑或出乎向、歆之所臚列?若對照今本《漢書》傳主人名之編排,可以説此出於後者之可能性要大得多。

因此,劉向、劉歆在《漢書》中明顯的印記,堪謂不勝枚舉,比比皆是,班固撰寫《漢書》的過程中,確實如葛洪所言,對於劉氏父子頗有借鑒。實際上,劉氏父子爲班氏父子提供了撰史基礎,若無劉氏父子奠基於前,則絶無班氏《漢書》之問世。

[①] 朱東潤著《八代傳叙文學述論》第二《傳叙文學底蒙昧時期》指出:"西漢傳下來的第一部傳叙是《東方朔傳》……《東方朔傳》底完成,在《漢書》以前,其證有三……"可供參考。上海:復旦大學出版社 2006 年版,第 40 頁。

三、署名班固《漢書》中重要傳主的
遴選與劉氏父子的關係

　　署名班固撰《漢書》所存在的更大問題，並不在於上述明顯的因襲現象，而是其對傳主的遴選，大受劉向、劉歆的影響。而劉氏在斟酌何者入傳、何者不入傳的問題時，太注重人物與自己及家族的關係，這些人物或同功一體，或不共戴天，或所見略同，或針鋒相對，於是敵、友入傳，或貶斥洩憤，或歌功頌德，皆有因緣可考。而這種多以劉氏家族爲中心來遴選、裁斷傳主的方式，到班氏編撰《漢書》時已缺乏清晰的判斷力，所以仍須以劉氏馬首是瞻，並不敢越雷池半步，使其所撰《漢書》在客觀全面和公正性上均存有問題。

　　讀《漢書》，當以《楚元王傳》爲綱，並且以《五行志》等爲輔佐，來觀其書之結構和用心，如此可以起到提綱挈領的作用。相較於《史記》對劉漢立國之後的記載僅關注朝政之情勢，今本《漢書》至少有兩個關注點，除了朝政之外，還有楚元王一系之遭際。劉向活躍於宣、元、成帝三朝政壇，他與他的父親劉德一生所經歷的大事件，包括：第一，在霍光立昭帝後，霍光與上官桀、桑弘羊等人的聯盟破裂，身爲宗正的劉德幫助霍光治上官氏、蓋主一案①。表明劉德當時站到了霍光一邊；第二，參與立宣帝，《漢書·霍光傳》說："光遣宗正劉德至曾孫家尚冠里，洗沐賜御衣，太僕以軨獵車迎曾孫就齋宗正府，入未央宮見皇太后，封爲陽武侯。"這是劉氏家族在前漢走向顯赫的起點②；第三，劉德反戈一擊，協助宣帝在霍光身後剷除霍氏餘勢，重

---

① 桑弘羊其人在前漢屬重要人物，可惜未有專門傳記，僅在《漢書·車千秋傳》後，附有關於桑弘羊不到五十字的記述，爲其一生作了一結；並在《食貨志》等處有零星記述，寫其結局，《漢書·食貨志》曰："弘羊自以爲國興大利，伐其功，欲爲子弟得官，怨望大將軍霍光，遂與上官桀等謀反，誅滅。"此兩則敘述基本相同，作爲武帝時代經濟領域重要人物，桑弘羊本應被單獨立傳，惜乎其人關涉許多內幕隱情，並且屬劉德在政治上的對立面，於是就祇好閃爍其辭，不敢盡情披露了。
② 《漢書·楚元王傳》記載："昭帝即位，或說大將軍霍光曰：'將軍不見諸呂之事乎？處伊尹、周公之位，攝政擅權，而背宗室，不與共職，是以天下不信，卒至於滅亡。今將軍當盛位，帝富春秋，宜納宗室，又多與大臣共事，反諸呂道，如是則可以免患。'光然之，乃擇宗室可用者。"劉辟彊和劉德父子因此受到重用，尤其在助立宣帝之後，"宗家以（劉）德得官宿衛者二十餘人"，宗室頓成一股重要的政治力量。

整朝綱。按《漢書·外戚恩澤侯表》記述,宣帝地節四年乙卯三月,封劉德爲陽城侯,而至本年七月,宣帝就以霍氏謀反爲藉口,誅滅霍氏,劉德在其間發揮作用,深得宣帝信賴;第四,元帝朝,劉向與蕭望之、周堪等一道,和代表許、史外戚勢力的中書宦官弘恭、石顯展開殊死博弈。《漢書·楚元王傳》中劉向稱自己和蕭望之、周堪爲三獨夫,與政敵石顯等結怨甚深,幾乎到你死我活的地步;第五,成帝朝,外戚王氏秉政,劉向奮然攻訐。《漢書·楚元王傳》云:"向每召見,數言公族者國之枝葉,枝葉落則本根無所庇蔭;方今同姓疏遠,母黨專政,禄去公室,權在外家,非所以彊漢宗,卑私門,保守社稷,安固後嗣也。"劉向特撰《洪範五行傳論》以表譏諷;由於"趙、衛之屬起微賤,逾禮制",且"政由王氏出",所以劉向憂心忡忡,遂上封事極諫曰:"事勢不兩大,王氏與劉氏亦且不並立。"第六,成帝朝,營造皇陵,奢侈無度,劉向上諫反對厚葬。一部《漢書》,體會入傳之人物,似難脱以上六端之干係,這些事件雖然可以稱得上是前漢武帝身後的重大政治鬥爭,然而,必須看到,劉德、劉向和劉歆亦並非純然從儒家道統出發,來爲民請命、仗義執言。他主要代表劉氏宗親一系政治和經濟利益,所以劉氏不遺餘力地對外戚口誅筆伐,此從某種程度上看,實際上是劉氏諸侯和皇帝外戚利益的較量。《漢書·楚元王傳》記載劉向"乃使其外親上變事"説:"竊聞故前將軍蕭望之等,皆忠正無私,欲致大治,忤於貴戚尚書。"此言將自己和蕭望之等人與"貴戚尚書"對立局面揭示無遺;而弘恭、石顯查明此書爲劉向所爲,"劾更生前爲九卿,坐與望之、堪謀排車騎將軍高、許、史氏侍中者,毁離親戚,欲退去之,而獨專權"。此所言之"親戚"乃外戚之謂也,總劉向一生,堪稱劉氏宗親利益的代言人,當然更是自家利益捍衛者,其言行無不與此種身份立場相關聯。

作爲崛起於霍光執政時期之家族,就必須維護昭帝和霍光本人的合法性,即使對於陰謀謊言,也須爲之回護遮掩,竭力使陰謀具有正當性,亦令謊言能夠自圓其説。否則,秉筆直書,揭示真相,則昭帝之所出就極其可疑,那麽,前漢國祚難道斷絕於武帝之死?依照天統觀念,若昭帝存疑,則《太史公書》之後,也就不必繼續書寫漢劉朝廷的歷史了,然則作爲聯手結盟者劉氏,其所作所爲,也就同屬附逆,同屬於亂臣賊子、大逆不道。所以宗正劉氏就必須爲之證明,昭帝之立,乃出自武帝心意,且毋庸置疑!《漢書·公孫弘卜式兒寬傳》贊曰:"受遺則霍光、金日磾,其餘不可勝紀。"這説明作者以霍、金受武帝托孤,乃實有其事,這正是劉德、劉向所持口徑;而且，昭帝身後，昌邑王始立終廢，也是天經地義；甚至於霍光死後，家族覆滅，更是咎由自取、勢所必然。所有這一切，均在向、歆父子相關著述中獲得一致證據，遂令《五行志》與政敵厄運之記述，如影隨形，合二爲一，先入爲主地設定其覆滅的下場，乃天命不可違也。楊樹達《漢書窺管》認爲此志乃"漢世此說盛行，故班創爲此志以記其說。由今觀之，其說絶無義理，讀者勿爲所惑可也"①。這未免皮相之見。觀《論衡·別通》說："孝武皇帝時，燕王旦在明光宫，欲入所卧，户三百盡閉，使侍者二十人開户，户不開，其後旦坐謀反自殺。夫户閉，燕王旦死之狀也。死者，凶事也，故以閉塞爲占。"②對照《漢書·天文志》云："孝昭始元中……後熒惑出東方，守太白，兵當起，主人不勝。後流星下燕萬載宫極，東去，法曰'國恐，有誅'。其後左將軍桀、驃騎將軍安與長公主、燕刺王謀亂，咸伏其辜。"《漢書·五行志上》記述："昭帝元鳳元年，燕城南門災。劉向以爲時燕王使邪臣通於漢，爲讒賊，謀逆亂。南門者，通漢道也。天戒若曰，邪臣往來，爲奸讒於漢，絶亡之道也。燕王不寤，卒伏其辜。"《漢書·五行志中之下》曰："昭帝元鳳元年，有鳥與鵲鬥燕王宫中池上，鳥墮池死，近黑祥也。時燕王旦謀爲亂，遂不改寤，伏辜而死。"意指武帝有成年五子，即使在年齡上，他們遠比年僅八歲的昭帝更具繼位資格，也更合乎武帝選擇繼承人的邏輯性，但是上述種種災異預示著他們都不得善終，而帝位繼承自然非昭帝莫屬也③！

如何處置昌邑王，是霍光面對的一個難題，怎樣在輿論上加以解決？莫若以昌邑王自身流露的種種惡德敗相來解釋，最具說服力。《論衡·遭虎》曰："昌邑王時，夷鴣鳥集宫殿下，王射殺之，以問郎中令龔遂，龔遂對曰：'夷鴣野鳥，入宫，亡之應也。'其後昌邑王竟亡。"《論衡·商蟲》有曰："昌邑王夢西階下有積蠅矢，明旦召問郎中龔遂，遂對曰：'蠅者，讒人之象也。夫矢積於階下，王將用讒臣之言也。'"《漢書·天文志》記述："（元平

---

① 楊樹達著《漢書窺管》，上海：上海古籍出版社1984年版，第171頁。
② 《西京雜記》第三《廣陵死力》云："廣陵王胥有勇力，常於別囿學格熊。後遂能空手搏之，莫不絶胆。後爲獸所傷，陷腦而死。"然而《漢書·武五子傳》卻說劉胥"以綬自絞死"，《西京雜記》有意隱瞞其死因。
③ 《漢書·武五子傳》叙述："是時天雨，虹下屬宫中飲井水，水泉竭。厠中豕群出，壞大官竈。烏鵲鬥死。鼠舞殿端門中。殿上户自閉，不可開。天火燒城門。大風壞宫城樓，折拔樹木。流星下墮。后妃以下皆恐。王驚病，使人祠葭水、台水。王客吕廣等知星，爲王言：'當有兵圍城，期在九月十月，王當有大臣戮死者。'語具在《五行志》。"此屬《武五子傳》與《五行志》相配合的一種叙述方式，互爲印證。

元年)二月……占曰:'太白散爲天狗,爲卒起。卒起見,禍無時,臣運柄。牂雲爲亂君。'到其四月,昌邑王賀行淫辟,立二十七日,大將軍霍光白皇太后廢賀。"而且昌邑王注定將敗,其惡兆始顯於昭帝之時,《漢書·五行志中之上》説:"昭帝時,昌邑王賀遣中大夫之長安,多治仄注冠,以賜大臣,又以冠奴。劉向以爲近服妖也。"①《漢書·五行志中之上》又曰:"昭帝時,昌邑王賀聞人聲曰'熊',視而見大熊,左右莫見,以問郎中令龔遂,遂曰:'熊,山野之獸,而來入宮室,王獨見之,此天戒大王,恐宫室將空,危亡之象也。'賀不改寤,後卒失國。"龔遂所言,幾乎等同詛咒。王充和班固不可能捏造這些記載,此出自當時與霍光爲命運利益共同體的劉德、劉向的可能性最大;而在《五行志》中,劉向説《春秋》亦純出自影射當世的目的,與藉災異譏刺朝政,乃合二爲一之手段也。

按,《論衡》對前漢各帝的記述,除了漢高祖之外,看得出其重心落在了宣帝身上②,所謂"漢宣中興"與劉氏家族的命運休戚相關。由於劉氏家族對宣帝感恩戴德,所以《論衡》之"宣漢",是把後漢的明帝與前漢的宣帝二朝相並列的,而大肆渲染前漢宣帝時期種種祥瑞,其實出自劉氏,這是顯而易見的。而要爲宣帝的天授神與之合法性大張旗鼓,樹立昭帝,貶斥昌邑王,自然屬於題中應有之義了。

前漢末年,揚雄《解嘲》謂:"非蕭、曹、子房、平、勃、樊、霍則不能安。"對於霍光的功績,曾經作爲霍光的同盟者的劉德、劉向等自然並不完全否認,但一旦霍光勢大,甚至一手遮天,其權勢凌駕於皇權之上,劉氏宗室的權益也被邊緣化,此時,與皇室沾親帶故的劉德、劉向絕對不能坐視不顧。《漢書·王商傳》記載在元帝時,蜀郡張匡之對曰:"自漢興幾遭吕、霍之患。"此説明霍光家族之專權,到元帝時,其危害性已被渲染到與吕氏相仿佛的地步。當霍光死去,順勢推倒霍氏家族,掃清權力的障礙,亦成爲劉氏家族與宣帝的共同願望。《漢書·五行志上》説:"元鳳四年五月丁丑,孝文廟正殿災。劉向以爲孝文,太宗之君,與成周宣榭火同義……是歲正月,上加元

---

① 《漢書·武五子傳》云:"初,賀在國時,數有怪。嘗見白犬,高三尺,無頭,其頸以下似人,而冠方山冠……語在《五行志》。"
② 《論衡·指瑞》記述:"孝宣皇帝之時,鳳皇五至,騏驎一至,神雀、黄龍、甘露、醴泉,莫不畢見,故有五鳳、神雀、甘露、黄龍之紀。使鳳、騏驎審爲聖王見,則孝宣皇帝聖人也;如孝宣皇帝非聖,則鳳、騏驎爲賢來也。爲賢來,則儒者稱鳳皇、騏驎,失其實也。鳳皇、騏驎爲堯、舜來,亦爲宣帝來矣。夫如是,爲聖且賢也。儒者説聖太隆,則論鳳、騏亦過其實。"

服……光亡周公之德,秉政九年,久於周公,上既已冠而不歸政,將爲國害。故正月加元服,五月而災見。"霍光大權獨攬,劉氏早已不能容忍;見《論衡·變動》云:"霍光家且敗,第牆自壞。誰哭於秦宮,泣於霍光家者?然而門崩牆壞,秦、霍敗亡之徵也。"《説苑·權謀》記述:"孝宣皇帝時,霍氏奢靡。茂陵徐先生曰:'霍氏必亡!夫在人之右而奢,亡之道也。孔子曰:"奢則不遜。"夫不遜者必侮上,侮上者,逆之道也。出人之右,人必害之。今霍氏秉權,天下之人,疾害之者多矣。夫天下害之,而又以逆道行之,不亡何待?'乃上書言:'霍氏奢靡,陛下即愛之,宜以時抑制,無使至於亡。'書三上,輒報聞。其後霍氏果滅。董忠等以其功封。"①而《漢書·霍光傳》亦謂:"初,霍氏奢侈,茂陵徐生曰:'霍氏必亡。'"異口同聲説出霍氏必亡的緣由;《西京雜記》第一《霍顯爲淳于衍起第贈金》説:霍光妻遺淳于衍奢侈品無數,衍猶怨曰:"吾爲爾成何功,而報我若是哉!"指淳于衍幫助霍光妻害死宣帝皇后之事。這些文字意在爲剷除霍家勢力營造聲勢,作出鋪墊,並且向社會作出解釋,便把血淋淋的朝廷鬥爭歸於天命,即使再慘烈,也令世人覺得霍氏命該如此,厄運難逃,甚至罪該萬死。聯繫《漢書·天文志》曰:"(宣帝地節元年)其丙寅,又有客星見貫索東北,南行,至七月癸酉夜入天市,芒炎東南指,其色白。占曰:'有戮卿。'一曰:'有戮王,期皆一年,遠二年。是時,楚王延壽謀逆自殺。四年,故大將軍霍光夫人顯、將軍霍禹、范明友、奉車霍山及諸昆弟賓婚爲侍中、諸曹、九卿、郡守皆謀反,咸伏其辜。'"《漢書·五行志中之上》有謂:"宣帝時,大司馬霍禹所居第門自壞。時禹內不順,外不敬,見戒不改,卒受滅亡之誅。"②《漢書·五行志下之下》記録:"宣帝地節元年正月,有星孛於西方,去太白二丈所。劉向以爲太白爲大將,彗孛加之,掃滅象也。明年,大將軍霍光薨,後二年家夷滅。"這些記述合若符節,其實是把霍光一生及其家族由盛轉衰作了一個了結。

但是對此兇險惡鬥,卻大致上出於此中既得利益者劉氏的叙述,作爲始作俑者,其片面、虛假甚至殘忍都不可避免,可以想像,當時許多歷史真相都被湮滅於其叙述之中了,真令人有"盡信書,不如無書"之歎!昭、宣、

---

① 《説苑校證》,劉向撰,向宗魯校證,北京:中華書局1991年版,第323頁。
② 《漢書·霍光傳》云:"顯夢第中井水溢流庭下,竈居樹上,又夢大將軍謂顯曰:'知捕兒不?亟下捕之。'第中鼠暴多,與人相觸,以尾畫地。鴞數鳴殿前樹上。第門自壞。雲尚冠里宅中門亦壞。"

元、成四朝,其歷史難道僅僅是這些利益紛爭嗎?歷史本身遠比這些人、事要豐富和複雜,但是在劉氏視野中,所謂歷史也就是其家族興亡成敗史,甚至一切歷史都是個人史,其史學眼光未能超越其家族利害遭際,厠身於當時利益糾葛之中,劉向亦不能免俗,這令他局囿其中而不能超拔,這對於一個史家而言,正是巨大的缺陷。

　　於是如何遴選人物入史傳,就必然地帶有劉氏父子的主觀性。《漢書·霍光傳》記載霍光借太后之名義,廢黜昌邑王,他與群臣連名上奏曰:"丞相臣敞、大司馬大將軍臣光、車騎將軍臣安世、度遼將軍臣明友、前將軍臣增、後將軍臣充國、御史大夫臣誼、宜春侯臣譚、當塗侯臣聖、隨桃侯臣昌樂、杜侯臣屠耆堂、太僕臣延年、太常臣昌、大司農臣延年、宗正臣德、少府臣樂成、廷尉臣光、執金吾臣延壽、大鴻臚臣賢、左馮翊臣廣明、右扶風臣德、長信少府臣嘉、典屬國臣武、京輔都尉臣廣漢、司隸校尉臣辟兵、諸史文學光禄大夫臣遷、臣畸、臣吉、臣賜、臣管、臣勝、臣梁、臣長幸、臣夏侯勝、太中大夫臣德、臣卬昧死言皇太后陛下……"這是廢黜昌邑王時,霍光聯手或要脅的同盟者名單,以此反觀劉向《新序》,其中寫到最晚近的當代人物是蘇武,此絕非偶然。前已述及,劉向《新序》卷第十《善謀下》大致上是一部簡明的前漢開國史,它寫到武帝朝就戛然而止。而蘇武是在昭帝即位後,於始元六年春至京師,在劉向《新序》中,他出現於卷第七《節士》之二十九則《蘇武章》,除《新序》卷第十《善謀下》之外,蘇武是《新序》全書中唯一出現的前漢人物,故頗具特殊性。《漢書·蘇武傳》説:"數年,昭帝崩,武以故二千石與計謀立宣帝,賜爵關内侯,食邑三百户。久之,衛將軍張安世薦武明習故事,奉使不辱命,先帝以爲遺言。宣帝即時召武待詔宦者署,數進見,復爲右曹典屬國。以武著節老臣,令朝朔望,號稱祭酒,甚優寵之……甘露三年,單于入朝。上思股肱之美,乃圖畫其人於麒麟閣,法其形貌,署其官爵姓名。唯霍光不名,曰大司馬大將軍博陸侯姓霍氏,次曰衛將軍富平侯張安世,次曰車騎將軍龍頟侯韓增,次曰後將軍營平侯趙充國,次曰丞相高平侯魏相,次曰丞相博陽侯丙吉,次曰御史大夫建平侯杜延年,次曰宗正陽城侯劉德,次曰少府梁丘賀,次曰太子太傅蕭望之,次曰典屬國蘇武。皆有功德,知名當世,是以表而揚之,明著中興輔佐,列於方叔、召虎、仲山甫焉。凡十一人,皆有傳。自丞相黄霸、廷尉于定國、大司農朱邑、京兆尹張敞、右扶風尹歸翁及儒者夏侯勝等,皆以善終,著名宣帝之世,然不得列於名臣之圖,以此知其選矣。贊曰:……孔子稱'志士仁人,有殺身以成仁,無求生以害仁','使於四方,不辱君命',蘇武有之矣!"①兩段文字相對照,廢黜昌邑王,與立宣帝,這在劉向心目中是前漢極其重大的政治事件,署名班固《漢書》的重心也被這種觀點所左右。上述前後兩份名冊相比較,發現政局又變,霍光倒臺,但是其中大多數人物審時度勢,及時轉向,經受住風浪顛簸,成爲捍衛皇室的功臣。按《漢書·張湯傳》附《張安世傳》叙述皇曾孫幼孤,張安世兄張賀"所以視養拊循,恩甚密焉",在宣帝心中,張安世遠比霍光親近;車騎將軍龍頟侯韓增即共同署名廢黜昌邑王之"前將軍臣增"也;按《漢書·趙充國傳》說:"與大將軍霍光定册尊立宣帝,封營平侯。"據《漢書·魏相傳》叙述,可知魏相有助於宣帝親政;而從《漢書·丙吉傳》中可以看到,丙吉曾經保護和撫養衛太子孫,也就是後來的漢宣帝,後又參預了尊立皇曾孫之事,功不可没,以致宣帝爲報恩,封之爲丞相②;《漢書·杜延年傳》說:"延年知曾孫德美,勸光、安世立焉。"《漢書·劉德傳》說劉德"與立宣帝";《漢書·儒林傳》說梁丘賀從太中大夫京房受《易》,他是宣帝十分相信的"風水師";《漢書·蕭望之傳》記録蕭望之上疏,鼓動宣帝在霍光身後,消除霍氏餘勢。上述人物之事功,其重點不在國而在君,此輩在宣帝落難時挺身保護、在宣帝繼位前參與謀立,並且在宣帝與霍氏鬥爭中給予堅定的支持,故而有資格圖畫於麒麟閣,且在署名班固《漢書》中亦凸顯爲重點人物,備受關注。而宗正陽城侯劉德列名其間,這是劉氏家族巔峰時刻,堪稱銘心刻骨! 在麒麟閣畫圖人物中,蘇武雖忝陪末座,但意義深遠③。同時,上文所謂"自丞相黃霸、廷尉于定國、大司農朱邑、京兆尹張敞、右扶風尹歸翁及儒者夏侯勝等,皆以善終,著名宣帝之世,然不得列於名臣之圖,以此知其選矣",意指關於圖畫麒麟閣的標準,作者與宣帝尚存在著些許不同看法,他認爲像黃霸、于定國、朱邑、張敞、尹歸翁及夏侯勝等六人,不能躋身於麒麟閣,實屬憾事。這樣的意見,絶非班固之觀點,而是出自向、歆之私見,原因就是這些人物與劉氏比較接近,且有利益之瓜葛,譬如觀《漢書·張敞傳》,作者爲何濃墨重彩乎張敞? 張敞云:"故仲尼作《春秋》,迹盛衰,譏世卿最甚。"僅此一點,就與劉向心有戚戚焉。然而,客觀而

---

① 《論衡·須頌》說:"宣帝之時,畫圖漢列士,或不在於畫上者,子孫耻之。何則? 父祖不賢,故不畫圖也。"按《漢書》所謂的"凡十一人",是否包含圖畫於麒麟閣的全部人物,十分可疑,其所選取的十一人,標準太過單一了。
② 《漢書·外戚傳》對此另有叙述,然而,"丙吉"卻作"邴吉",亦不一致。
③ 參見拙作《關於〈漢書·蘇武傳〉成篇問題之研究》,《文學遺産》2009年第1期。

論,關於圖畫麒麟閣的標準,宣帝與向、歆存在歧異,其癥結在於宣帝表彰上述人物,其主旨是要訂立攻守同盟,這些人被宣帝裹挾,一起做了一椿或數椿驚天動地、瞞天過海甚至惡貫滿盈的大事,他們和宣帝一榮俱榮、一損俱損,所以,宣帝要"綁架"他們,將他們釘在麒麟閣的光榮榜抑或耻辱柱上,起到盟誓的作用,令此輩謹言慎行,多所禁忌,大家共同維護此利用恐怖平衡所建立起的利益共同體,其意在此乎!

讀《漢書·魏相丙吉傳》説:"贊曰:……近觀漢相,高祖開基,蕭、曹爲冠,孝宣中興,丙、魏有聲。"認爲魏相、丙吉可與蕭、曹相比肩,其實比較二者之功績,真所謂天壤之別,而之所以要作這樣的比附,原因在於把輔佐宣帝的功勳誇大了,而之所以誇大這種功勳,原因就在於其始作俑者之本人或家族在宣帝一朝獲益良多,而持這樣立場的史學家,則非劉氏莫屬也。

而在《漢書·蘇武傳》中,圖畫於麒麟閣之十一人,再加上劉氏讚賞的六人,總共十七人之所以成爲重要的傳主,當屬劉向的規劃。而另外,劉向將自己與中書宦官弘恭、石顯等鬥爭的意義誇大了,《漢書·五行志》云:"劉向以爲先是前將軍蕭望之、光禄大夫周堪輔政,爲佞臣石顯、許章等所譖,望之自殺,堪廢黜。"兩邊對陣,壁壘森嚴,於是以此爲準衡,劃出了堅决參與鬥爭者,宣、元時期有蕭望之和周堪一系,成帝朝有翟方進、谷永等,蕭、周是劉向志同道合者,《漢書·蕭望之傳》説:"初,宣帝不甚從儒術,任用法律,而中書宦官用事。"中書宦官弘恭、石顯代表著許、史外戚的勢力,而外戚勢大,則會令劉氏宗親權益受損,作爲劉氏權益代表者的劉向與之鬥爭,甚或放言無忌,元帝要平衡劉氏和外戚二者的力量,大多時候都能包容劉向的言論,考察劉向所言所行,實與捍衛公平正義、普世價值不可等量齊觀;而後之翟方進,按《漢書》本傳記載,"方進雖受《穀梁》,然好《左氏傳》、天文星曆,其《左氏》則國師劉歆,星曆則長安令田終術師也。"顔注:"如淳曰:'劉歆及田終術二人皆受學於方進。'"按《論衡·案書》云:"《春秋左氏傳》者,蓋出孔子壁中。孝武皇帝時,魯共王壞孔子教授堂以爲宫,得佚《春秋》三十篇,《左氏傳》也。公羊高、穀梁寘、胡母氏皆傳《春秋》,各門異户,獨《左氏傳》爲近得實。何以驗之?《禮記》造於孔子之堂,太史公,漢之通人也,左氏之言與二書合,公羊高、穀梁寘、胡母氏不相合。又諸家去孔子遠,遠不如近,聞不如見。劉子政玩弄《左氏》,童僕妻子皆呻吟之。"此説明劉氏父子學術和翟方進相近,而且翟方進身爲劉歆老師,雖然日後翟方進之子翟義挺身而出,反抗王莽執政,劉歆卻依附於莽新政權,兩家最終分道揚鑣。但是,《漢書·翟方進傳》對於翟氏內心如此精微把握,顯然非班氏可以辦到,其出自曾經親近翟氏的劉歆所叙述,其可能性更大。蕭、翟在《漢書》中特被專章叙録,且與依違朝廷兩股勢力之間的匡衡、張禹等一系,還有其對立面,像弘恭、石顯等,都在《漢書》中佔據了太過重要的篇幅。揚雄《法言·先知》説:"或問曰:'載使子草律。'曰:'吾不如弘恭。''草奏。'曰:'吾不如陳湯。'曰:'何爲?'曰:'必也律不犯,奏不剡。'"[1]揚雄不過拾人牙慧而已。《漢書·匡張孔馬傳》説:"贊曰:自孝武興學,公孫弘以儒相,其後蔡義、韋賢、玄成、匡衡、張禹、翟方進、孔光、平當、馬宮及當子晏咸以儒宗居宰相位,服儒衣冠,傳先王語,其醖藉可也,然皆持禄保位,被阿諛之譏。彼以古人之迹見繩,烏能勝其任乎!"班固看清楚了他們自私自利的本質,將這些在前漢以儒宗居宰相位者,一併加以撻伐,但是他卻忽視了劉氏對這些人物尚有親疏之别。譬如匡衡和張禹有時故意討好外戚,因此,劉氏雖然肯定其經學造詣,然而,對其言行卻至爲不滿,因他們危及和損害劉氏宗親利益,在劉氏意識中,蕭望之、翟方進與匡衡、張禹等,尚不可同日而語,班固上述所謂"贊曰",顯然違背劉氏初衷,但是《漢書》依然一仍劉氏所定之體例和人物,於是產生了明顯的矛盾;而成帝朝,谷永亦上疏諫厚葬,谷永與杜鄴都有抵制外戚的言論,此二者參與到朝中各種勢力的傾軋之中,本身雖俱有投機的品格,由於劉向、劉歆視之爲同道,也被《漢書》納入同傳,並大書特書,這就簡直把國史當作家傳來書寫了[2]。無怪乎《漢書·谷永杜鄴傳》之"贊曰:孝成之世,委政外家,諸舅持權,重於丁、傅在孝哀時。故杜鄴敢譏丁、傅,而欽、永不敢言王氏,其勢然也……可謂諒不足而談有餘者。孔子稱'友多聞',三人近之矣"。《漢書·谷永傳》述及:"永於經書,汎爲疏達,與杜欽、杜鄴略等,不能洽浹如劉向父子及揚雄也。"而如此鑽營者竟然也在《漢書》中佔有一席之地,不能不認爲此爲劉氏的選擇和安排。一大批入《漢書》的人物,都與抗爭石顯相關,譬如王尊、王章、陳咸、陳湯、京房、賈捐之、朱雲,等等,他們被《漢書》書寫,且大多呈現爲正面形象,假如均與劉向所關注的朝廷黨政相牽涉,於是刮垢磨光,被拔高,被美化,然則,歷史就變得狹隘和簡單,即使經學之輝光,亦無助於照亮

---

[1]《法言義疏》,汪榮寶撰,陳仲夫點校,北京:中華書局1987年版,第303頁。
[2]《論衡·超奇》説:"觀谷永之陳説,唐林之宜言,劉向之切議,以知爲本,筆墨之文,將而送之,豈徒雕文飾辭,苟爲華葉之言哉?"將谷永和劉向並列,其實承襲了劉向推崇谷永的觀點。

此輩内心之蒼白。

　　成帝朝，趙飛燕姊弟受成帝專寵，劉氏和班氏都是受害者，《西京雜記》第二《趙后淫亂》演義道："慶安世年十五，爲成帝侍郎，善鼓琴，能爲《雙鳳》、《離鸞》之曲。趙后悦之，白上，得出入御内，絶見愛幸。常著輕絲履，招風扇，紫綈裘，與后同居處。欲有子，而終無胤嗣。趙后自以無子，常托以祈禱，别開一室，自左右侍婢以外，莫得至者，上亦不得至焉。以輧車載輕薄少年，爲女子服，入後宫者日以十數，與之淫通，無時休息。有疲怠者，輒差代之，而卒無子。"劉、班對趙氏姐妹恨之入骨，於是趙氏就被刻畫成一個飛揚跋扈的女子，尤其傳中借解光之口，揭露其累累罪行，並且誇大了她確立定陶王爲成帝繼承者的作用。這是劉、班聯手的"傑作"，幾乎把前漢走向王莽篡權罪責之很大一部分都推給了趙飛燕，落入女寵禍水之窠臼。

　　考察劉向家族境遇，在宣帝朝，由於風雲際會，劉德受寵，楚元王一系家族稍稍得勢，而到元帝和成帝時期，因爲二帝倚重外戚，劉向等劉氏宗親被冷落，且明顯有所失勢，而作爲既得利益者，向、歆父子絶不甘心，他們必然作出抗爭。因此觀《漢書·楚元王傳》，劉向一系列撰述，均意在攻擊外戚，元帝朝，劉向與外戚勢力作殊死較量，自身仕途也因此而跌宕沉浮，但他還是奮不顧身地上封事諫曰"臣前幸得以骨肉備九卿"、"臣幸得托肺附"，他自恃"散騎宗正給事中"的身份，所以敢於放言無忌[1]。然而所借重於《春秋》經傳者，矛頭所指，目標明確，惟在外戚。《漢書·五行志中之上》云："（元帝）永光中，有獻雄雞生角者。京房《易傳》曰：'雞知時，知時者當死。'房以爲己知時，恐當之。劉向以爲房失雞占。雞者小畜，主司時，起居人，小臣執事爲政之象也。言小臣將秉君威，以害正事，猶石顯也。竟寧元年，石顯伏辜，此其效也。一曰，石顯何足以當此？……"劉向以自然界事物比附政治，由於自己陷入鬥爭之漩渦至深，所以含沙射影，幾乎草木皆兵，並不避忌指鹿爲馬，竟把一切怪異現象都比附於政敵，此令他人亦感詫異，一隻生角的雄雞與石顯其人怎麽會有關聯？但是此人把此雞與"王氏之權自鳳起"聯繫起來了，似乎更上綱上綫到整個政治亂象，亦足見當時抗衡外戚專權的呼聲，代表著當時社會較廣大階層的心願，此乃由漢代政治

---

[1]《漢書》本傳記載："更生年少於望之、堪，然二人重之，薦更生宗室忠直，明經有行，擢爲散騎宗正給事中，與侍中金敞拾遺於左右。"劉向得以靠近王權中心，蕭望之、周堪二人之舉薦，發揮了關鍵性作用。

結構所鑄成的矛盾紛爭,此種鬥爭不可避免。劉向不屈不撓地抗拒外戚勢力,也與此普遍心願相呼應,獲得了一種道德上的正當性,由此激發他對外戚作出更決絕的抨擊。而分別作爲宗親及外戚、佞倖兩股勢力代表人物,無論妍媸,不計是非,皆緣於劉向心目中太在意此種角力,而被過度地凸顯和放大,劉向此種激烈反外戚勢力的情結反映到《漢書》之中,一葉障目,倚輕倚重,必然嚴重影響《漢書》之史學成就。

譬如《史記·外戚世家》叙述起於吕后,大體上止於李夫人,篇幅較小。而《漢書·外戚傳》,一則由於時跨整個前漢各朝,二則由於外戚與劉、班均有切身關係,所以《漢書·外戚傳》的規模就大大地拓展了。《漢書·楚元王傳》和《漢書·外戚傳》相對照,一經一緯,一正一反,所傳之人物,其實正是在劉氏宗室和外戚鬥爭的綫索上凸顯出來,沿波討源,沿根討葉,幾乎所有傳中人物都和這條綫索有著密切關係。《漢書·外戚傳上》述及武帝末巫蠱事起,衛太子等皆遭害,"史皇孫有一男,號皇曾孫,時生數月,猶坐太子繫獄,積五歲乃遭赦。治獄使者邴吉憐皇曾孫無所歸,載以付史恭。恭母貞君年老,見孫孤,甚哀之,自養視焉。後曾孫收養於掖庭,遂登至尊位,是爲宣帝。而貞君及恭已死,恭三子皆以舊恩封。長子高爲樂陵侯,曾爲將陵侯,玄爲平臺侯,及高子丹以功德封武陽侯,侯者凡四人。高至大司馬車騎將軍,丹左將軍,自有傳"。同傳又説:"史皇孫王夫人,宣帝母也。"故史,是宣帝祖母家之姓也;同傳又説:"孝宣許皇后,元帝母也。"故許,則爲元帝母家之姓也。皇曾孫也即後之漢宣帝娶許廣漢女爲妻,《漢書·宣帝紀》稱"曾孫因依倚廣漢兄弟及祖母家史氏",此均爲宣帝即位以後史高及許、史氏侍中者恃寵弄權埋下隱患。前述弘恭、石顯"劾更生前爲九卿,坐與望之、堪謀排車騎將軍高、許、史氏侍中者,毁離親戚,欲退去之,而獨專權"。此説明宣、元二帝情繫外家,宣帝與之曾經共處患難之間,雖然亦須平衡劉氏宗親和外戚的關係,然而孰輕孰重,宣、元二帝心中的天平難免會傾斜到外戚一邊,劉氏宗親則往往被疏遠了。到元帝繼位後,一仍此種政治格局,且變本加厲,此導致劉向極其不滿,他要代表劉氏宗親以維護權力分配之均勢,於是以劉姓諸侯自居,與新貴之許、史及王氏展開博弈。《漢書》在《外戚傳》之外,專列《元后傳》,孝元皇后,王莽之姑也,而王鳳、王崇與她是同母兄弟,異母兄弟則有王商、王譚、王根等。元帝末年,王鳳與皇后及侍中史丹等一起"擁右太子",元帝崩,太子立,是爲漢成帝。此時,"王氏之興自鳳始",《元后傳》記述一事以顯示王鳳權威,其傳曰:"大將軍鳳用事,上遂謙讓無所頗。左右常薦光禄大夫劉向少子歆通達有異材。上召見歆,誦讀詩賦,甚説之,欲以爲中常侍,召取衣冠。臨當拜,左右皆曰:'未曉大將軍。'上曰:'此小事,何須關大將軍?'左右叩頭爭之。上於是語鳳,鳳以爲不可,乃止。其見憚如此。"此必然加劇劉氏宗親一系對王氏專權的憤恨,促使兩者相頡頏,以至勢不兩立。按劉歆《西京雜記》多有記録佞倖、外戚醜聞者,確是有感而發。而此間,由於元后享年八十四歲,"歷漢四世爲天下母,饗國六十餘載",她偏袒王鳳等,以致王家"群弟世權,更持國柄,五將十侯,卒成新都",最終助成王莽篡漢,其咎難辭,罪不容赦!對於與外戚專權相關聯的政治人物,按《漢書·王商史丹傅喜傳》所記録的三位人物的生平,亦可折射出外戚政治的某些實際情形。王商與王鳳屬異母兄弟,同爲外戚,然而二者之間也發生了權利紛爭,其内訌最後以王商敗北而告終。《漢書·王商史丹傅喜傳》説:"贊曰:自宣、元、成、哀外戚興者,許、史、三王、丁、傅之家,皆重侯累將,窮貴極富,見其位矣,未見其人也。陽平之王多有材能,好事慕名,其勢尤盛,曠貴最久。然至於莽,亦以覆國。王商有剛毅節,廢黜以憂死,非其罪也。史丹父子相繼,高以重厚,位至三公。丹之輔導副主,掩惡揚美,傅會善意,雖宿儒達士無以加焉。及其歷房闥,入卧内,推至誠,犯顔色,動寤萬乘,轉移大謀,卒成太子,安母后之位。'無言不讎',終獲忠貞之報。傅喜守節不傾,亦蒙後凋之賞。哀、平際會,禍福速哉!"既指出"見其位矣,未見其人也",意謂此輩皆利慾熏心之徒,豈止乏善可陳,甚或禍國殃民,貽害無窮者也。然則引之入傳,其歷史價值本身就令人疑惑。但是王商敢於制衡王鳳,所以在劉向、劉歆心目中,就具有了正面的光輝;而史高、史丹在劉向看來,史氏父子屬於政敵一方,他"謀排車騎將軍高、許、史氏侍中者",兩者敵友分野十分明晰。即使史丹"卒成太子,安母后之位",然而其用心無非出自私利,而且所擁立的成帝根本算不上什麽出色的皇帝,劉向、劉歆若爲史丹立傳,定當貶多褒少;而班氏則由於班婕妤緣故,在成帝朝曾一顯風光,因此班固肯定了其定立成帝的功績;傅喜亦同樣因身爲外戚,而知所進退,節制外戚權力欲望之膨脹,而成爲外戚之中全身遠禍之士。反觀其人入選《漢書》,無非是緣於他們與外戚勢力存在著千絲萬縷的關係,相較而言,班氏其實對此已不甚了解,而劉向、劉歆則明察秋毫,褒貶揚懲,毫釐之間,均言出必有所據,當然這種根據是主觀和片面的。所以其出現於《漢書》中,當亦屬於向、歆父子之安排,但是在本傳具體寫作中,班氏亦摻入了其主觀臆想;按《漢書·蓋諸葛劉鄭孫毋將何傳》,

所記述蓋寬饒、諸葛豐、劉輔、鄭崇、孫寶、毋將隆和何並，其人大多不畏外戚得勢者，還有梅福等，皆危言直行，這便是此輩留名青史的緣故；再按《漢書·杜周傳》，杜周本爲一兇殘酷吏，但是其少子杜延年卻在昭、宣二朝輔助霍光秉政，並且在霍氏覆滅之後，尚能不爲牽連。杜延年之子中杜欽最具政治天賦，善於平衡王鳳和其他政治勢力，《漢書》本傳稱他"當世善政，多出於欽者"，可見其手腕之圓熟；杜延年另一子杜緩是杜欽兄長，他有一子杜業，在哀帝朝上書言："王氏世權日久，朝無骨鯁之臣，宗室諸侯微弱，與繫囚無異。"此當深得向、歆父子之心；《漢書》本傳説："贊曰：張湯、杜周並起文墨小吏，致位三公，列於酷吏。而俱有良子，德器自過，爵位尊顯，繼世立朝，相與提衡……及欽浮沈當世，好謀而成，以建始之初深陳女戒，終如其言，庶幾乎《關雎》之見微，非夫浮華博習之徒所能規也。"張、杜列於"酷吏"，肇始於司馬遷《史記·酷吏列傳》，而司馬遷未知二者"俱有良子"，會影響到日後對張湯、杜周之評價。對照杜欽，劉向於成帝朝編輯《列女傳》八篇，以戒天子，兩者用心相通。因此杜氏四代入《漢書》傳中，主要是因爲杜業等反外戚傾向，向、歆引以爲同道，以張大聲勢，班氏則因循劉氏初衷而已。

　　蘇洵《廣士》説："昔者漢有天下，平津侯、樂安侯輩皆號爲儒宗，而卒不能爲漢立不世大功；而其卓絶儁偉，震耀四海者，乃其賢人之出於吏胥中者耳。夫趙廣漢，河間之郡史也；尹翁歸，河東之獄吏也；張敞，太守之卒史也；王尊，涿郡之書佐也。是皆雄儁明博，出之可以爲將，而内之可以爲相者也。"[1]其實一部史書，爲帝王將相立傳，這倒並無怪異之處，而爲某些名不見經傳且乏善可陳者樹碑立傳，則反而啓人疑竇。這些人物難道有什麽豐功偉烈值得載入史册？其實，説穿了，他們不過因爲與劉氏發生因緣，遂使他們有幸在《漢書》中立傳，班氏撰寫《漢書》，似在人物遴選上未能另起爐竈，其史學成就，終歸大打折扣。

　　譬如，經濟在社會生活中居於主要的位置，人民對於某朝帝王之觀感，大致基於經濟活動是否健康，或者利益分配是否恰當，按《鹽鐵論》卷第二《晁錯》第八云："大夫曰：'《春秋》之法，君親無將，將而必誅。故臣罪莫重於弑君，子罪莫重於弑父。日者，淮南、衡山修文學，招四方游士，山東儒、

---

[1]《嘉祐集箋注》第四卷《衡論》，蘇洵著，曾棗莊、金成禮箋注，上海：上海古籍出版社2001年版，第105—106頁。

墨咸聚於江淮之間，講議集論，著書數十篇。然卒於背義不臣，使謀叛逆，誅及宗族。'"此節文字折射出"山東儒、墨"群情憤激，而淮南、衡山修文學，是與此種區域利益訴求相合流，兩者之間，同聲共氣，甚或利用這種民情，以宣洩自己的不滿，達到自己的目的。然則此種發端於"山東"之思潮背後，無疑體現經濟利益之受損。武帝執政，其政治、經濟和軍事舉措，皆令天下騷動，山東爲之民不聊生。《漢書·趙充國傳》云："贊曰：秦漢以來，山東出相，山西出將。"用兵無已，令山西受惠，而山東爲之輸送各種人力、物力資源，民力爲之消耗殆盡；《漢書·賈捐之傳》至元帝朝，還上對控訴武帝對經濟的戕害："今天下獨有關東，關東大者獨有齊楚，民衆久困，連年流離，離其城郭，相枕席於道路。"因此，對武帝政治，在此地區之間，各階層百姓可謂深惡痛絶，鹽鐵會議上，堅決要求政治、經濟及軍事政策迅速調整者，正是此輩所發出的強烈心聲。其實，爭議之焦點，經濟是核心，是關鍵，而儒、墨之義理，不過是借用之理論，是手段。令人扼腕者，《漢書》即使有《食貨志》等稍微涉及，卻未能翔實地記錄前漢社會區域經濟活動與利益紛爭，此對於一部斷代史而言，自然是大大的不足，甚至會歪曲歷史之原貌。

而依照上述推論，《漢書》絶對不成於一人一時之手，此是否要貶低班氏在《漢書》中的勞績呢？按王充《論衡·對作》指出："'五經'之興，可謂作矣。太史公《書》、劉子政《序》、班叔皮《傳》，可謂述矣。"認爲司馬遷、劉向和班彪三者具有一致之處，均未超越"述"的範疇，實際上，司馬遷、劉向居於作、述之間，班叔皮則大概不出述之局面。然而，《論衡·超奇》又云："班叔皮續《太史公書》百篇以上，記事詳悉，義浹理備。觀讀之者以爲甲，而太史公乙。子男孟堅爲尚書郎，文比叔皮，非徒五百里也，乃夫周、召、魯、衛之謂也。苟可高古，而班氏父子不足紀也。"他作爲見證人，還是看到了班氏的貢獻，班彪所作，似乎是把劉向、劉歆所留存文獻材料更加完備化，使得傳主事迹叙述具備了起承轉合的層次感，也即范曄在《後漢書·班彪傳》中所謂"固文贍而事詳"，其叙事更加條理分明，具體生動[①]；《漢書·蘇武傳》對於劉向《新序》中蘇武事迹的加工改造，就是典型例子。班固之功勞，則是在班彪基礎上，進一步加以修訂潤飾，使人物事迹之叙述，更加

[①] 《郡齋讀書志》卷第五《前漢書》一百卷説："然識者以固書皆因司馬遷、王商、揚雄、歆、向舊文潤色之，故其文章首尾皆善，而中間頗多冗瑣，良由固之才視數子微劣耳。固之自叙稱述者，豈亦謂有所本歟？"《郡齋讀書志校證》，宋晁公武撰，孫猛校證，上海：上海古籍出版社2006年版，第178頁。

具有起承轉合的藝術性和完整性。

　　總之，今本署名班固著《漢書》，在很大程度上，可以視作一部圍繞楚元王家族（尤其是劉德、劉向、劉歆一支）之前漢遭際爲中心，所生發、結撰的政治載記，或曰：一部楚元王後人眼裏的前漢政治史。然而，《漢書·揚雄傳》曰："雄見諸子各以其知舛馳，大氐詆訾聖人，即爲怪迂，析辯詭辭，以撓世事，雖小辯，終破大道而或衆，使溺於所聞而不自知其非也。及太史公記六國，歷楚漢，訖麟止，不與聖人同，是非頗謬於經。故人時有問雄者，常用法應之，譔以爲十三卷，象《論語》，號曰《法言》。"揚雄對於班彪、班固父子影響較深，而司馬遷與揚雄之間，卻存在史學觀差異，此種差異性所導致班氏父子史學成就之得失，其結果也十分複雜。像顏之推《顏氏家訓·文章》所謂"班固盜竊父史"，其實是無稽之談，其原因在於，班氏父子共同依照劉向、劉歆藍本來結撰《漢書》，其中緣由遠比"盜竊父史"來得複雜！

　　　　　　　　　　　　　　　　（作者單位：嶺南大學）

讀李密《陳情表》小識

單周堯

【摘　要】 注釋李密（582—619）《陳情表》之書甚夥，惟各書注釋，不盡相同，且多未能道出其解釋之根據。本文於《陳情表》及其注釋，詳稽博辨，指微抉奧，以就正於方家。

【關鍵詞】《陳情表》　險釁　夙　嬰　矜　優渥　保

余講授李密（582—619）《陳情表》，觀書於香港大學馮平山圖書館，閱書逾百，唯遍觀各書注釋，有終不愜意者，遂另爲札記，以授諸生。適逢嶺南大學中文系召開"嶺南大學國際漢學研討會暨《嶺南學報》復刊工作會議"，乃將札記整理爲論文，以就正於方家。

險　釁

《陳情表》開首曰："臣密言：臣以險釁，夙遭閔凶。"李善（630—689）《文選》注云："賈逵《國語·注》曰：'釁，兆也。'"[1]朱東潤（1896—1988）《中國歷代文學作品選》云："險釁，險難和禍患，這裏指命運不好。"[2]林克辛《魏晉南北朝抒情散文賞析》曰："險釁：惡兆，厄運，即命運不好。"[3]《新譯昭明文選》云："險釁，指命運坎坷險惡。險，坎坷。釁，禍兆。"[4]香港中

---

① 蕭統編，李善注《文選》，北京：中華書局1977年版，第523頁。
② 朱東潤《中國歷代文學作品選》，上海：上海古籍出版社1980年版，上編，第二冊，第1273頁。
③ 林克辛《魏晉南北朝抒情散文賞析》，蘭州：甘肅人民出版社1989年版，第88頁。
④ 周啟成等注譯《新譯昭明文選》，臺北：三民書局1997年版，第1697頁。

文大學古典精華編輯委員會所編之《中國文學古典精華》曰："災難禍患。此指命運坎坷。"①

堯案：各書注釋，不盡相同，且多未能道出其解釋之根據，似不如以文字學釋之爲確切。《説文》："險：阻，難也。从𨸏，僉聲。"②王筠（1784—1854）《説文解字句讀》曰："險、阻，一事而兩名，難則其義也。險言其體之峻絶，阻言用之隔閡。"③險从𨸏，𨸏爲山，險則言險峻與阻隔，皆艱難之意。又《説文》："釁，血祭也。象祭竈也。从爨省；从酉，酉、所以祭也；从分，分亦聲。"④是"釁"之本義爲血祭，謂殺牲取血塗物以祭。段玉裁（1735—1815）《説文解字注》於"釁，血祭也"下曰：

  《周禮·大祝》注云："隋釁，謂薦血也。"凡血祭曰釁，《孟子·梁惠王》趙注曰："新鑄鐘，殺牲以血塗其釁郄，因以祭之曰釁。"《漢書·高帝紀》："釁鼓"，應劭曰："釁，祭也，殺牲以血塗鼓釁呼爲釁，呼同罅。"按凡言釁廟、釁鐘、釁鼓、釁寶鎮寶器、釁龜策、釁宗廟名器，皆同以血塗之，因薦而祭之也。凡坼罅謂之釁，《方言》作璺，音問，以血血其坼罅亦曰釁。⑤

"釁"字象以血祭竈。段注於《説文》説解"象祭竈也。从爨省"下曰："祭竈，亦血塗之，故从爨省，爨者，竈也。"又於"从酉"下曰："酉者，酒之省。"又於"从分"下曰："取血布散之意。"⑥如此分析，則"險"、"釁"二字之形體結構甚明。

釁爲血祭，即殺牲並將其血塗於竈或新製器物之縫隙。引申爲縫隙，爲仇隙，爲爭端，爲禍難，爲厄運，爲禍兆。《陳情表》"險釁"之"釁"，當訓厄運。李善《文選》注及各書訓爲禍兆，則引申太過。"險釁"當言李密命運之坎坷艱難。

---

① 香港中文大學古典精華編輯委員會編《中國文學古典精華》，香港：商務印書館1998年版，第107頁。
② 見《説文解字詁林》，臺北：商務印書館1969年版，第6481b頁。
③ 同上注。
④ 見《説文解字詁林》，第1154a頁。
⑤ 同上書，第1154b頁。
⑥ 同上注。

夙

"夙遭閔凶"之"夙",林克辛《魏晉南北朝抒情散文賞析》注釋曰:"早。這裏指早年。"其他各書亦大意如此。惟"夙"从夕,何以有早意?堯案:"夙"小篆作𠈌,《説文》曰:"𠈌(𠈌,隸變作夙),早敬也。从丮,持事;雖夕不休,早敬者也。"① 其意謂"夙"之意爲早晨肅敬於事。从丮,表示雙手持事工作;雖於晨月之下,亦不休息。此乃早晨肅敬於事之意。徐灝(1810—1879)《説文解字注箋》曰:"夙者,晨起操作之義。故从夕从丮。"又曰:"按夕……象月初生之形。……月初生時昏莫(今作暮——引者)及晨早往往見之……初昏爲夕,將晨亦爲夕也。"② 孔廣居(1732—1812)《説文疑疑》釋𠈌隸變作夙曰:"𠈌隸省作夙凡,或變作夙,蓋以丮之省文加于夕上也。"③ 如此解釋,"夙"何以从夕而有早意,始能洞徹閫奥。

閔　凶

李善《文選》注云:"《左氏傳》:'楚少宰曰:寡君少遭閔凶。'"④ 僅引《左傳》以見"夙遭閔凶"之意。梁容若等編著之《古今文選(二)》曰:"閔凶:閔同憫,憂傷也。《左傳》宣十二年:'少遭閔凶。'閔凶即憂患凶喪。"⑤ 朱東潤主編之《中國歷代文學作品選》曰:"閔,憂。閔凶,謂憂患凶險之事,指父喪。"⑥ 林克辛《魏晉南北朝抒情散文賞析》曰:"閔:憂患,遭到不幸。"⑦

堯案:《説文》:"閔,弔者在門也。从門,文聲。"⑧ 弔者在門,即家有凶

---

① 見《説文解字詁林》,第3021b頁。
② 同上書,第3022a頁。
③ 同上書,第3022b頁。
④ 蕭統編,李善注《文選》,第523頁。
⑤ 梁容若等編著《古今文選(二)》,臺北:國語日報社1957年版,第542頁。
⑥ 朱東潤《中國歷代文學作品選》,上編,第二册,第1273頁。
⑦ 林克辛《魏晉南北朝抒情散文賞析》,第88頁。
⑧ 見《説文解字詁林》,第5340a頁。

喪之事,引申爲不幸、哀傷、憂患,凡此皆爲心之所感,故俗"閔"字從心作"憫"。注釋《陳情表》,如能引述《説文》,以説明"閔"之本義及"閔"、"憫"二字之關係,當有助清楚解釋"閔凶"一詞。《陳情表》云:"臣以險釁,夙遭閔凶。生孩六月,慈父見背。行年四歲,舅奪母志。祖母劉,愍臣孤弱,躬親撫養。臣少多疾病,九歲不行,零丁孤苦,至於成立。"李密"夙遭閔凶",當指"慈父見背"、"舅奪母志"、"少多疾病,九歲不行,零丁孤苦"等事。

臣以險釁,夙遭閔凶

"臣以險釁"之"以",各書多解爲"因爲",然李密非因"險釁"而"夙遭閔凶",乃因"夙遭閔凶"而命途坎坷艱難,"險釁"與"夙遭閔凶",似無因果關係,故此二句宜寫作"臣命險釁,夙遭閔凶"。

而劉夙嬰疾病

梁容若等編著之《古今文選(二)》曰:"嬰:同攖,觸也,遭受的意思。"①朱東潤主編之《中國歷代文學作品選》曰:"嬰,纏繞。這裏作'患'解。"②林克辛《魏晉南北朝抒情散文賞析》曰:"嬰:纏繞。嬰疾:疾病纏身。"③

堯案:各書注釋,不盡相同,且多未能道出其解釋之根據,似不如以文字學釋之爲確切。《説文》:"嬰,頸飾也。从女賏。賏,其連也。"④段玉裁《説文解字注》改"頸飾也"爲"繞也",並云:"各本作'頸飾也',今正。貝部:'賏,頸飾也。'嬰與賏非一字,則解不應同。……陸機《赴洛中道作》詩:'世網嬰我身',李引《説文》:'嬰,繞也。'"⑤段氏又改"从女賏。賏,其連也"爲"从女賏。賏,貝連也,頸飾",並云:"各本作'其連也',今正。又移

---

① 梁容若等編著《古今文選(二)》,第542頁。
② 朱東潤《中國歷代文學作品選》,上編,第二册,第1274頁。
③ 林克辛《魏晉南北朝抒情散文賞析》,第89頁。
④ 見《説文解字詁林》,第5606a頁。
⑤ 同上書,第5606b頁。

'頸飾'二字於此,此六字釋以賏會意之惛。"①是"嬰"字从女賏,會婦女以頸飾繞頸之意,引申有纏繞義,此處指劉長期疾病纏身。

又此處言"劉夙嬰疾病",下文言"劉病日篤"、"以劉日薄西山"、"報養劉之日短也"、"庶劉僥倖",諸"劉"字似皆宜改爲"祖母",以示尊重。至於上文"祖母劉,愍臣孤弱",如作者祖母不止一人,則需保留"劉"字;惟下文"祖母劉今年九十有六","劉"字似無保留必要。或者曰:《陳情表》以駢散句式入文,篇中多對句。如"劉病日篤"之上下文爲:"臣欲奉詔奔馳,則劉病日篤;欲苟順私情,則告訴不許。"上二句屬六五句式,與下二句對應("欲苟順私情"之主語"臣"承上而省)。"劉病日篤"既與下文"告訴不許"對應,故劉不宜改爲"祖母"。又"庶劉僥倖",其上句爲"聽臣微志",皆四字爲句,"臣"與"劉"相對,"庶劉僥倖"之"劉",似亦不宜改爲"祖母"。至於"祖母劉今年九十有六"句,其上句爲"臣密今年四十有四",則"臣密"與"祖母劉"相對,"劉"亦當保留,以與"密"對應。堯案:《陳情表》既以駢散句式入文,則其句式可駢可散,不必以辭害意也。

矜 育

李善《文選》注云:"《爾雅》曰:'矜,憐也。'"②梁容若等編著之《古今文選(二)》曰:"矜育,憐恤養育的意思。"③

堯案:《説文》:"矜,矛柄也。从矛,今聲。"④"矜"本義爲"矛柄",何以有"憐恤"義?論者多謂假借爲"憐"⑤。案"憐"古音來紐真部,"矜"字大徐本《説文》"居陵"、"巨巾"二切,"居陵切"古音見紐蒸部,"巨巾切"古音群紐文部,見來、群來均有複聲母之關係⑥,古韻則真文旁轉尤近⑦。

---

① 見《説文解字詁林》,第5606b頁。
② 蕭統編,李善注《文選》,第524頁。
③ 梁容若等編著《古今文選(二)》,第543頁。
④ 見《説文解字詁林》,第6395b頁。"今聲",有認爲當作"令聲"者,參《説文解字詁林》,第6395b—6398b頁。
⑤ 參段玉裁《説文解字注》(載《説文解字詁林》,第6396a頁)及朱駿聲《説文通訓定聲》(載《説文解字詁林》,第6396b頁)。
⑥ 參陳新雄《古音學發微》,臺北:文史哲出版社1975年版,第1234—1245頁。
⑦ 同上書,第1069—1070頁。

不矜名節

李善《文選》注云："鄭玄《禮記·注》曰：'矜，謂自尊大也。'"①孫志祖（1737—1801）《文選李注補正》曰："金（金甡——引者）云：'此矜持之矜，非驕矜之矜。《書》曰：不矜細行。'"②梁容若等編著之《古今文選（二）》曰："'矜'，是'矜持'、'尊尚'的意思。"③朱東潤主編之《中國歷代文學作品選》曰："矜，矜尚，看重。"④香港中文大學古典精華編輯委員會所編之《中國文學古典精華》曰："矜：愛惜。"⑤林克辛《魏晉南北朝抒情散文賞析》曰："矜：憐惜。不矜名節：不是爲了愛惜美名節操。"⑥

堯案：各書注釋，不盡相同。"矜"有矜大、矜高義，有矜持、矜重義，有矜愛、矜惜義。"不矜名節"之"矜"，似當解爲矜持、矜重。"矜"本義爲"矛柄"，何以有矜持義？清許瀚（1797—1866）云："矜訓矛柄，乃其本義，轉而爲矜持。柄，所以持，引申之義也。"⑦

優 渥

《陳情表》曰："寵命優渥"，李善《文選》注釋"優渥"云："《毛詩》曰：'既優既渥。'"⑧林克辛《魏晉南北朝抒情散文賞析》曰："優渥：優厚。"⑨朱東潤主編之《中國歷代文學作品選》曰："優渥：優厚的恩澤。"⑩梁容若等編

---

① 蕭統編，李善注《文選》，第524頁。
② 孫志祖《文選李注補正》，臺北：廣文書局1966年版，卷三，第13b頁。
③ 梁容若等編著《古今文選（二）》，第543頁。
④ 朱東潤《中國歷代文學作品選》，上編，第二冊，第1275頁。
⑤ 香港中文大學古典精華編輯委員會編《中國文學古典精華》，第109頁。
⑥ 林克辛《魏晉南北朝抒情散文賞析》，第91頁。
⑦ 許瀚：《〈説文〉"矜"讀若"虍"〈文選·過秦論〉"鉏櫌棘矜"注張晏曰"矜'巨巾切'"漢碑矜字不從今而從其悉辨之》，載《説文解字詁林》，第6397b頁。
⑧ 蕭統編；李善注《文選》，第524頁。
⑨ 林克辛《魏晉南北朝抒情散文賞析》，第91頁。
⑩ 朱東潤《中國歷代文學作品選》，上編，第二冊，第1275頁。

著之《古今文選(二)》曰:"渥,淳厚也。"①

堯案:《説文》:"渥,霑也。"霑者,沾濕也。段注:"渥之言厚也,濡之深厚也。《邶風》傳曰:'渥,厚漬也。'"②段注所引者,《詩·邶風·簡兮》傳文。李善《文選》注所引者,則爲《詩·小雅·信南山》文,詩文曰:"雨雪雰雰,益之以霡霂,既優既渥,既霑既足,生我百穀。"毛傳:"小雨曰霡霂。"鄭箋:"冬有積雪,春而益之以小雨,潤澤則饒洽。"孔疏:"既已優洽,既已饒渥,既已沾潤,既已豐足,是以故得生我之衆穀也。"③李善注文,頗嫌簡略,似不如《説文》及段注有助讀者之理解也。

保 卒 餘 年

梁容若等編著之《古今文選(二)》曰:"卒:終究、終於。"④朱東潤主編之《中國歷代文學作品選》曰:"保卒,保全過完。"⑤林克辛《魏晉南北朝抒情散文賞析》曰:"保卒:保全到終年。"⑥

堯案:諸書注釋,頗覺不辭。"保"字甲骨文作㑒,金文作㑒、㑒、㑒。唐蘭(1901—1979)《殷虛文字記》曰:"負子於背謂之保,引申之則負之者爲保,更引申之則有保養之義。"⑦引申而有安義⑧。至於"卒"字,小篆作㑒,《説文》釋之曰:"隸人給事者衣爲卒。卒,衣有題識者。"⑨是"卒"之本義爲隸役供差事者之衣,假借爲"殯"⑩,而有"終"、"盡"之意。"保卒餘年",猶

---

① 梁容若等編著《古今文選(二)》,第543頁。
② 見《説文解字詁林》,第5046a頁。
③ 《詩經注疏》,載《十三經注疏》本,臺北:藝文印書館景印清嘉慶二十年(1815)南昌府學重刊本,1973年5月,總頁461上。
④ 梁容若等編《古今文選(二)》,第543頁。
⑤ 朱東潤《中國歷代文學作品選》上編,第二册,第1276頁。
⑥ 林克辛《魏晉南北朝抒情散文賞析》,第92頁。
⑦ 唐蘭《殷虛文字記》,北京:中華書局1981年版,第59頁。
⑧ 古書訓"保"爲安之例甚夥,如《書·胤征》:"胤后承王命徂征,告于衆曰:'嗟予有衆,聖有謨訓,明徵定保。'"孔傳:"徵,證;保,安也。聖人所謀之教訓爲世明證,所以定國安家。"《孟子·梁惠王上》:"曰:'德何如則可以王矣?'曰:'保民而王,莫之能禦也。'"趙岐注:"保,安也……言安民則惠而黎民懷之。"他例參宗福邦等主編《故訓匯纂》,北京:商務印書館2003年版,第121頁。
⑨ 見《説文解字詁林》,第3747a頁。
⑩ 《説文》:"殯,大夫死曰殯。从歹,卒聲。"載《説文解字詁林》,第1705a頁。

言"安盡餘年"①。朱駿聲(1788—1858)《説文通訓定聲》曰:"卒……[叚借]……爲戬,爲汔,爲訖,或爲悉。《爾雅·釋詁》:'盡也,又終也,又已也。'《釋言》:'卒,既也。'"②朱氏之説似非。如謂"保卒餘年"猶"保戬餘年"、"保汔餘年"、"保訖餘年"、"保悉餘年",頗覺不辭。

(作者單位:香港能仁專上學院)

---

① 簡宗梧《昭明文選——文學的御花園》,臺北:時報文化2012年版,第209頁。譯作"安度晚年",即其意。
② 見《説文解字詁林》,第3748b頁。

再論《劉子》是否爲劉勰所作

——兼談學術爭論中的學風問題

張少康

【摘 要】近來有人認爲《劉子》作者是劉勰,這種結論的得出,體現了作者曲解材料的不良學風,本文爲之做正本清源的駁斥。認爲《劉子》是劉勰所作者的文獻根據就是兩《唐志》的著錄,本文考辨了兩《唐志》致誤的緣起,從目錄學上,否定了某些人據以爲劉勰著《劉子》的可信性。從《劉子》基本思想傾向、人格思想素質以及語言風格諸方面與《文心雕龍》相對照,所呈現之差異,可徹底否定所謂《劉子》爲劉勰所作之謬論。一切基於違背實事求是原則而作的所謂學術研究,根本是站不住腳的。

【關鍵詞】《劉子》 《文心雕龍》 袁孝政 劉勰

關於《劉子》的作者問題,《文心雕龍》研究界炒得很熱,可是這實際上是一個不成問題的問題。因爲主張《劉子》是劉勰所作者並没有提供有力的新根據,不過是重複歷史上的已有說法而已。而這個問題從古到今已經有很多專家、學者作過詳細的論證和辨析。研究《文心雕龍》和六朝文學的學者基本上都不認爲《劉子》是劉勰所作。而主張《劉子》爲劉勰所作只是很少幾個人,當然學術問題是不能以多少來定是非的,但是,我們對多數專家、學者的意見也不能輕視,因爲他們是確有根據的。2013年九月在山東大學召開的紀念《文心雕龍》學會成立三十周年的學術研討會上,這仍然是一個重要的議題,甚至有的人把它當做定論來論述。我在《劉勰及其〈文心雕龍〉研究》一書中,已就這個問題詳細地說過我的看法。這裏我想針對當前的爭議,再作一點補充。

一、關於文獻根據的幾個焦點

(一) 袁孝政其人與其注的真偽

從文獻的角度講,袁孝政是否爲唐人,其序及注是否確爲唐時著作,是考定《劉子》是否爲劉勰所作的關鍵,也成爲當前爭論的一個焦點。主張《劉子》爲劉勰所作者必然要否定袁孝政及其所寫《劉子》注及序,否則其説就難以成立。他們説袁孝政不是唐人,其注與序也是僞作。不過,他們的説法是不能成立的,起碼没有一條確鑿證據。他們否定袁孝政及其注、序,有五條理由:一曰隋唐北宋未有著録,但這是不能成爲理由的:因爲袁孝政其人並非名人,其注也簡陋,自然不爲人所重視,其注本到宋代始出現並不奇怪。二曰隋唐至北宋所存《劉子》及其殘卷均無有注記載,這也和上條一樣不能成爲理由。無需多説。三曰對袁孝政的注和序,南宋著名目録學家均表示"質疑"。這是曲解南宋目録學家的荒唐之論。因爲南宋著名目録學家都是明確著録《劉子》爲劉書所作,但是他們也説明還有劉勰、劉孝標等作的説法。事實俱在,不容詭辯。此點下面還要專論。四曰袁注遺存異體字與隋唐古本不成比例。這更不能成爲理由,袁注本出現肯定是在南宋初晁公武《群齋讀書志》前,確切時間已無法考定。作爲宋代刊刻的本子和唐刻本在異體字方面略有不同,是完全正常的。五曰袁注和唐人注書體例不同,實名徵引比例小。這也完全不能成爲理由,首先唐人注書並不都一樣,更何況袁注是低水平的注。其實就算這五條理由全能成立,也不能否定袁孝政其人和其注,不能得出"袁孝政《序》及《袁注》實宋人僞托"的結論。這樣武斷的論證實在是讓人哭笑不得的。因此,我們認爲袁注本的實際存在足可説明這是唐人的一種説法,它和新舊《唐書》著録爲劉勰作,是併行的。而且根據王叔岷先生考證,袁注中避唐高宗以前的諱,而不避高宗以後諱,故袁孝政應爲唐高宗時人。和高宗調露時《朝野僉載》作者張鷟,爲同時代人。他們對《劉子》的看法是如此相同,都認爲把《劉子》説成是劉勰作,乃坊間無知之説。可見,在唐前期已經有不只一人對傳説《劉子》是劉勰所作提出明確的反對意見,並不是到南宋後才有此説。

（二）晁公武、陳振孫、章俊卿是否對《劉子》爲劉晝作進行"質疑"

這種說法如前所說是完全違背事實的。現在我們來看看他們的原文：

晁公武《郡齋讀書志》卷十二：《劉子》三卷。

右齊劉晝孔昭撰，唐袁孝政注。凡五十五篇。言修心治身之道，而辭頗俗薄。或以爲劉勰，或以爲劉孝標，未知孰是。

陳振孫《直齋書錄解題》卷十：《劉子》五卷。

劉晝孔昭撰，播州錄事參軍袁孝政爲序，凡五十五篇。案《唐志》：十卷，劉勰撰。今序云："晝傷己不遇，天下陵遲，播遷江表，故作此書。時人莫知，謂爲劉勰，或曰劉歆、劉孝標作。"孝政之言云爾。終不知晝爲何代人。其書近出，傳記無稱，莫詳其始末，不知何以知其名晝而字孔昭也。（筆者按：《北史·劉晝傳》云："劉晝字孔昭，勃海阜城人也。"）

晁公武和陳振孫所見到和收藏的《劉子》爲袁孝政本，皆題劉晝作，他們指出此書《唐書》作劉勰作，或謂劉歆、或劉孝標作，而真正作者究竟爲誰，他們認爲已經很難確考。他們並不是"質疑"《劉子》作者爲劉晝而認爲作者是劉勰，只是客觀地說明他們看到的《劉子》是署名劉晝的袁孝政注本，並說明其作者還有其他說法。這是清晰可見的事實，何來"質疑"劉晝而認爲是劉勰作之說呢？他們更沒有懷疑袁孝政本的真偽，而陳振孫專門引袁序，更說明他是肯定其"時人莫知，謂爲劉勰"之說的。我們還可以考察宋代趙希弁《郡齋讀書附志》所說："《劉子》五卷。右劉晝字孔昭之書也。或云劉勰所撰，或曰劉歆之制，或謂劉孝標之作。袁孝政爲序之際，已不能明辨之矣。"他們對作者的各種說法，均是從袁孝政的"序"中來的。既對袁注及序沒有懷疑，更可以說明他們也不否定袁序對作者的看法，但是他們都是著名的目錄學家，不僅熟悉歷代書籍，而卻對作者的認定也是十分謹慎的，所以在無確鑿證據的情況下說得都是非常客觀和穩妥的。說他們在作者問題上"質疑"劉晝而肯定劉勰則是毫無根據的。

章俊卿在《山堂考索》中的觀點更爲鮮明。章俊卿爲南宋的大學問家，其《山堂考索》，或稱《群書考索》，體現了他廣博的學識和精細的考證。他在《山堂考索》卷十一中說："《劉子》，題劉晝撰。泛論治國修身之要，雜以九流之説，凡五十五篇。《唐志》云：'劉勰撰。'今袁孝政《序》云：'劉子者，劉晝，字孔昭，傷已不遇，播遷江表，故作此書。時人莫知，謂劉歆、梁劉勰、劉孝標作。'"這裏他明顯先説有《唐志》的劉勰作説，然後引袁序加以説明，表明劉勰作之説不可靠，袁序已經指出"時人莫知，謂爲劉歆、劉勰、劉孝標作"。這難道是"質疑"劉晝，而認爲是劉勰作嗎？！

（三）劉克莊所引唐人張鷟《朝野僉載》的話是否可靠

這也是考定《劉子》是否劉勰所作的另一個關鍵。劉克莊在《後村先生大全集》卷一百七十九《詩話續集》中引《朝野僉載》云："劉子書，咸以爲劉勰所撰，乃渤海劉晝所製。晝無位，博學有才，竊（"竊"字原無，清人余嘉錫考定爲"竊"）取其名，人莫知也。"張鷟和袁孝政應該是同時代人，他們的看法是一樣的，認爲說劉勰作是不對的，應該是劉晝所作。强調《劉子》是劉勰作的研究者，認爲劉克莊引用的這條材料"不可信"，不可靠，無非是因爲今本《朝野僉載》中沒有這一條。可是，目前我們看到的《朝野僉載》本來就不是完整的本子，《朝野僉載》一書，晁公武未見原書，陳振孫所見爲節略本，而劉克莊所見或爲比較完整的本子。此書明時已亡，今本乃後人拾掇而成，所以沒有劉克莊所引一條是毫不奇怪的。而且前人引用的材料原書中沒有是很正常的事，這就像揚雄批評屈原作品的"蹈雲天"、"如其智"，只見於李善《文選》注引用，而不見於揚雄《法言》。他們還引用臺灣王叔岷先生對《朝野僉載》中張鷟説劉晝是"竊取其名"、盜用劉勰之名所作的批評，來證明《劉子》非劉晝作而是劉勰作，更是嚴重的斷章取義，歪曲王叔岷先生的原意。王叔岷先生只是批評劉晝竊取劉勰之名説，其實王先生是明確主張《劉子》爲劉晝所作，而嚴厲批評了《劉子》是劉勰所作説的！王先生《劉子集證》書在，大家可以清楚地看到。這裏涉及一個學風的問題，爲了證明自己的觀點，採用不擇手段的方法，真的讓人感到十分遺憾！他們還引余嘉錫《四庫提要辯證》説今本《朝野僉載》中有"後人取他書竄入者"，但是即使有"竄入者"也不能否定劉克莊的引用不是真的。更何況余嘉錫對劉克莊的引用是深信不疑的。他説："然則此書實晝所撰，晝有才無位，積爲時人所輕，故發憤著此，竊用劉彥和之名以行其書，且以避當時之忌諱也。人既莫知，故兩《唐志》及諸傳本皆題劉勰矣。《朝野僉載》爲唐張鷟所著。鷟高宗調露時進士，博學有才，且去北齊未遠，其言必有所本，自足取信。"所以用余嘉錫所説的《朝野僉載》有"後人取他書竄入者"來否定劉克莊的引用,實在是非常可笑,也是對余嘉錫這位晚清著名學者原意的嚴重歪曲,實在是讓人無法容忍的！事實證明,劉克莊引用其真實性目前並沒有任何材料可以否定。我對《劉子》作者爭論中所出現的這種不良學風感到憤怒。

(四) 兩《唐志》關於《劉子》作者的著錄爲什麼是值得懷疑的

認爲《劉子》是劉勰所作者的文獻根據就是兩《唐志》的著錄。但是,自宋代發現袁孝政《劉子》注本後,人們才明白原來早在唐高宗時代已經提出《劉子》爲北齊劉晝作之説,而且明確指出坊間傳説《劉子》爲劉勰作,是錯誤的。待劉克莊引用張鷟《朝野僉載》之説出,更證明了唐代前期並非只有袁孝政一人指出《劉子》非劉勰作。而宋代著名的目錄學家晁公武、趙希弁、陳振孫,還有大學問家章俊卿等皆據袁孝政注,署《劉子》爲劉晝作,他們也都指出《劉子》據兩《唐志》著錄,有劉勰、劉孝標作等說法,因此不能確切考訂作者。但是他們都没有懷疑過袁孝政注和序,是完全相信的。那麼,我們究竟應該怎麼看兩唐志的著錄呢？它是不是很可靠呢？其實,《舊唐書》成於五代那一動亂時代,此書並不是後晉劉昫所寫,而是他之前宰相趙瑩主持下,張昭遠等幾位史官所寫,劉昫任宰相後以他名義出版。《舊唐書》的作者並非專門目錄學家,而《隋書·經籍志》記載：“《劉子》十卷,亡。”所以《舊唐書》作者很可能就是依據袁孝政和張鷟所指出的坊間一般傳說來著錄的。看來,他們並不知道在唐高宗時期就有袁孝政的序和注,也不知道張鷟在《朝野僉載》中有過論説。《新唐書》的作者雖然是歐陽修、宋祁等大學者和文學家,但是因爲已有《舊唐書》在,所以參照和因襲之處是很多的,其對《劉子》的著錄顯然是來源於《舊唐書》。和宋代以後的這些目錄學家和學問家比,應該說,可信度是不如後者的。而這些目錄學家和學問家,也没有明確究竟誰是作者,而是很科學、很客觀的存疑。從宋元以後,我們可以看到歷代的著名藏書家、目錄學家、學者絶大多數都不認爲《劉子》是劉勰所作。近代和當代的六朝文史研究專家如楊明照、王叔岷等,都是專門研究《劉子》並爲之作集注和考證的專家,均一致明確肯定不可能是劉勰所作。我們再看元馬端臨《文獻通考》、清錢謙益《絳雲樓書目》(陳景雲注)、清孫星衍《孫氏祠堂書目》、清于敏中《天禄琳琅書目續編》、清陸心源《皕宋樓藏書志》、清丁丙《善本書室藏書志》、邵懿辰《四庫簡明目錄標注》、清丁日昌《持靜齋書目》、清張之洞《書目答問》、日本大正河田罷《靜嘉堂秘籍志》等均題劉晝著，但也有說明有劉勰、劉孝標作等説。王重民先生在《巴黎敦煌殘卷叙録》曾考證敦煌遺書《隨身寶》中的"流子劉協注"當爲"劉子劉勰著"，這是主張《劉子》爲劉勰作者常常引以爲證的，可是他們總不能客觀地把王重民先生的真實觀點引出來講。王先生非常明確地説："至其撰人，應爲劉勰抑或劉晝，仍不敢贊一言也。"對王先生考證的斷章取義也是在《劉子》作者爭議中不良學風的典型例子。

從文獻角度講，《劉子》作者向無定論，雖然劉晝的可能性很大，亦無十分確鑿證據，我們目前不可能從文獻來斷定其作者爲誰。因此，它是不是劉勰所作只能從其書内容和思想傾向、語言風格來作推測。

二、《劉子》一書的基本思想傾向和論述内容特點同劉勰及其《文心雕龍》的比較

作爲同時代人有些類似的思想和語言是不奇怪的，如果我們只憑這些類似的思想和語言，就斷定兩書是同一個人的著作，這是貌似有理，其實甚是不然。因爲判斷兩部書是不是一人所作，關鍵是要看它們是否有明顯的不同，如果有明顯的不同，那麼即使有一些思想和語言相似，也決不可能是同一人所作。回避兩個人的思想差異和兩部書内容上的明顯不同，而只用那些近似的地方來説是同一人所爲，是十分不科學的，也是很不實事求是的。劉勰和劉晝本同是南北朝時代人，在思想和語言上有某些相近之處一點也不奇怪，問題是他們的基本思想、語言風格和所體現的人的素質，實在是差別太大了，很難認爲它們是一人所作。關於《劉子》和劉勰及其《文心雕龍》之間的差別，我在拙作《劉勰及其〈文心雕龍〉》一書中已有詳細論述，我在這裏只想補充説幾點看法。

（一）《劉子》的基本思想和劉勰及其《文心雕龍》有根本的不同

這點前人早已指出。《劉子》是以道家思想爲主的，而《文心雕龍》則是以儒家思想爲主的，雖然它也有道家思想的影響，如《原道》篇的廣義的"道之文"之"道"具有"自然之道"的意義，但是説到"人文"的產生和發展，則全是儒家之文，是以"五經"爲人文之典範，其"道"是以儒家之道爲核心，而可以兼通"佛"和"道"的。《滅惑論》則是批評道教的，但認爲從"至道"來

説，儒道和佛道、道家之道是可以相通的："至道宗極，理歸乎一"。所以，他在《序志》篇中做的夢，也是夢見孔子，以能在夢中跟隨孔子去祭祀爲最高榮譽，這也是他寫《文心雕龍》的緣起。他離開定林寺進入仕途，一直到晚年出家，説明一生是以儒佛爲主要思想的。這和《劉子》"歸心道教"（《四庫全書總目》）、"近乎道家"（盧文弨）、"多黄、老言"（余嘉錫），是有根本差别的，故其書被收入道藏。王叔岷先生在《劉子集證·自序》中説得好："《劉子》雖采九流百家之説，然其中心思想實爲道家，與《吕氏春秋》、《淮南子》相類，故以《清神》爲第一篇，又繼之以《防欲》第二，《去情》第三，《韜光》第四，皆其驗也。末篇《九流》首述道家，正以名其所宗。則此書非寵佛之劉勰所作甚明。"

（二）《劉子》作者和劉勰在人格思想素質上不在同一層次

《劉子》一書的内容顯示出其作者雖然也算博物多識，但是並無什麽深刻見解，不過是雜抄各家之説編纂而成。所以晁公武説《劉子》一書"言修心養身之道，而辭頗薄俗"，王應麟説《劉子》一書"泛論治國修身之要，雜以九流之説"，實在是非常正確而擊中要害之論，故清代王旭《春融堂集》卷四十三《跋劉子》説："晁氏謂其俗薄，則殊有見也。"這種"薄俗"不僅表現在文辭上，首先是體現在内容上。細心檢閲《文心雕龍》，幾乎篇篇都有發人深省、非常人所能有的獨到之見，而讀《劉子》一書雖其論述也很周全圓潤，但是基本上都是從九流雜家拼凑起來的一般空泛之説，儘管歸納爲五十五篇，但無論篇目還是内容，均無深切獨創之處，甚至没有什麽自己見解。今以起首第一篇《清神》爲例，略作説明。其篇名實自《淮南子·俶真篇》"神清者，嗜欲弗能亂"；《文子·九守篇》"神清者，嗜欲不誤也"而來。其開篇謂："形者，生之器也。心者，形之本也。神者，心之寶也。"顯然來自《淮南子·原道篇》和《文子·九守篇》所説的："夫形者，生之舍也。"和《淮南子·精神篇》："故心者，形之主也。而神者，心之寶也。"其謂"神躁則心蕩，心蕩則形傷"，則源於嵇康之《養生論》："神躁於中，而形傷於外。"而"虛室生白，吉祥至矣"，當抄自《莊子·人世間》之"虛室生白，吉祥止止"。至其"不鑑於流波，而鑑於靜水者，以靜能清也，鏡水以明清之性，故能形物之形"，則是源於《莊子·德充符》"人莫鑑於流水，而鑑於止水"，以及《莊子·天道》篇："水靜猶明，而況精神？聖人之心靜也乎，天地之鑑也，萬物之鏡也。"其謂"故萬人彎弧，以向一鵠，鵠能無中乎？萬物眩曜，以惑一生，生能無傷乎",則出自《呂氏春秋·本生篇》："萬人操弓,共射一招,招無不中;萬物章章,以害一生,生無不傷。"篇末講道:"容身而處,適情而遊。"則出自《淮南子·精神篇》:"容身而遊,適情而行。"可以説,全篇都是從各家雜抄而來編撰成文,没有深度、平庸無奇。而且整個《劉子》一書,差不多篇篇都是這樣。説這樣的書竟會是劉勰所作,豈非糟蹋了劉勰!劉勰並不是没有借鑒前人之處,但是都經過自己融會貫通,藉以更深切地闡述自己獨到之見。也就是説,《劉子》和《文心雕龍》兩書所體現出的作者的基本思想素質存在明顯不同,孰高孰低一看就知道,只要不帶有狹隘偏見,憑感覺就可以清楚區别兩書水平之高下,怎麼可能是同一人所爲呢?!

(三)《劉子》和《文心雕龍》在語言風格上的明顯差别

劉勰《文心雕龍》文筆雅麗,出自獨創;而《劉子》文筆鄙淺,只是賣弄文辭。劉勰《文心雕龍》作爲駢文來看深弘精嚴,瑰麗雅致;而《劉子》雖然也是駢文,但幾乎都是雜抄改編九流百家之言拼凑而成,其格調薄俗,豈能是劉勰之所爲?臺灣王叔岷先生在《劉子集證》中説:"又盧氏《抱經堂文集》劉子跋云:'其文筆豐美,頗似劉彦和。'然詳審二書,頗不相似。《雕龍》文筆豐美,《劉子》文筆清秀;《雕龍》詞義深晦,《劉子》詞義淺顯;《雕龍》於陳言故實多化用,《劉子》於陳言故實多因襲,此又可證《劉子》非劉勰所作矣。"王先生説《劉子》文筆清秀,其實是對他過於溢美了。近人黄雲眉在《古今僞書考補證》中説:"就文字論:或謂其豐美,或謂其俗薄,或謂其縟麗輕蒨,與《北史》(劉晝)本傳所稱古拙不類;余謂縟麗輕蒨之文字,謂之豐美,謂之俗薄可,毁譽異辭,誠不足怪,然決非所謂古拙。此蓋僞托者未能熟玩本傳,以爲六朝文字固當如此,而不知劉晝乃非其比也。"《劉子》是否劉晝作是另一個問題,但是其文辭雖豐美縟麗,而同時又俗薄輕蒨,則是大家公認的。因此,和劉勰《文心雕龍》之語言風格實是相隔天壤,説它們出自一人之手,真讓人瞠目結舌,無言以對。如果我們把兩書的語言風格作一個概括的比較的話,那麼,《文心雕龍》是深邃典雅、豐厚瑰麗,而《劉子》則薄俗淺顯,縟麗輕蒨。怎麼能和《文心雕龍》同日而語呢?兩書確實均用了很多典故,但是正如王叔岷先生所指出,《文心雕龍》多爲"化用",誠如《文心雕龍·事類》篇所説:"凡用舊合機,不啻自其口出。"他能夠靈活運用典故來更深入地表達自己的獨到見解。而《劉子》則像王叔岷先生所説,對陳言故實多爲"因襲",更看不到有什麽自己的獨創之見,説明他雖然也讀了不少書，但是並未真正消化，更無自己深切理解，多少有點賣弄學問的味道。把這樣兩本書硬要說成是同一人所作，實在讓人無言以對！

我們的結論是：《劉子》的作者是誰？目前的不同説法，都没有充分根據，應該存疑。但是，説它是劉勰所作，明顯是不合適的，應該予以否定，因爲《劉子》和《文心雕龍》差別太明顯了。説《劉子》是劉勰所作，可以成爲一家之言，然而，實際上並没有提出任何新的證據，而且其論均不足以説服人，所以，如果把它作爲定論强加於人，甚至依此來寫《劉勰傳》，更是極不嚴肅的。在學術爭論中，我們應該提倡一種尊重客觀事實、科學求實的學風，堅决反對採用斷章取義、片面誇大、曲解引文、肆意炒作的不良風氣，以維護學術討論的嚴肅性、科學性，使我們的學術研究能健康地發展。

2013年10月1日完稿於香港寶馬山樹仁大學寓所

（作者單位：北京大學　樹仁大學）

《古今樂録》的整理與考釋*

金　溪

【摘　要】《古今樂録》成書於南朝陳，是中古時期最爲重要的音樂著作之一。宋代以降，此書逐漸散佚，雖然有清人和今人的數個輯本，然其文本仍存在頗多需要辨明及完善之處。本文在對《古今樂録》進行重新輯佚和系統整理的基礎上，梳理該書的內容、體例、結構等宏觀問題，亦對其佚文的起止、正誤、疑僞等微觀問題進行探討，盡可能地恢復其本來面貌，從而揭示其在音樂史和文學史上的重要意義。

【關鍵詞】《古今樂録》　樂書輯佚　佚文考訂

　　成書於南朝陳的《古今樂録》，在中國古代音樂史和文學史上都有著極其重要的地位，因此也受到歷代學者的重視。雖然此書自宋代之後便逐漸散佚，但在清代，即已有王謨《漢魏遺書鈔》、馬國翰《玉函山房輯佚書》及黃奭《漢學堂叢書》三個輯本，其中以王謨本所輯條目最多，計有"郭氏《樂府》百三二條，《御覽》十三條，《初學記》七條，《書鈔》、《白帖》各一條，《事類賦注》六條，《後漢書》注一條"[①]。而僅就筆者所見，現今學者的輯佚成果亦有三種，即吉聯抗《古樂書佚文輯注·古今樂録》、劉躍進《〈古今樂録〉輯存》及喻意志《古樂書鈎沉》未刊本。

　　然則，即使經過清人和今人的努力，《古今樂録》的輯佚及整理工作仍然存在有待完善之處：從輯佚方面講，除了前人曾經留意過的各種著作外，

---

* 本文爲中國博士後科學基金資助項目。
① 王謨《漢魏遺書鈔》，清嘉慶三年(1798)刻本，經翼二集《古今樂録》，第二頁。

在一些唐宋類書、古注和筆記等著作——如晏殊《類要》、楊齊賢與蕭士贇《分類補注李太白詩》及程大昌《演繁露》等——中也保存著《古今樂錄》的重要佚文；從校勘方面講，之前的輯本大多衹是搜集佚文，而在標點句讀、異文校勘以及判定佚文的起止等重要工作上著力不足；從辨僞方面講，雖然劉躍進、喻意志等學者已經注意到清人所輯條目中存在一些問題，但仍然對某些誤引、誤輯乃至作僞的現象未能辨明。更重要的是，現有輯本對佚文順序的處理方式，均是以所輯書的時代先後爲依據進行排列。當然，這是由於《古今樂錄》的體例已然無存的不得已之舉，如劉躍進先生曾指出"原書編排體例已不可詳考。這裏依據所輯書的時代爲先後，每書内所輯條目的編排，略以卷數爲先後"①，但這種缺乏系統的編排方式無法體現出原作的結構、體例等面貌，勢必會影響相關研究的整體性。

出於以上幾點考慮，筆者在前人基礎上，對《古今樂錄》進行了再次輯佚與整理。這一工作的出發點，除了力求内容更完備、文本更準確之外，也希望在編排次序上體現出與清以來學者所輯樂書的差別——也就是說，儘可能在整體把握特定古樂書的體例的基礎上加以復原，不是簡單地羅列佚文，而是按照其内容分佈的規律進行分卷排列。因而在本文中，筆者不打算對此書的具體條目，乃至其所體現的樂學、文學思想等進行深層次的研究，而僅僅是從文獻層面入手，對《古今樂錄》的撰著背景、成書時間、内容結構、資料來源、佚文整理、異文校勘和疑誤辨析等進行考證。

一、《古今樂錄》的作者、成書時間與撰著背景

自《隋書·經籍志》至《宋史·藝文志》，各種公私目録皆將《古今樂錄》的作者載爲陳沙門智匠，歷代著作徵引也大多與此相同。雖已成定論，但仍有幾點問題，值得略述一二。

第一，在徵引《古今樂錄》的古代著作中，程大昌《演繁露》卷一四與胡仔《苕溪漁隱叢話》前集卷五一均將作者名寫爲"匠智"。此二種均爲宋人著作，其時《古今樂錄》尚存，而程書卷一四"一唱三歎"條更是引用了《古今樂錄》總序、"清商正聲"類序等數條未見於他書的佚文，極有可能是翻閱

---

① 劉躍進《〈古今樂錄〉輯存》，載《〈玉臺新詠〉研究》，北京：中華書局2000年版，第110頁。

了原書，而非轉引自其他著作。此條中三次將《古今樂錄》的作者名寫爲"匠智"，雖然不能當作歷代書目著錄錯誤的證據，但也應不是偶書之誤。這大概是由於宋代流傳的某一種版本將作者名刻作"匠智"，而恰爲程大昌、胡仔所見。另外，馬國翰《玉函山房輯佚書·古今樂錄》序云："《太平御覽》引作智象，以聲近傳訛也。"①查今所通行的《四部叢刊三編》影日藏南宋蜀刻本，並無將"智匠"寫作"智象"者，馬氏所言，應也是其所據版本的個別誤刻現象。

第二，釋智匠其人，在《陳書》、《南史》等正史和《續高僧傳》等佛教史傳中均無記載，亦不見於他書。這主要是因爲陳代國祚既短，又多逢世亂，著述不豐，不惟作爲正史的《陳書》本就失於簡略，尤其是在文化方面著力遠遜於其他南朝正史，其他史料文獻亦很少有專門記載。以佛教言之，陳代承梁之餘緒，諸帝均曾捨身，侯景之亂中被破壞的佛寺多得到修繕，僧尼之數以萬計，並出現了真諦等高僧，佛教可謂興盛，然唐道宣《續高僧傳》所記載的陳代高僧僅十四人，當時僧人事迹大多不傳。而在此十四人中，計有譯經二人，義解八人，習禪二人，明律二人，感通一人，雜科聲德一人，由此可見，道宣重視傳譯、義解、坐禪等與佛教思想和修行密切相關的方面，而不是靈驗、音聲等用於悟俗的手段和技能。智匠不被《續高僧傳》所載，既有可能是由於資料缺乏，其生平事迹至唐代已然不存，也可能是因爲他並不以佛教義理等爲專長，不符合僧傳的選擇標準。在南朝時期，這種情況並不少見。當時僧侶出於"宣講法理，開導眾心"的需要，往往將其所在地的民歌曲調用於聲唱，也就是《高僧傳》卷一三《經師傳》所謂"其浙左、江西、荆陝、庸蜀，亦頗有轉讀，然止是當時詠歌，乃無高響"②，相應的，也就出現了一批對民間音樂相當熟悉的僧人。因曾創作、改制民歌曲辭而爲人熟知的，有劉宋之惠休、南齊之寶月，以及梁代之法雲等，他們皆與帝王高門頻繁往來，絕非平凡僧侶，但除了法雲外，均未被記錄於《高僧傳》或《續高僧傳》之中。智匠之不入僧傳，原因大概與他們相似。

然而，和他們相比，智匠尚存在一個明顯的特點：他不僅僅是熟悉民間曲調、歌辭，亦不是像以上諸人一樣僅創作某一首作品，而是對自古以來的

---

① 馬國翰《玉函山房輯佚書》，清同治十年（1871）皇華館書局刻本，《經編·樂類·古今樂錄》，第一頁。
② 釋慧皎撰，湯用彤校注《高僧傳》，北京：中華書局1992年版，第506頁。

宮廷音樂進行全方位的整理。在這一過程中，需要熟知歷代樂府故事，並且參考、徵引大量陳代乃至前朝的樂書和官方文獻，這絕非一介僧侶所能做到的。撰寫《古今樂錄》本應是由樂官完成的工作，爲何由釋智匠完成，他爲何可以掌握大量的文獻資料，是否曾經在朝任職，以方外人的身份兼任樂官，亦或像湯惠休一般奉敕還俗？釋智匠的作者身份雖然不存在疑議，但卻包含一系列令人困惑的問題，期待新史料的出現，能使其身份和撰著過程更加清晰。

關於《古今樂錄》的成書時間，《玉海》卷一〇五《音樂》引《中興書目》曰："《古今樂錄》十三卷，陳光大二年僧智匠撰。"①古今研究者多依此説，將成書時間定於光大二年（568）。然而，《樂府詩集》卷五二《舞曲歌辭·梁大壯大觀舞二首》題解引《古今樂錄》曰：

> 梁改《宣烈》爲《大壯》，即周《武舞》也；改《凱容》爲《大觀》，即舜《韶舞》也。陳以《凱容》樂舞用之郊廟，而《大壯》、《大觀》猶同梁舞，所謂"祠用宋曲，宴準梁樂，蓋取人神不雜也"。②

按，《隋書》卷一三《音樂志》載陳太建元年（569）定三朝之樂，"祠用宋曲，宴準梁樂，蓋取人神不雜也"③，其後有"制曰：'可'"之語，可知此語出自當時奏議。當然，"所謂祠用宋曲"一句有可能並非智匠原文，而是郭茂倩之語。然而此段論梁陳之舞，文意甚爲貫通，雖然確實應有經郭氏修改之處，如"陳"之國號，但我傾向於認爲，這整段文字應均引自《古今樂錄》。這樣的話，本書的成書時間便應該較光大二年更推後數年，至早也在太建初年。

《古今樂錄》這樣一部大部頭的樂書出現在陳朝時，並不是偶然現象。從音樂史角度來説，魏晉南朝是樂府發展的重要時期，經過數百年的蓬勃發展與雅化，清商新聲的體系得以確立，需要一部樂書來系統地對其進行記録，而其時清商樂仍然用於表演，很多曲調、樂器、舞蹈、歌辭、表演方式等依然是鮮活存在的，也爲這樣一部樂書的出現提供了極大的方便。而從

---

① 王應麟《玉海》，元至元六年（1269）慶遠路儒學刻明遞修本，卷一〇五，第二十一頁。
② 郭茂倩《樂府詩集》，北京：中華書局1998年版，第761頁。
③ 魏徵等《隋書》，北京：中華書局1997年版，第308頁。

音樂文獻角度來説,當時可以借鑒的樂書文獻相當豐富,而《古今樂録》一書,更可被視爲是以"録"爲名的這一類音樂文獻體裁的總結之作。

以"録"命名的音樂典籍,至遲在東漢時即已出現[1],而在魏晉南北朝時期,則已成爲一種固定的,帶有官方性質的文獻。現今尚有佚文留存的《荀氏録》、《元嘉正聲技録》、《大明三年宴樂技録》、《歌録》等,均作於晉宋時期[2],除此之外,《隋書·經籍志》裏還保存了《管弦録》、《伎録》、《三調詩吟録》及"鼓吹、清商、樂府、宴樂、高禖、鞞、鐸等歌辭舞録凡十部"[3]。這一類型的著作,具有一些顯著的共同特點:

首先,這類著作以樂府所表演的歌曲爲內容,但是嚴格地遵守時間與體裁的界限,也就是説,它們通常只記載某一朝乃至某一段時期的某一類型樂府。這從《元嘉正聲技録》、《大明三年宴樂技録》以及《建初録》等命名方式中就可見一斑,而《歌録》雖然沒有寫明時間,但從現存佚文來看,它與元嘉、大明二技録一樣,所記載的均爲相和歌辭。而《隋志》所載的"鼓吹、清商、樂府、宴樂、高禖、鞞、鐸等歌辭舞録凡十部"更可以説明,這類著作按照體裁——或者從另一角度説,按照使用場合——分類的觀念,是非常明確的。

其次,以"録"爲名的命名方式,頗容易讓研究者認爲,這類著作是祇記録曲名和題解的目録書。然則從《元嘉正聲技録》等書的一些佚文中可以看出,它們是完整記録歌辭的。另外,《隋書》卷三五《經籍志四》所著録的荀勖所撰《晉宴樂歌辭》,應當就是通常所説的《荀氏録》的正式名稱。這恰恰可以證明,以"録"爲名,或者爲別名的中古音樂文獻,其性質是記載樂府所用歌辭,而非曲調的歌辭書。正因如此,在《隋書·經籍志》中,這一類文獻均著録於集部,而非經部樂類。

可以説,魏晉南朝歷代對樂府歌辭著録的重視,正是《古今樂録》這部書出現的背景,也爲其提供了必不可少的基礎。然而,《古今樂録》突破了

---

[1] 《宋書》卷一九《樂志一》載:"《建初録》云:《務成》、《黃爵》、《玄雲》、《遠期》,皆騎吹曲,非鼓吹曲。""建初"雖然在十六國時期曾分別被成漢、後秦及西涼用作年號,但結合此條討論漢鼓吹鐃歌的內容來看,《建初録》一書是記載東漢章帝建初年間樂府音樂情況的漢代文獻。見沈約《宋書》,北京:中華書局1997年版,第559頁。
[2] 據喻意志考證,《歌録》成書於西晉至南朝宋時。參見喻意志《歌録考》,《天津音樂學院學報(天籟)》(2004年第2期),第52頁。
[3] 魏徵《隋書》,北京:中華書局1997年版,卷三五,第1085頁。

六朝歌辭書的固有界限：在時間跨度上説，它突破了一朝或一時的限制，堪稱是"録"這一體裁的集大成者；而從内容上説，它也突破了僅僅著録歌辭的限制，而是作爲一部綜合性的樂書，被著録於《隋書·經籍志》的經部樂類之中，這也就使它與它所借鑒參考的歌辭書有了本質上的區别。

二、《古今樂録》的内容、體例與資料來源

《古今樂録》雖散佚已久，但其中相當一部分内容賴《樂府詩集》得以保存，尤爲重要的是，《樂府詩集》不但保存了《古今樂録》的佚文，也保存了該書的一些編排次序與編纂體例。還有一些宋代著作，如晏殊《類要》、陳元靚《歲時廣記》、程大昌《演繁露》等，在編纂過程中參考了《古今樂録》原書，因此亦保存了有關該書卷帙結構的資料。依據這些文獻，並根據已知體例輔以一定的推測，可以儘可能地復原《古今樂録》一書的本來面貌。

（一）《古今樂録》的内容分類

通過對《古今樂録》的現存佚文進行輯佚與整理，可以知道，《古今樂録》的内容可以分爲以下幾個部分。

（1）歌辭

歌辭是《古今樂録》中最爲重要的一部分。更準確地説，《樂府詩集》的引録，使歌辭成爲《古今樂録》中得以保存最爲完整的部分。在此，先略論幾點《古今樂録》所記載的歌辭分類與《樂府詩集》的不同之處，再羅列其分類及每類的内容。

《古今樂録》歌辭類與《樂府詩集》的第一個重要差異在於，《古今樂録》中無"相和歌辭"一類。《樂府詩集》中的《相和歌辭》部分以《古今樂録》爲最重要的依據，徵引《古今樂録》達 47 次[1]，其曲調次序編排亦全依《古今樂録》[2]。然而二者對這一類歌辭的定義卻不相同。宋程大昌《演繁

---

[1] 參見喻意志《古今樂録考》，《中國音樂學》（2008 年第 3 期），第 85 頁。
[2] 《樂府詩集》卷二六《相和歌辭》序曰："大曲十五曲，沈約並列於瑟調，今依張永《元嘉正聲技録》分於諸調，又别叙大曲於其後。唯《滿歌行》一曲，諸調不載，故附見於大曲之下。其曲調先後亦準《技録》爲次云。"（北京：中華書局 1998 年版，第 377 頁。）而郭氏所據之張永《元嘉正聲技録》均轉引自《古今樂録》。

露》卷一四"一唱三歎"條曰:"《樂錄》於清商類中,又有可證者。其注《東光》曰:'舊但弦無聲。'其注《東門》曰:'舊但弦無歌,皆宋識造其歌與聲耳。'"①從同條文獻中還可以知道,《古今樂錄》中有"清商正聲"一類,將二者結合來看,《東光》、《東門行》等相和十五曲,乃至漢、魏、晉樂所奏的清商三調曲,在《古今樂錄》中均在清商類中。《樂府詩集》卷二六《相和歌辭·相和上》序引《古今樂錄》曰"張永《元嘉技錄》有《相和十五曲》"云云②,可見,這兩種分類方式在《古今樂錄》中是同時存在的,"相和曲"的分類是就歌曲類型本身而言,而"清商正聲"則是依照使用場合、表演用途的分類。釋智匠將相和曲辭均置於清商正聲類中,是遵循《元嘉正聲技錄》、《大明三年宴樂技錄》等六朝樂府歌辭文獻的傳統,在歌曲本身屬性與實用性之間偏重後者的體現。

第二個重要差異在於,《古今樂錄》中應無"琴曲歌辭"一類。《樂府詩集》卷五七至六〇《琴曲歌辭》諸篇題解引《古今樂錄》計十四次,其中除了一條論作爲樂器的琴以外,十三條均爲記載歌辭或其本事,再加上《太平御覽》、《玉海》、《路史》等著作所引,現存《古今樂錄》佚文中可被歸爲琴曲歌辭的共計十八首,其中不乏與《琴操》現存佚文大略相同者。然在此十八條中,只有"舜彈五弦之琴,歌《南風》之詩"③一句,涉及到琴曲演奏④。總體看來,這些佚文的通例是詳叙本事,均有"作歌"、"某某作此歌"、"作歌曰云云"或"作某某歌,其章曰云云"之語。例如:

> 越裳獻白雉,周公作歌,遂傳之爲《越裳操》。⑤
> 孔子自衛反魯,見香蘭而作此歌(《猗蘭操》)。⑥
> 禹治洪水,上會稽山,顧而作此歌(《襄陵操》)。曰:"嗚乎!洪水滔天,下民愁悲。上帝愈咨,三過吾門不入,父子道衰。嗟嗟不欲煩下民。"⑦

---

① 程大昌《演繁露》,明萬曆間鄧渼刻本,卷一四,第二頁。
② 《樂府詩集》,北京:中華書局1998年版,第382頁。
③ 《樂府詩集》卷五七《琴曲歌辭·南風歌》題解引,第824頁。
④ 按,根據《古今樂錄》小序與題解的不同體例,"舜彈五弦之琴,歌《南風》之詩"一句很可能出現在小序中,而非《南風歌》的題解中。
⑤ 《樂府詩集》卷五七《琴曲歌辭·越裳操》題解,第831頁。
⑥ 《樂府詩集》卷五八《琴曲歌辭·猗蘭操》題解,第839頁。
⑦ 《樂府詩集》卷五七《琴曲歌辭·襄陵操》題解,第828頁。

周太伯者,周太王古公之長子也。古公有子三人,長者太伯,次者虞仲,少者季歷。季歷之子名昌,昌即文王也。古公寢疾,將死。國當有傳,心欲以傳季歷,乃呼三子,謂曰:"我不起此病,繼體興者,其在昌乎?"太伯見太王傳季歷,於是太伯與虞仲俱去,被髮文身以變形,托爲王採藥。後聞古公卒,乃還奔喪,哭於門外,示夷狄之人,不得入王庭。於是季歷謂太伯:"長子也,伯當立,何不就?"太伯曰:"吾生不供養,死不飯含,哭不臨棺,不孝之子,焉得繼父乎?斷髮文身,刑餘之人也,戎狄之民也。三者除焉,何可爲君矣?"季歷垂涕而留之,終不肯止。遂委而去,到江海之涯,吟詠優游,仰覽俯觀,求膏腴之處,遂適於吳。率以仁義,化以道德,荆越之人,移風易俗,成集韶夏,取象中國,乃太伯之化也。是後季歷作《哀慕之歌》,章曰:"先王既徂,長賁異都。哀喪腹心,未寫中懷。追念伯仲,季我如何。梧桐萋萋,生於道周。宮館徘徊,臺閣既除。何爲遠去,使此空虛。支骨離別,垂思南隅。瞻望荆越,涕淚交流。伯兮仲兮,逝肯來遊。自非二人,誰訴此憂。"①

對於現在被認爲是"琴曲歌辭"的這部分作品,《古今樂録》並没有用"作操云"之類的措辭將其與琴曲演奏聯繫起來,而是强調其作爲人聲歌唱,感事而發的性質,可以説是脱離了琴這一媒介,而獨立存在的。與之相對應的,是兩條並没有被收入《樂府詩集·琴曲歌辭》的佚文:

秦始皇祠洛水,有黑頭公從河中出,呼始皇曰:"來受天寶。"乃與群臣作歌。②
黄帝、堯之世,民樂無事,擊壤之歡,慶雲之瑞,因以作歌。③

可以看出,這兩條佚文與上述"琴曲歌辭"的叙述模式完全相同,在《古今樂録》中,它們應該屬於同一類。也就是説,《古今樂録》中没有"琴曲歌辭"一類,取而代之的是一個記載上古至漢代感事而作之歌辭的分類,與元代左克明《古樂府》中"古歌謡辭"一類相似,因此在此也暫且借用這一名稱。

---

① 李昉等《太平御覽》,北京:中華書局 1995 年版,卷五七一《樂部九·歌二》"哀慕之章"條,第 2582 頁。
② 《樂府詩集》卷八三《雜歌謡辭·秦始皇歌》題解,第 1173 頁。
③ 《太平御覽》卷五七一《樂部九·歌二》"慶雲之歌"條,第 2581 頁。

第三，《古今樂録》歌辭類中，應該也並不包括用於郊廟祭祀、燕射的歌辭以及舞曲歌辭。一個直觀的證據就是《樂府詩集》的以上幾類中，徵引《古今樂録》的情況相當少。《古今樂録》是《樂府詩集》的直接資料來源之一，據喻意志統計，《樂府詩集》各類中，《清商曲辭》引用《古今樂録》六十次，《相和歌辭》四十七次，《鼓吹曲辭》四十二次[①]。即使是《琴曲歌辭》這一在原書中没有完全對應的門類，引用亦達十四次。而《郊廟歌辭》類引用《古今樂録》一次，《燕射歌辭》引用二次，這種數量上的驟減本身就可以説明《古今樂録》中缺乏《樂府詩集》所需要的材料。而這三條被引用的佚文，其内容與其他引文相比也有獨特性。其中《郊廟歌辭》所引《古今樂録》佚文爲：

  梁何佟之、周捨等議，以爲《周禮》牲出入奏《昭夏》，而齊氏仍宋儀注，迎神奏《昭夏》，牲出入更奏《引牲樂》，乃以牲牢之樂用接祖宗之靈，宋季之失禮也。[②]

《燕射歌辭》所引爲：

  漢故事，上壽用《四會曲》。魏明帝青龍二年，以長笛食舉第十一古大置酒曲代《四會》，又易古詩名曰《羽觴行》。用爲上壽曲，施用最在前。《鹿鳴》以下十二曲名食舉樂，而《四會之曲》遂廢。[③]
  按《周禮》云："王出入奏《王夏》，賓出入奏《肆夏》。"《肆夏》本施之於賓，帝王出入則不應奏《肆夏》也。[④]

可見，這三條中均爲考證郊廟、燕射、食舉等儀式之中所用樂曲，雖然涉及《羽觴行》、《鹿鳴》等樂歌名稱，但並非以歌辭爲主體，爲了闡明歌辭的起源、本事、流傳和表演情況等而存在，而是以儀式爲主體，爲了闡明儀式的過程而涉及到樂歌。這與《鼓吹曲辭》、《横吹曲辭》、《相和歌辭》、《清商曲辭》以及《琴曲歌辭》中所引《古今樂録》佚文的體例不同，應是出自不同的章節。又，《太平御覽》卷三五八《兵部八十九·鑣》引《古今樂録》曰：

[①] 參見喻意志《古今樂録考》，《中國音樂學》(2008年第3期)，第85頁。
[②] 《樂府詩集》卷九《郊廟歌辭·齊太廟樂歌》題解，第123頁。
[③] 《樂府詩集》卷一三《燕射歌辭·晉四廂樂歌(荀勖造)》題解，第184頁。
[④] 《樂府詩集》卷一四《燕射歌辭·宋四廂樂歌》題解，第195頁。

"(漢)明帝《休成之樂》,歌曰:玉鑢息節,金輅懷音。"①《樂府詩集》卷一六《鼓吹曲辭·有所思》題解云:"按《古今樂錄》:漢太樂食舉第七曲亦用之。"這兩條佚文更明確地涉及到了儀式用樂的歌辭,然仍是以樂曲而非歌辭爲主體,應該不屬於歌辭類的範圍,而是《古今樂錄》原書中有專門記錄樂儀的章節,在其中偶爾涉及到歌辭。

與此相對應的是,《樂府詩集》中的《舞曲歌辭》類雖引用《古今樂錄》達十四類,但除了《四時白紵歌》題解所引是對歌辭作者的記載外,其他各條均是對儀式用舞的名稱、來源、用途的記錄,並不是針對與之相配合的歌辭而言。因此,它們在《古今樂錄》中應屬於樂舞一類,而並不在歌辭類中。

通過辨析以上三點,可以得出結論:《古今樂錄》歌辭類的編排,採取了時間先後與應用場合的雙重標準,其内容大抵包括四類:《古歌謠辭》類記載上古至漢代感事而作的歌章,《鼓吹曲辭》與《橫吹曲辭》的内容應與《樂府詩集》中這兩類的漢魏六朝歌辭大略相同,而清商類應分爲兩部分:"清商正聲"類的内容爲《元嘉正聲技錄》及《大明三年宴樂技錄》所記載的漢魏以來相和三調歌辭,另一部分包括吳聲歌與西曲歌兩類,爲與"正聲"類區別,暫且稱爲"樂府新歌"。

(2) 樂舞

記載歷代所用舞名及樂舞沿革,在《古今樂錄》中並非從屬於歌辭,而是與其並列的獨立分類。現存佚文中所載樂舞類條目,應可分爲雅舞、雜舞兩類。雅舞有前舞、後舞、大壯舞、大觀舞等;雜舞有鞞舞、鐸舞、巾舞、拂舞、白紵舞等。按,其體例爲先叙舞名之由來、舞種之起源,再叙漢魏以來此舞所用樂曲的流變。了解這一體例,就可以對一些佚文的先後次序進行排列。例如關於《大壯舞》與《大觀舞》,《樂府詩集》卷五二《舞曲歌辭·梁大壯大觀舞歌二首》題解、同卷《大壯大觀舞歌》題解及《太平御覽》卷五七四《樂部十二·舞》分別徵引一條《古今樂錄》佚文,依照此體例,三條佚文可以下文順序排列:

《大壯》、《大觀》二舞,以大爲名。《老子》云:"域中有四大。"《論語》云:"惟天爲大。"今製"大壯"、"大觀"之名,亦因斯而立義焉。②

---

① 《太平御覽》,第1648頁。
② 《樂府詩集》卷五二《舞曲歌辭·大壯舞歌》題解,第761頁。

《大壯》之舞曰武舞,《大觀》之舞曰文舞。①

梁改《宣烈》爲《大壯》,即周《武舞》也;改《凱容》爲《大觀》,即舜《韶舞》也。陳以《凱容》樂舞用之郊廟,而《大壯》、《大觀》猶同梁舞,所謂"祠用宋曲,宴準梁樂,蓋取人神不雜也"。②

（3）樂儀

自漢代起,歷朝歷代用於郊廟、燕射、食舉、朝會等儀式用樂的資料,也是《古今樂錄》的重要内容。區分樂儀類與樂舞、歌辭類的體例區別在於,它既不是如樂舞類那樣,以舞名爲綱,按照時間先後列出其演變脈絡,也不是像歌辭類那樣,以演唱内容爲核心,記載每一樂歌的本事和歌辭,而是以時間爲綫索,細化到各個朝代,乃至某一朝代的各任皇帝,列舉特定時代的某一儀式所應用的一整組樂曲名稱。書中對這種儀式組曲,通常採取"朝代（＋年號）＋儀式＋曲/歌/舞"的命名方式。現存佚文中保存的這類記載有：漢明帝《休成樂》、漢宗廟食舉樂、漢太樂食舉樂、漢魏上壽曲、宋四廂樂歌、宋泰始歌舞、齊太廟樂歌、梁三朝樂等。另外,《樂府詩集》卷一六《鼓吹曲辭》序曰："按,《古今樂錄》有梁陳時宫懸圖,四隅各有鼓吹樓,而無建鼓。"則本書中對樂儀不僅有文字記載,亦有以樂圖形式保存者。

在樂儀類中,智匠不僅羅列歷代儀式用樂的名稱,也保留了南朝時期的一些關於樂儀的奏議,並且結合《儀禮》、《周禮》等典籍對其進行批評。前者如《樂府詩集》卷九《郊廟歌辭·齊太廟樂歌》引《古今樂錄》曰："梁何佟之、周捨等議,以爲《周禮》牲出入奏《昭夏》,而齊氏仍宋儀注,迎神奏《昭夏》,牲出入更奏《引牲樂》,乃以牲牢之樂用接祖宗之靈,宋季之失禮也。"③後者如《樂府詩集》卷五二《舞曲歌辭·前舞階步歌》題解引曰："何承天云：'今舞出樂,謂之階步,蓹賓廂作。'尋《儀禮》燕、飲、射三樂,皆云席工於西階上；大師升自西階,北面東上；相者坐受瑟,乃降；笙入,立於縣中,北面；乃合樂工,歌《鹿鳴》、《四牡》、《周南》。今直謂之階步,而承天又以爲出樂,俱失之矣。"④也是相當重要的音樂文獻。

---

① 《太平御覽》卷五七四《樂部十二·舞》,第2593頁。
② 《樂府詩集》卷五二《舞曲歌辭·梁大壯大觀舞歌二首》題解,第761頁。
③ 《樂府詩集》,第123頁。
④ 同上書,第759頁。

（4）樂器

《古今樂録》中對樂器是以八音爲類，分别記載的。現存佚文中，除去樂器類的序與金類的小序外，尚有金類的鐘、鐃，石類的磬，絲類的琴、瑟、琵琶，革類的鼓等四類七種。而值得注意的，是這樣一條記載：

  角者，説云：蚩尤氏率魍魎與黄帝戰於涿鹿，帝乃始命吹角爲龍鳴以禦之。至魏武北征烏丸，度沙漠而軍士思歸，於是減爲中鳴，而尤更悲矣。胡角者，本以應胡笳之聲，後漸用之。①

按，作爲樂器的角，大約自漢代方傳入中原，成爲鼓吹樂中的重要樂器，依照《周禮·春官》所定的"八音"無法劃分其歸屬。在"八音"之外，又有對角的記載，這説明《古今樂録》的樂器類中很可能有專門小類，用來記載漢魏以來自西域等地傳入，不能納入傳統樂器分類體系内的樂器。

（5）樂律

《太平御覽》卷五六五《樂部三·律吕》引《古今樂録》曰："北齊神武霸府田曹參軍信都芳，代號知音，能以管候氣觀雲色。嘗與人對語，即指天曰：孟春之氣至矣。人往驗管而飛灰已應。每月所候言皆無爽。又爲輪扇二十四，理地中，以測二十四氣。每一氣感，則一扇住，並與管灰相應，若合符契焉。"②其後"又曰"載牛弘對隋文帝問律氣事。劉躍進先生認爲將這兩條歸於《古今樂録》似均不妥當③。顯而易見，後一條記隋代事，不可能出於《古今樂録》，但前一條則未必。北齊與南朝之梁、陳一直有密切的外交往來，南北遣使頻繁，且均以飽學文學之士充任。在梁代，北魏、北齊的官制、佛教政策等都輸入南朝，南北交流並非傳統觀點所認爲的，僅僅是南方影響北方。北齊的律曆探索傳入南方並非不可能。又，《舊五代史》卷一四五《樂志下》載樞密使王樸奏疏曰："（陛下）乃命中書舍人竇儼參詳太常樂事，不踰月，調品八音，粗加和會。以臣嘗學律曆，宣示《古今樂録》，令臣討論。"④可見《古今樂録》中確有關於律曆的内容。

---

① 李林甫等撰、陳仲夫點校：《唐六典》，北京：中華書局2008年版，第463頁。
② 《太平御覽》，第2554頁。
③ 劉躍進《古今樂録輯存》，載《〈玉臺新詠〉研究》，北京：中華書局2000年版，第110頁。
④ 薛居正等《舊五代史》，北京：中華書局1986年版，第1938頁。

(6) 樂書

《玉海》卷七《律曆》曰："按，《古今樂錄》載《鍾律緯》云：梁武帝辨鍾律制度及《釋疑》，共五篇。"此説可與《隋書》卷三二《經籍志一》中"《鍾律緯》六卷"的記載相對照。另外，從此條佚文來看，《古今樂錄》中應該有專門記載樂書目錄的内容。

(二)《古今樂錄》的卷帙編排

《隋書》卷三二《經籍志一》載："《古今樂錄》十二卷，陳沙門智匠撰。"①而在此之後，《舊唐書·經籍志》、《新唐書·藝文志》、《中興書目》、《宋史·藝文志》等目録中，皆將其卷數著錄爲十三卷。這大概是因爲其中包括目録一卷，正如上文《古今樂錄》中載《鍾律緯》五篇，《隋書·經籍志》則作六卷，也大抵是因爲將目録算作一卷的緣故。上文所分析的《古今樂錄》的六類内容，它們在這十二卷中分别屬於第幾卷，本是不得而知的事情，幸運的是，晏殊的《類要》和陳元靚的《歲時廣記》中保留了一些關於《古今樂錄》卷目的信息，爲後人提供了非常重要的綫索。《類要》中所保留的，計有以下九條：

《古今樂錄》十《石城樂》云：臧質所作也。②
《古今樂錄》十云：相送勞勞渚，長江不應滿，是儂淚成許。③
《古今樂錄》十《白附鳩》曰：石頭龍尾彎，新亭送客渚。酤酒不取錢，郎能飲幾許。④
《古今樂錄》十《楊叛兒》：聞歡遠行去，送歡至新亭。津邐無儂名。⑤
《古今樂錄》九《讀曲歌》云：思難忍，絡覺語酒壺，倒寫儂頓盡。⑥
《古今樂錄》十云：《上雲》，梁武製，以代西諸曲。⑦

---

① 《隋書》，第926頁。
② 晏殊《類要》，《四庫存目叢書》影陝西省圖書館藏清鈔本，卷三"石城"條，第四十五頁。
③ 《類要》卷二四"相送勞渚"條，第廿五頁。
④ 《類要》卷二四"新亭送客渚"條，第廿八頁。
⑤ 《類要》卷二四"津邐"條，第四十一頁。
⑥ 《類要》卷二八"絡覺語酒壺"條，第八頁。
⑦ 《類要》卷二九"上雲"條，第十九頁。

《古今樂録》十云：折楊柳，百鳥啼園林，道歡不離口。①
《古今樂録》七《清商正聲技曲》中有《蜀道難行》，不傳其辭也。②
《古今樂録》九《讀曲歌》云：黄絲呎素琴，促彈弦不斷。百弄任郎作，惟莫廣陵散。③

《歲時廣記》載一條：

《古今樂録》十《月節折楊柳歌》，其五月云：菰生四五尺，作得九尺粽。④

綜合以上十條，我們可以知道，《古今樂録》原書卷七爲《清商正聲》，載瑟調曲《蜀道難行》；卷九載吳聲歌《讀曲歌》；卷十載吳聲歌《華山畿》、《讀曲歌》，西曲歌《石城樂》、《白附鳩》、《楊叛兒》、《月節折楊柳》及梁武帝所製《上雲樂》。由於《上雲樂》爲梁武帝擬西曲所製，應排列在西曲歌之後，此曲出現在卷十，說明對歌辭的記録應至卷十止。而由於《樂府詩集》中的相和歌辭排列完全遵從了《古今樂録》中的次序，可以知道瑟調曲在《相和歌辭》中排列較後。但既然《蜀道難行》其辭不傳，則應該只出現於該類總序中，而沒有出現於正文。因此推測"清商正聲"類在本書中爲卷七、卷八兩卷，第九卷以吳聲歌爲主，第十卷以西曲歌爲主。《古歌謡辭》、《鼓吹曲辭》與《橫吹曲辭》曲目較少，以各一卷計，則自第四卷至第六卷爲這三類歌辭。其他各卷，在史籍中無可參考，在此謹作一揣測。

在《古今樂録》以前的諸正史中，《史記》諸書排列順序爲禮書第一，樂書第二，律書第三，曆書第四；《漢書》諸志的排列順序爲律曆第一，禮樂第二，而藝文最末；《後漢書》順序爲律曆、禮儀、祭祀，《宋書》諸志則律爲第一，其後爲曆、禮、樂。而《隋書》與新舊《唐書》中雖然《律曆志》後移，但禮在樂前，且藝文、經籍等志在最末的體例始終未變。這其中體現的是漢唐時人的固有觀念，因此，《古今樂録》雖並非史書，但在排列上也應能體現出一致性。

---

① 《類要》卷二九"折楊柳"條，第十九頁。
② 《類要》卷二九"蜀道難行"條，第廿頁。
③ 《類要》卷二九"百弄"條，第廿頁。
④ 陳元靚《歲時廣記》卷二一《端五上》"作角粽"條，第六頁。

對宮廷音樂來説,樂律是其最爲重要的綱領,宋陳暘《樂書》和《太平御覽·樂部》均將樂律僅置於經典訓義之後,因此,在《古今樂録》中,樂律亦應列於第一卷,其後則爲作爲歷代禮儀一部分的儀式雅樂。而歷代樂書之目録,則應遵循經籍列於最末的體例,置於全書之末。至於樂器與樂舞二種,哪一類在歌辭之前,哪一類在其後,比較難確定,僅依《樂書》、《古今樂録》及《太平御覽·樂部》均將舞置於歌後的體例,冒昧地將樂舞列於第十一卷。

也就是説,根據文獻材料,並依中古時期史書、樂書的排序通例加以推測,《古今樂録》的卷目有可能是:

卷一　樂律

卷二　樂儀

卷三　樂器

卷四　古歌謡辭

卷五　鼓吹曲辭

卷六　横吹曲辭

卷七　清商正聲上

卷八　清商正聲下

卷九　吴聲歌

卷十　西曲歌

卷十一　樂舞

卷十二　樂書

(三)《古今樂録》的結構體系

在前文中,我們討論了《古今樂録》的卷次、内容分類,以及每一類所特有的撰述體例。而在卷與卷之間,乃至每一卷當中,釋智匠利用序的形式,將一條條材料連接起來,同時也闡明自己的樂學觀點。可以説,序是《古今樂録》中非常有價值的内容。

第一個層次是《古今樂録》的總序。令人遺憾的是,此序現存的唯一一條佚文並非智匠之語,而是引文。程大昌《演繁露》卷一四"一唱三歎"條曰:"陳僧匠智叙《古今樂録》,引《尚書大傳》云:古者,帝王升歌清廟之樂,大琴練弦達越,大瑟朱弦達越,以韋爲鼓,不以竽琴瑟之聲亂人聲。清廟升歌,先人功烈德深,故欲其清也。其歌之呼也,曰:'於穆清廟。'歎之也。於穆者,欲其在位者偏聞之也。"①引經典而敘樂之大義,是樂書所常見的開篇内容。雖然僅存這一句,但它的作用大抵相當於《樂書》以九十五卷篇幅載衆經訓義,《太平御覽·樂部》以《雅樂》三卷録十三經、前四史及諸子等著作中的論樂之語。可以想見的是,總序中除論樂義,定會論及撰述緣起、全書體例等問題,爲全書起到開宗明義,綱舉目張的作用。第二個層次是爲每一類内容作總括闡述的序,如上文已引的《演繁露》所引《清商正聲》序。第三個層次則是各卷中每個小類的序,亦可稱爲小序。該書正是通過總序—序—小序的脈絡,一層層細化,形成一個層次分明的三級結構,而在歌辭類中,又進一步細化,爲每首歌辭撰寫題解。可以看出,《樂府詩集》基本上完全襲用了《古今樂録》的這一結構。

《古今樂録》的現存佚文中,明確寫爲"序"的,只有程大昌所引的兩條。但是通過整理佚文,可以看出,各級序的措辭與各個條目及題解存在明顯差異:有一些佚文並沒有針對某一具體對象——如某一朝的某一組儀式用樂、某一種樂器、某一個舞種、某一首歌辭等——進行敘述,而是或者總括説明,或者梳理歷史,或者進行理論闡發,這一類佚文,很難被歸到具體的條目中,往往就是作爲序在原書中存在的。在此略舉幾例:

a. "乐器"类序:

> 金爲鐘、鎛、鐲、鐃;石爲磬;絲爲琴、瑟、箜篌、箏、筑、琵琶;竹爲箎、笛、篪、簫、管;匏爲笙、簧、竽;土爲塤、缶;革爲鼓;木爲柷、敔也。②

"乐器·金"小序:

> 凡金爲樂器有六,皆鐘之類也。曰鐘、曰鎛、曰錞、曰鐲、曰鐃、曰鐸。鎛如鐘而大。錞,錞于也。圓如椎頭,上大下小,所謂"金錞和鼓"也。鐲,鉦也,形如小鐘,軍行爲鼓節。鐃如鈴而無舌,有柄而執之。鐸如大鈴。古鐘名有大林之鐘、景鐘、九龍之鐘、十龍之鐘、千石

---

① 《演繁露》,明萬曆間鄧渼刻本,卷十四,第二頁。
② 《初學記》,北京:中華書局1962年版,卷十五《樂部上·雅樂第一》,第365頁。

之鐘。①

b. "清商正聲"序：

　　倫歌以一句爲一解，中國以一章爲一解。王僧虔啓云："古曰章，今曰解，解有多少。當時先詩而後聲，詩叙事，聲成文，必使志盡於詩，音盡於曲。是以作詩有豐約，制解有多少，猶詩《君子陽陽》兩解，《南山有臺》五解之類也。"②

"清商正聲·四弦"小序：

　　張永《元嘉技錄》有《四絃》一曲，《蜀國四絃》是也，居相和之末，三調之首。古有四曲，其《張女四絃》、《李延年四絃》、《嚴卯四絃》三曲闕，《蜀國四絃》節家舊有六解，宋歌有五解，今亦闕。③

c. "樂舞"類序：

　　比見北人猶以舞相屬。④

"樂舞·雅舞"小序：

　　自周以來，唯改其辭，示不相襲，未有變其舞者也。⑤

"樂舞·雜舞"小序：

　　鞞、鐸、巾、拂四舞，梁並夷則格。⑥

---

① 《初學記》卷一六《樂部下·鐘第五》，第395頁。
② 《樂府詩集》卷二六《相和歌辭》序，第376頁。
③ 《樂府詩集》卷三〇《四弦曲》小序，第440頁。
④ 《樂書》，宋刻元修本，卷一八三《樂圖論·俗部·舞》"屬舞"條，第一頁。
⑤ 《樂府詩集》卷五二《舞曲歌辭·雅舞序》引，第754頁。
⑥ 《樂府詩集》卷五五《舞曲歌辭·李白〈白鳩辭〉題解》引，第759頁。

現存《古今樂錄》佚文中屬於"序"類的條目,遠不止以上幾條,尤以歌辭類的小序保存得最多也最完整。限於篇幅,不能盡載,待文獻整理完成後,再請方家指正。

(四)《古今樂錄》佚文的資料來源

南朝末年,雖然經歷了侯景之亂、梁元帝江陵焚書等幾次毀書事件,官方藏書數量大大減少,從《隋書·經籍志》的記載來看,當時可以藉以參考的樂書和歌辭書等文獻仍然相當豐富。僅從現存佚文來看,智匠在編撰時所借鑒、徵引的文獻,有以下幾類:

(1)儒家經典及諸子著作等先秦、秦漢典籍。智匠引用早期典籍,通常是在兩種情況下:第一,引用儒家經典來解釋、闡發某一觀點,如總序中引用《尚書大傳》,論"階步"時引用《儀禮》等,相同的情況還有釋"大壯"、"大觀"時引用《老子》《論語》,論燕射樂儀時引《周禮》等。第二,在樂器、上古歌等起源較早的條目中,引用先秦典籍的記載。如在"古歌謠辭"類的序中論及"四方之歌",就是引用了《呂氏春秋》卷六《夏紀·音初》的內容,《橫吹曲辭》序中"橫吹,胡樂也。張騫入西域,傳其法於長安,唯得《摩訶兜勒》一曲,李延年因之,更造新聲二十八解,乘輿以爲武樂。後漢以給邊將,萬人將軍得之。在俗用者有《黃鵠》、《隴頭》、《出關》、《入關》、《出塞》、《入塞》、《折楊柳》、《黃覃子》、《赤之楊》、《望行人》十曲"[1]一段,則出自崔豹《古今注》。

(2)張永《元嘉正聲技錄》與王僧虔《大明三年宴樂技錄》兩部記載漢魏至劉宋清商三調曲辭流傳、保存和表演狀況的樂府文獻。《清商正聲》中的分類、內容和排列次序基本依照這兩部文獻而來。

(3)沈約《宋書·樂志》。與將張錄、王錄當作明確的直接文獻來源不同,智匠在編撰《古今樂錄》時很少明言其內容引自《宋書·樂志》,但實際上有很多條目直接取自該書。最明顯的是《鼓吹曲辭》一類。可以説,《古今樂錄》中所載的《鼓吹曲辭》——包括漢鼓吹鐃歌、魏鼓吹曲辭、吳鼓吹曲辭、晉鼓吹曲辭與宋鼓吹曲辭——全部照搬自《宋書·樂志》。不僅兩書的這一部分內容幾乎完全相同,而且有幾處細節,可以證實這種因循關係。

其一,《宋書》卷二二《樂志四》所載《吳鼓吹曲辭》題解中,將孫堅稱爲

---

[1] 范曄《後漢書》,北京:中華書局1997年版,卷四七《班超傳》章懷太子注,第1577頁。

"武烈皇帝",將孫權稱爲"大皇帝",而《古今樂録》所載則直接稱爲孫堅、孫權,唯獨《承天命》與《玄化》二條,《古今樂録》未依照體例直書姓名,而與《宋書》卷二二同樣稱"上"。按,《宋書》卷一九《樂志一》云:"韋昭孫休世上鼓吹鐃哥十二曲,表曰:'當付樂官善哥者習哥。'"①可知《吳鼓吹曲》於孫休在位時進呈,所以在題解中以今上稱之,而以諡號稱呼孫堅、孫權等。《古今樂録》中未將"上"改爲"孫休",或因疏忽,或因不詳其是何人在位時之事,而因循《宋書》之迹可見矣。

其二,《樂府詩集》卷一八《鼓吹曲辭·魏鼓吹曲》諸曲題解未引《古今樂録》之語,然其中《楚之平》題解曰:"《古今樂録》作'初之平'。"②則《古今樂録》原有《魏鼓吹曲》一類。考《宋書·樂志》卷二二《樂志四》所載此曲名亦作"初之平",亦可知《古今樂録》因襲《宋書》而來。

除《鼓吹曲辭》類外,《古今樂録》中直接來源自《宋書·樂志》的,尚有《清商正聲》序中"但歌四曲"一段,《樂舞》類中鞞舞的漢、魏、晉篇目,《樂儀》類的《宋泰始歌舞》,以及《古歌謡辭》類的《慶雲之歌》題解等。由此可見,《宋書·樂志》是《古今樂録》的重要文獻來源。

(4)《琴操》。《古今樂録》中雖無《琴曲歌辭》一類,然其在記録後世以琴歌形式流傳的上古歌辭本事時,亦曾參考《琴操》。如《拘羑里》條,《太平御覽》卷五七一《樂部九·歌二》、《事類賦》卷一一《樂部》及《天中記》卷四三"鬱辭申憤"條均稱引自《古今樂録》,而其內容與《藝文類聚》卷一二《帝王部二》所引《琴操》大略相同;《哀慕之歌》條,宋朱長文《琴史》卷一"王季"條載太伯作《哀慕之歌》事,稱見於《琴操》③;此外,《太平御覽》卷七六二《器物部七·瓢》引《琴操》載許由掛瓢之事,與《古今樂録》所載之《箕山操》相關段落亦幾乎完全相同。在現存古歌謡辭佚文中,此三條爲題解最長,叙本事最詳者,然均與《琴操》有所重合,可見智匠撰書時必曾參考《琴操》。至於此《琴操》是蔡邕所撰亦或孔衍所撰,並非本文所關注的問題,在此不作探討。

(5)江左宋、齊、梁時與製樂相關的奏議。《古今樂録》現存佚文中,有宋何承天、王僧虔,梁何佟之、周捨、沈約等人關於樂儀、樂歌、樂舞等的奏、

---

① 《宋書》,第541頁。
② 《樂府詩集》,第264頁。
③ 《琴史》,清康熙楝亭藏書十二種本,卷一,第三頁。

議、啓等，以上諸人在南朝制禮作樂過程中均曾起到重要作用，而且《清商正聲》類所引王僧虔啓在《全上古三代秦漢三國六朝文》中未見，是具有較重要意義的音樂文獻。

（6）梁陳時的樂府資料。本書既以"古今樂録"爲名，則所謂"今"，也就是梁代至陳代的樂府文獻，必然是其不可或缺的參考資料。故其佚文中屢見"今歌有此曲"或"今不傳"，西曲歌類所記之舞，又將"舊舞"與梁舞對舉，此外，更有"梁陳宫懸圖"等，均可看出智匠掌握了相當豐富的近世樂府文獻。不論是前朝的名臣奏議，還是晚近的樂府資料，都並非私人藏書所能獲得的，釋智匠所用，必是秘府所藏的官方文獻。這也就說明，釋智匠撰寫《古今樂録》，並不是個人著述，而是帶有鮮明的官方樂書性質。

以上是對《古今樂録》内容、結構、體例及資料來源等問題的一些考述與推斷。在輯佚、整理文獻的過程中，了解原書的框架、脈絡和體例非常重要，因爲它可以幫助我們去最大限度地恢復佚書的原貌。當然，想要接近原貌，不僅僅體現在排列順序上，更要對每條佚文本身進行考證與斟酌，以辨明真僞，判斷起止，及校勘字句。

在《古今樂録》的佚文整理中，校勘和句讀極爲重要。由於本書涉及大量中古音樂的概念、名詞，佚文又僅保存在類書、文集、筆記等著作中，將大量佚文進行對勘，並合理地點斷文字，對於恢復佚文原貌，正確理解其内容來説，是必不可少的基礎工作。然而，本書的校勘句讀工作量很大，内容也比較繁雜，限於篇幅，本文不擬展開討論。下文謹就佚文整理和疑誤辨析這兩個問題略作闡述。

三、《樂府詩集》所引《古今樂録》佚文梳理與辨析

在現存《古今樂録》佚文中，有一部分輯自《初學記》、《藝文類聚》、《白氏六帖》、《太平御覽》等類書，由於類書每條只引某一書中的某一段文字，因此雖然存在將他書内容誤署爲《古今樂録》的可能，但至少不必擔心這些佚文與其他著作相混。然而，相當多的《古今樂録》佚文都是從《樂府詩集》中輯出，郭氏在撰寫小序、題解時往往是徵引數種著作，並加以議論。因此，判斷這些佚文的起止，就成了相當重要，也相當令人頭痛的問題。以中華書局點校本《樂府詩集》爲代表，研究者往往將一條引文的下限斷在下一

種徵引著作的書名之前。然而這種斷法，不但無法體現《古今樂錄》，乃至《樂府詩集》所徵引的其他著作的佚文原貌，而且往往將郭氏所撰小序、題解簡化爲幾種宋以前文獻的羅列，而忽視了其中可能有郭氏按語，不利於理解郭氏的樂府觀念，也無形中降低了《樂府詩集》小序、題解的學術價值。爲了最充分地對《古今樂錄》及《樂府詩集》進行研究，就必須對郭氏所徵引的佚文進行辨別和梳理，儘可能地判斷一段文字的起止與歸屬。在此，謹選取幾種較有代表性的佚文進行辨析與考證。

（一）郭氏引《古今樂錄》後復引一書者。 這一類情況在《古今樂錄》裏非常常見，進行辨析時，往往需要從整篇小序或題解入手，考察《古今樂錄》佚文與上下文的關係，乃至參照《樂府詩集》在類似情況下的引書體例，從而進行判斷。

例1.《樂府詩集》卷五二《舞曲歌辭·雅舞》序曰：

> 黄帝之《雲門》、堯之《大咸》、舜之《大韶》、禹之《大夏》，文舞也；殷之《大濩》、周之《大武》，武舞也。周存六代之樂，至秦唯餘《韶》、《武》。漢魏已後，咸有改革，然其所用，文武二舞而已，名雖不同，不變其舞。故《古今樂錄》曰：自周以來，唯改其辭，示不相襲，未有變其舞者也。然自《雲門》而下，皆有其名而亡其容，獨《大武》之制，存而可考。《樂記》曰：樂者，象成者也。①

按，吉聯抗《古樂書佚文集注》將"《古今樂錄》曰"之後，"《樂記》曰"之前的内容均輯爲《古今樂錄》佚文②。然從整段小序的内容來看，"自周以來，唯改其辭，示不相襲，未有變其舞者也"是爲"名雖不同，不變其舞"作引證，而"自《雲門》而下，皆有其名而亡其容，獨《大武》之制，存而可考"則是承接自其前"黄帝之《雲門》"的内容，言上古諸雅舞在漢魏之後的保存，二者所言並非一事，後一句應並非《古今樂錄》之原文。此序中所引的《古今樂錄》原文，僅"自周以來，唯改其辭，示不相襲，未有變其舞者也"一句。

---

① 《樂府詩集》，第 753—754 頁。
② 吉聯抗《古樂書佚文集注》，北京：人民音樂出版社 1990 年版，第 39 頁。

例2.《樂府詩集》卷四一《相和歌辭·梁甫吟行》題解曰：

> 《古今樂録》曰：王僧虔《技録》有《梁甫吟行》，今不歌。謝希逸《琴論》曰：諸葛亮作《梁甫吟》。《陳武别傳》曰：武常騎驢牧羊，諸家牧豎十數人，或有知歌謡者，武遂學《泰山梁甫吟》、《幽州馬客吟》及《行路難》之屬。《蜀志》曰：諸葛亮好爲《梁甫吟》。然則不起於亮矣。李勉《琴説》曰：《梁甫吟》，曾子撰。《琴操》曰：曾子耕泰山之下，天雨雪凍，旬月不得歸，思其父母，作《梁山歌》。蔡邕《琴頌》曰：梁甫悲吟，周公越裳。按，梁甫，山名，在泰山下。《梁甫吟》，蓋言人死葬此山，亦葬歌也。又有《泰山梁甫吟》，與此頗同。①

按，中華書局點校本《樂府詩集》和劉躍進、吉聯抗均認爲此序中直至"蔡邕《琴頌》曰：梁甫悲吟，周公越裳"之後均爲《古今樂録》佚文。然則本題解引書頗多，需要仔細分辨哪些屬於《樂府詩集》所直接引用，哪些屬於其所引《古今樂録》佚文徵引，以及哪些屬於釋智匠或郭茂倩的按語。其中有幾點值得注意：

其一，《直齋書録解題》載："《琴説》一卷，唐工部尚書李勉撰。"②則至少自"李勉《琴説》曰"起，已是郭茂倩所引。而自引謝莊《琴論》至全段終，包括引李勉《琴説》在内，均爲討論"梁甫吟"之最初作者，文義連貫，顯然是同一人所作之考證，因此應皆歸爲郭茂倩，而非將"李勉《琴説》"之前歸爲《古今樂録》。

其二，《三國志》卷三五《蜀書五》云："亮躬耕隴畝，好爲《梁父吟》。身長八尺，每自比於管仲、樂毅，時人莫之許也。"③並未涉及《梁甫吟》的最初作者，則"然則不起於亮矣"一句亦爲郭茂倩按語。

本段中先引《琴操》，後引《琴頌》，均爲蔡邕所作，然僅《琴頌》前署蔡邕之名，《琴操》反不署，與常例不合。按，《琴説》與《琴操》均言曾子作《梁甫吟》之事，然各有側重：李勉之言僅下定論，《琴操》則詳載其本事。由此觀之，《琴操》應爲李勉《琴説》之引證。

---

① 《樂府詩集》，第605頁。
② 陳振孫《直齋書録解題》，上海：上海古籍出版社1987年版，第400頁。
③ 陳壽《三國志》，北京：中華書局1997年版，第911頁。

綜上所述，本段題解句讀應爲：

《古今樂録》曰："王僧虔《技録》有《梁甫吟行》，今不歌。"謝希逸《琴論》曰："諸葛亮作《梁甫吟》。"《陳武別傳》曰："武常騎驢牧羊，諸家牧竪十數人，或有知歌謡者，武遂學《泰山梁甫吟》、《幽州馬客吟》及《行路難》之屬。"《蜀志》曰："諸葛亮好爲《梁甫吟》。"然則不起於亮矣。李勉《琴説》曰："《梁甫吟》，曾子撰。《琴操》曰：'曾子耕泰山之下，天雨雪凍，旬月不得歸，思其父母，作《梁山歌》。'"蔡邕《琴頌》曰："梁甫悲吟，周公越裳。"按，梁甫，山名，在泰山下。《梁甫吟》，蓋言人死葬此山，亦葬歌也。又有《泰山梁甫吟》，與此頗同。

也就是説，本序中的《古今樂録》佚文，僅有"王僧虔《技録》有《梁甫吟行》，今不歌"一句。

例3.《樂府詩集》卷五〇《清商曲辭·龍笛曲》題解云：

《古今樂録》曰：《龍笛曲》，和云：江南音，一唱值千金。馬融《長笛賦》曰：近世雙笛從羌起，羌人伐竹未及已。龍鳴水中不見已，截竹吹之聲相似。然則《龍笛曲》蓋因聲如龍鳴而名曲。[1]

按，中華書局點校本《樂府詩集》和劉躍進、吉聯抗均將整條題解作爲《古今樂録》佚文。然同卷《朝雲曲》題解引《古今樂録》所載和辭後，引宋玉《高唐賦序》叙《朝雲曲》本事，兩位學者卻均未將這一内容作爲《古今樂録》之文，未免有前後抵牾之嫌。

《樂府詩集》同卷沈約《江南弄》四首之《陽春曲》題解中，先引《新序》所載"宋玉對楚威王問"，隨即稱"然則《陽春》所從來亦遠矣"，其叙述結構與《龍笛曲》、《朝雲曲》題解幾乎全同。參校《新序》可知，《陽春曲》題解中"然則《陽春》所從來亦遠矣"一句爲郭茂倩所下斷語，而《新序》亦爲郭氏所引，則《龍笛曲》題解引馬融《長笛賦》、《朝雲曲》題解引宋玉《高唐賦序》亦應皆是郭茂倩所爲，進一步説，這種先引先秦兩漢典籍著作，再作總結的形式（常以"然則"起句），可稱爲郭氏考證歌辭本事的常用體例。

---

[1]《樂府詩集》，第726頁。

又，《佩文韻府》卷九一之二載《龍笛曲》曰："《古今樂錄》：'《龍笛曲》和云：江南音，一唱直千金。'《樂府詩集》：'《龍笛曲》蓋音聲如龍鳴而名曲。'"[1]明確地區分了《古今樂錄》之文與郭氏之語，可爲旁證。因此，本條題解中《古今樂錄》佚文僅"《龍笛曲》，和云：江南音，一唱值千金"一句。

（二）《樂府詩集》序、題解中在引《古今樂錄》之後並未引另一種著作，然或有郭氏按語者。這種情況同樣相當常見，需要謹慎辨明。

例1.《樂府詩集》卷四八《清商曲辭·採桑度》題解云：

《古今樂錄》曰：《採桑度》舊舞十六人，梁八人。即非梁時作矣。[2]

按，中華書局本《樂府詩集》、吉聯抗及劉躍進均將此段全作爲《古今樂錄》之語，然如此觀之，則末句殊不可解。又，題解上文有"《採桑度》，梁時作"一句，由此可知，郭氏是在此處引《古今樂錄》對《採桑度》有舊舞亦有梁舞的記載，以證明《採桑度》非梁時方作，故"即非梁時作矣"應爲郭茂倩按語，而非《古今樂錄》原文。此題解中《古今樂錄》佚文僅"《採桑度》舊舞十六人，梁八人"一句。

例2.《樂府詩集》卷二五《橫吹曲辭·黃淡思歌辭》題解云：

《古今樂錄》曰：思，音相思之思。按，李延年造《橫吹曲》二十八解，有《黃覃子》，不知與此同否。[3]

按，《樂府詩集》卷八七《雜歌謠辭》載溫庭筠《黃曇子歌》，題解曰："《晉書·五行志》曰：'桓石民爲荆州，百姓忽歌《黃曇子曲》，後石民死，王忱爲荆州之應。黃曇子，王忱字也。'按，《橫吹曲》李延年二十八解有《黃覃子》，不知與此同否。凡歌辭，考之與事不合者，但因其聲而作歌爾。"[4]參校《晉書·五行志》，可知其原文僅到"黃曇子，王忱字也"，其後按語爲郭茂倩所加。將此題解與卷二五《黃淡思歌辭》題解相對比，則《黃淡思歌辭》題解

---

[1] 張玉書：《佩文韻府》，文淵閣《四庫全書》本，卷九一之二，第十八頁。
[2] 《樂府詩集》，第709頁。
[3] 同上書，第366頁。
[4] 同上書，第1219頁。

中按語亦爲郭茂倩語，《古今樂録》原文僅"思，音相思之思"一句。

例3.《樂府詩集》卷四三《相和歌辭·大曲十五曲》序云：

  《古今樂録》曰：凡諸大曲竟，《黃老彈》獨出，舞，無辭。按王僧虔《技録》，《櫂歌行》在瑟調，《白頭吟》在楚調。而沈約云同調，未知孰是。①

按，吉聯抗認爲此條中自"凡諸大曲竟"至"《白頭吟》在楚調"爲《古今樂録》佚文。誠然，《樂府詩集》所引王僧虔《技録》均爲轉引自《古今樂録》，然從《大曲十五曲序》整體看來，"凡諸大曲竟，《黃老彈》獨出，舞，無辭"一語顯然是承接其前"其《羅敷》、《何嘗》、《夏門》三曲，前有艷，後有趨；《碣石》一篇有艷；《白鵠》、《爲樂》、《王者布大化》三曲有趨；《白頭吟》一曲有亂"等語討論大曲結構，而"按王僧虔《技録》，《櫂歌行》在瑟調，《白頭吟》在楚調"一語與其後"而沈約云同調，未知孰是"一語均爲討論各曲應在何調的情況，二者所言並非一事。又，"按王僧虔《技録》"云云，是指《技録》將《櫂歌行》列在瑟調三十八曲中，而將《白頭吟》列在楚調五曲中。因此，此句並非《古今樂録》在論《黃老彈》時所引《技録》之語，亦非釋智匠考辨之語，而是郭茂倩承接段首"《宋書·樂志》曰"云云而來的考辨。此序中所引《古今樂録》原文，僅"凡諸大曲竟，《黃老彈》獨出，舞，無辭"一句。

例4.《樂府詩集》卷四七《清商曲辭·西曲歌》序云：

  《古今樂録》曰：西曲歌有《石城樂》、《烏夜啼》、《莫愁樂》、《估客樂》、《襄陽樂》、《三洲》、《襄陽蹋銅蹄》、《採桑度》、《江陵樂》、《青陽度》、《青驄白馬》、《共戲樂》、《安東平》、《女兒子》、《來羅》、《那呵灘》、《孟珠》、《翳樂》、《夜度娘》、《長松標》、《雙行纏》、《黃督》、《黃纓》、《平西樂》、《攀楊枝》、《尋陽樂》、《白附鳩》、《拔蒲》、《壽陽樂》、《作蠶絲》、《楊叛兒》、《西烏夜飛》、《月節折楊柳歌》三十四曲。《石城樂》、《烏夜啼》、《莫愁樂》、《估客樂》、《襄陽樂》、《三洲》、《襄陽蹋銅蹄》、《採桑度》、《江陵樂》、《青驄白馬》、《共戲樂》、《安東平》、《那呵灘》、《孟珠》、《翳樂》、《壽陽樂》並舞曲。《青陽度》、《女兒子》、《來

---

① 《樂府詩集》，第635頁。

羅》、《夜黃》、《夜度娘》、《長松標》、《雙行纏》、《黃督》、《黃纓》、《平西樂》、《攀楊枝》、《尋陽樂》、《白附鳩》、《拔蒲》、《作蠶絲》並倚歌。《孟珠》、《翳樂》亦倚歌。按，西曲歌出於荆、郢、樊、鄧之間，而其聲節送和與吳歌亦異，故依其方俗而謂之西曲云。①

按，諸家研究者均將整段小序都當作《古今樂録》之文，然從本卷後文所載諸西曲的題解可以看出，《古今樂録》是在每首作品前的題解，而非卷首序中，分辨西曲諸曲是舞曲還是倚歌。因此，本序中討論何曲爲倚歌，何曲爲舞曲的部分應非《古今樂録》之語，而是郭茂倩對《古今樂録》所載西曲進行的總結歸納。而"按，西曲歌出於荆、郢、樊、鄧之間，而其聲節送和與吳歌亦異，故依其方俗而謂之西曲云"一句亦爲郭氏按語。本序所引《古今樂録》佚文至"三十四曲"即止。

（三）需要辨明序、題解中"今"之歸屬者。不論是《古今樂録》中釋智匠的考證，還是《樂府詩集》中的郭茂倩按語，都不乏稱"今如何如何"之處，再加上《大明三年宴樂技録》中王僧虔之語，情況就更加複雜，極易混淆，需要依據文意和體例分辨。

例1.《樂府詩集》卷五二《舞曲歌辭·前舞凱容歌》題解云：

《古今樂録》曰：宋孝武改《前舞》爲《凱容》之舞，《後舞》爲《宣烈》之舞。何承天《三代樂序》云："晉《正德》、《大豫》舞，蓋出於漢《昭容》、《禮容》樂，然則其聲節有古之遺音焉。"晉使郭瓊、宋識等造《正德》、《大豫》舞，初不言因革昭業等兩舞，承天空謂二容，竟自無據。按，《正德》、《大豫》二舞，即出《宣武》、《宣文》、魏《大武》三舞也。《宣武》，魏《昭武》舞也。《宣文》，魏《武始》舞也。魏改《巴渝》爲《昭武》，《五行》曰《大武》。今《凱容》舞執籥秉翟，即魏《武始》舞也。《宣烈》舞有矛弩，有干戚。矛弩，漢《巴渝》舞也。干戚，周武舞也。宋世止革其辭與名，不變其舞，舞相傳習，至今不改。瓊、識所造，正是雜用二舞，以爲《大豫》爾。夷蠻之樂，雖陳宗廟，不應雜以周舞也。②

---

① 《樂府詩集》，第688—689頁。
② 同上書，第759—760頁。

按，諸家研究者均將本題解中的《古今樂録》佚文斷至"承天空謂二容，竟自無據"，將其後當作郭茂倩按語。然所謂"今《凱容》舞"，明顯指的是"陳以《凱容》樂舞用之郊廟"的陳代樂舞。"舞相傳習，至今不改"，則指的是自漢魏傳至陳，而非傳至趙宋矣。又，同卷《前舞階步歌》題解所徵《古今樂録》佚文亦引何承天語，並加以考論，稱"今直謂之階步，而承天又以爲出樂，俱失之矣"，此處之"今"亦是智匠言陳代事。因此，《前舞凱容歌》之題解中，自"《古今樂録》曰"起，全爲《古今樂録》之語。

例2.《樂府詩集》卷三七《相和歌辭·東門行》題解云：

《古今樂録》曰：王僧虔《技録》云：《東門行》歌古"東門"一篇。今不歌。①

按，王僧虔《技録》中多有"今不歌"的記載，如"《東西門行》，今不歌"，"《順東西門行》，今不歌"，"《飲馬行》，今不歌"等。先言用於歌，又言"今不歌"的，有一例，見於《樂府詩集》卷三九《相和歌辭·艷歌行》題解："《艷歌羅敷行》'日出東南隅'篇，《荀録》所載，'羅敷'一篇，相和中歌之，今不歌。"②然而其中"相和中歌之"指的是《荀録》所載晉樂表演的情況。根據王録的體例，直言"某某曲歌某某篇"，即是記録大明三年時的情況，因此，本條中的"今不歌"應是智匠語。

例3.《樂府詩集》卷三八《相和歌辭·上留田行》題解云：

《古今樂録》曰：王僧虔《技録》有《上留田行》，今不歌。③

按，所謂"王僧虔《技録》有《上留田行》"，依智匠直引與轉引王僧虔《技録》的不同體例，此處並非直接引用《技録》原文，而是指《技録》的三十八首瑟調曲中有《上留田行》一曲，"今不歌"爲智匠語。《新城安樂宮行》、《大牆上蒿行》、《野田黄雀行》等亦是此情況。

---

① 《樂府詩集》，第550頁。
② 同上書，第579頁。
③ 同上書，第563頁。

(四)《樂府詩集》節引不同佚文,並列一處者。
例:《樂府詩集》卷五五《舞曲歌辭·李白〈白鳩辭〉》題解云:

<blockquote>
《古今樂録》曰:鞞、鐸、巾、拂四舞,梁並夷則格。鐘、磬、《鳩》、拂和,故白擬之,爲《夷則格上白鳩拂舞辭》云。①
</blockquote>

按,中華書局點校本《樂府詩集》將此題解全部作爲《古今樂録》佚文,固然是明顯的錯誤,而吉聯抗、劉躍進將《古今樂録》之語斷至"鐘、磬、《鳩》、拂和",似乎也欠妥。此段前一句爲總論四種雜舞,後一句則單論拂舞,從銜接情況來看,二者之間尚應有論鞞、鐸、巾三舞的內容。李白《白鳩辭》首句曰"鏗鳴鐘,考朗鼓,歌《白鳩》,引拂舞",將其與題解對照來看,應該是郭氏在撰寫題解時,分別節引了兩條《古今樂録》的原文,來解釋李白詩的題目與首句。竊以爲"鞞、鐸、巾、拂四舞,梁並夷則格"一條出於《古今樂録》"樂舞·雜舞"類的小序,而"鐘、磬、《鳩》、拂和"有可能出於其中"拂舞"條,也有可能出於《雜舞小序》中分別論述四種雜舞與何種樂器、樂歌配合的段落。

(五)《樂府詩集》中省略不引,整理時須根據體例補入者。
例:《樂府詩集》卷四七《清商曲辭·石城樂》題解云:

<blockquote>
《唐書·樂志》曰:《石城樂》者,宋臧質所作也。石城在竟陵,質嘗爲竟陵郡,於城上眺矚,見群少年歌謡通暢,因作此曲。《古今樂録》曰:《石城樂》,舊舞十六人。②
</blockquote>

按,吉聯抗、劉躍進均將此條《古今樂録》佚文輯爲"《石城樂》,舊舞十六人",以《樂府詩集》作爲參照,這顯然是沒有問題的。然而,依《古今樂録》體例,歌辭題解中均先言本事,唯《樂府詩集》西曲類《石城樂》、《烏夜啼》、《莫愁樂》、《採桑度》、《江陵樂》等諸曲所引《古今樂録》無本事,僅言樂舞人數。從《襄陽樂》、《三洲歌》等曲的題解所引來看,《古今樂録》對西

---

① 《樂府詩集》,第795頁。
② 同上書,第689頁。

曲的記載，在舞蹈情況前亦先言本事。這種於《古今樂録》歌辭類體例不和的情況，大概是因爲《石城樂》諸曲題解引《（舊）唐書·樂志》中所載的本事，並不説明《古今樂録》原書中未載。有一反例可以作爲證明：《估客樂》題解中所載本事引自《古今樂録》，其後復引《唐書·樂志》，僅"梁改其名爲《商旅行》"一句，然《舊唐書·音樂志》中，實際已詳載其本事。由此足可見《樂府詩集》中不論是引《舊唐書》所載本事，還是引《古今樂録》所載本事，都會出於不復見的原因，將另一種著作關於本事的記載略去，其所體現的並非原書原貌。雖《古今樂録》所載《石城樂》本事因此不存，但將《古今樂録》與《舊唐書》其他諸曲本事相對照，可見二者僅在個別文字上存在差異。因此，在整理時，筆者擬暫以括號形式將《舊唐書·音樂志》所載《石城樂》本事加入此段内，僅爲使人了解本條原應記載本事。

（六）《樂府詩集》並未直接引用，只對《古今樂録》内容進行概述者。

例：《樂府詩集》卷二一《横吹曲辭》序曰：

  《古今樂録》有《梁鼓角横吹曲》，多叙慕容垂及姚泓時戰陣之事，其曲有《企喻》等歌三十六曲，《樂府胡吹舊曲》又有《隔谷》等歌三十曲，總六十六曲，未詳時用何篇也。①

按，此段爲郭茂倩概述《古今樂録》中所分小類及其中所收歌辭數量，可用以作爲復原《古今樂録》結構的憑據。然而，與"《古今樂録》曰"之後的内容可以作爲佚文不同，"《古今樂録》有"之後的内容不能直接當作佚文，而是應結合郭氏文中的内容和《古今樂録》的體例進行處理。

  以上六個方面，是進行《古今樂録》輯佚整理時比較多遇到的問題。當然，在此以《樂府詩集》所引用的《古今樂録》佚文爲對象，並不是説只有這一種書中輯出的佚文存在問題，而是因爲它具有足夠的代表性。除此之外，《唐六典》、《唐音》等著作中所徵引的《古今樂録》佚文，也面臨上述所列的某些問題，在此不必贅言。

---

① 《樂府詩集》，第309—310頁。

四、《古今樂録》佚文的疑僞辨析

　　由於亡佚較久，後世文獻轉引《古今樂録》之語時，頗有錯引、誤署乃至作僞者，尤其是因爲該書常被簡稱爲《樂録》，故又容易與其他一些書名近似的樂書相混淆而致誤。據筆者目前所見，疑誤佚文可以分爲幾個類型。

　　（一）引用其他典籍，從内容可以明顯看出不可能出自《古今樂録》者。這一類型，我們稱爲"錯引"。上文曾經提到的《太平御覽》卷五六五《樂部三·律吕》稱出自《古今樂録》的"牛弘對隋文帝問候氣"即屬於這一類型。此外還有一處，出自唐王涇《大唐郊祀録》卷二："《樂録》云：金之屬，一曰鎛鐘，凡十二，每鐘大一簴虡，各應律吕之聲，分爲十八隔法七十二元。二曰編鐘，即小鐘也，各應律吕大小，編而縣之也。"① 按：《大唐郊祀録》成書於唐德宗貞元年間，其時《古今樂録》尚存。然此條記載仍不可信，原因有二：第一，《古今樂録》中已有"凡金爲樂器有六，皆鐘之類也"一條來總論這一類樂器，而此條亦論"金之屬"的分類，與可確定爲《古今樂録》的内容在條目上重複，而在内容上有所出入；第二，根據《隋書·音樂志下》，本段文字所記載的是隋代的雅樂鼓吹，因此不可能出現在陳時成書的《古今樂録》中。此條應是將《隋書·音樂志》的内容錯引爲《古今樂録》。

　　（二）誤署類型之一，在類書中因引《古今樂録》的條目與引其他著作的條目相鄰，而誤署書名者。如《事類賦》卷一一《樂部·鼓》云："《古今樂録》曰：動也，冬至之陰，萬物含陽而動也。"② 按：《太平御覽》卷五八二《樂部二十·鼓》引此條，稱出自《大周正樂》，爲此書引用唐代劉貺之語。而其前一條爲引自《古今樂録》之"鎛師掌金奏之鼓"條，故《事類賦》此條有可能將出處誤作《古今樂録》。此後齊鼓、都曇鼓、荅臘鼓、雞婁鼓、提鼓等條皆情況相同。《玉函山房輯佚書》、《漢學堂叢書》等輯佚著作及《正字通》、《類雋》等頗有依《事類賦》而誤者。

　　（三）誤署類型之二，因其他著作與《古今樂録》之名相近而誤署。其

---

① 王涇《大唐郊祀録》，民國四年張氏刻適園叢書本，卷二，第六頁。
② 吴淑《事類賦》，明校刻宋本，卷一一，第十八頁。

中有幾條文獻的編撰者未必是將他書誤署，而是其他著作亦以《樂錄》爲別名，但卻容易使後人將其誤歸爲《古今樂錄》，故亦應辨明。這一情況涉及到的樂書包括以下幾種：

（1）唐段安節《樂府雜錄》

例1.《事類賦》卷一一《樂部·舞》注云：

《樂錄》云：舞有大小垂手。①

按，唐段安節《樂府雜錄》"舞工"條曰："舞者，樂之容也。有大垂手、小垂手。"②然《樂府雜錄》亦被省稱爲"樂錄"，如宋洪興祖補注《楚辭》卷九《招魂》即引此條曰："唐段安節《樂錄》曰：舞者樂之容，古有大垂手、小垂手。"

例2.《韻語陽秋》卷一七"傀儡之戲"條云：

漢高祖白登之圍，以刻木爲美人而圍解。《樂錄》謂即今之傀儡。③

按，《古今樂錄》中沒有關於雜伎百戲的類目，此條不似出自本書。而《樂府雜錄》"傀儡子"條曰："自昔傳云，起於漢祖在平城爲冒頓所圍，其城一面即冒頓妻閼氏兵，強於三面。壘中絕食，陳平訪知閼氏妬忌，即造木偶人，運機關，舞於陴間。閼氏望見，謂是生人，慮下其城，冒頓必納妓女，遂退軍。史家但云陳平以秘計免，蓋鄙其策下爾。後樂家翻爲戲，其引歌舞有郭郎者，髮正禿，善優笑，閭里呼爲郭郎，凡戲場必在俳兒之首也。"④應是葛立方所言之"樂錄"記傀儡事。

（2）唐武則天《樂書要錄》。明程良孺撰《茹古略集》卷二〇《總樂》"于以氣候葭灰"後小字注曰"《樂錄》"⑤。按，元以前典籍中不載《古今樂錄》有關"于以氣候葭灰"的佚文，不太可能在《古今樂錄》已經散佚多時的

---

① 《事類賦》，宋紹興十六年刻本，卷一一，第八頁。
② 段安節《樂府雜錄》，清守山閣叢書本，第一九頁。
③ 葛立方《韻語陽秋》，宋刻本，卷一七，第五頁。
④ 《樂府雜錄》，第四〇頁。
⑤ 程良孺《茹古略集》，明崇禎間韻樓自刻本，卷二〇，第二十二頁。

明朝出現新佚文。而《樂書要錄》卷六"審飛候"條云"以葭灰實其端,其月氣至則灰飛而管通也"①,程良孺所引,極有可能是此條。

(3)宋鄭樵《通志·樂略》。元蕭士贇在删補《分類補注李太白詩》時加入了很多署爲《樂録》的資料,其中很多是以《通志·樂略》中"樂府遺聲"的分類方法劃分歌辭,如卷三《烏棲曲》題注云"士贇曰:《樂録》:《烏棲曲》者,'鳥獸三十一曲'之一也",卷四《于闐採花》題注云"士贇曰:《樂録》:《于闐採花》者,'蕃胡四曲'之一",卷四《荆州歌》題注云"士贇曰:《樂録》:'都邑三十四曲'有《荆州樂》,又有《荆州歌》"等。然而在南朝時,"正聲"的概念是和"雜伎"相對的,並没有"遺聲"這一概念和分類方法,蕭士贇所言《樂録》,實際上即是《通志·樂略》。

(4)《隋書·經籍志》所載《樂部》。宋高承《事物紀原》卷二"觱篥"條云:"《樂録》曰:觱管也。"②《太平御覽》卷五八四《樂部二十二·觱篥》、《杜工部草堂詩箋》卷三六《夜聞觱篥》箋等均寫作引自《樂部》,《事物紀原》應爲因書名相似致誤。

(四)明人作僞。《杜詩詳注》卷一二《送李卿曄》注曰:"《古今樂録》:楚之王子質於秦,思歸作歌:'洞庭分木秋,潯陽分草衰,去千乘之家國,作咸陽之布衣。'"③按,此《王子思歸歌》不見於《樂府詩集》等明代以前的典籍,而在明代《石倉歷代詩選》、《七國考》、《廣博物志》等書中接連出現,並被《古詩紀》、《古樂苑》等書收録,至清代,《庾子山集注》、《杜詩詳注》均引其作注。然就其出處,衆説不一:或云出自《怨録》,或云出自《古琴録》,而仇兆鰲《杜詩詳注》中稱其出自《古今樂録》,僅一見,無旁證可依。實際上,不惟此出處不可信,甚至連這首詩本身都不可信。其本事爲《史記》卷七八《春申君列傳》所載"楚太子完入質於秦,秦留之數年"之事,"咸陽之布衣"典故亦出於此,之所以由"太子"變爲"王子",是因爲庾信《哀江南賦》末句曰:"咸陽布衣,非獨思歸王子。"而本詩前兩句,亦是化用《哀江南賦》的"辭洞庭兮落木,去潯阳兮極浦"。可見,本詩應爲明人在文壇復古風氣下所作的僞作無疑。

---

① 武則天《樂書要録》,清嘉慶宛委别藏本,卷六,第二〇頁。
② 高承《事物紀原》,明弘治十八年魏氏仁實堂重刻正統本,卷二,第三〇頁。
③ 仇兆鰲《杜詩詳注》,北京:中華書局1979年版,第1068頁。

五、結　語

在《古今樂録》出現之前,作爲音樂文獻的樂書和作爲樂府文獻的歌辭書是兩種涇渭分明的體裁,而且《隋書·經籍志》中所載歌辭書的種類雖然不少,卻往往是分别只記録某一時段中某一場合所使用的某種歌辭。《古今樂録》突破了一時、一體的限制,成爲先唐歌辭書的集大成者,同時也糅合了樂書與歌辭書,成爲綜合性樂書的開創者。不論在内容上還是體例上,《古今樂録》都對陳暘《樂書》、竇儼《大周正樂》等樂書,和《樂府詩集》等文集有著深遠影響。可以説,《古今樂録》既有承前之功,又有啓後之力,是一部具有里程碑意義的重要著作。

在對《古今樂録》進行輯佚和系統整理的基礎上,本文梳理了該書的内容、體例、結構等宏觀問題,亦對其佚文起止、正誤等微觀問題概括出幾點規律,期待能對學界的研究盡微薄之力。

（作者單位：中國音樂學院）

《大唐西域記》所載佛教口傳故事考述

陳引馳　陳　特

【摘　要】《大唐西域記》是中古西行求法僧人撰寫的一部重要著作,其歷史、地理和風俗上的價值極高,即從宗教文學方面觀察,其記述西域、印度等地流傳之佛教故事傳說甚夥,亦不容忽視。本文試從文本比勘入手,推證《大唐西域記》記述佛教傳說故事的書面典籍和口頭傳播兩種來源方式及兩者錯綜交織之表現,條理並分析其特點,進而顯示玄奘撰述態度的多面性以及其著作包涵的複雜性。

【關鍵詞】《大唐西域記》　西行求法　佛教故事口傳

考究印度佛教文化與中國文學之交通關涉,既往之學術史文獻顯示,其主要方式乃是根據相關文本之間的對勘、比照,揭示如漢譯佛經文本與特定文學作品之間的類似性,從而推定其間的影響和接受。而以不同文化交流的通例,文字之交固甚重要,而親身的接觸和口耳相聞乃至相傳,亦不可忽略。中古時代,本土與域外如印度之交往,固甚爲困難,能親歷體驗者僅是少數,不能與今日之世界相提並論,然不可謂絕無僅有,雖然對於這些口耳相聞與相傳的痕迹,身處時間下游的我們也只能通過文字窺見一二。在這些親歷體驗古代中印文化和文學濡染交通的人物和文本中間,綿延數百年西行求法僧人們留下的記録,最爲顯見而重要;這些著述之中,唐代高僧玄奘的《大唐西域記》自屬第一等之列。

《大唐西域記》最初乃奉詔而撰,記述西域各國地理國情、風土民俗之同時，基於撰者玄奘①的佛教立場，也記録了大量傳説故事，大抵與佛教相關。這些故事，多能在佛典中找到類似的記載，其間異同，頗堪比對。

一

《大唐西域記》記載各地風俗、故事之時，往往有提示詞，"聞諸"或"聞之"後加"先志"、"耆舊"、"土俗"、"先記"等。恰恰此類標誌詞，在不同的版本中頗有出入。現據《大唐西域記校注》②，將書中所載"聞諸"、"聞之"各條，製成附表，見諸文後。

由附表大致可得如下三點觀察：

第一，文本差異主要出現在"先志"，《大唐西域記》書"先志"者，幾乎皆有異文而不確鑿。

第二，"耆舊"、"土俗"和"先記"的文獻情況則大致無出入，即有文字差異，亦多屬可判斷之訛誤。

第三，依照版本先後，時代較早之敦甲本、古本、石本中多作"耆舊"或"土俗"③，但同樣較早的宋本則並不如此，故而可知《大唐西域記》中傳説故事的來源，很早就有不同記録。

從文字的表述來看，我們大膽假設："先志"、"先記"、"耆舊"、"土俗"，可大致歸入兩種類型，"先志"、"先記"屬於書面文本，"聞諸（之）先志（先記）"之事，當有一文本依據而爲玄奘閲讀所知；"耆舊"、"土俗"出於耳聞目睹，"聞諸（之）耆舊（土俗）"之事則是玄奘聽聞而得。約略而言：前者屬書面，後者屬口傳。

由此，我們推擬，《大唐西域記》中有一部分明確爲由"耆舊"、"土

---

① 《大唐西域記》成書後，貞觀二十年玄奘《進西域記表》稱《大唐西域記》乃"玄奘所記"（《新唐書·藝文志》亦僅列玄奘之名），然今所見各本《大唐西域記》，卷首題名多作"三藏法師玄奘奉召譯，大總持寺沙門辯機撰"（《直齋書録解題》亦如是）。一般認爲，此書爲玄奘在弟子辯機協助下撰成，主要材料及佈局出自玄奘，辯機之協作亦功不可没。
② 玄奘著，季羡林等校注《大唐西域記校注》，北京：中華書局2000年版。本文依據之該本校勘，由范祥雍先生完成，後單獨成書曰《大唐西域記匯校》，上海：上海古籍出版社2011年版。
③ 其後唯時代較晚的中本（日本松本初子所藏中尊寺金英泥金本）如此，佛藏之流衍自有獨特之次第，中本之淵源當與稍早各本不同。

俗"而得之故事,是爲玄奘在西行遊歷過程中耳聞目睹而得並加以記錄的,另有一部分故事則"聞諸先記",是玄奘由書面典籍閲讀而得並記於書中的;還有數量不少的故事,不能明確判定[①]。一種可能的情況是,這一部分不能確定的記載,可能同時受到口頭傳説與典籍記載的影響。概而言之,玄奘在《大唐西域記》中所記,來源上兼有口傳與典籍兩種情況。

二

但口傳和典籍的區分卻也不能截然兩判,涇渭分明。首先,所謂佛典,並非直接來自書寫,雖然後世學人對佛經數次結集的情況多有質疑,諸種佛典所記細節亦頗多出入,但佛典必非直接形諸文字,而是在相當的歷史時期内經由口頭轉寫爲文字的。其次,佛典中傳説故事宏富,這些故事又可能流傳民間轉爲口傳。即使《大唐西域記》所記聞自口傳者,之前玄奘是否讀過相關典籍記載或這些故事又是否來自典籍,皆存有可能性而無法確知。可以明確的是,口傳和書面的影響,必然是雜糅和交互的。

《大唐西域記》記有不少見諸佛典的故事,但這些故事絶非簡單地從佛典轉移到《大唐西域記》中,其中就存在著上面言及的複雜情況。季羨林等在《大唐西域記校注》(下簡稱《校注》)中已經注明了若干故事也見於其他典籍,這裏以《校注》的説明爲據,加以補充[②],製成下表。

[①] 以上列出幾種版本的文獻差異,不能以時間先後或文本的完整與否簡單判斷出一個"定本",或確定究竟應當是"先志"還是"耆舊"、"土俗",前刻本時代(口傳、傳抄時代)的書籍,鮮有所謂的"定本",也一般難以考究其淵源承繼關係,時間上在前的版本和在後的版本很可能只是平行關係,故而這裏不擬(也基本無法)對具體文字上究竟是否"先志"作出判斷(雖然如果一則一則故事進行推考,大致上還是可以判斷出在口傳和典籍上的偏重,但這並非本文重心),只是希望通過上述臚列,説明玄奘所記故事來源上的複雜性。
[②] 《大唐西域記校注》注解並非竭澤而漁,只舉列重要佛經,在製作下表過程中,我們添加了一些《大唐西域記校注》未提及的也記載了類似故事的佛經,同時《大唐西域記校注》也有一些卷數之類的舛誤,則徑改於表中,不再一一注出。佛典浩如煙海,此處所及只是挂一漏萬,管中窺豹而已。若未加特殊説明,本文所引佛典據《大正新修藏經》。

《大唐西域記》所載見於佛經等典籍之傳說故事

國	傳説故事簡稱	類似記載所見佛典①	該國佛教流布情況②
卷 一			
縛喝國	提謂城及波利城	《五分律》卷十五;《四分律》卷三十一;《根本説一切有部毗奈耶破僧事》第五;《太子瑞應本起經》卷下;《佛本行集經》卷三十二《二商奉食品》;本書卷八有"二長者獻麨蜜處",《因果經》;《普曜經》。	伽藍百餘所,僧徒三千餘人,小乘。
卷 二			
那揭羅國	瞿波羅龍傳説	《阿育王經》第二、第六卷;《阿育王傳》卷二。	伽藍雖多,諸窣堵波荒蕪圮壞,僧徒寡少,天祠五所,異道百餘人。
健馱邏國	千生舍眼	《校注》已引《彌勒菩薩所問本願經》,又略叙《菩薩本行經》卷下,情節略不同。	伽藍千餘所,摧殘荒廢,蕪漫蕭條,(迦膩色迦王伽藍)僧徒減少,小乘。天祠百數,異道雜居。
	鬼子母	《根本説一切有部毗奈耶雜事》卷三十一;《雜寶藏經》第九;《增一阿含經》卷二十二;《佛説鬼子母經》。	
	商莫迦菩薩故事	《六度集經》卷五;《雜寶藏經》第一;《僧迦羅刹所集經》卷上;《善見律毗婆沙》第二;《睒子經》;《洛陽伽藍記》卷五。	
	獨角仙人故事	《佛本行集經》卷十六;《佛所行讚》卷一;《智度論》卷十七。	
卷 三			
烏仗那國	忍辱仙本生	《六度集經》卷五;《賢愚經》卷二;《涅盤經》卷三;《中本起經》上;《僧伽羅刹所集經》上;《出曜經》卷二十三。	伽藍舊有一千四百,多已荒蕪,僧徒昔一萬八千,今漸減少,大乘,天祠十有餘所,異道雜居。

---

① 這些佛典,大部分譯於玄奘之前,也有玄奘之後的義淨等翻譯的。但這些後譯佛典,玄奘也有可能讀過其梵文原本,而佛典的梵本情況,往往極爲複雜,所以佛典譯出時間的前後,在這裏或不宜鑿求。

② 季羨林爲《大唐西域記校注》所作前言《玄奘與〈大唐西域記〉》中將印度諸國的佛教情況(包括伽藍、僧徒和宗派)、異道情況(包括天祠、信徒)匯於一表,表中的這一欄,即大致録自《玄奘與〈大唐西域記〉》,不屬於印度境内國家而不見於彼表者,查考《大唐西域記》相關記載而補之。

續　表

國	傳説故事簡稱	類似記載所見佛典	該國佛教流布情況
烏仗那國	如來降龍故事	《菩薩本行經》卷中;《根本説一切有部毗奈耶藥事》卷四;《佛所行讚》卷四;《智度論》卷九;《善見律毗婆沙》所記降龍者爲末闍提。	同前
	如來捨身聞半頌	《大般涅盤經》卷十四。	
	薩縛達多王本生	《六度集經》卷二,卷一亦有類似長壽王故事;《智度論》卷十二。	
	析骨書經典本生	《賢愚經》卷一;《智度論》卷四十九;《菩薩本行經》卷下;《洛陽伽藍記》卷五。	
	尸毗迦王割肉喂鷹本生	《賢愚經》卷一;《六度集經》卷一;《菩薩本生鬘論》卷一;《智度論》卷四;巴利文《本生經》;《洛陽伽藍記》卷五;《法顯傳》。	
	變蘇摩蛇本生	《賢愚經》卷七;《菩薩本行經》卷下;《六度集經》卷一;《洛陽伽藍記》卷五。	
	孔雀王本生	《六度集經》卷三(所載不同,《校注》誤);《雜譬喻經》卷上。	
	慈力王本生	《賢愚經》卷二;《菩薩本生鬘論》卷三。	
呾叉始羅國	青蓮同馥故事	《大毗婆沙論》卷一百一十四。	伽藍雖多,僧徒寡少,大乘。
	戰達羅鉢剌婆本生	《佛説月光菩薩經》。	
	舍千生本生	《賢愚經》卷六;《六度集經》卷一;《大方便佛報恩經》卷五;《大寶積經》卷八十。	
僧訶補羅國	摩訶薩埵投身飼虎	《六度集經》卷一;《賢愚經》卷一;《菩薩本生鬘論》卷一。	大乘
卷　四			
秣菟羅國	獼猴持蜜奉佛	《雜阿含經》卷四十二;《根本説一切有部毗奈耶雜事》卷十;《賢愚經》卷十二;《佛五百弟子自説本起經》等。本書卷七吠舍釐國亦有"諸獼猴奉佛蜜處"(又見《四分律》卷二)。	伽藍二十餘所,僧徒兩千餘人,大小二乘,天祠五所,異道雜居。

續　表

國	傳說故事簡稱	類似記載所見佛典	該國佛教流布情況
劫比他國	蓮花色尼見佛	《五分律》卷四;《智度論》卷十一;《毗奈耶雜事》卷三十二;《法顯傳》。	伽藍四所,僧徒千餘人,小乘正量部,天祠十所,異道雜居。
卷　五			
羯若鞠闍國	曲女傳說	《薄伽梵往事書》;《羅摩衍那》。	伽藍百餘所,僧徒萬餘人,正量部。
卷　六			
室羅伐悉底國	蘇達多故事	《須達經》(與《中阿含·須達多經》同);《根本説一切有部毗奈耶破僧事》卷八;《賢愚經》卷十;《經律異相》卷三;《雜譬喻經》卷下;《法顯傳》等。	伽藍數百,圮壞良多,僧徒寡少,正量部。天祠百所,異道甚多。
	指鬘舍邪故事	《增一阿含經》;《央掘魔羅經》;《雜阿含經》卷三十八;《賢愚經》卷十一。	
	如來洗病苾芻	《四分律》卷二十八;《增一阿含經》卷四十;《大毗婆沙論》卷十一;《生經》卷三等。	
	没特伽羅子舉舍利子衣帶不動	《增一阿含經》卷二十九;《智度論》卷四十五。	
	外道梵志殺淫女謗佛	《六度集經》卷五;《修行本起經》卷一;《孫陀利宿緣經》;《經律異相》卷四十;巴利文《本生經》,《法顯傳》。	
	提婆達多事	《增一阿含經》卷四十七;《十誦律》卷三十六、三十七;《根本説一切有部毗奈耶破僧事》卷十八;《智度論》卷十四;《法顯傳》。	
	戰遮婆羅門毀謗如來事	《生經》卷一;《經律異相》卷四十五;巴利文《本生經》、巴利文《法句經》等;《法顯傳》。	

續　表

國	傳說故事簡稱	類似記載所見佛典	該國佛教流布情況
室羅伐悉底國	毗盧擇迦王陷地獄	《增一阿含經》卷二十六;《毗琉璃王經》;《根本說一切有部毗奈耶雜事》卷七、八、九。	同前
	得眼林故事	《增一阿含經》卷三十三;《法顯傳》。	
劫比羅伐窣堵國	釋迦降神母胎	《普曜經》卷二(《降神處胎品第四》);《佛本行集經》卷七《俯降王宮品第五》等。	伽藍故基千有餘所。宮側伽藍:僧徒三十餘人,小乘正量部,天祠兩所,異道雜居。
	阿私多仙看相	《佛本行集經》卷七至卷十;《佛所行讚》卷一;《太子瑞應本起經》卷上等。	
	太子角力擲象	《因果經》卷二;《普曜經》卷三;《方廣大莊嚴經》卷四;《佛本行集經》卷十三等。	
	太子逾城見生老病死	《佛本行集經》卷十四《出逢老人品第十六》;《長阿含經》;《方廣大莊嚴經》卷五;《五分律》卷十五;《因果經》卷二等。	
	太子坐樹陰觀耕田	《因果經》卷二;《佛本行集經》卷十二;《普曜經》卷三(《坐樹下觀犁品第八》);《方廣大莊嚴經》卷四。	
	毗盧擇迦王誅釋種	《增一阿含經》卷二十六;《四分律》卷四十一;《五分律》卷二十一;《根本說一切有部毗奈耶雜事》卷八。	
	釋迦度族人	《四分律》卷四;《根本說一切有部毗奈耶雜事》卷九。	
	天像迎佛傳說	《普曜經》卷三(《入天祠品第六》);《方廣大莊嚴經》卷四。	
	太子角逐射箭	《因果經》卷二;《佛本行集經》卷十三;《方廣大莊嚴經》卷四等。	
藍摩國	無憂王分建窣堵波	《長阿含經》卷四;《阿育王傳》卷一。	一伽藍,僧徒鮮矣。
	太子解衣剃髮	《普曜經》卷四(《出家品第十二》);《方廣大莊嚴經》卷六等。	
	太子以寶衣易鹿皮衣	《校注》引《瑞應本起經》。	
	灰炭窣堵波	《根本說一切有部毗奈耶雜事》卷三十九。	

續　表

國	傳說故事簡稱	類似記載所見佛典	該國佛教流布情況
拘尸那揭羅國	雉王救火本生	《智度論》卷一十六。	此國與藍摩國皆屬於荒廢之地。
	鹿救生本生	《根本說一切有部毗奈耶雜事》卷三十八。	
	善賢故事	《大般涅盤經》卷五十六；《長阿含經》卷四；《雜阿含經》卷三十五；《增一阿含經》卷三十七；《根本說一切有部毗奈耶雜事》卷三十八。	
	執金剛躃地	《佛入涅盤密迹金剛力士哀戀經》。	
	摩訶摩耶夫人哭佛	《摩訶摩耶經》卷下。	
	如來三從棺出	《長阿含經》卷四；《經律異相》卷四。	
	直性婆羅門分舍利	《長阿含經》卷四。	

卷　七

婆羅疤斯國	初轉法輪	《因果經》卷三；《方廣大莊嚴經》卷七；《四分律》卷三十二；《五分律》卷十五；《佛本行集經》卷三十三、三十四《轉妙法輪品》；《增一阿含經》卷十四等。	伽藍三十餘所，僧徒三千餘人（《大慈恩寺三藏法師傳》作"二千餘人"），小乘正量部，天祠百餘所，異道萬餘人（事自在天）。
	彌勒受成佛記	《長阿含經》卷六；《大寶積經》卷四二等。	
	象王本生	《六度集經》卷四；《雜譬喻經》卷上；《雜寶藏進》卷二；巴利文《本生經》。	
	示爲鳥身本生	《智度論》卷一十二；《四分律》卷五十；《五分律》卷十七等。	
	施鹿林本生	《六度集經》卷三；《智度論》卷十六；《雜譬喻經》、《出曜經》卷十四；巴利文《本生經》卷十二等。	
	問道阿羅邏、郁頭藍子	《佛本行集經》卷二十一《問阿羅邏品第二十六（上）》及二十二《問阿羅邏品第二十六（下）》、《答羅摩子品第二十七》；《中阿含經》卷五十六。	

《大唐西域記》所載佛教口傳故事考述 ·397·

續　表

國	傳說故事簡稱	類似記載所見佛典	該國佛教流布情況
婆羅痆斯國	烈士池		同前
	月兔故事	《六度集經》卷三;《生經》卷三十一;《菩薩本生鬘論》卷六;《雜寶藏經》卷十一;《撰集百緣經》卷三十八;巴利文《本生經》等。	
戰主國	曠野鬼飯依如來	《雜寶藏經》卷八等。	伽藍十餘所,僧徒減千人,小乘。天祠二十,異道雜居。
吠舍釐國	庵没羅女飯依佛教	《長阿含經》卷二;《增一阿含經》卷十;《五分律》卷二十;《四分律》卷四十;《根本說一切有部毗奈耶雜事》卷三十六等。《法顯傳》所記地理位置不同。	伽藍數百,多已圮壞,存者三五。僧徒稀少。天祠數十,外道雜居(露形之徒)。
	天魔迷惑阿難	《長阿含經》卷二;《大般涅槃經》卷上;《根本說一切有部毗奈耶雜事》卷三十六;《法顯傳》。	
	千佛本生	《雜寶藏經》卷一〈鹿女夫人緣〉、〈蓮花夫人緣〉;《長阿含經》卷十一;《大般涅槃經》卷上;《六度集經》卷三;《水經注》、《法顯傳》。	
	栗呫婆子別如來	《增一阿含經》卷三十六。	
	摩訶提婆本生	《增一阿含經》卷四十八;《中阿含經》卷十四;巴利文《本生經》。	
	吠舍釐城第二結集	《四分律》卷五十四;《五分律》卷三十;《十誦律》卷六十、六十一;《根本說一切有部毗奈耶雜事》卷四十;《善見律毗婆沙》卷一;《摩訶僧祇律》卷三十三;《法顯傳》。	
	阿難陀分身與二國	《阿育王傳》卷三;《根本說一切有部毗奈耶雜事》卷四十;《法顯傳》,本書卷九"摩揭陀國下"有"阿難半身窣堵波"遺址。	
弗栗恃國	化度漁人故事		伽藍十餘所,僧徒減千人,大小二乘。天祠數十,外道寔衆。

續　表

國	傳説故事簡稱	類似記載所見佛典	該國佛教流布情況
	卷　八		
摩揭陀國	阿育王皈依佛教	北傳佛教：《雜阿含經》卷二十三；《阿育王傳》卷一；《阿育王經》卷一；《分別功德論》卷三等。南傳佛教：《善見律毗婆沙》等。	伽藍五十餘所，伽藍、天祠及窣堵坡，餘址數百，存者二三，僧徒萬有餘人，大乘。天祠數十，異道實多。
	佛爲阿育王説獻土之因	《賢愚經》卷三；《法顯傳》。	
	摩醯因陀羅故事	北傳佛教：《阿育王傳》卷二；《阿育王經》卷三；《分別功德論》卷三等。南傳佛教：《善見律毗婆沙》等。本書卷十一僧伽羅國有摩醯因陀羅至僧伽羅國傳法記載。	
	雞園僧伽藍	《雜阿含經》卷二十三；《阿育王經》卷二；《善見律毗婆沙》卷二。	
	阿育王半阿摩落伽	《大莊嚴論經》卷五；《阿育王經》卷五。	
	建揵椎聲窣堵波	龍樹、提婆故事。	
	馬鳴遺迹	馬鳴摧服鬼辯婆羅門。	
	如來成道時日	三十歲：《梵網經》、《普曜經》、《瑞應本起經》、《因果經》、《智度論》等；三十五歲：《長阿含經》、《增一阿含經》、《十二遊經》、《出曜經》等。	
	天帝釋奉草	《四分律》卷三十一；《五分律》卷十五；《根本説一切有部毗奈耶破僧事》卷五。	
	青雀群鹿呈祥	《佛所行贊》卷三；《無量壽佛經》序文；《法顯傳》。	
	大梵天王勸請	《四分律》卷三十二；《五分律》卷十五；《方廣大莊嚴經》卷十；《佛本行集經》卷三十三《梵天勸請品第三十六》。	
	如來受貧老母施故衣	《佛本行集經》卷三十二；《因果經》卷四。	

續　表

國	傳説故事簡稱	類似記載所見佛典	該國佛教流布情況
摩揭陀國	目支鄰陀龍王護佛	《佛本行集經》卷三十一;《四分律》卷三十一;《五分律》卷十五;《佛本行集經》卷三十一;《法顯傳》。	同前
	四天王以石鉢獻佛	《佛本行集經》卷六十一;《五分律》卷十五;《根本説一切有部毗奈耶破僧事》第五;《四分律》卷三十一;《太子瑞應本起經》卷下;《佛本行集經》三十二(此處有從金鉢改爲頗梨鉢、琉璃鉢、赤珠鉢、瑪瑙鉢、車璩鉢、石鉢)。	
	盲龍復明	《佛所行讚》卷三。	

<table><tr><td colspan="4" align="center">卷　九</td></tr></table>

國	傳説故事簡稱	類似記載所見佛典	該國佛教流布情況
摩揭陀國	香象侍母	《雜寶藏經》卷二;《佛本行集經》卷五十六;巴利文《本生經》。	
	雞足山大迦葉故事		
	馴服醉象	《佛所行讚》卷四;《增一阿含經》卷九、卷四十七;《雜寶藏經》卷八;《根本説一切有部毗奈耶雜事》卷十九;《法句譬喻經》卷三。	
	舍利子聞馬勝比丘説法	《因果經》卷四;《佛本行集經》卷四十八。	
	勝密害佛	《增一阿含經》卷四十五;《智度論》卷三。	
	時縛迦大醫建説法堂	《增一阿含經》卷三十九;《佛説寂志果經》;《長阿含經》卷十七;《四分律》卷三十九、四十;《善見律》卷十七。	
	提婆達多遙擲擊佛	《五分律》卷三;《增一阿含經》卷四十七;《根本説一切有部毗奈耶雜事》卷十九;《根本説一切有部毗奈耶破僧事》第十八;《法顯傳》。	
	阿難爲魔怖	《法顯傳》。	
	卑鉢羅石室	《法顯傳》。	

續　表

國	傳説故事簡稱	類似記載所見佛典	該國佛教流布情況
摩揭陀國	提婆達多入定石室	《法顯傳》。	
	比丘自害證果	《法顯傳》。	
	迦蘭陀竹園	《中本起經》上；《根本説一切有部毗奈耶破僧事》卷八。	
	第一結集	《智度論》卷二；《摩訶僧祇律》卷三十二；《阿育王經》卷六；《付法藏因緣傳》卷一；《阿育王傳》卷四；《根本説一切有部毗奈耶雜事》卷三十九、四十；《四分律》卷五十四；《五分律》卷三十；《善見律毗婆沙》卷一等。	
	殊底色迦長者	《根本説一切有部毗奈耶雜事》卷二、三；南本《大般涅盤經》卷二十八；《光明童子因緣經》；《樹提伽經》等。	
	外道執雀問佛死生	《校注》：“此傳説出處不詳。”《大唐西域求法高僧傳》有類似記録，玄奘譯《俱舍論》卷三十有執雀外道故事。	
	目連故里		
	頻毗娑羅王迎佛	《根本説一切有部毗奈耶破僧事》卷七。	
	長爪梵志	《撰集百緣經》卷十；《長爪梵志請問經》。	
	舍利弗先釋迦逝世	《增一阿含經》卷十八；《月光菩薩經》；《賢愚經》卷五；《根本説一切有部毗奈耶雜事》卷十八（《校注》已引，稍有不同）。	
	天帝釋畫石問佛	《長阿含經》卷十；《法顯傳》。	
	鴿王本生	《六度集經》卷六（與《西域記》故事相差大）；《智度論》卷十一。	
卷　十		
伊爛拏鉢伐多國	室縷多頻設底拘胝皈依佛教	《增一阿含經》卷十三；《四分律》卷三八；錫蘭佛傳；西藏佛傳。	伽藍十餘所，僧徒四千餘人，小乘正量部。天祠二十餘所，異道雜居。

續　表

國	傳說故事簡稱	類似記載所見佛典	該國佛教流布情況
憍薩羅國	龍猛與提婆、龍猛自刎	鳩摩羅什譯有《龍樹菩薩傳》、《馬鳴菩薩傳》，其中故事與本書出入較大。	伽藍百餘所，僧徒減萬人，大乘。天祠七十餘所，異道雜居。
珠利耶國	提婆遺事	鳩摩羅什譯有《提婆菩薩傳》，其中故事與本書出入較大。	伽藍頹敗，僧徒粗有。天祠數十所。
卷 十 一			
僧伽羅國	僧伽羅建國傳說	巴利文《本生經》中的《雲馬本生》;《六度集經》卷六;《佛本行集經》卷四十九;《中阿含經》卷三十四;《法顯傳》。	伽藍百餘所，僧徒二萬餘人，大乘上座部。
	阿跋耶祇釐住部	《善見律毗婆沙》卷二、三。	
	俯首佛像傳說		
阿吒荼國	諸苾芻著瓦縛屣、三衣重複	《四分律》卷三十九;《五分律》卷二十、二十一;《十誦律》卷二十五;《僧祇律》卷二十三等。	伽藍二十餘所，僧徒二千餘人，小乘正量部。天祠五所。
卷 十 二			
瞿薩旦那國	建國傳說	藏文《于闐國史》(寺本婉雅有日譯)。	崇尚佛法，伽藍百有餘所，僧徒五千餘人，大乘。
	毗盧折那伽藍	《洛陽伽藍記》;藏文《于闐國授記》。	
	如來于瞿室餕伽山說法	藏文文獻:《牛角山懸記》、《僧伽伐彈那懸記》、《于闐國懸記》、《于闐國史》(《校注》已介紹各種漢譯)。	
	麻射僧伽藍	藏文《于闐國史》;《新唐書》卷二百二十一。	
	龍鼓傳說	《于闐國史》。	
	雕檀佛像	《洛陽伽藍記》卷五。	

季羡林在《玄奘與〈大唐西域記〉》中通過對大小乘之間的對比、佛教和外道的對比等詳細討論了佛教在印度的情況，而通過上表，我們還可以從佛教傳說故事的角度作更具體的討論。

這裏可以附帶提及的是，《大唐西域記》所記佛教故事，在有的國家特別多，而這些國家，或歷史上佛教興盛，或在玄奘遊歷時佛教仍然發達：前者如烏仗那國（九則故事，該國舊有伽藍一千四百）、室羅伐悉底國（九則故事，該國有伽藍數百）、劫比羅伐窣堵國（九則故事，該國伽藍故基千有餘所）、吠舍釐國（七則故事，該國曾有伽藍數百）；後者如健馱邏國（四則故事，該國伽藍有千餘所）、婆羅痆斯國（八則故事，該國伽藍三十餘所，僧徒三千餘人）。同時，由於地理因素，某些與釋迦牟尼密切相關的地方，故事相當密集，最爲典型的就是摩揭陀國。

三

上文已經指出，《大唐西域記》所記傳說故事在來源上有來自口傳、典籍或雜糅的複雜情況，前表所列故事，雖然大都可見於其他典籍，但絕非僅來自書面，其中當有不少"耆舊"、"土俗"影響的元素。

玄奘對傳說故事的記錄，與其西行經歷同步，大致上到了某地，則記載發生在此地的傳說故事，其中很多地方還有與故事相關的所謂"遺迹"，表中有大量故事只是簡單提及某地爲某某故事的發生場所，這些記載，沒有太大的必要詳辨其出於口傳還是書面。有一些記載則可以明確其來源於典籍，如藍摩國和拘尸那揭羅國中所記故事，這兩地在玄奘遊歷之時，都是荒蕪頹敗之所，藍摩國"空荒歲久，疆場無紀，城邑丘墟，居人稀曠"，拘尸那揭羅國"居人稀曠，閻巷荒蕪"[1]。這些地方所記的見諸佛典的傳說故事，應當沒有太多口傳部分。

還有一部分故事，主要來自口傳，與佛典關涉不大。上表中有五個傳說故事，難以找到佛典文獻中直接的記載[2]。這些應當主要是來自口傳的

---

[1] 玄奘著，季羡林等校注《大唐西域記校注》，北京：中華書局 2000 年版，第 526、536 頁。
[2] 分別是烈士池故事（婆羅痆斯國）、化度漁人故事（弗栗恃國）、雞足山大迦葉故事（摩揭陀國）、目連故里（摩揭陀國）、俯首佛像傳說（僧伽羅國）。這些或許是當地流傳較廣的傳說故事，也可能有其他文獻依據（參看下文對"獨角仙人"故事的分析）。同時，這些與佛典無關之故事，亦有影響甚深遠之例，如"烈士池"故事，前賢考訂頗多，我們的詳細分析見《從烈士池傳說到杜子春故事》（載《民間文藝季刊》1987 年第 4 期，上海：上海文藝出版社），該文略作修訂收入陳引馳《隋唐佛學與中國文學》第七章第二節，南昌：百花洲文藝出版社 2002 年版，第 373—399 頁。

故事中,《大唐西域記》卷九所記"外道執雀於此問佛死生"值得加以提出討論。關於"執雀外道",玄奘在介紹摩揭陀國那爛陀僧伽藍附近諸迹時僅一句帶過:"其西垣外池側窣堵波,是外道執雀於此問佛死生之事。"《校注》對此句加以注釋:"案此傳説出處不詳。"①《校注》隨後還引用了《大唐西域求法高僧傳》的類似記載("婆羅門執雀請問處")②,這説明在略晚於玄奘的時代,相關故事還在當地流傳,而且能夠見到與這一故事相關的"遺迹"。需要辨説的是,《大唐西域求法高僧傳》在記述文字之後有"唐云雀離浮圖"一語。關於"雀離浮圖",唐代以前文獻即有所記錄。《洛陽伽藍記》卷五宋雲、惠生使西域部分,詳細記述了"乾陀羅城"的"雀離浮圖"始末,周祖謨指出,《洛陽伽藍記》中的記載與《北史》之記錄相合,並對"雀離"之名作了解釋③,范祥雍也廣引前賢研究予以疏釋④,我們知道,唐前內外典籍《法顯傳》、《水經注》、《魏書·西域傳》等也有相關記述;成書時代晚於玄奘的《續高僧傳》、《法苑珠林》等書中,亦可見"雀離浮圖"之相關記錄⑤。然而,需要指明的是,這些雀離浮圖的地點,都在"乾陀羅城"或"弗樓沙國"(如《法顯傳》、《水經注》),而非《大唐西域記》"執雀外道於此問佛死生"發生的"摩揭陀國"。綜合來看,玄奘所記"執雀外道於此問佛死生"與中古時代諸多典籍涉及的"雀離浮圖"在發生的地點和故事的情節上並不相同,《大唐西域求法高僧傳》之注語,大約由字面牽合而致,未可混淆而論。回到《大唐西域記》"執雀外道於此問佛死生",值得注意的是,類似遺迹並不僅僅在西行求法時纔能看見,"執雀外道"這一形象,在北朝到唐初的佛教造像中十分常見,往往和"持骷髏外道"成對出現。王惠民對此進行了專門的研究,王氏的論文指出,敦煌壁畫中有三十組執雀外道、持骷髏外道形象,敦煌以外的這類圖像則有二十七組。王惠民據玄奘譯《俱舍論》卷三十,推定執雀外道並非以往學者認爲的婆藪仙,而是離繫子。《俱舍論》卷三十對離繫子"問雀死生"的記錄語焉不詳,"但這一故事在佛傳、《阿含經》等早

---

① 此句表中已引,參看玄奘著,季羨林等校注《大唐西域記校注》,北京:中華書局2000年版,第760頁。
② 義淨原著,王邦維校注《大唐西域求法高僧傳校注》,北京:中華書局1988年版,第115頁。
③ 周祖謨言:"其所以名之曰雀離者,或云雀離乃具有異采之義。"見楊衒之撰,周祖謨校釋《洛陽伽藍記校釋》,北京:中華書局2010年版,第214頁。
④ 楊衒之撰,范祥雍校注《洛陽伽藍記校注》,上海:上海古籍出版社1978年版,第334—337頁。
⑤ 《大唐西域記》對此亦有記載,比勘《法顯傳》諸書,實爲一事,唯未見"雀離"之名。參玄奘著,季羨林等校注《大唐西域記校注》,北京:中華書局2000年版,第238—239頁。

期佛經中似乎没有記載",王氏經過查考,發現"目前所知較早的記載是南朝真諦(499—569)譯《阿毗達磨俱舍釋論》卷二三",但其中記述"也是一筆帶過",目前所知的最具體的關於"執雀外道"故事的記載,是玄奘門人普光《俱舍論記》中的記錄①:"如外道離繫子以手執雀問佛死、生。佛知彼心不爲定,若答言死,彼便放活;若答言生,彼便捨殺。故佛不答。"而《俱舍論記》恰恰是普光傳玄奘《俱舍論》之"記",故而普光的詳細記錄或乃聞之於玄奘。據此我們可以推斷,玄奘在《大唐西域記》中記錄的"外道執雀於此問佛死生之事",應當主要從口傳故事中而得,但這一口傳故事與佛典(尤其是玄奘所譯之《俱舍論》)有一定聯繫,故而在傳授《俱舍論》時,玄奘或許依據當年耳聞之傳説故事,進行了具體解説,從而被普光記錄。

比較有意義加以細緻探究的,是《大唐西域記》中與典籍所記差異較大的傳説故事,這種差異的產生,極有可能是"耆舊"、"土俗"的口傳導致。

《大唐西域記》所記與佛典所記之差異,又有如下幾種情況:

首先,是具體空間的落實②。

這是每個故事都不能避免的,佛經所説故事往往虚設某地,具體的空間信息不充分。而《大唐西域記》以遊歷爲綫索,故而每個故事的發生乃至流傳,都有十分具體的地點。這種"落實"甚至會因爲佛經故事流傳影響大而四處被"認領",以致一個故事有多個"遺址",《大唐西域記》卷七吠舍釐國有天魔迷惑阿難的地點,而卷九摩揭陀國也有阿難爲魔波旬所怖的記載,這兩個故事情節差異頗大,側重點更是不同,但很可能都是由最初見於《長阿含經》等早期佛典的故事流衍而成。

我們不僅能在《大唐西域記》中找到類似故事的不同的"遺址",還能將它和同樣西行求法的宋雲、惠生以及法顯的遊歷記錄進行對比。前表中共有二十三個故事同時也見諸《法顯傳》或《洛陽伽藍記》卷五之"宋雲、惠生

---

① 參看王惠民《執雀外道非婆藪仙辨》,載於《敦煌研究》2010年第1期。
② 此一問題,參看陳引馳《佛教文學》(上海:上海人民美術出版社2003年版)第三章第四節《僧侣傳記中的傳奇》及陳引馳《印度佛教故事口傳入華之途徑及語言交際》(《中國學研究》第17輯,濟南:齊魯書社2011年版)。

使西域"部分①。較諸《大唐西域記》，法顯和宋雲、惠生的記載往往更爲簡略，一般只交代某地爲某故事的發生場所，偶爾會對故事加以概述，但很少有《大唐西域記》中的長篇記錄。法顯、宋雲、惠生西行的時代和玄奘並不太遠，經行之處和玄奘也多有重疊，故而自然容易記載類似的故事。但若根據今人考釋之當時各國地理位置，我們卻可以發現，一些類似的故事發生之地卻並不完全一致②。面對這一現象，後來學者多從具體地理位置的考辨上進行分疏，周祖謨在《洛陽伽藍記校釋》卷五烏場國之"阿周陀窟及閃子供養盲父母處"之後有長篇校釋，最後歸納："上述本生譚，玄奘《記》均在健馱邏國（Gandhāra，即下文之乾陀羅國），睒子塔在跋虜沙城（Paluṣa，即下文之佛伏沙城）之西北二百餘里，太子石室在城之東北二十餘里。皆在烏場國之南。故沙畹以爲此記編次錯亂，檀特山之記述應位於記述佛伏沙城之前。今細繹斯記，前後文次縝密有序，實未紊亂。蓋宋雲、惠生居烏場國久，檀特山亦適在烏場之西南，若當其居烏場國之時，往至檀特山，爾後始如健馱邏國，未爲不可，則依其遊迹所及之先後而述之，亦未爲誤。且惠生時，烏場國與健馱邏國之疆域，與玄奘入竺時是否相同，猶未可知。豈可一概而論？與其謂編次有錯亂，勿寧謂其記叙稍欠詳明耳。"③沙畹

---

① 分別是"析骨書經典本生"（《大唐西域記》卷三"烏仗那國"、《洛陽伽藍記》"烏場國"）、"尸毗王本生"（《大唐西域記》卷三"烏仗那國"、《法顯傳》"宿呵多國"、《洛陽伽藍記》"乾陀羅國"）、"變蘇摩蛇本生"（《大唐西域記》卷三"烏仗那國"、《洛陽伽藍記》"乾陀羅國"）、"蓮花色尼見佛"（《大唐西域記》卷四"劫比他國"、《法顯傳》"僧伽施國"）、"蘇達多故事"、"外道梵志殺淫女謗佛"、"提婆達多事"、"戰遮婆羅門毁謗如來"、"得眼林故事"（《大唐西域記》卷六"室羅伐悉底國"、《法顯傳》"拘薩羅國舍衛城"）、"庵没羅女飯依佛教"、"千佛本生故事"、"七百賢聖結集"（《大唐西域記》卷七"吠舍釐國"、《法顯傳》"毗舍離國"）、"阿難爲魔怖"（《大唐西域記》卷七"吠舍釐國"、卷九"摩揭陀國"、《法顯傳》"王舍新城薜沙王舊城"）"阿難陀分身與二國"（《大唐西域記》卷七"吠舍釐國"、《法顯傳》"毗舍離國"及"五河合口"）、"無憂王相關故事"（《大唐西域記》卷八"摩揭陀國"、《法顯傳》"伽耶城貝多樹下"，二處故事情節與順序皆有所不同）、"青雀群鹿呈祥"、"目支鄰陀龍王護佛"（《大唐西域記》卷八"摩揭陀國"、《法顯傳》"伽耶城貝多樹下"）、"提婆達多遙擲擊佛"、"卑鉢羅石室"、"提婆達多入定石室"、"比丘自害證果"（《大唐西域記》卷九"摩揭陀國"、《法顯傳》"王舍新城薜沙王舊城"）、"天帝釋畫石問佛"（《大唐西域記》卷九"摩揭陀國"、《法顯傳》"小孤石山那羅聚落"）、"僧伽羅傳說"（《大唐西域記》卷十一"僧伽羅國"、《法顯傳》"師子國"）。
② 參看前注所列各地之下的今人考釋，《大唐西域記》主要依據前揭《大唐西域記校注》，《法顯傳》主要參考章巽校注《法顯傳校注》（北京：中華書局 2008 年版），《洛陽伽藍記》主要參考周祖謨校釋《洛陽伽藍記校釋》（北京：中華書局 2010 年版）范祥雍校注《洛陽伽藍記校注》（上海：上海古籍出版社 1978 年版）及楊勇校箋《洛陽伽藍記校箋》（北京：中華書局 2006 年版）。
③ 楊衒之撰，周祖謨校釋《洛陽伽藍記校釋》，北京：中華書局 2010 年版，第 193 頁。

(Chavannes)與周氏都已經注意到,同樣的故事,《大唐西域記》和《洛陽伽藍記》所記地理名稱不同。沙畹氏直接以文本訛誤("編次錯亂")加以解釋,而周氏則認爲地名不同不代表地理位置不同。但如果綜合《法顯傳》、《洛陽伽藍記》和《大唐西域記》,恐怕類似故事發生之地確非完全一致。其原因,更可能是因爲傳説故事究非歷史事實,其坐實會隨時空之變遷而轉變,這種情況在傳説故事之坐實過程中不可避免。故而時空條件的變異完全可能導致傳説故事發生地的變化。

其次,是因地制宜的元素改易。

如烏仗那國的變蘇摩蛇本生故事[1],佛典中所記該故事與《大唐西域記》所載大有不同。《賢愚經》卷七"設頭羅健寧品第三十三"中佛陀往世爲國王,爲了救濟人民,化身爲大魚供人食用。而在《佛説菩薩本行經》卷下所錄的類似故事中,佛爲跋彌王時,國中人民有瘡病,佛陀"求願作魚",病者食魚肉而除病。《洛陽伽藍記》卷五"乾陀羅國"下也有這一本生故事的遺址,如來亦變化爲"摩竭大魚"。值得注意的是,在宋雲、惠生西行之時,辛頭大河之河西岸上尚有塔和有魚鱗紋的石作爲這一本生故事的紀念[2]。而在《大唐西域記》有關烏仗那國的記載中如來卻化身爲水蛇(蘇摩蛇),這樣一種變異,説明在玄奘經過的這一遺址,或與宋雲、惠生所經行之處不同,或相同之地的外在環境發生了變異[3],也或許能説明烏仗那國有食蛇之習俗。這樣一種因地制宜的元素改變,在每個故事上都多多少少有所發生,這些變異和"坐實"息息相關,也無疑因口傳影響而發生。

還可舉卷七吠舍釐國的"千佛本生"故事爲例,這是一個廣泛見諸各種佛經的故事,《校注》在注解中已經指出:"《西域記》所載此故事與《雜寶藏經》卷一《鹿女夫人緣第九》情節同,但其地爲波羅奈國。同上書《蓮花夫人緣第八》所載亦略同。又見於《長阿含經》卷十一,作多子塔,《大般涅槃經》卷上作多子支提,《水經注》與《法顯傳》其地作放弓仗塔,此塔在《根本

---

[1] 玄奘著,季羨林等校注《大唐西域記校注》,北京:中華書局2000年版,第283—284頁。
[2] "河西岸上,有如來作摩竭大魚,從河而出,十二年中以肉濟人處。起塔爲記,石上猶有魚鱗紋。"參看《洛陽伽藍記校釋》,第197頁。
[3] 玄奘對這一故事發生地環境的介紹是:"至薩裒殺地(唐言蛇藥)僧伽藍。有窣堵波高八十餘丈。"(《大唐西域記校注》第283頁)可知此地有紀念這一本生故事的伽藍和塔,而宋雲、惠生經行之時只有塔和石。玄奘時有魚鱗紋之石當已不存,否則原本變爲"魚"的故事恐怕會因此一"證物"的存在而持續流傳。

说一切有部毗奈耶雜事》卷三七又名放弓仗制底,故事情節亦異。"①在《大唐西域記》中,這個故事是與一窣堵波聯繫在一起的②。在《法顯傳》中,塔也是必不可少的建築,既存在於現實中,也出現在故事裹③。但在《雜寶藏經》卷一的兩個故事中,塔都未出現④。而《長阿含經》、《根本說一切有部毗奈耶雜事》等佛經中的故事裹則明確有塔。《大唐西域記》中,"鹿女乃昇城樓,以待寇至"⑤,既不在大白象上,也不在百丈之臺上,或許就因爲尚有城樓遺迹,當地的外在環境改易了故事中的元素⑥。

再次,是對民間故事傳說的繼承。

健馱邏國所記的獨角仙人故事⑦,在佛典中廣泛出現,形態不一。《佛本行集經》卷十六所記載的對話中,優陀夷國師之子僅僅以極簡單的語言談及"獨角仙人之子"爲婬女商多誑惑而"失禪及五神通",用以證明美色之能惑人(進而通過故事突出佛陀不受女色誘惑之偉大),也就是說獨角仙人(在《佛本行集經》中更明確爲獨角仙人之子)故事祇是用來說明佛陀品格的例證;但在《大智度論》卷十七中,故事曲折繁複,不僅交代了仙人的由來,還解釋了婬女爲何要引誘仙人,篇幅頗長,最後則不忘與宣教勾連⑧,《經律異相》卷三十九"外道仙人部"也延承了《大智度論》的這一故事。這兩處的"獨角仙人"故事,出入頗大,一爲表現美色誘惑的反面故事,一爲佛教傳統中佛陀的前世本生,但終究皆與佛教有關。

不過,"獨角仙人"故事的印度本土淵源,值得注意。《校注》在臚列相關佛典後指出:"印度的佛教彫刻多以此作爲素材。《羅摩衍那》第一篇第八、九、十章有此故事。"⑨《羅摩衍那》是古代印度影響極大的偉大史詩,在

---

① 玄奘著,季羨林等校注《大唐西域記校注》,北京:中華書局2000年版,第596頁。
② "告涅槃期側不遠有窣堵波,千子見父母處也。"(《大唐西域記校注》第594頁)
③ "城西北三里,有塔,名放弓仗。……至賊到時,小夫人於樓上語賊言……後世尊成道,告諸弟子:'是吾昔時放弓仗處。'後人得知,於此立塔,故以名焉。千小兒者,即賢劫千佛是也。……"(《法顯傳校注》第80頁)
④ 《蓮華夫人緣第八》中,蓮華夫人"乘大白象,著軍陣前",《鹿女夫人緣第九》中,夫人要求"作百丈之臺",也是在臺上認子退敵的。相較而言,臺與塔形態較爲接近。
⑤ 玄奘著,季羨林等校注《大唐西域記校注》,北京:中華書局2000年版,第595頁。
⑥ 或者說使得這一故事更加接近某些佛典中的故事而非另一些。
⑦ 玄奘著,季羨林等校注《大唐西域記校注》,北京:中華書局2000年版,第259頁。
⑧ "佛告諸比丘:'一角仙人,我身是也;婬女者,耶輸陀羅是。爾時以歡喜丸惑我,我未斷結,爲之所惑;今復欲以藥歡喜丸惑我,不可得也!'以是事故,知細軟觸法,能動仙人,何況愚夫?"
⑨ 玄奘著,季羨林等校注《大唐西域記校注》,北京:中華書局2000年版,第260頁。

漫長的歲月中逐漸形成,一些歷史學者認爲,"《羅摩衍那》寫成的時代是奴隸社會",季羨林則認爲"《羅摩衍那》産生於印度的封建社會。時間是從公元前 4 或 3 世紀到公元後 2 世紀"[①]。要之,《羅摩衍那》在形成、流衍過程中,與諸種佛典當有互涉。特別是,仙人被女色所誘的故事在《羅摩衍那》第一篇第八、九、十章中,也是作爲一個"僧侶們口耳相傳"的"古老故事"而被講述的[②],故事的梗概與《大唐西域記》所述約略相同[③],可以推斷,"獨角仙人"故事本就在印度民間流傳頗廣,而佛教在傳播過程中,將這一民間故事吸收改易,用以幫助宣教,所以這一故事在佛典裏又各具形態。而《大唐西域記》所述健馱邏國部分,則有專門的"獨角仙人所居之處",玄奘之所以記錄這一故事傳說,當是由於此一遺迹的存在,而錯綜傳說、記叙而成,但並不採取《佛本行集經》和《大智度論》或多或少所具有的宣教姿態。

最後,要加以討論的是某些篇幅較長的故事的大幅變異。

以上所說的三點,大致還只是小幅度的差異,往往在《大唐西域記》中亦不佔太長篇幅。但玄奘在《大唐西域記》中還記錄了一些篇幅較長的故事,這些故事與佛典所記又多有出入。其實,出入較大,或許正是這些故事篇幅較長的重要原因,如果所記述之故事和佛典大體吻合,玄奘也就不會花費很多筆墨加以記載,只要像其他故事那樣以此處爲某某故事發生之所一筆帶過即可。

最值得一提的是關於馬鳴、龍樹、提婆三位菩薩的記述。

《大唐西域記》卷八提到了馬鳴菩薩及其遺迹,該書提及馬鳴的故事集中於這一卷(卷十二朅盤陀國論及當時印度四大論師時亦提及馬鳴);卷八同時記錄了龍樹菩薩和揵椎伽藍的故事,之後在卷十記錄了龍樹與提婆的交誼及其生平故事;提婆菩薩則在卷四窣祿勤那國部分已經出現,卷五鉢邏耶伽國記載了他挫服外道的故事,當然,他也出現在卷八揵椎伽藍的故事中,卷十更是對他的生平有大致交代。

馬鳴、龍樹、提婆的生平,中土佛教文獻中早已有詳細記述:姚秦時鳩

[①] 參看季羨林《〈羅摩衍那〉前言》,收入《季羨林文集》第十七卷《羅摩衍那(一)》,南昌:江西教育出版社 1995 年版,第 4 頁。

[②] 同上書,第 51—68 頁。

[③] 但有兩點大的差異:第一是《羅摩衍那》中有豐富的細節描述和對話展開;第二是故事基調不同,最後,"那光輝的鹿角仙人,就這樣住在那裏,享受著種種幸福,帶著散他他的他的妻。"(《羅摩衍那(一)》第九章,《季羨林文集》第十七卷,第 61—62 頁)《羅摩衍那》中鹿角仙人的結局是幸福美好的,而在佛典中這一點並不突出。

摩羅什譯出過《馬鳴菩薩傳》、《龍樹菩薩傳》(此傳今有面貌差異頗大的兩個版本)和《提婆菩薩傳》①。這三篇重要的菩薩傳情節性很強,內容豐富,都收在《大藏經》的"史傳部"。

關於馬鳴,《大唐西域記》祇記載了馬鳴摧敗鬼辯婆羅門的遺迹,而鳩摩羅什譯《馬鳴菩薩傳》則豐贍得多,且有著少見的叙事結構,開篇並没有著墨於馬鳴菩薩,而是從他的師尊脅尊者講起:與脅尊者同時,中天竺有外道"世智聰辯,善通論議",在中天竺某處伽藍舌戰衆僧獲得勝利,並不許該處伽藍"公鳴揵椎受人供養";脅尊者於是以神力至中天竺,鳴響揵椎,在國王的集會上以論議摧服外道,並收他爲徒。該外道皈依佛教後"博通衆經明代内外,才辯蓋世四輩敬服",招致軍力强大的北天竺小月氏國起兵征討中天竺國以求得此"辯才比丘",此"辯才比丘"到小月氏後開壇講法,有六日未食的七匹馬面對草料,卻"垂淚聽法,無念食想",此"辯才比丘"因能令馬解其音,遂被尊稱爲"馬鳴菩薩"。

關於龍樹,《大唐西域記》卷八記載他派遣弟子提婆折服外道重鳴揵椎的故事,和《馬鳴菩薩傳》中脅尊者收服馬鳴的故事極其相似②。但《大唐

---

① 此三菩薩傳,陳引馳曾有簡注,見陳允吉主編《佛經文學粹編》,上海:上海古籍出版社1999年版,第586—605頁。
② 《大唐西域記》卷八:阿摩落迦窣堵波西北故伽藍中,有窣堵波,謂建揵椎聲。初,此城内伽藍百數,僧徒肅穆,學業清高,外道學人,銷聲緘口。其後僧徒相次徂落,而諸後進莫繼前修。外道師資,傳訓成藝,於是命儔召侣,千計萬數,來集僧坊,揚言唱曰:"大擊揵椎,招集學人!"群ömtap同止,謬有扣擊,遂白王,請校優劣。外道諸師高才達學,僧徒雖衆,辭論膚淺。外道曰:"我論勝。自今已後,諸僧伽藍,不得擊揵椎以集衆也。"王允其請,依先論制。僧徒受恥,忍恥而退,十二年間,不擊揵椎。時南印度那伽閼剌樹那菩薩(唐言龍猛,舊譯曰龍樹,非也。)幼傳雅譽,長擅高名,捨離欲愛,出家修學,深究妙理,位登初地。有大弟子提婆者,智慧明敏,機神警悟,白其師曰:"波吒釐城諸學人等辭屈外道,不擊揵椎,日月驟移,十二年矣。敢欲摧邪見山,然正法炬。"龍猛曰:"波吒釐城外道博學,爾非其儔,吾今行矣。"提婆曰:"欲摧腐草,詎必傾山?敢承指誨,黜諸異學。大師立外道義,而我隨文破析,詳其優劣,然後圖行。"龍猛乃扶立外義,提婆隨破其理,七日之後,龍猛失宗,已而歎曰:"謬辭易失,邪義難扶,爾其行矣,摧彼必矣!"提婆菩薩夙擅高名,波吒釐城外道聞之也,即相召集,馳白王曰:"大王昔紆聽覽,制諸沙門不擊揵椎,願垂告命,令諸門候,鄰境異僧勿使入城,恐相黨援,輕改先制。"王允其言,嚴加伺候。提婆既至,不得入城。聞其制令,便易衣服,疊僧伽胝,置草束中,褰裳疾驅,負戴而入。既至城中,棄草披衣,至此伽藍,欲求止息。知人既寡,莫有相舍,遂宿揵椎臺上。於晨朝時,便大振擊。衆聞伺察,乃客遊比丘。諸僧伽藍,傳聲響應,王聞究問,莫得其先。至此伽藍,咸推提婆。提婆曰:"夫揵椎者,擊以集衆。有而不用,懸之何爲?"王人報曰:"先時僧衆論議墮負,制之不擊,已十二年。"提婆曰:"有是乎?吾於今日重聲法鼓。"使報王曰:"有異沙門欲雪前恥。"王乃召集學人,而定制曰:"論失本宗,殺身以謝。"於是外道競陳旗鼓,誼談異議,各曜辭鋒。提婆菩薩既昇論座,聽其先説,隨義折破,曾不浹辰,摧諸異道。國王大臣莫不慶悦,建此靈基,以旌至德。(《大唐西域記校注》第643—645頁)

西域記》關於龍樹的其他記載和《龍樹菩薩傳》的重心就極爲不同了。《龍樹菩薩傳》記叙龍樹本爲南天竺梵志，天生聰穎，與三位友人以爲已經窮盡"天下理義"，便欲"騁情極欲"，於是他們求得隱身之法，潛入王宮，"宮中美人皆被侵淩"。此事自然爲國王發覺，國王便因勢利導，等他們再次入宮之時關閉宮門，令侍衛在宮内舞刀，龍樹險中求生，屏氣緊貼國王，逃過一難，他的三位朋友則皆死於刀下。龍樹由是省悟，逃脱後"入山詣一佛塔出家受戒"，出家後他"九十日中誦三藏盡"，再入雪山學摩訶經典，之後因爲無經可學，兼受外道引誘，龍樹生傲慢之心，欲自立門户。幸而此時大龍菩薩接應他入龍宮，"發七寶華函，以諸方等深奥經典無量妙法授之"。龍樹菩薩從此一心向佛，之後在天竺各處弘法，以種種神異宣揚大乘教義，過百歲而卒，這與《大唐西域記》所載龍樹自刎而終的結局，差異頗大。

　　關於提婆，《提婆菩薩傳》的内容與《大唐西域記》相關部分就更少重合。《提婆菩薩傳》不像前兩傳，没有多少關於提婆菩薩出家前的内容，該傳主要記載了三部分内容：一是提婆與大自在天神的一段往復，爲他後來之弘法埋下"神示"的伏筆；第二部分主要記叙了提婆如何在南天竺傳法，這一段故事與《龍樹菩薩傳》中龍樹的弘法情節高度相似[1]，這很大程度上說明了佛教用以宣教的神異故事，很多都是零散流傳的片段母本，隨時可以拼凑而入某個整體故事之中；最後一部分則寫了提婆爲外道所謀害，但以德報怨，交代其結局。

　　上述三種菩薩傳之類的宗教傳記作品，其地理分屬甚爲模糊，玄奘記叙這裏的馬鳴、龍樹、提婆遺址與故事，最大的可能性就是他遊歷至此，聽到當地的僧徒或信衆講述了相關的傳說，於是"有聞必録"，記載於書，故差異甚大。不妨將玄奘所記和三種菩薩傳所說作一對比，多少能看出佛典書面所記和信衆口中所傳的一些有趣的異同。

　　首先是馬鳴菩薩早年的"誤入歧途"被轉嫁到了鬼辯婆羅門身上，而脅尊者的所作所爲也成了馬鳴後學龍樹、提婆師徒的行爲。當然不能排除龍樹和提婆也碰到過另一個外道，也不准伽藍鳴響揵椎，但我們更願意將這一情節視作上面所講的"片段母本"。這樣一種"錯置"，至少能夠反映出菩薩故事在口耳流傳過程中，善者愈善，馬鳴菩薩早年的過失也被轉嫁到反

---

[1] 比較《龍樹菩薩傳》與《提婆菩薩傳》，請檢陳允吉、胡中行主編《佛經文學粹編》，上海：上海古籍出版社1999年版，第597—598頁與第601—602頁。

面人物身上，三位菩薩成爲了聚集正面意義的箭垛。

其次是關於龍樹菩薩的結局，《龍樹菩薩傳》所記龍樹之死較爲平淡，只是在死前有小乘法師對龍樹口出不遜，略生波折。而《大唐西域記》卷十所記龍樹之死，則曲折許多，裏面包含了父子爭權、王后背子助夫等極富小説家色彩的細節①，較諸《史記·刺客列傳》所載荆軻勸樊於期自盡，更爲動人心魄。較之《龍樹菩薩傳》所記，耆舊所説的龍樹故事，曲折生動，驚心動魄許多，這也是民間傳説的魅力所在。

至於提婆故事，玄奘所記的更偏於佛理，大概提婆此人的種種傳説，本就不如馬鳴、龍樹豐富（這其中的重要原因或許就在於提婆時代最晚，相較而言可靠資料頗多而可發揮之空間較少）。玄奘在書中記錄了《龍樹菩薩傳》和《提婆菩薩傳》都未有的提婆向龍樹問道的具體過程以及提婆與彌勒的間接交往，相較馬鳴和龍樹的文字，乏味許多。

另一個篇幅較長的例子是卷十一僧伽羅國的建國傳説，這應當是流傳時間頗長的故事，《法顯傳》中即有記載②。但《法顯傳》所記極爲簡略，傳奇色彩也較淡，與諸佛典所記故事也不甚類似。至《大唐西域記》，此一故事篇幅大增，情節也更加曲折，傳奇色彩更重，亦更接近諸佛典中之故事。《大唐西域記》所記這個故事大致可以分爲兩個部分，前一部分是僧伽羅如何逃脱出羅刹女所居之寶洲；後一部分是羅刹女加害國王，僧伽羅被擁護

---

① 《大唐西域記》卷十：龍猛菩薩善閑藥術，餐餌養生，壽年數百，志貌不衰，引正王既得妙藥，壽亦數百。王有稚子，謂其母曰："如我何時得嗣王位？"母曰："以今觀之，未有期也。父王年壽已數百歲，子孫老終者蓋亦多矣。斯皆龍猛福力所加，藥術所致。菩薩寂滅，王必殂落。夫龍猛菩薩智慧弘遠，慈悲深厚，周給群有，身命若遺。汝宜往彼，試從乞頭，若遂此志，當果所願。"王子恭承母命，來至伽藍，門者驚懼，故得入焉。時龍猛菩薩方贊誦經行，忽見王子，佇而謂曰："今夕何因，降迹僧坊，若危若懼，疾驅而至？"對曰："我承慈母餘論，語及行捨之士，以爲含生寶命，經語格言，未有輕捨報身，施諸求欲。我慈母曰：'不然。十方善逝、三世如來，在昔發心，逮乎證果，勤求佛道，修習戒忍，或投身飢獸，或割肌救鴿，月光王施婆羅門頭，慈力王飲餓藥叉血，諸若此類，羌難備舉。求之先覺，何代無人？'今龍猛菩薩篤斯高志。我有所求，人頭爲用，招募累歲，未之有捨。欲行暴劫殺，則罪累尤多，虐害無辜，穢德彰顯。惟菩薩修習聖道，遠期佛果，慈霑有識，惠及無邊，輕身若浮，賤身如朽，不違本願，垂允所求！"龍猛曰："俞，誠哉是言也！我求佛聖果，我學佛能捨，是身如響，是身如泡，流轉四生，去來六趣，宿契弘誓，不違物欲。然王子，有一不可者，其將若何？我身既終，汝父亦喪，顧斯爲意，誰能濟之？"龍猛徘徊顧視，求所絕命，以乾茅葉自刎其頸，若利劍斷割，身首異處。王子見已，驚奔而去。門者上白，具陳始末，王聞哀感，果亦命終。（《大唐西域記校注》第 827—828 頁）

② 《法顯傳》"師子國"："其國本無人民，正有鬼神及龍居之。諸國商人共市易，市易時鬼神不自現身，但出寶物，題其價直，商人則依價置直取物。因商人來、往、住故，諸國人聞其土樂，悉亦復來，於是遂成大國。"（《法顯傳校注》第 125 頁）

爲王並攻佔羅刹女所居鐵城建立僧伽羅國。前一部分故事與巴利文《本生經》中的《雲馬本生》[①]、《中阿含經》卷三十四《大品商人求財經第二十》、《佛本行集經》卷四十九《五百比丘因緣品第五十》基本類似，祇有具體名稱細節上的出入[②]，同時《雲馬本生》、《大品商人求財經》和《五百比丘因緣品》有更多的細節描寫和鋪排渲染。但後一部分則不見於《中阿含經》、《佛本行集經》、《六度集經》。雖然《大唐西域記》的這一部分最後也提到了一句："僧伽羅者，則釋迦如來本生之事也。"[③]但整體記叙重心顯然在僧伽羅國建國傳説上，没有後半部分僧伽羅的登位爲王和建立該國，或許玄奘就不會從商人被羅刹女誘惑説起，原原本本花如此多的筆墨記録這個故事。不妨將此與《佛本行集經》所記加以對比，作爲講述佛陀本行本生的經典，《佛本行集經》講了不少故事，落脚點必須要在佛陀之前世今生，《五百比丘因緣品》結尾處（"五百商人安穩得渡大海彼岸"）即點明題旨："諸比丘，於汝意云何。若疑於時雞尸馬王，豈異人乎？勿生異念，即我身是；五百人中，大商主者，豈異人乎？即舍利弗比丘是也；五百商人，豈異人乎？即删闍耶波離婆闍迦。諸弟子五百人是。……"在宣教意義上，到此也就足够了，佛陀、舍利弗、其他弟子的關係已經交代清楚。但作爲建國傳説，這顯然遠遠不够。《大唐西域記》中的後半部分，顯是玄奘在僧伽羅國聽到當地人民講述本國建國的傳奇故事記録而成，在佛典中，佛陀前世曾爲馬王，重點在於馬，所以《校注》注釋此段時，説"佛典關於僧伽羅國建國的傳説，最早見於巴利文《本生經》中的《雲馬本生》"[④]，這個本生經的名字也凸顯了馬的重要性，但在《大唐西域記》的這段記叙裏，主角無疑是僧伽羅，也就是僧伽羅國的開國之君。《雲馬本生》、《大品商人求財經》和《五百比丘因緣

---

① 《雲馬本生》的漢譯，可以參看郭良鋆、黄寶生譯《佛本生故事選》，北京：人民文學出版社 1985 年版，第 117—119 頁。
② 如《雲馬本生》中，被母夜叉誘惑的共有五百商人，其中二百五十位聽從商人頭目，依靠菩薩轉生的雲馬的幫助，轉危爲安，而另外二百五十個商人則被母夜叉殺掉吃了。《大品商人求財經》中，入海"逢見諸女人輩"的只是"諸商人"，並無確切數量，但前一批被關於"大鐵城"中商人則是五百人，且已有二百五十人"被噉"，剩餘二百五十人。《五百比丘因緣品》中，被捉的是五百商人，鐵城中情況與《大品商人求財經》所述一致，但最後五百商人全部得救。《大唐西域記》所載"僧伽羅傳説"中，僧伽羅"與五百商人入海採寶"，鐵牢中的商人則無明確數量，最後也只有僧伽羅未曾受到羅刹女誘惑，其餘商人則不能抵禦誘惑。（《大唐西域記校注》第 874 頁："商侣愛戀，情難堪忍，心疑去留，身皆退墮。羅刹諸女更相拜賀，與彼商人，攜持而去。"）
③ 玄奘著，季羨林等校注《大唐西域記校注》，北京：中華書局 2000 年版，第 875 頁。
④ 玄奘著，季羨林等校注《大唐西域記校注》，北京：中華書局 2000 年版，第 877 頁。

品》中，商人們是以集體形象出現，發現問題、解決問題的人最多只是商人頭目，並無具體名字，因爲商人們的故事儘管佔據主要篇幅，但佛典故事的主人公是佛陀轉生的馬。而《大唐西域記》所記僧伽羅的故事中，僧伽羅無疑是主角，不僅開始介紹了他的家世背景，整個故事也是伴隨著他的行動而展開的。《大唐西域記》所記的這個故事，雖然基本上脫胎於佛典，但其性質完全是英雄傳奇式的，這不僅進一步印證了上面講到"對民間故事傳說的繼承"這一情況時提到的民間故事與宗教傳統的離合，也顯然是當地對此一故事口耳相傳使然。

如果說在僧伽羅國建國故事上，《大唐西域記》較諸佛典做了"加法"，那麼前列表中所列的許多傳說故事，相比佛典所載，則是做了"減法"。所謂"減法"，又有兩種情況：第一，故事細節上的簡省。佛典中的故事，多用排比等手法，繁複雜多，玄奘在記述故事時，則多刪去這些部分，擇要叙述，如上文所舉的僧伽羅建國故事，《大品商人求財經》和《五百比丘因緣品》都用較多篇幅鋪陳渲染羅刹城的誘人之處，《大唐西域記》中則一筆帶過，細節上的簡省普遍存在於各個故事之中。第二，故事情節上的簡省。佛典叙說故事，多原原本本，叙說前因後果，但玄奘記述故事，則多取與遺迹有關之部分加以說明，如卷四劫比他國所記"蓮花色尼見佛"故事，玄奘只對"見佛"這一情節略加叙述①。而《五分律》卷四所記的蓮華色尼故事，則相當冗長，不僅交代蓮華色尼皈依前之複雜經歷（"昔與母共夫，今與女同婿"），而且記錄了蓮華色尼皈依後之歷程，"見佛"只是其中一小部分，這在前表中所列傳說故事中也並不少見。"減法"的出現，既與口傳的特質有關，口傳故事不可能過於繁複詳備，而且書面之故事在流傳過程中，若故事本身篇幅過長，自然只會留下比較關鍵的部分；也與《大唐西域記》本身的體例（在遊歷中記故事），以及《大唐西域記》與佛經性質不同有關。

上面的論述，主要基於《大唐西域記》和各種佛典之間的文本比對而展

---

① 《大唐西域記》卷四："釋、梵窣堵波前，是蓮花色苾芻尼欲先見佛，化作轉輪王處。如來自天宮還贍部州也，時蘇部底宴坐石室，竊自思曰：'今佛還降，人、天導從，如我今者，何所宜行？嘗聞佛說，知諸法空，體諸法性，是則以慧眼觀法身也。'時蓮花色苾芻尼欲初見佛，化爲轉輪王，七寶導從，四兵警衛，至世尊所，複苾芻尼。如來告曰：'汝非初見。夫善現者，觀諸法空，是見法身。'"（《大唐西域記校注》第420頁）《法顯傳》"僧伽施國"部分也記載了此傳說："時優鉢羅比丘尼即自心念：'今日國王、臣民皆當奉迎佛，我是女人，何由得先見佛？'即以神足，化作轉輪聖王，最前禮佛。……"（《法顯傳校注》第52頁）亦只記錄了"見佛"一事。

開。需要特別說明的是,佛教流傳,兼有口頭和書面兩種方式,而佛教典籍更是數量浩繁,典籍之間關係複雜。在"抄本時代",佛教故事的流傳,應該遠比我們現在的推斷要複雜和豐富。同時,玄奘又熟悉梵文,所以玄奘所面對的書面佛教典籍,與我們現在所依據的藏經系統的佛教典籍,當有極大差異。但限於條件和能力,我們僅只能基於基本的"故事",作大致的比較,並基於此作一些謹慎的推理和分析。

四

上文討論了《大唐西域記》所記故事與見諸佛典的類似故事間的差異,所謂"具體空間的落實"、"因地制宜的元素改易"和"對民間故事傳說的繼承",實是從比勘書面記述的角度而對故事傳說流傳狀況的分析;而最後分析的篇幅較長的差異情況,則更能揭櫫《大唐西域記》在記錄傳說故事上的特色。

若要對上述現象作進一步理解,則應對《大唐西域記》的性質略作定位,將上述情況放置到《大唐西域記》的大背景中加以理解。

《大唐西域記》未見《舊唐書·經籍志》著錄,在《新唐書·藝文志》中著錄於子部道家類的釋氏部分;在《宋史·藝文志》(著錄作者爲"沙門辯機",誤)、《直齋書錄解題》和《四庫全書總目》中則著錄於史部地理類。且不論本書的入藏情況,僅僅在以上幾種公私書目的著錄,就能讓我們看到《大唐西域記》的兩重性。一方面,玄奘本人的情況和西行的主要活動和目的,決定了本書必然充滿各種佛教因素;另一方面,本書的撰作並非出於玄奘本人的強烈意志,而是出於唐太宗的需求,故而寫作《大唐西域記》的目的和西行求法的目的是不同的,首先要爲唐太宗提供他感興趣的可信的資料,而不能只注重宣揚佛教教義。

而玄奘本人也採取了巧妙的辦法來取得一種和諧與平衡,全書的大框架嚴格按照地理順序,以玄奘來回經行之地爲具體子目一一書寫。每一國家地區的寫法也有定式,一般都是介紹國名、國家方圓多少里、都城爲何、居民情況、土地物産、民俗風氣、宗教信仰等方面。這就爲唐太宗全景式地展現了西域各國,這可以視爲全書之骨架。但《大唐西域記》吸引人的地方不僅僅在這些程式化的介紹,更在其每一國家之內具體某地的相關記載,這些是使全書豐滿有趣的血肉。而這些"血肉",則往往是與佛教有關的遺址故地以及相關傳說故事。當然,這些故事自然是宣揚佛法的偉大,外道的愚昧,信教者的崇高和不信教者的悲苦,帶有濃重的宣教意味。

這也就決定了《大唐西域記》的多重性和豐富性,故而在目録中將其列入釋家類或地理類,都是合情合理的。因此,在今天的學科立場上,不妨將《大唐西域記》視爲一部有意於宣揚佛教教義的歷史地理著作。該書的這一性質,或許可以簡單概括爲"史家立場,宣教導向"。作爲有很高傳統文化修養的玄奘,强烈的史家意識顯然是存在於玄奘身上的。在《大唐西域記》的具體記載中,我們會發現,玄奘很少照録佛典上的故事,前列表中所記的故事,很多都是幾句話簡單叙述某地爲某故事的發生地點,這些故事和佛典的差異也僅僅在具體細節上,我們可以大致推斷,這些故事,在情節上,玄奘所聽到内容的和他所讀過的記載没有太多差異。而表中有較長篇幅描述的故事,則往往和佛典出入不小,上面對馬鳴、龍樹、提婆、僧伽羅故事的分析都説明了這一點。也就是説,玄奘在記録傳説故事上,在保存佛教資料、有利於宣教的前提下,還十分注重與佛典記載不同的内容,對這些内容加以詳盡的記録,而那些與佛典差異不大的故事,則非《大唐西域記》重點所在。這一做法無疑是史家意識所導致的。

玄奘的史家意識同時還體現在,面對書面來源時,玄奘記録的重點不在這些故事裏的靈異神通内容。如在《大唐西域記》所記馬鳴、龍樹故事中,我們基本無法找到《馬鳴菩薩傳》、《龍樹菩薩傳》中的神異故事。但在面對口傳材料時,玄奘卻"有聞必録"[1],詳細記載各種神通故事。在我們今天的歷史觀念的回望下,神異這一元素自是荒誕不經,即使在玄奘時代,他是否對這些故事全信,也未可知,記録這些鮮活生動的神奇故事,或許有保存史料的意圖在其中,但這種情況所體現的,或許更在玄奘的佛教徒宣教企圖上,而非其史家意識。

《大唐西域記》的這種雙重特性,讓我們在閲讀上文分析的這些傳説故事時,不能簡單地將它們視爲如後世《西遊記》一類的神佛傳説,玄奘的基本立場和態度是"史"的,記叙這些故事則同時帶有宣教目的。這裏還必須

---

[1] 這是王邦維對《大唐西域記》中玄奘書寫的概括,參看王邦維《雜藏考》(載袁行霈主編《國學研究(第二卷)》,北京:北京大學出版社1994年版,第562頁),王邦維在《南海寄歸内法傳校注》(北京:中華書局1995年版)的"代校注前言"《義淨與〈南海寄歸内法傳〉》中對此也有析論。而本文通過以上分析,認爲玄奘的"有聞必録",就是他面對"耆舊"、"土俗"時候的態度。"有聞必録",而非"有閲必録",是十分精當的概括。

考慮的一個重要因素是，印度對於歷史、事實的觀念和中國大不一樣，這些我們視爲不真實的傳説故事（唐代的中國士人大約也會將這些傳説故事視爲不經），在印度的流衍傳佈過程中完全可能被視爲較爲可靠的史料。作爲中國知識人的玄奘因其高僧身份也較易相信這些傳説故事。正是在這樣的中印文化差别、玄奘多重身份的交織下，在中國傳統士人眼中較爲荒誕不可信的故事，卻有機地融入了《大唐西域記》這樣一部有著較爲嚴格框架的，撰作出發點是爲唐太宗經略西域服務的嚴肅歷史地理著作中。

上文分析的口傳故事和全書的"史"之框架或許還有更爲幽微的意義。在討論中國"小説"[①]的歷史變化時，魯迅的兩個提法影響深遠，一是在分析魏晉南北朝佛教對小説的影響時提出的"釋氏輔教之書"的説法，一是"唐始人有意爲小説"的判斷[②]。佛教通過"釋氏輔教之書"將有意的與"史"的書寫區分的虛構書寫傳入中國，逐漸影響到唐人的"有意爲小説"，這是極爲精彩的論説。梅維恒（Victor Mair）通過敦煌變文等佛教相關因素，通過許多堅實的考證和精密的推考，進一步論證佛教對中國的虛構文學有極重要的影響[③]。在討論佛教和唐人"有意爲小説"的關係時，我們是否能將《大唐西域記》這一類傳統意義上不屬於通俗文學[④]或虛構作品的傳記材料納入考察？這類書籍相較"釋氏輔教之書"和通俗文本而言，在中國知識人的眼中更爲嚴肅，但其中包孕的對於非佛教徒而言明顯不真實的傳説故事，對於中國文學後來的虛構書寫，難道毫無潛移默化之效？

（作者單位：復旦大學　香港中文大學）

[①] 小説是中國本有語詞，《莊子》中的"小説"一詞只是指不够嚴正重要的説辭，《漢書·藝文志》中的"小説家"其實是不大重要的一類書的雜燴，這一傳統概念的"小説"和對應近代西方 fiction、novel 概念的"小説"差異極大。本文使用的小説概念還是現代意義上的重在虛構的"小説"，在行文中儘量使用"虛構"一詞。
[②] 魯迅《中國小説史略》第六篇《六朝之鬼神志怪書（下）》、第八篇《唐之傳奇文（上）》，收入《魯迅全集》第九卷，北京：人民文學出版社 2005 年版。
[③] 參看梅維恒著，楊繼東、陳引馳譯，徐文堪校《唐代變文——佛教對中國白話小説及戲曲產生的貢獻之研究》，上海：中西書局 2011 年版。尤其是本書的附録《唐五代變文對後世中國俗文學的貢獻》，對中國文學中的虛構因素和佛教的關係有比較集中而概括的研究。
[④] 當然，梅維恒主要關注的是佛教對後來之通俗文學的影響，白話小説和唐人傳奇等文言系統的作品是兩個系統，決不能等同而論。但是下層的文學未必影響上層，下層的文學卻很難不受到上層的影響，所以討論《大唐西域記》一類書對文學中"虛構"的可能影響，我們認爲是同時適用於精英的和通俗的（或曰文言的和白話的）虛構書寫的。

《大唐西域記》所載佛教口傳故事考述 ·417·

卷數	國	底本（高麗新藏本）	敦甲本	宋本	古本	石本	大本	資福本	磧砂本	建本	元本	明南本	明北本	徑山本	酬本	中本	《三寶感應要略錄》	《釋迦方志》	《法苑珠林》
卷一	屈支國	聞諸先志（第58頁）	"諸先志"作"之耆舊"		"先志"作"耆舊"	"諸先志"作"之耆舊"										"諸先志"作"之耆舊"		
卷一	屈支國	聞諸先志（第63頁）	"諸先志"作"之耆舊"		"先志"作"耆舊"	"諸先志"作"之耆舊"												
卷一	迦畢試國	聞諸先志（第139頁）	《敦甲本》"聞諸先志"作"文之耆舊"，文乃音訛		"先志"作"耆舊"	"諸"作"之"，"先志"作"耆舊"												
卷一	迦畢試國	聞諸先志（第145頁）			"先志"作"耆舊"	"先志"作"耆舊"										"先志"作"耆舊"		

續　表

卷數	國	底本（高麗新藏本）	敦甲本	宋本	古本	石本	大本	資福本	磧砂本	建本	元本	明南本	明北本	徑山本	酬本	中本	《三寶感應要略錄》	《釋迦方志》	《法苑珠林》
卷一	迦畢試國	聞諸土俗（第147頁）		"土"作"士"								"土"作"士"			"土"作"士"			
卷一	迦畢試國	聞諸先志（第150頁）	"諸先志"作"之耆舊"		"諸先志"作"之耆舊"														
卷一	迦畢試國	聞諸先志（第153頁）	"先志"作"土俗"		"先志"作"土俗"											"先志"作"土俗"			
卷一	迦畢試國	聞諸先志（第156頁）	"先志"作"土俗"		"先志"作"土俗"											"先志"作"土俗"			
卷二	那揭羅曷國	聞諸先志（第223頁）			"先志"作"土俗"	"先志"作"土俗"										"先志"作"土俗"			

《大唐西域記》所載佛教口傳故事考述 ·419·

續 表

卷數	國	底本（高麗新藏本）	敦甲本	宋本	古本	石本	大本	資福本	磧砂本	建本	元本	明南本	明北本	徑山本	酬本	《三寶感應要略錄》中本	《釋迦方志》	《法苑珠林》
卷二	健馱羅國	聞諸舊（第241頁）			"諸"作"之""舊"	"諸"作"之""舊"	"諸"作"之""舊"									"諸"引先志"作"舊"		
卷二	健馱羅國	聞諸先志（第242頁）			"諸先志"作"之舊"	"諸先志"作"之舊"	"諸先志"作"之舊"									"諸先志"作"舊"		
卷二	健馱羅國	聞諸土俗（第260頁）		"土"作"士"				"土"作"士"	"土"作"士"			"土"作"士"		"土"作"士"				
卷三	呾叉始羅國	聞諸先志（第303頁）			"諸先志"作"之土俗"	"諸先志"作"之土俗"										"先志"作"土俗"		
卷三	呾叉始羅國	聞諸先志（第304頁）			"先志"作"土俗"	"先志"作"土俗"										"先志"作"土俗"		

續　表

卷數	國	底本（高麗新藏本）	敦甲本	宋本	古本	石本	大本	資福本	磧砂本	建本	元本	明南本	明北本	徑山本	酬本	中本	《三寶感應要略錄》	《釋迦方志》	《法苑珠林》
卷四	薩他泥濕伐羅國	聞諸先志（第390頁）			"先志"作"耆舊"	"先志"作"耆舊"									"先志"作"耆舊"			
卷六	藍摩國	聞諸先志（第530頁）			"先志"作"耆舊"	"先志"作"耆舊"									"先志"作"耆舊"			
卷六	拘尸那揭羅國	聞諸先記（第539頁）																
卷七	婆羅痆斯國	聞諸先志（第578頁）			"先志"作"土俗"	"先志"作"土俗"									"先志"作"土俗"			
卷七	戰主國	聞諸先志（第583頁）			"先志"作"耆舊"	"先志"作"耆舊"									"先志"作"耆舊"			
卷八	摩揭陀國	聞諸耆舊（第669頁）																

續表

卷數	國	底本（高麗新藏本）	敦甲本	宋本	古本	石本	大本	資福本	磧砂本	建本	元本	明南本	明北本	徑山本	毘盧本	中本	《三寶感應要略錄》	《釋迦方志》	《法苑珠林》
卷八	摩揭陀國	聞諸先志（第679頁）			"諸先志"作"之土俗"	"諸先志"作"之土俗"										"諸先志"作"之土俗"	《方志》作"雲，則唐本"先志"當作"土俗"（《校注》）	
卷八	摩揭陀國	聞諸先記曰（第681頁）																"先記曰"作"俗云"	"先記曰"作"俗云"
卷九	摩揭陀國	聞之土俗（第729頁）							"土"作"士"			"土"作"士"		"土"作"士"					
卷九	摩揭陀國	聞諸土俗（第770頁）																	

續表

卷數	國	底本（高麗新藏本）	敦甲本	宋本	古本	石本	大本	資福本	磧砂本	建本	元本	明南本	明北本	徑山本	酬本	中本	《三寶感應要略錄》	《釋迦方志》	《法苑珠林》
卷十	憍薩羅國	聞諸先志（第830頁）																	
卷十	秣羅矩吒國	聞諸土俗（第862頁）																	
卷十一	恭建那補羅國	聞諸先志（第890頁）			"先志"作"耆舊"					"先志"作"耆舊"									
卷十一	摩訶剌侘國	聞諸先志（第897頁）			"諸先志之"作"耆舊"					"諸先志之"作"耆舊"						"諸先志之"作"耆舊"			
卷十一	摩訶剌侘國	聞之土俗（第897頁）										"土"作"王"	"土"作"王"						
卷十一	摩臘婆國	聞諸先志（第905頁）			"諸先志之"作"耆舊"					"諸先志之"作"耆舊"									

《大唐西域記》所載佛教口傳故事考述 · 423 ·

續 表

卷數	國	底本（高麗新藏本）	敦甲本	宋本	古本	石本	大本	資福本	磧砂本	建本	元本	明南本	明北本	徑山本	酬本	中本	《三寶感應要略錄》	《釋迦方志》	《法苑珠林》
卷十二	信度國	聞諸先志（第931頁）			"先志"作"者舊"					"諸志"作"之者舊"									
卷十二	伐剌拏國	聞諸土俗（第949頁）																	
卷十二	達摩悉鐵帝國	聞諸耆舊（第977頁）																	
卷十二	揭盤陀國	聞諸耆舊（第989頁）																	
卷十二	烏鎩國	聞諸土俗（第992頁）																	
卷十二	瞿薩旦那國	聞諸土俗（第1015頁）																	

續　表

卷數	底本（高麗新藏本）	敦甲本	宋本	古本	石本	大本	資福本	磧砂本	建本	元本	明南本	明北本	徑山本	酬本	中本	《三寶感應要略錄》	《釋迦方志》	《法苑珠林》
卷十二 瞿薩旦那國	閒諸土俗（第1017頁）																	
卷十二 瞿薩旦那國	聞諸舊耆，聞之土俗（第1026頁）																	
卷十二 瞿薩旦那國	閒諸先記（第1027頁）																	

山谷行書和東坡草書《赤壁懷古》詞石刻的真偽及文獻價值

王兆鵬

【摘　要】 宋哲宗元祐二年丁卯(1087)黃庭堅行書赤壁詞，自南宋以來，既有原書真迹傳世，也有石刻搨本流傳，傳承有序，源流清晰。今存山谷行書赤壁詞石刻及其搨本，雖然不一定是山谷手書的真迹，卻是可信的文本。東坡草書赤壁詞的傳藏經過，不如山谷行書赤壁詞那樣歷歷可考，只知明嘉靖以前已有石刻。與山谷行書赤壁詞互證，東坡草書赤壁詞的文本有可信度，即便字不一定是蘇軾所寫真迹，內容應是蘇軾所作。山谷和東坡所書兩種赤壁詞，是現存最早最接近東坡赤壁詞原作的文本，可據以校正諸本異文的正誤得失：其中"談笑間、強虜灰飛煙滅"應作"笑談間、檣櫓灰飛煙滅"，"強虜"是南宋人所改，藉以影射金人。

【關鍵詞】 黃庭堅行書　蘇軾草書　《念奴嬌·赤壁懷古》　大江東去詞　石刻

蘇軾經典名篇《念奴嬌·赤壁懷古》(下簡稱赤壁詞)的異文頗多，讀者難辨究竟哪種文本是蘇軾的原作。按理說，蘇軾草書赤壁詞石刻，應是赤壁詞最早也是最可信的文本，然因有人懷疑蘇軾草書赤壁詞是偽作[①]，故不

[①] 如郭沫若《讀詩劄記四則》："傳世有《至寶堂法帖》及《雪堂石刻》載有東坡醉筆《赤壁懷古》……毫無疑問是假造的。"(載《光明日報》1982年4月16日)另參丘述堯《郭沫若〈讀詩劄記四則〉指疵》，載於《華南師範大學學報》1984年第1期。

被人信據。無獨有偶,黄庭堅的行書赤壁詞,一則由於知見者少,二則也被人懷疑是"僞迹"①,同樣不受重視②。近日得見有關刊物和網絡披載的黄庭堅行書赤壁詞石刻和搨本照片(見圖1、圖2)後③,覺得蘇、黄這兩種書法作品,是赤壁詞傳播歷程中值得珍視的文本,具有獨特的文獻價值。兹對這兩種文本的來源、真僞和價值作一考釋,以期引起同行的關注和進一步研討。

圖1　山東武氏祠所藏山谷行書赤壁詞石刻原碑照片(來源於網絡)

---

① 如水賚佑《黄庭堅僞迹考叙》即將黄庭堅行書《東坡大江東去詞(搨本,刻於《壯陶閣續帖》)》列作"僞迹",載劉正成主編《中國書法全集》第三十五卷,北京:榮寳齋出版社2001年版,第22頁。
② 在相關蘇軾和詞學研究論著中,筆者唯見北京大學張鳴教授曾用黄庭堅此行書來校勘蘇軾赤壁詞的異文,見所撰《宋金"十大曲"(樂)箋說》,載於《文學遺産》2004年第1期。
③ 蘇永祁《"蘇黄"雙絶——黄庭堅書蘇軾"赤壁懷古"詞刻石》,載於《蘇軾研究》2013年第2期,第78—79頁。石刻原石,現藏山東省濟寧市嘉祥縣武氏祠。

圖 2　山東武氏祠所藏山谷行書赤壁詞搨本（照片來源於網絡）

一、黄庭堅行書赤壁詞的傳存源流

爲便於後文比較，兹先考黄庭堅所書赤壁詞的傳存源流及其真僞。

黄庭堅所書赤壁詞,最初爲其門人元不伐收藏①。南宋洪邁《容齋隨筆》載:

  向巨原云:元不伐家有魯直所書東坡《念奴嬌》,與今人歌不同者數處……不知此本今何在也。②

雖然洪邁不知黄庭堅所書赤壁詞的下落,但其友人向巨原卻見過元不伐藏本③,不然向氏就不會知道山谷所書赤壁詞與當時流行之本在文字上的差異。洪邁的記載,至少表明山谷所書赤壁詞在南宋初期尚爲人收藏④。宋末元初,趙孟頫曾見過黄庭堅所書赤壁詞,並仿其筆意自書一本。明人張丑《清河書畫舫》就著録有趙孟頫行書"《大江東去》,依魯直書"⑤。魯直所書赤壁詞是行書,趙孟頫也是行書。所謂"依魯直書",是仿黄庭堅的筆意而書。顯然趙孟頫是見過或藏有山谷行書本,故能仿作。至明代,山谷行書赤壁詞卷,一度爲權臣嚴嵩所有,後歸書畫鑒藏名家、長洲人韓世能(字存良)⑥。張丑《清河書畫舫》曰:

  (黄庭堅)元祐丁卯歲行書《大江東去》詞,全仿《瘞鶴銘》法。後附《次韻子瞻題郭熙秋山圖》詩,小楷精緊。右帖高頭長卷,頗屬合作,

---

① 元不伐,名勛,隨學山谷二十餘年。《山谷集》別集卷十《與元勛不伐書》題下注云:"勛,聖庚之子。自元祐初從山谷遊,幾二十年。終舂陵太守。"周紫芝《太倉稊米集》卷五十九亦載:"十五年而得具茨元不伐。具茨,太史黄公客也。"厲鶚《宋詩紀事》卷四十:"元勛,字不伐,陽翟人。政和間知甯國縣事。"按,具茨,即陽翟。
② 洪邁《詩詞改字》,《容齋隨筆》續筆卷八,上海:上海古籍出版社1996年版,第317頁。
③ 向巨原,爲洪邁友人,洪邁《容齋隨筆》三筆卷九曾及:"亡友向巨原,自少時能作詩,予初識之於梁宏夫坐上。""後哀其平生所爲詩,目爲《葵齋雜稿》,倩予爲序。"(第524頁)洪邁曾爲向巨原作《臨湖閣記》(見祝穆《古今事文類聚》前集卷十七;《全宋文》册222,卷4918,第72頁),王義山有《念奴嬌·題臨湖閣在東陽向巨原所創洪容齋作記舊漕幕居其下》詞紀其事(《全宋詞》,北京:中華書局1980年版,第3059頁)。
④ 元不伐生卒年雖不詳,但紹興二十五年(1155)尚在世。李心傳《建炎以來繫年要録》卷一百七十載:紹興二十五年十二月癸巳,"詔追官勒停人趙令衿復左朝請大夫,追官勒停人閻大鈞、除名勒停人元不伐復右朝散大夫"。(北京:中華書局1988年版,第2793頁)
⑤ 張丑《清河書畫舫》卷十下,《影印文淵閣四庫全書》本。可惜趙孟頫所書原文未見著録,如有傳録,即可確證今傳山谷行書赤壁懷古詞文本的真僞。
⑥ 《四庫全書總目》卷一百七十九《雲東拾草提要》:"世能,字存良,長洲人。隆慶戊辰進士,官至南京禮部侍郎。召入,兼翰林學士。事迹附見《明史·黄鳳翔傳》。世能以鑒藏書畫名一時。張丑所爲輯《南陽書畫表》也。"

惜紙墨不甚稱耳。今在韓太史存良家，余屢欲購之亦未得。本嚴分宜故物也。①

韓世能家藏、張丑欲購而不得之本，應是黃庭堅的法書真迹，因爲法書真迹名貴，而紙墨不理想，故張丑惜其"紙墨不稱"。若是據石刻搨印之本，似不會以"紙墨不稱"爲憾。如果不是相當珍貴的墨迹，也不會被著名的書畫鑒藏家韓世能家人如此珍愛而不願出售②。後來的石刻搨印本詞末所附小楷《次韻子瞻題郭熙秋山圖》詩字迹模糊不清（詳後），而此本詞末所附小楷卻相當清晰，故張丑有"精緊"之評。張丑（1577—1643）《清河書畫舫》成書於明萬曆四十四年（1616）③，則書中所言"今在韓太史存良家"之"今"，時當萬曆四十四年前後。即是説，山谷行書赤壁詞原本，明萬曆年間尚存於世。

黃庭堅行書赤壁詞卷，原爲嚴嵩"故物"，後來如何爲韓世能所有，沈德符《萬曆野獲編》的一段記載有助於我們了解其原委：

嚴氏被籍時，其他玩好不經見，惟書畫之屬，入内府者，穆廟初年，出以充武官歲禄。每卷軸作價不盈數緡，即唐宋名迹亦然。於是成國朱氏兄弟，以善價得之，而長君希忠尤多，上有"寶善堂"印記者是也。後朱病亟，漸以餉江陵相，因得進封定襄王。未幾張敗，又遭籍没入官。不數年，爲掌庫宦官盜出售之，一時好事者，如韓敬堂太史、項太學墨林輩爭購之，所蓄皆精絶。其時值尚廉，迨至今日，不啻什伯

---

① 張丑《清河書畫舫》卷九《黃庭堅》，《影印文淵閣四庫全書》本。《御定佩文齋書畫譜》卷九十四、卞永譽《式古堂書畫彙考》卷十一《書畫舫》亦載此條，可參。按，嚴嵩爲江西分宜人，故稱嚴分宜。
② 沈德符《萬曆野獲編》卷二十六《定武蘭亭》所載軼事可爲一證："《蘭亭》自殉昭陵後，人間僅留歐、虞、褚、薛四臨本。今虞、褚尚有墨迹，爲好事家所藏，以予所見，聲價俱重。然斷以爲二公真手筆，則終未敢定也。禊帖石刻，以定武爲正嫡子孫，石晉時。爲虜騎將去，帝犯歸日，棄置中途。今所傳宋搨本，皆屬之定武，然其價已不貲。頃乙酉、丙戌間，北雍治地掘得一石，其行款肥瘦，與定武略同。説者遂以爲真廣連時所棄，即未必然，固亦佳刻。是時吴中韓敬堂宗伯爲祭酒，搨數百本，以貽朋友。今石以敲摹年久，漸就剥蝕，並韓初帖已不可得矣。今曰褚摹，曰玉枕，曰寶晉齋，曰神龍臨本，紛紛翻刻，幾數十種，又出桑世昌《蘭亭考》之外，不可勝記。然質之定武，則遠矣！"韓世能（號敬堂）得《蘭亭》石刻後，搨數百本送人，而不是秘而不宣。
③ 參《清河書畫舫提要》，《四庫全書總目》卷一百十三，北京：中華書局1965年版，第965頁。

之矣。①

原來嚴嵩所藏書畫被籍没入內府，穆宗隆慶初年出以充武官歲禄，低價出售，多爲朱希忠所得，朱氏轉贈張居正，張居正卒後被籍没入官。後被掌庫宦官盜出售之，韓世能等爭相購藏，"所蓄皆精絶"。山谷行書赤壁詞卷，當是其中之一。

與韓世能（1528—1598）同時的詹景鳳（1532—1602）曾寓目韓世能藏本，並跋曰：

> 韓敬老收山谷書坡翁《大江東詞》，字如拳大，鶴膝蜂腰，怪怪奇奇，筆若骨消，了無肌肉，後自題叙乃七言古詩，筆滋墨腴，秀潤雅暢，字如《聖教序》大。觀題叙詩，乃知坡公大江東詞以題郭熙山水而作。②

韓敬老即韓世能，因其號敬堂，故稱。詹景鳳所叙，與前述張丑著録韓本相同。其中謂山谷所書詞卷"字如拳大，鶴膝蜂腰，怪怪奇奇"，正與今傳山谷赤壁詞石刻本相合（詳後），蓋山谷所書，行、楷、大草相間，確乎有些怪怪奇奇。詹氏所見，顯然是寫本原卷，而非搨印本，寫本字迹清晰，故能見詞後所附七言古詩小楷有"筆滋墨腴，秀潤雅暢"之妙。

同時的王世貞（1526—1590），也曾見《山谷書東坡大江東去帖》，並跋云：

> 銅將軍鐵綽板唱"大江東去"，固也。然其詞跌宕感慨，有王處仲擊鼓意氣，傍若無人。魯直書莽莽，亦足相發磊塊。時閱之，以當阮公數斗酒。③

王世貞認爲，山谷所書與東坡原詞，相得益彰，足以相互發抒胸中塊磊。其所題帖本，應爲真迹，然是否爲韓世能家藏本而題，則不敢臆斷。

世貞之後，孫鑛（1543—1613）藏有一搨本，並在王世貞跋的基礎上再跋《山谷書大江東去詞》：

---

① 沈德符《萬曆野獲編》卷八，北京：中華書局 1959 年版，第 211 頁。
② 詹景鳳《詹東圖玄覽編》卷三，《中國書畫全書》第四册，上海：上海書畫出版社 1999 年版，第 32 頁。
③ 王世貞《弇州四部稿》卷一百三十六，《影印文淵閣四庫全書》本。

蘇此詞、黃此書，俱非雅品，非當行，而皆磊落自肆，正是一派。真足當阮公數斗酒。余有此舊本，而失卻首幅，不知刻石在何所，愧無從覓補。①

孫氏的題跋，提供了這樣幾點信息：一是他有山谷手書赤壁詞的"舊本"；二是舊本由數幅組成，他失去了"首幅"；三是想據石刻校補，卻不知原碑在何處，故無從補之。當時山谷手書赤壁詞應有石刻，並有搨印本傳世，祇是孫氏不知石碑藏於何處而已。

明盛時泰（1529—1578）《蒼潤軒碑跋紀》也著録有《宋黃魯直行書大江東去詞》：

右後有跋，已模糊。涪翁此書，不如"缺月掛疏桐"。②

盛氏未明言所見山谷行書赤壁詞是石碑，還是搨本。從其書之題跋都是碑本來推斷，盛氏所言不會是真迹寫本，而是搨本。其所見本詞後跋文"已模糊"不清，這與前述韓世能藏寫本詞後所附文字清晰可認形成鮮明對照。韓本是原寫本，字畫清晰，故知詞後所附是小楷書寫的山谷本人的《次韻子瞻題郭熙秋山圖》詩，而非跋語。盛氏所見搨印墨本詞後所附文字模糊不清，故籠統地説"詞後有跋"。今存石刻及相關搨印本，詞後所附文字依然模糊不清（見圖3）。盛氏《蒼潤軒碑

圖3　山谷行書赤壁詞末幅（1930年日本東京美術書院影印本）

---

① 孫鑛《書畫跋跋》卷二下，《影印文淵閣四庫全書》本。
② 盛時泰《蒼潤軒碑跋紀》，《四庫全書存目叢書》本，第278册，第73頁。《佩文齋書畫譜》卷七十七亦引録蒼潤軒此碑跋文。按，盛氏所言"缺月掛疏桐"，爲黃庭堅所書蘇軾《卜算子》詞。孫鑛《書畫跋跋》卷二下："《山谷書東坡卜算子帖》，臨江人王説謂坡此詞是爲惠州一女子作，意或近之。"

跋紀》前有嘉靖三十五年丙辰（1556）自序，其成書即在此前後。盛氏此跋再次表明，嘉靖年間已有山谷行書赤壁詞石刻搨本流傳。

晚明董其昌（1555—1636）也見過山谷所書赤壁詞本，並仿米芾書意自書一本。董氏自識云：

> 山谷嘗以本家筆書東坡赤壁詞，余以米海嶽書意爲之。米嘗自謂"名在蘇軾、黄庭堅之間，不入黨與"。然坡公所作《韓魏公贊》。余見米迹，嘗亦書此詞，恨世無傳耳。①

董其昌謂黄庭堅以自家筆法書寫赤壁詞，他則以米芾的筆法書寫之。可見董氏也熟知山谷所書赤壁詞。董氏又謂曾見過米芾所書赤壁詞真迹，可惜世無傳本。與董其昌同時而稍晚的高濂（1573—1620）和汪砢玉（1587—?），也曾分別著録黄庭堅《大江東去詞》和《書東坡大江東去帖》②。

至清代，山谷行書赤壁詞仍有傳本。清初卞永譽《式古堂書畫彙考》就著録有"黄魯直書大江東去詞，行書（原詞不録）"③。他特地注明"原詞不録"，顯然是親見其本，因原詞是名篇，故未録原文。不録原文，甚是遺憾，如録有原文，我們就可以藉此比勘異文和辨識其源流。

雍正七年（1729），李光暎撰《金石文考略》，也曾述及山谷所書詩詞：

> 米元章曾譏黄魯直是描字，今以《七佛偈》觀之，信然。如"缺月疏桐"之橫放，《晚登快閣》之清勁，《大江東去》之轉折，則又種種臻妙。④

李氏是得到朱彝尊所藏金石碑刻後，"哀輯所得，集諸家之論"而寫成《金石文考略》⑤，所言山谷書赤壁詞，或爲其收藏之本，至少他是見過其本，故稱其書法多"轉折"而"臻妙"。

令人稱奇的是，山谷手書赤壁詞真迹，已然傳至近代。近人裴景福《壯陶閣書畫録》卷四著録並考釋云：

---

① 《石渠寶笈》卷三十一《明董其昌雜書一卷》，《影印文淵閣四庫全書》本。
② 高濂《遵生八箋》卷十四，汪砢玉《珊瑚網》卷二十二，《影印文淵閣四庫全書》本。
③ 卞永譽《式古堂書畫彙考》卷十一，《影印文淵閣四庫全書》本。
④ 李光暎《金石文考略》卷十四，《影印文淵閣四庫全書》本。
⑤ 參《四庫全書總目》卷八十六《觀妙哉金石文考略提要》，北京：中華書局1965年版，第742頁。

宋黄山谷書東坡大江東詞卷，麻紙，色黄，高工尺九寸三分，四紙，長一丈六寸，無昔人藏印，殆割去也。每行三四字，楷行大草相間，卷尾用"黄氏庭堅"朱文、"山谷道人"白文二印。弇州山人跋已失去。

大江東（原注：去、浪損）淘盡、千古風流人物。故壘西邊，人道是、三國周郎赤壁。亂石穿空，驚濤拍岸，卷起千堆雪。江山如畫，一時多少豪傑。遙想公瑾當年，小喬初嫁了，雄姿英發。羽扇綸巾，笑談間、檣艣灰飛煙滅。故國神游，多情應笑我，早生華髮。人間如夢，一樽還酹江月。庭堅書。

……是卷既載《年譜》，屢見前人著錄，誠炫赫有名之迹。公至晚歲，恒眷眷於元祐間書，自謂不工。公自謂不工者，正後人之所謂工也。余所藏公大書《發願文》、《觀音》、《燒香》二贊、《華嚴疏》，以此卷校之，皆公五十後書。而元祐間唯《砥柱銘》一種健拔少頓挫，不及此卷遠矣。此卷雜以大草，原出藏真，自叙直同草篆，其楷法又出入《蘭亭》、《鶴銘》之間，時以頓挫取妍媚，足與坡仙妙詞並峙千古。青父（鵬按，指張丑）謂"紙墨不稱"，尚非篤論。此乃唐代泠金麻箋，與他宋紙白淨不同。映日照視，其波拂鉤勒墨暈，濃淡輕重畢見，迥非鉤填能至。不得謂紙色黝暗，遂以"不稱"目之。此詞久有刻本。己未九月，吾鄉李姓常賣鋪持來求售，裝潢倒置，而索價頗昂，余一見驚歎，磋磨久之，始肯割讓。此亦魯直元祐間一鉅迹也。爲之狂喜，即寄吳門，付良工裝池並影照刊入《壯陶閣帖》，以垂不朽。景福識於蚌濱。①

裴氏對山谷行書赤壁詞卷的紙色、尺寸、印記及購藏經過，言之甚明。此本顯爲山谷手書真迹，從明人韓世能家流出後，至晚清入裴氏同鄉李姓常賣鋪，民國八年己未（1919）爲裴景福購得。原件如今不知藏在何處，幸而裴氏將山谷手書真迹影刊入《壯陶閣續帖》中，我們尚可窺其原貌。

如今能見到的山谷行書赤壁詞，有四種：一爲民國十一年（1922）裴景福刊《壯陶閣續帖》本（中國國家圖書館金石組有藏），二爲日本昭和四年（1930）東京美術書院影印的石刻搨本，三爲山東嘉祥縣武氏祠藏石刻，四爲江西修水縣黄庭堅紀念館九曲回廊石刻（依《壯陶閣續帖》本上石）。

---

① 裴景福《壯陶閣書畫錄》卷四，北京：學苑出版社2006年版，第119—120頁。

二、山谷行書赤壁詞的真僞

由上文所考,可知山谷行書赤壁詞傳承有序,源流清晰。宋代以來,既有原書真迹傳世,也有石刻搨本流傳。自明清至近代,迭經書法家、鑒藏家收藏題跋,無一人懷疑是僞作。祇是到了當代,纔有人疑爲"僞迹"。如水賚佑《黄庭堅僞迹考叙》直接將《壯陶閣續帖》本黄庭堅行書《東坡大江東去詞》列作"僞迹",但未説明理據。

書法作品的"真僞",其實涉及兩個層面的問題,一是書法層面的真僞,二是文本層面的真僞。書法層面的真僞,追問的是"字迹"是不是書法家親筆所書,是否跟書法家的真迹一致。如果是據書法家的真迹入石與搨印,即爲真;如果是據真迹臨摹、仿作甚或是杜撰,即爲僞。文本層面的真僞,追問的是文字内容是否跟書法家手書原件的文本相同,祇只要是據原件臨摹、仿作而没有改變原作的文字内容結構,即可視爲真實可信。如同判斷一部古書的真僞,也是涉及版本和内容兩個層面。若不考慮版本因素,祇要内容和結構没有改變,即便不是初刻本、原刻本而是重刻本、翻刻本、修補本、影抄本或傳抄本,我們都視爲一部真實可信之書。如果是鑒定版本的真僞,那就要考慮是原刻本還是翻刻本或重編本了。

從書法層面看,今傳《壯陶閣續帖》本、山東武氏祠所存山谷赤壁詞石刻,也許不是山谷行書的真迹①。但從文本内容層面看,《壯陶閣續帖》本、東京美術書院印本、山東所存石刻和江西修水石刻,都是據山谷行書赤壁詞真迹臨摹或仿寫,字形可能有些失真走樣②,内容卻完全可信。如同一部古書,雖然它不是作者的手稿本,也不是原刻本、初印本,而是重刻本、影抄

---

① 暨南大學藝術學院書法史教授陳志平博士專研黄山谷書法,2013 年 8 月 31 日他電郵作者説:"此件作品我曾在山東武氏祠親見過,從書風推斷,絶非山谷所作。"
② 筆者請清華大學中文系博士生劉雋一比較裴氏《壯陶閣續帖》本和山東武氏祠石刻搨本山谷所書赤壁詞,發現二者字形確有較大差異,其中"少"、"江"、"國"、"年"、"巾"、"人"、"多"、"應"、"笑我"、"早"、"夢"、"月"等點畫結構差異尤其明顯。又,裴帖赤壁詞卷末鈐印兩枚,上爲長方形"黄氏庭堅"印,下爲正方形"山谷道人"印,下印較上印要小。武氏祠石刻的鈐印正相反,上爲"山谷道人"印,下爲"黄氏庭堅"印。可見裴帖與武氏祠石刻所據來源不同,山東武氏祠石刻當爲仿寫本。

本,也依然是一部真實可信之書。

且以山東所存山谷行書赤壁詞石刻爲例,來説明其文字内容的可信。

其一,石刻與裴氏所藏真迹原卷的篇幅、行款、字體相同。山東赤壁詞石刻,據網傳照片,原石長360釐米,寬(高)35釐米(見圖1),而前述裴氏所藏真迹紙卷長一丈六寸(合353.3釐米),高九寸三分(約31釐米)。二者的篇幅尺寸基本相同。原石略大於紙卷,自屬合理。紙卷有四幅紙,而石刻亦由四幅碑石組成,二者又完全一致。原卷"每行三四字,楷行大草相間",石刻也是每行三四字,楷、行、大草相間(見圖2)。行款、字體又完全相同。

其二,石刻的文字内容與裴氏所藏真迹紙卷完全相同。紙卷録文已見上引,石刻原文爲:

> 大江東去,浪淘盡、千古風流人物。故壘西邊,人道是、三國周郎赤壁。亂石穿空,驚濤拍岸,捲起千堆雪。江山如畫,一時多少豪傑。　　遥想公瑾當年,小喬初嫁了,雄姿英發。羽扇綸巾,笑談間、檣艣灰飛煙滅。故國神游,多情應笑我,早生華髮。人間如夢,一樽還酹江月。

東坡赤壁詞的異文頗多,而石刻的文字與真迹紙卷的文字完全一樣(紙卷中"去浪"二字缺損,另當别論),特别是異文也完全相同,如通行本的"談笑間",石刻與紙卷俱作"笑談間";通行本的"人生如夢",此二本均作"人間如夢"。

無論是從篇幅大小、行款字體等外在形式看,還是從文字内容看,今存山谷行書赤壁詞石刻及其搨本都是真實的文本,完全可以信據,我們可以懷疑它不是山谷手書的真迹,但不應否認是山谷書寫的文本。

三、蘇軾草書赤壁詞的真僞

考定了山谷行書赤壁詞文本的真實性,再來討論東坡草書赤壁詞的可信度。

東坡草書赤壁詞的傳藏經過,遠不如山谷行書赤壁詞那樣歷歷可考。

所幸的是，東坡草書赤壁詞，今有兩處石刻：一在湖北黄州赤壁公園的坡仙亭，一在山西太原郝莊村雙塔寺（又名永祚寺）。

太原石刻（見圖4），爲乾隆二十七年（1762）山西巡撫鄂弼依家藏舊搨摹勒①，碑有篆書題名《蘇長公大江東詞》，詞作原文爲：

---

① 據《清史稿》卷二百二《疆臣年表》，鄂弼自乾隆二十四年十月任山西巡撫，至乾隆二十七年五月戊申改任陝西巡撫。《清史稿》卷十二《高宗本紀》亦載，乾隆二十四年十月"乙未，以鄂弼爲山西巡撫"。

圖4　太原雙塔寺藏東坡草書赤壁詞石刻照片（王潔提供）

　　大江東去，浪淘盡、千古風流人物。故壘西邊，人道是、三國周郎赤壁。亂石穿空，驚濤拍岸，捲起千堆雪。江山如畫，一時多少豪傑。　遙想公瑾當年，小喬初嫁了，雄姿英發，羽扇綸巾，笑談間、檣艣灰飛煙滅。故國神游，多情應笑我，早生華髮。人生如夢，一樽還酹江月。

　　久不作草書，適乘醉走筆，覺酒氣勃勃從指端出也。東坡醉筆。詞後有鄂弼題跋：

　　　　右東坡先生自書"大江東"詞，乃醉後神到之筆，余家藏舊搨也。詞與書並挾英偉勁傑之氣，雅類其爲人。余愛而重之，因復鉤摹勒石，以廣所傳。按先生脱御史台獄，謫黃州團練副史，前後《赤壁》二賦，成於遷所。此詞寄托略同,應亦是時所作。觀其淋漓杯酒,意興遄飛,伸紙揮毫,盎然天趣,非見道深而胸無塊壘者能之乎?吁,信可愛而重也矣!乾隆二十有七年壬午仲夏,西林鄂弼跋(後有"鄂弼"、"竹間居士"二印)。

黄州赤壁公園坡仙亭内共藏有東坡手書四首詞的石刻,除赤壁詞外,另三首詞的石刻分别是:署"元祐六年十月二日眉山蘇軾書"《滿庭芳》(歸去來兮),"東坡居士書"《臨江仙》(九十日春光過了),"紹聖二年重九日眉山蘇軾書"《行香子》(清夜無塵)。赤壁詞原文和詞末蘇軾自跋(見圖5),與太原石刻全同。據近人汪燊考訂,以上"四詞共石八方,明郭鳳儀重摹,經兵燹殘破,僅遺數片於雪堂。清同治戊辰,又復翻刻"①。可知黄州所藏東坡草書赤壁

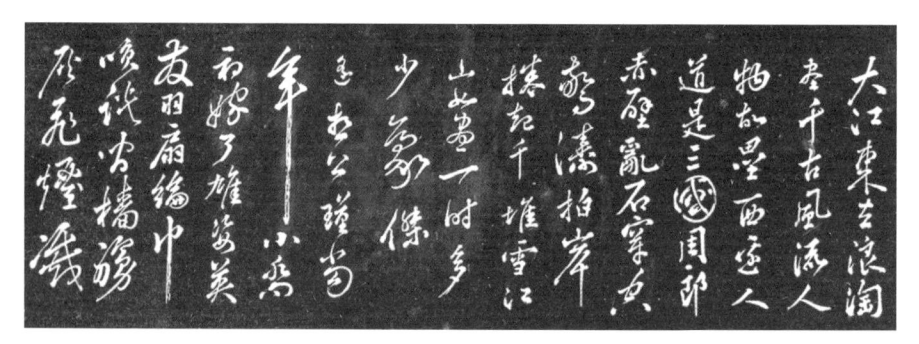

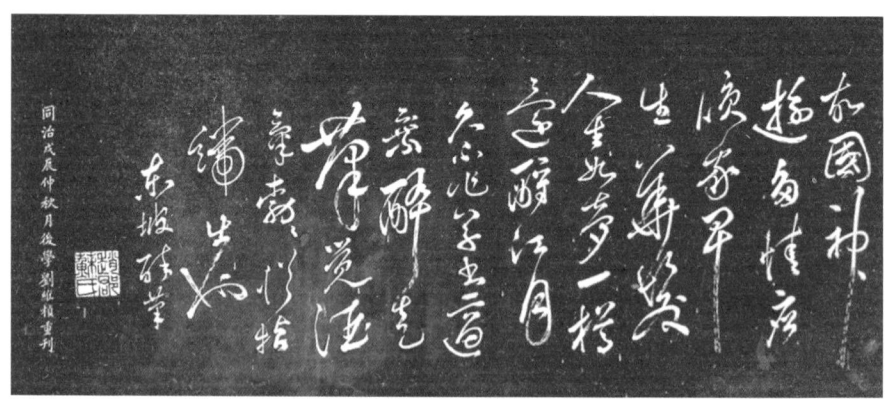

圖5 黄州藏東坡草書赤壁詞石刻照片(赤壁公園周慧敏提供)

---

① 汪燊纂集、王琳祥點校《黄州赤壁集》卷十,武漢:華中師範大學出版社2010年版,第304頁。按,此書初印於民國二十一年(1932)。又,光緒十年刊《光緒黄州府志》卷三十八亦載有《東坡手書四詞石刻》,並録有原文。

詞石刻，原由明人郭鳳儀據舊石重摹，至清同治七年戊辰（1868）又經翻刻。

按，郭鳳儀，明嘉靖二十七年（1548）前後任黃州知府①。其重摹東坡草書赤壁詞，即在此期間。雖知郭氏是據舊刻"重摹"，但舊刻又是從何而來，已無從知曉。

上海有正書局1918年影印劉鶚抱殘守闕齋藏本《宋搨蘇長公雪堂帖》中有《蘇長公大江東詞》，詞作原文及東坡自跋都與黃州石刻一致②，唯行款和字形略有不同。將《雪堂帖》和黃州石刻、太原石刻東坡草書赤壁詞相較，《雪堂帖》的行款和字形更接近太原石刻，而與黃州石刻差異較大。如《雪堂帖》首幅有篆書"蘇長公大江東詞"題目，太原石刻亦同。《雪堂帖》詞末東坡自跋文字，寫作八行："久不作草書適乘醉走筆覺酒氣勃勃從指端出也東坡醉筆。"太原石刻亦與此同（見圖4）。而黃州石刻詞後自跋作六行："久不作草書，適乘醉走筆，覺酒氣勃勃從指端出也。東坡醉筆。"（見圖5）是《雪堂帖》與太原石刻爲同一來源，而黃州石刻則據別本上石。

《雪堂帖》雖名爲"宋搨"，但宋、元、明、清書畫著作未見著錄，是否確爲"宋搨"，尚無文獻可徵。故《宋搨蘇長公雪堂帖》還不足以證明今傳東坡草書赤壁詞石刻是"宋搨"，也無法證明是東坡真迹。

蘇軾是否草書過赤壁詞，文獻記載不詳。南宋王楙《野客叢書》卷二十四有則記載，可間接提供一點歷史信息：

> 淮東將領王智夫言，嘗見東坡親染所製《水調》詞，其間謂"羽扇綸巾，談笑處、檣櫓灰飛煙滅"，知後人訛爲"強虜"。僕考《周瑜傳》，黃

---

① 《黃州赤壁集》卷十據《黃州府志》載有"白龜渚"三字碑（佚），爲"嘉靖己酉知府郭鳳儀刻石"（第305頁）。同卷又錄有郭鳳儀畫"東坡老梅"石刻及附記（石刻今存坡仙亭），記中有"迄今嘉靖戊申，枯本猶存"云云，嘉靖戊申、己酉，分別爲嘉靖二十七年、嘉靖二十八年（1549），據此知郭鳳儀任黃州知府在此間。《光緒黃州府志》卷十三《秩官傳》亦載："郭鳳儀，字舜符，祥符人。進士。嘉靖間黃州知府。"（《中國方志集成·湖北府縣誌輯》第14冊，南京：江蘇古籍出版社影印本，第469頁）

② 孔凡禮點校本《蘇軾文集·蘇軾佚文彙編》卷六《題跋》據影印劉鶚藏本《宋搨蘇長公雪堂帖》將東坡赤壁詞自跋擬題爲《題大江東去後》，文字錄作："久不作草書，適□醉走筆，覺酒氣勃勃，紛然曰出也。東坡醉筆。"（中華書局1986年版，第2570頁）兩處空框和"紛然"二字，係孔先生未能識別和誤讀。非原搨如此。又互聯網載有《蘇軾手書〈念奴嬌·赤壁懷古〉辨疑》（作者不詳）一文，將劉鶚說成是"元代吉安永豐人，字楚奇。累官翰林修撰。爲文風骨高秀，學者稱浮雲先生。有《惟實集》傳世"（見2006年4月17日《長江網訊》，網址http://www. cjn. cn/jczn/200604/t66816. htm），實則此劉鶚爲近代《老殘遊記》的作者劉鶚，而非元代《惟實集》的作者劉鶚。

蓋燒曹公船時風猛，悉延燒岸上營落，煙焰漲天。知"檣櫓"爲信然。①

王智夫，字愚可，仙居人，淳熙五年（1178）進士②。其所言，當有一定可信度。唯將《念奴嬌》誤作《水調》，不知是王智夫的口誤，還是王楙的筆誤。我們關注的是"嘗見東坡親染所製"云云。所謂"東坡親染"，當然是指東坡親筆所書。這表明東坡確曾書寫過赤壁詞。衹是不知王智夫所見，是東坡的原手稿，還是後來所書，更不知是否爲今傳的草書。王智夫又謂"談笑處"，或許是其誤記，就像他把《念奴嬌》記成《水調》一樣，也把"笑談間"（或"談笑間"）記成"談笑處"了。

元人劉詵曾慨歎無法得到東坡自書的赤壁詞。其《跋文信公和東坡赤壁詞後》曰："坡公此詞，妙絶百代，然恨鮮得其所自書者。信國文公所和，雄詞直氣不相上下，而真迹流落如新，尤可謂二美具矣。"③劉氏見到文天祥自書的和赤壁詞手迹後，遺憾不能見到東坡"自書"的赤壁詞真迹，可見元人也罕見東坡自書的赤壁詞。

由於文獻記載有限，我們不能像確定山谷行書赤壁詞那樣，對東坡草書赤壁詞的真實性作出確切的判斷。我們現在能明確的是，明嘉靖以前，東坡草書赤壁詞已有石刻。孤立地看，東坡草書赤壁詞，來歷的確有些不明，特別是明代以前未見有明確記載。但與山谷行書赤壁詞互證，東坡草書赤壁詞的文本還是有一定的可信度。即是說，今傳東坡草書赤壁詞的字不一定是蘇軾的真迹，但文本内容應是蘇軾所作，不應是後人僞造④。理由是：

東坡赤壁詞在歷代傳本中有多種異文（詳後），唯獨這份草書赤壁詞石刻文本與山谷行書赤壁詞文本高度一致，只有"人間"和"人生"一字之差。特別是南宋以來各本無一例外的"談笑間"，唯有東坡草書和山谷行書赤壁詞是作"笑談間"。這不應該是偶然的巧合，而是二者同出一源。如果草書赤壁詞是後人僞造的文本，其文字内容衹可能依據南宋以後通行的文本來

---

① 王楙《野客叢書》卷二十四，北京：中華書局 1987 年版，第 273 頁。
② "淳熙五年陳説榜"下有"王智夫，仙居人。字愚可，終修武郎、知鬱林州"。見陳耆卿《嘉定赤城誌》卷三十四，《宋元方志叢刊》第 7 册，北京：中華書局影印本，第 7547 頁。
③ 劉詵《桂隱文集》卷四，《影印文淵閣四庫全書》本。
④ 郭沫若認爲是僞造，但没有説明理據。郭先生所言"僞造"，應該是從字迹、書法風格作出的判斷。

書寫，而不大可能與傳本甚罕的山谷行書赤壁詞的文本暗合。合理的解釋是，東坡草書赤壁詞，是東坡本人所寫，山谷是依據東坡本人所錄示的文本書寫，故兩個手書文本高度一致。山谷行書赤壁詞的文本既然真實可信，那麼，東坡草書赤壁詞的文本也具有可信度。即令東坡草書赤壁詞的字迹是後人仿作或偽造，其文字内容也應是東坡本人的原作，具有可信度。

四、山谷行書和東坡草書赤壁詞石刻的文獻校勘價值

既考明山谷行書和東坡草書赤壁詞石刻之可信，再來討論其文獻價值。要說明其文獻價值，先需了解宋人文獻傳錄東坡赤壁詞的情況。

東坡詞集，北宋已無刻本傳世，其詳不得而知。今知最早的蘇詞刻本是南宋初高宗紹興年間刊行的兩種版本。一爲紹興二十一年辛未（1151）曾慥輯刻的《東坡詞》，此本原刻已佚，明吴訥《唐宋名賢百家詞》本和明紫芝漫抄《宋元明家詞》本《東坡詞》二卷補遺一卷均從曾刻本抄出[①]，尚存其貌。二是"紹興初""鏤板錢塘"的傅幹《注坡詞》[②]，此本原刻亦佚，今傳有幾種清抄本。這兩種東坡詞集都收有赤壁詞。

詞集之外，南宋的詩話和詞選也有載錄和入選東坡赤壁詞的，如成書於孝宗乾道三年丁亥（1167）的胡仔《苕溪漁隱叢話》後集卷三十一就錄有赤壁詞原文。理宗淳祐九年己酉（1249）成書的黄昇《唐宋諸賢絶妙詞選》卷二，也選錄了赤壁詞。甯宗慶元元年（1195）以前成書的詞選《草堂詩餘》，原刊本雖不傳，但有元至正三年癸未（1343）廬陵泰宇書堂刊本（存前集二卷）、至正十一年辛卯（1351）雙璧陳氏刊本和明洪武二十五年壬申（1392）遵正書堂刊本，題作《增修箋注妙選群英草堂詩餘》，此書後集卷上亦選錄了赤壁詞。

南宋人的其他著述，如邵博《邵氏聞見後錄》卷十九、曾季貍《艇齋詩

[①] 參王兆鵬《詞學史料學》，北京：中華書局2009年版，第171頁。按，明抄吴訥《百家詞》本，今藏天津圖書館；紫芝漫抄本，今藏北京大學圖書館。

[②] 洪邁《容齋隨筆》續筆卷十五，第394頁。另參劉尚榮校證《傅幹注坡詞》代前言《〈注坡詞〉考辨》，巴蜀書社1993年版。

話》、葛立方《韻語陽秋》卷十三、張邦基《墨莊漫錄》卷九、王楙《野客叢書》卷二十四、趙彥衛《雲麓漫抄》卷六、張端義《貴耳集》卷下、張侃《張氏拙軒集》卷五等都提及東坡赤壁詞中"三國周郎赤壁"、"檣櫓灰飛煙滅"等詞句,但未錄全詞。

綜上所述,載錄有東坡赤壁詞全文的,都是南宋以後的文獻。只有山谷行書和蘇軾草書赤壁詞,是北宋的文本。其中山谷行書赤壁詞,作於哲宗元祐二年丁卯(1087)。明張丑《清河書畫舫》卷九云:

> 《黃魯直年譜》載:元祐丁卯歲行書《大江東去》詞,全仿《瘞鶴銘》法。①

張氏所言《黃魯直年譜》,不知何人所撰。查南宋黃㽦《山谷年譜》,未載述其事。元祐二年(1087),山谷在京城秘書省任職,與同在京城的蘇軾往來密切,唱和頻繁②,得到蘇軾所示赤壁詞原作並手書其詞,自屬可能。張丑所引《黃魯直年譜》,當有所據。近人裴景福也認同張丑的記載,訂爲元祐間作品(見前引《壯陶閣書畫錄》)。茲再補充一條證據。山谷行書赤壁詞後附有小楷《次韻子瞻題郭熙畫秋山》詩,巧的是,蘇軾原唱《郭熙畫秋山平遠》和山谷和作《次韻子瞻題郭熙畫秋山》亦作於元祐二年③。可能是山谷行書赤壁詞後,應他人之請而將同時所作《次韻子瞻題郭熙畫秋山》詩用小楷錄於詞後。山谷行書赤壁詞既錄有元祐二年所作詩,則赤壁詞當書於元祐二年或稍後。此可佐證《黃魯直年譜》載山谷行書赤壁詞寫於元祐二年爲可信。東坡草書赤壁詞的年代雖不可考,但總是東坡生前所作。

山谷和東坡所書兩種赤壁詞,是現存最早最接近東坡赤壁詞原作的文本,使我們得以了解東坡赤壁詞原文的真相,具有獨特的不可替代的文獻價值。

---

① 張丑《清河書畫舫》卷九《黃庭堅》,《影印文淵閣四庫全書》本。《御定佩文齋書畫譜》卷九十四、卞永譽《式古堂書畫彙考》卷十一亦引《清河書畫舫》此條,可參。
② 黃㽦《山谷年譜》卷二十:"元祐二年丁卯,先生是歲在秘書省兼史局。正月,除著作佐郎。按《國史》,正月辛未,黃庭堅爲著作佐郎。"另參鄭永曉《黃庭堅年譜新編》,北京:社會科學文獻出版社1997年版,第185—203頁。
③ 參《蘇軾詩集》卷二十八,北京:中華書局1982年版,第1509頁;孔凡禮《蘇軾年譜》卷二十六,北京:中華書局1998年版,第779頁;鄭永曉《黃庭堅年譜新編》,北京:社會科學文獻出版社1997年版,第198頁。

其一，可以校正諸本異文的正誤得失。

爲便於比勘蘇黃所書兩種文本的校勘價值和東坡赤壁詞的異文，茲將宋元以來重要詞籍和詩話所録赤壁詞的異文依時間先後列表如下：

各本赤壁詞異文一覽表

書名、版本	主　要　異　文
山谷行書本	亂石穿空，驚濤拍岸……**笑談間、檣艣**灰飛煙滅……人間如夢
東坡草書本	亂石穿空，驚濤拍岸……笑談間、檣艣灰飛煙滅……人**生**如夢
曾慥本《東坡詞》	亂石穿空，驚濤拍岸……**談笑間、强虜**灰飛煙滅……人間如夢①
傅幹《注坡詞》	亂石穿空，驚濤拍岸……談笑間、强虜灰飛煙滅……人間如夢②
胡仔《苕溪漁隱叢話》	亂石穿空，驚濤拍岸……談笑間、檣艣灰飛煙滅……人生如夢③
黄昇《唐宋諸賢絶妙詞選》	亂石穿空，驚濤拍岸……談笑間、**狂虜**灰飛煙滅……人生如夢④
元延祐本《東坡樂府》	亂石**崩雲**，驚濤**裂岸**……談笑間、强虜灰飛煙滅……人間如夢⑤
元楊朝英《樂府新編陽春白雪》	亂石穿空，驚濤拍岸……談笑間、檣櫓灰飛煙滅……人生如夢⑥
元至正本《草堂詩餘》	亂石穿空，驚濤拍岸……談笑間、檣艣灰飛煙滅……人生如夢⑦
明洪武本《草堂詩餘》	亂石穿空，驚濤拍岸……談笑間、檣艣灰飛煙滅……人生如夢⑧

---

① 據明抄《唐宋名賢百家詞》本、明紫芝漫抄本《東坡詞》。
② 劉尚榮校證《傅幹注坡詞》，成都：巴蜀書社1993年版，第48頁。
③ 胡仔《苕溪漁隱叢話》後集卷三一，北京：人民文學出版社1962年版，第231頁。
④ 黄昇《唐宋諸賢絶妙詞選》，《四部叢刊》影明刊覆宋本。《文淵閣四庫全書》本"狂虜"作"檣艣"。
⑤ 蘇軾《東坡樂府》，上海：古典文學出版社1957年影印元延祐本。
⑥ 楊朝英《樂府新編陽春白雪》卷一，北京：北京圖書館出版社2006年影印本。
⑦ 《增修箋注妙選群英草堂詩餘》後集卷上，元至正十一年（1351）雙璧陳氏刊本，臺灣"國家圖書館"藏。
⑧ 吳昌綬、陶湘《景刊宋金元明本詞》，上海：上海古籍出版社1989年影印本，第443頁。

續　表

書名、版本	主　要　異　文
明陳耀文《花草粹編》	亂石穿空,驚濤拍岸……談笑間、檣艣灰飛煙滅……人生如夢①
明毛晉《宋六十名家詞》本	亂石穿空,驚濤拍岸……談笑間、強虜灰飛煙滅……人間如夢②
清朱彝尊《詞綜》	浪聲沈……三國孫吳赤壁。亂石崩雲,驚濤掠岸……談笑間、檣櫓灰飛煙滅,多情應是、笑我生華髮,人間如寄③
清萬樹《詞律》	亂石穿空,驚濤拍岸……談笑**處**、檣艣灰飛煙滅……人生如夢④
清《歷代詩餘》	亂石穿空,驚濤拍岸……談笑間、檣櫓灰飛煙滅……人生如夢⑤
清《欽定詞譜》	亂石穿空,驚濤拍岸……談笑間、檣櫓灰飛煙滅……人間如寄⑥
四印齋所刻詞本《東坡樂府》	同元延祐本《東坡樂府》
《彊村叢書》本	同元延祐本《東坡樂府》

南宋以來的傳本,有的時代相近而文字有異,讓人無從判斷這些異文的是非。如今有了最早的蘇、黃兩種手書文本作參照,我們就能夠校正和判斷各本異文的是非了。

先說最關鍵的異文"檣艣"("檣櫓")和"強虜"("狂虜")。南宋最早的兩種詞集(曾慥本、傅幹本)和稍晚的黃昇選本均作"強虜"("狂虜"),而胡仔《苕溪漁隱叢話》則作"檣艣"。依成書時間的早晚而言,曾本、傅本均早於胡仔的《苕溪漁隱叢話》,若從文本的時間先後來看,似乎以曾、傅二本爲是。按版本的多少而言,南宋有兩種詞集和一種詞選(即曾本、傅本和黃氏選本)作"強虜",只有胡仔一家作"檣艣"。作"強虜"的版本多於"檣艣"。有了蘇、黃手書石刻文本,我們就可以判斷,胡仔引作"檣艣",更符合東坡詞原文和原意。而胡仔所引,又可反證今傳蘇、黃兩種手書文本的真

---

① 陳耀文《花草粹編》卷十,陶風樓影印明萬曆十一年刻本。
② 毛晉《宋六十名家詞》,上海:上海古籍出版社1989年影印本,第65頁。
③ 朱彝尊《詞綜》卷六,北京:中華書局1975年影印康熙三十年裘杼樓刊本,第58頁。
④ 萬樹《詞律》卷十六,上海:上海古籍出版社1984年影印本。
⑤ 沈辰垣《歷代詩餘》卷七十,上海:上海書店1985年影印康熙四十六年刊本。
⑥ 《欽定詞譜》卷二十八,北京:中國書店出版社2010年影印本。

實性和可靠性。

前引王楙《野客叢書》謂淮東將領王智夫曾見東坡手書赤壁詞真迹,也是作"檣艪"。王楙又從赤壁大戰的歷史背景分析,認爲作"'檣艪'爲信然",是"後人訛爲'强虜'"。

稍晚於王楙的張端義,其《貴耳集》卷下曾談及赤壁詞,雖未引全詞,但所引"談笑間、檣艪灰飛煙滅"一句,也是作"檣艪"。其説云:

> 李季章云:蘇東坡作文,愛用佛書中語,如《赤壁懷古》詞所云"羽扇綸巾,談笑間、檣艪灰飛煙滅",所謂"灰飛煙滅"四字,乃《圓覺經》中語,云:"火出木燼,灰飛煙滅也。"

李季章,即李壁,著名史學家李燾之子,《宋史》本傳説他"嗜學如飢渴,群經百氏搜抉靡遺,於典章制度尤綜練"①。李壁所見《赤壁懷古》詞,雖無法知曉是刊行本還是東坡手寫本,至少表明其所見本是作"檣艪"。

孫宗鑑的《東皋雜録》,也載有類似的内容,更能説明問題:

> 李章奉使北庭時,館伴發一語,云:"東坡作文,多用佛書中語。"李答云:"曾記赤壁詞云:'談笑間、狂虜灰飛煙滅。'"所謂"灰飛煙滅"四字,乃《圓覺經》語,云:"火出木燼,灰飛煙滅。"北使默無語。②

張氏與孫氏所述内容大體相同,而述及"灰飛煙滅"一句時,張氏引作"檣艪"。李章(當爲"李季章",即李壁③)使金時,對北方館伴使稱引赤壁詞,

---

① 《宋史》卷三九八《李壁傳》,北京:中華書局1977年版,第12109頁。
② 陶宗儀《説郛》卷四十下,上海:上海古籍出版社1988年影印《説郛三種》本,第1855頁。"虜"字原作空白,依詞意補。按,《文淵閣四庫全書》本《説郛》作"談笑間狂檣艪飛煙滅",當是四庫館臣所誤改。原擬將"狂虜"改爲"檣艪",不小心將"狂虜"誤改爲"狂檣艪"了。又按,孫宗鑑(1077—1123)爲北宋人,徽宗宣和五年(1123)已去世。其書不應載有李壁之事。此條當係誤入《東皋雜録》。涵芬樓本《説郛》卷二所録《東皋雜録》即無此則。宛委山堂本和《四庫全書》本《説郛》卷四十《東皋雜録》將此則録入原書之末,也顯現出從他書竄入的迹象。也有一種可能,李章不是李季章,而是北宋人(參薛瑞生《東坡詞編年箋證》,西安:三秦出版社1998年版,第360—361頁),有待進一步考實。
③ 李壁曾於宋寧宗開禧元年、金章宗泰和五年(1205)出使北庭(金)。《宋史》卷三百九十八《李壁傳》:"壁受命使金……壁至燕,與金人言,披露肝膽,金人之疑頓釋。"《金史》卷六十二《交聘表》:泰和五年"閏八月辛巳,宋試吏部尚書李壁、廣州觀察使林仲虎賀天壽節"。

故意將"檣艣"改作"狂虜",藉以影射諷刺金人。這條記載,正好可以解釋爲什麽南宋傳刻的東坡詞集和相關詞選將"檣艣"改作"狂虜"或"强虜",原來是南宋人藉以暗寓對金人的蔑視。這又印證了《野客叢書》所言"後人訛爲'强虜'"之説。

有了蘇、黄手書的赤壁詞文本,我們就可以斷定東坡赤壁詞的原文是"檣艣",而不是"强虜"。南宋人改爲"强虜",雖迎合了當時讀者的心理,但既不符合東坡詞的原文,也不符合東坡詞的原意。三國時孫吳與曹魏的赤壁之戰,不是華夏與夷虜之戰,蘇軾絶不會以"强虜"或"狂虜"來指稱曹魏軍隊[①]。作"强虜",顯然於理不通。正如前引王楙所指出的,赤壁之戰中,東吳火燒曹船,"煙炎漲天"[②],赤壁詞作"檣艣灰飛煙滅",正是寫實。於事理、於史實,赤壁詞原文都應從蘇、黄手書文本作"檣艣",而非"强虜"。

李白《赤壁歌送別》之"二龍爭戰決雌雄,赤壁樓船掃地空。烈火張天照雲海,周瑜於此破曹公"亦可參證。李白也稱孫吳與曹魏的赤壁之戰是"二龍"決鬥,並非華夏與胡虜之爭。其"烈火"、"樓船掃地空",正是東坡赤壁詞"檣艣灰飛煙滅"之意。《增修箋注妙選群英草堂詩餘》注引李白《赤壁歌》後亦曰:"諸本多作'强虜灰飛煙滅'。按,李白此歌,既曰'樓船掃地空',則用'檣艣'二字,其義優於'强虜'。"[③]

次説"穿空"、"拍岸"與"崩雲"、"裂岸"。蘇、黄手書文本和南宋所傳諸本,俱作"穿空"、"拍岸"。唯元延祐刻本《東坡樂府》始改作"崩雲"、"裂岸"。雖然"崩雲",可以從宋人洪邁的《容齋隨筆》裏找到依據(詳後),但洪邁的説法並不可靠。所以,後出的元延祐本所改之字,不可信據。同樣,"裂岸"之"裂",於宋本無徵,或是據《容齋隨筆》所言"掠岸"而擅改爲"裂岸"。

再説"談笑"與"笑談"。南宋以來所傳東坡詞集,幾乎無一例外的作"談笑",唯有蘇、黄手書文本作"笑談"。"笑談"二字,依《念奴嬌》詞調,應作平仄,與蘇軾同時的沈唐《念奴嬌》(杏花過雨)、蘇軾另一首《念奴嬌》(憑高眺遠)、黄庭堅的《念奴嬌》(斷虹霽雨)和南宋金源詞人追和東坡赤

[①] 參薛瑞生《東坡詞編年箋證》,西安:三秦出版社1998年版,第360頁。
[②] 《三國志·吳志》卷九《周瑜傳》,中華書局點校本。
[③] 吳昌綬、陶湘《景刊宋金元明本詞》,上海:上海古籍出版社1989年影印本,第443頁。

壁詞韻的《念奴嬌》，如葉夢得和赤壁詞（"雲峰橫起"）、文天祥和東坡赤壁詞（"乾坤能大"）、金趙秉文和赤壁詞（"清光一片"）①，於"笑談"二字處均作平仄。故依調譜，東坡赤壁詞應作"談笑"。而東坡草書和山谷行書均寫作"笑談"，似更切合東坡原詞的稿本樣態。後來傳本，依平仄改作"談笑"。就詞意而言，"笑談"似優於"談笑"，蓋"談笑"，是無意間的閑談笑謔；而"笑談"，則是莊重正式的晤談，但氣氛輕鬆。"笑談"，更切合赤壁詞的詞境詞意，當依蘇黃手寫本作"笑談"爲是。作"談笑"，有宋本可據，有調譜可依，也不算錯。萬樹《詞律》"談笑間"作"談笑處"，當是從王楙《野客叢書》而改。雖有所本，但不足信，蓋《野客叢書》有可能是誤記。"談笑間"之"間"，是指時間；"談笑處"之"處"，指空間。東坡原詞顯然是指時間而言。作"談笑處"，與原作詞意不合。

至於"人間"與"人生"，宋元諸本各執一詞，各有所據。山谷行書本和東坡草書本，也彼此相異，頗難辨是非。當從東坡草書作"人生"。金人所傳赤壁詞，亦作"人生"。元好問《中州集》卷七載一軼事云："（衛）承慶，字昌叔，襄城人。父文仲，承安中進士，以孝友淳直稱於鄉里，官至文登令。年七十餘卒。臨終沐浴，易衣冠與家人訣，怡然安坐，誦東坡赤壁樂府，又歌'人生如夢'以下二句，歌闋而逝。"此事輯評蘇詞者鮮所留意，兹録以博聞。

其他異文，略述如次。元延祐本《東坡樂府》"三國"原校"一作'當日'"，"當日"出自宋曾季貍《艇齋詩話》：

> 東坡大江東去詞，其中云："人道是三國周郎赤壁。"陳無己見之，言不必道"三國"，東坡改云"當日"。今印本兩出，不知東坡已改之矣。②

東坡的原詞作"三國"，陳師道建議東坡改爲"當日"。也許後來東坡尊重陳師道的意見而改之，但至少東坡草書赤壁詞和山谷行書赤壁詞時，仍作"三國"。後出各本亦作"三國"，而無作"當日"者。故"當日"，只能聊備一説而已。

---

① 參元好問《遺山先生集》卷四十《題閑閑書赤壁賦後》，《四部叢刊》本；徐釚《詞苑叢談》卷四，上海：上海古籍出版社1981年點校本。
② 《歷代詩話續編》上册，北京：中華書局1983年版，第307頁。

"江山",明刊胡仔《苕溪漁隱叢話》作"山上",《文淵閣四庫全書》本作"江上",應屬抄刻之誤,不足爲憑。

"嫁了"之"了",明梅慶生注本《蘇東坡全集》作"正"。有人認爲"正雄姿英發",詞意更勝①。無論"正"字是否比"了"字更優長,都沒有切實的依據。宋元所傳東坡詞集各本及蘇、黃手書本赤壁詞,無一作"正"字者,當是梅慶生所臆改,不可信據。"了",近人王闓運《湘綺樓詞選》又改作"與",並説《念奴嬌》原詞"通首出韻,然自是豪語,不必以格求之。'與'舊作'了',嫁了是嫁與他人也,故改之"②。王氏擅改原詞,無任何版本依據,實不足取③。鄭文焯《大鶴山人詞話》曾批評説:"曩見陳伯弢齋頭有王壬老讀是詞校字,改'了'字爲'與',伯弢極傾倒。余笑謂此正是湘綺不解詞格之證。即以音調言,亦啞鳳也。"④

其二,可以了斷洪邁引發的一段公案⑤。

除上述異文外,東坡赤壁詞還有幾處特殊的異文,始作俑者是洪邁。前節引洪邁《容齋隨筆》續筆卷八《詩詞改字》的全文爲:

> 向巨原云:元不伐家有魯直所書東坡《念奴嬌》,與今人歌不同者數處,如"浪淘盡"爲"浪聲沈","周郎赤壁"爲"孫吳赤壁","亂石穿空"爲"崩雲","驚濤拍岸"爲"掠岸","多情應笑我、早生華髮"爲"多情應是笑我生華髮","人生如夢"爲"如寄"。不知此本今何在也。

洪邁所記赤壁詞異文,在宋、元、明三代無人理會,到了清初,始爲朱彝尊所注意。朱編《詞綜》,選録東坡赤壁詞,原詞文字一一依洪氏所言改過,全詞作:

> 大江東去,浪聲沈、千古風流人物。故壘西邊,人道是三國孫吳赤

---

① 參洪靜淵《蘇軾〈念奴嬌赤壁懷古〉詞小議》,載於《中學語文教學》第5期(1981年)。亦有不同意見者,參童勉之《關於蘇軾〈念奴嬌·赤壁懷古〉幾個問題質疑》,《文學評論》1983年第6期。
② 王闓運《湘綺樓評詞》,《詞話叢編》本,北京:中華書局1986年版,第4288頁。
③ 郭沫若倒是很欣賞王闓運改"了"爲"與"(參郭沫若《讀詩劄記四則》,《光明日報》1982年4月16日;丘述堯《郭沫若〈讀詩劄記四則〉指疵》,《華南師範大學學報》1984年第1期),實不足據。擅改原作,乃校勘大忌。
④ 鄭文焯《大鶴山人詞話》,《詞話叢編》本,北京:中華書局1986年版,第4324頁。
⑤ 張鳴《宋金"十大曲"(樂)箋説》(載《文學遺産》2004年第1期),對此公案已有討論,可參。

壁。亂石崩雲，驚濤掠岸，捲起千堆雪。江山如畫，一時多少豪傑。　遙想公瑾當年，小喬初嫁了，雄姿英發。羽扇綸巾，談笑間、檣櫓灰飛煙滅。故國神遊，多情應是笑我生華髮。人間如寄，一尊還酹江月。

朱氏又特地加按語說：

> 他本"浪聲沈"作"浪淘盡"，與調未協。"孫吳"作"周郎"，犯下"公瑾"字。"崩雲"作"穿空"、"掠岸"作"拍岸"。又"多情應是笑我生華髮"作"多情應笑我，早生華髮"，益非。今從《容齋隨筆》所載黃魯直手書本更正。至於"小喬初嫁"宜句絕，"了"字屬下句乃合。①

其後《欽定詞譜》雖未據《詞綜》錄入，卻認同《詞綜》之說：

> 按容齋洪邁，南渡詞家，去蘇軾不遠。又本黃魯直手書，必非偽托。《詞綜》所論，最爲諦當。但此詞傳誦已久，采之以備一體。②

丁紹儀《聽秋聲館詞話》也肯定《詞綜》所改：

> 東坡《赤壁懷古‧念奴嬌》詞盛傳千古，而平仄句調都不合格。《詞綜》詳加辨正，從《容齋隨筆》所載山谷手書本云："大江東去……"較他本"浪聲沈"作"浪淘盡"，"崩雲"作"穿空"，"掠岸"作"拍岸"，雅俗迥殊。不僅"孫吳"作"周郎"，重下公瑾而已。惟"談笑處"作"談笑間"，"人生"作"人間"，尚誤。至"小喬初嫁"句，謂"了"字屬下乃合。考宋人詞後段第二、三句，作上五下四者甚多，仄韻《念奴嬌》本不止一體，似不必比而同之。萬氏《詞律》仍從坊本，以此詞爲別格，殊謬。③

---

① 朱彝尊《詞綜》卷六，上海：上海古籍出版社1975年影印本，第58頁。
②《詞譜》卷二十八，北京：中國書店1979年影印本。
③ 丁紹儀《聽秋聲館詞話》卷十三，《詞話叢編》本，北京：中華書局1986年版，第2741—2742頁。

鄭文焯也贊成《詞綜》的意見。其《大鶴山人詞話》引《容齋隨筆》後曰：

　　此從元祐雲間本，唯"崩雲"二字與山谷所錄無異。汲古刻固作"穿空"、"拍岸"，此又作"裂岸"，亦奇。愚謂他無足異，只"多情應是"句，當從魯直寫本校正。①

先著、程洪則不認同《詞綜》的說法。其《詞潔》云：

　　此詞膾炙千古，點檢將來，不無字句小疵，然不失爲大家。《詞綜》從《容齋隨筆》改本，以"周郎"、"公瑾"傷重，"浪聲沈"較"淘盡"爲雅。予謂"浪淘"字雖粗，然"聲沈"之下不能接"千古風流人物"六字。蓋此句之意全屬"盡"字，不在"淘"、"沈"二字分別，至於赤壁之役，應屬"周郎"，"孫吳"二字反失之泛。惟"了"字上下皆不屬，應是湊字。"談笑"句甚率，其他句法伸縮，前人已經備論。此仍從舊本。正欲其瑕瑜不掩，無失此公本來面目耳。②

無論是認同還是反對《詞綜》所改，其出發點都是洪邁所載山谷手書本。爭論的雙方都沒有懷疑洪邁所言山谷手書本是否可信。其實洪邁本人並未親見山谷手書原本，也不知向巨原說的元不伐家藏山谷所書赤壁詞卷的下落。洪氏是據其友人向巨原所"云"記錄，因而向巨原所言是否可信，值得懷疑。張鳴教授已注意到這一關節③。如果沒有山谷手書本印證，當然無從判斷。今既知山谷行書赤壁詞文本的真相，就可肯定洪邁《容齋隨筆》所記"魯直所書東坡《念奴嬌》"的異文不可信。洪邁所載異文，不是向巨原誤記，就是洪邁爲標新立異而杜撰。就像《詞綜》捨世間所傳各本不從，而偏偏依《容齋隨筆》改東坡原作一樣，都是爲了標榜自己見到了世人不常見的詞作文本。今傳四種山谷行書東坡赤壁詞石刻和搨本，可以確證洪邁所言數處異文根本不是山谷手書本的原貌，而是向巨原或洪邁的誤導。真相大白之後，有關"浪聲沈"、"孫吳赤壁"等異文的爭議，也就是無謂

---

① 鄭文焯《大鶴山人詞話》，《詞話叢編》本，北京：中華書局1986年版，第4324頁。
② 先著、程洪《詞潔輯評》，《詞話叢編》本，北京：中華書局1986年版，第1363頁。
③ 張鳴《宋金"十大曲"（樂）箋說》，《文學遺產》2004年第1期。

而没有意義的了。

綜上所考,東坡赤壁詞最可信的文本,是東坡草書和山谷行書本。其原作爲:

　　大江東去,浪淘盡、千古風流人物。故壘西邊,人道是、三國周郎赤壁。亂石穿空,驚濤拍岸,捲起千堆雪。江山如畫,一時多少豪傑。　遙想公瑾當年,小喬初嫁了,雄姿英發。羽扇綸巾,笑談間、檣艣灰飛煙滅。故國神遊,多情應笑我,早生華髮。人生如夢,一樽還酹江月。

凡與其不同的異文,都是後世傳本所改,不足信據。

(作者單位:武漢大學)

宏觀方法

文學史研究的途徑與意義

劉躍進

【摘　要】我們爲什麽研究文學史？我們研究歷史的意義在哪裏？這是當前文學史研究的兩大困境。作爲文學屬性的文學史研究，應當具備基本文學要素：一是藝術感受，二是文獻積累，三是理論素養。歷史本身無法真實地被還原，進入歷史的唯一一條途徑是文獻學。而研究文學史的終極目的應該是對義理的研究，也就是一種回歸現實社會的人文關懷。

【關鍵詞】文學史　文獻學　精英文化

最近三十年，我們的文學史研究經歷了一種螺旋式的探索過程：最初是走進文學，試圖探索文學内部規律；隨後又紛紛走出文學，強調研究的綜合化；而今又不約而同地尋求回歸經典、回歸文學的途徑。美國著名學者哈樂德·布魯姆撰寫的《西方正典》羅列了西方最有名的二十六位作家，並做了重新闡釋。作者在《哀傷的結語》中説，現在的"文學研究者變成了業餘的社會政治家、半吊子社會學家、不勝任的人類學家、平庸的哲學家以及武斷的文化史家"[1]。歸結爲一句話，就是不懂文學，或者不願意懂文學。這段話可能過於尖刻，但是他所指出的這種現象確實值得我們深思。其實，中國學術界也是如此，強調學術研究"中國化"，言下之意就是要回到傳統，回到經典。這是時代潮流使然。

一百年前，人們在探討什麽叫中國文學史的時候，開宗明義，第一句話，總要談"什麽是文學"。如果認真追問：什麽是文學？評價文學的標準

---

[1] 江甯康譯：《西方正典》，南京：譯林出版社2004年版，第412頁。

是什麼？文學史研究的途徑和目的在哪裏？經過一百年的探討，似乎已成定論，現在卻都成了問題。我們研究文學史，不僅要問這個問題，還要追問：我們爲什麼總是這樣沒完沒了地研究文學史、撰寫文學史？文學史怎麼了？

一、文學史研究的困境

爲什麼要研究文學史？可能有兩派相左的意見。一派認爲研究歷史的目的是爲了還原歷史，也就是了解歷史。問題是，歷史能否被還原呢？我對此是持懷疑的態度的。我認爲歷史很難真實地被再現。舉一個最簡單的例子，當我跟對面的同學吵架，這個吵架可能是有很多原因造成的，很複雜，既有個人的原因，也有社會的原因。今天吵架時，雙方都説各自的道理，當明天再去了解這個吵架的背景的時候，當我們倆向第三者陳述這段故事的時候，就會隱去各自最不想説的東西，都把最有利於自己的部分説出來。而第三者在陳述這段吵架的時候，爲了保持公正客觀的立場，他也儘量抹去細節，抓住大的東西。因此，第二天，三方關於我們吵架的陳述，就已經有歧義了。因爲每一段歷史、每一個人都有他各自的一套思想，各自的考慮。如果這麼一件小事都很難真實地被還原，更何況是歷史呢？一百年前，一千年前，甚至五千年前的這段歷史，怎麼來再現？

既然歷史不能再現，我們又爲什麼要研究它？這就引出另外一派的意見，即我們研究歷史的意義在闡釋歷史。克羅齊説，一切歷史都是當代史。但凡事都不能偏激。當一切歷史都變成當代史的時候，歷史就變成了一個可以任人打扮的虛無的存在。如果是這樣的話，歷史的客觀性又在哪裏？所以，無論是想真實地再現歷史，還是站在今天的立場去闡釋歷史，都不能偏激。回過頭來看，什麼樣的歷史纔是好的呢？有時讀歷史書，會覺得有的書寫得真棒，真是令人拍案叫絶；有的書寫卻祇是乾巴巴的幾條，没有味道。有時看到好的論文，我們也會想這篇論文寫得真好，而那一篇寫得真糟。那麼有没有一個客觀的標準呢？

文學史研究走到了一個十字路口，出現了許多迷惑的現象，歸結到一點，文學史研究成爲研究者稻粱謀的工具。

第一是"學位體"或者"項目體"問題。據權威部門統計，古典文學研究從業者已經多達三萬人以上,多是學位體、項目體培養起來的,而今又有"優博體"在年輕的博士群體中十分流行。結果,學術研究越來越匠氣化。我自己也是"學位體"的產物,也是從寫碩士論文、博士論文一路走過來的。所謂"學位體"通常是這樣運轉的:學生一進門,師生就在一起商量選題,通常先劃分個時間段落,再劃個空間段落,最後在特定作家作品中,或者在某種文體中選個題目。選題的依據是什麼呢?通常就根據我們的文學史的常識,然後再根據這個題目找材料,上窮碧落下黃泉地翻材料,然後梳理成文。

其實,我們的教授也在做著類似的工作,創造一種所謂的"課題體",往往是先確定一個題目,申請選題,再收集材料。這種研究模式基本都是如此,從選題開始,到研究方法,其實都帶有鮮明的、先入為主的觀點。也就是說,腦子裏大致都有一個結論,需要資料來論證這個結論。現在,這樣的文章,這樣的著作特別多。

運用這樣的方法,以學界同仁的智商,從先秦一路做到當代,應當沒有問題。我們的歷史常識,我們的文學理論知識,足以支撐這樣的"研究"。拿一個題目,組織一篇文章,一點問題沒有。但是這樣的研究行嗎?這樣的研究,充其量是在平面克隆自己,越做越表面化。當然,我們在收集材料和閱讀材料中肯定有所感受,比如閱讀當代文學,閱讀一部小說,欣賞一首詩,當然有感受。但是,只是把感受的東西寫出來,叫不叫研究?問題就在這裏,什麼叫研究?

第二是隨著網絡時代的到來,讀書越來越方便,而耐心讀書的人卻越來越少。渴望成功的焦慮,致使學者們在學術探索的路上越走越遠,甚至罔顧基本原則,標新立異,貪多求快,成批製造著作。據主管部門統計,僅2013年全國出版物已經多達41萬種,其中堆積的所謂學術著作又有多少可以經得起歷史的檢驗?王國維曾對學生說過一段很深刻的話:"大抵學問常不懸目的而自生目的,有大志者未必成功,而慢慢努力者,反有意外之創獲。"這是王國維的夫子自道。在他看來,學問不能太功利。我們的文學史研究同樣也要實事求是。

第三是強調國際化,本意是增進東西方文化的交流,但在現實中,有的研究者對西學不辨優劣,對本土文化缺乏自信,唯洋人馬首是瞻,不僅對其作廉價的吹捧,甚至挾洋人自重,自己也模擬洋腔洋調,自以為高明。余英時曾說:"我可以負責地說一句:20世紀以來,中國學人有關中國學術的著作,其最有價值的都是最少以西方觀念作比附的。如果治中國史者先有外國框框,則勢必不能細心體會中國史籍的'本意',而是把它當報紙一樣的翻檢,從字面上找自己所需要的東西。"(《怎樣讀中國書》)

第四是自命爲文化精英,躲進書齋,沉湎於個人的研究想像,故作高深,追求所謂純粹個人價值的自我實現。

第五是有意無意地誤讀經典,追求商業炒作,扭曲文學價值,將嚴肅的學術研究變成娛賓媚俗的工具,迎合當前社會在一定程度上存在的浮躁風氣。

當文學史研究工作者厭倦了爲其他學科打工的時候,是否該考慮回到自己的傳統?回到自己的經典?古代文學史上的《詩》、《騷》、李、杜、《選》學,還有四大名著等,現代文學史上的魯(迅)、郭(沫若)、茅(盾)、巴(金)、老(舍)、曹(禺)等,是否已經被說盡,乃至題無剩義?這些都還是問題。更重要的是,文學史研究走到十字路口,何去何從,確實應當認真想一想。

我是一直在思考這個問題,當然還沒有找到更好的答案。

在我們現有的生產機制、生產體制下炮製出來的論文和論著,基本上是千人一面,結論也多是人所共知。這怎麼辦?所以我個人覺得,現在的文學研究、文學史研究還沒有進入真正意義上的研究層面,更多的是描述歷史、描述各種歷史現象,而文學史是必須建立在具體的研究基礎上,但是現在我們倒過來了,基本上不管有沒有過積累,都可以寫一部文學史。包括我本人,也在不斷地炮製著文學史。有的時候真沒有辦法,也不知道自己怎麼卷到這個漩渦中,跑都跑不掉。

文學史研究具有雙重屬性:文學與歷史的雙重屬性。既是文學研究,又是歷史研究,是文學與歷史的結合。因此文學史研究具有特殊性。

二、作爲文學屬性的文學史研究

在我看來,作爲文學屬性的文學史研究,應當具備基本文學要素:一是藝術感受,二是文獻積累,三是理論素養。

一個研究文學的人,如果沒有藝術感覺,如果對自己的研究對象麻木不仁,那麼,他的文學研究基本就已經走到絕路。我們中文系出身的人,或多或少，都懷抱有文學的夢想。很多研究文學的人，文學創作的道路走不通，詩人做不成，小説家做不成，就退而求其次，來研究文學。文學創作是需要才能的。同樣的，文學欣賞也需要才能。如果讓你讀一千首詩，你能否在這一千首詩裏挑出最感動你的詩？每一個年輕人都有藝術感覺，都有激情，都會被感動。但爲什麼有的人可以從事文學創作或研究，有的人卻不行，能否把感覺的東西用理性的語言表達出來，這是關鍵。這就涉及另外兩個問題，即，僅有感覺是不夠的，還需要有文獻的積累和理論的素養。

什麼叫文獻的積累？我們常常感歎自己讀書不夠，大千世界，自己理解能力不夠。怎麼來讀呢？埋頭苦讀並不能解決問題，很多情況下，祇是記住了一些地名和人名，或了解一個大概，僅此而已。即便不吃不喝，把圖書館的書都讀完了，又能怎麼樣？如果不思考，很可能就是兩脚書櫥。尤其是現在，電子技術那麼發達，一個硬盤，容納那麼多知識。用不著去背誦，去炫耀，裏面什麼都有了。可見，光有文獻積累和藝術感覺還是遠遠不夠的。

於是就迎來了第三個問題，研究文學史，總得有一種理念來指導，這理念，其實就是基本理論素養。什麼是理論？是否有一種立竿見影、拿來即可爲我所用的理論？到今天好像也没有這樣一種現成的理論。20世紀80時代，學術研究呈現出一種看似非常活躍的局面，一時間，各種理論，狂轟亂炸，令人眼花繚亂，無所適從。但是，三十年下來，時過境遷，到底有多少東西留存下來？多數所謂理論，不過浮光掠影，雨過地皮濕，並没有解決多少文學研究的實質問題。我們總是希望有個研究理論的人能夠指引我們往哪兒走。但令人悲觀的是，據説現在理論家們也在逃亡，紛紛遠走"他鄉"，也做文學史研究或者思想史研究去了。問題是，搞文學史研究的人，當失去了一種理論方向的時候，應該怎麼辦呢？回顧20世紀學術發展的歷史，我們發現，貢獻最大的，或者說，推動一個時代學術潮流變化的那些學者，他們有一個共同的特點，就是從舊的學術營壘中衝殺出來，接受了現代西方文明的洗禮，他們在新舊之間，在中西之間，尋找到自己的立脚點。譬如清華大學的四大導師，梁啓超、王國維、陳寅恪、趙元任，都對現代西方文明有著清晰的了解。我的導師姜亮夫先生是清華國學研究院的學生，他曾對我説，王國維是最早接觸《資本論》的人。我雖然還没有看到這方面的文字材料。但王國維先生讀叔本華、讀尼采，且有相關的論述，確是事實。他的思想，他的觀念，他的研究方法，無不浸潤著現代的學術意識。從當時的學術環境看，王國維在傳統學術研究方面，他的學問也許不是最好的。

在某一領域，確實有很多學者術有專攻，但是，他們沒有像王國維那樣，成爲時代的推手。這是爲什麼？這很值得我們反思。這個事實告訴我們，理論的思考，是推動學術發展的強大動力。祇是一種思考，不是任意粘貼的標籤，而是融化在血液裏的觀念。

三、作爲歷史屬性的文學史研究

　　文學史是文學史家的產物，已有一定的過濾，含有自己的判斷取捨，是否真實地反映歷史，還是問題。因爲歷史上的文學，是有不同層次的，反映了不同階層的生活。而文學史很難反映各個階層的文學狀況。

　　什麼是階層？其實就是人在社會中的不同地位。不同階層自有不同的文化需求，因而也就有不同的文學形態。其實，這已經是一種社會學的研究方法，即研究一個社會的結構性變化。所謂社會的結構性變化，就是各種社會角色和社會地位之間的比例關係變化，這些角色和地位之間的社會互動關係形態變化，以及規範和調節各種社會互動關係的價值觀念變化。宏觀上，對整個社會影響極大的結構性變化，包括人口結構、家庭結構、城鄉結構、區域結構、所有制結構、就業結構、職業結構、階級階層結構、組織結構、利益關聯式結構以及社會價值觀念結構等十一種重要結構的深刻變化。理論上，可以把這十一種結構分爲五組：（1）社會基礎結構，包括人口結構和家庭結構；（2）社會空間結構，包括城鄉結構和區域結構；（3）積極社會活動結構，包括就業結構、職業結構和組織結構；（4）社會關係結構，包括所有制結構、階級階層結構和利益關聯式結構；（5）社會規範結構，也就是社會價值觀念結構。社會階層發生重大變化，不再是過去的兩分法，而是變成了若干個階層，就這涉及非常重大的理論問題。

　　我們的文學史長期以來只關注一個階層，即所謂的精英文化。雖然不用這個詞，實際所叙述的主要是這個階層的文學。事實上，文學發展是多樣性的，不可能祇有一個閲讀群體。例如我們關注曹植，閲讀和介紹的，無外乎像《贈白馬王彪》、《送應氏》這樣反映社會離亂和知識分子建功立業志向的作品。如果我們開放視野，其實在曹植創作中，還有另外一些作品，也應當納入我們的視野。譬如《鷂雀賦》、《骷髏賦》、《令禽惡鳥論》等，文學史似乎從未關注。而這些作品很怪異。近年，江蘇連雲港地區一座漢墓出土了一篇《神烏賦》竹簡,作品敍寫了一對公烏和母烏的對話,用烏語説的又都近於傳統儒家的話語。這使我們想起了漢樂府中的《枯魚過河泣》、《戰城南》等,或借用動物的語言,或通過人與禽鳥的對話等方式來表達人的感情。而這,正是當時下層文學的一個特點。顯然,曹植的創作,多少也反映了下層文化的某些特點。

《三國志》記載,曹植爲了見當時著名的小説家邯鄲淳,要焚香沐浴,赤膊上身,與其徹夜"誦小説家七千言"。從一個"誦"字看,這裏所説的"小説"應當不是案頭小説,而是帶有一定表演性的作品,可能就是民間作品。曹植怎麽會對下層文學這麽感興趣呢? 我們知道,曹操有二十五個孩子。曹彰、曹丕、曹植都是卞太后所生。卞太后原本是"倡優"出身,來自社會底層。這樣的生活背景對於曹植不可能没有影響。鍾嶸《詩品》評價曹植是"骨氣奇高,詞采華茂。情兼雅怨,體被文質"。所謂"情兼雅怨,體被文質",就是有俗有雅的東西。雅,自然是上層的特徵,而怨,則代表了下層的情緒。《文心雕龍・時序》篇説建安文學"風衰俗怨"。俗與怨相聯繫,可見兩者的關係。

我們的文學史在寫到建安文學時,總是這樣説,建安文學爲什麽感人呢? 一是它描寫了時代的離亂,二是它展示了知識分子建功立業的情懷。其實,中國歷史上真正統一和平的時間並不多,多數是處在一種戰亂的狀態,那爲什麽祇有建安文學描寫戰亂感人至深? 還有,自從有了知識分子這個群體,誰不想建功立業啊。太上立德,其次立功,其次立言。文學事業就是立言的事業,也是追求不朽的名山事業。因此,這兩個結論遠遠不能用來概括建安文學的成就。我覺得,建安文學所以感人,主要還是因爲這個時代的作家用老百姓喜聞樂見的文學形式反映了社會底層的心聲。也就是説,當時的精英和下層民衆在文學上達到了高度的默契。

事實上,所謂底層,所謂民間,還是一個比喻性的説法。事實可能要比這複雜得多。我們都知道,"五四"新文化運動主要是當時一些文化精英所倡導的文學改良運動。今天看來,這些倡導者具有非凡的歷史意義。而在當時到底有多大影響呢? 這還是一個問題。如果當時影響很大,錢玄同與劉半農何必還要扮演雙簧戲呢? "五四"新文化運動過去十年之後,老百姓所喜歡讀的依然是鴛鴦蝴蝶派的小説,關注張恨水等作家。他們的小説佔據了當時的大部分圖書市場。魯迅日記多次記載,其母親借閲張恨水小説。可見,即便是文化革命"旗手"的母親,照例是不讀這些精英作品的,她所感興趣的還是那些老百姓喜聞樂見的東西。此外,作爲一種運動,它總還有相對立的一面。當年和魯迅作對的那些人,很多人極有學問。被極度諷刺的所謂"《選》學妖孽、桐城謬種"的中堅力量,也都不是一般的文人學者。今天,他們的資料、他們的事迹逐漸浮出水面,我們發現,這裏面有著很複雜的內容,絕不是像過去所描寫的那樣簡單。而所有這些,我們今天的文學史基本上都過濾掉了。這樣,20世紀初期的文壇,似乎祇有一個文化革新的潮流,而看不到更加全面的歷史場景。

這就需要我們走近歷史,真正了解作家的生存環境,了解一個時代的社會狀況。一個人的生存狀態如何,一個社會的經濟狀況如何,直接影響到一個作家的思想感情。恩格斯在馬克思墓前說,正如達爾文發現人類進化規律一樣,馬克思最偉大的發現,就是發現人要從事任何活動,首先必須從吃喝住行做起。馬克思的重要貢獻在於從人類的經濟活動出發去探討人類社會的上層建築。我們都知道,經濟基礎決定上層建築。

在中國古代,並沒有所謂專業作家。就是今天,又何嘗不是如此。我們的作家多數在體制內生活,依然屬於官場活動的一個重要組成部分,還是沒有真正意義上的專業作家。所以專業作家,應當是依靠自己的稿費養活自己,有其獨立的品格。在中國古代很少有這樣的作家。當年,中國最偉大的詩人杜甫進入長安,就是想擠進官場,然而十年落拓,"濟食友朋,賣藥爲生"。在他離開長安的時候,曾寫下著名的《自京赴奉先縣詠懷五百字》,留下了"朱門酒肉臭,路有凍死骨"的千古名句。安史之亂爆發後,他攜帶家小,逃亡西南。"囊空恐羞澀,留得一錢看"真實地再現了他的窘迫。如果沒有艱難的經歷,他怎能寫出如此感人的詩篇呢?年輕的時候,他也胸懷抱負,要"致君堯舜上,再使風俗淳"。但後來卻寫了"但使殘年飽吃飯"這樣的詩句。他的人民性,對下層人民的體驗,跟王維、李白等人是完全不一樣的。由此可見物質生活對一個作家創作的影響何等的大啊。因此,我們要了解一個作家,就要了解他的物質環境,生存處境。只有這樣,才能真正讀懂他的作品。

四、文學史研究的基本途徑

不論是社會階層研究,還是物質環境研究,終究與文學史研究尚有距離。面對著豐富的文化遺存,我們該如何整理文學史的資料,這也還是一個問題。木齋先生《古詩十九首與建安詩歌研究》提出這樣一個觀點：現存的古詩十九首多是曹植所作。對此，我不能接受。因此，當作者邀我作序時，我明確提出了與作者相左的意見。這組詩，連蕭統都不知道作者是誰，兩千年以下的我們，怎麼可能給每一首詩找到作者？關於《古詩十九首》的成篇年代，至少有四種說法。一種認爲是東漢時期的，其根據無外乎詩中用到了洛水等意象，抒發了一些生命的感慨；還有一種認爲是西漢的作品，或是作於兩漢之際，其根據是其中有一句"玉衡指孟冬"。也有人認爲作於六朝，或者東晉時的作品。鍾嶸《詩品》還記載當時的一種說法，即這組詩爲曹、王所做。上面提到的這部著作，就是抓住鍾嶸的話，與曹植的生平創作相比對，居然一一找到對應關係。

我們都知道，說有易，說無難。錢穆曾經認爲《老子》這部書不可能成於先秦，頂多成於漢初。但20世紀70年代在長沙馬王堆漢墓中就出現了《老子》帛書；1998年，在湖北郭店竹簡也有《老子》。由此來看，錢穆的觀點就站不住了。梁啓超在《中國歷史研究法》中提出十二條辨僞的方法。比如說，這本書在目錄上從來沒著錄過，也從未有人提及，後來突然冒出來，甚至加入很多後世的材料等，這書一定是僞書，如此等等。今天來看，這十二條所謂鐵門限，條條都可以提出相反的證據，因此，也是靠不住的。中國古書的流傳很特別，往往經過了一代又一代的傳抄和改造。這就涉及到了一個問題，衆多的文學史現象說明，根據現有的資料，對某些作品硬性做時代的界定，往往容易顧此失彼，很難周全。可見，研究歷史，應該有一種通達的觀點。首先要還原歷史，進入歷史，同時還要走出歷史，站在一個更高的角度看待歷史的發展。

走近歷史，文獻學是一條必由之路。

文獻學是一種讀書的方法，是進入歷史的一種重要途徑。進入的歷史不僅僅是古代，還有近代、當代。我認爲這是進入歷史的最重要的途徑。長期以來，學科劃分越來越細，把傳統的學科分爲文、史、哲三個大系；中文系又分爲語言和文學；文學又分爲古代、現代和當代；古代又分先秦、兩漢、魏晉南北朝、唐、宋、元、明、清；唐代又分成初唐、盛唐、中唐、晚唐。研究初唐的又繼續分"四傑"、"沈宋"；研究"四傑"，又具體分王、楊、盧、駱，攻其一點，不及其餘。一個活生生的歷史就被肢解得七零八落。這怎麼能研究得好呢？20世紀70年代有一部電影叫《決裂》，諷刺知識分子專講馬尾巴的功能。研究學術很有可能研究"馬尾巴"，甚至研究"馬尾巴"上的一根毛。但是如果你有一個總體的觀念,真的對歷史有所了解,就會發現"馬尾巴"真的太重要了。做研究當然不能大而無當,也不能祇知其一不知其二。這就涉及到了學術方法。現在的問題是,沒有整體觀念,路越走越窄,一個完整的歷史,一個活生生的人被肢解了。有時會反感一些文學作品,特別是研究著作,就是因爲它們沒有一點生氣。

現在人文教育幾乎到了山窮水盡的地步,大家都意識到這個問題的嚴重性,開始探討綜合教育問題。但是很多學校搞的只是拼盤教育,似乎什麼都學一點,譬如有所著名的大學搞國學教育,用英文授課,講中國文學,似乎這樣就是學貫中西。這樣的教育怎麼培養所謂的大師呢?其實,要真正進入中國傳統學術領域,自有一套中國的讀書方法,我把它概括成文獻學的方法。現代人往往看不起傳統的文獻學方法,結果也就常犯一些常識性的錯誤。如研究郭沫若,往往祇看他的全集。這就鬧笑話了,因爲郭沫若對於自己的作品,不斷地修改,一改再改,有時候已經面目全非。如果用他八十歲以後的改稿來研究二十歲時的思想,不是鬧笑話了嗎?現代文學開始意識到這個問題的存在,連續召開多次關於現代文學史料研究的會議。現代文學不過三十餘年(如果按照從1911年到1949年來算),而古代文學至少三千年。如果研究古代文學不懂得整理文獻的基本方法,不是要鬧笑話嗎?所以,研究中國古典文學有一個基本的途徑,就是文獻學。我甚至説過一個極端的話,誰如果繞開文獻學,學術界一定繞開他。

文獻學包含兩部分内容,一是古典文獻學,二是現代文獻學。

古典文獻學的内容主要包括:目録、版本、校勘、文字、音韻、訓詁等相關知識。

目録學是關鍵。目録學有什麼用?目録學其實就是我們的學術導遊圖。没有目録學的知識,在圖書館裏找資料就像大海撈針,而受過目録學訓練的人可以把它原原本本清清楚楚地找出來。所以中國人講學問,第一條就是目録學。那些僵硬的、毫無生氣的一個個書名,背後其實有著很多的文化信息。

版本學問題是需要大家去圖書館解決的。清華大學圖書館藏有一部宋人馬括編《類編標注文公先生經濟文衡》,每半頁十三行,行二十二字,黑口雙邊,雙魚尾。前集二十五卷,後集二十五卷,續集二十二卷,凡十八册。書端有注釋。首册卷首有淳祐新海黄瞀序,繼之爲馬括記編刻此書經過。前集總目後有"時景定甲子梨于梅溪書院"牌記,圖印右上方鈐有朱印。景定乃南宋理宗年號,但是,魏隱儒先生根據行緊字密,且又是仿趙體刻字等特點,判斷爲元代後期(至少大德以後)刻本。再說,這枚印章也頗可懷疑,因爲印章多在目錄的第一行下方或正文第一頁第一行下方。但是乍看起來,又找不到破解此謎的途徑。這時,魏先生細心地在陽光下透視此頁,終於發現其作僞的痕迹,原來,牌記爲"時泰定甲子梨于梅溪書院"的"泰"字,書商挖改成"景"。泰定係元代年號。泰定與景定,相差整整六十年。而且,梅溪書院是元代大德年間纔成立的,見《書林清話》。因此,由元版冒充宋版的騙局就這樣戳穿了。

校勘學不僅僅是古籍整理的基本方法,也是閱讀古籍的基本方法。從事古代文學研究的人,往往要接觸到很多古籍和出土資料。清代學者研究學問,首先從校勘做起,在比較異同中發現問題,解決問題。

如果没有文字學的知識,讀書常常受阻。長沙馬王堆的帛書,各家釋文多有出入,如何鑒別取捨,就需要文字學的知識。我們今天讀古書,常常異體字、別體字很多,稍有不慎就會出錯。

音韻學也是繞不開的學問。當年,姜亮夫先生要編《經籍纂音》,後來又知道,吳承仕先生也要編這樣的書,取名《經籍舊音》。可惜均未成書。聽說《古音匯纂》正在進行中,我充滿期待。所謂訓詁學,近於現在意義上的注釋學。對於古人來說,訓詁學屬於小學,而今快要成爲絕學了,是一門很深奧的學問。雖然深奧,但藝不壓身,也不要以爲離得很遠。祇要下過功夫,這門知識早晚會給你帶來好處的。磨刀不誤砍柴工,有時候退一步就是爲了進兩步。這些知識,不一定深究,但一定要了解。當碰到一個問題的時候,應當要知道去哪裏找書。

除上述所謂小學内容外,還有傳統的史學,也是文獻的重要内容。

這裏所說的史學,不僅僅是指二十四史,更不是指社會上津津樂道的歷史故事傳說,而是了解歷史的基本工具。一個是歷代職官,一個是歷史地理,還有一個就是年號名諱。《中國官制大辭典》和《中國歷代職官別名大辭典》,是很有用的書。歷史地理,實際上特別有用。中國如此之大,名山大川,地域風情,各不相同。每個地方的人都有不同的性格和性情,而這些會體現在文學作品之中。

年號、名諱也是閱讀古書必須關注的内容。中國古代從漢武帝纔開始使用年號,以前的紀年往往是上推而得的。中國人的避諱有些不近情理。陸游的《老學庵筆記》裏就記載了很多避諱的東西。比如有座橋的名稱和他父親同字或同音，他就不能走這座橋。還有大家所熟知的李賀，因爲父親名字中有"晉"字，與進士考試的"進"同音，也不能參加進士考試。當時的文壇領袖韓愈爲他寫了《諱辯》也沒有用。因爲避諱，中國古書常常被迫改字，甚至改得面目全非。爲皇帝避諱還好辦，有時還得爲家人避諱。如《淮南子》，淮南王劉安的父親叫劉長，他在書中就不用"長"，而是全都改成了"修"。可他不避皇帝的諱。由此也可看出當時地方諸侯王權力很大。有時還得避當朝的大臣。《世說新語》裏記載，有個文士寫了篇文章，想給某個名士去看看，去之前得想想這名士家人的名諱，以防觸家諱，爲此還得改文章。這就是所謂的入鄉問俗，入門問諱。謝超宗是劉宋著名的文人，父親叫謝鳳，祖父是謝靈運。孝武帝誇他說"超宗殊有鳳毛，靈運復出"。有個將軍劉道隆聽到了，以爲謝超宗真的有"鳳毛"，就對他說："旦侍宴，至尊說君有鳳毛。"想要看看。謝超宗一聽就跑，因爲鳳毛說到了他的家諱，而這個武夫卻不懂。所以讀古書不懂避諱是很麻煩的。

上海古籍出版社出版的一本《六朝文絜》，是清朝的人編的。目錄上有一個叫"蕭緯"的作者。我以前沒有聽說過這個作者，以爲有了新發現，非常興奮，就去問曹道衡老師。曹老師說應該是"蕭綱"。當時大臣替皇帝寫文章，抄寫的時候，臨文不諱，但拿出去就要避諱，因此"蕭綱"字不敢寫，就成了空格，後人傳鈔的時候就在空格里加了"諱"字，再傳抄時又由此"諱"字變成"緯"。這種例子在中國古代真是比比皆是。

有上述知識作基礎，再給自己制定一個讀書計畫，就可以打下較好的學問基礎了。姜亮夫先生給我們指定的必讀經典是：《詩》、《書》、《易》，以及"三禮"（《周禮》、《儀禮》、《禮記》）、"三傳"（《左傳》、《公羊傳》、《穀梁傳》），再加上《論語》、《孟子》及《老子》、《莊子》和《楚辭》。此外，我個人還主張熟讀《昭明文選》。中國古代傳統文化就是由這些基本典籍逐漸發展而來的。要了解中國文化，就得從這些經典讀起。

從事傳統文化研究的人，往往有今不如昔之感。我長期以來就持這種觀點，認爲我們這一代人自幼沒有機會讀書，先天不足。沒有想到的是，現在我也寫了幾本書，居然也有年輕的同道頗認可我，說我學問不錯。其實，由於"文革"的影響，我們這代人頗多欠缺。當然，我們也有特點，其中最明顯的特點有三個，一是確保了中國現代的學術鏈條沒有中斷，二是用功，三是用心。

最近三十年，學術界湧現出一批學術新銳，他們有學術抱負，又有學術眼光。就像20世紀初期從舊陣營中殺出來的學者，將來一定會有出息。

這也引起了我的思考,學術研究是一代不如一代呢,還是每一時代都有每一時代的學問,不可超越,不可替代？正確答案當然是後者。我在《清華大學學報》發表過一篇文章,叫《古典文獻學的現代生成》,主要論述了文獻學研究的現代優勢,或者說現代特點。

第一是電子文獻。記得好多年前的報紙上有一篇報導,說記者在余秋雨書房看到一部《四庫全書》。這在當時被傳爲笑話。因爲當時臺灣影印的《四庫全書》還沒有在大陸銷售。真正的《四庫全書》當時僅僅鈔錄七部,戰亂中毀了三部,殘了一部。現在僅有完整的三部,分別藏在北京、蘭州和臺北。作爲個人,他怎麽可能擁有一部《四庫全書》呢？而在現在,擁有一部《四庫全書》已經不在話下了。不僅如此,擁有二十四史,擁有十三經,擁有古代豐富的典籍,由於電子文獻的出現,這些似乎都已不是問題。這是我們這個時代最幸運的一點。我相信,隨著科技的進步,出版方式,流傳方式,閱讀方式,乃至做學問的方式,都將發生根本性的變化

第二是出土文獻。王國維先生在1925年左右在清華做了一次演講,題目是"最近二三十年中中國新發見之學問"。集中到一點,他認爲,新學問大都由於新發現。王國維主張新發現,黃侃主張新發明。學術研究的真諦是新發現,還是新發明,這是另外一個重要的問題。王國維特別注重發現,可是黃侃不以爲然。今天來看,新資料的發現,可以引領一個時代,當然還有新的觀念。最近三十年,已經到了地不藏寶的階段。出土文獻,不僅具有考古學的意義,對文學研究也有重大推動意義。

第三是域外文獻。我們趕上了一個開放的年代。所謂域外文獻包括兩個方面的内涵,一是域外的原始文獻,一個是域外的研究成果。關注域外的研究,我曾有過深刻的教訓。20世紀90年代,我寫過一篇文章,叫《從補課做起》。我補的第一課,是古典文獻學;我補的第二課,是國外文獻學。我還曾專門撰寫《別求新聲於異邦》,專門介紹這些年來西方關於聲病理論的研究成果,對於自己過去的偏見進行了反思。

這是我們這一代文學史研究工作者的時代優勢。

五、文學史研究的目的

新的時代,總有新的學術要求。我們今天研究文學史,該如何突破以

往,首先就要反思文學史研究的目的問題。薩特就曾經提出過這樣的問題:"對於飢餓的人們來説,文學能頂什麽用呢?"其實,還可以擴大一點説,整個的人文社會科學研究,對於飢餓的人們來説,能有什麽現實的用處呢?如果是現實的理解,確實没有任何用處。但是人文科學的研究,最終體現在對於人的終極關懷和探索。清代學術史上有漢學、宋學之爭,在清代漢學内部,又有吴派與皖派之爭。我曾寫過《段玉裁捲入的兩次學術論爭及其他》(《文史知識》2010 年第 7 期),最終歸結到學術研究的目的以及由此決定的方法上來。從學術層面看,論爭的焦點只是一字之差,而在這背後,似乎又涉及到古籍校勘原則的根本分歧。段玉裁等人認爲"照本改字"並不難,難的是斷定"立説之是非",也就是作者"所言之義理"。由義理而推斷古籍底本之是非,不失爲校勘的一個重要途徑,也就是後來陳垣先生歸納的所謂"理校"。段、王之學最爲後人推崇的,往往在這裏。而顧千里則強調"不校之校",寧可保持古籍原貌,也不要輕易改動文字。顧千里爲惠氏學,信家法,尚古訓,恪守漢人做法。而段玉裁爲戴氏學,認爲漢儒訓詁有師承,有時亦有附會,他們從事文字訓詁和典章制度的研究,最終的目的還在義理的探究。這義理的背後,是人。

康德《邏輯學講義》説:"哲學是關於人類理性的最終目的的一切知識和理性使用的科學。對於作爲最高目的的最終目的來説,一切其他目的都是從屬的,並且必須在它之中統一起來。在這種世界公民的意義上,哲學領域提出了下列問題:(1)我能知道什麽?(2)我應當作什麽?(3)我可以期待什麽?(4)人是什麽?形而上學回答第一個問題,倫理學回答第二個問題,宗教回答第三個問題,人類學回答第四個問題。但是從根本説來,可以把這一切都歸結爲人類學,因爲前三個問題都與最後一個問題有關係。"[1]形而上學:我能知道什麽?倫理學:我應當作什麽?宗教學:我可以期待什麽?人類學:人是什麽?這裏,核心問題還是人。

美國著名歷史學家詹姆斯·哈威·魯濱孫《新史學》認爲,歷史的範圍非常之大,歷史的功效,主要是爲了了解我們自己以及人類的問題和前景。"歷史可以滿足我們的幻想,可以滿足我們急切的或閑散的好奇心,也可以檢驗我們的記憶力。……但是歷史還有一件應做而尚未做到的事情,那就是它可以幫助我們了解我們自己、我們的同類,以及人類的種種問題和前

---

[1]（德）康德:《邏輯學講義》,北京:商務印書館 1991 年版。

景。這是歷史最主要的功用,但一般人們所最忽略的恰恰就是歷史所產生的這種最大效用。"①

回顧學術史,我們還發現,文學研究的意義和價值的實現,最終取決於研究者的思想境界。如果把學術研究僅僅視爲滿足好奇心,或者是爲了稻粱謀,追求在小圈子内分享的文學研究,那是没有生命力的。其結果必然會使理想缺位,自我邊緣,與現實社會,與人民大衆越來越遠,就走不出徘徊的困局。真正優秀的研究工作者,要站在歷史的高度,深刻地理解人民大衆的理想和追求,密切地關注時代的變遷與社會的發展,把自己的研究工作與人民大衆的需要和國家民族的命運聯繫在一起,纔能獲得發展的生機,纔能提升學術的品位。三十年代,著名音樂家冼星海在法國留學時,看到祖國的危難,在悲痛中"起了應該怎樣去挽救祖國的危亡的思念",爲人民留下了不朽的音樂作品。"九一八"事變之後,著名學者姜亮夫先生的思想受到强烈衝擊,異常激憤,於是決定從"民族性"、"民族文化特點"入手,探索"民族貢獻與今後出路",於是發表《殷夏民族考》,首次提出"龍"圖騰命題。此後,歷經衆多學者的接力,將龍圖騰與實現中華民族"團結起來救國"的理想聯繫起來,成爲時代的最强音。正是這種勇於擔當的精神,他們拓寬視野,獲得了廣闊的研究空間,他們的研究成果本身也具有了深刻的人民性和現實感,真正發揮出啓迪民心、凝聚力量的作用。這是前輩學者留給我們的最深刻的精神啓迪。

今天,我們確實應當認真地想一想當代學者的使命是什麽,這個時代的主題是什麽,我們追求的終極目標是什麽。做學問,題目可以有大有小,但是,必須要有寬廣通透的學術視野和關注現實人生的精神境界。否則,我們的學術只能越做越技術化,而缺少人文情懷;越來越脱離社會,而引起人們對於文學研究的誤解乃至排斥。由此看來,解决研究者的思想境界問題,這纔是問題的本質。

2013年6月18日根據過去講稿略加整理而成

(作者單位:中國社會科學院)

---

① (美)詹姆斯·哈威·魯濱孫:《新史學》,北京:商務印書館1989年版,第15頁。

試論文獻辨僞的語言學方法

錢宗武

【摘　要】辨識上古文獻真僞,是正確利用上古文獻的前提,也是學術研究的基礎工作和研究者必備素質。上古文獻多有真僞之辨,傳統辨僞方法亦有局限。本文首次系統論證文獻辨僞語言學方法的學理依據和技術手段,具有重要的理論意義和認識論價值。

【關鍵詞】文獻　辨僞　語言學方法

華夏民族是文獻傳統歷史最爲悠久的民族,由於諸多複雜的歷史因素,上古文獻多存在真僞問題。雖經歷代學者考鏡源流,爬梳整比,有些文獻的真僞問題已經清楚,然而大部分上古文獻仍需考辨。考辨上古文獻真僞是正確利用上古文獻資料的先決條件。屈翼鵬先生曾言:"鑒別學術資料,是每一個從事學術工作的人必不可疏忽的。"因爲"治學的目的,在獲得正確的結論。如果所根據的資料不正確,所得的知識,自然不夠真實;以之從事研究工作,所得的結論自然也不會正確"[1]。梁任公治《尚書》,曾深有感慨:"自古至今,造僞辨僞的工作,再没有比他(《尚書》)費力的。""我們講到這書,最要聚精會神的去徹底研究。"[2]經年研究,學者們採取了許多辨僞方法,取得了輝煌的成就,然而,有些上古文獻資料的真僞仍然不能解決,語言學方法或可成爲解決這些文獻資料真僞問題的利器。

---

[1] 屈萬里《先秦文史資料考辨》,臺北:聯經出版事業公司1983年版,第5頁。
[2] 梁啓超《古書真僞及其年代》,北京:中華書局1962年版,第91頁。

一、選題的學理依據

  在上古文獻的辨僞史上,孔傳本《古文尚書》的真僞是最早受到懷疑的。起初多爲感性的認知。吳棫《書裨傳》分别從文體、辭氣等方面立論,認爲《尚書》原有的三十三篇文辭古奧,難以理解,而後來多出的二十五篇卻文從字順,實在可疑。繼之,朱熹不僅懷疑經文本身,而且懷疑《孔傳》和《書序》,也是大體從文體和語言風格方面認爲孔傳本《古文尚書》不類西漢人之文。到了元代的吳澄斷然認爲增多之二十五篇爲僞作,著《書纂言》,開創了僅注《今文尚書》之例。《四庫全書總目》:"《古文尚書》自貞觀敕作《正義》以後,終唐世無異説。宋吳棫作《書裨傳》,始稍稍掊擊,《朱子語録》亦疑其僞。然言性、言心、言學之語,宋人據以立教者,其端皆發自古文,故亦無肯輕議者。其考定今文、古文,自陳振孫《尚書説》始。其分編今文、古文,自趙孟頫《書古今文集注》始。其專釋今文,則自澄此書始。"①

  明代梅鷟撰《尚書考異》,開始採用更爲科學的方法考辯《尚書》真僞。在前人的研究基礎上,梅鷟注重文獻材料的搜集,主要從文獻證據和歷史事實方面鑒證孔傳本《古文尚書》之僞。諸如:二十五篇之數與"逸篇"之數不符;漢代古文家並未引用過二十五篇經句;漢人的記載中並未涉及孔安國注解《尚書》之事;《孔傳》中有些州郡之設是孔安國身後事。梅鷟採取的辨僞方法主要是文獻學方法和歷史學方法。

  自宋迄清,辨僞之學,綿綿不絶。清初大儒閻若璩撰《古文尚書疏證》,詳細地列舉了文獻證據、歷史事實以及歷代學者的辨僞材料等,多信而有徵,卓然的論,集歷代《尚書》辨僞大成,最終纔將孔傳本《古文尚書》定爲僞作,並爲主流學術認同。四庫館臣高度稱讚閻若璩《古文尚書疏證》"反覆釐剔,以袪千古之大疑,考證之學則固未之或先矣"②。百十年來,學者們從不同的角度切入,分析閻氏一百二十八條疏證内容,歸納閻氏辨僞方法,詳略不同,各有側重。蘇慶彬歸納爲三十四種考證方法:"以史志書目證"、"以篇次之編排證"、"以篇數篇名證"、"以史例證"、"以古人撰書義例證"、

---

① (清)永瑢等撰《四庫全書總目》,北京:中華書局1965年版,第96頁。
② 《四庫全書總目》,北京:中華書局1965年版,第102頁。

"以古人行文之慣例證"、"以古人傳注之義例證"、"以古人引書之義例證"、"以引援舊文失實證"、"以剽竊前人徵引古書之遺文而缺漏證"、"以後人徵引佚書之多寡證"、"以文字證"、"以文字之演進證"、"以音韻證"、"以文體證"、"以文辭證"、"以文理證"、"以句讀證"、"以地名設置先後證"、"以地名流變證"、"以時代先後證"、"以時代思想證"、"以時代之風尚證"、"以律曆證"、"以官制證"、"以禮制證"、"以漢人經學之師承家法證"、"以稱謂證"、"以聖賢之言行證"、"以僞書者之心理證"、"以情理證"、"以史實證"、"以徵引先聖時賢之説證"、"以窮源法證"[①]。蘇氏之識，較諸家系統全面。可知，閻氏考證辨僞之法已趨完備，雖然仍以文獻學方法和歷史學方法爲主，但亦已涉及語言學方法，諸如，"以文字證"、"以文字之演進證"、"以音韻證"。後代學者亦偶涉語言學方法，但未遑顧及系統運用語言學方法析疑解難，亦未遑顧及從學理上論證語言方法的科學性和理據性。

　　從辨僞學學術史的簡單梳理可知：由於上古文獻的特性決定了辨僞的主要方法是文獻學方法和歷史學方法。同樣由於上古文獻的特性決定了辨僞的主要方法還應有語言學方法。

　　文獻語言具有極强的時空性，不同時代的語言具有不同的語言規則和語言特點。語言要素中變化最快的是辭彙，最慢的是語法。語言有表層結構和深層結構，語言表層結構由不同層級的語言單位構成。一般而言，經典傳世文本在傳抄轉寫的過程中，無論是主觀原因還是客觀原因，歷時變易的主要對象是語言單位的最低層級字或詞，語言單位的較高層級的短語結構、句結構以及高層級複句、多重複句變化較小。就《尚書》而言，雖然字詞的形體變異可能構成不同版本的不同面目，但是《今文尚書》傳世文本的語言特點和特殊的語言現象證實其深層結構的語義系統没有變化或變化不大，我們可以運用語言研究的技術手段復現其深層結構的語義系統，從而證實其文獻的真實性。同樣，我們也可以根據分析不同於《今文尚書》而同於後世文獻語言的語言特點和特殊的語言現象證實《古文尚書》與《今文尚書》不可能產生於同一時代。

　　另外，就辨僞實踐而言，文獻學方法和歷史學方法不能解決一切辨僞問題。例如，運用文獻學方法，歷代《尚書》辨僞最顯著成就是疑古者從先

---

① 蘇慶彬《閻若璩、胡渭、崔述三家辨僞方法之研究》，載於《新亞書院學術年刊》第3期（1961年），第1—63頁。

秦文獻中逐一檢索出孔傳本《古文尚書》的詞句，以證明孔傳本《古文尚書》某篇是魏晉時期的作僞者從先秦典籍中收集《尚書》引文加以發揮，連綴而成。就疑古者而言，文獻溯源可謂鐵證如山。堅持孔傳本《古文尚書》非僞的學人卻認爲這是"倒因爲果"，文獻溯源的成果正好説明先秦典籍中的相關引文引自《古文尚書》，《古文尚書》在先秦以前早就存在了，從而推論孔傳本《古文尚書》確係真書。二者的爭論形成了所謂邏輯學上的因果循環論證，結論相左，各以己説爲的論。

陳夢家先生《尚書通論》就專列《先秦引〈書〉篇》[①]，劉建國先生在其專著《先秦僞書辨正》中指出先秦子書和史書從《古文尚書》中引文的條數分別是《左傳》15 條、《國語》3 條、《論語》1 條、《墨子》5 條、《孟子》13 條、《大學》1 條、《荀子》1 條、《禮記》12 條、《吕氏春秋》5 條[②]。諸如：

(1)《虞夏書·大禹謨》："皋陶邁種德，德乃降，黎民懷之。"見於《左傳》："《夏書》曰：'皋陶邁種德，德乃降。'"[③]

(2)《虞夏書·胤征》："政典：'先時者殺無赦，不及時者殺無赦。'"見於《荀子·君道篇》："《書》曰：'先進者殺無赦，不逮時者殺無赦。'"[④]

(3)《商書·伊訓》："奉嗣王祇見厥祖，侯甸群后咸在，百官總己以聽冢宰。"見於《論語·憲問》："子張曰：'《書》云：高宗諒陰，三年不言。何謂也？'子曰：'何必高宗，古之人皆然。君薨，百官總己以聽於冢宰三年。'"[⑤]

(4)《商書·太甲中》："天作孽，猶可違；自作孽，不可逭。"見於《孟子·公孫丑上》："《太甲》曰：'天作孽，猶可違；自作孽，不可活。'"[⑥]

(5)《周書·泰誓下》："惟我文考若日月之照臨，光於四方，顯於西土。"見於《墨子·兼愛下》："《泰誓》曰：'文王若日若月，乍照光於

---

① 陳夢家《尚書通論》，北京：中華書局 1985 年版，第 11—35 頁。
② 劉建國《先秦僞書辨正》，西安：陝西人民出版社 2004 年版，第 40 頁。
③ （春秋）左丘明《春秋左氏傳》，北京：中華書局 1979 年版《十三經注疏》本，第 1765 頁。
④ （戰國）荀況《荀子》，北京：中華書局 1954 年版《諸子集成》本，第 157 頁。
⑤ （宋）邢昺《論語注疏》，北京：中華書局 1979 年版《十三經注疏》本，第 2513 頁。
⑥ （宋）孫奭《孟子注疏》，北京：中華書局 1979 年版《十三經注疏》本，第 2690 頁。

四方,於西土。'"①

疑古者溯流及源,證據確確;信古者引文有自,古已存之。公說公有理,婆説婆有理,誰也不能説服誰。語言學的方法是撇開這些引文,解析整個文本語言的表層結構和深層結構,演繹其特定的語言結構和語言現象,揭示其異同,説明其演變,當具有極强的説服力。

二、辭彙的同義代替是語言要素中歷時演變最爲明顯的語言現象

語言三要素中,辭彙可謂與時俱變,主要表現在兩個方面:一是詞形變化,古詞消失,新詞產生。二是詞性不變,詞義變化,新義產生。

(一) 通過考辨詞形變化,考辯某詞的有無,是辨識不同時代先秦文獻的重要依據。

漢語史的分期上古漢語一般以漢爲下限,漢語的各種語言規則在漢已趨定型。先秦是社會劇烈變革的時代,新詞新義不斷產生,往往某詞的有無可以幫助鑒識不同時代的先秦文獻。例如,"者"是文獻語言中的高頻結構助詞,"也"是文獻語言中的高頻句末語氣助詞。"者"和"也"幾乎見於每一部傳世文獻。《老子》、《論語》、《墨子》是子學時代最早的三部子書,《周易》是經學時代產生的群經之首。據不完全統計,在《老子》中,"者"有95見,"也"有11見。在《論語》中,"者"有218見,"也"有531見。在《墨子》中,"者"有1564見,"也"有2068見。在《周易》中,"者"有285見,"也"有1084見。然而,《今文尚書》卻未見一個"也","者"也僅有一個用例。這是一種非常特殊的語言現象。

《今文尚書》僅見的"者"或爲後人轉引傳抄訛誤。"者"出自《周書·洪範》:"庶徵,曰雨,曰暘,曰燠,曰寒,曰風。曰時五者來備,各以時叙,庶草繁廡。"《書序》認爲《洪範》作於西周初年。管燮初先生曾仔細統計208

---

① (清) 孫詒讓《墨子閒詁》,北京:中華書局1954年版《諸子集成》本,第75頁。

篇文字較多的金文資料，斷言"在西周金文中尚未出現"結構助詞"者"①。既然西周金文中没有"者"，《洪範》裏也不應該有"者"。再説整整一部《今文尚書》僅有一個"者"，值得懷疑。顧頡剛、顧廷龍《尚書文字合編》彙集海内外各種《尚書》材料，未見經文有"者"。傳世《今文尚書》文本中的這個"者"很有可能是後人在傳抄《尚書》時的誤寫，也有可能是引用《尚書》時有意的改寫②。

改寫可能經過一個過程。先是司馬遷引《書》改。漢人引書有以今語改古語的傳統。黄季剛先生曾言："漢之於周、秦，猶唐、宋之於漢、魏也。故凡後之引古者多改爲今語，以便通曉。"（《文字聲韻訓詁筆記》）司馬遷寫作《史記》時由於古史資料的缺乏，上古史料主要依據《尚書》，徵引幾乎涉及《尚書》傳世本的所有篇目，有的整篇徵引，有的節引章節，有的引用一兩個句群，也有摘引一兩句話的。爲了使大量的引用與全書的語體風格一致，《史記》引《書》的原則就是以今語改古語。於是，《史記·宋微子世家》引《洪範》作"五者來備"。

雖然司馬遷引《尚書》改寫經文，然而《尚書》的各個傳本仍然保持原貌。劉宋時代的范曄寫作《後漢書》，在《李雲傳》和《荀爽傳》中兩引《洪範》"五者來備"，《李雲傳》引作"五氏來備"，《荀爽傳》引作"五韙咸備"。"五者來備"之"者"或作"氏"，或作"韙"。范曄《後漢書》的紀傳主要根據東漢王珍的《東觀漢記》和西晉華嶠的《漢後書》等，引《尚書》或有所本。范氏家族是《尚書》學研究傳統深厚的士族，范曄的曾祖范汪曾作《尚書大事》二十卷，祖父范寧嘗作《古文尚書舜典》一卷、《尚書注》十卷，范曄少時亦熟讀《尚書》，可能見過"永嘉之亂"前的《尚書》傳本。蔡根祥先生的碩士論文《後漢書尚書考辨》考證范曄没有見過孔傳《古文尚書》，范氏《尚書》學出於鄭康成③。無論范曄是否見過孔傳本《古文尚書》，或許"永嘉之亂"前的各個《尚書》傳本皆無"者"字，也有可能東晉梅賾獻的孔傳本《古文尚書》本來亦無"者"字。今傳世本《尚書·洪範》之"者"可能先是史遷引《尚書》以今律古改成"者"，後人又根據《史記》以古考文改了《尚書》經文，易爲"者"。

後人的這個改動可能發生在中唐以後。唐高宗太子李賢注《後漢書》，

---

① 管燮初《西周金文語法研究》，北京：商務印書館1981年版，第203頁。
② 錢宗武《〈洪範〉"者"字辨——兼談文言"者"的詞性》，載於《古漢語研究》第4期（1991年）。
③ 蔡根祥《宋代尚書學案·自序》，載《古典文獻研究輯刊》三編，第11册，臺北：花木蘭文化出版社2006年版。

《李雲傳》"五氏來備"的注語:"《史記》曰:'庶徵:曰雨,曰暘,曰燠,曰風,曰寒。曰時五者來備,各以時叙,庶草繁廡。''是'與'氏'古字通耳。"①注語明引《史記》原文卻不提"者",而强調"'是'與'氏'古字通耳",這是什麽原因?"是"又是從哪兒來的呢? 或有一種可能:《尚書》原文本來就不是"者",而是"是"。《荀爽傳》"五龘咸備"注云;"龘,是也。《史記》曰:'休徵:曰肅,時雨若;曰乂,時暘若;曰哲,時燠若;曰謀,時寒若;曰聖,時風若。'五是來備,各以其叙也。"②這一段注語更值得玩味。《史記·宋微子世家》記叙殷箕子向周武王陳述"洪範九疇",九疇大法幾乎都用直接引語。"休徵:曰肅,時雨若;曰乂,時暘若;曰哲,時燠若;曰謀,時寒若;曰聖,時風若。"這一段話就是直接引語。"五是來備,各以時叙。"這一段話也是直接引語。可見李賢並不認爲《荀爽傳》的"龘"應作"者",而應作"是"。有一種可能,李賢見到的《尚書》就是"五是來備",是"是"而不是"者"。"龘"與"是"形義相近容易訛誤,"是"和"氏"古音同在禪紐齊韻,可以通假。中唐前經文的文本狀態多是抄本和寫本,形訛和音訛造成不同寫本和抄本的文字訛誤是常見的事。因而,不同的寫本和抄本中出現"是"、"氏"、"龘"是正常的。"者"則可能是"者"字結構和"所"字結構成爲文獻中最常見的語言結構以後,後人轉引傳抄《尚書》時無意的誤寫或根據《史記》引《尚書》有意改寫。

　　古文字學的研究已經證明西周的書面語中没有"者"。"者"字大約産生於東周時期,趙誠先生就認爲"産生於周代後期","基本上只是起結構作用,主要不是用於指代"③。

　　金文、甲骨文没有"也"字,《今文尚書》主於記言,君臣言談政令中没有"也",史官秉筆直書也自然不會有"也"。《詩經》開始出現"也"字,《左傳》、《國語》、《國策》以及諸子散文語言表達日漸複雜,"也"的使用頻率不斷增加,其他句末語氣助詞也開始大量出現。"《尚書》中無'也'字。敦煌寫本《尚書》中經文部分没有'也'字。但敦煌寫本《尚書》中的傳文中大量使用'也'字,幾乎每卷都較今本《尚書》傳文衍出大量的'也'字。"④諸如,

---

① (南朝宋)范曄撰,(唐)李賢等注《後漢書》,北京:中華書局1965年版,第1853頁。
② 同上書,第2054頁。
③ 趙誠《金文的"者"》,載於《中國語文》第3期(2001年),第267—268頁。
④ 錢宗武、陳楠《敦煌寫本〈尚書〉異文研究——兼論文獻考訂的語言學方法》,載《簡帛語言文字研究——第七屆全國古代漢語學術研討會暨簡帛文獻語言研究國際學術研討會論文集》,成都:巴蜀書社2006年版,第258頁。

伯2533中"四海會同,六府孔修"的傳文"四海之内會同京師……萬國共貫也……其修治政化和也"。伯3169中"浮于積石,至於龍門、西河"的傳文"……龍門山在河東之西界也"。"黑水、西河惟雍州"的傳文"……龍門之河在冀州西也"等。

《尚書》時代没有"者",也没有"也"。"者"、"也"出現頻率在《老子》、《論語》和《墨子》中成倍上升。今傳世《尚書》没有"者"字,也没有"者"字結構,可爲《尚書》其他版本資料的辨僞和類《尚書》文獻資料的考辨,提供重要的比對資料。

(二) 考辨訓詁材料有無訓釋,考辨某義的有無,是辨識不同時代上古文獻的重要依據。

訓詁就是以今語訓釋故言,故言不僅僅是古詞,更多的是同形多義詞中的古義。共時系統中的詞義是共時社會成員的共識詞義,一般是不需要訓釋的。研究可知,同一部傳世文獻同時代的訓詁材料共處於一個共時的語言系統中,相似度大;同一部傳世文獻不同時代的訓詁材料處於歷時的語言變化狀態中,相似度小。同樣,不同的傳世文獻,同時代的訓詁材料共處於一個共時的語言系統,相似度大;不同時代的訓詁材料處於一個歷時的語言變化狀態,相似度小。我們可以根據訓詁材料的語言特徵考辨訓詁材料的時代及其真僞。

漢代《尚書》的訓詁材料主要是伏勝、孔安國的傳和馬融、鄭玄的注,伏、馬、鄭的傳注都是輯佚材料,不能與孔安國的傳進行系統比對。我們用《詩經》毛亨的傳和鄭玄的箋與《孔傳》進行比對,發現《孔傳》與《詩經》毛傳相似度小,但是與東漢末年《詩經》鄭玄的箋相似度大。限於篇幅,僅僅通過《尚書》的《孔傳》、《詩經》的《毛傳》與《鄭箋》對於範圍副詞"咸"、"胥"的訓解來論證《孔傳》之僞和僞《孔傳》的大致形成時代。

孔安國與毛亨都是西漢的著名學者,生卒年雖已不詳,但史皆有傳。《漢書·儒林傳》記載:"(《古文尚書》)遭巫蠱,未立於學官。安國爲諫大夫。""司馬遷亦從安國問故,遷書載《堯典》、《禹貢》、《洪範》、《微子》、《金縢》諸篇,多古文說。"[1]又司馬遷《史記·孔子世家》:"安國爲今皇帝博士,至臨淮太守,早卒。"[2]則孔安國主要活動於武帝時期。

---

[1] (東漢)班固《漢書》,北京:中華書局1962年版,第3607頁。
[2] (漢)司馬遷《史記》,北京:中華書局1959年版,第1947頁。

《漢書·儒林傳》:"毛公,趙人也。治《詩》,爲河間獻王博士。"①河間獻王爲漢景帝第三子,則毛公武帝時當在世。另外,《漢書·儒林傳》記載稱毛公之《詩》四傳而至徐敖,孔安國之《古文尚書》五傳而至徐敖,則可見毛亨與孔安國所處時代當相去不遠。再説其籍貫,漢高祖時廢趙王敖爲宣平侯,徙代王如意爲趙王,王趙國。將巨鹿郡從趙國分出,又設清河、河間二郡,到文帝二年始置河間國,可知河間國設置前一直是趙國的屬地。毛公趙人,也可以説是河間人,即今河北人。

鄭玄(127—200),"字康成,北海高密人也。八世祖崇,哀帝時尚書僕射"②。鄭玄主要活動於東漢末年,與毛亨、孔安國相差兩百多年。

鄭玄曾著《古文尚書傳》,唐代陸德明《經典釋文·序録》、《隋書·經籍志》、《舊唐書·經籍志》和《新唐書·藝文志》並載鄭玄《尚書注》九卷,可惜早已亡佚。鄭玄《古文尚書注》的輯佚工作,肇自宋王應麟,其後清代的李調元、孔廣林、黃奭、袁鈞、孫星衍等遞有增訂和補證。然遍檢諸家所輯佚文,鄭玄對《今文尚書》範圍副詞"咸"、"胥"的訓解,僅在《虞夏書·禹貢》中一見,而且不是直接訓解,是間接訓解。可知諸家所輯鄭玄注解的佚文尚達不到與《尚書》孔傳做比對的語料學要求,祇能作爲《尚書》孔傳與《詩經》毛亨傳、鄭玄箋做比對的佐證材料。

咸,《今文尚書》作副詞,表示範圍的全體,多可譯爲"都",偶或可譯爲"全都"、"全部"、"完全"、"共同"。有兩種用法:

一是表示主語所指事物的全部。凡21見。諸如:

"允釐百工,庶績咸熙。"(《虞夏書·堯典》)《孔傳》:"咸,皆。"③

"翕受敷施,九德咸事,俊乂在官。"(《虞夏書·皋陶謨》)《孔傳》:"翕,和也。能合受三六之德而用之,以佈施政教,使九德之人皆用事。謂天子如此,則俊德治能之士並在官。"④

"其有衆咸造,勿褻在王庭。"(《商書·盤庚中》)《孔傳》:"造,至也。衆皆至王庭,無褻慢。"⑤

---

① (東漢)班固《漢書》,北京:中華書局1962年版,第3614頁。
② (南朝宋)范曄《後漢書》,北京:中華書局1965年版,第1207頁。
③ (唐)孔穎達《尚書正義》,北京:中華書局1980年版《十三經注疏》本,第120頁。
④ 同上書,第139頁。
⑤ 同上書,第170頁。

"萬邦咸休,惟王有成績。"(《周書·洛誥》)《孔傳》:"使萬國皆被美德,如此惟王乃有成功。"①

二是表示賓語所指事物的全部。2見:

"周公咸勤,乃洪大誥治。"(《周書·康誥》)《孔傳》:"周公皆勞勉五服之人,遂乃因大封命,大誥以治道。"②

周公若曰:"拜手稽首,告嗣天子王矣。"用咸戒于王曰:"王左右常伯、常任、準人、綴衣、虎賁。"周公曰:"嗚呼!休茲知恤,鮮哉!"(《周書·立政》)《孔傳》:"周公用王所立政之事皆戒於王曰。"③

根據《孔傳》,"咸"表示介詞賓語所指事物的全部。有學者認爲"咸"或通"箴",歷來多有歧解。

《爾雅·釋詁》:"咸,皆也。"《說文·口部》:"咸,皆也。悉也。""咸"在甲骨文中已作副詞。《說文》析形"從口、從戌"會意,甲骨文和金文字形象從口從斧鉞之形。《商周古文字讀本》認爲:"'咸'之本義當爲'殺',從斧鉞形取意。《尚書·周書·君奭》:'咸劉厥敵。'《逸周書·克殷》:'則咸劉商王紂。'《爾雅·釋詁》:'劉,殺也。'此'咸'、'劉'連言,'咸'亦當訓'殺',若訓'皆',則僅殺紂一人,不當言'咸劉'。"(頁309)"殺"或有"完畢"、"結束"之義,甲骨文和金文亦有語例,再引申爲"都"、"皆"、"悉"之義,金文中語例亦多。

《今文尚書》中範圍副詞"咸"凡23見,《孔傳》對"咸"字的注釋情況見下表:

表　一

篇　名	經文中出現的次數	釋爲"皆"的次數	備　注
堯典	3	3	
皋陶謨	3	1	2未釋

---

① (唐)孔穎達《尚書正義》,北京:中華書局1980年版《十三經注疏》本,第216頁。
② 同上書,第202頁。
③ 同上書,第230頁。

續　表

篇　　名	經文中出現的次數	釋爲"皆"的次數	備　注
禹貢	1	1	
盤庚中	2	2	
康誥	1	1	
洛誥	4	4	
無逸	1	1	
君奭	3	3	
立政	2	2	
顧命	1	1	
呂刑	2	2	
合　　計	23	21	2

《詩經》中"咸"字凡3見，毛亨無注解，而鄭玄都作了解釋(參表二)。

表　二

篇　　名	經文中出現的次數	釋爲"皆"的次數	釋爲"同"的次數
大雅·崧高	1	1	
魯頌·閟宮	1		1
商頌·玄鳥	1	1	
合　　計	3	2	1

"周邦咸喜，戎有良翰。"(《大雅·崧高》)《鄭箋》："周，徧也。戎，猶女也。翰，幹也。申伯入謝，徧邦内皆喜曰：女乎，有善君也。相慶之言。"①

"敦商之旅，克咸厥功。"(《魯頌·閟宫》)《鄭箋》："敦，治。旅，衆。咸，同也。武王克殷，而治商之臣民，使得其所，能同其功於先祖也。后稷、大王、文王亦周公之祖考也。伐紂，周公又與焉，故述之以美大魯。"②

---

① (唐) 孔穎達《毛詩正義》，北京：中華書局1980年版《十三經注疏》本，第567頁。
② 同上書，第615頁。

"四海來假,來假祁祁。景員維河,殷受命咸宜,百禄是何。"(《商頌·玄鳥》)《毛傳》:"景,大。員,均。何,任也。"①《鄭箋》:"假,至也。祁祁,衆多也。員,古文作云。河之言何也。天下既蒙王之政令,皆得其所,而來朝覲貢獻。其至也祁祁然衆多。其所貢於殷大至,所云維言何乎?言殷王之受命皆其宜也。百禄是何,謂當擔負天之多福。"②

《詩經》經文中的三例"咸"字,西漢毛亨均没有注釋,這説明毛亨所在的年代"咸"字還無須注釋,而東漢末年的鄭玄均作了箋釋,二例釋爲"皆",一例釋爲"同"。鄭玄對孔傳本《古文尚書》範圍副詞"咸"唯一的箋釋,釋"咸"爲"皆"。比較《尚書》孔傳、《詩經》毛亨傳和鄭玄箋,《孔傳》對範圍副詞"咸"字的解釋與鄭玄相似度大,而與毛亨相似度小。倘若《孔傳》真是西漢孔安國所作,則很難解釋這一現象。看來,《孔傳》當非西漢孔安國所作,孔傳本《古文尚書》亦非真《古文尚書》。

胥,《今文尚書》凡 19 見,《周書》之《多方》、《吕刑》各有一見,作名詞,餘皆作副詞,作副詞皆作範圍副詞,可譯爲"互相",凡 17 見。諸如:

"古我先王,暨乃祖乃父,胥及逸勤,予敢動用非罰?"(《商書·盤庚上》)《孔傳》:"言古之君臣相與同勞逸,子孫所宜法之,我豈敢動用非常之罰脅汝乎?"③

"無胥戕,無胥虐,至于敬寡,至于屬婦,合由以容。"(《周書·梓材》)《孔傳》:"當教民無得相殘傷,相虐殺,至於敬養寡弱,至於存恤妾婦,和合其教,用大道以容之,無令見冤枉。"④

《説文·肉部》:"胥,蟹醢也。"《説文解字注》:"蟹者,多足之物,引申假借爲相與之義。《釋詁》曰:'胥,皆也。'又曰:'胥,相也。'"⑤《詞詮》:"胥,副詞,皆也";"副詞,相也"(頁 340)。"胥"作範圍副詞多見於上古文獻。

---

① (唐)孔穎達《毛詩正義》,北京:中華書局 1980 年版《十三經注疏》本,第 623 頁。
② 同上書。
③ (唐)孔穎達《尚書正義》,北京:中華書局 1980 年版《十三經注疏》本,第 169 頁。
④ 同上書,第 208 頁。
⑤ (清)段玉裁《説文解字注》,上海:上海古籍出版社 1981 年版,第 175 頁。

《今文尚書》中"胥"作範圍副詞凡17見,《孔傳》對"胥"字的注釋情況見表三:

表　三

篇　　名	經文中出現的次數	釋爲"相"的次數	釋爲"相與"的次數
盤庚	6	3	3
大誥	1	1	
梓材	2	2	
無逸	4	4	
多方	1		1
顧命	1	1	
呂刑	2	1	1
合　計	17	12	5

《今文尚書》中還有"胥"作範圍副詞的一個語例,見於《商書·盤庚上·小序》:"民諮胥怨。"《孔傳》:"胥,相也。民不欲徙,乃諮嗟憂愁,相與怨上。"①

《詩經》中"胥"字凡18見,其中2例《毛傳》、《鄭箋》均釋爲"相",但爲動詞"相看"之意。還有16例"胥",《毛傳》僅一例釋爲"皆",其餘均未注解,而這釋爲"皆"的一例,《鄭箋》釋爲名詞,那麼《毛傳》訓釋"皆"爲範圍副詞還有爭議:

"君子樂胥,受天之祜。"(《小雅·桑扈》)《毛傳》:"胥,皆也。"②《鄭箋》:"胥,有才知之名也。祜,福也。王者樂臣下有才知文章,則賢人在位,庶官不曠,政和而民安,天予之以福祿。"③

《桑扈》篇中還有一例《毛傳》未釋,《鄭箋》釋爲名詞:

---

① (唐)孔穎達《尚書正義》,北京:中華書局1980年版《十三經注疏》本,第168頁。
② (唐)孔穎達《毛詩正義》,北京:中華書局1980年版《十三經注疏》本,第480頁。
③ 同上注。

"君子樂胥,萬邦之屏。"(《小雅·桑扈》)《鄭箋》:"王者之德,樂賢知在位,則能爲天下蔽捍四表患難矣。蔽捍之者,謂蠻夷率服,不侵畔。"①

《毛傳》未釋的其餘 14 例"胥",《鄭箋》一半釋爲範圍副詞"相",一半釋爲範圍副詞"皆"(參表四)。

表 四

篇 名	經文中出現的次數	釋爲"相"的次數	釋爲"皆"的次數
小雅·雨無正	1	1	
小雅·小旻	3	1	2
小雅·角弓	1	1	
大雅·抑印	1		1
大雅·桑柔	2	2	
大雅·韓奕	1		1
大雅·瞻	1	1	
魯頌·閟宮	1	1	
魯頌·有駜	3		3
合 計	14	7	7

胥,《毛傳》未釋,《鄭箋》釋爲程度副詞"相",凡 7 例。例如:

"兄弟昏姻,無胥遠矣。"(《小雅·角弓》)《鄭箋》:"胥,相也。骨肉之親,當相親信,無相疏遠。相疏遠,則以親親之望,易以成怨。"②

胥,《毛傳》未釋,《鄭箋》釋爲程度副詞"皆",凡 7 例。例如:

"肆皇天弗尚,如彼泉流,無淪胥以亡。"(《大雅·抑》)《毛傳》:

---

① (唐)孔穎達《毛詩正義》,北京:中華書局 1980 年版《十三經注疏》本,第 480 頁。
② 同上書,第 490 頁。

"淪，率也。"①《鄭箋》："肆，故今也。胥，皆也。王爲政如是，故今皇天不高尚之，所謂仍下災異也。王自絕於天，如泉水之流，稍就虛竭，無見率引爲惡，皆與之以亡。戒群臣不中行者，將並誅之。"②

在《毛傳》時代，"胥"是常見的範圍副詞，還無須注釋。到了東漢末年，《鄭箋》有半數"胥"釋爲"相"。《孔傳》把《尚書》經文中的"胥"全釋爲"相"（"相與"）。範圍副詞"胥"的演變，在《毛傳》、《鄭箋》、《孔傳》的訓解中形成了一個完整的縱向發展鏈。

對《今文尚書》範圍副詞"咸"、"胥"共時和歷時的考察分析，不僅可以幫助我們判斷《孔傳》的作者不是西漢孔安國，還可以幫助我們推測《孔傳》的成書年代可能在漢末晉初。語言學方法可以爲我們考訂文獻真僞和成書年代提供新的解釋和證據。

語言的時空性決定語言構成的各種要素在時空中不斷發展，我們必須注重對不同時期語言各要素發展變化的研究。在語言各要素的發展變化中，辭彙的變化尤爲明顯。在不同的時空轄域中，新詞不斷產生，舊詞不斷消亡；更多的語詞詞形沒有變化，但辭彙意義和語法意義皆有變化，不同的時代具有不同的辭彙意義或語法意義。所有這些變化都是漸進的。我們在某個詞語發展變化的時間鏈上，可以清晰地看到不同時期展現的不同意義及其特點。

語言還具有社會性，任何文獻語言詞語的使用不可能是"孤立"的，而具有"普遍性"和"系聯性"，要體現出那個時代的語言規則和表達習慣。"咸"、"胥"是西漢兩個常用的範圍副詞。《詩經》中作範圍副詞的"咸"、"胥"，《毛傳》未作解釋，說明"咸"、"胥"的辭彙意義和語法意義爲當時全社會公認。隨著時空的變化，到了東漢，"咸"、"胥"已漸漸失去作爲範圍副詞的語法功能，與之相對應的常用範圍副詞已爲"皆"和"相"。東漢末年的鄭玄解《詩經》箋《毛傳》，就需要補充《毛傳》，因而，《鄭箋》需要解釋"咸，義多爲'皆'的意思"，"胥，義多爲'相'的意思"。《孔傳》如果是西漢孔安國所撰，孔安國自然會像毛亨一樣，不需要解釋西漢常見的範圍副詞"咸"、"胥"。

---

① （唐）孔穎達《毛詩正義》，北京：中華書局 1980 年版《十三經注疏》本，第 555 頁。
② 同上書，第 555 頁。

古代的教育，無論是私學還是官學，無論是師承還是家學，都有特定的傳統和範式。《論語·述而》曾記載："子所雅言，《詩》、《書》、執禮，皆雅言也。"毛亨、孔安國和鄭玄都是漢代著名學者，都接受過當時的正規教育。《書經》和《詩經》都是儒家最重要的經典，都需要用典範的語言解讀。毛亨、孔安國和鄭玄詮釋經典的語言風格是相同的。三者的差異性不是詮釋者個體語言風格的差異性，主要是語言在時空轄域中演變的差異。語言的發展演變，人們觀察到的往往祇是結果，過程往往隱藏在若干微小演變中，如果不對特定研究對象，運用語言學方式進行窮盡性的數據統計和精細的逐一比對，人們很難發現不同結果的差異性，更難發現語言差異的漸變過程。

三、語法的結構規則是語言的深層結構

語法的結構規則是隱性的，卻是社會成員共同遵守的一種語言規則，也具有鮮明的時空性，同一時空有相同的語法結構規則。某種結構規則的有無及其演變，可作爲上古文獻辨僞的重要依據。

先秦兩漢傳世文獻賓語前置的常見形式具有格式化特徵，否定句和叙述句的賓語前置多有規則可循。較之先秦兩漢傳世文獻賓語前置的常見結構形式，《今文尚書》有一些賓語前置的特殊結構形式，有些有規律可循，有些則無規律可循。略舉數例以明之。

否定句的否定詞置於前置賓語之後，其句法形式爲：主語＋代詞賓語＋否定詞＋動詞謂語。

上古漢語否定句的代詞賓語以前置爲主。馬建忠指出："有弗辭而代字止詞不先置，與無弗辭而先置，皆僅見也。"[1]否定詞的位置又總是置於前置賓語之前。從學理上分析，否定句的否定詞與前置賓語有極強的粘著性。丁聲樹先生對比研究否定詞的大量語例，認爲"弗"用於無賓語的否定

---

[1] 馬建忠《馬氏文通》，北京：商務印書館1998年版，第158頁。

句,"弗"相當於"不之"①,兼有否定詞"不"與前置賓語"之"的辭彙意義和語法作用。然而,《今文尚書》卻有兩例否定詞置於代詞賓語之後這種異於常見句法形式的語序。

爾時罔敢易法。(《周書·大誥》)

《尚書易解》:"時,是也。代詞。易法,即易廢,金文'廢'多作'法',二字古通用。易廢,又作'廢易',《荀子·正論》:'國雖不安,不至於廢易遂亡。'是也。易廢者,怠棄之意。爾時罔敢易法,爾罔敢怠棄時也,否定句代詞賓語前置,故知此爲正解。"②否定詞"罔"置於前置代詞賓語"時"的後面。

汝乃是不蘉。(《周書·洛誥》)

《經傳釋詞》:"乃,猶若也。"③段玉裁《古文尚書撰異》考證"蘉"本是"孟"字,《釋故》"孟"即"勉也"④。黄式三已經認識到"汝乃是不蘉"的"是"是前置賓語。《尚書啓幪》釋此句爲:"汝或憚于行而不勉于是。"⑤這一特殊的賓語前置句的結構形式爲"賓語(是)+ 不 + 動詞",否定詞"不"置於前置賓語"是"的後面。

叙述句賓語和動詞謂語間不用結構助詞的賓語前置。
叙述句賓語和動詞謂語間不用結構助詞的賓語前置主要有三種句法形式。
代詞賓語+動詞謂語,例如《尚書·商書·盤庚中》"予豈汝威"句,王鳴盛已認識到"汝威"即"威汝","汝"爲前置賓語。《尚書後案》釋"予豈汝

---

① 丁聲樹《釋否定詞"弗"、"不"》,載《慶祝蔡元培先生六十五歲論文集》,南京:國立中央研究院1933年版,第967—996頁。
② 周秉鈞《尚書易解》,長沙:岳麓書社1984年版,第164頁。
③ (清)王引之《經傳釋詞》,南京:江蘇古籍出版社2000年版,第56頁。
④ (清)段玉裁《古文尚書撰異》,上海:上海古籍出版社2002年版《續修四庫全書》本,第46冊,第228—229頁。
⑤ (清)黄式三《尚書啓幪》,上海:上海古籍出版社2002年版《續修四庫全書》本,第48冊,第774頁。

威"爲"豈以威脅汝乎"①。

　　名詞賓語+動詞謂語,例如《尚書·周書·大誥》"天明畏"句,《尚書易解》:"天明畏者,畏天命也。"②

　　惟+名詞賓語+動詞謂語,例《尚書·周書·大誥》"寧王惟卜用"句,唐代顏師古注《漢書·翟方進傳》"惟卜用"作"故我惟用卜,吉"③。

　　《今文尚書》叙述句不用結構助詞的賓語前置句凡 21 見。"代詞賓語+動詞謂語"式的代詞賓語主要是近指代詞"是",凡 8 見,皆出現在四字句中。《詩經》也有不少這樣的"代詞賓語(是)+動詞謂語"式。不少學者認爲西周春秋時期的代詞"是"作賓語必須前置。研究證明:這或許也是囿於句式的字數限制而省略"惟",是"惟+賓語+動詞謂語"的省略形態。

　　"惟+名詞賓語+動詞謂語"式是叙述句的主要賓語前置形態,甲骨文中就已出現,"惟"寫作"叀"、"隹",《今文尚書》出現 10 例,應該是這一賓語前置形態規則化的反映。後來,這一形態又發展爲"惟+名詞賓語+是、之+動詞謂語"式。漢魏時,又演變爲"惟+動詞謂語+名詞賓語"的賓語後置式。賓語前置中的"惟"是一個範圍副詞,"放在前置賓語的前面,表示前置賓語的單一性、排他性"④,具有強烈的特指色彩。這一種賓語前置形態可能導源於口語。口語爲了修辭的某種需要,強調賓語而賓語前置,這在現代口語中也是屢見不鮮的。然而書面語言缺乏口語語言表達特定的語境和諸如神色、手勢等非語言表達手段,賓語前置造成文句晦澀難明,西周春秋時期又增加了結構助詞"之"、"是"等作爲賓語前置的標誌。語言發展到賓語前置變後置,"之"、"是"等亦隨之消失。

　　甲骨文和金文中没有"惟+名詞賓語+是、之+動詞謂語"式而有"惟+賓語+謂語"式,先秦兩漢文獻罕見"惟+賓語+謂語"式而常見"惟+名詞賓語+是、之+動詞謂語"式,《今文尚書》二者兼而有之,爲叙述句賓語前置式的演變發展過程續接了一個重要階段,真實地反映了一種"新形式產生了,舊的形式還没有消亡"的"過渡狀態"⑤。

---

① (清)王鳴盛《尚書後案》,上海:上海古籍出版社 2002 年版《續修四庫全書》本,第 45 册,第 116 頁。
② 周秉鈞《尚書易解》,長沙:岳麓書社 1984 年版,第 167 頁。
③ (清)孫星衍撰,陳抗、盛冬鈴點校《尚書今古文注疏》,北京:中華書局 1986 年版,第 348 頁。
④ 董治國《古代漢語句型大全》,天津:天津古籍出版社 1988 年版,第 238 頁。
⑤ 王力《漢語史稿·中册》,北京:中華書局 1980 年版,第 365 頁。

形式被動句僅有傳世文獻常見的"于"字句和罕見的"在"字句。

傳世文獻語言形式被動句的語法標誌主要是"于"、"見"、"爲"、"被"四個詞。"于"、"爲"、"被"在句子結構中的位置處於施動者的前面,其語法作用是引進動作行爲的主動者,語法學家一般以之爲介詞。"見"的句法位置總在動詞前面,表示後面的動詞是個被動詞,如果要引進動作行爲的主動者必須用"于",構成"見……于……"式表示被動意義的句子,語法學家一般以"見"爲副詞。

《今文尚書》的被動句與先秦兩漢文獻被動句相比較,不同點主要表現在形式被動句的語法標誌方面。《今文尚書》僅有文獻語言中常見的表示被動的語法標誌"于"和不常見的"在",也就是說僅有常見的形式被動句中的"于"字句和不常見的"在"字句。先秦兩漢文獻中表示被動的常見語法標誌"見"、"被"、"爲"、"所"等字《今文尚書》裏都有。見,7見;被,4見;爲,35見;所,9見。"見"、"被"、"爲"、"所"卻沒有一例用於被動句作爲表示被動的語法標誌。《今文尚書》中的"在"表被動,既不見於甲骨文和金文,也不見於後世歷代文獻。

"于"字被動句可分爲3種結構形式:動詞+于+主動者,例如《尚書·周書·金縢》"乃命于帝庭"句,曾運乾先生以"于"表被動,"命"爲"受命"①。否定副詞+動詞+于+主動者,例如《尚書·周書·大誥》"無毖于恤"句,王先謙以"于"表被動。無毖于恤,"謂勿因憂而過慎,遂不事征討也"②。于+動詞,這種句子結構比較特殊,《今文尚書》僅見於《周書·多士》"罔非有辭于罰"句。《尚書正讀》:"有辭者,言有罪狀。罰,天罰也。此又言四方邦國之喪亡,皆由淫佚,爲天所罰,不僅夏商二國爲然也。"③"于"後省略了動作行爲的主動者"天",若補齊這一句結構應爲"罔非有辭于(天)罰"。《今文尚書》"于"字句中"于"介引的都是施事主語,介賓短語皆作補語。介賓短語作補語,賓語是不能省略的。"罔非有辭于罰"的介賓短語作"罰"的狀語,作狀語的介賓短語可省略賓語,故"于"亦可省略賓語。

"在"字被動句皆見於《周書》部分,僅有一種句子結構類型:動詞+在+主動者。例如《周書·酒誥》:"庶群自酒,腥聞在上。""腥聞在上"與

---

① 曾運乾《尚書正讀》,北京:中華書局1964年版,第141頁。
② (清)王先謙:《尚書孔傳參正》,上海:上海古籍出版社2002年版《續修四庫全書》本,第51冊,第591頁。
③ 曾運乾《尚書正讀》,北京:中華書局1964年版,第216頁。

上文"登聞於天"兩個被動句的動詞皆爲"聞"。介引動作行爲主動者"上"與"天"的介詞一爲"於"一爲"在","於"、"在"皆猶"被"。屈萬里先生《尚書今注今譯》譯"腥聞在上"即爲"腥氣被上天都聞到了"①。"在",表被動。

"于"、"在"皆爲漢語最早的介詞。在甲骨文中,"于"、"在"常介引動作行爲的對象或處所。在金文中,"于"仍爲高頻介詞,介引動作行爲的對象或處所,而"在"僅作存現動詞,且語例很少。"在"之通假字"才"則被大量用作介詞和存現動詞。這一語言現象或許可以說明"在"、"于"介詞比例懸殊的主要原因,同時也反映了文獻語言中介引對象和處所的介詞"于"逐漸替代介詞"在"介引對象處所的發展方向。在一個多自由度的複雜語言系統中,如果有一個或幾個不穩定的自由度存在,那麼這一個或幾個不穩定的自由度就要把穩定的自由度拖著走,一直拖到相對空間中某個穩定的目的點。"在"和"于"等同處一個同義語言系統中,在歷時同義類化的語言演變中,"在"逐漸失去介引對象處所的語法功能,越來越多地作存現動詞。"在"的通假字"才"由於形義分離,亦在後世文獻語言中被淘汰,既不能同音替代存現動詞"在",也不能同音替代介引對象處所的介詞"在"。"于"在甲骨文時代就是一個高頻多功能介詞,在後世文獻語言中上古動詞和語助詞的用法逐漸失落,介詞的用法越來越得到強化。但是,"于"在文獻語言還不能完全替代"在","于"、"在"同義僅僅是某一義位的中心變體相同,各自的非中心變體是不能互相替代的,有趣的是現代漢語"于"僅保留其介詞的文言用法,"在"又替代"于"作介詞。

《今文尚書》介引動作行爲對象處所的介賓結構多作補語。表示對象的介賓短語作補語凡214見,作狀語50見;表示處所的介賓短語作補語凡191見,作狀語僅7見。存現動詞"在"和介引動作行爲對象處所的介詞語法位置非常接近,容易混同。二者共現於一個語言結構容易區別。例如《詩經·小雅·魚藻》:"魚在在藻,依于其蒲。"前一個"在"是存現動詞,後者是介詞。二者不在同一結構中共現時就要仔細分辨前後的語法關係和語義聯繫。例如《尚書·周書·酒誥》的"腥聞在上","在"並不表示"腥聞"存在的處所,而是介引"聞"的施動者"上",因爲緊接著的一句就是"腥聞在上"的結果"故天降喪于殷","腥聞在上"的"上"即"降喪于殷"的"天"。

---

① 屈萬里《尚書今注今譯》,臺北:臺灣商務印書館1977年版,第110頁。

"在"字被動句或許是《今文尚書》特有的形式被動句型,但"在"並非漢語被動句唯一特殊的語法標誌。《戰國策》中就有"與"字被動句。《戰國策·秦策五》:"(夫差)遂與句踐禽。""與句踐禽"即"被句踐擒"。"與"作爲被動句的語法標誌,或"由其'給與'之義引申虛化而來"①。近代漢語中也有用"吃"作爲被動句的語法標誌。《秋胡戲妻》:"我倒吃他搶白了這一場。"張相《詩詞曲語辭匯釋》:"吃,猶'被'也。"②現代漢語中也有用"給"作被動句的語法標誌,例如"狗給打死了",就是"狗被打死了"。《古漢語同義虛詞類釋》認爲"'給'之訓'被'當由'與'發展而來。因'與'既有'被'義,又有'給'義。"③

《今文尚書》的《虞夏書》部分沒有被動句式,《商書》部分僅有1例,餘皆見於《周書》部分,這一語言事實與金文中存在"于"字被動句形成互證,這或許可以證實漢語被動句式出現在商周時期,"于"字被動句是漢語最早的被動句形式。

罕見的離合句式。

《今文尚書》少數單句具有顯著的特徵,分析其綫性結構,句子成分的排列異於常規順序。主要有兩種結構形式。一是"賓+謂+賓"式,一是"定+中+定"/"中+定+中"式。這些變式句,句義是完整的,但句結構是離散的,我們稱之爲離合句。孔安國早已注意到這些句子結構,在分析《禹貢》"厥篚玄纖縞"明確認爲"玄,黑繒。縞,白繒。纖,細也。纖在中,明二物皆當細"。"纖在中,明二物皆當細"即"纖(細)"在中既修飾前之"玄"又修飾後之"縞","玄纖縞"是典型的"定+中+定"式。清代有不少學者也贊成孔説。

"賓+謂+賓"式離合句。

禹錫玄圭,告厥成功。(《虞夏書·禹貢》)

《孔傳》:"玄,天色。禹功盡加於四海,故堯賜玄圭以彰顯之,言天功

---

① 余德泉《古漢語同義虛詞類釋》,長沙:湖南教育出版社1993年版,第521頁。
② 張相《詩詞曲語辭匯釋》,北京:中華書局1953年版,第644頁。
③ 余德泉《古漢語同義虛詞類釋》,長沙:湖南教育出版社1993年版,第522頁。

成。"①"禹賜玄圭"從語法關係上看,"賜"和前面的"禹"及後面的"玄圭"均是動賓關係,只是前者是間接賓語,後者是直接賓語。也有學者認爲這是一個被動句或特殊的雙賓語句。

《虞夏書·甘誓》和《商書·湯誓》皆有"予則孥戮汝"句,《孔傳》、《孔疏》皆認爲"戮"是動詞"殺",不但殺汝,還要殺汝兒孥。"戮"與前面的"孥"和後面的"汝"字分別構成動賓關係。清人對於這兩句訓詁用力甚勤,對"孥"字考證甚詳,多數學者認爲"孥"即"妻子兒女"。也有學者認爲"孥"當爲"奴";其次他們從《周禮》及刑法的角度認爲,商周時尚無連坐之刑。而今人易寧先生也從這兩個角度入手,得出了不同結論:首先,"奴"字通"帑"字,"帑"字通"孥"字,是妻、子的意思,與"帑"字訓爲"子"有所不同,傳世《尚書》用"孥"字沒有問題;其次,商周時期實際上也有株連制度。所以他對這句的理解與《孔傳》、《孔疏》基本相同②。

"定+中+定"式離合句。

雲土夢作乂。(《虞夏書·禹貢》)

《孔傳》:"雲夢之澤在江南,其中有平土丘,水去可爲耕作畎畝之治。"③《孔傳》以"雲土夢"爲"雲夢土","土"是中心詞,"雲夢"澤名,爲"土"之定語,分別置於中心詞的前後。

歷代學者對"雲土夢"的解讀人言人殊,分歧大致在於對"雲"、"夢"的理解。或"雲夢"合而爲一澤名,或"雲"、"夢"各爲澤名。

劉起釪先生《"雲土夢"辨論》力主前者,以古本"雲土夢"作"雲夢土",誤改時間爲唐太宗時,主要依據是宋人的記載和《史記》、《漢書》的引文。劉先生認爲:"《禹貢》荆州有'雲夢土作乂'句,通行僞孔本《尚書》作'雲土夢作乂',出於唐代誤改,不可不正其訛誤。按《史記·夏本紀》引此句作'雲夢土爲治',《漢書·地理志》則依《禹貢》原句作'雲夢土作乂'。知漢《尚書》本作'雲夢土'。胡渭《禹貢錐指》'雲可該夢,夢亦可該雲','則南雲北夢、單稱合稱,無所不可'。""沈括《夢溪筆談》卷四云:'舊《尚書·禹

---

① (唐) 孔穎達《尚書正義》,北京:中華書局1980年版《十三經注疏》本,第153頁。
② 易寧《〈尚書·甘誓〉"予則孥戮汝"考釋》,載於《史學史研究》第1期(2002年),第56—58頁。
③ (唐) 孔穎達《尚書正義》,北京:中華書局1980年版《十三經注疏》本,第149頁。

貢》云"雲夢土作乂",太宗皇帝時古本《尚書》作"雲土夢作乂",詔改《禹貢》從古本。'"①實際上阮元在《十三經注疏校勘記》中對上述各書中的關鍵問題已做過考證:"按《筆談》所謂太宗乃宋太宗也,胡朏明《禹貢錐指》乃以爲唐太宗,殆誤矣,《疏》云經之'土'字在二字之間。開成石經亦作'雲土夢作乂',則古本即唐世通行本耳,至宋初監本始倒'土夢'二字,蓋據《漢書·地理志》,不知《史記·夏本紀》'夢'字亦在'土'下。"②

蔡沈《書經集傳》爲力主後者的代表,雖以"雲"、"夢"各爲澤名,卻以"雲土"和"夢"爲並列結構:"'雲土'者,雲之地土見而已。'夢作乂'者,夢之地已可耕治也。蓋雲夢之澤,地勢有高卑,故水落有先後,人工有早晚也。"③蔡説可能受《孔傳》影響,但主觀臆測的成分比較重。何謂"乂"?《説文解字·丿部》:"乂,芟草也。从丿从乀相交。刈,乂或从刀。"《段注》:"乂,芟草獲穀總謂之乂。"④水去草長,芟草治土而獲穀。"雲"然,"夢"亦然。"乂"的語義既指向"雲",亦指向"夢"。所以《孔疏》曰:"經之'土'字在二字之間,蓋史文兼上下也。"⑤

歷代《書》説對這一結構論述最爲簡潔明了的當推蘇軾。《東坡書傳》:"《春秋傳》曰:'楚子與鄭伯田于江南之夢。'又曰:'王寢於雲中。'則'雲'與'夢'二土名也。"⑥

"中+定+中"式離合句。

厥篚玄纖縞。(《虞夏書·禹貢》)

《孔傳》:"玄,黑繒。縞,白繒。纖,細也。纖在中,明二物皆當細。"⑦《孔疏》:"篚之所盛,例是衣服之用,此單言'玄',玄必有質。玄是黑色之別名,故知玄是黑繒也。《史記》稱高祖爲義帝發喪,諸侯皆縞素,是縞爲白

---

① 劉起釪《尚書研究要論》,濟南:齊魯書社2007年版,第315—316頁。
② (清)阮元《十三經注疏校勘記》,北京:中華書局1980年版,第154頁。
③ (宋)蔡沈注,錢宗武、錢忠弼整理《書集傳》,南京:鳳凰出版社2010年版,第51頁。
④ (清)段玉裁《説文解字注》,上海:上海古籍出版社1981年版,第627頁。
⑤ (唐)孔穎達《尚書正義》,北京:中華書局1980年版《十三經注疏》本,第149頁。
⑥ (宋)蘇軾《書傳》,上海:上海古籍出版社1989年版文淵閣《四庫全書》影印本,第54冊,第523頁。
⑦ (唐)孔穎達《尚書正義》,北京:中華書局1980年版《十三經注疏》本,第148頁。

繪也。"①王鳴盛《尚書後案》:"鄭曰:纖,細也。祭服之材尚細。《傳》曰:元,黑繒;縞,白繒;纖,細也。纖在中,明二物皆當細。《疏》曰:元是黑色之別名。《史記》:高祖爲義帝發喪,諸侯皆縞素。是縞爲白色。案曰:鄭云'纖,細也'者,《説文》卷十三上《糸部》文也。又云'祭服之材尚細'者,《周禮·齊服》有'元端'又有'素端',是祭服有元、縞也。《傳》'元,黑繒;縞,白繒'者,《漢書》'灌嬰販繒'注'繒者,帛之總名',故以元、縞皆爲繒。《周禮·染人》注:六入爲元,其色緅、緇之間,赤而有黑色。《爾雅》:縞,皓也。故以元爲黑,縞爲白也。"②

《孔傳》、《孔疏》認爲"纖"字修飾前面的"玄"字和後面的"縞"字,即修飾語在中間,中心語在前後兩邊。王鳴盛贊同孔安國及孔穎達的説法。具體方法是先列鄭説,然後補徵《孔傳》、《孔疏》的書證。黄式三《尚書啓幪》和皮錫瑞《今文尚書考證》説解同王鳴盛。

《今文尚書》上述特殊的結構形式與其他的文獻進行比較,很容易顯現區別性特徵,諸如,孔傳本《古文尚書》的形式被動句就没有"在"字句,孔傳本《古文尚書》也没有"賓+謂+賓"/"定+中+定"/"中+定+中"式離合句。這些都爲辨識孔傳本《古文尚書》真偽提供了十分有力的語言學證明材料。

四、結語:上古文獻辨偽也應該採取語言學方法

在文獻學史上,作偽者層出不窮,偽作之書亦屢見不鮮。在《尚書》傳播學史上,作偽之迹亦不絶於世,除孔傳本《古文尚書》,西漢張霸講授之百兩篇,東漢蘭臺受賄官吏修改之"蘭臺漆書",南齊姚方興之孔傳本《古文尚書》之《舜典》,皆爲世所公認之造偽者和偽作之書。作偽者多爲飽學之士,作偽技術高明,偽書極難辨識。例如,漢成帝時的張霸就極有才學,偽造的"百兩篇",既有二十九篇的拆分,也有《左傳》的一些内容,真真假假,假假真真,真所謂"假作真時真亦假,真作假時假亦真",當時朝廷用皇家書庫收藏的《古文尚書》與"百兩篇"對照,方斷定其偽,但仍將其立於學宫。可見

---

① (唐)孔穎達《尚書正義》,北京:中華書局1980年版《十三經注疏》本,第148頁。
② (清)王鳴盛《尚書後案》,上海:上海古籍出版社2002年版《續修四庫全書》本,第45册,第59頁。

作偽者皆具豐富的文獻學知識和歷史學知識，在文獻學和歷史學方面很難露出馬脚，因而，用文獻學方法和歷史學方法考辨上古文獻真偽具有天然的局限性。

作偽者很難注意到語言的深層結構，當時語言研究的水平也很難自覺認識語言的深層結構。研究不同文獻語言的深層結構，比較同異，確實可爲文獻辨偽提供新的佐證。例如，孔傳本《古文尚書》與《今文尚書》相比，最特別的結構助詞莫過於"所"和"者"。

"所"和"者"在孔傳本《古文尚書》中均作結構助詞，並且用法單一。"所"和"者"僅與其他詞語或短語結合，構成名詞性"者"字結構和"所"字結構。《今文尚書》也有"所"和"者"。"所"凡9見，用法多樣。一作結構助詞，如《商書·盤庚上》："予弗知乃所訟。"一作句末語氣詞，如《周書·君奭》："多歷年所。"一作句中語氣助詞，如《周書·無逸》："君子所其逸。"後兩種用法在孔傳本《古文尚書》中都未見用例，在後世文獻中也很少見。

"者"是文獻語言虛詞系統中的高頻詞，人們常用"之乎者也"作爲文獻語言的代名詞。《今文尚書》没有"者"，是《今文尚書》的語言特點。孔傳本《古文尚書》有"者"，皆爲構成"者"字結構的結構助詞，而且有五見：

  爲人上者，奈何不敬？（《虞夏書·五子之歌》）
  先時者殺無赦。（《虞夏書·胤征》）
  不及時者殺無赦。（《虞夏書·胤征》）
  能自得師者王。（《商書·仲虺之誥》）
  謂人莫己若者亡。（《商書·仲虺之誥》）

"者"字例五，已經不是個別現象，且用法一致，這是孔傳本《古文尚書》的語言特點。一者無"者"，一者有"者"，兼之"所"作語氣助辭之有無，《今文尚書》與孔傳本《古文尚書》差異性語言特徵鮮明，當非同時代的文獻。

上古文獻在漫長的時間和遼闊的空間傳承中，各個時代有各個時代的語言特點，作偽者是很難在語言的各個要素方面都進行作偽的。因而，對於上古文獻的考證辨偽，除了歷史學方法和文獻學方法，除了利用傳統的"小學"疏通語言疑難，也可以運用語言學的理論和方法進行考證辨偽。

（作者單位：揚州大學）

附　　　錄

《嶺南學報》小史述略

——兼論陳寅恪與《嶺南學報》

黄 湛

一、前 言

1888年,美國長老會傳教士在廣州創建格致書院。1903年,書院更名爲"嶺南學校",是爲"嶺南"用作校名之始。1927年,學校易名爲嶺南大學,鍾榮光先生出任校長。自此,嶺大發展爲文、理、商、工、農、醫兼顧的綜合性學府。20世紀40年代,抗日戰爭及國共内戰致使大批學者避難粵廣,不少人進入嶺大執教。這一歷史機遇,也鑄就了嶺大最爲輝煌的一段學史。1952年,全國大專院校進行院系調整,教會大學無法繼續存在,嶺大遂被分割合併至其他數所大學。其中,文理科撥歸中山大學,而原嶺大校址康樂園也成爲中山大學的新居。

表徵嶺大學術成果者,乃20世紀上半葉世所推重的《嶺南學報》。《學報》於1929年12月創刊,1952年6月隨著院系調整而終刊。23年間,《學報》共刊行35期。下文即對《學報》歷史做一個回顧。

二、嶺大創校與《學報》的早期經營(1929—1941)

1929年12月,《學報》由文哲及宗教史家謝扶雅主持創刊。創刊號《徵文啓事》寫明,《學報》之刊行乃"期於倡導學問,闡揚真理,賞奇析疑"[①]。

---

① 嶺南大學中國文化研究室、學報編輯委員會《嶺南學報》第一卷第1期(1929年)。

起先數年,《學報》刊登的論文內容廣涉文學、歷史、工學、農學、醫學等領域。自1933年(第二卷第4期)起,始將範圍限定在文史及社會學方面。

此間最爲可書之事,爲饒鍔、饒宗頤父子合力著寫之《潮州藝文志》的發表。《藝文志》先由饒鍔編寫,書未竟而饒鍔病逝,其子饒宗頤遂補訂其餘。饒宗頤先生當年尚未及弱冠,所書已顯現深厚學識。《藝文志》共二十卷,其中十三卷分別發表於《學報》第四卷第4期(1935)及第六卷第3、4期合刊(1937)。1937年,嶺大"因國難,校址遷移",《學報》刊行工作"遂致中輟"①。直到1947年纔正式復刊(十年中僅1941年刊載一期)。而《藝文志》未發表的後七卷,竟不幸於戰火中遭兵燹遺失。《藝文志》與《學報》的命運可以説是息息相關,其已刊之文有賴《學報》得以留傳;而遺失未刊之稿,終成潮州文化、學界、史界之一大損失。

三、學者南來與《學報》的輝煌期(1947—1952)

1948年8月,校董會決定借聘時爲南開大學校務長兼經濟研究所所長的陳序經教授出任嶺大校長一職,以期重振嶺大風采(當時嶺大正面臨經費困擾及師資疲軟等問題)。陳序經是著名的"全盤西化論"的倡導者,在海內外享有盛譽。他曾入讀嶺南中學,1928年獲美國伊利諾伊大學哲學博士學位,其後兩度執教於嶺大社會學系。此次接掌嶺大,陳序經立意將嶺大打造成全國最優秀的學府。他於上任前就做了兩件大事:一是積極聯絡海外華僑捐資,並親自赴港籌得一筆可觀資金②。二是親往北平的清華大學、中央研究院、協和醫院等學術機構拜會學者教授,誠聘有意南下者到嶺大任教(其中不少人曾與陳序經在西南聯合大學共事,如陳寅恪、王力、姜立夫、吴宓等)。經過陳序經的不懈努力,加之内戰轉劇的歷史環境,不少學者接受邀請加盟嶺大。至1949年,嶺大便已匯聚了一批國寶級教授,可謂是人文薈萃、精英雲集。其中包括陳寅恪(史學)、容庚(文字學)、王力(語言學)、梁方仲(經濟史學)、姜立夫(數學)、謝志光(醫學)、莊澤宣(教育學)、陶葆楷(工程學)、吴大業(經濟學)、吴宓(文學)、陳永齡(測繪學)、

---

① 嶺南大學中國文化研究室、學報編輯委員會《嶺南學報》第三卷第4期(1941年)。
② 陸健東《陳寅恪的最後二十年》,北京:三聯書店1995年版,第11頁。

吳尚時（地理學）、周連寬（檔案學）等。

嶺大的學術地位因此提升到了新的境界。尤其是文史專業，更佔據了舉足輕重的地位。《學報》於 1947 年復刊後，至 1952 年共刊行 11 期。本校學者中，語言學巨擘王力先生有《漢越語研究》、《東莞方音》、《珠江三角洲方音總論》、《台山方音》、《海南島白沙黎語初探》[①]等方言研究著述。其中，刊登在《學報》第九卷第 1 期的《漢越語研究》（1948），發表之初便產生轟動，至今仍是國際漢越語研究中的權威性著作。再如經濟史學大師梁方仲先生，於《學報》先後發表《明代黃冊考》、《易知由單的研究》、《明代一條鞭法年表》三文，對於明代賦役制度的研究至關重要。其廣徵博引、嚴謹科學以及對社會經濟的關注，歷來爲史學界所推崇。

除本校文史學者的研究成果外，《學報》亦接受不少校外來稿。如古文字學家羅福頤《敦煌石室稽古錄》（第七卷第 2 期，1947）、《清內閣大庫明清舊檔之歷史及其整理》（第九卷第 1 期，1948），經史學家朱師轍《清史述聞》（第十一卷第 1 期，1950）等文，都極具文獻價值。特別是文字學家楊樹達先生（楊氏 1948 年曾至嶺大作短期訪問講學），1949—1951 年間在《學報》上發表的七篇論文尤應予以重視。包括《論語四章疏義》（第九卷第 2 期，1949）、《古爵名無定稱說》（第十卷第 2 期，1950）、《積微居彝器銘文說》（同上）、《釋🐛》（第十一卷第 1 期，1950）、《彝銘中所見之古人》（同上）、《彝銘中之本字》（第十一卷第 2 期，1951）、《新識字之由來》（同上）。其中，《論語四章疏義》一文，乃楊先生在早年著述《論語疏證》的基礎上，重以群書校勘後，於《爲政》"吾十有五"、《八佾》"夷狄之有君"、"子謂《韶》"、《雍也》"齊一變"四處頗得新意，故撰成《疏義》一文[②]。但該文自發表後，數十年來出版的《論語疏證》，皆未補錄此內容。又，楊氏一生於彝器銘文研究用力最勤，相關成果多收錄於《積微居金文說》中，但該書卻未載《學報》刊發之《彝銘中所見之古人》、《彝銘中之本字》二文。就筆者所查，《論語四章疏義》、《彝銘中所見之古人》、《彝銘中之本字》三文似亦未收於上海古籍出版社諸版《楊樹達文集》中，這一疏漏值得重視。

《學報》刊載之論文，以陳寅恪先生十二篇最爲豐碩。嶺大中文系榮休教授馬幼垣曾言："陳（寅恪）先生居穗，既關係嶺南文化，復爲嶺南大學校

[①] 除《漢越語研究》一文外，其餘數篇皆爲合撰。
[②] 嶺南大學中國文化研究室、學報編輯委員會《嶺南學報》第九卷第 2 期（1949 年）。

史不可或缺之一部分。"①下面將就陳氏與嶺大及《學報》之淵源略作表述。

四、陳寅恪與《嶺南學報》

1948年年底,國共内戰逼近北平。12月15日,陳寅恪一家與時任北京大學校長的胡適等人,一同乘坐專機飛往南京。儘管傅斯年一再電邀陳寅恪抵臺,但陳寅恪最終選擇前往廣州。其實早在年初,他已致信嶺大校長陳序經,表示有意赴嶺南休養。陳序經遂聘請陳寅恪至嶺大任教②。相比其後十數年遭受的政治迫害,陳寅恪在嶺大任教的四年(1949—1952)無疑是生活安定、教研順利的日子。

陳寅恪發表於《學報》的論文,七篇是《元白詩箋證稿》的補充論證,包括《白樂天之先祖及後嗣》(第九卷第2期,1949)、《白樂天之思想行爲與佛道之關係》、《論元白詩之分類》、《元和詩體》、《白樂天與劉夢得之詩》(第十卷第1期,1949)、《白香山琵琶引箋證》、《元微之古題樂府箋證》(第十卷第2期,1950)諸篇。前五篇在陳寅恪執教嶺大前,已在1948年發表於《清華大學學報》(第十五卷第1期)。這些文章其後再刊於《嶺南學報》,或許因爲當時南北戰事的原因,學術流通受阻。而陳氏以爲年前所投稿未必能在戰事吃緊的北平出版,方復投之於《嶺南學報》。他對元白詩的研究,在赴嶺大之前蓋已完成,南下後在嶺大數年,當主要從事唐史研究(詳見下文)。而1950年發表於《學報》的兩篇"元白詩"論文,蓋亦是陳氏自北平攜帶南下的成稿。

值得一提的是,"元白詩"是陳寅恪教學研究的一貫重點:早年在清華大學中文系,陳氏即專授"元稹白居易"③等課程;抗戰時期完成《元白詩箋證稿》初稿;執教嶺大後,任中文系及歷史系教授,開設"白居易詩"課程④;

---

① 馬幼垣《編者言》,載《嶺南學報》新第1期(1999年)。
② 陳寅恪《第七次交代底稿》寫道:"我和唐篔都有心臟病,醫生説宜往南方暖和之地,我因此想到嶺南大學。抗戰時期南開、清華、北大遷往雲南併爲西南聯大,所以認識陳序經。遂寫信與他,可否南來休養一個時期。1948年夏,他回信聘我來嶺南教書。"詳見蔣天樞《陳寅恪先生編年事輯(增訂本)》,上海:上海古籍出版社1997年版,第144頁。
③ 清華大學校史編寫組編《清華大學校史稿》,北京:中華書局1981年版,第157頁。
④ 陸健東《陳寅恪的最後二十年》,北京:三聯書店1995年版,第23頁。

1952年嶺大文理科劃入中山大學後，陳氏在歷史系又開設"元白詩證史"等課；直至1958年6月29日，中山大學因大躍進熱潮而停課，給陳寅恪的授課生涯畫上句號①。

1950年，嶺大中國文化研究室出版《元白詩箋證稿》，書後將此七篇發表於《學報》之論文合爲《附論》，一併刊行。其書出版後，陳寅恪即將之寄予友人。此事可見於楊樹達先生1950年12月23日致陳寅恪的信。信中言："昨承賜寄大著《元白詩箋證稿》……蓋自有詩注以來，未有美富卓絶如此書者也。前於《嶺南學報》讀大著説唐詩諸篇，即歎其精絶，謂必深入如此而後有真正之文學史可言。"②《元白詩箋證稿》寫成多年，作爲摯友的楊樹達卻初讀此書，足見陳寅恪"元白"諸作能夠在學術界廣泛流通，得賴嶺大之及時付梓。何言"及時"二字？乃因陳寅恪來嶺大前十數年以及之後在中山大學的十數年，著述頻遭劫難——抗戰時期四處輾轉，導致"廿年來所擬著述而未成之稿，悉在安南遺失"③。而晚年整理就緒準備出版的文稿，亦因"文革"查抄而多難覓其蹤。由此可見，《元白詩箋證稿》作爲陳氏箋詩最佳之作，得嶺大協助出版，實爲陳寅恪其人以及整個學術界之幸事。

陳寅恪擅長中古史研究，執教嶺大後，便在歷史系開設了"魏晉南北朝史"、"唐史專題研究"等課④。《學報》刊載陳氏論文除前述七篇爲"元白詩"範疇外，其餘五篇則探討中古史學。包括《從史實論切韻》（第九卷第2期，1949）、《〈秦婦吟〉校箋舊稿補正》（第十卷第2期，1950）、《崔浩與寇謙之》（第十一卷第1期，1950）、《論唐高祖稱臣於突厥事》（第十一卷第2期，1951）、《論隋末唐初所謂"山東豪傑"》（第十二卷第1期，1952）等文。

《從史實論切韻》、《論唐高祖稱臣於突厥事》、《論隋末唐初所謂"山東豪傑"》三文，是陳寅恪對於以往研究的進一步發揮：其中《從史實論切韻》與早前發表的《東晉南朝之吳語》（《歷史語言研究所集刊》第七卷第1期，

---

① 根據中大學生劉隆凱的日記記錄，那一日陳寅恪正講授"元白詩證史"一課，因停課活動而被迫終止。劉隆凱整理《陳寅恪"元白詩證史"講席側記》，武漢：湖北教育出版社2005年版，第3頁。
② 楊樹達《與陳寅恪書》，載《積微居小學述林》，北京：中華書局1983年版，第308頁。
③ 包括"蒙古源流注"、"世説新語注"、"五代史記注"、"佛教經典之存於梵文者與藏譯及中譯合校"、"巴利文長老尼詩偈集並補譯及解釋其詩"等。見1941年9月23日陳寅恪《致劉永濟信》，載陳美延編《陳寅恪集·書信集》，北京：三聯書店2001年版，第244—245頁。
④ 蔣天樞《陳寅恪先生編年事輯（增訂本）》，上海：上海古籍出版社1997年版，第149—150頁。

1936)遙相呼應。《東晉南朝之吳語》指出東晉南朝士族皆以北音(即洛陽音)爲尚①;《從史實論切韻》則詳細分東晉之韻爲"南染吳越"之北音、"夷虜雜糅"之北音以及南朝所保留的洛陽舊音三類,並由此推論陸法言所撰《切韻》語音系統,乃依洛陽舊音而得②。《論唐高祖稱臣於突厥事》及《論隋末唐初所謂"山東豪傑"》二文是《隋唐制度淵源略論稿》及《唐代政治史述論稿》的延續。二書於1940年前後著成,其考訂之精當,見解之獨到,毋庸贅言。陳氏鑒於其書所論未備,故專擇"山東集團"及唐與突厥關係兩處,作更爲詳細的疏證。

《崔浩與寇謙之》這一涉及南北朝人物的課題,是陳寅恪來嶺大後纔開始著手的研究。此文以崔浩與寇謙之投契關係爲切入點,對當時政治、民族、宗教、社會的發展變化做了深入的剖析③。至於《〈秦婦吟〉校箋舊稿補正》一文則並非新作,陳氏來嶺大前便已發表多次,續有補正。其寫作緣起是因爲清華大學中文系同事俞平伯於1928年比較《秦婦吟》各本異同,相贈寅恪,寅恪遂作《讀〈秦婦吟〉》一文(《清華大學學報》第十一卷第4期,1936)。此文後又有1940年昆明印綫裝本,改題爲《〈秦婦吟〉校箋》;1950年《嶺南學報》本,改題爲《〈秦婦吟〉校箋舊稿補正》;1980年收錄於上海古籍出版社出版《寒柳堂集》,又改之爲《韋莊〈秦婦吟〉校箋》④。

算上投往嶺大的《南國》等其他刊物的論文,陳寅恪於嶺大任教期間,總共發表了二十餘篇論文。然陳寅恪於嶺南四年的研究成果絕不止於此,其更爲史界推崇的《唐代之李武韋楊婚姻集團》、《論韓愈》、《述東晉王導之功業》等文,即因1952年嶺大的瓦解以及《學報》的終刊,不得不轉投他處⑤。此事雖無關學術界之得失,而於嶺大、《學報》而言,實乃一大遺憾。斯人已逝,但陳寅恪與《學報》之"因緣"卻不應就此結束——相信《學報》復刊之日,必會秉承先生"獨立之精神,自由之思想"的治學理念。

---

① 陳美延編《陳寅恪集·金明館叢稿初編》,北京:三聯書店2001年版,第382—409頁。
② 陳美延編《陳寅恪集·金明館叢稿二編》,北京:三聯書店2001年版,第304—309頁。
③ 陳美延編《陳寅恪集·金明館叢稿初編》,北京:三聯書店2001年版,第120—158頁。
④ 陳美延編《陳寅恪集·寒柳堂集》,北京:三聯書店2001年版,第122—156頁。
⑤《唐代之李武韋楊婚姻集團》發表於《歷史研究》第1期(1954年)、《論韓愈》發表於《歷史研究》第2期(1954年)、《述東晉王導之功業》發表於《中山大學學報(社會科學版)》第1期(1956年)。此三篇後皆收錄於《金明館叢稿初編》。

五、《學報》的復刊及展望

　　1967 年 9 月,嶺南大學校友在香港籌辦嶺南書院,開始嶺大復校的第一步。1991 年,嶺南升格爲香港頒授學位的大專院校之一,並於 1999 年正名爲"嶺南大學"。同年,在中文系馬幼垣教授的帶領下,嘗試重辦《嶺南學報》。惜此次復刊只維持三期,便因馬教授退休離港等原因於 2006 年休刊。《學報》在港復刊面臨的挑戰和困難不言而喻,然"編輯新卷所獲之經驗實非可得自他務者"[①]。此次嘗試,爲以後的再次復刊提供了珍貴的借鑒經驗。

　　《學報》本次復刊事宜,由嶺南大學講座教授蔡宗齊主持籌策。《學報》將延續以刊載古典文史哲研究論文爲主的一貫傳統,並且擴展涵蓋面,刊登探討傳統學術和文化對現當代中國社會影響的文章。《學報》秉承"倡導學問,闡揚真理,賞奇析疑"的精神,同時又力圖促進中西學術深度交流,開天下學問一家的風氣。爲此,《學報》將與杜克大學出版社出版、由北京大學國際漢學研修基地袁行霈教授及本系蔡宗齊教授共同創辦的英文期刊《中國文學與文化》(*Journal of Chinese Literature and Culture*,簡稱 *JCLC*)結爲姊妹雜誌。《嶺南學報》刊載的論文不僅有來自漢語世界具有較高學術含金量的投稿,還有 *JCLC* 所接收英文論文的中文版。同時,《嶺南學報》還將爲 *JCLC* 推薦優秀中文論文,翻譯或改寫後用英文出版。兩個姊妹雜誌將嚴格遵循匿名審稿的原則,以確保論文的質量,並爭取做到基本同步刊登論文中英文版本。

　　《嶺南學報》自最初創刊至今已近一個世紀,相信結合嶺大同仁之戮力同心,爭取海內外專家學者的大力支持,必能無愧前賢,宏揚嶺大重文史研究之傳統,彰顯嶺大百年學術精神,使《學報》成爲中外學者交流切磋的學術平臺,躋身學界一流學術刊物之列。

(作者單位:嶺南大學)

---

① 馬幼垣《編者言》,載《嶺南學報》新第 3 期(2006 年)。

《嶺南學報》徵稿啓事

　　本刊是人文學科綜合類學術刊物,由香港嶺南大學中文系主辦,上海古籍出版社出版,每年出版兩期。徵稿不拘一格,國學文史哲諸科不限。學報嚴格遵循雙向匿名審稿的制度,以確保刊物的質量水準。學報的英文名爲 *Lingnan Journal of Chinese Studies*。

　　《嶺南學報》曾是中外聞名的雜誌,於1929年創辦,1952年因嶺南大學解散而閉刊。在這二十多年間,學報刊載了陳寅恪、吳宓、楊樹達、王力、容庚等20世紀最著名學者的許多重要文章,成爲他們叱咤風雲、引領學術潮流的論壇。

　　嶺南大學中文系復辦《嶺南學報》,旨在繼承發揚先輩嶺南學者的優秀學術傳統,爲21世紀中國學的發展作出貢獻。本刊不僅秉承原《嶺南學報》"賞奇析疑"、追求學問的辦刊宗旨,而且充分利用香港中西文化交流的地緣優勢,努力把先輩"賞奇析疑"的論壇拓展爲中外學者切磋學問的平臺。爲此,本刊與杜克大學出版社出版、由北京大學袁行霈教授和本系蔡宗齊教授共同創辦的英文期刊《中國文學與文化》(*Journal of Chinese Literature and Culture*,簡稱 *JCLC*)結爲姐妹雜誌。本刊不僅刊載來自漢語世界的學術論文,還發表 *JCLC* 所接受英文論文的中文版,力争做到同步或接近同步刊行。經過這些努力,本刊冀求不久能成爲展現全球主流中國學研究成果的知名期刊。

　　徵稿具體事項如下:

　　一、懇切歡迎學界同道來稿。本刊發表中文稿件,通常一萬五千字左右。較長篇幅的稿件亦會考慮發表。

　　二、本刊將開闢"青年學者研究成果"專欄,歡迎青年學者踴躍投稿。

　　三、本刊不接受已經發表的稿件,本刊所發論文,重視原創,若涉及知識産權諸問題,應由作者本人負責。

四、來稿請使用繁體字,並提供 Word 和 PDF 兩種文檔。

五、本刊採用規範的匿名評審制度,聘請相關領域之資深專家進行評審。來稿是否採用,會在兩個月之内作出答覆。

六、來稿請注明作者中英文姓名、工作單位,並附通信和電郵地址。來稿刊出之後,即付予稿酬及樣刊。

七、來稿請用電郵附件形式發送至:yanikachau@ln.edu.hk。

編輯部地址:香港新界屯門　嶺南大學中文系（電話:[852]2616-7881）

撰 稿 格 式

一、文稿包括三部分：本文、中文提要及不超過6個的關鍵詞。

二、請提供繁體字文本，自左至右橫排。正文、注釋使用宋體字，獨立引文使用仿宋體字，全文1.5倍行距。

三、獨立引文每行向右移入二格，上下各空一行。

四、請用新式標點。引號用："　"，書名、報刊名用《》，論文名及篇名亦用《》。書名與篇（章、卷）名連用時，用間隔號表示分界，例如：《史記·孔子世家》。

五、注釋請一律用脚注，每面重新編號。注號使用帶圈字符格式，如①、②、③等。

六、如引用非排印本古籍，須注明朝代、版本。

七、各章節使用序號，依一、（一）、1.、（1）等順序表示，文中舉例的數字標號統一用（1）、（2）、（3）等。

八、引用專書或論文，請依下列格式：

（一）專書和專書章節

甲．一般圖書

1. 楊伯峻《春秋左傳注》，北京：中華書局1990年修訂版，第60頁。

2. 蔣寅《王夫之詩學的學理依據》，《清代詩學史》第一卷，北京：中國社會科學出版社2012年版，第416—419頁。

乙．非排印本古籍

1.《韓詩外傳》，清乾隆五十六年（1791）金谿王氏刊《增訂漢魏叢書》本，卷八，第四頁下。

2.《玉臺新詠》，明崇禎三年（1630）寒山趙均小宛堂覆宋陳玉父刻本，卷第六，第四頁（總頁12）。

（二）文集論文

1. 裘錫圭《以郭店〈老子〉爲例談談古文字》，載於《中國哲學》（郭店簡與儒學研究專輯）第二十一輯，瀋陽：遼寧教育出版社2000年版，第180—188頁。

2. 余嘉錫《宋江三十六人考實》，載於《余嘉錫論學雜著》，北京：中華書局1963年版，第386—388頁。

3. Ray Jackendoff, "A Comparison of Rhythmic Structures in Music and Language", in *Rhythm and Meter*, eds. Paul Kiparsky and Gilbert Youmans (San Diego, California: Academic Press, 1998), pp. 15–44.

（三）期刊論文

1. 李方桂《上古音研究》，載於《清華學報》新九卷一、二合刊（1971年），第43—48頁。

2. 陳寅恪《梁譯大乘起信論僞智愷序中之真史料》，載於《燕京學報》第三十五期（1948年12月），第95—99頁。

3. Patrick Hanan, "The Chinese Vernacular Story", *The Journal of Asian Studies* 40.4 (Aug. 1981): pp. 764–765.

（四）學位論文

1. 呂亭淵《魏晉南北朝文論之物感說》，北京：北京大學學位論文，2013年，第65頁。

2. Hwang Ming-chorng, "Ming-tang: Cosmology, Political Order and Monument in Early China" (Ph. D. diss., Harvard University, 1996), p. 20.

（五）再次徵引

1. 再次徵引時可隨同頁前注，且注脚接續，可用下列方式簡便處理：
注①　楊伯峻譯注《論語譯注》，香港：中華書局1996年版，第13頁。
注②　同上注。
注③　同上書，第40頁。

2. 再次徵引時可隨同頁前注，但注脚不接續，可用下列方式簡便處理：
注⑧　同注①，第50頁。

3. 若後頁使用前頁曾徵引的資料，可以簡略地只標明作者、書名及頁碼，如：

（第1頁）注①　楊伯峻譯注《論語譯注》，香港：中華書局1996年版，第13頁。

(第8頁)注③　楊伯峻譯注《論語譯注》,第79頁。

九、注解名詞,注脚號請置於名詞之後;注解整句,則應置於句末標點符號之前;若獨立引文,則應置於標點符號之後。

十、英文提要限350個單詞之内,中英文提要後附關鍵詞,一般不超過六個。

十一、標題及署名格式舉例如下(中英文提要亦按同樣格式署名):

南北朝詩人用韻考

王　力
北京大學中國語言文學系教授